2026 특수교사임용시험 대비

Vol. 3

청각장애

시각장애

지체장애

건강장애

Special Education

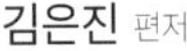

김은진 스페듀 기본이론서

박문각 임용 동영상강의 www.pmg.co.kr

Preface

머리말

미국의 심리학자인 안데르스 에릭슨에 의하면 한 분야의 전문가가 되려면 일만 시간의 훈련이 필요한데, 이를 '일만 시간의 법칙'이라고 합니다. 가령 세계적인 바이올린 연주자와 아마추어 연주자의 실력 차이는 오로지 연주 시간에 의해 결정되는 것으로, 최고의 실력자가 되기 위해서는 적어도 일만 시간 이상의 노력을 해야 한다는 것입니다.

그러나 '일만 시간의 재발견'에서는 무작정 시간을 채우는 것은 의미가 없으며, '올바른 방법'으로 '충분한 시간'에 걸쳐서 노력해야 실력을 쌓을 수 있다고 합니다. 2007년 체스 선수의 실력에 대한 한 연구에 따르면, 최상급의 실력을 갖추는 데 어떤 경우는 2년의 시간이 걸린 반면, 평생을 해도 실력이 늘지 않는 경우도 있었습니다.

특수교사로서 전문가가 되기 위한 일만 시간 중 지금 여러분이 공부하는 시간은 짧기도, 길기도 한 시간일 것입니다. 제 임용시험 경험을 바탕으로 무작정 시간을 채우는 공부가 아닌 '의식적인 연습'을 통한 효율적인 방법과 구조화로 합격을 위한 공부를 돕겠습니다.

무엇보다 중요한 것은, 일만 시간을 쌓아가는 노력의 시작을 '바로 지금' 하는 것입니다. 학문을 공부하고, 학생을 이해하며, 현장에서 역량을 펼치기 위해 고민하는, 그 모든 과정 하나하나가 의미 있는 시간이 되길 바랍니다.

이를 바탕으로 구성한 본서의 특징은 다음과 같습니다.

첫째, 체계적인 구조화

많은 양의 학습을 위해서는 무엇보다 '반복학습'이 매우 중요합니다. 논리적·체계적인 구조화와 시각적인 페이지 구성을 통해 반복학습 시 이해와 암기가 자연스럽게 이루어질 수 있도록 교재를 구성하고자 노력하였습니다.

둘째, 기출문제와 근거 각론의 동시 학습

문제가 출제된 최신의 근거 각론들을 구조화된 내용 속에 포함시키고, 해당 기출문제를 표시함으로써 이론과 기출문제를 동시에 학습할 수 있도록 하였습니다. 기출문제가 어떻게 출제되는지, 답을 어떻게 이끌어 내는지에 대하여 사고를 확장할 수 있도록 구성하였습니다.

셋째, 단권화 자료로 활용

이론과 개념을 지나치게 축약한 서브노트와, 광범위한 내용이 나열된 각론 사이에서 이 교재가 단권화의 역할을 할 수 있도록 구성하였습니다. 기출의 근거가 된 각론의 내용을 빠짐없이 담았으며, 향후 확장 가능성이 있는 내용을 포함해 이 책만으로도 충분한 학습이 가능하도록 정리하였습니다.

본서와 함께하는 여러분의 시작을 진심으로 응원합니다.

저자 김은진

Contents

차례

PART 01
청각장애

Chapter 01 청각장애의 이해 ·· 8
Chapter 02 청각장애의 분류 ·· 14
Chapter 03 청각장애 아동의 특성 ·· 28
Chapter 04 객관적 청력검사 ·· 33
Chapter 05 주관적 청력검사 ·· 38
Chapter 06 보청기와 인공와우 ·· 70
Chapter 07 청각장애 아동 교육 ·· 87
Chapter 08 청각장애 특수교육 교육과정 ·· 128

PART 02
시각장애

Chapter 01 시각장애의 이해 ·· 134
Chapter 02 안질환과 교육적 조치 ·· 161
Chapter 03 저시력 학생을 위한 교육적 중재 ·· 184
Chapter 04 맹 학생을 위한 교육적 중재 ·· 205
Chapter 05 시각장애 특수교육 교육과정 ·· 260
Chapter 06 교과별 지도 ·· 262
Chapter 07 시각중복장애 학생을 위한 교육 접근 ·· 271

PART
03
지체장애

Chapter 01 지체장애의 이해 ·· 284
Chapter 02 뇌성마비 ·· 287
Chapter 03 근이영양증 ·· 324
Chapter 04 이분척추 ·· 330
Chapter 05 뇌전증(경련장애) ·· 333
Chapter 06 골형성 부전증과 외상성 뇌손상 ·· 337
Chapter 07 자세 및 앉기 지도 ·· 339
Chapter 08 보행 및 이동 지도 ·· 355
Chapter 09 식사 기술 지도 ·· 371
Chapter 10 용변 기술 지도 ·· 382
Chapter 11 착탈의 기술 지도 ·· 387
Chapter 12 부분참여의 원리 ·· 393
Chapter 13 의사소통 지도 ·· 398

PART
04
건강장애

Chapter 01 건강장애의 이해 ·· 408
Chapter 02 건강장애의 유형 ·· 421

김은진
스페듀
기본이론서

Vol. 3

Special Education

Chapter 01. 청각장애의 이해
Chapter 02. 청각장애의 분류
Chapter 03. 청각장애 아동의 특성
Chapter 04. 객관적 청력검사
Chapter 05. 주관적 청력검사
Chapter 06. 보청기와 인공와우
Chapter 07. 청각장애 아동 교육
Chapter 08. 청각장애 특수교육 교육과정

PART

01

청각장애

청각장애의 이해

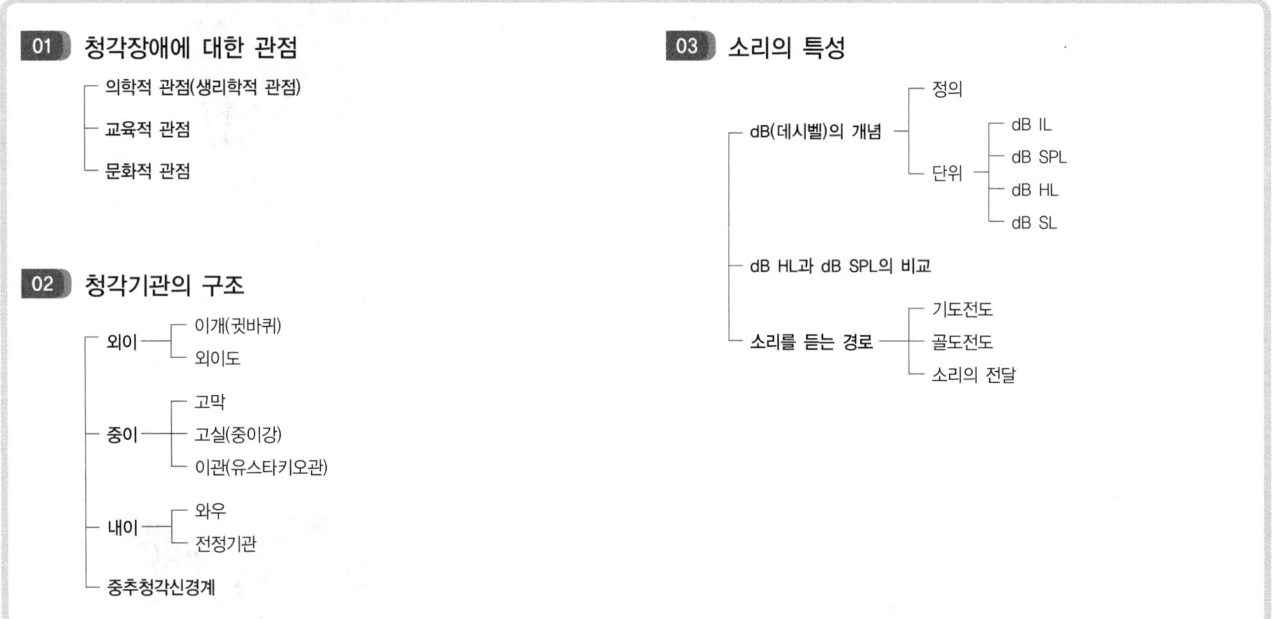

01 청각장애에 대한 관점

1. 의학적 관점(생리학적 관점)

의학적 관점에서 청각장애는 청각기관의 기능장애로서 생리학적인 청력손실 정도에 따라 농과 난청으로 구분한다.

농	청력손실이 90dB HL 이상인 경우
난청	청력손실이 대략 20~90dB HL 이하인 경우
정상	청력손실이 20~25dB HL 이하인 경우

2. 교육적 관점

① 교육적 관점에서는 청각을 통한 언어정보 이해 및 처리 능력에 따라 농과 난청을 결정한다. 즉, 개인과 환경 간의 관계 그리고 그로 인한 사회적 제약을 중요시한다.

농	보청기를 착용하고도 청각을 통한 언어적 정보교환이 불가능한 경우
난청	보청기를 착용하면 청각을 통한 언어적 정보교환이 가능하지만, 어려움을 갖는 경우

② 「장애인 등에 대한 특수교육법」

> 청력손실이 심하여 보청기를 착용해도 청각을 통한 의사소통이 불가능 또는 곤란한 상태이거나, 청력이 남아 있어도 보청기를 착용해야 청각을 통한 의사소통이 가능하여 청각에 의한 교육적 성취가 어려운 사람
>
> **특수교육대상자 선별검사 및 진단평가 영역**: 기초학습기능검사, 시력검사, 청력검사

3. 문화적 관점

① 의학적 관점과 교육적 관점 외에 최근에는 문화적 관점에서 청각장애를 정의하고 있다.

② 농인은 청력이 손실되었거나 청각보조기기가 필요한 사람이 아니라, 구어가 아닌 수어를 사용하는 소수 집단을 이루는 사람이라는 관점이다. ❶ 23초등A3

기출 POINT 1

❶ 23초등A3

ⓒ에 해당하는 관점의 명칭을 쓰시오.

> 지도 교사: 농문화에 대한 이해를 충분히 하는 것도 중요합니다. 그리고 병리적 관점에서 벗어나 ⓒ 농문화를 수어 사용 소수 집단 구성원들의 생활양식으로 인정하는 관점에서 수어를 이해해야 합니다.

더 알아보기 청각장애에 대한 문화적 관점이란 무엇인가요?

청각장애에 대한 의학적 관점과 교육적 관점은 단순히 신체적 문제(장애)만을 기준으로 분류함으로써 농인을 청력이 손실된 장애인이나 교정해야 하는 대상이라는 이미지로 생각하게 합니다. 두 관점은 청력손실 정도에 따른 보청기의 착용·조정이나 교육방법 및 언어지도방법의 선택 등에 도움이 되기도 하지만, 농인을 청인들과는 다른 사람으로 나누는 것처럼 보이게도 합니다. 이러한 한계를 극복하기 위해 청각장애를 바라보는 의학적·교육적 관점 외에 문화적 관점이 제기되었습니다.

문화적 관점에서 농인은 구어와는 다른 언어인 수어를 사용하는 소수 집단을 이루는 사람을 말합니다. 쉬운 예로 영어를 모르는 한국인이 미국에 가서 영어를 잘하지 못한다고 하여 "청각장애가 있다."라고 말하지 않듯, 수어를 사용하는 농인이 구어를 사용하지 못한다고 하여 장애인으로 보지 않는 관점이라고 할 수 있습니다.

의학적·교육적 관점에서 농인은 구어를 사용하지 못하기 때문에 언어에 장애를 가지고 있다고 봅니다. 그러나 문화적 관점은 농인이 수어를 사용하기 때문에 언어에 장애가 있다고 보지 않는 입장이라고 할 수 있습니다.

02 청각기관의 구조

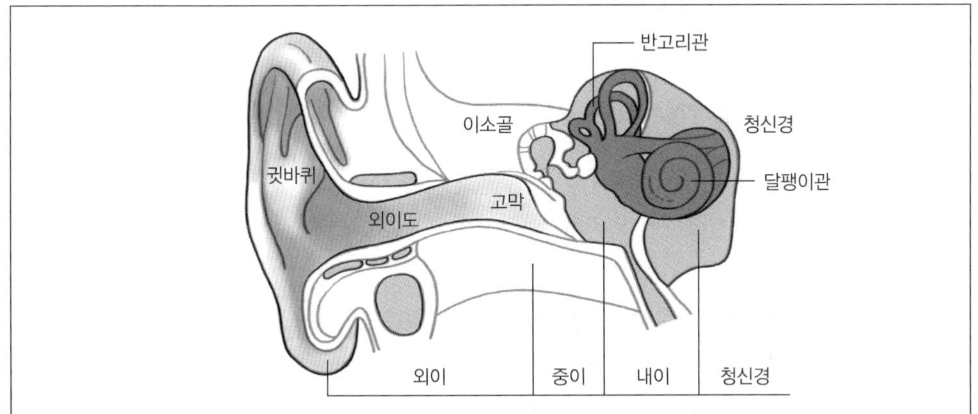

청각기관의 구조

1. 외이

공기를 통해 전달된 음파를 모아서 중이로 전달해주는 기능을 한다.

(1) 이개(귓바퀴)

① 이개는 우리가 눈으로 볼 수 있는 귀의 가장 바깥쪽 구조이다.

② 이개는 소리를 모으는 기능이 있고 소리의 방향을 지각하는 데 도움을 주지만, 그 역할은 크지 않다.

(2) 외이도

① 외이도는 이개에서 모인 소리를 고막으로 전달하는 통로이다.

② 외이도는 외부에서 이물질이 침입하는 것을 막아주고 공명기의 역할을 한다.

2. 중이

중이는 외이도를 통해 전달된 음파를 증폭하여 내이로 전달하는 기능을 한다.

(1) 고막

① 고막은 외이도와 고실 사이에 위치하고 있으며, 외이와 중이를 나누는 경계이다.

② 고막은 얇은 막으로 형성되어 있기 때문에 외부 물체나 폭발음 또는 압력 변화에 의해 쉽게 파열될 수 있다.

③ 고막의 기능은 외부로부터 고실을 보호하는 동시에 소리의 진동을 고실 내로 전달하는 것이다.

(2) 고실(중이강)

① 고실은 공기로 가득 차 있는 텅 빈 공간이다.

② 고실 안에는 이소골(추골 · 침골 · 등골)과 이내근이 있다.

㉠ 이소골은 연골이 접합된 것으로, 연쇄를 이루면서 소리를 전달한다. 즉, 고막의 진동이 세 개의 뼈를 따라(추골 · 침골 · 등골) 연쇄적으로 전달되며, 이는 등골근의 등골판을 통해 내이까지 전달된다.

㉡ 이내근은 고막장근과 등골근으로 구성되며, 강한 음에 반사적으로 수축하여 내이를 보호하는데, 이를 '등골근반사' 또는 '고실반사라'고 한다.

이소골

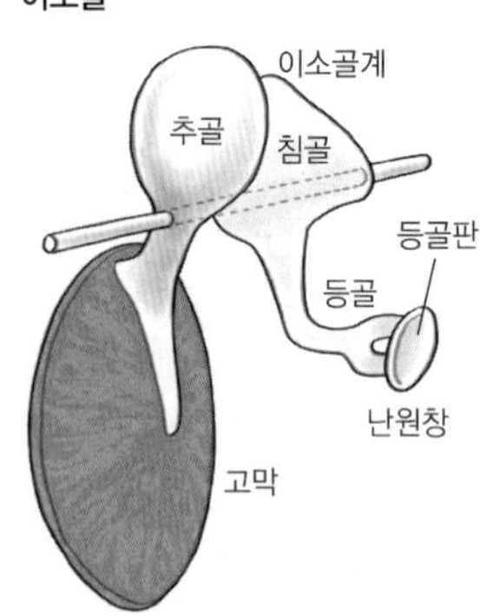

(3) 이관(유스타키오관)

① 이관은 고실에서 시작하여 코의 뒤쪽 부분인 비인강 입구까지 형성되어 있으며, 공기로 채워져 있다.

② 정상적인 경우에는 이관이 폐쇄되어 중이를 막고 있으나, 중이압력과 대기압력의 평형이 깨질 경우에는 이관이 열리게 된다.

③ 이관은 고실의 압력을 조절하는 역할을 할 뿐, 직접적인 소리 전달 기능은 가지고 있지 않다.

3. 내이

내이는 중이의 기계적인 에너지를 전기적인 에너지로 전환하는 역할을 한다.

(1) 와우

① 와우는 소리를 인식하는 기관이다.

② 와우의 가장 큰 역할은 중이로부터 전달된 에너지를 유모세포를 통해 전기 에너지로 바꾼 후 청신경으로 전달하는 것이다.

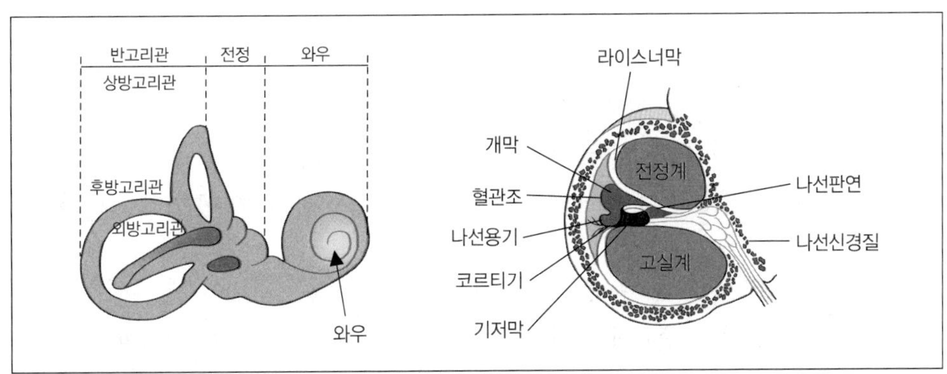

🏳 내이의 구조 및 와우의 단면

(2) 전정기관

① 전정기관은 반고리관과 와우 사이에 위치한다.

② 전정기관은 평형과 속도 변화, 수직운동과 수평운동 등을 감지한다.

4. 중추청각신경계

① 중추청각신경계는 유모세포에서 만들어진 전기신호가 청신경을 따라 청각피질에 전달되는 과정을 담당한다.

② 소리가 내이로 전달되면서 발생하는 림프액의 파동은 기저막을 움직이게 하고, 유모세포에서 변환된 전기적 신호는 청각신경을 통해 대뇌의 청각중추에 도달하게 된다.

03 소리의 특성

1. dB(데시벨)의 개념

(1) dB의 정의

① dB은 소리의 강도 또는 힘을 의미한다.

② dB은 절대적인 세기가 아닌 상대적인 측정 단위(즉, 두 가지 소리 강도 혹은 음압 사이의 비율을 표시하는 단위)이기 때문에 단순히 더하거나 뺄 수 없다.

(2) dB의 단위

① dB IL: 소리가 가진 강도(힘)의 크기를 나타낸다.

② dB SPL: 소리가 발생하지 않은 평형 상태로부터 소리의 발생으로 인하여 변화된 압력의 변동을 말한다. 즉, SPL은 소리를 만들어 내는 물리적인 공기압력을 측정한 값이다.

③ dB HL: 인간이 들을 수 있는 청력의 크기를 표시하는 단위이다.

㉠ dB HL은 개별 소리에 대한 건청인의 평균 역치이며, 측정된 역치의 표시가 바로 청력손실이 된다는 편리함 때문에 대부분의 청력검사기기에서 사용된다.

❶ 13추가중등B7

㉡ 이때 0dB HL은 소리가 존재하지 않는 것이 아니라, 성인이 들을 수 있는 최소가청역치의 평균치를 말한다. 즉, 일반적으로 보았을 때 사람이 들을 수 있는 가장 작은 소리이다. ❷ 13추가중등B7

④ dB SL: 개인의 절대역치를 초과한 만큼의 감각레벨이다. 예를 들어, 가청역치가 50dB HL인 사람에게 70dB HL의 소리가 주어진다면 그 사람의 dB SL은 검사음에서 피검자의 가청수준을 뺀 값인 20dB SL이 된다.

기출 POINT 2

❶ 13추가중등B7
청력역치를 표시할 때, dB IL이나 dB SPL이 아니라 dB HL 단위를 사용하는 이유를 1가지 쓰시오.

❷ 13추가중등B7
ⓒ의 의미를 0dB HL의 의미에 비추어 쓰시오.

ⓒ 우측 −5dB HL

2. dB HL과 dB SPL의 비교

주파수(Hz)	dB HL	dB SPL
250	0	26
500	0	12
1,000	0	7
2,000	0	9
4,000	0	10
8,000	0	13

① 0dB HL과 dB SPL 단위에는 표와 같은 차이가 있다. 예를 들면, 250Hz에서 0dB HL에 도달하기 위해서는 26dB SPL이 필요하지만, 1,000Hz에서는 7dB SPL이 필요하다. 즉, 인간의 귀는 1,000~4,000Hz 사이에서 가장 민감한 반응을 보인다는 것을 알

수 있다. 반면에 500Hz 이하이거나 8,000Hz 이상의 고주파수 음역대에서는 민감도가 떨어진다.

② 순음이 아닌 어음의 경우 dB HL과 dB SPL 간의 차이는 대략 +20dB로 본다. 즉, 어음청력검사 결과를 dB SPL로 기록하고 dB HL로 환산할 경우에는 −20dB을 더하는 것이 일반적인 규칙이다.

3. 소리를 듣는 경로

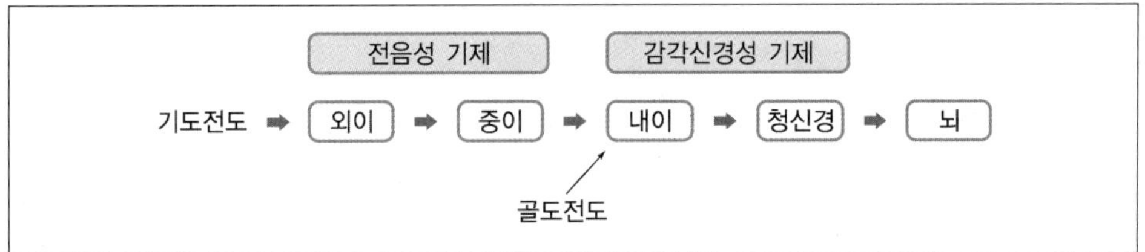

(1) 기도전도

기도전도란 외이도를 통해 전달되는 소리를 듣는 방법으로, 다음과 같은 경로를 거친다.

> 이개에서 모아진 음파는 외이도를 통해 전달되며 고막을 진동시킨다. 음파는 중이의 이소골을 거쳐 증폭되며, 등골족판의 움직임을 통해 난원창에 도달한다. 난원창을 통해 전달된 압력은 내이의 림프액을 진동시키고, 그 파동은 기저막에 연결된 코르티기관의 유모세포를 활성화시킨다. 이때 청신경의 뉴런이 활성화되면서 전기적 신호로 변환되고 이는 곧 뇌로 전달된다.

(2) 골도전도

골도전도란 외이와 중이를 거치지 않고 두개골을 진동시켜 바로 내이로 전달되는 소리를 듣는 방법으로, 다음과 같은 경로를 거친다. ❶ 25중등A4

> 소리가 외이와 중이를 거치지 않고 두개골을 진동시켜 바로 내이로 전달된다. 내이로 전달된 소리는 기도전도와 동일한 방법으로 뇌로 전달된다. 이는 청력검사 시 유양돌기부나 전두부에 장착된 골 진동자에서 발생한 소리가 직접 유모세포를 자극하는 원리이다.

(3) 소리의 전달

① 우리는 기도전도와 골도전도 모두를 통해 소리를 듣는다. 따라서 외이나 중이에만 손상이 있을 경우, 두개골을 통해 소리가 전달되기 때문에 소리를 전혀 듣지 못하는 경우는 발생하지 않는다. 한편 자신의 목소리는 골도전도를 통해 듣게 되며, 헤드셋으로 귀를 막아도 자신의 소리를 듣는 데에는 큰 지장이 없다.

② 그러나 내이에 이상이 있을 경우 기도전도와 골도전도 모두에서 소리를 잘 들을 수 없기 때문에 고도난청의 청력손실이 예상되며, 자신의 목소리를 피드백하는 데에도 어려움을 겪는다.

기출 POINT 3

❶ 25중등A4

괄호 안의 ㉠에 해당하는 내용을 쓰시오.

> 통합학급 교사: 특수교육 연수에서 이해가 안 되는 부분이 있어요. 전음성 청력손실의 경우, 전음 과정에 문제가 있으므로 기도 청력역치는 높게 나오지만, 골도 청력역치는 정상 수준인 것은 이해돼요. 그런데 감각신경성 청력손실의 경우에는, 골도 청력역치와 기도 청력역치가 왜 같은 수준으로 높게 나올까요?
> 특수교사: 기도는 외부의 소리가 외이부터 뇌까지 전달되는 소리 전달 경로이고, 골도는 두개골을 진동시켜 (㉠)부터 소리가 전달되는 경로예요. 소리 전달 경로 중 외이와 중이는 전음 기능을 담당하고, (㉠)은/는 감음 기능을 담당해요. 감각신경성 청각장애는 감음 과정에 문제가 있으므로, 기도와 골도 청력역치가 모두 높게 나와요.

CHAPTER 02

청각장애의 분류

01 청력손실 시기에 따른 분류

02 청력손실 정도에 따른 분류

03 손상 부위에 따른 분류
- 전음성 청각장애
- 감각신경성(감음신경성) 청각장애
- 혼합성 청각장애
- 중추청각처리장애(중추성 청각정보처리장애)

04 편측성 청각장애

01 청력손실 시기에 따른 분류

① 말과 언어가 발달하기 전에 청력손실을 갖게 된 경우를 '언어 습득 전 청각장애', 말과 언어의 발달이 이루어진 후에 청력손실을 갖게 된 경우를 '언어 습득 후 청각장애'라고 한다.

② 언어 습득 전과 후를 나누는 경계 시기에 대해 여러 가지 의견이 있지만, 진단적으로는 주로 4세를 기준으로 한다.

02 청력손실 정도에 따른 분류

① 청력손실 정도에 따른 분류는 생리학적 관점에서 진단적으로 매우 중요하게 사용된다.

② 청력손실 정도에 따라 경도, 중등도, 중고도, 고도, 최고도 혹은 농으로 분류된다.

③ 청력손실이 커질수록 말소리 명료도는 낮아지기 때문에 동일한 크기의 환경음을 들을 수는 있어도 말소리를 정확히 인지하는 데에는 어려움을 보인다.

④ 90dB HL은 차의 경적소리나 락밴드의 음악소리를 들을 수 있는 수준에 해당하며, 농으로 분류된다. 90dB HL 이상을 농으로 분류하는 이유는 실제 사람의 대화소리는 90dB을 초과하지 않기 때문이다.

더알아보기 ISO 청력역치에 따른 듣기 특성 ❶ 10중등33

청각장애	평균 청력역치	듣기 특성
정상 (normal)	25dB HL 이하	일상적인 소리를 듣고 생활하는 데 어려움이 없음
경도 (mild)	26~40dB HL	• 속삭이는 말소리와 같이 작은 소리 또는 멀리서 들리는 소리는 듣기 어려움 • 뒤에서 하는 말소리는 이해하기 어려움 • 1 : 1이 아닌 토론 상황에서는 말소리를 이해하기 위한 노력이 요구됨
중등도 (moderate)	41~55dB HL	• 가까운 거리의 소리는 들을 수 있으나, 일상적인 대화소리를 듣는 데 문제를 보임 • 집단 토론이나 집단 활동 등에서는 상당한 노력이 요구됨
중(등)고도 (moderately severe)	56~70dB HL	• 수업시간에 교사의 말을 듣고 이해하기 어려움 • 아주 큰 소리는 들을 수 있으나, 말소리를 듣고 이해하는 데 현저한 문제를 보임 • 말소리 명료도가 두드러지게 낮음
고도 (severe)	71~90dB HL	• 큰 환경음은 감지할 수 있으나, 많은 경우 음원을 정확하게 알기 어려움 • 말소리가 거의 들리지 않아 대부분의 단어가 인지되지 않음 • 말의 명료도는 거의 알아듣기 어려움
농 (profound)	91dB HL 이상	비행기 이륙소리나 대형 트럭 경적소리와 같은 아주 큰 환경음만 들을 수(도) 있음

03 손상 부위에 따른 분류 ❷ 12초등8 · 유아4

1. 전음성 청각장애(conductive hearing loss)

(1) 전음성 청각장애의 이해 ❶ 25유아A4, ❸ 16초등B3, ❹ 10중등33

① 외이 또는 중이의 손상에 의한 청각장애로, '전음성'이란 외이와 중이 또는 외이나 중이가 소리를 전달하는 역할을 제대로 수행하지 못하는 청력손실을 의미한다.

② 기도청력은 손상되어 있으나 골도청력은 거의 정상이다.

③ 일반적으로 청력손실이 60~70dB를 넘지 않으며, 보청기로 소리를 증폭시켜줌으로써 어느 정도 효과를 기대할 수 있다.

④ 수평형 또는 저음장애형의 청력형을 보인다.

기출 POINT 1

❶ 10중등33

다음의 청력도는 학생의 순음청력검사 결과이다. 이 학생의 오른쪽 귀의 청각 특성에 대해 옳은 것을 모두 고르시오.

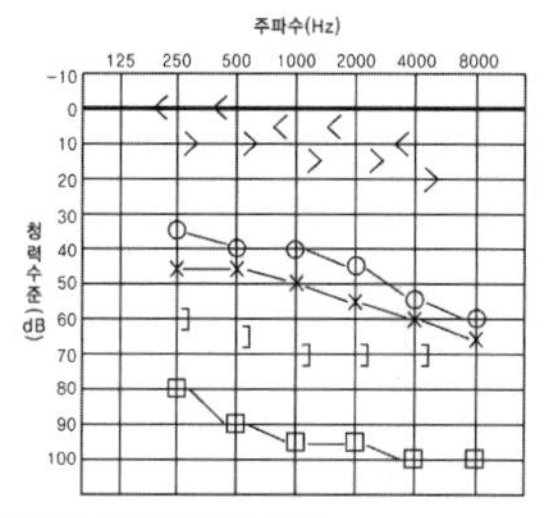

ⓑ 조용한 장소에서 두 사람이 속삭이는 소리를 1.2m 거리에서 듣는 데 어려움을 겪는다.

기출 POINT 2

❶ 25유아A4

[A]에 근거하여 청력손실 부위에 따른 은수의 청각장애 유형을 쓰시오.

> 부모님께 알아보니 은수가 2세 때 만성적인 중이염을 앓았다고 해요. 순음청력검사 결과, 기도의 평균 청력은 60dB이고 청력형은 수평형이라고 해요. 골도 청력은 이상이 없고요. [A]

❷ 12초등8 · 유아4

청각장애 학생 이해 관련 내용으로 옳지 않은 것을 고르면?

> ㄴ. 청력손실의 정도에 따라 전음성, 감음신경성, 혼합성, 중추성 청각장애로 나눌 수 있습니다.

더알아보기

전음성 청각장애

단순히 전음성 청각장애일 경우 내이는 정상이나 귓바퀴, 외이도, 중이의 선천성 기형, 외이도를 메운 귀지, 외이나 중이의 감염, 고막이나 이소골의 손상, 이소골의 석회화 등으로 인해 소리 전달을 방해받을 수 있다. 대부분의 전음성 청각장애는 의료적 처치를 통해 정상 또는 거의 정상에 가까운 수준의 청력으로 회복될 수 있다.

(2) 정상 청력과 전음성 난청 청력형 비교

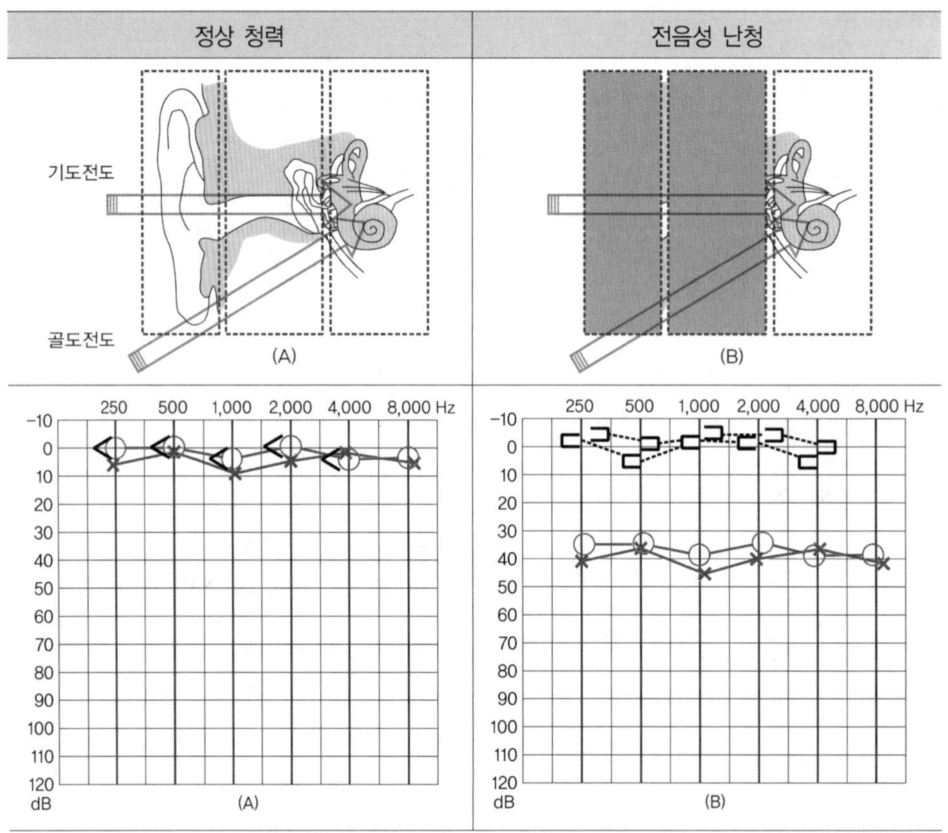

기출 POINT 2

❸ 16초등B3

김 교사가 현우의 청각장애 유형이 전음성 청각장애라고 판단한 이유를 아래에 제시된 현우의 청력도에 근거하여 쓰시오.

현우의 청력도

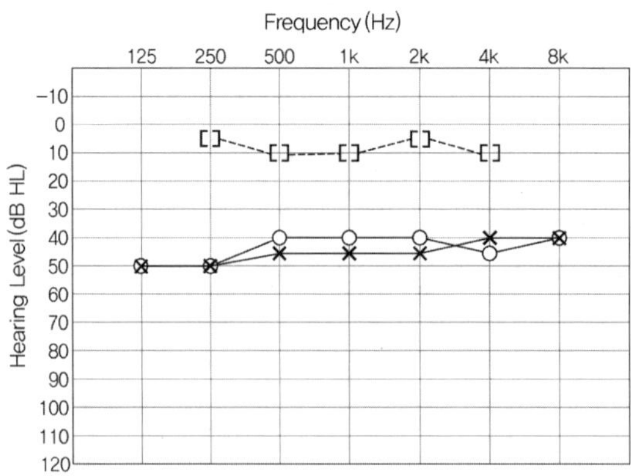

❹ 10중등33

다음의 청력도는 학생의 순음청력검사 결과이다. 이 학생의 오른쪽 귀의 청각 특성에 대해 옳은 것을 〈보기〉에서 모두 고르시오.

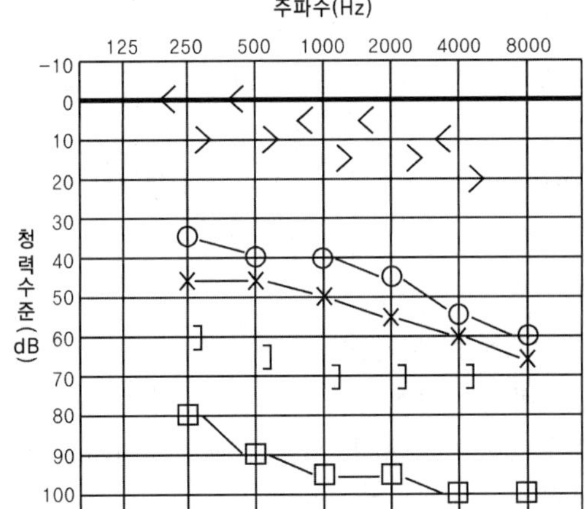

〈보기〉

㉠ 전음성 난청이다.
㉡ 인공와우 이식을 하게 되면 듣기 능력이 향상된다.
㉢ 남자 목소리를 여자 목소리보다 더 잘 들을 수 있다.

---

2. 감각신경성(감음신경성) 청각장애(sensorineural hearing loss)

(1) 감각신경성 청각장애의 이해 기출 POINT 3

① '감각신경성'은 달팽이관과 관련된 '감각적 청력손실(미로성)'과 청신경과 관련된 '신경적 청력손실(후미로성)'을 합친 용어다.

㉠ **미로성 난청**: 소리가 청각신호로 변환되는 과정에서 와우의 이상으로 인해 문제가 발생하여 청력손실을 초래하는 청각장애이다.

㉡ **후미로성 난청**: 유모세포에서 전달되는 청각신호에는 문제가 없으나, 청각신경 자체 또는 신경에 연결하는 과정에서의 병변으로 인한 청각장애이다.

② 기도청력과 골도청력이 모두 손상되어 있으며, 기도청력과 골도청력 간 청력손실의 정도에는 차이가 거의 없다.

③ 감각신경성 청력손실은 대부분 청력손실 정도가 심해 특수교육적 지원이 요구된다.

④ 저주파수대보다 고주파수대의 청력손실이 커서 주로 고음점경형의 청력형을 보인다.

⑤ 어휘발달이 지체되어 있으며, 저주파수대 잔존청력을 많이 보유하고 있어 발음 시 저주파수인 비음을 과다산출한다. 또한, 전보식 문장을 사용하는 특성을 보이기도 하며 추상적 개념 형성에 어려움을 겪는다.

기출 POINT 3

❶ 11중등28

다음은 선천성 청각장애 학생의 순음청력검사 결과이다. 이 학생의 청력도에 근거하여 알 수 있는 내용으로 옳은 것만을 〈보기〉에서 모두 고르시오.

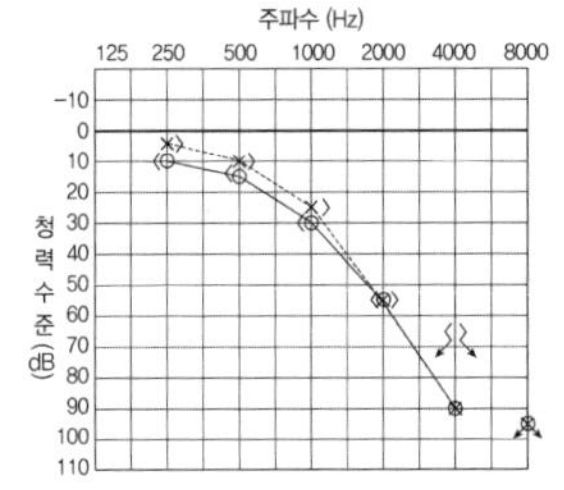

〈보기〉

㉡ 청각장애의 원인은 중이에 의한 청력손실이다.
㉢ 발성 시 자음 산출에 어려움이 있고, 과대비성이 나타난다.

❷ 09중등20

감음신경성 청각장애에 해당될 수 있는 설명을 고르시오.

㉠ 침골과 등골에 손상이 있다.
㉡ 코르티기에 손상이 있다.
㉢ 기도와 골도 검사 결과 모두에 청력손실이 있고, 그 정도가 유사하다.
㉣ 기도 검사 결과에는 청력손실이 있고, 골도 검사 결과는 정상 범위에 있다.
㉤ 보청기 착용 효과가 없는 경우에는 인공와우 이식을 고려한다.
㉥ 보청기 착용 효과가 충분히 예상되므로 보청기 적합 절차를 거쳐 착용한다.

⑥ 보청기를 통한 청력 재활이 효과적이지 못하고, 양측 모두 고도 이상의 감음성 청각장애이면서 청신경이 기능하고 있을 경우 인공와우 시술을 고려할 수 있다.

⑦ 음의 보충현상(누가현상 ; recruitment)이 나타날 수 있다.

㉠ 음의 보충현상은 청력역치는 높지만 불쾌수준은 정상 청각과 비슷하거나 오히려 약간 감소한 상태에서 나타난다. 즉, 청력역치는 증가하지만 불쾌수준은 증가하지 않는 것이다.

㉡ 음의 보충현상이 있을 경우 작은 소리는 듣지 못하고, 보통 크기의 소리는 약하거나 매우 작게 들으며, 큰 소리는 정상 청각과 비슷하게 듣거나 오히려 더 큰 소리로 지각하게 된다.

㉢ 와우의 누가현상으로 인해 역동범위가 좁아지므로 보청기의 착용 효과가 줄어든다. 보청기 중에서 비선형 증폭시스템은 입력음압의 증가율과 출력음압의 증가율이 서로 다른 증폭 방식으로, 50dB SPL이 되기 전까지는 일정한 증폭량을 보이다가 그 이상에서는 출력음압의 증가율이 감소하는 특성을 보인다. 이를 통해 음의 왜곡현상을 방지할 수 있으므로 감각신경성 청각장애에 유용하다.

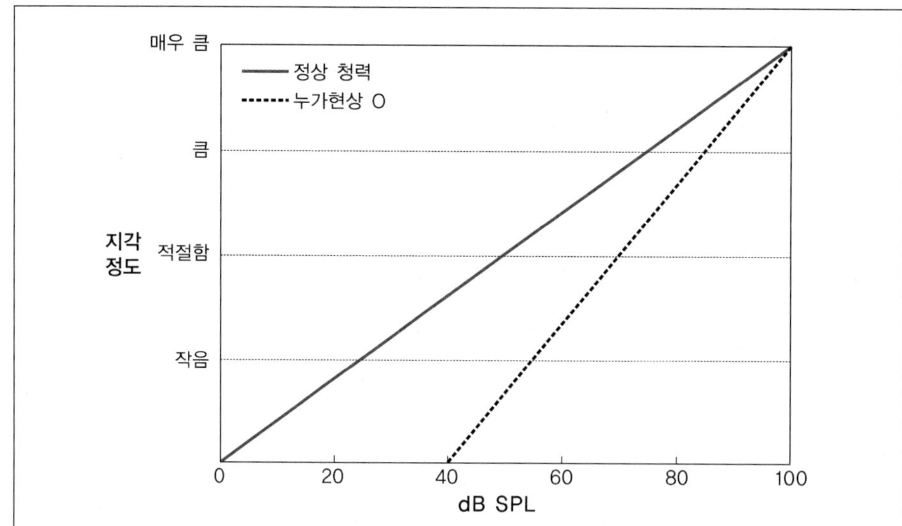

정상 청력의 경우 0dB에서 20dB은 작은 소리로 느끼고, 약 50dB은 적절한 크기로, 약 70dB은 큰 소리로, 100dB은 매우 큰 소리로 지각한다. 그러나 누가현상이 있을 경우 70dB의 소리를 적절하다고 느끼는 반면 80dB에서 크다고 느끼고, 100dB SPL에서는 정상 청력과 마찬가지로 불쾌수준에 도달하게 된다.

누가현상

더 알아보기 감각신경성 난청의 역동범위

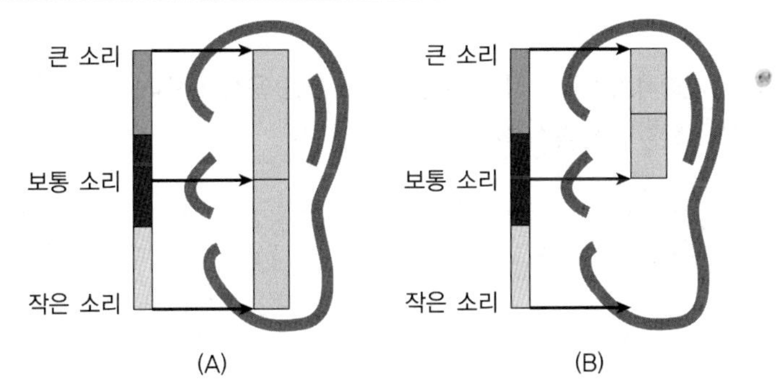

- (A) : 건청인의 역동범위로, (B)에 비해 넓은 역동범위를 가지고 있음
  ➡ 주변의 모든 소리를 역동범위 안에서 편안하게 들을 수 있음
- (B) : 감각신경성 난청으로 인해 역동범위가 좁아져 주변의 작은 소리는 전혀 듣지 못하고, 큰 소리는 건청인과 같은 수준으로 느끼거나 오히려 더 큰 소리로 느낄 수 있음(음의 보충현상)

(2) 정상 청력과 감각신경성 난청 청력형 비교

정상 청력	감각신경성 난청
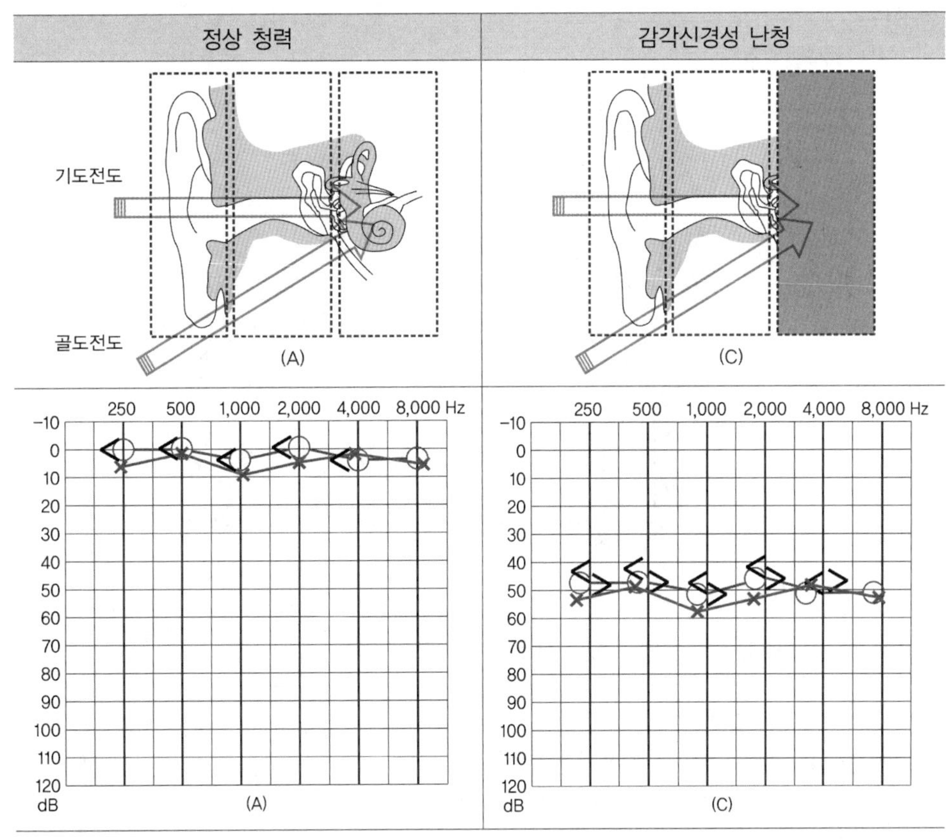	

기출 POINT 3

❸ 20초등A6

(가)에 근거하여 청각기관의 손실 부위에 따른 분류상 윤서가 보이는 청각장애의 유형을 쓰고, 그 이유를 역치 측면에서 쓰시오.

(가) 순음청력검사 결과

구분		주파수(Hz)						
		125	250	500	1000	2000	4000	8000
좌	골도역치(dB HL)		50	65	65	75	75	
	기도역치(dB HL)	50	55	65	65	75	80	85
우	골도역치(dB HL)		40	50	60	70	75	
	기도역치(dB HL)	40	45	50	65	70	75	85

❹ 13추가유아A8

아래 청력도를 근거로 지수를 감음신경성 청각장애인 것으로 판단할 수 있는 이유를 1가지 쓰시오.

(나) 지수의 청력도

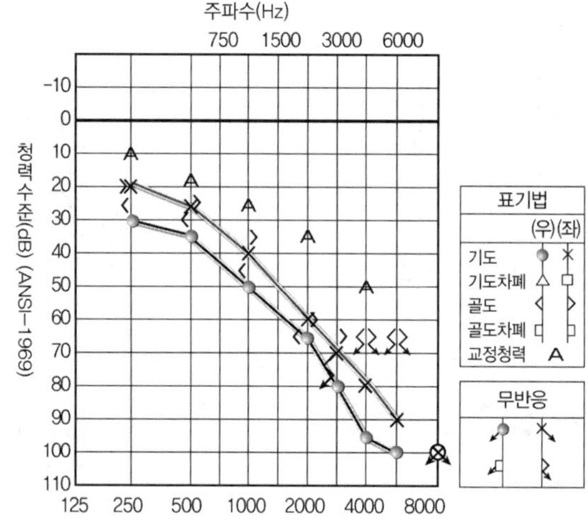

❺ 13중등14

㉠~㉢ 중에서 옳은 내용만을 있는 대로 고르시오.

> 교생 A: 우리 반 준희는 내이에 손상을 입은 감음신경성 청각장애에요.
> 교생 B: 아, ㉠ <u>감음신경성 청각장애는 외이나 중이에는 손상이 없으니까 헤드폰을 통해 순음을 들려주어 검사하는 기도검사 결과가 정상이겠군요.</u>
> 교생 A: 준희는 ㉡ <u>내이에 손상이 있으니까 골도검사에서 청력 손실이 나타나지요.</u>
> 교생 B: 참, ㉢ <u>기저막에 손상을 입으면 전음성 청각장애이지요.</u>

3. 혼합성 청각장애(mixed hearing loss)

(1) 혼합성 청각장애의 이해

① 혼합성 청각장애는 전음성 기관(외이, 중이)과 감각신경성 기관 모두 손상된 청각장애 유형이다. ❶ 14초등A5, ❷ 13중등14

② 혼합성 청각장애는 중이와 내이 모두 손상을 입히는 여러 가지 외상, 내이까지 진행되는 중이염, 중이와 달팽이관 구조에까지 진전되는 이경화증 등에 의해 발생할 수 있다.

③ 기도청력과 골도청력 모두 손상되어 있고, 기도청력의 손상이 골도청력의 손상보다 더 크다. ❸ 11초등8 · 유아6

더 알아보기

전음과 감음기관의 병변을 모두 통과하는 기도청력은, 감음기관의 병변만을 통과하는 골도청력보다 손상의 정도가 크다.

(2) 정상 청력과 혼합성 난청 청력형 비교

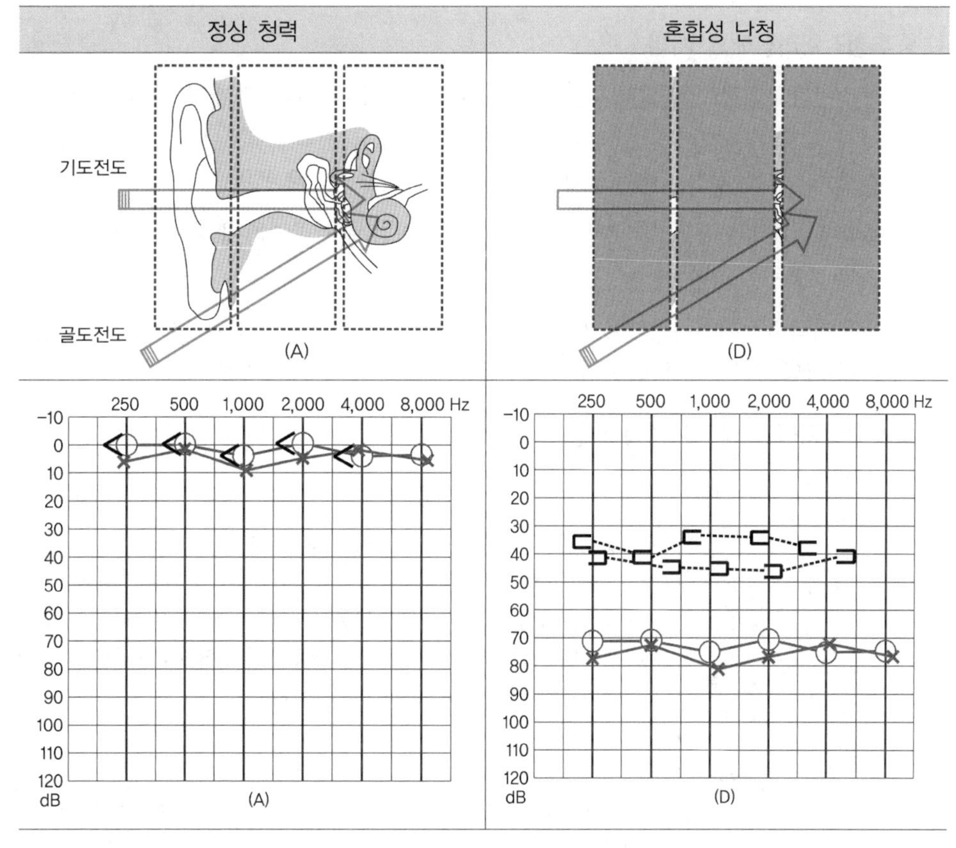

기출 POINT 4

❶ 14초등A5

영희의 특성을 고려할 때, 청력 손실 부위에 따른 청각장애 유형을 쓰시오.

- 어렸을 때 고열로 인하여 달팽이관이 손상되었으며, 만성 중이염으로 중이에도 손상을 입었음
- 현재 기도 청력 손실 정도는 양쪽 귀 모두 85dB이며, 기도 청력 손실 정도가 골도 청력 손실 정도보다 높게 나타남

❷ 13중등14

ⓜ~ⓗ 중에서 옳은 내용만을 있는 대로 고르시오.

교생 B: 정미는 ⓜ 고막과 이소골 두 곳에 손상이 있다고 하니 혼합성 청각장애이겠군요. 이런 학생들의 순음청력검사 결과는 어떤가요?
교생 A: ⓗ 혼합성 청각장애는 기도와 골도검사 모두에서 청력손실이 나타나는데, 기도검사의 청력손실이 골도검사의 청력손실보다 더 크게 나타나지요.

❸ 11초등8 · 유아6

다음은 청각장애 자녀를 둔 어머니들의 대화이다. 밑줄 친 내용 중 옳은 것을 모두 고르시오.

영미 엄마: 우리 영미는 ㉠ 혼합성 청각장애로 기도와 골도 검사 모두에서 청력 손실이 나타났는데, 기도 검사의 청력 손실이 골도 검사의 청력 손실보다 더 크게 나타났어요.

기출 POINT 5

❶ 25중등A4

괄호 안의 ㉡에 해당하는 내용을 순서대로 쓰시오.

> 통합학급 교사: 학생 B는 기도와 골도 청력역치가 모두 정상 수준인데, 왜 그런가요?
> 특수교사: 학생 B는 외이부터 청신경까지를 포함한 (㉡) 청각기관은 문제가 없고, 중추청각신경계에 문제가 있기 때문이에요. 그래서 소리가 어느 방향에서 나는지 구분하기 어려워하거나 소리의 리듬이나 높낮이 인식을 어려워할 수 있어요.

4. 중추청각처리장애(중추성 청각정보처리장애, CAPD)

더알아보기 말초청각장애와 중추청각장애 ❶ 25중등A4

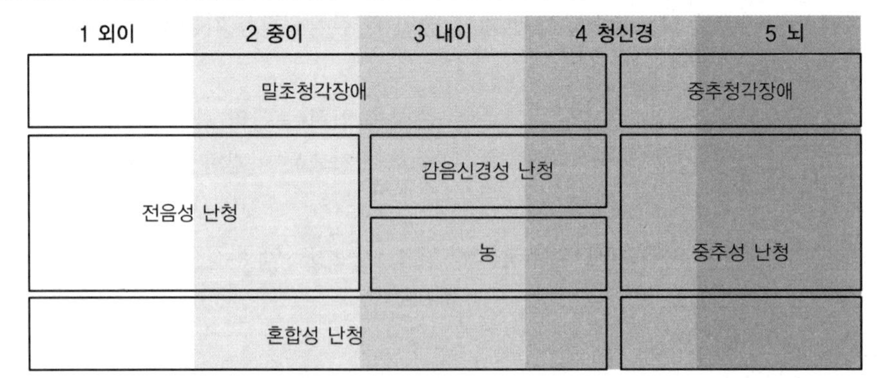

- 말초청각장애는 외이 · 중이 · 내이 · 청신경의 병변으로 발생하며, 소리를 전달하고 감지하는 데 문제를 보인다.
- 중추청각장애는 청신경을 거쳐 청각 중추에 이르는 과정에서의 문제로 발생하며, 청각정보를 지각하고 분석하며 종합하는 처리과정에서 어려움을 보인다.

기출 POINT 6

❶ 13중등14

㉠~㉥ 중에서 옳은 내용만을 있는 대로 고르시오.

> 교생 A: ㉣ 유모세포의 손상으로 음파가 전기에너지로 제대로 전환되지 않아 대뇌피질까지 소리가 전달되지 않는 중추성 청각장애가 있어요.

(1) 중추청각처리장애의 개념

① 중추청각처리장애는 말초청각기관은 정상이나 중추청각신경계에 문제가 있는 것으로서, 달팽이관 이후의 청각문제(청각신경이 대뇌 청각피질로 도달하는 과정에서의 손상)로 인해 청각신호의 처리과정에 결함을 보인다. ❶ 13중등14

② 중추청각처리장애는 청각장애나 지적장애가 없음에도 말소리에 비정상적인 반응을 보이는 것이 특징이다.

③ 순음청력검사에서는 큰 이상을 보이지 않으나, 말소리를 듣고 이해하는 등의 언어처리과정(말소리를 종합하고 분석하여 이해하는 것)에서 문제를 보인다.

더알아보기

중추청각처리장애의 여섯 가지 문제 영역(ASHA)

① 소리가 어느 방향에서 나는지 알기 어렵다.
② 소리를 변별하기 어렵다.
③ 소리의 리듬이나 높이 등을 인식하는 것이 어렵다.
④ 소리 정보의 시간적 측면을 파악하는 것이 어렵다.
⑤ 양쪽 귀에 각각 다른 소리자극을 주었을 때 동시에 듣는 것이 어렵다.
⑥ 불충분한 청각정보를 통합하여 듣는 것이 어렵다.

(2) 중추청각처리 기능 및 행동 특성

① 중추청각처리 기능

음의 방향정위 및 편재화	• 방향정위는 소리가 들리는 방향과, 머리를 중심으로 한 수평적 · 수직적 거리를 가늠할 수 있는 기능이다. 음의 방향정위에 어려움을 갖는 사람의 경우 자기 이름을 어디(방향)에서 부르는지를 모른다거나, 길을 건널 때 들리는 자동차의 경적소리가 어느 방향인지를 파악하지 못해 당황하기도 한다. • 방향정위의 결함은 특히 시끄러운 소음 상황에서 말을 이해하는 데 문제를 보인다. • 편재화(sound lateralization)는 헤드셋이나 이어폰을 통해 양측 귀에 들어온 소리의 좌우측을 판별하는 능력을 말한다.

청각적 변별	• 청각적 변별에 문제가 있을 경우 비슷하게 들리는 소리나 음소들을 구별하는 데 어려움을 갖는다. • 초분절적 측면에서는 단어의 강세 · 억양 · 장단 등의 차이를 변별하는 것을 말하며, 분절적 측면에서는 말소리를 변별해내는 것을 말한다. • 예를 들면, /ba/와 /pa/의 차이를 아는 것인데, 이때 말소리의 변별자질이 적을수록 청각적 변별도 어려워진다.
청각패턴 인식	청각패턴 인식은 두 가지 기능을 포함한다. – 연속적으로 들리는 일정한 톤이나 리듬을 인식하는 것이다. 리듬을 인식하고 활용하는 것은 언어발달에서 중요한 의미를 갖는다. 언어의 운율과 리듬적 요소를 인식하는 것은 단어인식, 단어형성과 문법규칙을 배우는 데 전제조건이 되기 때문이다. – 소리의 높낮이, 즉 주파수 패턴에 대한 인식이다. 주파수 패턴 인식에 문제가 있을 경우에는 예를 들면, '고–고–저', 또는 '저–고–고' 등의 조합된 패턴을 들려주면서 패턴을 구어로 명명하는 과제에서 어려움을 보인다.
시간적 처리	시간적 처리는 청각정보에 대한 시간적인 처리능력을 말한다. – **(시간적) 통합**: 서로 다른 음향자극이 양쪽 귀에 들리면 우리 귀는 2개의 다른 음향신호를 각각 하나의 신호로 처리한다. 예를 들면, 우측 귀에는 숫자 8을, 좌측 귀에는 숫자 5를 동시에 들려주었을 때 정상적인 경우라면 동시에 들을 수 있어야 한다. 그러나 양쪽 귀의 정보처리 속도가 다를 경우에는 이를 동시적으로 처리하는 데 문제가 생길 수 있다. – **시간간격 감지**: 음이 끊어지는 것을 탐지하는 능력이다. 중추청각기능에 문제가 있거나 배경소음이 있는 경우에 시간간격역치는 증가한다. – **청각 순서화**: 입력된 청각정보의 순서를 정확하게 기억하는 것을 말한다. 예를 들면, 2개의 서로 다른 클릭음을 들려주고 어느 쪽 귀에서 먼저 소리를 들었는지 시간상의 순서를 아는 것을 말한다. 그러나 이때 양쪽 귀에 들려주는 자극음의 시간간격이 최소 15~60ms 정도가 되어야만 소리가 들린 쪽이 우측인지 좌측인지를 구분할 수 있다. – **차폐**: '차폐'란 여러 개의 음원이 있을 경우 듣고자 하는 음을 듣기 어렵게 만드는 방해음을 말한다. 시간적 차폐는 차폐가 동시에 발생된 것인지, 신호자극 이전에 발생된 것인지 혹은 이후에 발생된 것인지를 구분할 수 있는 것을 말한다. 시간적 차폐가 되지 않을 경우에는 여러 사람이 말하는 장소에서 특정 대화 상대자의 말을 이해하는 데 어려움을 보인다.

<table>
<tr>
<td>경쟁
음향자극에서의
낮은 수행력</td>
<td>시끄러운 소음 속에서도 내가 원하는 의미 있는 정보를 얻고자 주의를 집중할 때에는 자극신호 외에 동시에 들리는 다른 방해 소리는 무시하게 된다. 그래서 주변이 매우 시끄러워도 자기가 듣고자 하는 소리에 집중하면 그 소리를 들을 수 있다. 이 영역에 문제가 있는 경우에는 순음청력검사나 방해 요인이 없는 어음청력검사에서는 별 특이점을 보이지 않으나, 소음 속에서 청각적 정보를 받아들이는 데 어려움을 갖는다.</td>
</tr>
<tr>
<td>불명료한
음향자극에서의
낮은 수행력</td>
<td>대부분의 말소리는 일부가 약해지기도 하고, 변조되기도 하고, 다른 소리가 들어가거나 음의 끊김 현상으로 인해 불명료한 상태로 들리기도 한다. 이처럼 불명료한 음향자극에서 정보를 잘 받아들이기 위해서는 다음과 같은 능력이 요구된다.

불명료한 음향자극 수행요건

<table>
<tr><td>청각적 분석</td><td>음절, 단어, 문장 그리고 텍스트 등에서 각각의 언어적 요소를 인식하는 능력</td></tr>
<tr><td>청각적 기억</td><td>소리나 단어 등을 기억하는 능력</td></tr>
<tr><td>청각적
주의집중</td><td>일반적인 소리자극에 귀를 기울이는 능력</td></tr>
<tr><td>청각적 합성</td><td>각각의 음소들을 하나의 단어로 연결하는 능력</td></tr>
<tr><td>청각적 종결</td><td>일부분을 듣지 못했을 때 전체 단어나 메시지를 이해하거나, 완전하지 않은 음의 조합을 의미 있는 단어로 보완하여 이해하는 능력</td></tr>
</table>
</td>
</tr>
</table>

② 중추청각처리행동 특성

CAPD는 원칙적으로 말초청각신경, 언어발달, 인지 혹은 그 밖의 다른 요인에 일차적 원인이 없음에도 청각처리과정과 청지각에서 문제를 보이는 경우를 말한다. 그러나 청각장애, 언어발달장애, 인지장애 혹은 주의집중장애를 가지고 있는 경우 CAPD의 특성을 동반할 수 있다.

㉠ 청지각의 문제: '청지각'이란 귀를 통해 받아들인 정보가 무엇인지를 아는 것으로, 소리에 대한 정신적 자각이다. 즉, 청지각은 '듣다'의 의미가 아닌, 귀에 들린 소리가 무엇인지를 파악하고 중추신경계를 통해 이를 처리하는 과정을 말한다.

㉡ 주의력결핍

- 대화에서 톤의 변화를 인식하거나 구별하는 데 문제를 보인다. 예를 들어, 일상적인 대화 상황에서 평서문과 의문문의 차이를 청각적으로 다르게 인식하는 데 혼란을 느끼거나, 미세한 운율 변화를 감지하는 능력이 떨어져 노래나 리듬을 배우는 데 어려움을 갖는다. 말을 할 때도 단조로운 음도로 말하는 경향이 있다.
- 청각과민 현상을 보인다. 특정 주파수나 특정 크기의 소리에 대한 민감도가 높다.

- 비슷한 음소를 변별하지 못한다. 예를 들어, '토끼'와 '도끼'의 차이를 청각적으로 구별하지 못하여 말을 이해하는 데 혼란을 느낄 뿐만 아니라 단어를 산출하는 데에도 문제를 보인다. 비슷한 음소를 바꾸어 발음하는 경우가 많은데, 예를 들어 /라면/을 /나면/으로 발음하거나 /도서관/을 /도-ㅅ-관/으로 모음을 생략하여 말하기도 한다.
- 청각적 자극을 처리하는 데 시간이 걸린다. 상대방의 말의 속도가 빨라지면 말을 이해하는 능력이 현저하게 떨어져서 부모나 교사의 지시를 잘 따르지 않는 것처럼 느껴질 때가 많다.
- 소리가 나는 방향을 잘 구분하지 못한다. 여러 사람이 한꺼번에 말을 하는 상황이나 특히 야외에서는 어디에서 말하는지를 잘 알지 못하여 두리번거리는 행동을 한다.
- 양쪽 귀에 동시에 서로 다른 소리가 들리면 이해하는 데에 어려움을 갖는다. 예를 들어, 다른 곳에서 동시에 말을 하는 상황에서는 한쪽 귀에서 들리는 소리만 듣는 현상을 보인다.
- 주변에 배경소음이 발생하면 들어야 할 소리에 집중하지 못한다. 조용한 곳에서 이야기할 때는 두드러지지 않지만, 옆에 TV가 켜져 있거나 다른 사람이 옆에서 이야기를 하는 상황에서는 말을 이해하는 능력이 현저하게 떨어진다.
- 말소리가 조금 불분명해지거나 끊기면 대화 메시지를 이해하지 못한다.
- 방금 전에 상대방이 한 말을 잘 기억하지 못해서 재차 확인하는 경우가 많다. "뭐라고?", "응?" 등 상대방의 말에 집중하지 않는 느낌을 자주 준다. 지시나 요구하는 문장이 길어지면 내용을 잘 기억하지 못한다.

㉢ **낮은 학업수행능력**: 많은 경우 CAPD 아동은 읽기 · 쓰기에 문제를 보이거나 비슷한 철자를 혼동하여 사용하는 경우가 많다.

(3) 청각처리장애 학생의 중재방법

① 교실 안을 조용하게 유지하고 학생들과 교사도 작은 소리로 말하는 태도를 갖는다.

② 교실은 주변 소음에서 차단될 수 있어야 하며, 교실의 면적이 크지 않은 것이 좋다.

③ 난청을 동반한 경우에는 마이크로폰으로 교사가 말하고 무선으로 학생에게 전달되는 FM 보청기가 도움이 된다.

④ 아동과 말을 할 때는 가까이 다가가서 또렷한 발음(과장되지 않은)으로 말한다.

⑤ 아동의 이름을 부를 때는 반드시 눈을 맞추거나 가볍게 몸을 만져서 신호를 준다.

⑥ 학생의 자리는 앞쪽으로 배치하되 중간보다는 모서리 쪽에 앉히는 것이 좋다. 그러나 창가나 문 옆은 피해야 한다.

⑦ 소음에 예민하거나 조용한 시간을 필요로 하는 경우에는 때때로 소음차단 귀마개를 사용하도록 한다.

⑧ 교사의 말에만 집중하지 않아도 되도록 시각자료를 부가적으로 활용한다.

⑨ 학생이 정말로 맞게 이해했는지 수시로 확인한다.

⑩ 말을 할 때는 천천히 하고, 긴 문장은 피하고 가급적 짧은 문장으로 말해준다.

⑪ 즉시 집중을 요구하거나 받아쓰도록 하는 것은 피하는 것이 좋다.

⑫ 수업 내용을 녹음해서 다시 확인하도록 하는 것이 좋다.

⑬ 과제 수준이 너무 높을 경우에는 쉬운 과제로 바꿔준 후, 그것을 수행하고 나면 다시 원 과제를 제시한다.

기출 POINT 7

❶ 21초등A2

골도검사 결과가 제시되면 예상할 수 있는 '청각기관의 청력 손실 부위에 따른 분류'의 명칭을 2가지 쓰시오.

(가) 성호의 특성

- 순음청력검사의 기도검사: 3분법으로 두 귀가 동일하게 평균 80dB HL
- 청력도: 고음점경형(경사형)
- 중추청각처리장애는 없음

❷ 16유아A7

골도 청력검사 결과가 정상 범주에 속하는 유아의 이름을 모두 쓰시오.

- 영희: 혼합성 청각장애
- 진수: 감음신경성 청각장애
- 승규: 전음성 청각장애
- 민지: 중추청각처리장애

❸ 13추가중등B7

청각장애 학생들 중 외이나 중이에 손상이 있는 학생의 이름을 모두 쓰시오.

(dB HL)

병철	• 기도 좌측 50 우측 50 • 골도 좌측 50 우측 50
수미	• 기도 좌측 35 우측 0 • 골도 좌측 5 우측 −5
지우	• 기도 좌측 70 우측 65 • 골도 좌측 35 우측 35

더알아보기 청각 손상 부위에 따른 청각장애 유형 ❶ 21초등A2, ❷ 16유아A7, ❸ 13추가중등B7

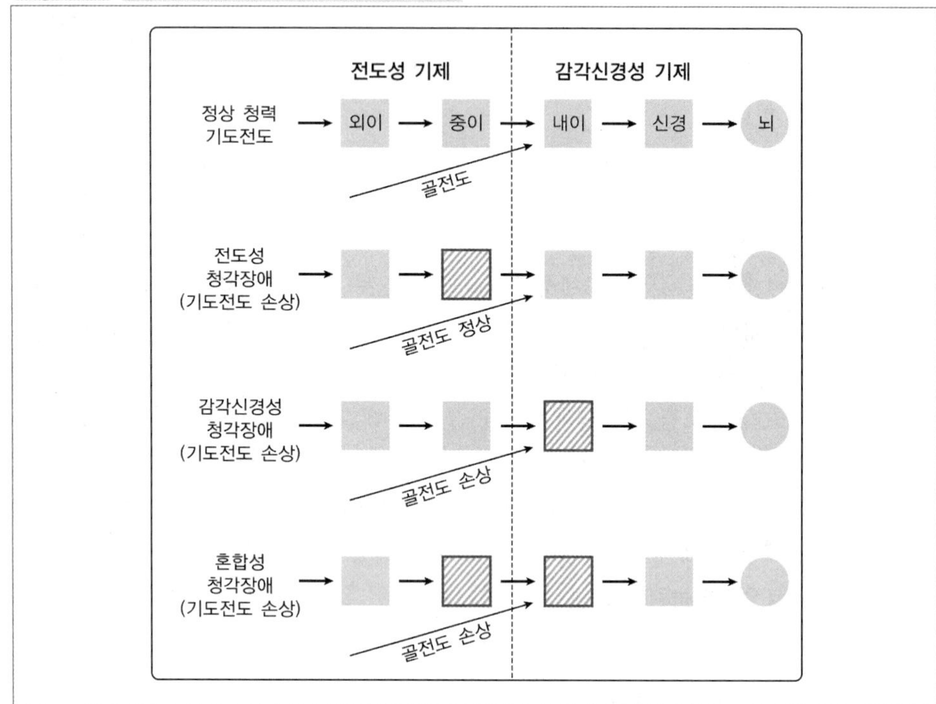

04 편측성 청각장애

(1) 편측성 청각장애의 개념

편측성 청각장애는 한쪽 귀만 청력손실이 있는 청각장애 유형으로, 불균형적인 청력 상태로 인해 소음 속에서 구어 이해가 낮고, 음원 찾기에 어려움이 있다. ❶ 19초등B4

(2) 사용 가능한 보청기

① 편측성 청각장애에게 적합한 특수보청기로 크로스 보청기가 있다.

② '크로스 보청기'란 들리지 않는 귀 방향(청력손실이 있는 귀)으로 들려온 소리를 들리는 귀 쪽으로 전달해주는 특수보청기이다.

기출 POINT 8

❶ 19초등B4

다음은 청각장애 학생 영희의 청력검사 결과와 특성이다. 청력검사 결과에 대한 해석으로 적절하지 않은 것 2가지를 찾아 각각 기호를 쓰고 바르게 고쳐 쓰시오.

■ 청력검사 결과

검사명		좌	우
순음청력검사	기도검사	19dB HL	73dB HL
	골도검사	19dB HL	73dB HL
어음청취역치검사(SRT)		25dB HL	80dB HL
어음명료도검사		40dB에서 100%	70dB에서 60%
			말림현상은 관찰되지 않음
(청성)뇌간유발반응검사 (ABR)		25nHL	70nHL

〈청력검사 결과 해석〉

ⓓ 편측성 난청으로 소리의 음원을 찾는 데에 어려움이 예측된다.

CHAPTER 03

청각장애 아동의 특성

01 청각장애 아동의 언어발달 특성
- 음운론적 발달 특성
- 의미론적 발달 특성
- 구문론적 발달 특성
- 화용론적 발달 특성

02 청각장애 아동의 읽기 특성 및 지도
- 청각장애 아동의 읽기 특성
- 청각장애 아동의 읽기 어려움의 원인
- 읽기 지도 방법(어휘력 증진 지도 전략)

03 청각장애 아동의 쓰기 특성 및 지도
- 청각장애 아동의 쓰기 특성
- 쓰기 지도 방법

01 청각장애 아동의 언어발달 특성

청각장애 아동의 언어발달 지체의 이유는 첫째, 자신이 내는 소리를 자신이 듣지 못하여 적절한 청각적 피드백을 받을 수 없고, 둘째, 성인으로부터 적절한 언어적 강화를 받을 수 없으며, 셋째, 성인의 언어 모델을 경험할 수 없기 때문이다. 그러나 청각장애 아동의 언어발달 과정 자체는 건청 아동의 언어발달 순서와 패턴에서 크게 벗어나지 않는다.

1. 음운론적 발달 특성

(1) 초기 음운발달 단계에서의 특성

① 전혀 듣지 못하는 농아동도 쿠잉 단계와 초기 옹알이 단계에서는 말소리를 산출한다.

② 생후 6개월 전후의 옹알이 단계에서 점차적으로 나타나는 음소확장과 음소축소 현상이 뚜렷하게 관찰되지 않는다.

㉠ '음소확장'이란 옹알이 단계에서 처음에는 제한된 소리를 내다가 점차 인간이 내는 거의 모든 소리를 산출하는 현상이다.

㉡ '음소축소'란 모국어에 없는 음소는 소멸하고 모국어에 있는 음소만 남게 되는 현상을 말한다.

③ 건청 아동의 경우에는 옹알이 단계에서 자음과 모음을 결합하여 여러 가지 소리를 만들어 반복하는 반면, 청각장애 아동은 똑같은 소리를 반복하는 경향을 보인다.

(2) 음운론적 특성

① 청각장애 아동은 분절적 요소뿐만 아니라 초분절적 요소에서도 오류를 보이는데, 예를 들어 청각장애 아동의 말은 비운율적이거나 단조롭고, 음도가 높거나 음성의 높낮이가 불규칙적이며 음도 이탈이 잦다.

㉠ '분절적 요소'란 자음・모음과 같은 음소를 의미한다.

㉡ '초분절적 요소'란 말의 억양, 장단, 속도, 쉼, 강세 등을 말한다.

② 혀를 입안 중앙에 위치시켜 발음하는 모음의 중성화(neutralization) 현상이 나타난다. 이는 일종의 모음 변형으로, 예를 들면 전설모음 [i]를 발음할 때 중성음인 [a]를 섞어서 발음하는 것을 말한다. ❶ 20중등A8

③ [b], [d], [g]와 같이 성대의 진동으로 만들어지는 유성음과 [p], [t], [k]와 같은 무성음을 혼동하여 발성하는 경우가 많다. 그러나 한국어 사용자에게는 그 차이가 분명하게 인지되지 않기 때문에 대부분 동일한 음소로 지각된다. 반면에 /ㅍ/, /ㅌ/, /ㅋ/와 같은 파열음에서의 유기음과 /ㅃ/, /ㄸ/, /ㄲ/의 무기음은 의미상의 차이를 가져오므로 한국어 사용자에게 중요하다. 청각장애 아동은 '토끼'를 [도기]로 발음하는 등의 경우가 많다.

④ 청각장애 아동은 모음보다는 자음에서 더 많은 오류를 보이는데, 특히 마찰음과 파찰음 산출에서 오류가 잦다.

⑤ 청각장애 아동의 경우 혀를 지나치게 인두 쪽으로 당겨서 발음하는 경향이 있는데, 이는 맹관공명 현상(인두강에 공명 에너지가 집중되어 과도한 공명을 일으키는 현상)을 일으키고 모음 정확도를 떨어뜨리는 결과를 초래한다.

2. 의미론적 발달 특성

(1) 몸짓(gesture)의 사용

① 청각장애 아동은 몸짓에 의존하는 경우가 많은데, 몸짓은 크게 지시적 몸짓과 표상적 몸짓으로 구분할 수 있다.

㉠ 지시적 몸짓은 손을 뻗기, 가리키기, 보여주기 등을 포함하며 유아들이 어휘를 습득하기 전 초기 의사소통을 위해 사용한다.

㉡ 표상적 몸짓은 첫 단어를 말하기 전후에 출현하는 것으로서, 상징적 의미가 담겨 있는 몸짓이다. 예를 들면, 이를 닦는다거나 잠자기 또는 전화하기 등의 몸짓으로서 초기 단계에서 몸짓과 단어를 함께 조합하여 정보를 전달한다.

② 청각장애 아동은 몸짓으로만 의사소통을 하는 시기가 오래 지속되며, 사용 빈도 또한 높다.

더알아보기

모음 삼각도

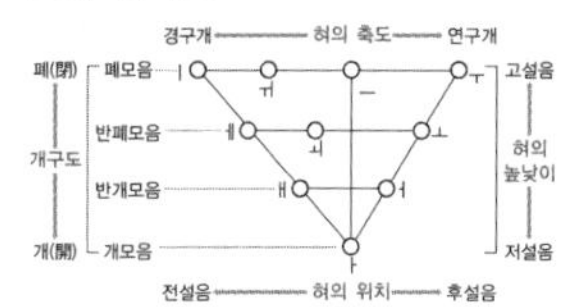

기출 POINT 1

❶ 20중등A8

(가)는 청각장애 학생 G의 특성이다. (가)의 밑줄 친 ㉡과 같은 발음의 현상을 의미하는 용어를 쓸 것.

(가) 학생 G의 특성

- 초등학교 1학년 때부터 보청기를 착용함
- 음성언어(구어)로 주로 의사소통함
- 독화로 음성언어를 수용하나, 독화의 시각적 한계로 인한 어려움을 보임
  - /ㅁ, ㅂ, ㅍ/를 구분하지 못함
- 말 명료도가 낮음
  - '결석'을 '겨서'로 발음함
  - ㉡ [i] 발음 시 [a]에 가깝게 발음함

(2) 의미론적 특성

① 발달 패턴은 건청 아동과 동일하나, 발달 속도는 지체된다.

② 명사보다는 동사를 습득하는 것이 더 어렵다.

③ 다의어에 대한 이해가 어렵다.

④ 문맥에 적절하지 않은 어휘를 사용한다.

⑤ 언어의 은유적 · 직유적 · 관용적 표현에 대한 이해도가 낮다.

⑥ 구체적인 단어보다 추상적인 단어를 습득하는 데 어려움을 보인다. 예를 들면 '토끼', '물', '학교' 등의 단어는 구체적인 단어이며 추상적 단어는 '민주주의', '정체성' 등과 같이 암시적 의미를 가지고 있어서 개인마다 다르게 받아들여질 수 있는 단어이다.

3. 구문론적 발달 특성

(1) 청각장애 아동의 구문 능력

① 수화를 사용하는 청각장애 아동의 경우 수화의 영향으로 인해 공통적으로 정형화된 문법 표현과 어순의 오류 등이 관찰된다.

② 청각장애 아동의 구문 능력은 건청 아동에 비해 많은 지체를 보인다.

(2) 구문론적 특성

① 문법을 습득하는 데 어려움이 있다.

② 특정 단어만 반복되어 나타나는 짧은 문장 형식을 사용한다.

③ 내용어 사용이 많으며 기능어는 제한적이다.

④ 명사와 동사만을 사용한 단문 산출이 많다.

⑤ 문법 구조에 대한 지식 부족으로 정형화된 문법 구조를 과다하게 사용하는 경향이 있다.

⑥ 복문 산출 시 적절한 연결 어미를 찾는 데 어려움이 있다.

⑦ 조사 생략이 많다.

⑧ 시제 사용에 어려움이 있다.

⑨ '무슨', '무엇', '어느' 등의 관형사 사용에 혼동이 잦다. 왜냐하면 수화에서는 '무슨', '무엇', '어느'의 표현이 오른손 검지를 세워 흔드는 동작 하나에 불과하기 때문이다.

4. 화용론적 발달 특성

① 청각장애 아동은 듣고 말하는 데 한계가 있기 때문에 효율적인 대화를 유지하는 데 어려움이 있다.

② 순서교대(turn-taking)에 어려움이 있다.

③ 대화경험 부족으로 인해 화용적 언어기술이 낮다.

02 청각장애 아동의 읽기 특성 및 지도

1. 청각장애 아동의 읽기 특성 ❶ 10초등유아6, ❷ 09중등26

① 통사규칙이 많이 적용된 문장, 추상적 어휘능력을 요구하는 문장, 다의어가 사용된 문장, 피동문과 비유어・지시대명사가 내재된 문장, 단문보다는 복문으로 구성된 문장에서 읽기 오류를 많이 보인다.

② 청각장애 아동의 경우 조사보다는 어순에, 문장구조보다는 의미에 중점을 두며 독해하는 경우가 많다.

③ 단어보다는 문장에서 읽기 이해가 더 쉬운데, 이는 언어적 단위가 더 긴 구와 문장은 문맥적 단서를 이용하여 유추할 수 있는 잉여성이 있는 반면, 단어는 이러한 잉여성이 상대적으로 매우 적기 때문이다.

2. 청각장애 아동의 읽기 어려움의 원인

① 어휘력과 읽기 이해력은 매우 밀접한 관계를 갖는데, 청각장애 아동의 경우 낮은 어휘력으로 인해 읽기 이해에 어려움이 있다.

② 음운론적 능력의 결함으로 인해 읽기에 어려움이 있다.

③ 구문론적 능력의 결함으로 인해 단어를 알고 있다고 하더라도 문법 지식이 부족하여 문장 이해에 어려움이 있다.

④ 읽기 전략의 실패로 글을 읽을 때의 과정이나 전략을 스스로 조절하는 능력이 부족하여 읽기 성취수준이 낮다.

3. 읽기 지도 방법(어휘력 증진 지도 전략)

(1) 정의적 어휘 지도

① 정의적 어휘 지도는 단어의 정의를 먼저 읽힌 다음 교사가 그 뜻을 설명해주고 그것을 읽어보게 하는 방법이다.

② 예를 들면, '우량'이라는 단어는 '내린 비의 양'이라는 의미와 '뛰어나게 좋은 것'이라는 의미를 갖는다는 것을 설명한다. 그런 다음 그 단어들을 읽어보게 하고 교사가 어휘의 정의를 질문하면 학생이 바르게 대답하는 것을 목표로 한다.

(2) 문맥 유추 어휘 지도

① 문맥 유추 어휘 지도는 교사가 어휘의 뜻을 직접적으로 설명하지 않는 것을 원칙으로 한다. 학생이 새로운 단어가 포함된 지문을 읽고 그 단어의 뜻을 알 수 있는 단서를 찾아내서 스스로 문장의 의미를 파악하는 방법이다.

② 예를 들어, "우리는 우량도서를 많이 읽어야 한다. 우량도서를 통해서 삶의 질을 …", "어제는 비가 많이 내렸다. 우량이 100mm였다. 엄청난 양이다." 등의 문장을 통해 새로운 단어의 의미를 유추하는 것이다.

기출 POINT 2

❶ 10초등유아6

다음은 청각장애 학생 혜주의 특성에 대한 기록이다. 이 기록을 기초로 하여 혜주에게 언어를 지도하려고 할 때, 〈보기〉에서 적절한 방법을 모두 고르시오.

- 성명: 김혜주(여)
- 특성: 선천성 청각장애
  - 동작성 지능지수(IQ): 94
  - 사회성숙지수(SQ): 85
  - 가정환경: 건청인 부모 밑에서 외동으로 성장하고 있으며 아파트에 거주함. 부모 모두 직장 생활을 하고 있음
  - 또래관계: 또래들과 어울리려고 노력하나 주로 혼자 보내는 시간이 많음

〈보기〉

㉠ 말의 정보를 반복적으로 제공하여 혜주가 의사소통 단서를 파악하도록 유도한다.
㉡ 관용적으로 사용되는 표현은 혜주가 이해하기 어려울 수 있으므로 별도로 지도한다.
㉢ 읽기 지도에서 동시는 완성된 문장보다 쉽게 받아들이므로 동시를 활용하여 문장에 대한 이해를 높인다.
㉣ 혜주는 중이 손상에 의해 초래된 전음성 난청이므로 교과활동 시 교사는 음의 강도를 높여 지도해야 한다.

❷ 09중등26

농학생의 전형적인 읽기・쓰기 특성에 관한 설명으로 적절하지 않은 것은?

① 내적 언어 결손으로 읽기 발달이 지체된다.
② 읽기・쓰기에서 비유적 표현의 어려움을 보인다.
③ 통사구조 이해력이 단일 문장에서보다 문단에서 낮다.
④ 음성언어의 통사구조가 아닌 그들만의 독특한 구조를 표현하기도 한다.
⑤ 학업성취도 평가의 하위 검사에서 철자법보다는 단어의미 이해력이 낮다.

(3) 의미망 어휘지도(의미지도 그리기)

① '의미지도'란 학생들이 낱말들 간의 관계를 알도록 하는 일종의 도표로서, 단어와 단어 간의 개념적 관계를 도식화해서 나타내는 것이다.

② 의미망 어휘지도는 개별 단어의 의미만을 가르치기보다는 선험적 지식과 배경적 지식의 활성화를 중시한다.

③ 종이 중간에 목표 어휘(주제)를 적고 그 주위에 동그라미를 친 다음, 관련된 단어들을 생각나는 대로 적어 나가면서 어휘의 의미를 학습하는 방법이다.

03 청각장애 아동의 쓰기 특성 및 지도

1. 청각장애 아동의 쓰기 특성(수화 사용)

① 부적절한 어순을 사용한다.

② 정형화된 구문표현을 산출한다.

③ 문법형태소(조사)의 생략 및 오류가 많다.

④ 어휘가 한정되어 있으며, 동일한 어휘를 반복하여 사용한다.

⑤ 짧고 단순한 문장을 사용하며 단문이 많다.

⑥ '그리고', '-어서'와 같이 특정 접속사를 과도하게 사용한다.

⑦ 결속표지 사용률이 낮다. '결속표지'란 문장들 간에 서로 연관성을 갖기 위해 엮어주는 장치로, 접속사나 대명사를 의미한다.

2. 쓰기 지도 방법

청각장애 아동의 쓰기에서는 수화의 언어적 특성이 나타나는데, 문법형태소를 생략하거나 내용어를 연결하는 나열구조 사용이 잦고, 수화식 서술어를 사용하는 경향이 있다. 따라서 청각장애 아동의 언어발달 특성과 의사소통 양식을 고려한 쓰기 지도 방법을 모색해야 한다.

CHAPTER 04

객관적 청력검사

01 중이검사(임피던스 검사)
- 중이검사의 원리
- 중이검사의 유형
  - 고막운동성검사
  - 등골근반사검사
  - 반사피로검사(청각피로검사)

02 이음향방사검사
- 이음향방사검사의 원리
- 이음향방사검사의 유형
  - 자발 이음향방사검사
  - 유발 이음향방사검사

03 청성유발전위검사
- 청성유발전위검사의 원리
- 청성유발전위검사의 유형
  - 전기와우도검사
  - 뇌간유발반응검사

'객관적 청력검사'란 피검자의 판단에 의존하지 않고 피검자의 생리학적 반응을 통해 청력의 이상 유무와 정도를 파악하는 검사이다. 객관적 청력검사는 의사소통에 어려움이 있는 영유아 및 노인, 위난청, 메니에르병 등의 진단과 기능성 난청의 판별에 효과적이다. 객관적 청력검사는 특히 영유아의 청각선별검사에 많이 활용된다. 객관적 청력검사에는 중이검사, 이음향방사검사, 청성유발전위검사 등이 있다. ❶ 25유아A4, ❷ 16중등A12

01 중이검사(임피던스 검사)

1. 중이검사의 원리

① 고막에 전해진 소리에너지가 반사되어 나오는 양을 측정하여 중이의 기능을 살피는 검사를 통칭하여 임피던스 청력검사 또는 중이검사라고 한다. ❶ 11중등14

② 중이검사에는 대표적으로 고막운동성검사, 등골근반사검사, 등골근반사 피로검사가 있다.

기출 POINT 2

❶ 11중등14

청각장애의 진단에 사용하는 검사들이다. 해당하는 검사 명칭을 바르게 제시한 것은?

> (가) 피검자의 고막을 향해 소리를 들려준 뒤, 반사되어 나오는 소리의 양을 미세 마이크로 잡아 전기적 반응을 측정하는 것은 임피던스 청력검사이다.

기출 POINT 1

❶ 25유아A4

밑줄 친 ㉠의 이유를 객관적 청력평가와 주관적 청력평가의 차이 측면에서 쓰시오.

> 윤 교사: 청각장애를 조기에 발견하고 중재하는 것이 언어발달에 중요해요. ㉠ 특히, 영아의 경우 객관적 청력평가를 통해 청각장애를 조기에 선별하고 진단할 수 있어요. 영·유아 청력선별과 진단을 위해 많이 사용하는 검사가 2가지 있어요. 달팽이관 이상 유무를 확인할 수 있는 이음향방사검사가 있고, 두피에 전극단자를 부착하여 달팽이관, 청신경 그리고 중추청각전달 경로로 전달되는 전기적 신호를 확인하는 검사도 있어요.

❷ 16중등A12

잘못된 것의 기호를 2가지 쓰고, 내용을 바르게 고치시오.

> ㉠ 최근에는 신생아 청력선별검사를 통해 청각장애가 조기에 발견되는 경우가 많으며, 검사 방법은 주로 순음청력검사이다.
> ㉣ 청각장애와 정신지체 또는 자폐성 장애가 중복되어 주관적 청력검사가 어려울 경우, 객관적 청력검사인 청성뇌간반응검사(ABR)를 실시할 수 있다.

2. 중이검사의 유형

(1) 고막운동성검사

① 고막운동성검사는 외이도 입구에서 음향자극을 준 후 고막에서 반사되어 돌아오는 에너지를 분석하는 검사이다.

② 검사의 원리는 다음과 같다.

㉠ 고막은 외이도와 고실 사이에 위치한 얇은 막으로, 외부로부터 중이를 보호하고 고막에 전달된 음파의 진동을 이소골로 전달해주는 역할을 한다.

㉡ 외부로부터 들어온 소리에너지는 고막인 고체 매질을 만남으로써 일부는 흡수되고 일부는 반사되는데, 이때 흡수되는 에너지를 '수용(admittance)', 반사되는 에너지를 '저항(impedance)'이라고 한다.

㉢ 음향자극에 대한 고막의 탄성 변화 정도는 고막과 중이강의 상태를 보여주기 때문에 중이질환 유무 진단에 매우 유용한 기준이 된다.

(2) 등골근반사검사

① 등골근반사는 중이의 중요한 기능 중 하나로, 외부에서 강한 음자극이 입력되면 등골근이 수축되고, 이로 인해 이소골 연쇄가 경직되어 저항이 증가하는 현상이 나타난다.

② 등골근반사 역치는 어느 정도의 큰 소리가 제시되었을 때 등골근이 수축되는지를 알아보는 반응값이다. 일반적으로는 70~100dB SPL 순음에서 등골근이 반사적으로 수축되며, 이러한 반사가 탐지되는 가장 작은 소리 수준이 역치값이 된다.

③ 등골근반사가 관찰될 경우 최소한 중이가 정상이라는 것을 보여준다.

(3) 반사피로검사(청각피로검사)

① '청각피로'란 순음을 계속해서 들려주면 어느 순간 음량이 감소되거나 음이 사라지는 현상으로, 그 자체는 정상이다. 즉, 소리자극이 처음 들어오면 청각기관은 반응하지만, 그 소리가 지속되면 신경반응의 감소로 자극음이 존재함에도 듣지 못하게 되는 것이다.

② 청각피로는 내이 이후의 청신경 부위에 이상이 있는 후미로성 난청일 경우 나타나는 비정상적 반응(adaptation) 현상으로, 등골근 반사를 지속하는 데 피로를 느껴 자극음이 있는데도 적응이 빨리 나타나는 현상이다.

③ 등골근 반사가 변하지 않거나 등골근 반사피로(청각피로)가 서서히 나타나면 정상으로 평가하고, 10초 이내 50% 이상 급격하게 감소하면 후미로성 난청으로 평가한다. 그 이유는 청신경에 이상이 있는 후미로성 난청의 경우 신경의 손상으로 인해 비정상적 적응 현상(등골근 반사를 지속하지 못하고 자극음이 있음에도 적응이 빨리 나타나는 현상)이 나타나기 때문이다.

④ 반사피로검사는 등골근반사역치(음향반사 역치, Acoustic Reflex Threshold; ART)보다 10dB 더 큰 소리를 10초 동안 지속적으로 들려주면서 등골근 반사의 변화 정도를 측정하며, 500Hz이나 1,000Hz에서 10초 내 반사량의 감소 정도를 측정한다. 이때 50% 이상 급하게 감소하면 양성 반응으로 후미로성 난청을 의심할 수 있고, 반사량의 정도가 변하지 않거나 서서히 50%까지 감소하면 음성 반응으로 정상 또는 미로성 난청으로 판정할 수 있다. 2,000Hz나 4,000Hz의 고주파수 소리는 정상에서도 급격히 감소하는 현상이 나타날 수 있으므로 이 검사의 주파수로는 사용하지 않는다.

더 알아보기 반사감퇴의 측정 기록

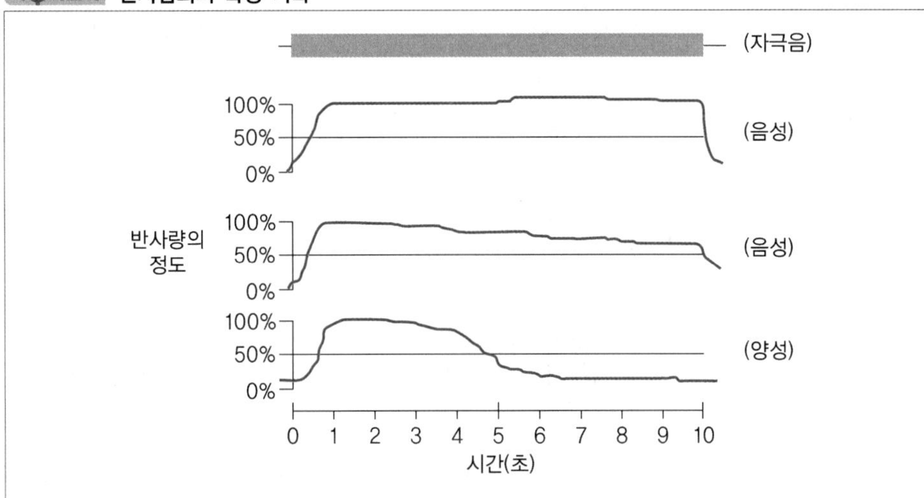

자극음이 제시되는 10초 동안 반사 현상이 전혀 변하지 않거나 50% 이내로 감퇴한 경우는 음성, 50% 이상 감퇴한 경우는 양성으로 기록함

02 이음향방사검사(OAE)

1. 이음향방사검사의 원리

① 이음향방사는 자발적 또는 음향자극에 대한 반응으로, 와우에서 방사되는 낮은 강도의 음향에너지를 외이도에서 마이크로폰으로 측정하는 검사이다.

② 이음향방사검사를 통해 와우의 기능을 평가하고 내이나 청신경의 병변이 있는 감각신경성 청각장애의 유무를 파악할 수 있다.

③ 만약 감각신경성 청각장애 아동에게서 이음향방사가 나타난다면 아동의 외유모세포 기능에 손상이 없다는 의미이므로, 장애 부위가 불분명한 후미로성 난청으로 유추할 수 있다. 그러나 이음향방사가 없다면 와우의 이상을 예측할 수는 있으나 후미로성이 동시에 관여할 수 있는 가능성도 고려해야 한다.

2. 이음향방사검사의 유형

(1) 자발 이음향방사검사

① 외부 자극음이 없는 상태에서 검사가 이루어지기 때문에 소음이 철저히 차단된 공간에서 검사가 이루어져야 한다.

② 개인차가 심하다는 단점을 가지고 있으나, 최소한 이음향방사가 관찰된 경우에는 정상 청력이라는 단서를 제공해줄 수 있다.

(2) 유발 이음향방사검사

① 귀에 가해진 외부 자극음에 대해 발생하는 이음향방사를 활용하여 검사한다.

② 30dB HL보다 좋은 청력을 가지고 있는 경우에는 거의 100% 이음향방사가 관찰되기 때문에 청력손실 여부를 예측하는 데 효과적이다.

03 청성유발전위검사(AEP)

1. 청성유발전위검사의 원리

① '청성유발전위검사'란 소리자극에 의해 와우, 청신경, 그리고 중추청각전달로로 전파되는 일련의 전기적 신호를 기록하는 검사를 의미한다.

② 청성유발반응은 잠복기, 즉 소리자극을 준 후 전기적 신호가 발생할 때까지 소요된 시간에 따라 초기반응, 중기반응, 후기반응으로 분류한다.

③ 일반적으로 청성 초기반응을 측정하기 위해 전기와우도검사와 뇌간유발반응검사를 실시한다. ❶ 12중등31

검사	잠복기	잠복시간	발생 부위
전기와우도검사, 뇌간유발반응검사	초기반응	0~10ms	와우, 청신경, 뇌간 일부
AMLR, 40Hz 반응	중기반응	10~80ms	뇌간, 중뇌
ALLR, P-300 반응	후기반응	50~300ms	대뇌피질

기출 POINT 3

❶ 12중등31

청각장애를 진단하기 위한 청력검사에 대한 설명으로 옳은 것만을 〈보기〉에서 있는 대로 고르시오.

〈보기〉

㉠ 뇌간유발반응검사(ABR)는 청성 초기반응을 측정하는 객관적 검사이다.

2. 청성유발전위검사의 유형

(1) 전기와우도검사

① 전기와우도검사는 외이도나 중이에 주요한 전극을 부착한 후, 와우 및 와우에 가장 근접한 말초청신경의 기능을 측정하는 데 사용된다.

② 전극의 부착 위치에 따라 침습적 방법과 비침습적 방법으로 나뉜다. 와우에 가까운 곳에 전극을 부착할수록 더욱 정확한 전기와우도를 얻을 수 있다.

③ 임상적으로 전기와우도검사는 메니에르병의 진단에 사용되며, 뇌간유발반응의 진단에 보조적인 정보로 활용되기도 한다.

(2) 뇌간유발반응검사(ABR)

① 뇌간유발반응검사는 청신경에서 뇌간의 일부에 이르는 청각전달로에서 발생하는 전기적 신호를 기록하는 것으로, 두개골의 두정부·유양돌기 및 이마에 전극을 부착하여 검사를 실시한다. ❶ 25유아A4, ❷ 11중등14

- 뇌간: 뇌간은 말초신경계에서 중추신경로로 향하는 중요 경로로서, 청각신호는 와우에서 측두골을 거쳐 뇌간으로 들어감
- 유발반응: 어떤 자극에 의한 반응을 의미함
- 유발전위: 유발반응과 유사하게 사용되며, 각종 감각자극에 의해 일정한 잠복기 후에 나타나는 신경조직의 전기적 반응을 말함

② 뇌간유발반응은 각성 상태에 큰 영향을 받지 않기 때문에 객관적 청력검사로 널리 활용되며, 특히 신생아 청각 선별검사 등 유·소아의 청력 측정에 널리 사용되는 검사이다.

③ ABR에서는 여러 가지 자극음이 가능하지만, 일반적으로 클릭음이 가장 많이 쓰인다.

④ 뇌간유발반응검사는 청신경에서 뇌간의 일부에 이르는 청각전달로를 기록할 뿐 청각피질에서의 병변은 발견할 수 없다는 단점이 있다.

더 알아보기 dB nHL

지속시간이 긴 순음의 경우에는 자극음의 강도를 dB HL 또는 dB SPL 단위로 표기한다. 가청역치의 평균은 dB HL로, 음압에 대한 비는 dB SPL로 나타낸다. 반면에 클릭음이나 톤 버스트 음과 같이 짧은 지속시간을 가진 자극음의 단위는 dB nHL을 사용한다. 0dB nHL은 정상 청력을 가진 성인에게 초당 10~20회의 물리적 클릭음을 주고 구한 가청역치를 말한다. ABR의 역치는 순음청력역치에 비해 대체로 높게 나타나는데, 성인의 경우 5~10dB이 높게 나타나고, 소아의 경우 20dB까지 차이를 보이는 경우도 있다.

기출 POINT 4

❶ 25유아A4

밑줄 친 ㉡에 해당하는 청력평가의 명칭을 쓰시오.

> ㉡ 두피에 전극단자를 부착하여 달팽이관, 청신경 그리고 중추청각전달 경로로 전달되는 전기적 신호를 확인하는 검사도 있어요.

❷ 11중등14

청각장애의 진단에 사용하는 검사들이다. 해당하는 검사 명칭을 바르게 제시한 것은?

> (다) 피검자의 머리에 전극을 부착시켜 청신경계의 미세한 전기적 반응을 측정하는 것은 뇌간유발반응검사이다.

CHAPTER 05

주관적 청력검사

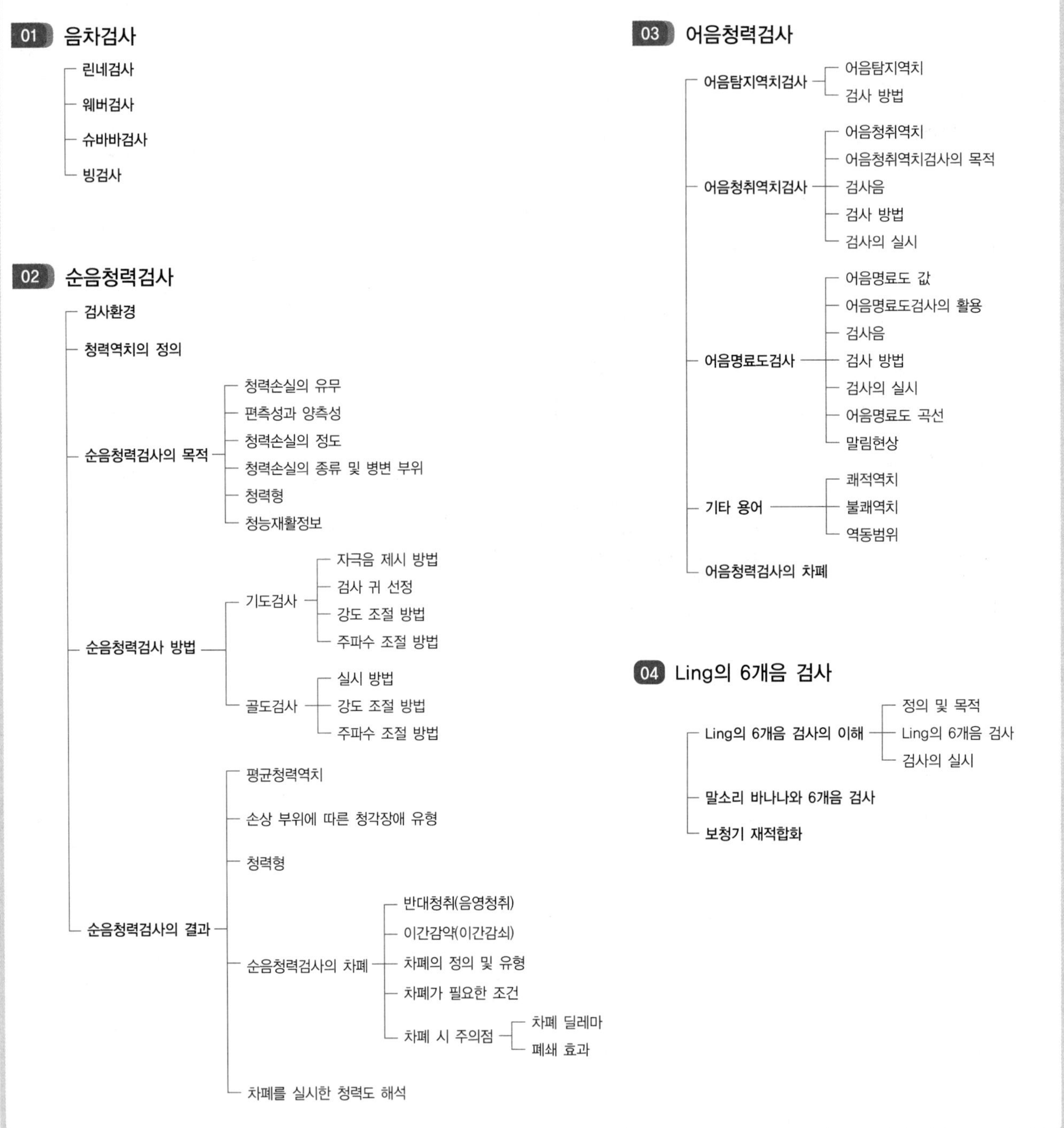

01 음차검사
린네검사
웨버검사
슈바바검사
빙검사
02 순음청력검사
검사환경
청력역치의 정의
순음청력검사의 목적
청력손실의 유무
편측성과 양측성
청력손실의 정도
청력손실의 종류 및 병변 부위
청력형
청능재활정보
순음청력검사 방법
기도검사
자극음 제시 방법
검사 귀 선정
강도 조절 방법
주파수 조절 방법
골도검사
실시 방법
강도 조절 방법
주파수 조절 방법
순음청력검사의 결과
평균청력역치
손상 부위에 따른 청각장애 유형
청력형
순음청력검사의 차폐
반대청취(음영청취)
이간감약(이간감쇠)
차폐의 정의 및 유형
차폐가 필요한 조건
차폐 시 주의점
차폐 딜레마
폐쇄 효과
차폐를 실시한 청력도 해석
03 어음청력검사
어음탐지역치검사
어음탐지역치
검사 방법
어음청취역치검사
어음청취역치
어음청취역치검사의 목적
검사음
검사 방법
검사의 실시
어음명료도검사
어음명료도 값
어음명료도검사의 활용
검사음
검사 방법
검사의 실시
어음명료도 곡선
말림현상
기타 용어
쾌적역치
불쾌역치
역동범위
어음청력검사의 차폐
04 Ling의 6개음 검사
Ling의 6개음 검사의 이해
정의 및 목적
Ling의 6개음 검사
검사의 실시
말소리 바나나와 6개음 검사
보청기 재적합화

'주관적 청력검사'란 피검자가 소리를 듣고 그에 대한 주관적인 반응을 보임으로써 이루어지는 검사이다. 주관적 청력검사는 주어지는 자극음이 무엇인가에 따라 음차검사, 순음청력검사, 어음청력검사로 구분된다. ❶ 25유아A4

01 음차검사

음차검사는 128Hz, 256Hz, 512Hz, 1,024Hz, 2,048Hz의 소리굽쇠(음차)를 이용하여 난청 유무와 난청 유형을 간단히 알 수 있는 선별검사이다. 음차검사는 장소에 구애받지 않으며, 소리굽쇠만 있으면 언제든지 검사할 수 있기 때문에 손쉽게 활용된다. 그러나 정확한 청각장애 유형을 판별할 수 없으며, 역치값을 구할 수 없다는 점에서 진단검사로는 부적합하다.

1. 린네검사

(1) 검사의 목적

린네검사는 좌/우 양측 귀를 따로 검사하며, 전음성 난청 유무를 알 수 있다.

(2) 검사 방법

① 음차의 경우 골도전도보다 기도전도에서 더 오랫동안 소리를 듣는다는 청각 메커니즘에 기초한다.

② 유양돌기에서보다 외이도에서 소리를 더 크게 듣는다는 메커니즘에 기초한다.

2. 웨버검사

(1) 검사의 목적

웨버검사는 편측성 난청자에게 유용하게 사용되는 검사로서, 단독으로 청력손실 유무를 해석하기 어렵기 때문에 린네검사와 함께 실시하여야 한다.

(2) 검사 방법

① 음차를 진동시킨 후 피검자의 이마나 정수리에 댄다.

② 소리가 어디서 들리는지 묻는다. 이때 소리는 오른쪽, 왼쪽 혹은 가운데에서 들릴 수 있다.

③ 만약 머리의 가운데에서 소리가 들린다면, 양쪽 모두 정상일 확률이 높다. 물론 양쪽 모두 비슷한 형태의 청력손실일 가능성도 배제하기 어렵다. 음이 나쁜 쪽 귀에서 잘 들리면 그 귀는 전음성 난청이라고 볼 수 있다. 음이 좋은 쪽 귀에서 잘 들리면 나쁜 쪽 귀는 감각신경성 난청이라고 볼 수 있다.

기출 POINT 1

❶ 25유아A4

밑줄 친 ㉠의 이유를 객관적 청력평가와 주관적 청력평가의 차이 측면에서 쓰시오.

> 윤 교사: 청각장애를 조기에 발견하고 중재하는 것이 언어발달에 중요해요. ㉠ 특히, 영아의 경우 객관적 청력평가를 통해 청각장애를 조기에 선별하고 진단할 수 있어요. 영·유아 청력선별과 진단을 위해 많이 사용하는 검사가 2가지 있어요. 달팽이관 이상 유무를 확인할 수 있는 이음향방사 검사가 있고, 두피에 전극단자를 부착하여 달팽이관, 청신경 그리고 중추청각전달 경로로 전달되는 전기적 신호를 확인하는 검사도 있어요.

3. 슈바바검사

(1) 검사의 목적

① 슈바바검사는 골도전도의 청각민감도를 상대적 기준으로 예측하는 검사이다.

② 골도전도를 통한 음을 피검자가 듣지 못하고 검사자가 더 오래 듣는다면 피검자는 감각신경성 난청이 있는 것으로 해석된다.

(2) 검사 방법

① 음차의 아랫부분을 진동시킨다.

② 음차 손잡이를 피검자의 유양돌기에 댄다.

③ '삐-' 소리가 더 이상 들리지 않으면 신호를 주도록 한다.

④ 검사자의 유양돌기에 음차 손잡이를 댄다.

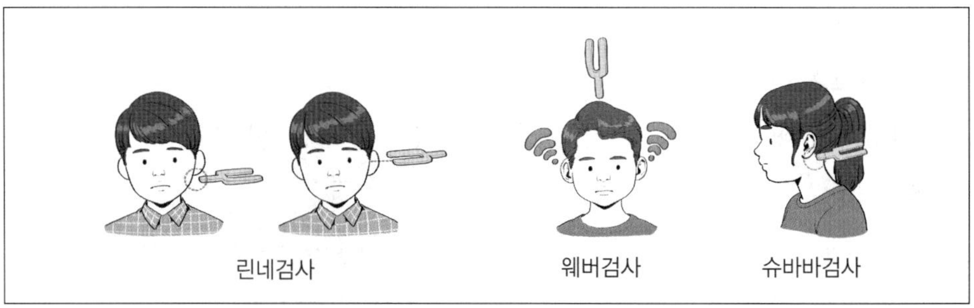

4. 빙검사

① 빙검사는 폐쇄효과의 발생 여부를 알기 위한 것이다. '폐쇄효과'란 귀를 막았을 때 저주파수 대역의 소리가 더 잘 들리는 현상을 말한다. 예를 들어, 양측 귀의 외이도 입구를 손가락으로 완전히 막은 후에 말을 했을 때 소리가 더 울리는 것도 폐쇄효과 때문이다. 이러한 현상은 외이도로 들어간 소리가 입구가 막혀 귀 밖으로 빠져나가지 못하고 반사되어 다시 고막으로 돌아가기 때문에 생겨나며, 정상적인 경우에는 폐쇄효과가 나타난다.

② 그러나 전음성 난청의 경우에는 폐쇄효과가 발생하지 않기 때문에 빙검사 결과를 통해 전음성 난청 유무를 알 수 있다.

02 순음청력검사

순음청력검사는 전기적으로 발생시킨 순음을 사용하여 가청 주파수 대역에서 각 주파수별로 음의 강도를 조절하여 역치를 구하는 가장 기본적인 청력검사이다. 이 검사는 피검자의 반응이 있어야만 가능하기 때문에 최소한의 연령과 인지기능을 전제로 한다. ❶ 20중등B11
순음청력검사는 기도검사와 골도검사로 구성되며, 검사 결과로 얻은 기도역치와 골도역치를 기준으로 청력손실의 유무 정도 및 청각장애의 유형을 판별 · 진단한다. ❷ 12중등31

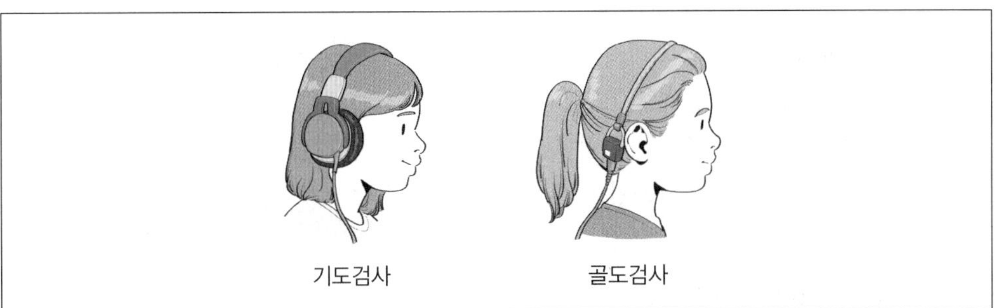

기도검사 골도검사

> **기출 POINT 2**
>
> ❶ 20중등B11
> 순음청력검사와 어음청취역치검사의 실시 목적을 비교하여 서술할 것.
>
> ❷ 12중등31
> 청각장애를 진단하기 위한 청력검사에 대한 설명으로 옳은 것만을 있는 대로 고르시오.
>
> ㉢ 순음청력검사는 주파수별로 순음을 들려주어 청력 수준을 측정하는 주관적 검사로, 기도와 골도 검사 결과를 통해 청력손실 정도와 청각장애 유형을 알 수 있다.

1. 검사환경

① 순음청력검사는 반드시 소음이 차단된 공간에서 실시해야 한다.

② 검사 실시 전에는 피검자에게 검사 진행에 대해 충분히 설명해 주어야 한다. 특히 순음청력검사는 가장 작은 소리에 대한 반응을 요구하기 때문에 학생에게 그에 대한 설명을 해주는 것이 필요하다.

③ 청력검사는 검사자와 피검사자의 위치가 매우 중요하다.

㉠ 피검자와 검사자가 서로 마주보고 앉을 경우에는 검사자가 피검자의 반응을 정확하게 관찰할 수 있다는 장점이 있으나, 신호음 제시 버튼을 피검자가 인지하여 앞서 반응하는 등의 위험이 있다.

㉡ 반면, 피검자가 등을 돌리고 검사할 경우에는 의도치 않은 단서를 차단할 수 있다는 장점이 있지만, 검사자가 피검자의 미세한 행동단서를 놓치는 일이 발생할 수 있다.

㉢ 피검자가 45° 각도로 앉을 경우에는 검사자가 피검자의 행동을 볼 수 있고, 피검자는 검사자의 행동을 볼 수 없다는 장점이 있어 임상에서 많이 사용된다.

2. 청력역치(threshold)의 정의

① '청력역치'란 피검자가 들을 수 있는 가장 작은 강도의 소리를 말한다.

② 여기서 '들을 수 있는' 수준의 기준은 3번 검사음을 주었을 때 2번 반응하는 것으로 한다. 즉, 50% 이상 반응할 수 있는 소리가 역치가 된다.

③ 순음청력검사로 산출된 청력역치의 단위는 HL이다.

㉠ 0dB HL이란 소리가 없다는 것이 아니라 20~30대 건청인의 기준에서 들을 수 있는 가장 작은 소리 강도를 말한다.

㉡ −10dB HL을 듣고 소리가 있다고 반응하는 것은 평균적인 사람들보다도 훨씬 소리를 잘 듣는다는 것을 의미한다. ❶ 13추가중등B7

㉢ 청력역치가 40dB HL인 사람은 40dB 보다 작은 소리를 듣지 못하며, 역치가 높다는 것은 그만큼 청력손실이 크다는 것을 의미한다.

기출 POINT 3

❶ 13추가중등B7
㉢의 의미를 0dB HL의 의미에 비추어 쓰시오.

ⓒ 우측 −5dB HL

3. 순음청력검사의 목적

① **청력손실의 유무**: 순음청력검사 결과를 통해 청력손실의 유무를 알 수 있다. 일반적으로 청력역치가 20~25dB HL이면 정상범위로 간주하는데, 이 범위에서는 의사소통을 하는 데 큰 문제가 없기 때문이다.

② **편측성과 양측성**: 순음청력검사는 원칙적으로 좌우 귀를 따로 검사하기 때문에 양쪽 귀의 청력을 알 수 있다.

③ **청력손실의 정도(Pure Tone Average; PTA)**: 순음청력검사가 가지고 있는 가장 큰 장점은 평균순음역치를 통해 청력손실 정도를 정확하게 알 수 있다는 것이다.

④ **청력손실의 종류 및 병변 부위**: 순음청력검사를 통해서는 난청의 유형을 알 수 있다. 기도검사와 골도검사 결과를 통해 피검자가 전음성 난청인지, 감음신경성 난청 혹은 혼합성 난청인지를 판별할 수 있다. 기도역치와 골도역치 값이 같은 경우에 왜 감음신경성 난청인가를 이해하기 위해서는 다음의 검사원리를 이해하여야 한다.

검사경로

구분	외이/중이	내이 또는 청신경
기도검사	⟶	⟶
골도검사		⟶

㉠ 기도역치는 외이와 내이까지의 전체 경로상 청력손실 정도를 의미한다. 따라서 기도검사만으로는 내이 손상 여부를 알 수 없다. 만약 기도검사 결과가 정상이라면 골도검사는 필요치 않다. 반대로 기도검사에서 청력손실이 있는 것으로 나타났다면, 그것이 내이의 이상으로 인한 것인지를 알기 위해 골도검사를 실시해야 한다.

㉡ 전음성 난청은 내이에 이상이 없으므로 골도역치는 정상이어야 하며, 내이 이상으로 인한 감음신경성 난청의 경우는 외이와 중이의 결함이 없으므로 기도역치 값과 골도역치 값이 같아야 한다. 그러나 혼합성 난청의 경우는 기도역치 값과 골도역치 값 사이에 차이가 난다. 만약 기도역치가 80dB HL이고 골도역치가 50dB HL이라면 30dB은 외이나 중이의 결함으로 인한 것으로 볼 수 있다. 골도역치와 기도역치보다 나쁜 경우는 측정과정에서의 오류라고 볼 수 있다.

⑤ **청력형**: 동일한 평균청력역치를 가지고 있다고 하더라도 어떤 주파수대에서 어느 정도의 손실을 갖느냐는 개인의 청력 특성을 결정하는 중요한 요소이다. 특히 청력형은 보청기를 제작하는 데 매우 중요한 단서를 제공해준다.

⑥ **청능재활정보**: 청력검사 결과를 바탕으로 수준에 맞는 보청기를 선택할 수 있으며, 착용 후 의사소통의 예후를 알려준다.

4. 순음청력검사 방법

(1) 기도검사

① 자극음 제시 방법

㉠ 기도청력검사는 이어폰을 통해 기도경로로 순음을 들려주고, 각 주파수별 최소가청역치를 측정한다.

㉡ 자극음은 외이도와 중이·내이 및 청신경까지의 청각경로를 모두 거치며, 피검자가 그 소리가 '들린다'고 반응하는 가장 작은 소리를 찾는 검사이다.

㉢ 자극음은 1~2초 정도가 가장 적당하며, 자극음 간 간격은 자극음보다는 길게 주어야 하고 불규칙적으로 제시하여야 한다. 그래야만 오반응을 방지할 수 있다.

- **거짓양성반응**: 소리가 안 들리는데 들린다고 반응하는 것을 의미함
- **거짓음성반응**: 소리가 들리는데 들리지 않는다고 반응하는 것을 의미함

② 검사 귀 선정

㉠ 검사는 좋은 쪽 귀에 먼저 실시한다. 좋은 쪽 귀를 먼저 검사하는 이유는 반대청취를 예방하기 위함이다. 특히, 양쪽 청력 차이가 이간감약보다 큰 경우에는 반드시 청력이 좋은 쪽 귀를 먼저 검사해야 한다.

㉡ 만약 어느 쪽 귀가 좋은지 알 수 없을 때에는 오른쪽 귀부터 실시하는 것이 일반적이다.

③ 강도 조절 방법

㉠ 피검자가 정상 청력을 가지고 있다고 판단될 경우에는 30dB HL보다 작은 소리를 들려준다. 한편, 청각장애가 의심되거나 현재 보청기를 착용하고 있으면 70dB HL에서 1~2초간 연속음을 제시하여 검사음에 대한 친숙화 과정이 필요하다.

ⓛ 검사음의 강도를 제시하는 방법은 다음과 같다.

- 상승법은 청력검사 시 가장 작은 강도에서 시작하여 강도를 점차 증가시키면서 처음 소리를 탐지한 dB을 역치로 정하는 방법으로, 신뢰도는 증가하지만 시간이 오래 걸리는 단점이 있다.
- 하강법은 충분히 들을 수 있는 강한 소리에서부터 점차 강도를 감소시켜 대상자가 못 듣게 된 소리 크기보다 한 단계 큰 소리를 역치로 정하는 방법으로, 신속하지만 신뢰도가 감소하는 단점이 있다.
- 수정상승법은 근접역치 측정과 역치 탐색 과정의 두 단계로 이루어진다.
  - **근접역치**: 주파수마다 약 30dB HL의 강도에서 시작하여 처음으로 듣거나 못 들을 때까지 20dB 간격으로 올리거나 내려서 피검자가 반응한 수준을 역치로 결정한다.
  - **역치 탐색**: 근접역치가 결정된 후 피검자가 검사음을 들었다고 반응하면 강도를 10dB 내리고, 못 들었다고 반응하면 강도를 5dB 올리면서 역치를 결정한다.

④ 주파수 조절 방법

㉠ 역치는 모든 주파수에서 동일한 절차를 거쳐야 한다.

ⓛ 기도검사에서는 125Hz에서 8,000Hz 범위를 측정한다. 사람이 가청할 수 있는 주파수 대역은 약 16~20,000Hz이고, 150~4,000Hz 사이의 음은 회화음역인데, 특히 500~2,000Hz 사이의 음은 '주요 회화음역' 혹은 '보통 회화음역'이라고 부른다. 사람의 말소리는 대부분 150~4,000Hz에 있기 때문에 청력검사도 그에 맞게 125~8,000Hz를 측정하는 것이다. ❶ 17중등A11

㉢ 주파수는 1,000Hz에서부터 시작한다. 그 이유는 1,000Hz는 대부분의 피검자들이 가장 쉽게 듣는 것으로 파악되기 때문이다.

㉣ 주파수 조절은 다음의 두 가지 방법 중 하나를 선택한다. 보통의 경우 1,000Hz에서 시작하여 고주파수음을 먼저 검사하지만, 고도 난청이 확실한 경우에는 1,000Hz에서부터 저주파수음을 먼저 검사하도록 한다.

- 1,000Hz－2,000Hz－4,000Hz－8,000Hz－1,000Hz－500Hz－250Hz－125Hz
- 1,000Hz－500Hz－250Hz－125Hz－1,000Hz－2,000Hz－4,000Hz－8,000Hz

㉤ 1,000Hz에서 검사를 두 번 실시하는 이유는 1,000Hz는 말소리를 지각하는 데 가장 중요한 주파수이므로 검사를 두 번 실시함으로써 검사의 신뢰도를 제고할 수 있기 때문이다. 따라서 처음 실시한 1,000Hz에서의 결과와 두 번째 실시한 1,000Hz에서의 결과의 차이가 ±5dB 이내인 경우에는 검사의 신뢰도가 있는 것으로 보고, 둘 중 낮은 강도를 역치(좋은 역치)로 선택한다. 그러나 10dB 이상 차이가 있는 경우에는 검사의 신뢰도가 없는 것으로 보고 재검사를 실시한다. ❷ 14초등A5

㉥ 주파수 대역 간에 간격을 두고 측정하는 이유는 피검자의 주의집중과 검사시간을 고려하기 위함이다. 모든 주파수를 다 검사하지 않아도 중간주파수는 비슷할 것으로 해석하지만, 20dB 이상 차이를 보인다면 중간주파수 청력을 측정해야 한다.

더알아보기

기도청력검사 주파수 범위

- 250~8,000Hz(이필상 외)
- 125~8,000Hz(고은 외)

기출 POINT 4

❶ 17중등A11

다음은 특수교사와 학생 E의 어머니가 나눈 대화 내용이다. ㉠과 같은 방법으로 순음을 측정하는 이유를 제시하시오.

> 특수교사: 순음청력검사는 소리 자극을 들려주고, 들을 수 있는 가장 작은 소리의 강도를 다양한 주파수에서 알아보는 검사입니다. 구체적으로는 ㉠ 125~8,000Hz 정도의 주파수 대역에서 순음을 측정하고, 기도청력검사와 골도청력검사로 구성됩니다.

❷ 14초등A5

청력 검사를 실시할 때, 검사 주파수를 1,000Hz－2,000Hz－4,000Hz－8,000Hz－1,000Hz－500Hz－250Hz－125Hz 순으로 하였다. 실시 과정에서 1,000Hz를 두 번 검사하는 이유를 쓰시오.

더알아보기 **기도검사 실시 방법**(고은, 2017.)

1. 헤드폰은 검사자가 씌워주어야 하며 피검자가 되도록 만지지 않도록 한다.
2. 청력검사는 청력이 더 좋은 쪽부터 시작하며, 어느 쪽이 더 청력이 좋은지 모르는 경우에는 오른쪽 귀부터 실시한다.
3. 주파수는 1,000Hz부터 시작해서 2,000Hz－3,000Hz－4,000Hz－6,000Hz의 순으로 검사하고 1,000Hz에서 재검사를 한 후 500Hz－250Hz의 순으로 한다.
4. 신호의 강도 선정방법에는 상승법, 하강법, 수정상승법이 있으며 이중 수정상승법을 표준청력검사로 사용한다.
5. 수정상승법은 30dB HL에서 시작하며, 피검자가 들을 수 있을 때까지 20dB씩 상승시킨다.
6. 검사자가 보낸 신호에 피검자가 일단 반응한 후에는 피검자가 음을 들을 수 없어서 반응을 하지 않을 때까지 다시 10dB씩 강도를 줄여 나간다.
7. 반응이 없는 수준까지 도달했을 때, 검사신호에 대한 반응이 관찰될 때까지 강도를 다시 5dB씩 높인다.
8. 피검자가 신호음에 다시 반응하면, 신호 강도를 10dB씩 줄인다(5dB 증가, 10dB 감소의 규칙을 엄격히 따른다).
9. 역치가 결정될 때까지 10dB 하강, 5dB 상승 과정을 반복한다.
10. 역치는 수정상승법의 일련의 과정 중에서 피검자가 동일한 주파수에서 3회의 신호를 보낸 것 중 적어도 2회 이상의 반응을 보이는 가장 낮은 수준으로 정의한다.
11. 자극 지속시간으로 음을 1~2초간 주어야 하나, 자극간격은 불규칙적으로 한다.
12. 1,000Hz에서 행한 재검사 결과가 이전 검사결과와 ±10dB 또는 그 이상의 차이를 보이면 다시 설명하고 재검사를 실시한다.
13. 같은 방법으로 다른 귀에 대해 검사를 실시한다.
14. 오디오그램에 가청역치를 기록한다.

(2) 골도검사

① 골도검사 실시 방법

㉠ 골도검사는 외부의 소리가 두개골의 진동을 유발시켜 내이로 전달되어 소리를 듣는 과정에서의 이상 유무를 확인하고 역치를 측정하는 검사이다.

㉡ 골도청력검사는 외이와 중이를 거치지 않고 직접 두개골을 진동시켜 내이를 자극하기 때문에 고막과 이소골 상태에 영향을 받지 않는 청각경로(내이와 청신경의 이상)의 기능을 살펴볼 수 있다.

㉢ 기도검사에서 얻은 역치와 골도검사 역치를 비교하면 청각장애의 유형을 판별할 수 있다.

㉣ 골도검사는 유양돌기에 진동자를 착용한 후 각 주파수별 역치를 찾는다.

㉤ 골도 자극음의 이간감약은 0~5dB 정도이므로 검사 시 항상 차폐를 해야 한다.

❶ 20초등A6

② 강도 조절 방법

강도 조절 방법은 기도검사와 동일하나, 최대 70dB까지만 자극음을 준다.

③ 주파수 조절 방법

㉠ 주파수 조절은 250Hz에서 4,000Hz까지만 검사한다.

㉡ 1,000Hz에서 시작하며 2,000Hz－4,000Hz－1,000Hz－500Hz로 한다. 그 외의 검사 절차는 동일하다.

기출 POINT 5

❶ 20초등A6

골도역치를 측정할 때 항상 차폐를 하는 이유를 이간감쇠(이간감약, interaural attenuation)의 특성과 관련지어 쓰시오.

더알아보기

- **기도검사 범위**: 125~8,000Hz
- **골도검사 범위**: 250~4,000Hz

골도검사에서 125Hz와 8,000Hz를 제외하는 이유는 125Hz에서는 소리와 진동을 구별하는 데 한계가 있고, 8,000Hz에서는 소리가 매우 약해 두개골과 피부에 의한 왜곡 현상이 발생하기 때문이다.

5. 순음청력검사의 결과

① 순음청력검사의 결과를 시각적으로 나타낸 것이 청력도이다.

② 청력도에서 가로축은 소리의 높고 낮음을 뜻하는 주파수를 표시하며, 헤르츠(Hz)를 사용한다.

③ 세로축은 소리의 강약을 구분하는 강도를 표시하며, dB HL의 단위로 표기한다.

④ 순음청력검사의 결과는 청력도에 표시한다. 이를 통해 평균 청력손실 정도, 손상 부위에 따른 청각장애 유형, 청력형, 차폐 실시 여부 등을 알 수 있다. 기출 POINT 6

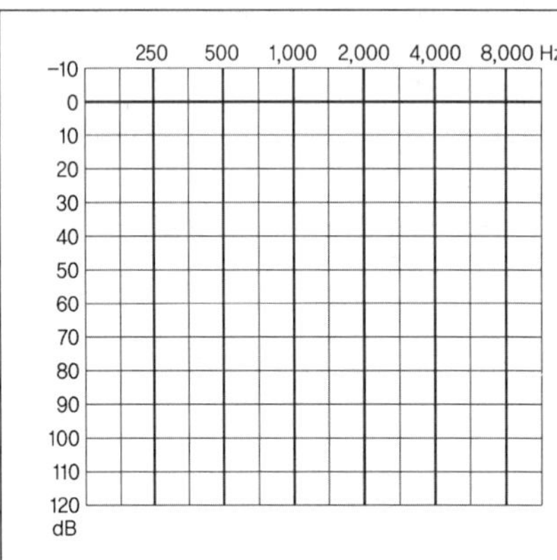

마크		기도전도 순음검사		골도전도 순음검사	
비차폐 시 (unmasked)	오른쪽 귀	○	○↙	〈	〈↓
	왼쪽 귀	×	×↘	〉	〉↓
차폐 시 (masked)	오른쪽 귀	△	△↙	[	[↓
	왼쪽 귀	□	□↘	]	]↓
음량검사 시 (sound field)		S			

각 기호의 의미

청력도 및 사용되는 기호

(1) **평균청력역치**(청력손실 정도, PTA)

① 개인의 청력수준이나 청력손실 정도는 기도역치의 평균값으로 나타낸다.

② 평균청력역치를 산출하기 위해서는 3분법·4분법·6분법의 계산식을 사용하는데, 일반적으로 중요 어음주파수인 500·1,000·2,000Hz의 역치를 4분법에 의해 평균값을 구하여 청력손실을 평가하는 데 사용한다. 직업성 난청을 진단하거나 장애등급을 판정하는 데는 6분법을 사용한다. 기출 POINT 7

구분	계산식	활용
3분법	$\frac{a+b+c}{3}$	
4분법	$\frac{a+2b+c}{4}$	청력손실 평가
6분법	$\frac{a+2b+2c+d}{6}$	장애등급 판정, 직업성 난청 진단

a=500Hz의 역치, b=1,000Hz의 역치, c=2,000Hz의 역치, d=4,000Hz의 역치

기출 POINT 6

❶ 18중등B7

다음은 특수교사와 일반학급 교사가 나눈 대화이다. ㉠을 하는 이유를 1가지 서술하시오.

> 일반교사: 선생님, 학생 K가 청력은 괜찮다고 하는데 수업 시간에 가끔 제가 하는 말을 잘 듣지 못하는 것 같아요. 왜 그런가요?
> 특수교사: 예, 학생 K의 ㉠ 청력도를 해석하면 그 이유를 알 수 있습니다.

❷ 17중등A11

㉡에 들어갈 내용을 1가지 쓰시오.

> 어머니: 순음청력검사를 통해 알 수 있는 것들은 무엇인가요?
> 특수교사: 순음청력검사를 실시한 이후 그 결과를 바탕으로 (㉡)을/를 알 수 있어요.

❸ 16중등A12

잘못된 것의 기호를 2가지 쓰고, 내용을 바르게 고치시오.

> ㉡ 청력검사의 청력도를 통해 청각장애의 유형과 청력손실 정도를 알 수 있다.

❹ 12초등8 · 유아4

청각장애 학생 이해 관련 내용으로 옳지 않은 것을 모두 고르시오.

> ㉢ 학생의 청력도를 통해 청력 손실 정도, 유형, 시기를 알 수 있습니다.

❺ 12중등31

청각장애를 진단하기 위한 청력검사에 대한 설명으로 옳은 것만을 있는 대로 고르시오.

> ㉢ 순음청력검사는 주파수별로 순음을 들려주어 청력 수준을 측정하는 주관적 검사로, 기도와 골도 검사 결과를 통해 청력손실 정도와 청각장애의 유형을 알 수 있다.

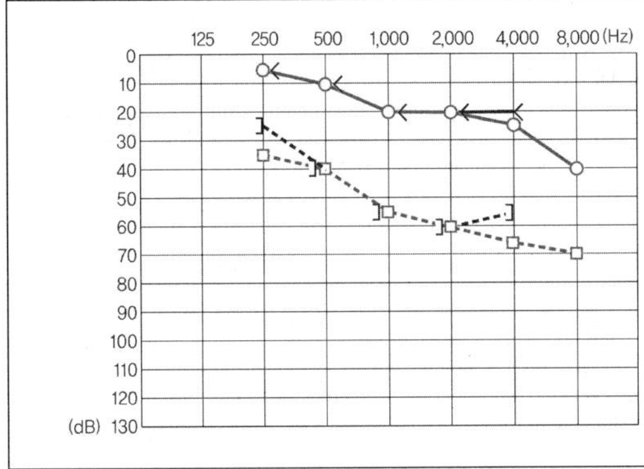

• 우측 귀 기도:
(10+40+40+25)÷6=19dB HL 〈정상〉
• 우측 귀 골도:
(10+40+40+20)÷6=18dB HL 〈정상〉
• 좌측 귀 기도 차폐:
(40+110+120+65)÷6=55dB HL
• 좌측 귀 골도 차폐:
(40+110+120+55)÷6=54dB HL

청력도 예시(PTA 6분법)

기출 POINT 7

❶ 20중등B11

(가)의 청력도를 보고 학생 P의 좌측 귀 기도청력평균역치를 쓸 것. (단, 6분법으로 계산하고, 소수점 이하가 나올 때는 버릴 것)

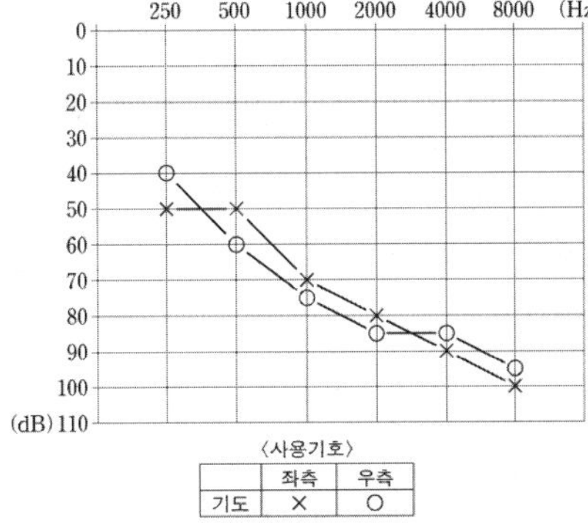

❷ 11중등28

다음은 선천성 청각장애 학생의 순음청력검사 결과이다. 이 학생의 청력도에 근거하여 알 수 있는 내용으로 옳은 것만을 〈보기〉에서 모두 고르시오.

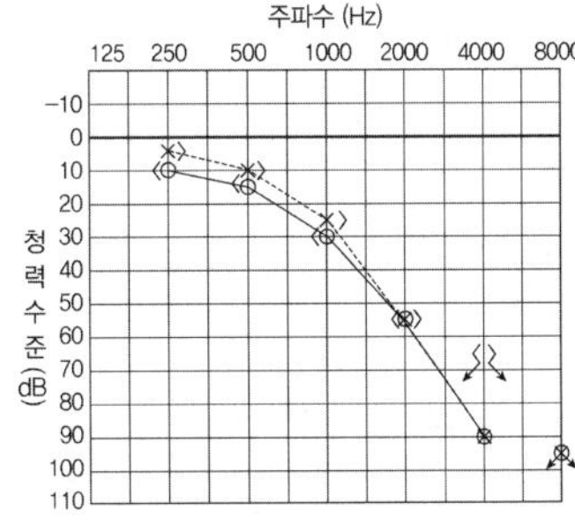

〈보기〉

ㄹ 3분법으로 계산한 왼쪽 귀의 평균 청력수준은 35dB HL이다.

기출 POINT 7

❸ 19유아B6

평균순음역치(PTA)를 6분법으로 구할 때의 장점을 1가지 쓰시오.

❹ 16중등A12

잘못된 것의 기호를 2가지 쓰고, 내용을 바르게 고치시오.

> ⓒ 청각장애 등급을 판정할 때는 4분법으로 평균청력역치를 산출한다.

❺ 14중등A10

다음은 기도순음청력검사를 통해 산출된 청각장애 학생 A의 오른쪽 귀 평균청력손실치에 대한 설명이다. 괄호 안의 ㉠과 ㉡에 해당하는 말을 각각 쓰시오.

> 학생 A의 오른쪽 귀 평균청력손실치 75dB은 대부분의 (㉠)이/가 분포되어 있는 주파수인 1,000Hz, 500Hz, (㉡)Hz의 각각의 청력손실치로 계산하여 구한 값이다. 즉, 1,000Hz의 청력손실치 75dB의 2배 값에 500Hz의 청력손실치 70dB과 (㉡)Hz의 청력손실치 80dB을 더한 값을 4로 나눈 값이다.

❻ 13추가중등B7

평균청력역치를 3분법이 아니라 4분법으로 구할 때의 장점을 1가지 쓰시오.

(2) 손상 부위에 따른 청각장애 유형

① 전음성 청각장애는 소리의 전달기관인 외이나 중이에 문제가 있을 때 나타나는 청력 손실을 의미한다. 따라서 전음성 청각장애의 경우 기도역치는 손상되어 있고, 골도역치는 정상 범위로 나타난다.

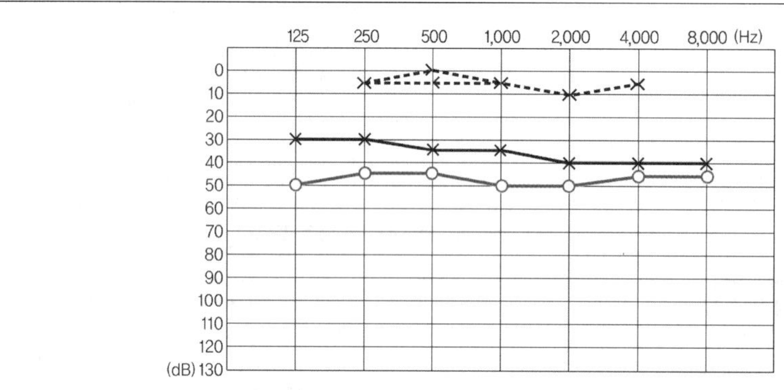

[청력도 해석]
좌우 기도역치는 비정상이지만 좌우 골도역치는 정상 범위에 있기 때문에 전형적인 전음성 난청에 해당한다.

전음성 난청의 청력도 예시

② 감각신경성 청각장애는 내이나 신경의 손상으로 인한 청각장애를 뜻한다. 따라서 감각신경성 청각장애의 경우 기도역치나 골도역치 모두 손상으로 나타나면서 기도와 골도역치의 차이는 없다.

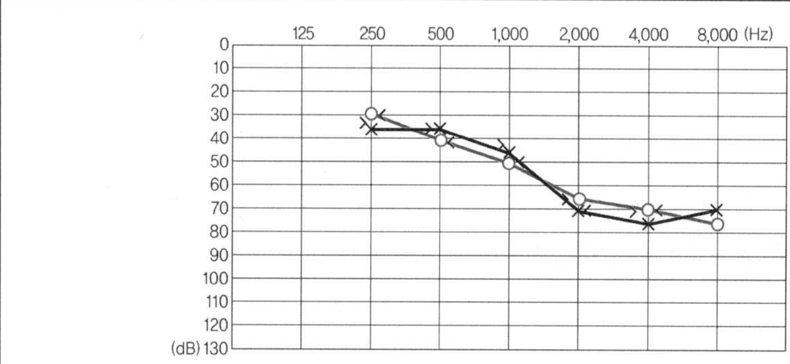

[청력도 해석]
좌우 기도역치가 비정상이며, 골도역치에서도 손실이 있다. 이때 모든 주파수에서 기도역치와 골도역치의 차이가 없기 때문에 감각신경성 난청에 해당한다.

감각신경성 난청의 청력도 예시

③ 혼합성 청각장애는 소리의 전달기관인 외이 및 중이에 문제가 있고 감각신경기관에도 문제가 있는 경우를 가리킨다. 혼합성 청각장애의 청력도는 기도 및 골도역치가 비정상으로 나타나며, 동시에 기도와 골도역치의 차이가 10dB(15dB) 이상 나타난다.

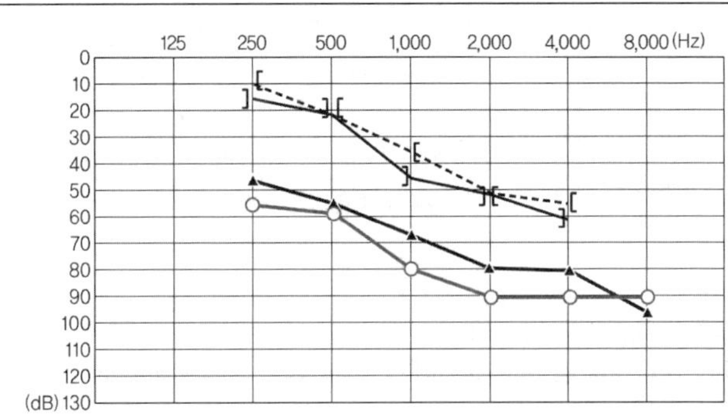

[청력도 해석]

6분법을 기준으로 하였을 때 우측 기도차폐 결과 70dB, 좌측 기도차폐 결과 80dB로 양측 모두 고도난청에 해당한다. 골도검사에서는 우측 40dB, 좌측 45dB로서 기도와 골도역치값 사이에 차이가 있는 것으로 나타난다. 이는 내이의 손상뿐만 아니라 외이 및 중이에서의 청력손실이 약 30~40dB로 추정되므로 혼합성 난청에 해당한다.

혼합성 난청의 청력도 예시

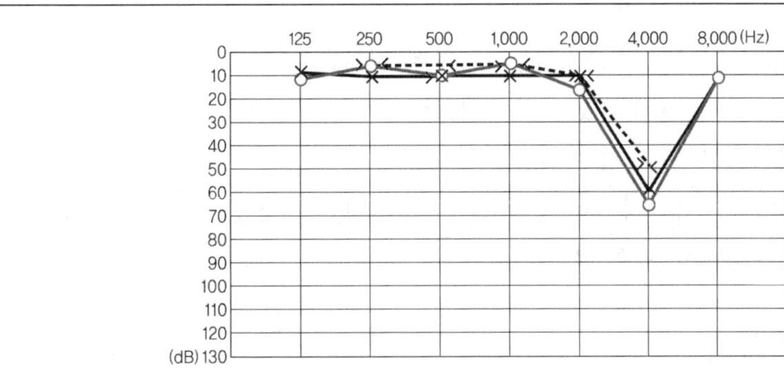

[청력도 해석]

다른 주파수 영역에서는 정상 청력역치를 보이지만 3,000Hz~6,000Hz, 특히 4,000Hz 부근에서 급격한 청력손실이 나타난다. 이는 소음성 난청의 전형적인 청력도에 해당한다.

소음성 난청의 청력도 예시

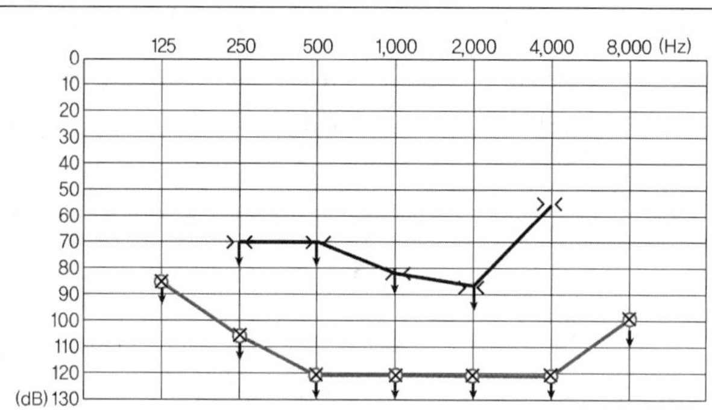

[청력도 해석]

좌측과 우측의 기도검사 결과, 대부분 120dB의 최대 강도에서 모두 무반응을 보이고 있으며, 골도검사에서도 최대 검사 강도인 70dB에서 무반응을 보여 청력이 거의 없는 농에 해당한다고 볼 수 있다.

농의 청력도 예시

(3) 청력형(청력손실 패턴에 따른 분류)

① 수평형은 모든 주파수 대역에서 청력손실이 비슷하게 나타난다.

② 경사형은 고주파수 대역으로 갈수록 청력손실이 커지는 경우이다.

③ 역경사형은 저주파수 대역에서 청력손실이 커지는 경우이다.

④ 고음급추형은 2,000Hz 정도에서 급격하게 청력손실이 커지는 경우이다.

⑤ 산형은 마치 산 모양처럼 중주파수 대역에서만 청력이 좋고 저주파수와 고주파수 대역에서 청력손실이 큰 경우이다.

⑥ 곡형은 중주파수 대역에서의 청력손실이 상대적으로 크고 저주파수와 고주파수 대역에서는 청력손실이 적은 경우이다.

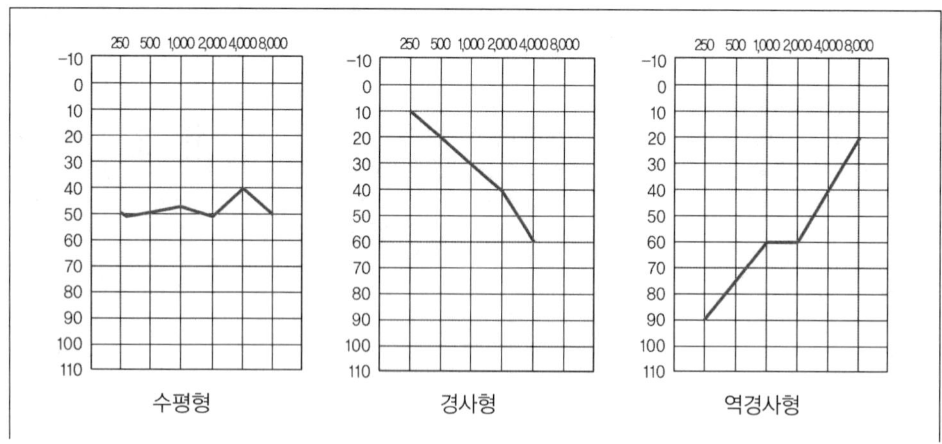

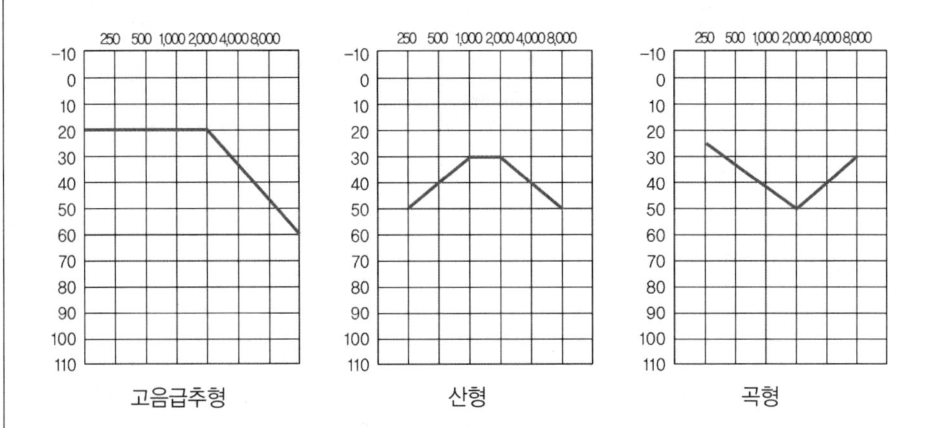

⑷ 순음청력검사의 차폐

① 반대청취(음영청취, shadow hearing)

㉠ 인간의 귀는 오른쪽 귀에 소리를 들려주면 오른쪽 귀에만 소리가 들리는 것이 아니라 반대청취(음영청취) 현상으로 인해 반대쪽 귀에서도 소리를 들을 수 있다.

㉡ 검사 상황에서 나쁜 쪽 귀를 검사할 때 좋은 쪽 귀에서 검사음을 대신 듣는 현상을 반대청취(음영청취)라 부른다.

② 이간감약(이간감쇠)

㉠ 한쪽에서 준 자극음이 반대쪽 귀로 전달될 때 발생하는 소리에너지의 소실 현상이다. 즉, 소리가 반대편 귀로 전달되는 과정에서 음의 강도가 줄어드는 이간감쇠 현상으로 인해 반대편에서는 일정 부분 소리가 소실된다. ❶ 15중등A2

- 기도전도의 경우 약 40dB의 소실이 발생한다.
- 골도전도의 경우 0dB로 이간감쇠가 거의 발생하지 않는다.

㉡ 청력검사 시 양측 귀의 청력 차이가 이간감쇠량을 초과할 경우에만 차폐를 실시한다.

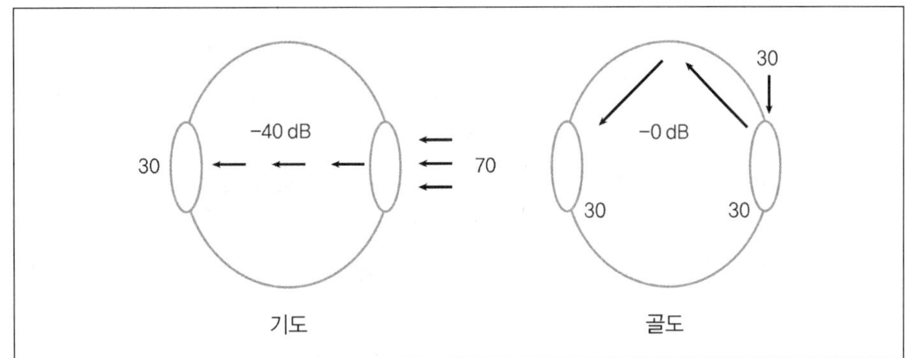

기출 POINT 8

❶ 15중등A2

다음은 순음청력검사에 대한 설명이다. 괄호 안의 ㉠에 들어갈 현상을 쓰고, 밑줄 친 ㉡의 이유를 쓰시오.

> 기도청력검사의 경우는 양쪽 귀의 기도청력역치가 40dB 이상 차이가 있거나 검사 귀의 기도청력역치와 비검사 귀의 골도청력역치가 40dB 이상 차이가 있을 때 차폐(masking)를 해야 한다. 이는 주파수에 따라 차이가 있으나, 검사 귀에 제시한 음이 두개골을 지나면서 최소한 40dB 이상의 (㉠)이/가 일어나기 때문이다. 그리고 ㉡ 골도청력검사의 경우 항상 차폐를 해야 한다.

기도 이간감쇠량		골도 이간감쇠량	
헤드폰에 주어진 입력 소리의 강도	반대쪽 귀에 교차되어 전달된 소리 강도	헤드폰에 주어진 입력 소리의 강도	반대쪽 귀에 교차되어 전달된 소리 강도
80	40	60	60
70	30	50	50

③ 차폐의 정의 및 유형

㉠ '차폐'란 이간감약보다 큰 청력 차이가 있는 경우 검사음이 비검사 귀에 들리는 것을 막기 위해 비검사 귀에 잡음을 들려주는 것이다.

예 왼쪽 귀는 청력이 전혀 없고, 오른쪽 귀의 골도청력이 정상인 사람에게 오른쪽 귀에 차폐를 하지 않고 왼쪽 귀의 청력을 측정할 경우, 30dB의 검사음을 주면 검사음은 두개골을 진동시켜 오른쪽 내이로 전달된다. 이 소리를 오른쪽 귀가 듣게 되면 마치 왼쪽 귀에 30dB의 청력이 있는 것 같은 결과를 얻게 된다. 이를 방지하기 위해 검사 시 오른쪽 귀가 소리를 듣지 못하도록 잡음을 제시하는 것이 차폐이다.

㉡ 차폐는 순음청력검사와 어음청력검사 모두에서 사용된다.

- **협대역 잡음**: 협대역 잡음은 순음청력검사 시 사용되는데, 검사음의 주파수를 중심으로 위아래로 좁은 범위의 주파수만을 밴드 형태로 포함하는 잡음이다. 즉, 특정 주파수에서만 에너지가 높은 것이 특징이다. 이는 검사 상황에서 다양한 주파수별로 소리를 제공할 수 있다는 장점이 있다. 차폐하는 소리와 검사음이 서로 비슷한 주파수일 때 쉽게 차폐가 발생된다는 점에서, 순음청력검사에는 순음의 주파수 영역대와 일치하는 협대역 잡음이 효과적이다. ❶ 19유아B5
- **백색잡음**: 백색잡음이란 10~10,000Hz의 전 주파수에 걸쳐 거의 동일한 강도의 에너지를 가진 신호음이다. 따라서 어음청력검사에서는 차폐음으로 넓은 주파수 대역을 갖는 백색잡음이 많이 사용된다.

④ **차폐가 필요한 조건**: 차폐가 필요한지는 검사 귀의 청력, 비검사 귀의 골도청력 그리고 이간감약의 상호관계를 고려하여 결정한다.

㉠ **기도청력검사** ❶ 19초등B4, ❷ 13추가유아A8

- 검사 귀 기도와 비검사 귀의 기도청력 역치의 차이가 40dB 이상인 경우
- 검사 귀 기도와 비검사 귀의 골도청력 역치의 차이가 40dB 이상인 경우

㉡ **골도청력검사**: 골도검사를 할 경우 항상 차폐를 실시

㉢ 기도전도의 경우 좌우 역치의 차이가 이간감약(40dB)보다 적을 경우에는 반대청취가 일어나지 않기 때문에 차폐가 필요하지 않다. 그러나 골도전도는 양측 이간감약이 거의 발생하지 않기 때문에 임상에서는 골도검사 시 바로 차폐검사를 실시하는 것이 일반적이다.

기출 POINT 9

❶ 19유아B5

골도청력역치를 검사할 때 들려주는 차폐음을 1가지 쓰시오.

기출 POINT 10

❶ 19초등B4

다음은 청각장애 학생 영희의 청력검사 결과와 특성이다. 청력검사 결과에 대한 해석으로 적절하지 않은 것 2가지를 찾아 각각 기호를 쓰고 바르게 고쳐 쓰시오.

■ 청력검사 결과

• 순음청력역치검사 – 기도검사: 좌 19dB, 우 73dB – 골도검사: 좌 19dB, 우 73dB

ⓔ 기도검사에서 양쪽 귀의 청력 차이가 40dB 이상이면 차폐검사를 실시하며, 이 경우에는 우측 귀에 차폐음을 들려주고 좌측 귀를 재검사한 것이다.

❷ 13추가유아A8

아래의 청력도를 보면 500Hz, 1,000Hz, 2,000Hz의 기도검사에서 차폐가 요구되지 않는다. 그 이유를 1가지 쓰시오.

(나) 지수의 청력도

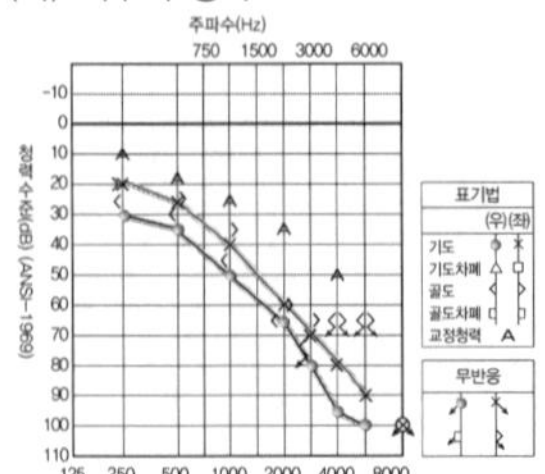

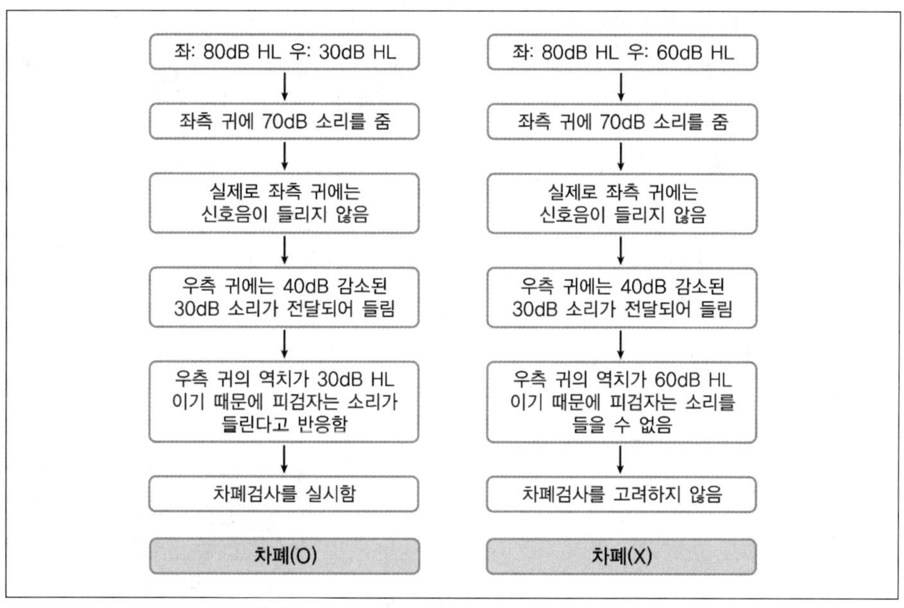

차폐검사 실시 여부 예시

⑤ 차폐 시 주의점

㉠ 차폐 딜레마

- 실제 차폐를 사용하여 검사할 때 차폐의 유무를 결정하는 것보다 차폐의 양, 즉 차폐음의 소리 크기를 결정하는 것이 가장 어렵다. 이는 청각검사를 실시하는 청능사에게도 어려운 과제다.
- 그러나 차폐음의 크기가 너무 작으면 차폐의 효과를 볼 수 없고(저차폐), 차폐음의 크기가 너무 크면 검사 귀에도 차폐가 발생하여 검사 귀의 역치가 오히려 실제보다 더욱 나쁘게 나올 수도 있기 때문에(과차폐) 주의가 필요하다.

더알아보기 차폐 딜레마

청력손실 정도가 큰 양측성 전음성 난청을 가진 경우, 골도차폐 시 기도역치와 골도역치의 차이가 양이감쇠 이상이므로 저차폐나 과차폐가 쉽게 발생하여 차폐딜레마에 빠질 수 있다. 이러한 차폐딜레마를 해결할 수 있는 방법 중 하나로 기도전도 검사 시 이어폰을 사용하기보다 양이감쇠 값이 더 큰 삽입형 이어폰을 사용하기를 제안한다.

㉡ 폐쇄 효과

- 폐쇄 효과는 차폐를 위해 착용시키는 이어폰이 외이도를 폐쇄하여 생기는 소리의 증강작용이다. 이로 인해 검사를 위해 들려주는 소리를 더 잘 듣게 되는 것이다. 따라서 차폐에 적정한 소리의 크기를 결정할 때는 폐쇄 효과로 인해 증강되는 소리의 값을 고려해야 한다. 이때 외이도 폐쇄로 인한 폐쇄 효과는 고주파수 대역에서는 거의 나타나지 않고, 주파수가 낮은 소리일수록 크게 나타난다.

주파수별 폐쇄 효과값

구분	250Hz	500Hz	1,000Hz	2,000Hz	4,000Hz
이어폰	30	20	10	0	0
삽입형 이어폰	10	10	0	0	0

- 폐쇄 효과는 정상 청력 혹은 감각신경성 난청을 지닌 피검자에게만 발생하며, 중이 병변에 문제가 있는 전음성 난청의 경우 발생하지 않으므로, 전음성 난청의 유무를 확인하는 방법으로 활용되기도 한다.

⑥ 차폐를 실시한 청력도 해석

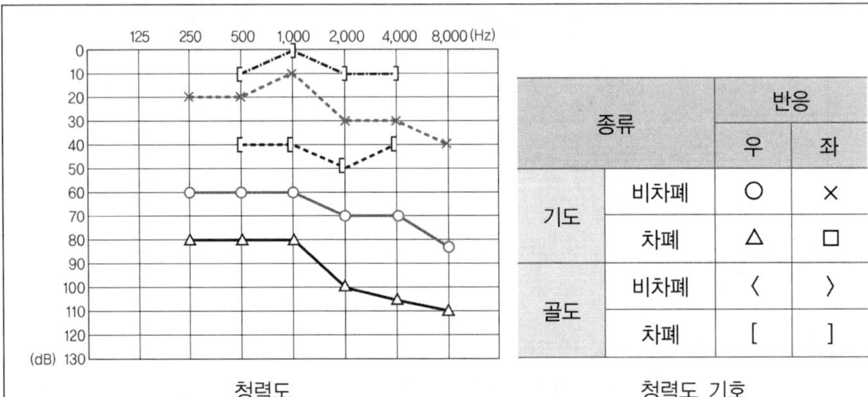

청력도

종류		반응 우	반응 좌
기도	비차폐	○	×
	차폐	△	□
골도	비차폐	〈	〉
	차폐	[	]

청력도 기호

- 청력도는 편측성 난청으로 좌측 귀는 정상범위 내의 역치를 보인다. 따라서 좌/우 기도역치의 차이가 40dB 이상이기 때문에 차폐가 필요하다고 보고, 우측 귀를 재검하였다.
- 좌측 귀에 차폐음을 주고 우측 귀를 재검한 결과 실제 역치는 더 높은 것으로 나타나 비차폐검사 시 반대청취가 이루어졌다는 것을 알 수 있다.
- 비차폐 우측 귀는 6분법을 기준으로 65dB을 보였으나, 좌측 귀에 차폐음을 주고 우측 귀를 재검한 결과 평균 역치는 90dB로서 피검자의 실제 우측 귀의 기도역치는 90dB HL이다.

03 어음청력검사

'어음청력검사'란 청각기능을 평가하기 위해 어음자극을 사용하여 어음을 듣는 민감도(회화 어음에 대한 역치)와 명확도(회화 어음에 대한 이해능력)에 대해 평가하는 검사이다. 순음청력검사로 어음에 대한 청취와 이해능력을 추정할 수는 있으나 정확한 정보를 제공받기 어렵다. 따라서 회화에서 사용되는 어음에 대한 청취와 이해능력을 보다 정확하게 측정하기 위해서 검사의 자극음으로 어음을 사용하여 검사를 실시해야 한다. ❶ 21초등A2

어음은 순음과 다른 복합음으로 일상적인 듣기 능력을 나타내는 것이 장점이다. 따라서 어음청각검사는 순음청각검사를 보충하거나 실제적인 듣기 능력을 측정하는 데 유효하고, 보장구의 적응과 조절 · 청능 재활에 필요한 실질적인 정보를 제공하며, 예후나 효과를 예측하는 데도 유효하게 활용될 수 있다.

기출 POINT 11

❶ 21초등A2

㉠이 잘못된 이유를 쓰시오.

> 신임교사: ㉠ 어음청력검사의 청취역치를 기도검사와 동일한 3분법으로 산출했는데 85dB HL입니다.

1. 어음탐지역치검사(Speech Detection Threshold ; SDT)

(1) 어음탐지역치(어음인식역치)

① '어음탐지역치'란 말소리 신호가 있을 때 50% 정도 들을 수 있는 가장 낮은 레벨을 말한다. 즉, 어음을 말이라고 감지하여 확인할 수 있는 최저 수준의 어음강도를 말한다.

② 어음청취역치를 측정하기 곤란할 경우 어음탐지역치를 측정하여 사용한다.

(2) 검사 방법

① 피검자에게 친근한 어음을 들려주고, 어음이 들릴 때만 반응하도록 한다.

② 말의 의미를 이해하는 것과 상관없이 자극음이 있다고 인식되면 반응하도록 한다.

③ 들려주는 어음에서 50% 탐지할 수 있는 가장 낮은 강도를 역치로 결정한다.

④ 순음청력검사와의 차이점은 자극음이 순음이 아닌 어음이라는 것이다.

2. 어음청취역치검사(Speech Reception Threshold ; SRT)

(1) 어음청취역치(어음인지역치, 어음수용역치)

'어음청취역치'란 제시된 이음절어 검사음을 50% 이상 바르게 인지할 수 있는 가장 작은 강도를 측정하는 검사이다. ❶ 20중등B11, ❷ 16초등B3, ❸ 12중등31

(2) 어음청취역치검사의 목적

① 어음 인지에 필요한 민감성을 측정

② 어음명료도검사 및 문장인지도검사 전 기초 자료 수집

③ 순음 기도청력역치 결과와 비교하여 검사의 신뢰도 확인
일반적으로 어음청취역치와 순음청력역치는 거의 일치하거나 10dB 이내의 차이를 보인다. 만약 어음청취역치와 순음청력역치가 15dB 이상의 차이를 보인다면 검사 자체의 신뢰도에 문제가 있거나 위난청일 가능성이 높다. 이를 토대로 순음청력역치 검사가 제대로 실시되었는지 확인하고 순음청력역치를 재측정한다. ❷ 16초등B3, ❸ 12중등31

(3) 검사음

검사음은 이음절 강강격 단어 중에서 단어의 친숙성, 음소 간의 비유사성, 표준어의 대표성, 단어 간 가청범위의 동질성 등을 기준으로 개발된, 표준화된 검사어음표를 사용한다.

학령전기용	거울	안경	전화	풍선	당근	가위	사과	나무	신발	모자
학령기용	날개	창문	동생	약국	호박	자연	거울	토끼	회사	노래
일반용	편지	달걀	시간	육군	신발	땅콩	안개	마음	허리	욕심

기출 POINT 12

❶ 20중등B11
순음청력검사와 어음청취역치검사의 실시 목적을 비교하여 서술할 것

❷ 16초등B3
김 교사가 ㉣과 같이 말한 이유를 현우의 청력검사 결과표를 근거로 하여 쓰시오.

> 김 교사: 선생님이 주신 ㉣ 순음청력검사 결과와 어음청력검사 결과가 조금 이상하네요.

■ 현우의 청력검사 결과표

구분 \ 검사	기도청력 검사 (dB)	어음청취 역치검사 (dB)	어음 명료도 검사 (%)
오른쪽	40	80	93
왼쪽	45	50	93

※ 기도청력 산출 방법: 4분법

❸ 12중등31
청각장애를 진단하기 위한 청력검사에 대한 설명으로 옳은 것만을 있는 대로 고르시오.

> ㉣ 어음청취역치검사는 검사음의 50%를 정확히 대답하는 최대어음강도인 어음청취역치를 알아보는 검사로, 어음청취역치는 일반적으로 순음평균청력치와 20dB 정도 차이가 난다.

기출 POINT 13

❶ 10중등32

다음에서 설명하는 청력검사 방법은 무엇인지 쓰시오.

- 검사 결과를 dB로 기록한다.
- 강강격 이음절어가 검사음이다.
- 검사할 때 하강법과 상승법을 사용한다.
- 6개의 검사음 중 3개를 정확히 들을 수 있는 최저 수준을 기록한다.
- 피검사자는 헤드폰을 통해 청취한 검사음을 듣고 곧바로 반복해서 따라 말하거나 받아쓴다.

(4) 검사 방법 ❶ 10중등32

① 피검자가 검사 단어를 알고 있는지 확인한다.

㉠ 친숙화 과정은 검사 과정에서 들은 단어가 무엇인지 몰라서 반응할 수 없는 경우를 방지하기 위해 실시한다(한국청각학교수협의회, 2017).

㉡ 친숙화 과정에서 피검자의 반응을 살펴보고, 아동의 특성에 따라 검사 방법을 변경할 수도 있다. 예를 들어, 친숙화 과정에서 아동이 단어를 따라 말할 수 없다면 따라 말하는 것 대신 그림 혹은 사진을 고르게 할 수 있고, 음성장애 혹은 조음장애를 가진 경우 제시하는 단어를 받아 적도록 할 수 있다.

㉢ 친숙화 단계에서 검사 강도는 평균순음역치(PTA)보다 30~40dB 큰 소리 또는 쾌적역치에서 제시한다.

② 피검자가 검사 방법에 대해 충분히 이해했다고 판단되면 본 검사에 들어간다.

③ 양쪽 귀의 청력 차이가 있는 경우에는 좋은 쪽 귀를 먼저 검사하고, 청력 차이가 없는 경우에는 오른쪽 귀를 먼저 검사한다. 이는 반대청취를 예방하기 위함이다.

④ "아주 작은 소리부터 큰 소리까지 다양한 소리 크기에서 단어가 들릴 거예요. 단어가 확실치 않을 때는 유추해서 대답해도 됩니다. 단어가 들릴 때마다 그 단어를 소리 내서 말해주세요."라고 지시문을 준다.

⑤ 평균순음역치(PTA)보다 일반적으로 20~25dB 더 큰 강도의 어음을 들려준다.

⑥ 자극 강도의 조절은 약 5dB 간격으로 점점 올리거나(상승법), 내리거나(하강법) 할 수 있다.

(5) 검사의 실시

자극 강도 (dB HL)	이음절어					정반응률(%)
	맞힘(+), 틀림(−)					
60	동생(+)	사람(+)	과일(+)	토끼(+)	아들(+)	100
55	나무(+)	목욕(+)	달걀(−)	등대(+)	신발(+)	80
50	편지(+)	시간(−)	안개(−)	노래(+)	저녁(+)	60
45	그림(−)	목표(−)	마음(+)	송곳(−)	딸기(+)	40
40	권투(−)	느낌(−)	자연(−)	참새(−)	논밭(+)	30

① 주요회화음역대의 평균순음역치가 40dB HL인 전음성 난청을 대상으로 어음청취역치를 결정하는 과정이다.

② 순음청력역치 값보다 20dB이 더 큰 강도에서 시작하여 하강법을 이용하여 검사를 한 결과 50dB에서 60%, 45dB에서는 40%의 정반응을 보였다.

③ 따라서 50dB HL이 어음청취역치가 되며, 순음청력역치와의 차이가 10dB 미만이므로 검사의 신뢰도가 있다고 볼 수 있다.

더 알아보기

보통 SRT가 위치한 곳을 빠르게 대략적으로 찾기 위해 시작 단계는 PTA를 참조하여 대략적 측정치로 한다. PTA와 SRT의 차이가 ±6dB 이내일 경우는 신뢰도가 우수, ±12dB 이내일 경우는 보통으로 해석한다.

3. 어음명료도검사(단어인지도검사, Speech Discrimination Threshold ; SDT)

(1) 어음명료도 값

① 어음명료도검사는 쾌적수준에서 단음절 단어를 얼마나 정확하게 인지하는지를 측정하여 백분율(어음명료도 값)로 나타낸다.

② 어음명료도 값은 역치를 측정하는 것이 아니라 단어를 듣고 정확하게 따라 말하는 단어의 백분율을 말한다. ❶ 21유아A4

(2) 어음명료도검사의 활용

① 어음명료도검사는 가장 듣기 편안한 소리 강도(쾌적수준)를 주었을 때 검사어음을 얼마나 정확히 이해하는가를 측정한다.

② 어음청취역치검사는 이음절어를 50% 인지할 수 있는 최소 어음 강도, 즉 민감성을 측정하는 반면, 어음명료도검사는 제시한 단음절어를 얼마나 잘 이해하는지 그 정확도를 평가하므로, 난청의 의사소통 정도를 파악하는 데 유용하게 활용된다. ❶ 16초등B3

(3) 검사음

검사음은 일상에서 흔히 사용되는 단음절어를 사용하되 단어의 친숙성, 음소 간의 비유사성, 표준어의 대표성, 단어 간 가청범위의 동질성 등을 고려하여 개발된 한국표준 단음절어표를 사용한다. ❶ 23중등A3

학령전기용	곰 빵 털 새 풀 영 산 떡 초 밤 종 잼 입 코 십 금 밥 꿀 성 칼
학령기용	귀 산 들 용 감 돈 짐 물 입 셈 귤 너 끝 소 해 공 집 코 쌀 멋
일반용	귀 남 해 밀 옷 잔 댁 겁 시 병 소 점 키 앞 무 논 자 글 용 걸

(4) 검사 방법 ❶ 20중등B11

① 피검자의 쾌적역치를 확인한다.

㉠ 어음명료도검사에서는 어음청취역치검사와 달리 검사용 단어를 미리 불러주지 않는다. 어음명료도검사에서는 청자에게 편안하게 잘 들리는 강도인 쾌적역치를 확인한 후 그 레벨에서 단어를 제시해야 한다(한국청각학교수협의회, 2017).

㉡ 보통 건청인의 경우 어음청취역치에 30~40dB을 더한 강도로 제시하면 가장 편안하게 느끼지만, 청각장애인인 경우 쾌적역치가 다양하게 나타나므로 반드시 개인별로 확인해야 한다.

② 피검자가 검사 방법에 대해 충분히 이해했다고 판단되면 본 검사에 들어간다.

③ 양쪽 귀의 청력 차이가 있는 경우에는 좋은 쪽 귀를 먼저 검사하고, 청력 차이가 없는 경우에는 오른쪽 귀를 먼저 검사한다. 이는 반대청취를 예방하기 위함이다.

기출 POINT 14

❶ 21유아A4

해당 청력검사 결과에 나타난 오류를 쓰시오.

■ 어음명료도검사

- 산출공식: $\frac{\text{틀린 검사 어음 수}}{\text{전체 검사 어음 수}} \times 100$
- 산출식: $\frac{5}{25} \times 100 = 20$

기출 POINT 15

❶ 16초등B3

'어음명료도검사'를 실시하는 목적을 1가지 쓰시오.

기출 POINT 16

❶ 23중등A3

밑줄 친 ㉠의 종류를 쓰시오.

통합학급 교사: 학생 A의 어머니가 청력검사 결과지를 보여 주시면서, 학생 A가 일상생활에서 들을 수 있는 듣기 수준을 알 수 있다고 하셨어요. 어떤 검사인가요?
특수교사: 어음명료도 검사입니다. 가장 듣기 편안한 소리 강도로 제시된 말소리를 얼마나 정확히 이해하는지 측정하는 검사로, ㉠ 검사음이 들릴 때마다 소리 내어 따라 말하거나 소리 나는 대로 종이에 쓰는 검사입니다.

기출 POINT 17

❶ 20중등B11

괄호 안의 ㉢에 해당하는 용어를 쓰시오.

(다) 어음명료도검사 결과

① 피검자에게 어음을 들려주면서 이를 소리내어 말하거나 받아쓰게 한다.
② 피검자가 검사 방법을 이해했는지 확인한다.
③ 청력이 좋은 쪽 귀부터 시작한다.
④ 어음청취역치보다 30~40dB 더 큰 강도 또는 (㉢)(으)로 자극음을 제시한다.
⑤ 정확히 들은 검사 어음의 수를 백분율로 산출한다.

④ "지금 제 목소리가 편안하게 들리시죠? 이 소리에서 단어를 제시할 것이니 들은 단어를 따라 말하세요. 들은 단어가 무엇인지 확실하지 않을 때는 추측해서 대답해도 좋습니다."라고 지시한다.

⑤ 어음명료도는 총 제시한 단어 개수 중 옳게 인지한 단어 개수를 통해 백분율(%)로 점수를 산출한다. 예를 들면, 50개의 단음절어 중 40개의 단어를 옳게 인지하였다면 어음명료도는 80%가 된다.

⑥ 10dB 혹은 20dB 간격으로 명료도를 구하고 이 점들을 연결하면 어음명료도 곡선이 된다.

⑦ 만약 검사결과 50dB HL/Score 100%라면, 50dB HL에서 들려준 어음의 100%를 정확하게 인지하였다는 것을 의미한다.

(5) 검사의 실시

자극강도 (dB HL)	단음절어 맞힘(○), 틀림(×)										반응
15	곰	빵	털	새	풀	영	산	떡	초	밤	30%
	○	×	×	×	○	×	×	×	×	○	
25	종	잼	입	코	십	금	밥	꿀	성	칼	60%
	○	×	○	○	○	×	○	×	×	○	
35	귀	산	들	용	감	돈	짐	물	입	셈	90%
	○	○	○	○	○	○	×	○	○	○	
45	귤	너	끝	소	해	공	집	코	쌀	멋	100%
PBmax	○	○	○	○	○	○	○	○	○	○	
55	귀	남	해	밀	옷	잔	댁	겁	시	병	100%
	○	○	○	○	○	○	○	○	○	○	

(6) 어음명료도 곡선

① 어음명료도는 쾌적역치 수준의 어음강도에서 단음절어를 얼마나 정확하게 인지하는가를 나타내는 것이다.

② 어음명료도 곡선이란 어음청취역치에서부터 일정한 간격(일반적으로 10dB)의 어음강도에서 명료도(%)를 측정하여 각각의 결과를 연결한 것을 말한다.

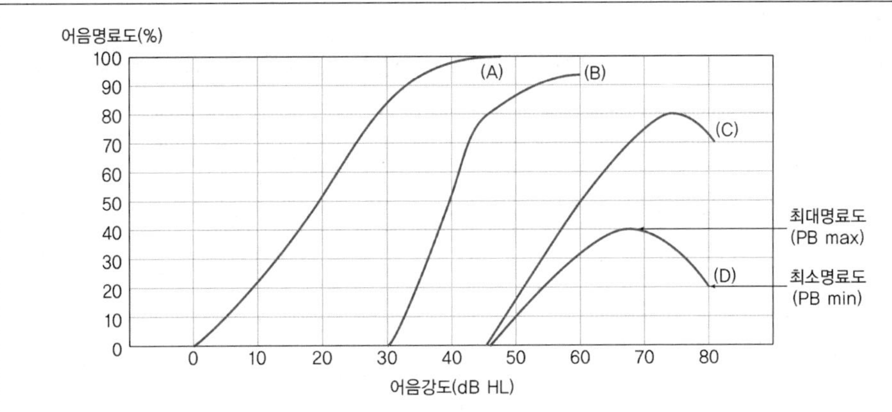

[청력도 해석] ❶ 20초등A6, ❷ 19초등B4, ❸ 17중등A11, ❹ 12중등31

- (A)는 어음강도를 20dB로 하였을 때 전체 검사어음의 50%를 정확히 이해하고, 40dB로 올려주면 100%에 도달한다. 이는 정상 청력을 가진 경우에 해당한다.
- (B)는 40dB을 들려주었을 때 50%의 정반응을 보이다가 60dB로 어음강도를 높여주면 거의 100%의 명료도를 보인다. 이는 전음성 난청에서 나타나는 명료도 곡선으로, 말소리의 강도를 조금 높여주면 어음이해력이 높아진다고 볼 수 있다.
- (C)는 와우에 이상이 있는 미로성 난청의 전형적인 명료도 곡선으로, 소리 강도를 높이더라도 최대명료도(PBmax)가 약 80%를 넘지 못한다.
- (D)는 후미로성 난청의 전형적인 명료도 곡선으로, PBmax가 매우 낮을 뿐만 아니라 말림현상이 뚜렷하게 관찰된다. 어음명료도검사의 가장 큰 임상적 의의는 순음청력검사와 달리 미로성 난청과 후미로성 난청을 구별해준다는 것이다.

어음명료도 곡선

더 알아보기

어음명료도 곡선(이필상 외)

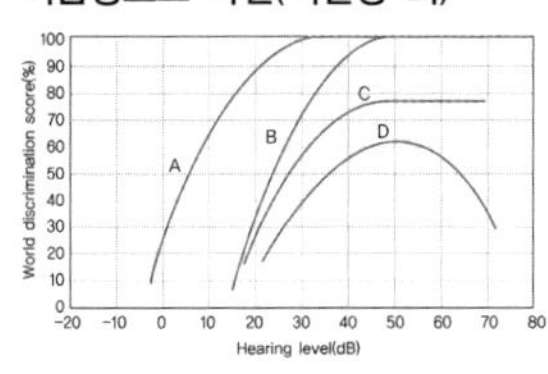

기출 POINT 18

❸ 17중등A11

전음성 청각장애와 감음신경성 청각장애는 ⓒ에서 어떠한 차이를 보이는지 설명하시오.

> 어머니: 그럼, 어음청력검사는 어떤 검사인가요?
> 특수교사: 어음청력검사는 순음청력검사 결과를 기초로 말소리 청취와 이해 수준을 알아보는 검사로, 대표적인 것으로는 어음명료도 검사가 있습니다.
> 어머니: 어음명료도 검사를 설명해 주시겠어요?
> 특수교사: 어음명료도 검사는 최적의 듣기 강도에서 말소리 이해 정도를 나타내는 ⓒ 어음명료도(speech discrimination score)를 알아보고, 이후 청능훈련을 하거나 보청기를 착용하고자 할 때 활용될 수 있는 검사입니다.

❹ 12중등31

청각장애를 진단하기 위한 청력검사에 대한 설명으로 옳은 것만을 있는 대로 고르시오.

> ⓜ 어음명료도검사는 검사 어음을 얼마나 정확히 이해했는지를 측정하는 검사로 최대명료도값(PBmax)과 명료도 곡선을 구할 수 있는데, 약 60dB에서 100%의 어음명료도를 보이면 감각신경성 청각장애로 추정한다.

기출 POINT 18

❶ 20초등A6

다음은 어음명료도 곡선이다. (가)와 (나)에 근거하여 윤서와 같은 청각장애 유형이 나타내는 곡선의 기호와 어음명료도의 변화 양상을 쓰시오.

(가) 순음청력검사 결과

구분(dB HL)		주파수(Hz)						
		125	250	500	1000	2000	4000	8000
좌	골도역치		50	65	65	75	75	
	기도역치	50	55	65	65	75	80	85
우	골도역치		40	50	60	70	75	
	기도역치	40	45	50	65	70	75	85

(나) 윤서의 특성

- 선천적으로 코르티기관에 손상이 있음
- 청신경에 이상이 없음
- 중추청각처리에 이상이 없음
- 보청기를 착용한 상태에서 자음 중 마찰음과 파찰음을 정확히 듣는 데 어려움이 있음

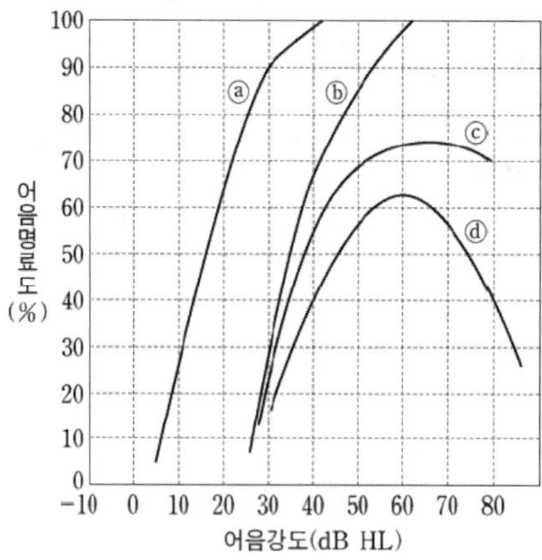

❷ 19초등B4

다음은 청각장애 학생 영희의 청력검사 결과와 특성이다. 청력검사 결과에 대한 해석으로 적절하지 않은 것 2가지를 찾아 각각 기호를 쓰고 바르게 고쳐 쓰시오.

■ 청력검사 결과

검사명		좌	우
순음청력검사	기도검사	19dB HL	73dB HL
	골도검사	19dB HL	73dB HL
어음청취역치검사(SRT)		25dB HL	80dB HL
어음명료도검사		40dB에서 100%	70dB에서 60%
			말림현상은 관찰되지 않음
(청성)뇌간유발반응검사 (ABR)		25nHL	70nHL

〈보기〉

ⓐ 우측 귀는 후미로성 난청에 해당한다.
ⓑ 청력검사 간의 결과는 모두 일반적인 오차 범위 내에 있다.
ⓒ 좌측 귀와 어음 청취 능력은 정상 청력 수준에 해당한다.

---

(7) **말림현상**(rollover)

① '말림현상'이란 최대명료도에서 소리 강도를 높이면 오히려 명료도가 낮아지는 현상을 말한다. ❶ 22중등A12

② 최대명료도(PBmax)는 강도가 계속해서 상승해도 점수가 더 이상 향상되지 않는 지점이다.

③ 최소명료도(PBmin)는 최대명료도를 얻은 강도보다 더 높은 강도의 지점에서 나타난 가장 낮은 어음명료도 점수를 말한다.

④ 말림지수(RI)가 0.45 이상이면 후미로성 난청을 의심할 수 있다.

⑤ RI 산출공식은 다음과 같다. 예를 들어, 위에서 제시된 그래프의 (D)의 경우, PBmax는 40이고 PBmin은 20이므로 RI는 0.5에 해당하여 후미로성 난청을 의심할 수 있다.

$$RI = \frac{PBmax - PBmin}{PBmax}$$

기출 POINT 19

❶ 22중등A12

(가)는 청각장애 학생이 보이는 특성의 일부이다. 〈작성 방법〉에 따라 서술하시오.

(가) 감각신경성 난청 : (㉠)

특성
• 어음명료도검사: 양측 귀 70dB HL에서 PBmax 40% [A] • ㉡ 말림현상이 관찰됨

〈작성 방법〉

• (가)의 괄호 안 ㉠에 해당하는 난청의 유형을 [A]를 참고하여 쓰고, 밑줄 친 ㉡을 최대명료도(PBmax)와 관련지어 설명할 것

4. 기타 용어

(1) **쾌적역치**(최대쾌역치, Most Comfortable Level ; MCL)

① 어음청취역치(SRT)에서부터 음 강도를 높이면서 들려주었을 때 피검자가 가장 편안히 느끼는 강도를 말한다.

② 일반적으로 MCL은 SRT보다 약 35~40dB 높은 강도에서 나타난다.

(2) **불쾌역치**(UnComfortable Level ; UCL)

① 쾌적역치에서 음 강도를 높이면서 들려주었을 때 피검자가 자극음으로 인해 불편함, 압박감, 통증 등을 느끼는 강도를 말한다.

② 이는 난청 환자에게 사용할 수 있는 보청기의 최대출력 한계를 나타낸다.

③ 일반적으로 불쾌역치는 120dB SPL로, 청각장애인이나 건청인이나 비슷한 불쾌역치를 가지고 있다. ❶ 13초등A6

기출 POINT 20

❶ 13초등A6

㉡에 들어갈 말을 쓰시오.

최 교사: 영호가 말소리를 잘 알아듣지 못하는 것 같습니다. 영호를 위해 스피커 볼륨을 높여 주면 듣는 데 도움이 될까요? 문 교사: 반드시 그렇지는 않습니다. 영호처럼 인공와우나 보청기를 착용한 아이들은 소리가 너무 크면 오히려 귀가 아프다고 할 수 있어요. 왜냐하면 청각장애 아이들도 (㉡)이/가 일반 아이들과 비슷하기 때문이에요.

(3) **역동범위**(dynamic range)

① 역동범위란 불쾌역치에서 어음청취역치를 뺀 값으로, 청각장애인의 경우 청력손실이 있으면서도 불쾌역치는 건청인과 비슷하여 역동범위가 좁다. ❶ 11중등28

기출 POINT 21

❶ 11중등28

선천성 청각장애 학생의 순음청력검사 결과이다. 이 학생의 청력도에 근거하여 알 수 있는 내용으로 옳은 것만을 모두 고르시오.

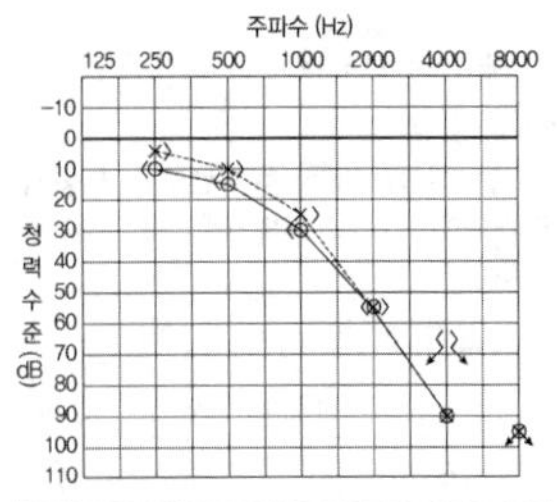

㉤ 청력형은 고음장애형이며, 역동범위는 건청학생에 비하여 넓다.

② 예를 들어, 어음청취역치가 60dB이고, 불쾌역치가 110dB라면 역동범위는 50dB이 된다.

③ 역동범위는 일상적인 소리 영역에서 측정하고, 각각의 귀에서 유용한 청력의 한계를 나타내므로 보청기 선택 등 청력재활 계획을 수립할 때 매우 중요한 정보를 제공한다.

5. 어음청력검사의 차폐

① 순음청력검사와 마찬가지로 어음청력검사를 할 때도 검사 귀의 청력에 비해 반대쪽 귀(좋은쪽 귀, 비검사 귀)의 청력이 좋을 경우 음영청취(또는 반대청취)가 발생할 가능성이 있어 차폐를 실시해야 한다. 차폐 방법은 순음청력검사와 같지만, 검사에 사용되는 소리가 순음이 아닌 어음이기 때문에 말소리의 특성을 고려해서 차폐를 결정한다.

② 어음청력검사에서는 검사 귀의 자극음 강도에서 양이감쇠값을 뺀 결과가 반대쪽 귀(좋은 귀・비검사 귀)의 500, 1,000, 2,000Hz 주파수 대역 평균 역치보다 클 경우 차폐를 실시한다.

③ 어음청력검사는 어음청취역치를 측정할 때보다 어음명료도를 측정할 때 강도가 큰 말소리를 사용하므로 대부분의 어음명료도검사는 차폐를 하는 경우가 많다.

④ 어음청력검사에서는 대부분 백색잡음이 사용된다.

04 Ling의 6개음 검사

1. Ling의 6개음 검사의 이해

(1) Ling의 6개음 검사의 정의 및 목적

① 말소리를 검사음으로 사용하며, 피험자의 구어 반응을 요구한다는 점에서 주관적 어음청력검사의 하나로 분류할 수 있다.

② Ling의 6개음 검사는 바나나 스피치에 근거하여 모든 말소리를 검사하는 대신 6개의 말소리만을 가지고 주파수 대역의 청취능력을 알 수 있는 검사로, 저주파수·중주파수·고주파수 범위에 대한 정보를 제공한다.

③ 많은 어음 가운데 6개의 음이 검사 어음인 이유는 250~8,000Hz에 있는 대표적인 말소리로 분류되기 때문이다.

④ 약 1.8m의 거리에서 대화할 때 나타나는 말소리의 중요한 요소를 그 음의 개략적인 강도에 따라 주파수 대역별로 청력도에 표시한 것으로서, 30~60dB의 영역을 CLEAR(말소리 바나나) 영역으로 부른다. ❶ 23중등A3, ❷ 17초등B5

⑤ 기본 5개음에는 ee[i]·oo[u]·ah[a]·sh[ʃ]·ss[s]가 있고, 기본 5개음 외에 250Hz에서 [m]을 추가하여 6개음으로 실시할 수 있다. 특히, 감각신경성 청각장애로 인해 고주파수대의 소리는 들을 수 없으나 저주파수대의 청력이 잔존하는 경우에 [m]을 추가하여 검사하는 것이 도움이 된다. ❸ 13추가유아A8, ❹ 12중등31, ❺ 11초등8·유아6

⑥ 검사의 결과는 다음과 같이 활용할 수 있다.

㉠ 보청기나 인공와우 착용 후 아동이 어음을 잘 듣고 있는지를 간편하게 알 수 있다. ❶ 12초등8·유아4

㉡ 발성, 발화 지도를 시작하기 전에 아동의 청취력을 평가하는 데 유용하다.

기출 POINT 23

❶ 12초등8·유아4

청각장애 학생 이해 관련 내용으로 옳지 않은 것을 모두 고르시오.

> ㉣ 보청기 및 인공와우를 착용하는 학생의 상태를 점검하기 위해, 교사는 5개음 검사를 실시할 수 있습니다.

기출 POINT 22

❶ 23중등A3

괄호 안의 ㉡에 해당하는 음의 강도(dB) 범위를 쓰시오. (단, 음의 강도는 약 1.8m의 거리에서 대화할 경우를 기준으로 할 것)

> 통합학급 교사: 말소리를 사용해서 듣기 수준을 알 수 있는 다른 검사도 있나요?
> 특수교사: 네, 말소리를 사용하는 검사 중에는 모든 말소리를 검사하는 대신에 6개의 말소리만을 가지고 주파수 대역의 청취능력을 알 수 있는 링의 6개음 검사를 많이 사용합니다.
> 통합학급 교사: 6개의 음이 무엇인가요?
> 특수교사: 6개의 말소리는 /i/, /u/, /a/, /ʃ/, /s/, /m/으로, 일반적으로 '약 250~8,000Hz 사이의 주파수 대역'과 '약 (㉡)dB 사이의 강도'에 분포하는 대표적인 말소리입니다.

❷ 17초등B5

링의 6개음 검사를 할 때 ㉠을 사용하는 이유를 쓰시오.

> 링(D. Ling)의 6개음 검사를 해보면 동호가 말소리를 듣는 정도를 간편하게 확인할 수 있습니다. 이 검사에서 사용하는 6개음은 ㉠ /a/, /u/, /i/, /s/, /ʃ/, /m/이에요.

❸ 13추가유아A8

링의 6개음 검사에서 /m/을 제외한 나머지 5개음의 음소를 쓰시오.

❹ 12중등31

청각장애를 진단하기 위한 청력검사에 대한 설명으로 옳은 것만을 있는 대로 고르시오.

> ㉡ 링이 제시한 5개음 검사는 청취력을 간단하게 진단하는 데 유용한 검사로, 검사음은 [i], [u], [a], [ʃ], [s]이며, [m]을 더하여 6개음 검사를 하기도 한다.

❺ 11초등8·유아6

밑줄 친 내용 중 옳은 것을 모두 고르시오.

> 대부분의 말소리가 위치하는 말소리 바나나 영역의 소리를 들을 수 있는지 보려고 ㉤ Ling이라는 학자가 제시한 '5개음 검사'를 하는데, 이 검사에서 일반적으로 사용하는 5개음은 [i], [ɔ], [ɑ], [k], [s]이에요.

(2) Ling의 6개음 검사

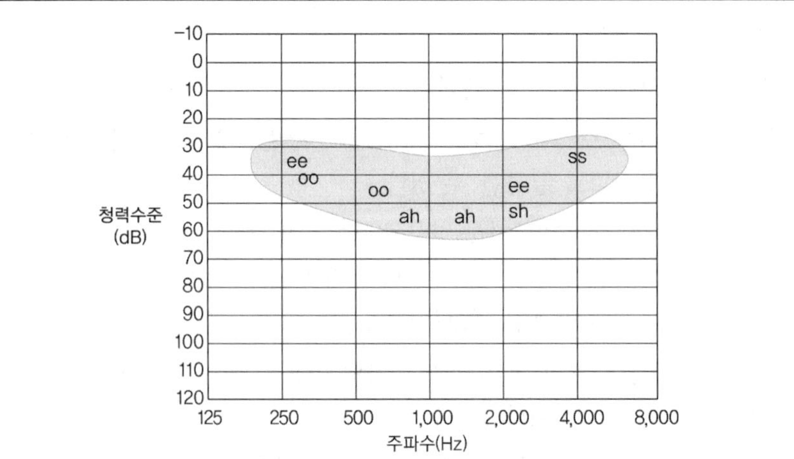

- 1,000Hz까지의 청력에 문제가 없으면 /우/, /아/, /이/는 들을 수 있다. 2,000Hz 정도까지 들을 수 있다면 /쉬/를 들을 수 있고, 만약 4,000Hz까지 들을 수 있다면 /스/도 들을 수 있다.
- /우/, /아/, /이/와 같은 모음은 제1, 제2 포먼트가 1,000Hz 이하의 저주파수 및 중주파수 대역에 분포한다. 반면에 /쉬/, /스/는 주파수 성분이 고주파수 음역에 있다는 특징을 갖는다. 따라서 6개의 음을 사용하여 평가하면 주파수 대역별 청각 및 청능평가가 가능하다. ❶ 21초등A2

Ling의 6개음이 표시된 말소리 바나나

기출 POINT 24

❶ 21초등A2

(다)를 참고하여 모음에 해당하는 /ee/, /ah/, /oo/가 두 곳에 표시되는 이유를 쓰시오.

(다) 링의 5개음에 대한 바나나 스피치 영역 그래프

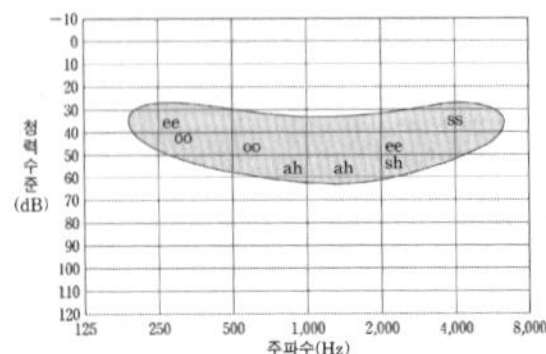

(3) 검사의 실시

① 대상 아동에게 반응 방법을 알려주고 익숙해질 때까지 연습한다.

② 6개의 소리 자극을 무작위로 청각만으로 들려주고, 들리면 반응하도록 한다. 즉, 6개 음이 들어 있는 그림카드를 보여준 뒤, 입을 가린 상태에서 특정 음을 들려주고, 해당 카드를 고르도록 한다. 이때 아동은 그림을 통해 음소를 연상한다. ❶ 21유아A4

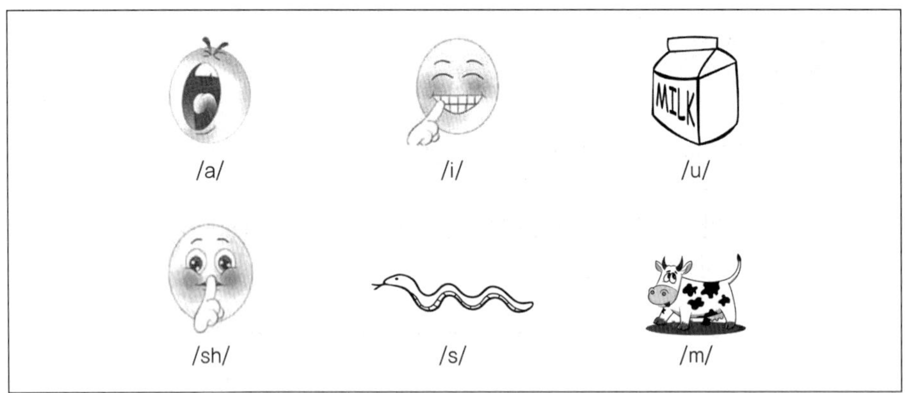

기출 POINT 25

❶ 21유아A4

㉠의 이유를 쓰시오.

윤 교사: 민기는 아직 어리기 때문에 보청기를 낀 상태에서 소리가 어떻게 들리는지 스스로 표현하는 것을 어려워해요. 그래서 교사가 수시로 보청기 상태를 확인하고 링(D. Ling)의 6개음 검사를 정확하게 하는 것이 좋아요. ㉠ 링의 6개음 검사를 할 때는 교사의 입을 가리고 해야 해요.

③ 아동에게 반응하는 방법(예 박수치기, 들은 소리 따라하기 등)을 알려준 뒤 자극음의 제시 방향, 제시 거리, 강도 수준을 달리하면서 그에 따른 반응을 평가한다. 다양한 제시 조건에서 검사한 결과는 개인별 청능훈련 프로그램을 설정하는 데 도움이 된다.

㉠ 자극음의 제시 방향을 달리하는 것은 검사의 신뢰성을 높이고 잘 들리는 귀를 알 수 있게 해준다.

㉡ 자극음의 제시 거리를 달리하는 것은 음원과의 거리가 어느 정도일 때 들을 수 있는가를 알 수 있게 해줄 뿐만 아니라 자극음을 강조하여 강하게 들려주기 위함이다.

㉢ 자극음의 제시 강도는 큰 소리와 작은 소리를 제시하는 것이다.

2. 말소리 바나나(바나나 스피치)와 6개음 검사 기출 POINT 26

① 모든 말소리는 250~8,000Hz에 놓여 있다.

② 250Hz에는 초분절적 요소(강세 · 억양 · 속도 · 어조)와 /ㅁ/, /ㄴ/와 같은 비음 등이 분포되어 있다.

③ 대부분의 모음은 1,000Hz 이하의 주파수 대역에 위치하며, 강도에 있어서도 자음과 비교하여 비교적 큰 특성을 가지고 있다.

④ 대부분의 자음은 1,000Hz 이상의 고주파수 대역에 분포되어 있다.

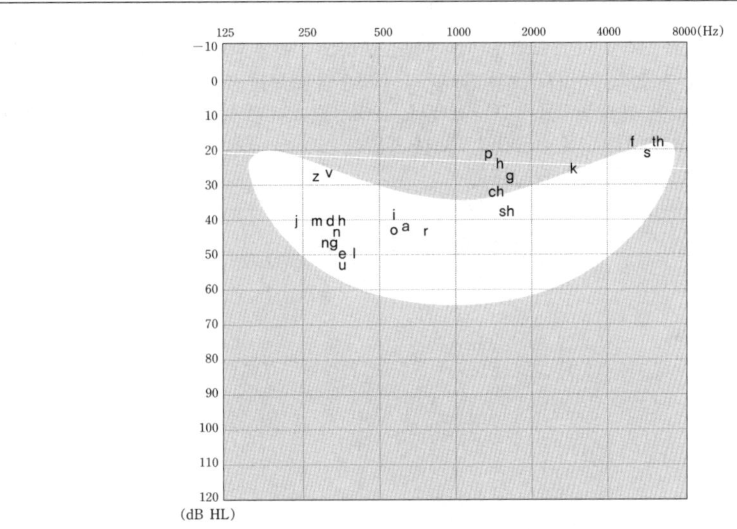

• 말소리 바나나는 청각장애 아동의 청능수준과 어음능력을 예측하는 단서가 될 수 있다.
• 말소리 바나나에 위치해 있는 주파수 대역에서 청력손실이 큰 경우에는 해당하는 어음을 식별하는 데 어려움을 보인다. 예를 들어, 평균청력역치는 정상에 가까우나, 4,000Hz와 8,000Hz에서 40dB 이상의 청력손실을 가지고 있을 경우에는 /s/와 같은 마찰음을 듣기 어렵다. 기출 POINT 26
• 일반적으로 모음을 식별하는 것이 자음보다 쉬운데, 이는 저주파수 대역은 에너지가 높아 소리가 잘 전달되기 때문이다.

말소리 바나나

더알아보기

자극음의 제시 거리와 강도 수준을 달리하여 아동의 탐지와 확인 반응을 평가할 수 있다. 말소리를 들려주고 말소리에 대한 해당 그림을 찾거나 따라 말하도록 함으로써 어음지각 능력을 알 수 있다. 해당 말소리가 들렸을 경우 박수를 치는 등의 반응은 탐지 여부를 알 수 있는 방법이 된다.

기출 POINT 26

❶ 24초등B4

[B]에서 확인할 수 있는 영수의 청력 특성을 주파수 측면에서 1가지 쓰시오.

> • /f/, /th/, /s/ 음을 정확하게 인지하지 못함 [B]
>   – 모음 식별 가능
>   – /f/, /th/, /s/를 제외한 대부분의 자음 식별 가능
> • 개념 지도 시 지문자를 활용하면 효과적임
>   – 부모와 학생도 지문자 사용을 선호함

⑤ 만약 순음청력검사 결과 특정 주파수의 청력역치가 스피치 바나나 영역 바깥에 있을 경우에는 그에 해당하는 음소를 듣는 데 문제를 보인다. 마찬가지로 보청기나 인공와우를 착용한 후에도 특정 말소리를 듣지 못한다면 해당 주파수 대역에서의 이득이 충분하지 못하다는 것을 의미한다.

3. 보청기 재적합화

① 보청기나 인공와우를 착용한 후에도 특정 말소리를 듣지 못한다면 해당 주파수 대역에서의 이득이 충분하지 못하다는 것을 의미하므로 보청기 재적합화 과정이 필요하다.

② 보청기 재적합화 과정의 예시는 다음과 같다.

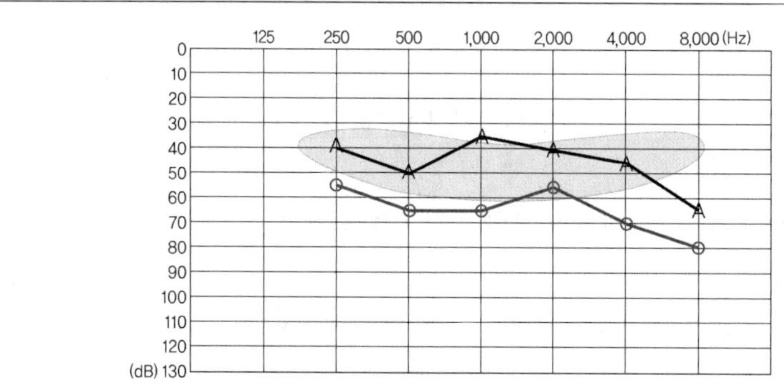

- 보청기 착용 전 주파수 대역의 역치가 대부분 말소리 바나나 밖에 위치하고 있기 때문에 대부분의 자음은 식별할 수 없다. 따라서 보청기에서 각 주파수별 이득을 조정할 필요가 있다.
- 250Hz와 500Hz에서는 15dB을, 1,000Hz에서는 30dB을, 2,000Hz에서는 15dB을, 4,000Hz에서는 25dB을, 8,000Hz에서는 15dB의 이득을 주었다. 그 결과 /ㅅ/음을 제외한 모든 말소리는 식별할 수 있을 것으로 예측 가능하다.

보청기 착용 후 청력도

기출 POINT 26

❷ 20초등A8

(가)는 청각장애 학생 윤서가 보청기를 착용하지 않은 상태에서 받은 순음청력검사 결과이고, (나)는 윤서의 특성이다. 물음에 답하시오.

(가) 순음청력검사 결과

구분		주파수						
		125	250	500	1000	2000	4000	8000
좌	㉠ 골도역치(dB HL)		50	65	65	75	75	
	기도역치(dB HL)	50	55	65	65	75	80	85
우	골도역치(dB HL)		40	50	60	70	75	
	기도역치(dB HL)	40	45	50	65	70	75	85

(나) 윤서의 특성

- 선천적으로 코르티기관에 손상이 있음
- 청신경에 이상이 없음
- 중추청각처리에 이상이 없음
- 보청기를 착용한 상태에서 자음 중 마찰음과 파찰음을 정확히 듣는 데 어려움이 있음

❸ 19유아B5

(가)는 5세 청각장애 유아 영수의 특성이고, (나)는 영수의 청력도 일부이다. (가)의 ㉠과 (나)의 기도 청력검사 결과로 영수의 링 6개음 검사 결과를 예측하기 어려운 이유를 1가지 쓰시오.

(가)

- 혼합성 청력손실
- 보청기 착용
- ㉠ 평균순음역치(PTA): 오른쪽 귀 72dB HL, 왼쪽 귀 76dB HL

(나)

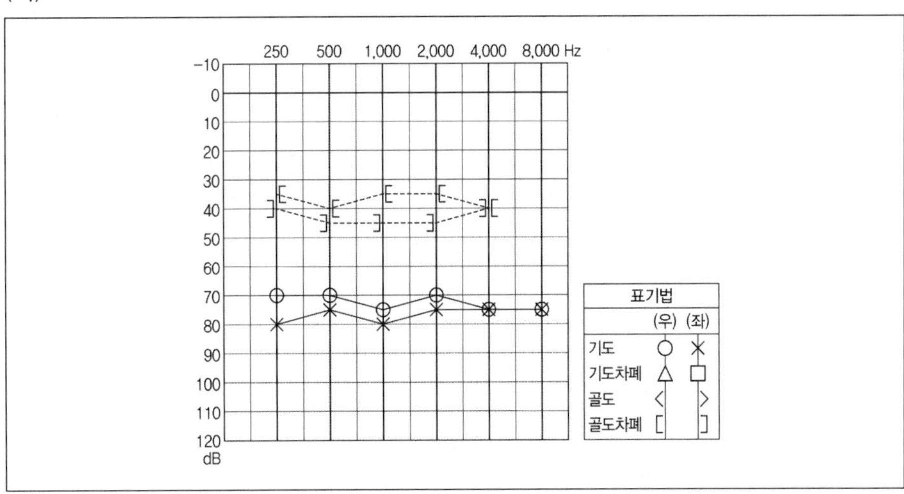

❹ 18중등B7

다음은 일반학급에 통합된 학생 K의 청력도이다. K가 듣기 곤란한 한국어 음소 1가지를 쓰시오.

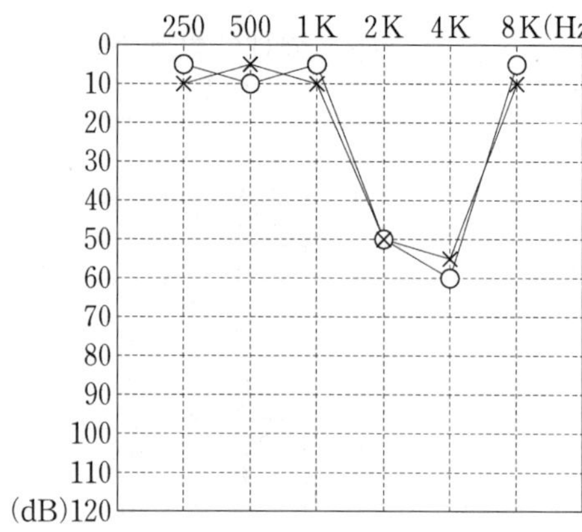

〈6분법 기준 평균청력〉
- 우측 귀 기도: 30dBHL
- 좌측 귀 기도: 30dBHL

❺ 13추가유아A8

㉢과 같이 지수가 /ㅅ/를 /ㅈ/로 듣고 반응하는 이유를 /ㅅ/의 음향음성학적 특징과 지수의 청력도를 근거로 쓰시오.

(가)

지수는 인지적 문제를 동반하지 않은 만 4세 청각장애 유아이다. 현재 지수는 양쪽 귀에 보청기를 착용하고 있다. 교사는 링의 6개음 검사를 실시한 후 다음과 같이 청능훈련을 하였다.

교사: 지수야, 선생님이 하는 말을 잘 들어 보세요. (입을 가리고) '엄마 어디 있어?'
지수: (엄마를 가리키며) '엄마'
교사: (입을 가리고) '우산'
지수: ㉢ <u>'우…잔'………'우잔'</u>

(나)

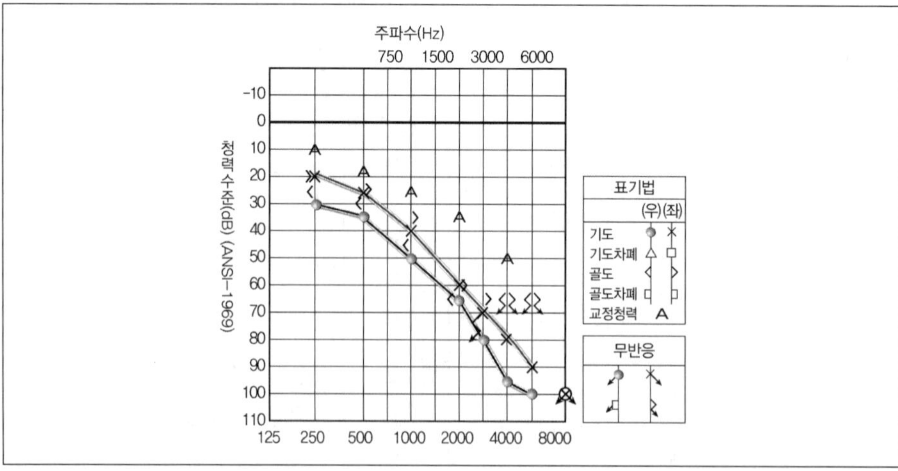

❻ 11중등28

다음은 선천성 청각장애 학생의 순음청력검사 결과이다. 이 학생의 청력도에 근거하여 알 수 있는 내용으로 옳은 것만을 모두 고르시오.

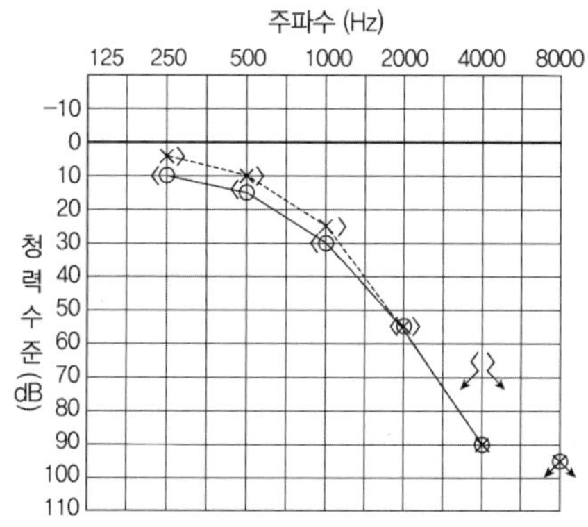

〈보기〉

㉠ 5개음 검사 결과, '아' 음을 들을 수 있다.

❼ 10중등33

다음의 청력도는 학생의 순음청력검사 결과이다. 이 학생의 오른쪽 귀의 청각 특성에 대해 옳은 것을 모두 고르시오.

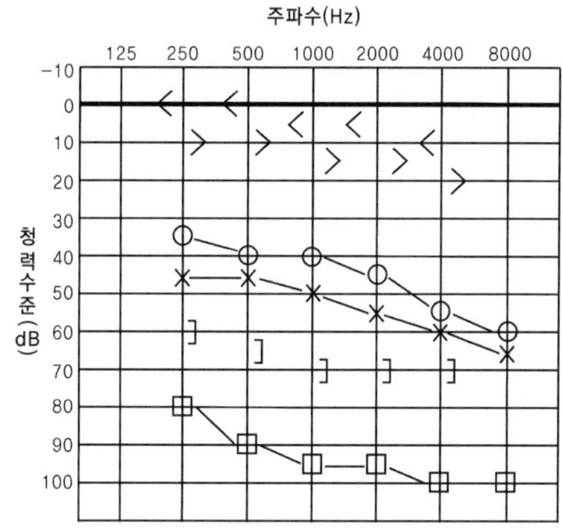

〈보기〉

㉣ 조용한 장소에서 1.8m 떨어져 대화할 때 마찰음 말소리를 들을 수 있다.
㉤ 조용한 장소에서 1.8m 떨어져 대화할 때 대부분의 모음을 들을 수 없다.

CHAPTER 06

보청기와 인공와우

01 보청기

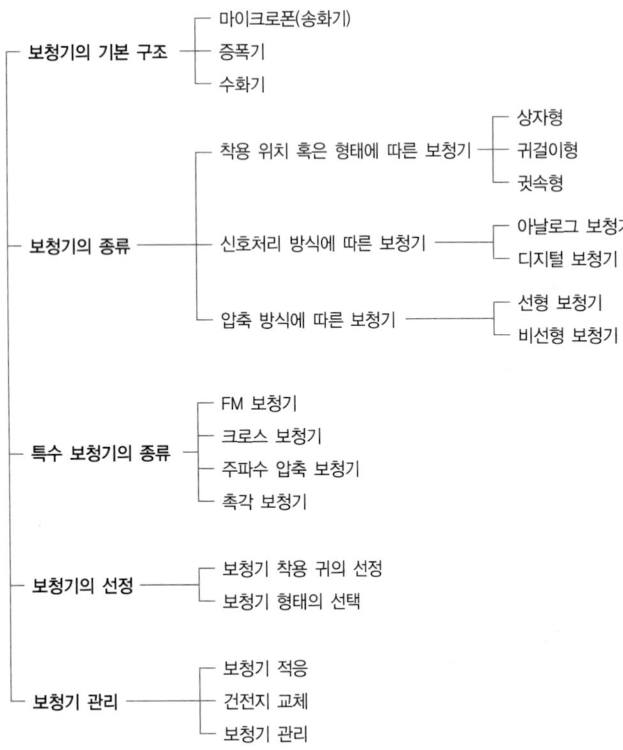

02 인공와우

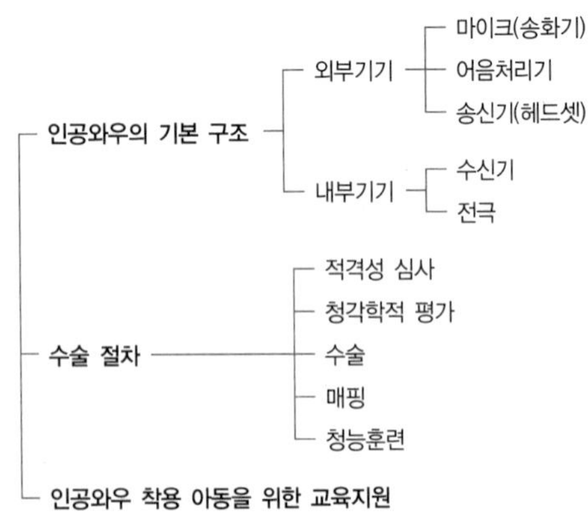

PART 01

01 보청기

보청기는 개인의 역치에 맞추어 필요한 만큼의 입력신호를 증폭하여 출력시켜주는 소리 증폭기이다. 소리의 증폭을 통해 청력손실을 보완하고, 청력역치를 낮춰서 보다 쉽게 의사소통하도록 돕는 역할을 한다.

더알아보기 보청기 착용효과(최성규 외, 2025.)

> 보청기는 소리를 들을 수 있도록 도와주는 장치로, 특히 dB의 증폭과 관련된다. 주파수(Hz) 변위를 결정하는 것은 아니다. 전음성 난청의 경우는 보청기의 증폭이 소리 인지에 도움을 준다. 그러나 내이, 즉 달팽이관에 문제가 있는 경우는 주파수(Hz)의 문제이므로 보청기 착용으로 소리를 인지하는 데 한계가 있다. 큰 소리로 증폭하여도 주파수 변환이 일어나는 내이의 기능을 대신할 수 없다. 달팽이관에서는 전기 생리 에너지로 변환된다.
> 전음성 청각장애는 보청기 착용 효과가 좋다. 반면, 감음신경성 청각장애는 청력손실 정도가 70dB을 초과하면서 내이에서 음의 왜곡현상이 발생하므로 보청기를 통한 소리의 감지는 가능하지만, 음성신호에 대한 정보처리에 어려움을 보인다. 소리를 듣는 것과 들은 음성에 대한 의미 파악은 별개의 기능이다. 즉, 보청기를 통하여 소리를 들을 수 있지만, 무슨 소리인지 이해하는 것은 다른 차원이다.

1. 보청기의 기본 구조 ❶ 11중등27

기출 POINT 1

❶ 11중등27

보청기와 인공와우에 관한 설명으로 옳은 것만을 모두 고르시오.

> ㉡ 보청기의 기본 구조는 마이크로폰, 증폭기, 이어폰으로 이루어져 있다.

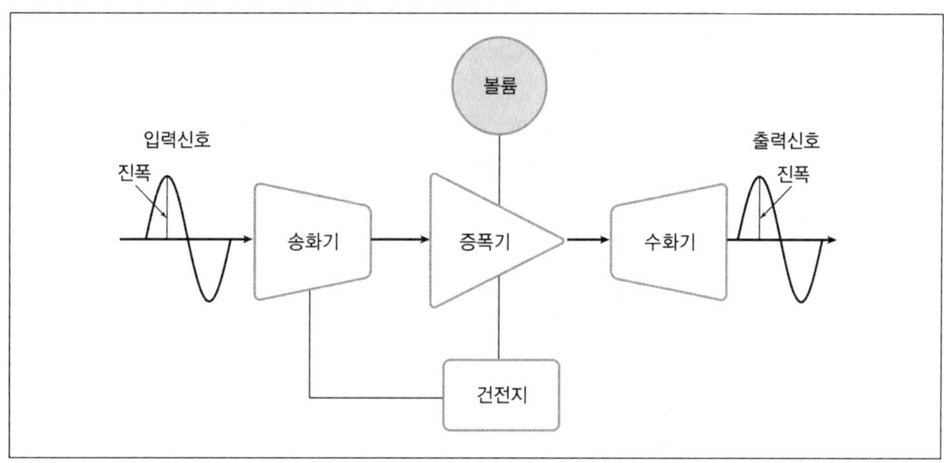

보청기 착용 후 청력도

(1) 마이크로폰(송화기)

유입된 음향에너지를 전기에너지로 바꾸는 기능을 한다.

(2) 증폭기

① 증폭기는 송화기에서 보내준 작은 전기신호를 큰 신호로 바꾸어주는 기능을 한다.

② 가장 중요한 것은 청력검사 결과에 따라 각 주파수별 이득을 조정하는 것이다. 학생들의 청력도는 매우 다양한데 저주파 영역에서 고주파 영역으로 갈수록 청력이 점점 떨어지는 형태가 있을 수 있고, 반대로 고주파 영역에서 저주파 영역으로 갈수록 떨어지는 형태도 있다. 이 경우 모든 주파수 대역에서 일률적으로 동일하게 소리를 증

폭시킨다면 변형된 채로 들릴 것이다. 즉, 소리 왜곡, 과대증폭 또는 과소증폭의 현상이 생길 수 있다. 주파수별로 적절한 양을 증폭해주는 것은 보청기의 가장 핵심 기능이다.

③ 증폭기는 신호처리 방식, 압축 방식, 채널 방식에 따라 구분할 수 있다.

분류		내용
신호처리 방식에 따른 분류	아날로그 증폭기	마이크로폰에서 출력된 전기신호가 증폭기에서 입력신호의 변환 과정 없이 그대로 수화기로 소리를 전달하는 방식이다.
	디지털 증폭기	아날로그 보청기는 음성신호의 단순한 증폭이 주된 기능인 반면, 디지털 기술을 이용할 경우 주파수별 음성신호의 증폭뿐만 아니라 잡음과 피드백 제거를 포함한 복합적인 신호처리가 가능하기 때문에 디지털 보청기가 아날로그 보청기를 빠르게 대체하고 있다.
압축 방식에 따른 분류	선형 증폭기	선형 증폭기는 모든 강도의 입력음압에 대해 출력음압의 증가 비율이 동일하다.
	비선형 증폭기	비선형 증폭기는 입력음압과 출력음압의 증가 비율을 서로 다르게 적용하는 방식을 말한다.
채널 방식에 따른 분류	단채널 (single channel)	단채널은 1,000Hz를 기준으로 저주파수와 고주파수로만 분리된 방식이다.
	다채널 (multi-channel)	• 다채널은 여러 개의 채널이 모여서 주파수 대역에 따라 이득과 압축 비율 등을 자유롭게 조절하는 방식이다. • '채널'이란 각각의 압축기로 제어되는 모든 주파수 영역을 말한다. 채널의 숫자가 많을수록 주파수 영역을 더 세분화하여 기능을 조절할 수 있으며, 개인의 청력 수준에 따른 이득 조절이 가능하다는 장점을 갖는다. ❶ 21초등A2 • 수평형 전음성 난청은 전 주파수 대역에서 단순히 소리의 크기를 높여주는 것으로 충분하지만, 주파수 범위에 따라 청력역치 차이가 큰 경우에는 각 채널에 해당하는 주파수 대역 조절이 필요하다.

기출 POINT 2

❶ 21초등A2
㉡의 특성을 쓰시오.

> 선배교사: 성호가 최근 보청기를 교체했던데, 보셨어요?
> 신임교사: 네, 디지털 보청기로 바꾸었는데, 디지털 보청기와 아날로그 보청기는 어떤 차이가 있나요?
> 선배교사: ㉡ 디지털 보청기의 채널 방식, 신호처리 방식, 압축 방식은 아날로그 보청기와 다릅니다.

(3) 수화기

① 수화기는 일종의 스피커 역할로, 증폭기에서 나온 전기신호를 음향에너지로 변환시켜 다시 소리로 들려주는 기능을 한다.

② **폐쇄 효과**: 보청기를 착용할 경우 외이도 내의 음압레벨이 높아지면서 소리가 울리는 폐쇄 효과가 나타난다. 특히 골전도로 듣게 되는 자신의 목소리의 저음 성분이 상대적으로 더 울리고 증폭되면서 처음 보청기를 착용하였을 때 불편함을 호소하므로 외이도가 완전히 막히지 않도록 보청기 외형의 크기를 줄여주거나, 환기구를 설치하여 폐쇄 효과를 감소시킬 수 있다.

③ **환기구**: 환기구는 보청기와 고막 사이의 공간에서 공기압력이 높아지는 것을 억제하기 위해 설치하며, 이를 통해 공기압력이 평형을 이루어 착용감이 좋아진다. 환기구는 보청기 외형의 아랫부분에 구멍을 내거나, 보청기 외형을 외이도의 직경보다 다소 작게 만들어 사용할 수 있다. 특히 환기구는 저음의 이득을 줄일 수 있다. 그러나 환기구의 직경이 너무 커지면 음향되울림*이 발생할 수 있으니 주의해야 한다.

④ **텔레코일(telecoil)**: 텔레코일을 보청기에 장착하면 전화기에서 나오는 소리를 명료하게 들을 수 있으며, 최근에는 텔레코일을 보청기 내부에 삽입하여 마이크로폰과 텔레코일 기능을 상황에 따라 선택하여 사용할 수 있다. 또는 스위치를 이용하여 'M'은 마이크로폰 사용을, 'T'는 텔레코일을, 'MT'는 두 가지를 동시에 사용하는 방식으로 선택할 수 있다. 보청기에서 텔레코일을 장착하면 전화기에서 나오는 말소리를 깨끗하고 정확하게 들을 수 있다.

⑤ **음질조절 장치**: 고주파수 및 저주파수에서 상대적인 강도를 조절하여 들을 수 있게 한다. 일반적으로 저음역의 이득을 감소시키면 소리는 다소 선명하게 들리며, 고음역의 이득을 감소시키면 소리가 부드러워진다.

㉠ 저음역 여과기를 선택하면 고주파수 영역에 비해 저주파수 음역이 강조되어 보다 부드러운 음질을 들을 수 있다.

㉡ 고음역 여과기를 선택하면 저주파수 음역을 내려줌으로써 상대적으로 고음역이 강조된다.

2. 보청기의 종류

(1) 착용 위치 혹은 형태에 따른 보청기

유형	특성
상자형	• 보청기 가운데 외형이 가장 크며, 상의 주머니나 별도 주머니를 만들어서 목에 걸거나 허리 벨트에 착용한다. • 송화기와 수화기의 위치가 멀어 음향 되울림 현상이 없으며, 높은 이득과 출력을 얻을 수 있다. • 그러나 송화기의 위치 때문에 의복이 스치는 등의 소음이 발생하기 쉽다는 단점이 있다. • 귀걸이형 및 귓속형 보청기의 발달로 현재는 거의 사용하지 않는다.
귀걸이형	비교적 작은 보청기로 송화기, 증폭기, 수화기, 제어장치 및 건전지는 이개 뒤에 착용하는 본체에 들어 있다.
귓속형	• 착용 위치에 따라 갑개형, 외이도형, 고막형 보청기 등으로 구분한다. • 갑개형 보청기는 가장 높은 이득과 출력이 가능하다. 반면에 외이도형이나 고막형은 출력은 작지만 외부에서 볼 때 눈에 잘 띄지 않아 미용 효과가 크다는 장점이 있다. • 고막형 보청기는 송화기의 위치가 외이도 내에 있어 이개의 공명 효과로 고주파수의 증폭 효과를 얻을 수 있고, 폐쇄 효과를 줄이는 것도 용이하다.

Keyword

음향되울림

음향되울림은 귓속형이나 귀걸이형 보청기를 착용하였을 때, 이들 사이에 생기는 틈새나 환기구를 통하여 보청기와 고막 사이의 잔여 공간에 있는 소리가 밖으로 새어 나오면서 다시 마이크로폰에 입력되는 피드백 현상을 말한다.

(2) 신호처리 방식에 따른 보청기

① 아날로그 보청기: 입력된 신호가 송화기, 증폭기 및 수화기를 거치면서 전기 신호의 변환 없이 증폭만 하여 수화기로 전달하는 가장 기본적인 보청기

② 디지털 보청기: 변환된 전기 신호를 디지털 신호처리, 즉 증폭·여과·분석 등의 과정을 통해 원하는 신호로 처리하는 과정을 거치는 보청기

아날로그 보청기와 비교하여 디지털 보청기의 장점

- 주파수 반응 특성과 압축 비율 조정이 가능함
- 신호대 잡음비 개선이 가능함
- 음향되울림 발생을 억제함
- 소비전류가 감소되어 건전지 크기가 축소됨
- 고음역에서 이루어지는 말소리를 저음역으로 이동시켜 어음이해도를 높임
- 청취환경에 따라 증폭이득을 자동 적용함
- 음향 액세서리, 블루투스, 와이파이 등의 무선통신이 가능함

더 알아보기

신호대 잡음비(SNR)

잡음의 크기에 비해 신호의 크기가 얼마나 더 큰가를 상대적으로 나타내는 것이다. 양수의 SNR은 신호가 소음보다 크다는 것을, 음수의 SNR은 소음이 신호보다 크다는 것을 의미한다.

(3) 압축 방식에 따른 보청기

① 선형 보청기

㉠ 보청기로 입력되는 소리와 출력되는 소리의 크기가 동일하게 증가하는 방식의 보청기를 선형 보청기라고 한다.

㉡ 선형 보청기는 모든 입력신호에서 동일한 이득을 주어 출력하는 방식으로, 청력손실이 크지 않은 전음성 난청의 경우에 적절한 방식이다. 전음성 난청은 청력역치가 높은 만큼 불쾌역치도 함께 높아지기 때문에 역동범위가 정상 청력과 비교하여 큰 차이가 나지 않기 때문이다.

② 비선형 보청기

㉠ 비선형 보청기는 입력음압과 출력음압의 증가 비율을 서로 다르게 적용한 방식을 말한다.

㉡ 작은 소리는 이득을 크게 주고, 큰 소리는 이득을 적게 주기 때문에 역동범위가 좁은 감각신경성 난청에게 효과적이다.

㉢ 비선형 보청기의 장점

- 음의 왜곡현상을 방지함

  예 선형 보청기는 최대출력이 110dB SPL일 경우 80dB SPL이상에서는 왜곡현상이 발생함. 그러나 비선형 보청기는 50dB SPL에서부터 이득을 점차 줄여주기 때문에 90dB SPL이 되어야 출력음압이 포화점에 도달하게 되고, 따라서 그 이하에서는 음의 왜곡이 발생하지 않음

- 적절한 압축비율과 압축역치의 설정으로 신호대 잡음비 또는 자모음비를 효과적으로 개선함

더 알아보기

전음성 난청은 일반적으로 청력손실이 크지 않기 때문에 소리증폭만으로도 대부분의 소리에 대한 이해도가 높아지면서 말의 명료도도 향상될 수 있다. 압축 방식에서도 대부분 선형 증폭기 시스템으로도 보청기의 효과를 얻을 수 있다. 그러나 청력손실이 큰 감각신경성 난청의 경우에는 누가현상으로 인하여 이득을 줄 수 있는 폭이 좁다. 따라서 이 경우에는 반드시 비선형 증폭기를 사용해야 한다. 만약 선형 증폭기를 사용하면 작은 소리에 대해서는 이득이 작아서 잘 듣지 못하고, 큰 소리에 대해서는 정점 절단 현상* 발생하여 왜곡이 발생할 수 있기 때문이다.

Keyword

정점 절단 현상

보청기가 낼 수 있는 최대 출력에 소리가 도달하면 출력 이상의 소리를 잘라내는 현상이다.

더알아보기 **선형 및 비선형 증폭시스템**

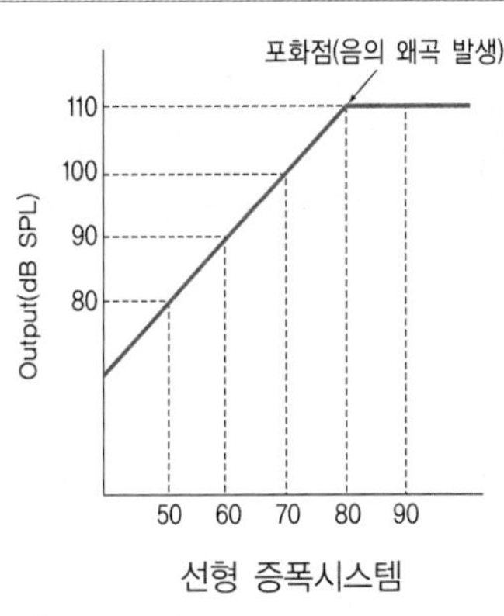

선형 증폭시스템

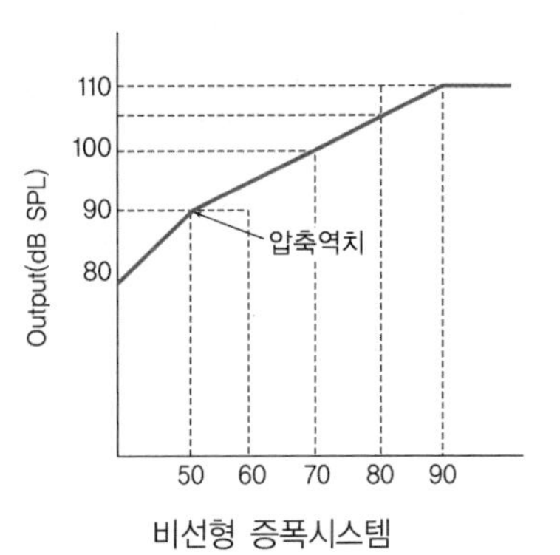

비선형 증폭시스템

- **선형 증폭시스템**: 선형 증폭방식의 보청기는 모든 소리에 대해 똑같은 이득 비율로 증폭함
- **비선형 증폭시스템**: 입력음압과 출력음압의 증가 비율을 서로 다르게 적용하는 방식으로, 작은 소리는 이득을 크게 주고, 큰 소리는 이득을 조금 주기 때문에 역동범위가 좁은 감각신경성 난청의 경우에는 비선형 증폭기가 바람직함

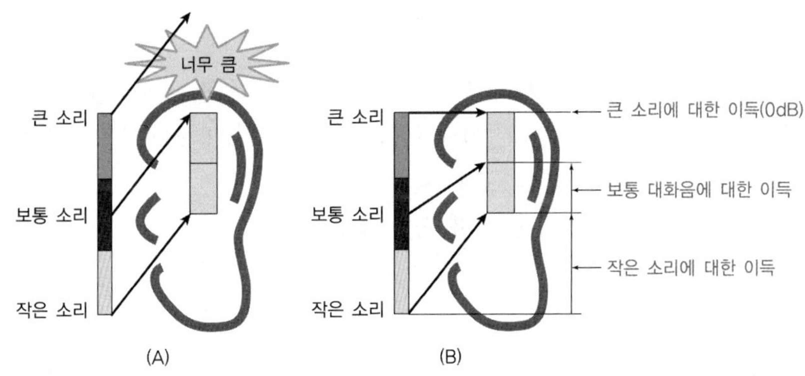

(A) (B)

- (A): 감각신경성 난청 학생에게 선형 증폭방식의 보청기를 이용하여 주변의 소리를 듣는 상태를 나타낸 것
- (B): 비선형 증폭방식의 보청기를 이용하여 작은 소리에 대해서는 중간 정도의 이득을 주어 편안하게 들을 수 있게 해주고, 큰 소리에 대해서는 이득을 거의 주지 않음으로써 불쾌하지 않게 들을 수 있도록 조절해주어야 함

3. 특수 보청기의 종류

(1) FM 보청기

① FM 보청기는 라디오 주파수를 이용한 청각보조기로서, 인공와우나 보청기 또는 블루투스 등에 결합하여 사용하는 무선 송수신장치이다. 멀리 있는 화자가 무선용 마이크로폰에 대고 말을 하면, 청자는 수신기를 통해 그 소리를 전파를 이용한 무선 방식으로 듣게 된다. ❶ 13추가중등B7

기출 POINT 3

❶ 13추가중등B7

①~④ 중 적절하지 않은 수업 방법 2가지를 찾아 기호를 쓰고, 그 이유를 각각 쓰시오.

> ① 청각을 주된 의사소통 채널로 사용하는 병철이는 FM 시스템(보청기)의 수신기를 착용하고 수업에 참여한다. 교사는 FM 시스템의 마이크를 착용한 채, 교실 안을 자유롭게 움직이며 설명한다.

기출 POINT 4

❶ 21유아A4
㉡의 이유를 FM 보청기 작동 특성에 기초하여 쓰시오.

> 김 교사: 민기는 주변 소음이 많거나 거리가 멀어지면 말소리를 훨씬 이해하지 못하더라고요.
> 윤 교사: ㉡ 그런 경우에는 FM 보청기를 사용하면 도움이 됩니다.

❷ 19유아A1
㉤의 상황에서 제공할 수 있는 대안적 지원을 쓰시오.

> ㉤ 유아들 간 상호작용이 활발한 활동을 할 때면 소음으로 인해 지시를 잘 이해하지 못하던데, 제가 어떻게 해야 할지 모르겠어요. 다른 유아들도 있는데 윤수만 고려해서 조용한 활동만을 할 수도 없잖아요.

❸ 17초등B5
㉡~㉣에서 틀린 것 2가지를 찾아 기호를 쓰고, 각각 바르게 고쳐 쓰시오.

> 특수교사: 동호의 청취환경은 어떻게 개선하였나요?
> 일반교사: 네, 선생님 말씀대로 ㉡ 반향시간을 늘리려고 동호를 제 가까이에 앉혔습니다. 그리고 ㉢ 신호대 잡음비(SNR)를 낮추기 위해서 FM 시스템을 사용하고 있어요.

기출 POINT 5

❶ 22중등A12
밑줄 친 ㉥~㉦ 중 틀린 것 2가지를 찾아 기호와 함께 바르게 고쳐 각각 서술하시오.

> • FM 보청기를 보조기기로 지원한다.
> • ㉦ 교실의 신호대 잡음비(SBR)를 최소 −10에서 −15 정도로 유지하여 말소리 이해력을 높인다.

❷ 20유아A3
① 신호대 잡음비(Signal to Noise Ratio ; SNR)의 의미를 쓰고, ② 교실 수업 상황에서 신호대 잡음비를 향상시키는 방법 1가지를 쓰시오.

Keyword

반향(이필상 외)
반향은 소리가 공간 내의 단단한 벽에 부딪힌 후 반사되어 길게 늘어나는 현상으로, 소음 수준과 상호작용하여 청각장애 학생들이 말을 인식하는 데 어려움을 주는 요소다. 교실에서의 반향 시간은 0.3초 이하가 되도록 방음 처리를 하는 것이 좋다.

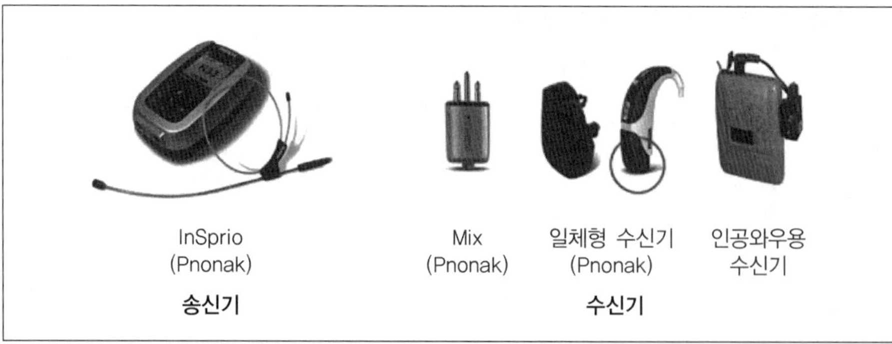

② 일반 보청기는 화자의 말소리뿐만 아니라 주변의 소음까지 증폭시켜 말소리 명료도를 감소시킨다. 또한 화자와의 거리가 멀어질수록 청취 음압도 낮아지게 된다. 반면에 FM 보청기는 소음환경과 반향 그리고 화자와 청자 간의 거리로 인하여 신호대 잡음비가 낮은 환경에서 언어 이해에 어려움이 있을 때, 이를 보완할 수 있는 가장 일반적인 청각보조기기이다. ❶ 21유아A4, ❷ 19유아A1, ❸ 17초등B5

③ FM 보청기의 원리

㉠ FM 보청기는 주로 소음이 많은 교실 상황에서 화자의 말소리만 증폭해줌으로써 신호대 잡음비(Signal-to-Noise Ratio ; SNR)가 높아지는 원리이다. ❷ 20유아A3

㉡ 건청인의 경우에는 약 +15dB(주변 소음보다 말소리가 15dB이 크면) 신호대 잡음비만으로도 말소리를 듣는 데에 큰 문제가 없다. 그러나 난청을 가지고 있을 시에는 +20~30dB의 환경이 요구된다. ❶ 22중등A12

더 알아보기

> 교실은 보통 상당한 소음에 둘러싸여 있는데, 일반적으로 교실의 소음은 55dB이다. 이러한 소음 때문에 청각장애 아동은 의사소통에 어려움을 겪을 수 있다. 또한 교사의 말, 즉 신호음 대 소음 수준의 비율이 청취 환경에서 중요한 요소인데, 이것은 보통 교실에서는 5dB 정도로 교사의 목소리가 주위 소음보다 5dB 정도 크다는 의미이다. 말소리를 변별할 수 있는 가장 좋은 환경은 소음보다 신호음이 30dB 큰 경우다. 따라서 교실 상황에서는 가능한 주변 소음보다 20dB 이상 크게 말해주는 것이 좋다.

④ FM 보청기의 장점

㉠ FM 보청기는 소음이 심한 방이나 울림이 큰 홀 등 음성을 청취하기에 부적합한 환경에서 어음 변별 및 언어 청취 명료도를 높인다. ❷ 15유아B5, ❸ 13초등A6

㉡ 화자의 음성만 명료하게 증폭되고 그 밖에 필요 없는 주위의 소음은 제거되거나 억제된다.

㉢ FM 신호로 소리를 전달하기 때문에 음원과의 거리와 관계없이 명료한 소리를 전달한다.

㉣ 교실이나 강당, 체육관 내의 반향* 효과와 무관하게 명료한 음을 전달할 수 있다. ❶ 25중등B11

㉤ 여러 사람이 말하는 토론 시간에도 효과적으로 활용될 수 있다.

더알아보기 반향효과(최성규 외, 2025.)

반향효과는 음의 반사와 관련된다. 소리가 장애물로부터 반사되어 들리는 현상을 '반향'이라고 하며, 반사된 소리를 '반향음'이라고 한다. 교사의 음성이 먼저 보청기에 전달되지만, 같은 양의 에너지를 가진 음성이 반향되어 다시 보청기에 입력된다. 이처럼 최단 경로를 통하여 입력된 교사의 음성과 시간적으로 늦게 수신되는 교사의 음성이 함께 보청기에 입력되어 동시에 증폭되므로 음향의 왜곡현상에 노출된다. 반향이 심할 경우는 부딪힌 소리가 되풀이되어 반사된다. 따라서 반향이 심한 환경에서는 가청학생도 교사의 설명을 이해하는 데 어려움이 있다.
한편, FM 보청기는 교사의 목소리만 전파로 전달하기에 반향효과가 없다. 즉, 교사의 음성이 교실에서 반사되어도 청각장애학생의 보청기에 직접적으로 입력되지 않는다. 따라서 FM 보청기를 이용하면 반향효과가 나타나지 않거나, 반향효과를 최소화할 수 있다. 반향효과를 줄이기 위한 환경지원으로는 방음장치 설비, 바닥에 양탄자 깔기, 창문에 커튼 달기 등이 있다.

기출 POINT 6

❶ 25중등B11

밑줄 친 ㉠을 개선하기 위한 방법 1가지를 쓰시오.

수교사: 학생 A가 보청기를 착용하고 있어 교정 청력역치로 듣기 때문에 선생님과의 대화가 가능했을 거예요. 하지만 멀리서 말하거나 주변 소음이 심하거나 판서하면서 말하거나 ㉠ 교실 안의 반향이 심하면 듣는 데 어려움이 있어요.

❷ 15유아B5

준서의 특성을 고려하여 준서가 집단 음률활동에 참여하기 위해 필요한 청각보조장치 1가지를 쓰시오.

■ 준서의 특성
- 1년 전 인공와우 수술을 하였으며, 현재 청력은 45~50dB 정도임
- 구어를 주로 사용하나 상대방의 입모양이나 시각적 단서도 활용함
- 노래 부르는 것을 좋아하지만 음정이나 박자가 정확하지 않음

❸ 13초등A6

㉢이 효과적인 이유 1가지를 쓰시오.

문 교사: 교실에서는 인공와우와 연결할 수 있는 ㉢ FM 보청기를 사용하는 것도 좋은 방법이 될 수 있습니다.

기출 POINT 7

❶ 21유아A4

교사의 입장에서 ⓒ을 1가지 쓰시오.

> 윤 교사: 그리고 ⓒ FM 보청기를 사용할 때는 유의해야 할 것이 있어요.

Keyword

두영 효과

머리에 의해 소리가 막히면서 소리의 강도가 줄어드는 효과

⑤ FM 보청기의 단점 및 유의점

㉠ FM 보청기는 보안성이 없다는 단점이 있다. 따라서 말을 하지 않을 때는 반드시 송화기의 스위치를 꺼놓아야 한다. ❶ 21유아A4

㉡ FM 보청기가 실제 학교 현장에서 성공적으로 사용되기 위해서는 주파수 조정, 외부기기와의 연결, 소모품 교체 등에 대한 지식과 상태를 점검하는 등 교사의 협조가 필요하다.

㉢ FM 보청기는 차폐물에 매우 약하며, 주파수 혼선 등 다른 전파의 방해로 인한 소음이 생길 수 있다.

㉣ FM 보청기를 통해 양질의 소리만 듣는 훈련은 일반화에 문제를 초래할 수 있다.

(2) 크로스 보청기 ❷ 18초등B3

① 크로스 보청기란 청력이 나쁜 쪽 귀로 소리가 입력되면, 그 소리를 좋은 쪽 귀로 보내주어 좋은 쪽 귀에서 청취할 수 있는 방식의 보청기다.

② 특히, 편측성 청각장애의 경우 크로스 보청기를 이용하여 소리증폭 효과를 볼 수 있다. 좌우 청력 차가 커서 한쪽만 보청기를 착용할 경우, 한쪽이 양호하더라도 잡음이 있을 때 어음이해력이 크게 떨어지고 방향 분별이 어렵기 때문에 크로스 보청기 착용이 필요하다. ❶ 19초등B4

③ 크로스 보청기의 장단점

㉠ 소리가 발생한 방향에 관계없이 청력이 좋은 귀로 소리를 들을 수 있으며, 나쁜 쪽에서 입력되는 소리에 대해 두영 효과*의 영향을 크게 받지 않는다는 장점을 갖는다.

㉡ 귀걸이형의 크로스형 보청기는 양쪽 귀에 수화기와 보청기를 동시에 착용해야 하므로 미용 효과가 떨어지고 번거로울 수 있다는 단점이 있다.

④ 크로스 보청기의 유형

㉠ 단일 크로스

- 나쁜 쪽 귀로 소리가 들어오면 유선 또는 무선 방식을 통해 좋은 쪽 귀로 송신해주는 구조이다. 이때 한쪽 귀는 농 또는 고도난청이면서 다른 한쪽은 청력이 좋아야 한다(고은).
- 소리전달방식: 보청기의 내부장치 중 좋은 귀에는 수화기를, 나쁜 쪽 귀에는 송화기를 분리 장착하여 나쁜 귀에서 입력되는 소리신호를 좋은 귀로 우회하여 듣게 한다(심현섭 외).

㉡ 바이 크로스 ❸ 24중등A10

- 편측성이면서 좋은 쪽 귀 역시 난청의 정도가 심한 경우에 착용한다. 좋은 쪽 귀에 일반 보청기를 착용하고 나쁜 쪽 귀로 입력된 소리신호를 좋은 쪽 귀로 보내준다. 양쪽에서 입력되는 소리가 증폭되기 때문에 방향감각이 좋다는 장점이 있다.

- 소리전달방식: 좋은 귀에는 일반보청기를 장치하고, 나쁜 귀에는 또 하나의 송화기를 장치하여 나쁜 귀에 입력되는 소리신호를 좋은 귀로 전달하고, 좋은 귀에서 직접 입력되는 소리와 함께 일반적인 증폭단계를 거쳐 수화기로 전달한다(심현섭 외).

<table>
<tr><th>유형</th><th>장점</th><th>단점</th></tr>
<tr><td rowspan="2">단일 크로스 보청기</td><td colspan="2">좋은 쪽 귀는 경도 또는 정상 귀 / 나쁜 쪽 귀는 고도난청 또는 농</td></tr>
<tr><td>• 나쁜 쪽 귀에서 입력되는 소리신호를 좋은 귀로 전달하여 듣는다.
• 송화기와 수화기가 따로 있어서 음향되울림이 감소한다.</td><td>• 양 귀에 수화기와 송화기를 따로 착용해야 한다.
• 소음이 나쁜 귀로 들어오면 말소리의 이해력이 감소된다.</td></tr>
<tr><td rowspan="2">바이 크로스 보청기</td><td colspan="2">좋은 귀는 중도 또는 고도 / 나쁜 귀는 고도난청 또는 농</td></tr>
<tr><td>좋은 귀에 일반 보청기를 착용하여 양측으로 소리신호가 입력된다.</td><td>음향되울림 현상이 발생할 수 있다.</td></tr>
</table>

더알아보기 **편측성 청각장애를 위한 보청기**(최성규 외, 2025.)

① **CROS 보청기**
CROS 보청기는 청각장애가 있는 귀에 송화기를, 기능적으로 정상인 청력이 좋은 귀(정상 또는 경도, 중도)에 수화기를 착용하는 방식으로 소리를 듣게 한다. 즉, 청력이 나쁜 귀에 소리를 입력하여 청력이 좋은 귀의 수화기로 신호를 보내는 방식이다. 이렇게 하면 두 귀로 분리된 송화기와 수화기의 위치 차이로 인하여 음원의 방향을 인지하는 데 도움을 받을 수 있다.

② **BICROS 보청기**
BICROS 보청기는 두 귀 모두 청력손실이 있는 편측성 난청을 위해 개발되었다. 잔존 청력이 조금 있거나 전혀 없는 귀에 송화기를 장착하고, 상대적으로 청력이 좋은 귀에 송화기와 수화기를 장착한다. 즉, 청력이 나쁜 귀에서 보낸 신호를 청력이 좋은 귀에서 수집하여 소리 정보를 함께 처리한다.

③ **CROS vs BICROS**
- CROS 보청기는 하나의 송화기와 하나의 수화기를 장착하지만, BICROS 보청기는 두 개의 송화기와 하나의 수화기로 구성되어 있다.
- CROS 보청기는 한쪽 귀는 정상(또는 중도/경도)인 반면, BICROS 보청기는 두 귀가 모두 청각장애가 있으며, 청력손실 정도의 차이가 심하고, 청력이 나쁜 귀는 보청기를 착용하는 데 한계가 있을 정도의 청력손실이 있다.

기출 POINT 8

❷ 18초등B3

ⓜ에 들어갈 내용을 쓰고, 밑줄 친 ⓑ의 작동 원리를 쓰시오.

특수교사: 연지는 (ⓜ) 난청이 있어서 ⓑ 크로스 보청기를 착용하고 있지만 부모님이 농인이어서 수어에 익숙하고, 음성 언어를 접한 지 오래되지 않아서 소리 구조를 이해하는 것이 쉽지는 않을 거예요.

❸ 24중등A10

(가)를 참고하여 (나)의 괄호 안의 ㉠에 해당하는 보청기의 유형을 쓰고, 학생 A가 ㉠을 착용했을 때의 효과를 1가지 서술하시오.

(가) 학생 A의 특성

- 순음청력검사 결과가 왼쪽 귀 60dB HL, 오른쪽 귀 90dB HL으로 나타남
- 오른쪽 귀만 보청기를 착용하고 있음
- 보청기 착용으로 말읽기를 통하여 수업에 참여하고 있음

(나) 일반교사와 특수교사의 대화

일반교사: 학생 A는 오른쪽 귀에 보청기를 착용하고 있는데도 수업 시간에 말소리를 듣고 이해하는 것을 어려워하고, 음원의 위치 파악이 가끔씩 잘 안 될 때도 있더라고요.
특수교사: 학생 A는 특성상 양쪽 귀에 보청기를 착용하면 좋을 것 같더군요. 이런 경우에는 (㉠)의 착용이 효과적일 수 있어요.

기출 POINT 8

❶ 19초등B4

다음은 청각장애 학생 영희의 청력검사 결과와 특성이다. (가)의 청력검사 결과를 근거로 ㉠의 이유를 1가지 쓰시오.

■ 청력검사 결과

검사명		좌	우
순음청력검사	기도검사	19dB HL	73dB HL
	골도검사	19dB HL	73dB HL
어음청취역치검사(SRT)		25dB HL	80dB HL
어음명료도검사		40dB에서 100%	70dB에서 60% 말림현상은 관찰되지 않음
(청성)뇌간유발반응검사(ABR)		25nHL	70nHL

■ 특성

- 인지능력과 정서 및 사회성 발달에 특이사항 없음
- 신체 발달상으로 이상 없으나 ㉠ 평형성이 떨어짐
- 발음이 부정확하나 의사소통을 하는 데는 큰 어려움이 없음
- 현재 우측 귀에 보청기를 착용하고 있음

(3) 주파수 압축 보청기

① 주파수 압축 보청기는 고주파수 대역의 에너지를 저주파수 대역으로 변환 혹은 압축시켜 증폭시키는 보청기이다.

② 고주파수 대역의 청력이 거의 없으면서 저주파수 대역에 일부 잔존청력이 남아 있는 고도 및 최고도 청각장애 아동이나, 인공와우 이식을 결정하기 전 단계에서 보청기의 효과를 검증하는 데 활용된다.

(4) 촉각 보청기

일반 보청기의 증폭 효과를 기대할 수 없는 경우에는 음향학적 신호를 청각이 아닌 진동자극이나 전기자극으로 변환시켜주는 촉각 보청기를 사용할 수 있다.

4. 보청기의 선정

(1) 보청기 착용 귀의 선정

① 보청기의 편측 착용보다 양이 착용을 먼저 고려하는 이유는 양이 효과*를 얻기 위함이다. 양측 착용 시 기대되는 장점은 다음과 같다.

㉠ 소리의 방향을 감지하기 쉽다.

㉡ 소리의 크기가 건청인의 경우 약 3dB 증가하는 양이합산 현상이 나타난다.

㉢ 양이진압 현상으로 잡음에 대한 감소 현상이 커져 신호대 잡음비가 향상된다.

❶ 25중등B11

㉣ 같은 소리를 두 번 반복해서 청취하는 것과 같은 양이중복이 발생한다.

㉤ 어음명료도를 향상시킨다.

② 부득이하게 편측 착용을 할 경우 첫째, 역동범위가 상대적으로 넓은 귀를 선택하며, 둘째, 어음인지도가 높은 쪽 귀에 보청기를 착용하는 것이 효과적이다. 구체적인 방법은 다음과 같다.

조건	착용 위치
양쪽 귀의 청력역치가 55dB보다 좋을 때	나쁜 쪽 귀
양쪽 귀의 청력역치가 55dB보다 나쁠 때	좋은 쪽 귀
비슷한 역치를 가질 경우	어음인지도가 좋고 역동범위가 넓은 귀
양측 청력의 차이가 없을 경우	오른쪽 귀

(2) 보청기 형태의 선택

① 가장 보편적으로 사용되는 귀걸이형 보청기와 귓속형 보청기의 선택에서는 청력손실 정도가 가장 중요한 변인이다. 청력손실 정도가 심한 경우는 증폭량이 큰 귀걸이형 보청기가 적합하며, 경도나 중도인 경우 귓속형 보청기가 적합하다. 그러나 귓속형 보청기는 성장에 따라 이개나 외이도의 크기가 달라지는 영유아에게는 부적합하다.

② 역동범위에 따라 선형 또는 비선형 보청기를 선택한다. 일반적으로 역동범위가 넓은 전음성 청각장애나, 청력손실 정도가 심하지 않아 적은 양의 증폭으로 충분한 경도 및 중도 청각장애 아동은 선형 보청기를 선택한다. 반면, 감각신경성 청각장애이거나 역동범위가 30dB 이하인 대부분의 청각장애 아동에게는 비선형 보청기가 적합하다.

Keyword

양이 효과

두 귀로 소리를 들음으로써 얻는 효과

기출 POINT 9

❶ 25중등B11

밑줄 친 ㉡을 소음 측면에서 1가지 서술하시오.

> 일반 교사: 학생 A는 한쪽 귀에만 보청기를 착용해도 될 것 같은데, 왜 양쪽 귀에 보청기를 착용하고 있나요?
> 특수 교사: 양쪽 귀에 보청기를 착용하면 ㉡ 양이 효과를 얻을 수 있기 때문이에요.

5. 보청기 관리

(1) 보청기 적응

① 보청기를 처음 착용하면 말소리의 증폭뿐만 아니라 주변의 소리, 특히 소음에 대한 불편함을 호소하는 경우가 많다. 따라서 보청기 착용시간을 조금씩 늘려가는 것이 좋다.

② 착용 후 두통이 있거나 울림이 심하면 잠시 쉬었다가 착용할 수 있다.

③ 적응 단계별로는 조용한 환경에서 점차 시끄러운 환경으로 옮기는 것이 좋으며, 일반적인 보청기 적응기간은 4~8주로 본다.

(2) 건전지 교체

① 보청기는 건전지로 작동하기 때문에 정기적인 건전지 교체가 중요하다. 특히 장애 아동의 경우에는 스스로 건전지 교체 필요성을 지각하기 어렵기 때문에 보호자가 잘 관찰할 필요가 있다.

② 건전지 교체 시기를 놓치면 소리가 약해지거나 정상적으로 들리지 않는다. 또한 소리에 왜곡, 잡음 또는 음향되울림 현상이 발생하며 자꾸 소리가 끊기는 현상이 나타난다. ❶ 20유아A3

③ 건전지의 수명을 오래 유지하기 위해서는 건전지에 붙어 있는 스티커는 미리 뜯지 않으며, 습기가 차지 않도록 잠잘 때는 건전지 입구를 열어 습기 제거 통에 넣어 두는 것이 좋다.

(3) 보청기 관리

① 정전기가 발생하지 않도록 주의한다.

② 전자레인지, X선 검사실, 컴퓨터 단층(CT) 촬영실 등과 같이 강력한 전파가 발생하는 곳에 가까이 가지 않는다.

③ 보청기는 습기와 온도에 취약하다. ❶ 11중등27

④ 착용하지 않을 때는 건전지를 넣는 입구를 열어두어 습기가 차지 않도록 한다.

⑤ 착용하지 않을 때는 보관함에 넣어둔다.

⑥ 착용하지 않을 때는 건전지를 빼놓는 것이 좋다.

⑦ 물에 닿지 않도록 한다.

⑧ 물에 닿았을 때는 자연 상태로 건조시키거나 헤어드라이어를 사용한다.

⑨ 부드러운 헝겊으로 닦아준다.

기출 POINT 10

❶ 20유아A3

㉠과 같이 말한 이유를 1가지 쓰시오.

> 김 교사: 새로 전학 온 찬우는 청각장애가 있어요. 찬우가 보청기를 착용하는데 수업 시간에 보청기에서 가끔 '삐~~' 소리가 나요.
> 박 교사: 음향 피드백(음향 되울림)이 발생하면 ㉠ 찬우의 보청기 이어몰드나 건전지 상태를 확인해야 해요.

기출 POINT 11

❶ 11중등27

보청기와 인공와우에 관한 설명으로 옳은 것만을 모두 고르시오.

> ㉠ 보청기는 서늘하고 습기가 없는 곳에 보관한다.

02 인공와우

인공와우는 일반 보청기가 도움이 되지 않는 양측 고도 감각성 난청이나 농 상태의 난청인을 대상으로, 와우에 전극을 삽입하여 청신경을 직접적으로 자극하는 방식이다. ❷ 11중등27

1. 인공와우의 기본 구조

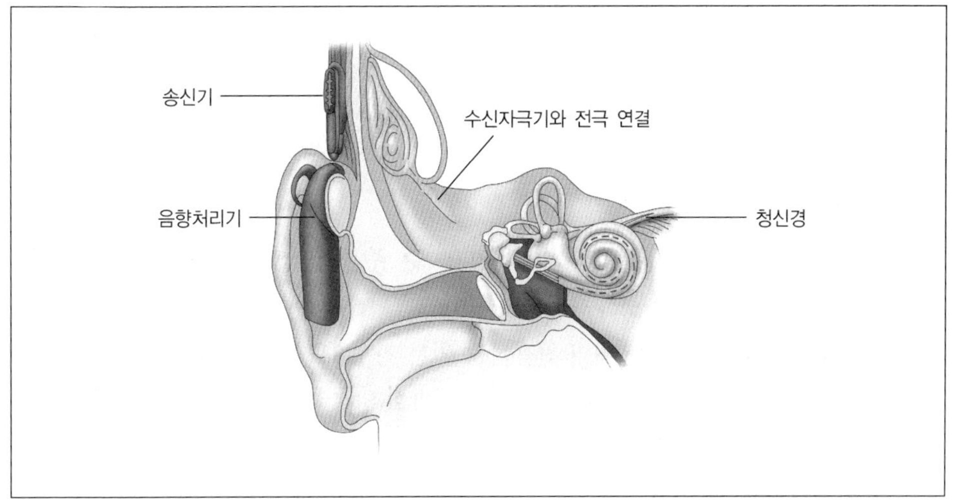

인공와우 이식 귀 모습

인공와우는 몸 외부에 장착하는 외부기기와, 수술하여 몸 안에 장착하는 내부기기로 구분된다. ❶ 17유아A5, ❷ 11중등27, ❸ 11초등8 · 유아6

구성	명칭	기능
외부기기	마이크(송화기)	주변의 소리를 감지하여 어음처리기로 보낸다.
	어음처리기	입력된 소리를 프로그램에 따라 전기신호로 변환한다. 어음처리기에는 1개 이상의 맵이 저장되어 있으며, 개인에게 가장 적합한 어음처리 방식들을 선택할 수 있는 정보가 들어 있다.
	송신기(헤드셋)	체내부의 수신기로 전기신호를 전달한다.
내부기기	수신기	수신기에 전달된 신호는 와우에 삽입된 전극으로 전달된다.
	전극	신호에 알맞은 전극이 청신경을 자극한다.

기출 POINT 12

❶ 17유아A5

어음처리기 사용 시 주의해야 할 사항을 고려하여 ⓜ과 같은 행동이 나타나는 이유를 쓰시오.

> 우리 딸 둘은 모두 인공와우 이식 수술을 하고 꾸준히 청능훈련을 받았어요. 그랬더니 선희는 요즘 심부름도 곧잘 하고 대답도 잘해요. 며칠 전에는 선희가 언니의 어음처리기가 궁금한지 언니 것을 달아 보더라고요. 그러더니 ⓜ 너무 시끄럽고 무슨 말인지 안 들린다고 했어요. 머리도 어지럽다고 하면서 어음처리기를 떼어 버렸어요.

❷ 11중등27

보청기와 인공와우에 관한 설명으로 옳은 것만을 모두 고르시오.

> ⓒ 인공와우는 소리를 전기에너지로 변환하여 청신경을 직접 자극하는 전자 보조장치이다.
> ⓔ 인공와우 이식은 양쪽 귀 모두 중등도 감각 신경성 청각장애인을 대상으로 한다.
> ⓜ 인공와우의 체내부 기기는 전극과 마이크로폰이며, 인공와우 수술 후 기계의 점검, 맵핑, 청능훈련 등의 재활 프로그램이 필요하다.

❸ 11초등8 · 유아6

밑줄 친 내용 중 옳은 것을 모두 고르시오.

> 어제 인공와우를 착용한 병호가 ⓔ 달팽이관 속에 이식한 어음처리기에 문제가 생겨 병원에 갔다고 하더군요. 인공와우가 작동하지 않으면 수업을 하기 어렵죠. 그래서 영미 담임선생님은 아침마다 보청기와 인공와우를 한 아이들의 청취력을 검사해요.

2. 수술 절차

(1) 적격성 심사

① 청신경이 일부라도 기능해야 한다.

② 양측 귀 모두 고도 이상의 감각신경성 난청이어야 한다. ❷ 11중등27

③ 보청기로 적절한 기간 동안 청력 재활을 하여도 효과가 없어야 한다.

④ 의학적·방사선학적 평가를 통해 건강상의 문제가 없는지 확인해야 한다.

⑤ 아동과 부모가 수술하고자 하는 동기와 적절한 기대를 가지고 있어야 한다.

⑥ 연령과 청각장애 지속기간 등을 고려해야 한다. 인공와우의 예후는 어릴수록, 그리고 농 기간이 길지 않을수록 좋다.

(2) 청각학적 평가

이식 적합성을 판단하기 위한 청각학적 평가로는 주관적 청력검사와 객관적 청력검사가 이루어지며, 대표적인 검사는 다음과 같다.

① **순음청력검사**: 보청기를 이미 착용하고 있는 경우 보청기를 착용한 상태에서 청력검사를 실시하며, 70~90dB HL 잔존청력을 가진 아동을 대상으로 한다. 그러나 2세 미만은 농 이상을 대상으로 한다.

② **어음청력검사**: 성인의 경우에는 어음이해도가 50% 이하일 때 대상자로 보고 있으나, 최종결정 단계에서 청력손실의 정도와 난청기간 등의 다른 요소를 종합하여 고려한다. 어음청력검사 결과는 수술 후 재활평가의 기초 자료로 활용된다.

③ **임피던스검사**: 전음성 난청의 동반 여부를 알기 위해 실시한다.

④ **이음향방사검사**: 영유아의 경우 주관적 청력검사가 불가능하므로, 실제 유모세포가 기능하고 있는지를 확인하기 위해 반드시 실시한다.

⑤ **청성유발전위검사**: 약 90dB nHL 이상의 역치일 경우 대상자로 고려할 수 있으나, 파형이 최대자극 강도에서도 나타나지 않을 경우에는 청신경 이상을 확인해 보아야 한다.

(3) 수술

① 인공와우 수술 후 약 4주부터 외부기기를 착용할 수 있다.

② 그러나 인공와우를 이식했다고 해서 바로 소리를 들을 수 있는 것은 아니다. 수술 후 매핑과 청능훈련 과정을 거쳐야 소리를 효과적으로 들을 수 있다. ❶ 19유아A1, ❷ 11중등27

(4) 매핑(mapping)

① 매핑이란 어음처리기에 프로그래밍하는 과정으로서, 말소리가 왜곡되지 않고 편안하게 들리도록 T-level과 C-level을 찾아서 조절해주는 과정이다. ❶ 19유아A1

② 매핑의 궁극적 목적은 이식된 전극이 편하고 적절한 음 자극을 할 수 있도록 하는 것이다.

기출 POINT 13

❶ 19유아A1

㉠~㉣ 중 적절하지 않은 내용을 찾아 바르게 고쳐 쓰시오.

> 박 교사: 윤수가 최근에 인공와우 수술을 받은 거 아시죠?
> 윤 교사: 알죠. ㉠ 인공와우는 인간의 말소리를 잘 들을 수 있게 하는 데 초점이 맞춰져 있어요. 그리고 무엇보다고 매핑(mapping)이 중요하죠.
> 박 교사: 매핑이 뭔가요?
> 윤 교사: ㉡ 매핑은 어음처리기를 프로그래밍하는 것을 말하죠.
> 김 교사: 저의 조카도 인공와우 수술을 받았어요. 보청기와는 달리 ㉢ 별다른 청능훈련이 필요하지 않다고 하던데요.
> 박 교사: 수술을 해도 ㉣ 모두 정상적인 청력을 갖게 되지는 않는다고 알고 있어요.

③ 삽입된 각각의 전극을 활성화하여 자극역치와 쾌적역치를 결정한다.

㉠ **자극역치(T-level)**: 반응을 일으키는 가장 작은 자극치를 말한다.

㉡ **쾌적역치(C-level)**: 불쾌할 정도로 크게 느껴지지 않는 최고의 자극치를 말한다.

㉢ **역동범위**: 작은 소리에서 큰 소리까지 소리가 변화할 수 있는 정도의 범위를 말한다. 즉, 쾌적역치에서 자극역치 사이의 범위를 말한다.

④ T-level과 C-level이 모두 결정되면 하나의 맵으로 산출되어 어음처리기에 저장된다. 만들어진 맵은 각각의 전극에 대한 자세한 전류 정보가 기록되어 있으므로 다른 사람이 사용할 수 없으며, 소리자극에 대한 수용능력이 변화할 때마다 교체해 주어야 한다. ❶ 17유아A5

(5) 청능훈련

① 선천성 난청 아동의 경우는 소리의 탐지와 변별 훈련 단계를 포함하여 청능훈련을 실시하고, 후천성 난청 아동의 경우에는 확인 · 인지 · 이해의 단계가 중요하며, 이를 위해 음소 단위의 분석적 접근과 구문 이해를 포함하는 종합적 접근을 모두 반복적으로 사용하여 훈련한다.

② 청능훈련 기간은 선천성 · 후천성 등 청각적 특성, 학령전기 아동 · 학령기 아동 · 성인 · 노인 등 연령에 따라 달리 적용할 수 있다.

3. 인공와우 착용 아동을 위한 교육지원

① 아침에 등교하여 인공와우를 점검한다. 매일 아침 수업을 시작하기 전에 인공와우를 바르게 착용했는지, 잘 들리는지 볼륨과 민감도를 점검한다.

② 습기와 외부의 충격을 조심해야 한다. 어음처리기와 마이크 · 헤드셋에 물이 들어가지 않도록 주의하고, 격렬한 체육 활동을 할 때는 몸에서 빼두는 것이 좋다. 또한 외부의 충격과 정전기는 내부 수신기에 손상을 줄 수 있으므로 유의하며, 귀 뒷부분이 부었을 경우에는 부모와 연락하여 병원 검사를 받도록 한다. ❷ 13초등A6, ❸ 12중등30

③ 교실 수업을 지원하기 위해서는 청취환경을 조성해 주어야 한다. 이를 위해서는 교실 소음을 줄여주고, 소음으로부터 멀고 교육 활동으로부터는 가까운 곳에 자리를 배치해 주어야 한다. ❹ 12초등8 · 유아4

④ FM 보청기를 사용할 경우 교사의 송신기 전원과 주파수가 일치되어 있는지를 확인한다.

⑤ 수업 활동을 잘 이해할 수 있도록 청각적 지원을 제공한다. 수업시간에 잘 이해할 수 있도록 구문을 반복하고 강조해서 말해준다. 문장은 완전한 형태로 반복해서 말해주며, 학생이 이해하고 있는지를 확인한다. ❶ 22중등A12

⑥ 수업 활동을 잘 이해할 수 있도록 시각적 지원을 제공한다. 활동 전에 교사의 시범을 먼저 보여주고, 영상자료는 자막이 있는 것을 선택한다. 중요한 전달사항이나 숙제 등은 칠판에 적어주며, 뒤돌아서서 말하지 않는다.

기출 POINT 14

❷ 13초등A6

㉣에서 최 교사에게 제안할 수 있는 주의사항 2가지를 인공와우 세부 명칭과 연결지어 쓰시오.

> 최 교사: 다음 주에는 ㉣ 운동장에서 체육활동을 하려고 하는데, 인공와우를 착용한 영호를 위해 특별히 주의해야 할 점이 있을까요?

❸ 12중등30

다음 중 옳은 내용만을 있는 대로 고르시오.

> 특수교사: 그 학생은 ㉠ 귀 속에 송신기와 전극을 삽입했기 때문에 머리를 심하게 부딪히지 않도록 조심해야 해요. 그리고 머리에 착용한 기기는 습기에 약해요. 특히 ㉡ 정전기는 어음처리기에 있는 프로그램을 손상시킬 수 있으므로 조심해야 해요.
> 일반교사: 제가 신경써야 할 게 있나요?
> 특수교사: 매일 인공와우를 꼭 착용하도록 하고 제대로 작동하는지 확인해 주세요. ㉢ 인공와우 수술을 했기 때문에 매일 기기를 착용만 한다면 정상적인 청력을 가진 사람과 똑같이 말을 알아들을 수 있어요. 다만 교실의 소음과 반향에는 신경 써 주셔야 해요.

❹ 12초등8 · 유아4

청각장애 학생 이해 관련 내용으로 옳지 않은 것을 모두 고르시오.

> ㉤ 인공와우시술을 받은 학생의 경우에도 학생의 효율적인 청취를 위해 적절한 학급 환경을 조성해야 합니다.
> ㉥ 인공와우는 체내에 수신기가 있기 때문에 학생이 머리에 충격을 받지 않도록 유의하고, 부딪쳤을 때는 유양돌기 주변이 부어 있는지 확인하고 조치해야 합니다.

⑦ 아동의 참여를 촉진하는 의사소통 환경을 조성해준다. 수업 중 아동의 의사소통 능력에 맞는 질문과 발표 기회를 제공한다. 다른 학생들이 발표할 때에는 그 학생의 얼굴이 보이도록 한다.

⑧ 학급 동료들과 효과적으로 상호작용할 수 있도록 한다. 인공와우에 관한 영상물이나 만화 등을 이용하여 학급 동료들이 서로 이야기할 수 있는 시간을 가진다.

⑨ 조음이 정확하지 않아 의사소통에 어려움이 있으므로 학급 동료들이 아동의 말에 집중해주고 이해하려는 태도를 보임으로써 자신감을 기를 수 있도록 한다.

기출 POINT 14

❶ 22중등A12

(가)는 청각장애 학생 I의 특성이고, (나)는 교육 실습생이 작성한 지도 계획이다. (나)의 밑줄 친 ⓒ~ⓢ 중 틀린 것 2가지를 찾아 기호와 함께 바르게 고쳐 각각 서술하시오.

(가) 특성

유형	특성
혼합성 난청	• 유발이음향방사: Fail(관찰되지 않음) • 4세부터 양쪽 귀에 귀걸이형 보청기를 착용하고 있음 • 독화와 지문자로 의사소통을 함

(나) 지도 계획

• FM 보청기를 보조기기로 지원한다.
• ⓜ 학생을 부를 때는 멀리서 큰 소리로 부르기보다는 가까이 가서 부른다.
• ⓑ 수업에 잘 참여할 수 있도록 음성 자막 변환 애플리케이션을 지원한다.

더 알아보기 인공와우 착용 아동을 위한 지도

1. 아동의 자리 배치를 고려한다. 인공와우를 착용한 아동은 소음으로부터 먼 곳이 좋으며, 뒷자리보다는 교사의 입 모양을 잘 볼 수 있는 앞자리에 앉히는 것이 좋다.
2. 소음을 통제한다. 외부의 소음이 클 경우에는 창문을 닫거나, 교실 내에서도 지나친 소음은 통제해준다.
3. 교실에서는 FM 시스템을 함께 사용하여 교사의 말을 더 잘 들을 수 있도록 할 수 있다.
4. 아동이 쉽게 이해할 수 있도록 문장을 간단히 재구성해 주거나 반복해서 말해준다.
5. 독화를 돕기 위해 입 모양을 보여주거나 시각적 단서 및 자료를 제시해준다.
6. 일상적인 활동에는 지장이 없으나, 과격한 체육 활동에 참여할 때에는 헬멧을 착용하거나 수술 부위에 충격을 받지 않도록 한다.
7. 건전지가 없거나 헤드셋이 떨어지는 경우가 있을 수 있으니 아동이 평소와 다른 태도를 보일 경우 반드시 확인해본다.
8. 정전기에 노출될 경우 어음처리기의 맵(map)이 변조될 수 있으니 플라스틱으로 된 기구들은 피하는 것이 좋다. 플라스틱 제품보다는 목재 장난감을 제공해주며, 정전기가 불가피한 경우에는 외부기기를 빼놓도록 한다.
9. 바닥에서의 활동이 많은 유아의 경우 정전기가 많이 발생하는 카펫은 피하는 것이 좋으며, 경우에 따라서는 정전기용 스프레이 등을 뿌리는 것이 좋다.

CHAPTER 07

청각장애 아동 교육

01 구화교육

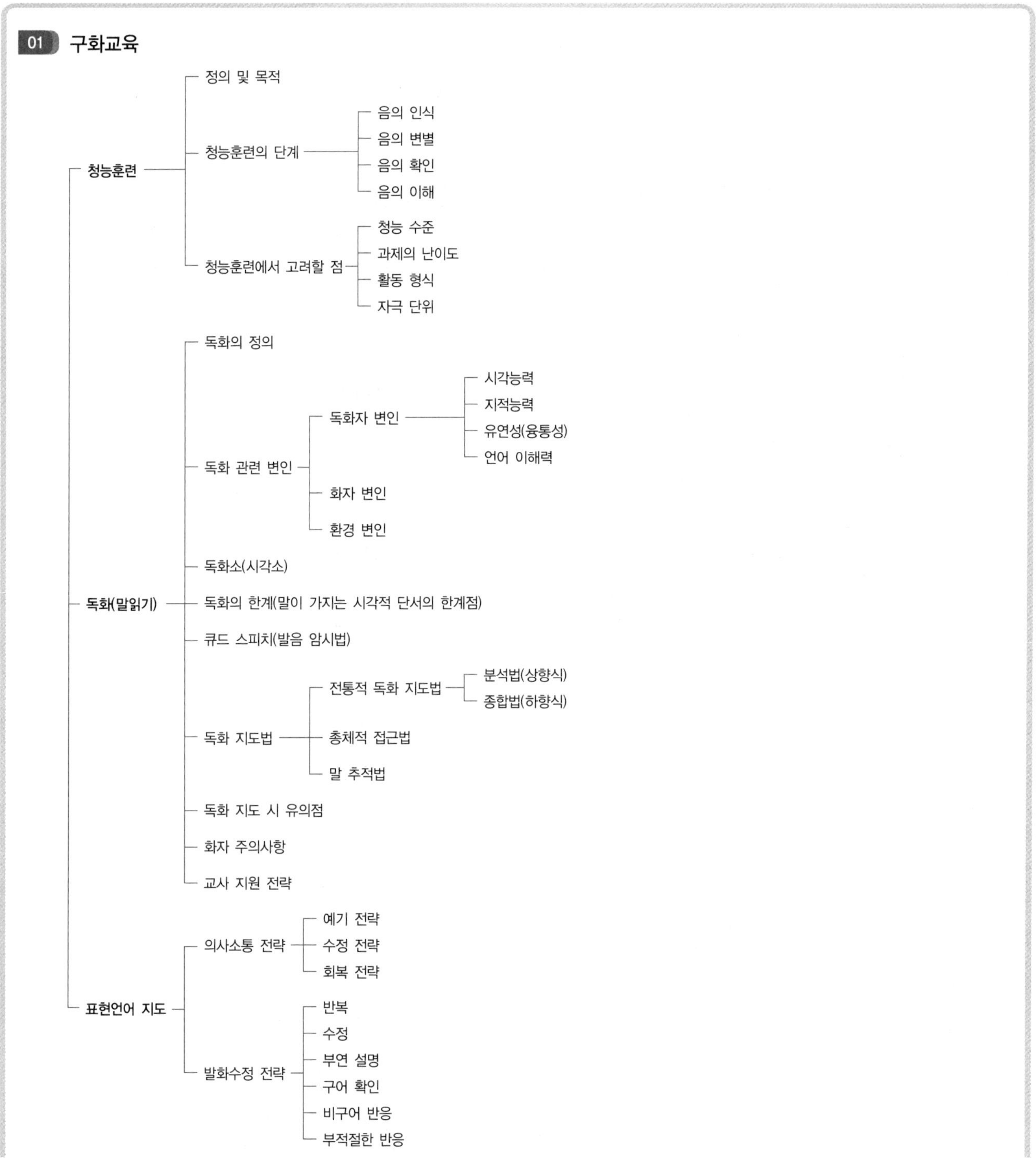

청능훈련
정의 및 목적
청능훈련의 단계
음의 인식
음의 변별
음의 확인
음의 이해
청능훈련에서 고려할 점
청능 수준
과제의 난이도
활동 형식
자극 단위
독화(말읽기)
독화의 정의
독화 관련 변인
독화자 변인
시각능력
지적능력
유연성(융통성)
언어 이해력
화자 변인
환경 변인
독화소(시각소)
독화의 한계(말이 가지는 시각적 단서의 한계점)
큐드 스피치(발음 암시법)
독화 지도법
전통적 독화 지도법
분석법(상향식)
종합법(하향식)
총체적 접근법
말 추적법
독화 지도 시 유의점
화자 주의사항
교사 지원 전략
표현언어 지도
의사소통 전략
예기 전략
수정 전략
회복 전략
발화수정 전략
반복
수정
부연 설명
구어 확인
비구어 반응
부적절한 반응

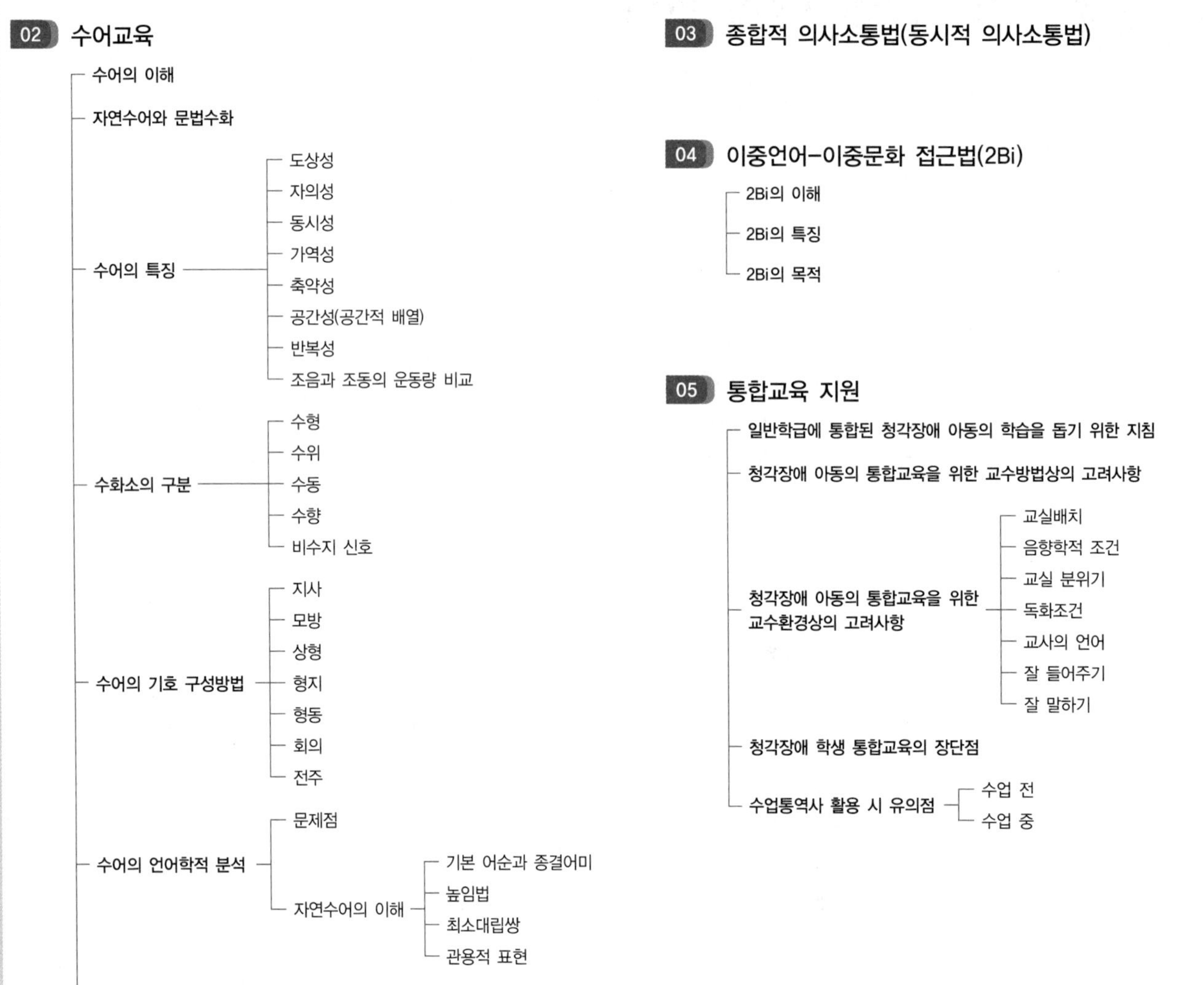
02 수어교육
수어의 이해
자연수어와 문법수화
수어의 특징
도상성
자의성
동시성
가역성
축약성
공간성(공간적 배열)
반복성
조음과 조동의 운동량 비교
수화소의 구분
수형
수위
수동
수향
비수지 신호
수어의 기호 구성방법
지사
모방
상형
형지
형동
회의
전주
수어의 언어학적 분석
문제점
자연수어의 이해
기본 어순과 종결어미
높임법
최소대립쌍
관용적 표현
한글 지문자, 한글 지숫자, 영어 지문자
03 종합적 의사소통법(동시적 의사소통법)
04 이중언어-이중문화 접근법(2Bi)
2Bi의 이해
2Bi의 특징
2Bi의 목적
05 통합교육 지원
일반학급에 통합된 청각장애 아동의 학습을 돕기 위한 지침
청각장애 아동의 통합교육을 위한 교수방법상의 고려사항
청각장애 아동의 통합교육을 위한 교수환경상의 고려사항
교실배치
음향학적 조건
교실 분위기
독화조건
교사의 언어
잘 들어주기
잘 말하기
청각장애 학생 통합교육의 장단점
수업통역사 활용 시 유의점
수업 전
수업 중

01 구화교육

'구화교육'이란 청각장애 아동이 자신의 잔존청력을 활용하고, 말하는 사람의 입술의 움직임과 표정 등을 통해 말을 이해하며, 발화훈련을 통해 음성언어를 학습하는 방법이다. 구화교육에서는 보청기나 인공와우를 착용한 아동의 성공적인 구어 사용을 위해 수화와 같은 다른 의사소통 방법은 허용하지 않고 엄격한 말소리 교육을 통한 전형적인 구어 발달을 강조하며, 청능훈련과 독화(말읽기) 능력을 지도한다. ❶ 13중등16

1. 청능훈련(auditory training)

(1) 청능훈련의 정의 및 목적

① '청능훈련'이란 잔존청력을 최대한 활용해 음향이나 말소리를 듣는 청각적 수용력*을 발달시키는 것이다.

② 청능훈련의 목적은 원활한 의사소통 촉진을 위해 훈련을 함으로써 잔존청력을 최대한 활용하는 것이다.

③ 보청기나 인공와우를 착용하였더라도 대부분의 청각장애 아동은 청각적 자극 경험이 부족하기 때문에 청능훈련이 필요하다.

(2) 청능훈련의 단계(듣기기술의 4단계) ❶ 23중등B8

듣기기술의 네 가지 단계는 연속적이면서 중복되는 성격을 가지고 있다. 예를 들면, 음의 변별이 가능하기 위해서는 인식기술이 선행되어야 하며, 이해 단계에서 오류를 보일 때는 그 이전의 단계인 확인기술이 확실하게 습득되지 않았을 가능성이 많다.

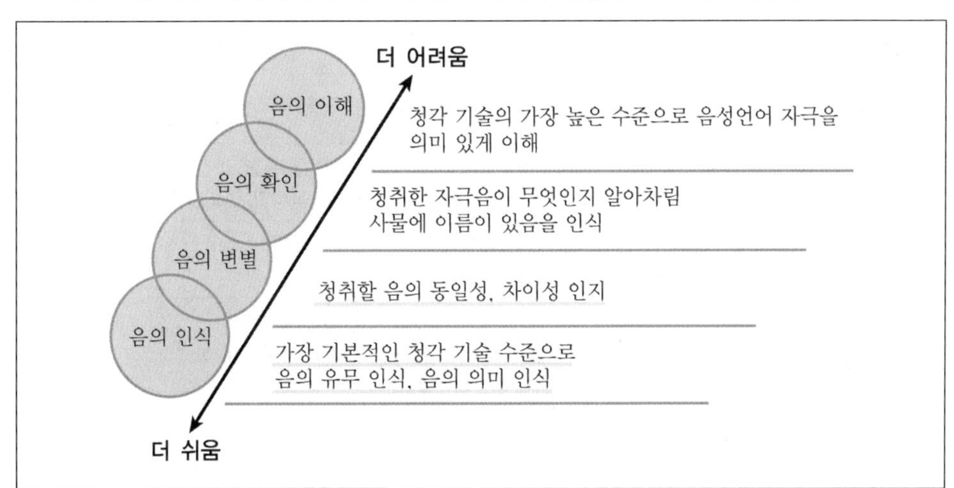

기출 POINT 1

❶ 13중등16

청각장애학교가 채택한 의사소통 방법에 따른 교육적 접근법에 대한 기술이다. 각각의 교육적 접근법에 대한 설명으로 옳은 것은?

• C 학교: 청능훈련을 통해 잔존 청력을 최대한 활용하여 음성언어 발달을 강조하며, 음성언어를 사용하여 수업을 한다.

⑤ C 학교의 교육적 접근법에서는 말소리의 이해를 돕기 위해 수화를 함께 사용한다.

Keyword

청각적 수용력

소리를 듣고 의미를 알고, 말을 듣고 이해하는 능력

기출 POINT 2

❶ 23중등B8

괄호 안의 ㉡에 해당하는 용어를 쓰고, '탐지'와 괄호 안의 ㉡과의 차이점을 1가지 서술하시오.

특수교사: 일반적으로 탐지, (㉡), 확인, 이해가 있습니다.

기출 POINT 3

❶ 22초등B4

밑줄 친 ⓒ에 해당하는 청능학습(청능훈련)의 단계를 쓰시오.

> ⓒ 수업에 사용할 물건이나 악기의 설명을 듣고, 해당하는 물건이나 악기를 가져와 책상 위에 올려놓기

❷ 17유아A5

ⓔ에 해당하는 청각기술의 단계를 쓰시오.

> 우리 딸 둘은 모두 인공와우 이식 수술을 하고 꾸준히 청능훈련을 받았어요. 그랬더니 선희는 ⓔ 요즘 심부름도 곧잘 하고 대답도 잘 해요.

❸ 16중등A8

청능훈련 4단계를 순서대로 제시하고, ㉠이 그중에서 어느 단계에 해당하는지 쓰시오.

> ㉠ 학급의 소음 속에서 교사의 질문을 듣고 대답할 수 있는 훈련을 한다.

❹ 15초등B7

㉠을 고려할 때, 소망이는 청능기술(청각기술)의 4단계 중 어디에 해당하는지 쓰시오.

> 다음 주에 있을 국어과 수업 중에 '낱말 알아맞히기' 활동이 있어요. 소망이는 ㉠ 자신이 궁금한 점을 질문하거나 질문에 대답도 잘 하고, 지시 따르기를 잘 할 수 있으니까 활동에 참여하는 데 별 어려움은 없겠지요?

❺ 13추가유아A8

ⓒ은 청능훈련 계획 시 고려할 청능 기술의 4단계 중 어디에 해당하는지 쓰시오.

> 교사: 지수야, 선생님이 하는 말을 잘 들어보세요. (입을 가리고) '엄마 어디 있어?'
> 지수: ⓒ (엄마를 가리키며) '엄마'

❻ 11중등28

〈보기〉에서 옳은 것만을 모두 고른 것은?

> 〈보기〉
> ㅂ. 청능훈련을 할 때 큰 북과 캐스터네츠 소리를 각각 들려준 후, 어떤 소리에 반응하는지를 살펴본다.

청각기술의 수준	내용	예시
음의 인식 (awareness)	소리가 있고 없음에 반응하는 능력이다.	• 특정한 소리가 들리면 구슬을 바구니에 넣는다. • 특정한 소리가 들리면 자리에서 일어나 뛴다. • 소리가 들렸을 때 자연스럽게 음원을 찾는다.
음의 변별 (discrimination) ❽ 20초등A6, ❻ 11중등28	2개 또는 그 이상의 소리자극에 대해 유사점과 차이점을 지각하는 능력이다.	• 개 짖는 소리와 고양이 울음소리를 들려주고 같은지 다른지 말해보도록 한다. • 여러 개의 환경음(악기)을 듣고 서로 다른 소리가 들렸을 때 반응한다.
음의 확인 (identification) ❼ 21중등A11, ❺ 13추가유아A8	들리는 소리가 무엇인지를 알고, 사물에 이름이 있음을 인식하는 능력이다.	• 고양이 소리를 듣고 여러 개의 그림 가운데 고양이 그림을 찾아보도록 한다. • 음절 수가 다른 2개의 단어를 듣고 해당하는 단어를 찾아보도록 한다. • 음절 수가 같은 2개의 단어를 듣고 해당하는 단어를 찾아보도록 한다.
음의 이해 (comprehension) ❶ 22초등B4, ❷ 17유아A5, ❸ 16중등A8, ❹ 15초등B7	음성언어 자극을 의미 있게 이해하는 능력이다.	• "문을 닫으세요."라고 말하면 아동이 문을 닫는다. • "빨간색 크레파스를 주세요."라고 말하면 여러 가지 색 중에서 빨간색을 고른다. • 이야기를 들려주고 질문을 하면 대답한다. • '토끼'라는 단어로 문장을 만들어 보도록 한다.

더 알아보기 청능훈련 프로그램

단계	내용	활동의 예
청각적 감지	소리의 유무를 알고 소리의 on/off에 바르게 반응하는 것을 학습하는 단계	• 놀이를 통한 조건 형성 • 무의식적인 민첩한 반응하기
청각적 변별	특정한 소리가 같은지 다른지를 알고, 서로 다르게 반응하는 것을 학습하는 단계	같다/다르다
청각적 확인	새로운 청각정보를 이미 알고 있는 범주에 비추어 인식하고, 알아맞히는 반응을 학습하는 단계 • **패턴 지각**: 초분절적 자질에 대한 확인으로, 장단·고저·강약·리듬 및 억양을 먼저 학습 • **분절적 지각**: 자음과 모음 등의 분절적 지각	• 제시 자극에 맞는 그림 지적하기 • 제시 자극 따라하기
청각적 이해	변별이나 확인을 바탕으로 청각적 정보가 지닌 의미 및 내용을 이해하여 바르게 반응하는 것을 학습하는 단계	• 제시 자극에 맞게 행동하기 • 대답하기

기출 POINT 3

❼ 21중등A11

학생 H의 특성을 참고하여 ㉥에 들어갈 단계의 명칭을 쓰고, ㉦에 해당하는 활동의 예를 학생이 이미 구별할 수 있는 음소를 포함하여 1가지 서술하시오.

(가) 학생 특성

- 중추청각처리장애 없음
- 6세부터 보청기 착용(착용 후 좌: 50dB HL, 우: 65dB HL)
- 지적장애가 있음
- 기본적인 구어 의사소통에 어려움이 있음

(다) 학생 H의 수업 계획 관련 대화

이 교사: 학생 H에게 /마/–/바/가 같은지 다른지를 구별하는 활동을 했는데 아주 잘 하더라구요.
최 교사: 그렇다면 다음 단계의 활동으로 들어가는 게 좋겠습니다.
이 교사: 다음 단계의 활동을 계획할 때 어떤 점을 고려하면 좋을까요?
최 교사: 우선 아동의 듣기 능력이 파악되면 자극수준과 과제 난이도를 고려하여 활동을 계획해야 합니다.

단계	내용	활동의 예
(㉥)	청취한 자극음이 무엇인지 알기	(㉦)
이해	음성언어 자극을 의미 있게 이해	"마주 보아요."를 듣고 마주 본다.

❽ 20초등A6

듣기기술(청각기능) 단계에 근거하여, ① ㉡이 어느 단계에 해당하는지 쓰고, ② ㉢에 들어갈 내용을 '자료 및 유의점'에 제시된 '글자 카드'를 활용하여 1가지 쓰시오.

단계	활동 내용	자료 및 유의점
(㉡)	/사/, /자/, /차/ 중에서 2개(예 /사/–/사/, /사/–/자/)를 듣고, 서로 같은 소리로 들리면 '○' 카드, 다른 소리로 들리면 '×' 카드 들기	• ○× 카드: [○], [×] • 글자 카드: [사], [자], [차]
확인	• /사/, /자/, /차/ 중 1개를 듣고, (㉢) • /사/, /자/, /차/ 중 1개를 듣고, 들리는 소리를 글자로 쓰기 • /기사/, /기자/, /기차/ 중 1개를 듣고, 들리는 대로 따라 말하기	• 양쪽 귀에 보청기를 착용하도록 함 • 소리 자극은 청각적 자극으로만 제시함

더알아보기 청능훈련의 단계별 내용

1. **청각적 감지**
   - 청각적 감지 혹은 탐지는 소리의 유무를 인식하고 반응하는 것을 학습하는 단계다. 때문에 청각적 감지 단계의 기술 습득을 위해서는 다양한 소리 자극에 노출시키는 것이 중요하다.
   - 감지 단계에서는 인식하기 쉽도록 초분절적 특징이 많은 환경음부터 시작하는 것이 좋다. 환경음 가운데에서도 아동에게 친숙하고 아동이 자주 경험할 수 있는 소리가 가장 적절하다. 이때 아동별로 환경음 목록을 작성하는 것이 도움이 된다. 특정 환경음에 반응을 보이면 음원을 확인시켜 주고 이름을 명명해 주고 음원을 찾도록 촉진해 준다.
   - 특정한 소리에 대한 반응이 나타나면 같은 반응 행동을 보기 위해서나 확인하기 위해서 반복적으로 동일한 활동을 실시하는 경우가 있다. 그러나 소리 자극에 대해 익숙해지거나 반복적으로 자극이 주어지면 아동은 더 이상 반응을 하지 않기도 한다. 활동을 지나치게 반복하는 것은 소리에 대한 아동의 흥미와 동기를 감소시킬 수 있다는 점을 기억해야 한다.

2. **청각적 변별**
   - 청각적 변별이란 제시되는 2개 이상의 소리가 서로 같은지 다른지를 알고 반응하는 것을 학습하는 단계다. 탐지 단계의 활동을 통해 탐지 혹은 인식 가능한 소리를 대상으로 훈련이 가능하다.
   - 교육 초기에는 아동이 충분히 들을 수 있는 소리 가운데 음향적 변별 특성의 차이가 큰 소리를 이용하여 학습하고, 활동이 진행될수록 음향적 차이가 적은 것으로 난이도를 높여가며 청각적 민감도를 키워주는 것이 중요하다. ❶ 22중등A12
   - 변별교육은 대개 감지 과정의 학습과 병행해서 실시되며, 변별적 행동이 어느 정도 익숙해지면 형식적으로 새로운 장소에서 익숙하지 않은 소리 자극에 대한 감지 교육을 하지 않아도 아동 스스로 변별하고 행동하게 된다. 또한 감지 단계와 마찬가지로 변별이 가능한 소리에 대해서는 반드시 이름을 붙여주고, 발성 혹은 발화를 촉진할 수 있도록 해준다.

3. **청각적 확인**
   - 청각적 확인은 새롭게 입력되는 청각 정보를 이미 알고 있는 정보와 비교하여 인식하고 반응하는 단계이다.
   - 변별 단계의 학습 과정이 충분히 이루어지면 그 속에서 아동은 확인 가능한 소리들을 저장하고 기억하게 된다. 아동의 기억 속에 저장된 소리에 대해 청각적 자극을 제시하고 소리와 연결된 사물이나 행동을 가리키거나 선택할 수 있다. 사물이 없는 경우는 소리를 모방하게 된다.
   - 언어음을 사용한 확인 과정의 학습은 초분절적 자질에 대한 확인, 즉 패턴 지각과 분절적 자질에 대한 분절적 지각으로 나눈다. 초분절적 단서를 기초로 확인하는 패턴 지각은 확인하기 쉬운 과제이고, 분절적 단서는 상대적으로 어려운 과제다. 따라서 확인 단계에서는 패턴 지각을 먼저 학습한다. 장단, 고저, 강약, 리듬 및 억양이 풍부하게 들어 있는 소리를 먼저 학습하고 자음과 모음 등의 분절적 지각은 나중에 실시한다. 이러한 점은 특히 보청기를 착용하는 청각장애 아동의 청능훈련에서 매우 중요하다.
   - 확인 단계에서도 아동에게 익숙하고 아동이 자주 경험할 수 있는 소리와 사물을 이용하여 교육하고, 이후에는 아동 스스로 소리와 사물을 연결하도록 지원하는 것이 바람직하다. 과제의 난이도나 자극 단위를 세분화하여 교육이 이루어지기 때문에 확인 단계 역시 상당히 장기간 실시된다. 또한 확인 단계의 교육에서 언어 단위, 즉 단어나 구·문장 등을 사용한 교육은 언어 지도의 과정과 통합되어 이루어지므로 획득한 듣기 기술을 활용하여 말할 수 있도록 촉진하는 것이 매우 중요하다.

4. **청각적 이해**
   - 청각적 이해는 대답하기, 질문하기, 지시에 따르기, 다른 문장으로 바꾸어 말하기, 대화하기 등을 통해 말소리에 담긴 의미를 이해하는 능력을 말한다. 즉, 입력되는 청각 정보에 담긴 내용을 통합하여 사고 과정을 통해 처리하고 전체적인 의미를 이해하고 적절하게 반응하는 것을 학습하는 단계이다.
   - 청각적 이해를 위한 초기 교육에는 상황 단서 혹은 문맥적 단서, 시각적 단서 등을 활용하여 의미를 빨리 파악할 수 있도록 해주는 것이 좋다. 처음부터 말의 분석적 요소까지 변별하고 확인하여 의미에 맞게 반응하는 것이 학습되는 것은 아니기 때문이다. 따라서 청각적 이해 학습 과제는 아동이 잘 알고 있는 어휘나 관용적 표현, 문장 구조를 자료로 구성해야 한다. 언어 자극 전체를 말소리로 제시하기 전에 단서가 될 수 있는 단어를 먼저 제시해 주거나 내용에 대한 단서를 제공하고 점차 단서를 소거해 나간다.
   - 청각적 이해 학습은 즐거운 경험이 되도록 해야 한다. 청각적 이해는 많은 하위 듣기 기술이 통합된 매우 어려운 과제이므로, 아동의 입장에서 재미있고 즐거운 경험이 되지 않으면 교육으로 끝나기 쉽고 청능훈련의 의미가 감소하는 경우가 흔히 발생한다.
   - 청각적 이해 학습에서 흔히 사용하는 활동으로는 주제에 맞추어 담화하기, 역할극하기, 언어 게임 및 퀴즈 맞추기, 반대말/같은 말 빨리 말하기, 수수께끼 등이 있다.

기출 POINT 4

❶ 22중등A12

밑줄 친 ㉢~㉦ 중 틀린 것 2가지를 찾아 기호와 함께 바르게 고쳐 각각 서술하시오.

> ㉣ 청능훈련 시 변별 단계에서는 소리 자극의 차이가 적은 두 개의 소리부터 시작한다.

(3) 청능훈련에서 고려할 점

변인	내용	
청능 수준	음의 인식 / 음의 변별 / 음의 확인 / 음의 이해	
과제의 난이도	• 과제 구조 • 자극의 유사성 • 신호대 잡음비	• 자극 단위 • 맥락
활동 형식	• 형식적 유형	• 비형식적 유형
자극 단위	• 음성적 수준	• 문장 수준

① **청능 수준**: 청능훈련을 실시할 때 가장 먼저 고려해야 할 것은 대상자의 청능 수준으로, 평가를 통해 듣기 발달 수준을 결정하여 적합한 단계부터 교육을 실시한다. 청능 수준은 단계에 따라 연속적이고 위계적으로 발달하지만, 각 수준이 분리된 것이 아니라 부분적으로 중첩되므로 유의해야 한다.

② **과제의 난이도**: 청능훈련에서 사용되는 듣기 과제나 자극은 일반적으로 쉬운 자극에서 시작하여 점차 어려운 자극으로 과제의 난이도를 조절해야 한다.

변인	저난도	고난도
과제 구조	구조적	자발적
자극 단위	단어	완전한 문장
자극의 유사성	상이함	유사함
맥락	높음	낮음
신호대 잡음비	양호함	열악함

③ 활동 형식

변인	형식적 청능훈련	비형식적 청능훈련
활동	정해진 시간에 일대일 또는 소그룹으로 이루어지는 활동	일상생활의 자연스러운 의사소통 환경에서 이루어지는 활동
장점	• 구조화된 활동과 반복연습이 가능함 • 과제를 수행함으로써 나이, 성별, 흥미 등에 적합한 강화가 이루어짐	• 대화에 참여할 수 있다는 자신감을 높여주고, 청각 활용의 동기를 증가시킴 • 학교 공부 등과 같은 활동 속에 통합되어 수행 가능함
대상	나이가 많고 잔존청력이 적을수록 형식적 훈련이 적합	나이가 어리고 청력손실 정도가 적은 아동일수록 비형식적 훈련이 적합

④ 자극 단위

변인	음성적 수준	문장 수준
접근	상향식 접근으로, 언어를 이루는 작은 단위부터 사용함	하향식 접근으로, 의미 있는 문장 등을 훈련 자극으로 사용함
초점	• 음소나 음절 같은 말소리의 음향학적인 요소에 초점 • 이후 단어, 문장 단위의 이해 향상이 목표	발화 전체의 의미를 파악하는 활동에 초점

2. 독화(말읽기)

(1) 독화의 정의

① '독화'란 말의 시각적인 수용으로, 상대방의 입 모양이나 움직임을 시각적으로 받아들이고 해석하여 음성언어를 이해하는 기술이다.

② 독화 지도는 잔존청력을 활용하고 대화 상황 및 맥락, 화자의 입 모양 및 얼굴 표정 등을 종합적으로 이해하여 자신의 의사를 표현할 수 있도록 하는 데 목적이 있다.

(2) 독화 관련 변인

① 독화자 변인

㉠ 시각능력: 시각능력이 우수하다는 것은 시력이 좋다는 것만을 의미하지 않는다. 오히려 시지각, 지각의 속도, 시각적 주의집중, 주변시력과 같은 하위요소가 더 중요하다.

시지각	시각정보를 처리하는 능력으로서, 눈으로 보는 능력뿐만 아니라 시각자극을 두뇌에서 해석하는 것을 말한다.
지각의 속도	독화를 하는 데 매우 중요한 요소로서 잘 보되, 신속하게 보아야 한다. 순간 놓치면 상대방이 전하는 메시지도 놓치게 된다.
시각적 주의집중	관찰력과도 같으며, 소리를 변별하는 데 특히 영향을 미친다.
주변시력	입뿐만 아니라 얼굴이나 주변으로부터 정보를 얻는 능력으로서, 독화에 매우 중요한 기초적 기능에 해당한다.

㉡ 지적능력

- 독화는 조음기관의 움직임을 하나하나 독립적으로 수용하는 것이 아니라 전체적인 형태로 인식하고 해석해야 하는데, 이를 위해 최소한의 지능이 요구된다.
- 지적능력은 종합능력으로 대표되는데, '종합능력'이란 낱낱의 부분들을 의미 있게 연결하여 전체적인 의미를 구성하는 능력이다. 종합능력이 성공적인 독화의 전제조건이 되는 이유는 입모양 하나하나를 단순히 결합시킨다고 해서 말을 완전히 이해할 수 있는 것이 아니기 때문이다. 추측과 사고를 통해 누락된 요소를 보충하고 종결하고 추리해야만 말을 이해할 수 있다. 종합능력은 지각종결과 개념종결로 구성된다. ❶ 23중등B8

기출 POINT 5

❶ 23중등B8

괄호 안의 ㉠에 공통으로 해당하는 용어를 쓰시오.

> 특수교사: 말읽기는 (㉠) 능력을 사용합니다. 학생 A는 선생님의 입술 모양을 보며 낱낱의 부분들을 의미 있게 연결하여 전체적으로 의미를 구성하게 됩니다.
> 통합학급 교사: 그렇군요. 그럼 (㉠) 능력만으로 모든 음성언어를 이해할 수 있나요?
> 특수교사: 그렇지 않습니다. 시각적으로 유사한 음소들이 많아 이를 정확하게 구분하기 어렵기 때문에 학생 A는 자신이 받아들인 잘못된 정보를 상황에 따라 수정해 나가게 됩니다.

지각종결	받아들인 시각정보에 추측한 내용을 보충하여 이해하는 것을 말한다.
개념종결	지각된 내용을 조직하고 분류하며, 빠진 단어를 채워 넣어 가면서 전달된 내용을 전체적으로 받아들이는 것을 말한다.

- 지각종결과 개념종결은 거의 동시에 이루어지는데, 지각종결은 형식과 형태를 연상하는 능력에 가깝고, 개념종결은 낱말과 사물을 연상하는 능력과 더 밀접하다.

> 화자: 새삼스럽게 선물을 주고 그래?
> → (청각적 정보) 애암으러게 어무을 우오 ×래?
> → (시각 정보) 애암으럽게 전물을 우고 흐래?
> → (지각종결) 애암으럽게-새삼스럽게, 전물-선물, 우고-수고, 흐래-그래
> → (개념종결) 새삼스럽게 선물을 주고 그래?

ⓒ 유연성(융통성)

- '유연성'이란 처음에 내린 판단으로는 의미가 통하지 않거나 내용이 적절하지 못한 경우에 잠정적인 종결을 수정하는 능력을 말한다.
- 독화에서 구형은 많은 경우 비슷하거나 혹은 시각적으로 지각할 수 없기 때문에, 독화자는 재빨리 자신이 받아들인 정보를 상황에 따라 수정해 주어야 한다.

  예 "난 개가 좋아.", "난 해가 좋아.", "난 애가 좋아."는 구형만으로 구분하기 어렵기 때문에, 다음 문장 또는 상황에 비추어 자신이 받아들인 정보가 부정확하거나 적절하지 못하다고 생각되었을 때는 수정이 이루어져야 한다.

ⓔ 언어 이해력

- 독화는 알고 있는 언어의 말소리를 읽는 것이기 때문에 알지 못하는 외국어를 독화로 이해하는 것은 불가능하다.
- 어휘력과 관용적 표현의 이해력이 높을수록 독화가 용이하다.

② **화자 변인**: 독화를 하는 청각장애 아동과 대화 시 화자는 다음과 같은 점에 유의해야 한다.

㉠ 자연스럽게 말소리를 낸다. 아동이 듣지 못한다고 하여 입 모양만 보여줄 경우 매우 부자연스럽고 과장된 입 모양이 만들어지기 때문에 독화를 하는 데 방해요인이 된다.

㉡ 청각을 최대한 이용할 수 있도록 교사의 목소리 크기를 조금 높이고 말의 속도는 조금 늦추는 것이 좋다. 말이 지나치게 크거나 느릴 경우에는 마찬가지로 도움이 되지 않는다.

㉢ 말을 할 때 조음기관을 지나치게 과장하지 않는다. 입술과 턱은 많이 움직이되, 한 음절씩 말하지 않고 어절 단위로 끊어주는 것이 좋다.

㉣ 얼굴 표정을 풍부하게 하되, 무관자극이 되지 않도록 주의한다. 불필요한 몸짓은 자제하고, 가급적 짧은 문장으로 이야기하는 것이 좋다.

③ **환경 변인**: 환경 변인에는 거리, 속도, 조명, 소음 등이 포함된다.

㉠ 화자의 입이 잘 보이는 밝은 곳이 좋고, 화자가 해를 등지고 말하면 독화 시 눈이 부시기 때문에 피해야 한다.

㉡ 거리는 2~3m 정도가 적당하며, 소음이 통제된 곳에서 말하는 것이 좋다.

㉢ 독화 시 적정 조도는 대략 400~700룩스 정도이며, 화자의 차림새는 너무 화려하지 않은 것이 좋다.

㉣ 각도는 약 120° 이내가 적당하다.

㉤ 여러 사람이 말하는 상황에서는 독화가 어려울 수 있으므로 주의하고, 불가피한 경우에는 화자가 누구인지 손을 드는 등의 방법으로 신호를 주는 것이 좋다.

(3) 독화소(시각소)

① '독화소'란 시각적으로 유사한 음소들을 하나로 묶어 동일한 시각적 변별 자질로 보는 음성의 가장 작은 시각적 단위이다. 예를 들어 /ㅍ/, /ㅂ/, /ㅁ/, /ㅃ/ 그리고 /ㅌ/, /ㄷ/, /ㄴ/, /ㄸ/ 음의 경우에는 말소리는 다르지만 시각적으로 입술 모양은 매우 유사하기 때문에 이들은 하나의 독화소가 된다. ❶ 25초등B5, ❷ 20중등A8

동일 시각소 자음	/ㅂ, ㅍ, ㅃ, ㅁ/, /ㄷ, ㅌ, ㄸ, ㄹ, ㄴ/, /ㄱ, ㅋ, ㄲ/
동일 시각소 모음	/오, 우/, /이, 으/, /에, 애/, /아, 어/

② 한 독화소에 포함되는 음성들은 운동 형태가 모두 시각적으로 유사하며, 대개 하나의 대립적인 형태로 지각된다.

③ 독화소의 분류는 연구자마다 약간의 차이가 있지만, 자음보다 모음은 음향학적으로 차이가 크고, 조음 방법적으로도 구형이 같은 모음이 적기 때문에 독화소군이 더 많이 나누어진다.

기출 POINT 6

❶ 25초등B5

[A]에서 ㉤의 /ㅁ/와 동일한 독화소인 자음자를 찾아 쓰시오.

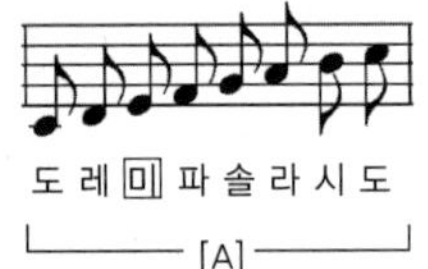

❷ 20중등A8

밑줄 친 ⓐ와 같은 특징을 고려하여, 독화에서 ㉠에 해당하는 용어를 쓰고, 그 의미를 서술할 것

> ⓐ 독화로 음성언어를 수용하나, 독화의 시각적 한계로 인한 어려움을 보임

> ㉠ /ㅁ, ㅂ, ㅍ/를 구분하지 못함

더 알아보기 구어적 방법(심현섭 외, 2017.)

> 구화법에서는 잔존청력을 활용한 듣기뿐 아니라 입 모양과 얼굴 표정 등의 시각적인 단서인 독화를 동시에 사용한다. 독화만으로 의사소통을 하는 것은 한계가 있다. 왜냐하면 의미를 나누는 가장 작은 말소리의 단위인 음소 중에는 시각적으로 같은 입모양으로 묶이는 소리들이 있고, 입모양의 변화를 볼 수 있는 속도에 한계가 있기 때문이다. 예를 들어, 우리말의 /ㅁ, ㅂ, ㅍ/는 독립된 음소로, '말', '발', '팔'은 완전히 다른 단어이다. 그러나 /ㅁ, ㅂ, ㅍ/는 입모양이 동일한 같은 독화소이기 때문에 소리를 듣지 않고 독화만으로는 이 세 단어를 구분하기 어렵다.

(4) **독화의 한계**(말이 가지는 시각적 단서의 한계점) ❷ 14중등A5

① **말소리의 낮은 가시도**: 독화자는 자・모음의 조음적 특징을 익히지만 치조음(ㄷ, ㄸ, ㅌ 등), 경구개음(ㅈ, ㅉ, ㅊ 등), 연구개음(ㄱ, ㄲ, ㅋ 등) 등의 조음운동은 시각적으로 확인하기 어렵다.

② **동형 이음어**: /바, 파, 마/와 같이 소리와 철자는 다르지만 입 모양이 비슷한 동형 이음어는 독화만으로 의미 파악이 어렵다. ❶ 16유아A7

③ **빠른 구어속도**: 일반적인 회화는 속도가 빠르기 때문에 독화자가 자신에게 필요한 정보를 빠짐없이 눈으로 받아들이는 것은 매우 어려운 일이다.

④ **음운환경에 따른 전이효과**: '전이효과'란 한 단어에 대한 발음이 다른 단어에 영향을 미치는 것을 의미한다. 음성이 만들어지는 방법과 입 모양이 같더라도 앞뒤에 있는 음성에 따라 입 모양이 변하게 되는데, 한국어는 발음의 편의성을 위해 음운변동을 허용하고 있다.

예
- 표준발음법에서는 '굳이'로 쓰지만, 실제 발음에서는 앞뒤 음소의 영향으로 /구지/로 발음된다.
- '국물'은 받침 'ㄱ'과 비음 'ㅁ'이 만나면서 /궁물/로 발음된다. 이렇게 자음과 모음이 다르게 발음될 경우 지각에 어려움을 갖게 된다.

⑤ **조음운동의 개인차**: 동일한 음소를 말하더라도 사람마다 입을 더 크게 벌리기도 하고, 더 적게 벌리기도 하며 혀의 위치에도 차이가 있을 수 있다.

⑥ **환경적 제약**: 독화자가 화자의 얼굴이나 입을 계속 주시하기 어렵고, 화자나 독화자가 등을 돌리거나, 조명 상태가 좋지 않거나, 물체 등에 의해 시야가 방해받으면 정보를 부분적으로 놓칠 수 있다.

(5) **큐드 스피치**(발음 암시법, cued speech)

① 독화 외에 음성언어의 시각단서를 활용하는 것으로, 뺨 근처에서 자음과 모음을 나타내는 수신호를 추가하는 것이다. ❷ 14중등A5

② 큐드 스피치는 독화로 구별하기 어려운 음소들을 인식할 수 있게 함으로써 구어의 시각적 단서를 제공하는 수신호로, 수화도 아니고 지문자도 아니며 혼자서는 쓰임이 없다.

③ 독화의 제한점인 낮은 가시도와 변별의 어려움을 보완하여, 청각적 메시지를 보다 정확하게 시각적으로 전달해준다. ❶ 22중등B11

④ 큐드 스피치의 가장 큰 특징은 구어 언어를 음소 단위로 변환하여 전달하는 것이다.

⑤ 반면, 발음지시법은 발음될 음성에 해당하는 문자를 지문자 형태로 제시한다는 차이점을 갖는다.

기출 POINT 7

❶ 16유아A7

㉠과 같은 현상이 나타나는 이유를 쓰시오.

■ 영희의 특성

- 혼합성 청각장애
- 부모 모두 건청인
- '사자-가자'를 말읽기하여 변별하지만, ㉠ '발-팔', '날아-달아'를 말읽기만으로는 변별하지 못함
- 말읽기(독화)를 통해 들은 내용을 보충함

❷ 14중등A5

밑줄 친 ㉠이 무엇인지 〈조건〉에 맞게 2가지만 쓰시오.

김 교사: 선생님께서 알려 주신 대로 학생 A가 제 입모양을 잘 볼 수 있도록 가까이 앉히고, 다른 물리적 환경도 수정했어요. 그리고 수업을 할 때 말을 천천히 했는데도 학생 A가 여전히 제 말을 잘 이해하지 못할 때가 있는 것 같아요. 왜 그럴까요?

최 교사: 학생 A가 말읽기(독화)를 통해 선생님의 말을 좀 더 많이 이해할 수 있겠지만, ㉠ 말이 지닌 시각적 단서의 한계 때문에 때에 따라서는 선생님의 말을 제대로 이해하기가 어려울 거예요.

〈조건〉

음소를 구체적으로 제시하지 말 것

기출 POINT 8

❶ 22중등B11

밑줄 친 ㉡의 이유를 1가지 서술하시오.

경력교사: ㉡ 큐드 스피치가 독화를 하는 데에 보조 단서로 유용하다고 들었어요.

❷ 14중등A5

'말이 지닌 시각적 단서의 한계'를 보완하기 위해 사용할 수 있는 방법인 큐드 스피치(cued speech)에 대해 설명하시오.

더 알아보기 큐드스피치(최성규 외, 2025.)

- 큐드스피치는 시각적 수용으로 분류되기도 하고, 교사의 음성언어를 청각적 수용과 함께 시각적 수용도 가능하다는 점에서 다감각법으로 이해되기도 한다.
- 큐드스피치는 하나의 의사소통 방법이지만, 청능훈련·조음지도 그리고 문자언어지도를 위해 사용되기도 한다. 그러나 최종적으로 손 동작에 의존하지 않고 음성언어의 의미를 이해할 수 있다는 점에서 구어교육의 독화지도 방법으로 설명된다.
- 큐드스피치는 지문자 중심의 수화언어가 아닌, 발음(phonetics) 수준의 언어를 표현하기 위한 손동작 양식이다.
- 큐드스피치는 음성언어(청각)와 함께 손동작(시각)을 제시한다. 큐드스피치의 조합은 음성언어처럼 자음과 모음의 합성으로 구성된다. 큐드스피치의 형태소는 손 모양 및 손 위치이다.
- 자음을 지칭하는 손 모양은 여덟 개의 손가락 모양을 통하여 구분하고 있으며, 모음을 지칭하는 손 위치는 입술과 가까운 얼굴을 중심으로 4개의 조음점을 가진다. 입(입 끝부분인 뺨), 턱 그리고 목을 중심으로 ①입(뺨 근처)에서 정면 방향으로 움직이기와 ②입에서 하향으로 움직이기, ③뺨 오른쪽 앞에서 목으로 사선(45도) 이동, ④턱에서 목으로 이동하는 손 위치를 가진다.
- 큐드스피치를 음성언어로 대화하는 것과 같이 부드럽고 자연스럽게 사용하기 위해서는 지속적인 연습과 사용이 필요하다.

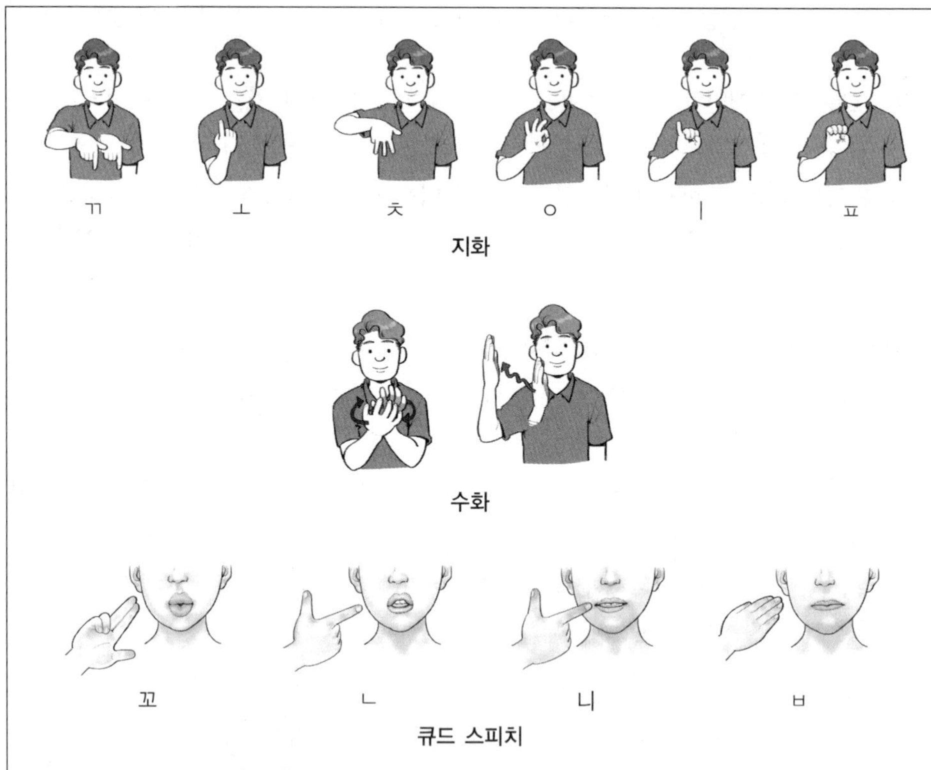

큐드 스피치로 전달되는 '꽃잎'은 발음 나는 대로 /꼰닙/으로 전달하게 된다. 화자는 이때 최소한 '꼰닙'으로 입 모양을 지어야 하며, 청자는 입 모양과 손 모양 그리고 손 위치를 동시에 코딩하여 '꼰닙'의 음소를 해독한다.

'꽃잎'에 대한 지화, 수화, 큐드 스피치

(6) 독화 지도법

① 전통적 독화 지도법

분석법 (상향식)	• 음소・음절・낱말 단위로 확대하여 가르친 후, 음소 하나하나의 시각적 변별자질을 배우고 점차 음소의 결합으로 훈련한다. • 모음과 자음이 주요 훈련 단위가 된다. • 분석법은 독화 기능의 하위 요소 가운데 시각 능력의 신장에 초점을 둔다. 예 – (조음위치가 다른) /칼/과 /팔/을 들려주고 구분하도록 한다. – (조음방법이 다른) /말/과 /발/을 들려주고 구분하도록 한다.
종합법 (하향식)	• 의사소통 상황에서 언어적・상황적 단서를 사용하여 의미를 파악하는 것을 강조한다. • 문장 수준의 독화과제가 주로 사용된다. • 종합법은 지식과 경험을 활용한 종합능력과 융통성에 초점을 둔 방법이다. 예 – "공을 노란색으로 색칠하세요."라고 하면 그 지시를 따른다. – 문장을 듣고 유사성이 있는 그림을 찾는다.

② 총체적 접근법

㉠ 전통적 접근법은 구체적인 독화기능의 숙달에 중점을 두고 시각적 단서만을 활용하는 반면에, 총체적 접근법은 독화 지도에 청각을 함께 활용한다. 뿐만 아니라 큐드 스피치, 수화, 지문자, 진동 보청기 등이 효과적으로 사용된다.

㉡ 총체적 접근법에서는 독화와 청능훈련을 함께하는 것이 효과적이라고 보고, 주변 소음 등 청각환경의 개선도 함께 고려한다.

㉢ 총체적 접근법은 아동 중심 접근법으로서, 실생활에서의 경험에 중점을 두고 자기 평가와 다양한 의사소통 상황에서의 독화 훈련을 강조한다.

③ 말 추적법(speech tracking)

㉠ 말 추적법은 대화 맥락에서 사용하는 의사소통 보충 전략으로, 청각적으로 이해한 단어・구・문장을 반복하면서 전체를 이해할 때까지 정보를 채워 나가는 전략을 사용한다. ❶ 15초등B7

㉡ 청자는 대화 내용을 모두 이해할 때까지 문장 전체 혹은 일부를 다시 말해달라고 하는 다양한 보완 전략을 사용할 수 있어야 한다.
- 교정전략에는 절 반복, 오류 단어 반복, 단어 순서 재구성, 핵심 단어 써서 제시하기, 동의어 및 반의어 제시하기 등이 있다.

㉢ 말 추적법의 절차는 다음과 같다.
- 전달자인 화자가 미리 준비된 내용을 짤막하게 읽어주고, 독화자는 전달자가 말한 그대로 되풀이해서 말한다.
- 이때 화자는 다음 절로 넘어가기 전에 독화자의 반응을 수정할 수 있는 다양한 구어적 전략(교정전략)을 적용하도록 한다.
- 이 과정에서 시간을 측정하여 1분에 전달되는 단어 수에 따라 점수를 매긴다.

기출 POINT 9

❶ 15초등B7

㉡을 〈활동 2〉에서 활용했을 때, 다음 밑줄 친 곳에 들어갈 수 있는 소망이의 말을 쓰시오.

> 김 교사: 소망이는 의사소통 수단으로 구어를 주로 사용하지만, 독화에 의존하는 경향이 있으니 ㉡ '말 추적법'이라는 의사소통 보충 전략을 미리 가르쳐 주시면, 소망이가 수업을 참여하는 데 도움이 될 것 같아요. 저도 소망이가 알아듣기 어려워하는 말소리를 중심으로 청지각 훈련을 해 주도록 할게요.

■ 〈활동 2〉 '사람 찾기 놀이'

> 친구: 이 사람은 채소 가게에서 상추를 삽니다.
> 소망: (친구의 말을 듣고 머뭇거리다가) 이 사람은 … 채… 가게?
> 교사: 소망아, 친구의 말을 잘 못 들었을 때는 어떻게 해야 한다고 했지?
> 소망: ________________

더알아보기 말 추적법의 예시

교사: 오늘은 날씨가 매우 춥습니다.
청자: 오늘 ………매우………? 뭐라고 하셨죠?
교사: 오늘은 날씨가 매우 춥습니다.
청자: 오늘은 날씨가 …………춥다……? 오늘은 날씨가 다음에 뭐라고 하셨지요?
교사: 매우
청자: 매우?
교사: 네.
청자: 오늘은 날씨가 매우 춥다.
교사: 아니요, 매우 춥습니다.
청자: 아, 오늘은 날씨가 매우 춥습니다.
교사: 네, 맞아요.

(7) 독화 지도 시 유의점

① 독화 지도 시 목소리의 사용은 매우 중요한데, 소리를 내지 않으면 과장된 입 모양과 입술운동을 하게 되기 때문이다.

② 독화 시 말의 속도가 느리면 더 많은 정보를 얻을 수 있으나, 지나치게 느리게 말하는 것은 일상생활 독화에 도움이 되지 않는다. 따라서 말의 속도를 느리게 시작하여 아동의 독화 기능이 숙달되면 속도를 점차 증가시키는 훈련이 필요하다.

③ 독화 지도교사는 입술과 턱을 많이 움직이되, 정상적 속도와 관용적 방법을 유지해야 한다.

④ 입 모양이나 조음기관의 움직임을 지나치게 과장하여 지도하면 실제 독화 상황에서 말을 이해하는 데 어려움을 초래할 수 있다.

⑤ 말에 내포된 정서와 뉘앙스가 잘 전달되도록 표정을 풍부하게 사용한다.

⑥ 정상적인 리듬과 강세를 유지한다.

(8) 화자 주의사항

① 아동이 교사를 잘 볼 수 있도록 아동 쪽으로 향하여 말을 하고, 교사의 정면에 빛이 와 닿도록 한다.

② 초기에는 정확한 구형으로 말하되, 입을 지나치게 과장하거나 작게 말하지 않는다.

❷ 15유아B5, ❸ 13중등13

③ 구절은 잘 띄어서 말한다.

④ 좌우로 움직이며 말하지 않는다.

⑤ 처음에는 가까운 거리에서 시작하되, 점차 멀리 떨어져서 구형을 익히게 한다.

⑥ 처음에는 아동의 눈높이에서 구형을 볼 수 있도록 지도하되, 점차 변화시켜 다양한 각도에서 연습하도록 한다. 항상 동일한 위치와 방향에서 독화하지 않도록 한다. 다양한 각도에서 구형을 익혀야만 실생활에서 접하게 되는 회화 장면에 도움이 된다.

❶ 16유아A7

기출 POINT 10

❶ 16유아A7
다음 중 적절하지 않은 행동 2가지를 찾아 기호를 쓰고 각각 바르게 수정하여 쓰시오.

> ㉡ 말읽기를 지도할 때, 자연스러운 입 모양으로 말하고, 영희가 항상 동일한 위치와 방향에서 화자를 보게 함

❷ 15유아B5
적절하지 않은 지도 방법 2가지를 찾아 기호와 이유를 각각 쓰시오.

> ㉤ 가사를 익히도록 교사는 입모양을 최대한 크게 한다.

❸ 13중등13
일반학급에 통합된 청각장애 학생들의 효과적인 수업을 위해 교사가 고려해야 할 사항으로 옳은 것만을 있는 대로 고르시오.

> (나) 청각장애 학생에게 말할 때에는 입모양을 크게 하여 한 음절씩 또박또박 말한다.

(9) 교사 지원 전략(고은 외, 2012.)

① 학생들의 정서적 문제와 요구에 민감하게 대처해야 한다. 학생이 독화에 대해 긍정적인 반응을 보이지 않을지라도 교사는 독려하면서 함께 노력해야 한다.

② 교사는 독화 과정에 대한 지식을 가지고 있어야 한다. 시각적으로 분명하게 보이는 말소리와 그렇지 않은 말소리를 구분할 줄 알고, 그에 따른 혼선이 없도록 한다.

③ 교사의 말하는 습관을 개선해야 한다. 입 모양을 좀 더 분명하게 하고, 정상적인 형태를 유지하면서 명확한 발음을 하는 방법을 익혀야 한다.

④ 학생의 독화 수준에 따라 난이도를 조절해야 한다. 또한 처음 사용되는 단어는 가시도가 높고 친숙한 단어여야 하며, 내용을 연상시킬 수 있는 사전 단서를 제공하는 것이 좋다.

⑤ 독화 지도에는 교사가 말하는 것을 보고 그대로 따라 말하기, 질문에 대답하기 또는 써보기 등의 다양한 방법이 있다.

⑥ 독화에는 가시도, 친숙도, 연상이 중요한 요소이다. 즉, 훈련 초기 단계에서는 가시도가 높은 단어, 친숙한 어구 그리고 연관되는 내용을 사용하여 쉽게 연상시켜 주는 것이 중요하다. 초기 단계부터 난이도가 너무 높을 경우 좌절하거나 흥미를 잃을 수 있다.

⑦ 수업 시 교사는 항상 좀 더 큰 소리로 말해야 하며, 1~2개의 핵심 단어를 칠판에 써 놓으면 독화를 하는 데 도움이 된다.

⑧ 말하면서 판서를 하지 않으며, 교사 및 학생의 위치를 고려하여 좌석 배치를 해야 한다. U형이나 O형 배치는 집단토의를 할 때 독화를 좀 더 용이하게 하는 장점이 있다.

❶ 21중등A11, ❷ 15초등B7, ❸ 13추가중등B7

⑨ 필기시간은 별도로 배정하여 수업 중에 이해하지 못하고 넘어가는 일이 없도록 해야 한다.

⑩ 교과서를 읽을 때 입을 가리지 않고 말을 할 때 교사의 위치를 고정시켜, 독화를 하는 데 방해요인을 최소화해 주어야 한다.

⑪ 필요시 자료를 수정해 준다. 예를 들면, 가시도와 친숙도가 더 높은 단어나 어구로 교체하기, 내용을 상세화하거나 다른 방법으로 진술하기, 또는 연관되는 내용을 연상시키기 등이 있다.

기출 POINT 11

❶ 21중등A11

밑줄 친 ㉠~㉤ 중 틀린 곳 2가지를 찾아 바르게 고쳐 쓸 것

> 특수교사: 말읽기에 좋은 환경을 어떻게 구성해야 할지 선생님의 생각을 말씀해 보세요.
> 교육 실습생: ㉠ 학생을 선생님의 얼굴이 잘 보이는 자리에 앉게 합니다. 학생이 말읽기를 잘 할 수 있도록 ㉡ 교사는 칠판 앞에서 학생의 눈을 마주치고 움직임을 최소화하여 수업하는 것이 좋다고 생각합니다.
> 특수교사: 그 외에 어떤 점을 고려해야 할까요?
> 교육 실습생: ㉢ 판서를 할 때 교사가 말하면서 그 내용을 칠판에 적어주는 것이 좋습니다. 그리고 ㉣ 교실에 커튼이나 카펫 등을 활용하여 반향음을 줄여주는 것이 좋습니다.
> 특수교사: 자료 활용 측면에서 어떤 것을 고려해야 할까요?
> 교육 실습생: ㉤ 말읽기에 집중하도록 시각적 보조 자료의 사용을 제한하는 것이 도움이 될 것 같아요.

❷ 15초등B7

독화에 의존하는 소망이를 고려할 때, '판서 시' 유의해야 할 사항을 1가지 쓰시오.

❸ 13추가중등B7

다음 중 적절하지 않은 수업 방법 2가지를 찾아 기호를 쓰고, 그 이유를 각각 쓰시오.

> ③ 독화(말읽기)와 잔존청력을 활용하는 지우를 위해 집단 토론 상황에서는 서로 둘러앉게 하고, 말하는 학생 앞에 컵이나 작은 공(스피치 볼)을 놓고 말하도록 한다.
> ④ 지우가 독화(말읽기)하기 가장 좋은 자리를 교사가 임의로 지정해 준다.

3. 표현언어 지도

(1) 의사소통 전략

'의사소통 전략'이란 화자와 청자가 의사소통하는 과정을 쉽게 하거나 강화하거나 혹은 회복하는 것이다.

① 예기 전략

㉠ 예기 전략은 다가올 의사소통 상황에서 필요한 내용이나 상호작용을 미리 준비하는 것이다.

㉡ 사용 가능한 어휘, 질문, 의사소통에서 예측되는 어려움을 미리 검토하고 준비하여 실제 의사소통 환경을 쉽게 느끼도록 한다. ❶ 24중등A10

예 영어 인터뷰를 잘하기 위해서 사람들은 예상되는 질문과 답변에 사용될 어휘를 준비하고 연습한다. 이처럼 예기 전략은 예상되는 의사소통 상황을 가정하여 미리 준비하도록 하는 전략이다.

② 수정 전략

수정 전략은 화자의 부적절한 행동이나 바람직하지 못한 환경이 구어 인식을 방해할 때 이를 수정하려고 노력하는 것을 말한다. ❶ 22초등B4

예 화자의 말이 지나치게 빠르거나 입을 가리는 행동을 하는 경우 혹은 주변의 소음이 너무 크거나 조명이 너무 어두워 화자의 얼굴을 제대로 볼 수 없는 경우 등 곤란을 주는 문제를 확인하여 수정하도록 요구한다.

③ 회복 전략

㉠ 회복 전략은 대화의 메시지를 놓쳤거나 낮은 언어 이해력으로 인해 상대방의 말을 이해하지 못했을 때 사용한다. 우리가 흔히 외국인과 이야기할 때 주요 단어를 이해하지 못한 경우 사용하는 전략이기도 하다. ❶ 24중등A10

㉡ 회복 전략에는 반복 요구하기, 바꾸어 말하기, 간략화 요구하기 등이 있다. ❷ 18중등B7

반복	반복은 화자가 다시 한번 말을 들려줄 것을 요구하는 전략이다. 예 화자: 주말에 연습 열심히 하고 오세요. 청자: 다시 한번 이야기해 주시겠어요? 화자: 주말에 연습 열심히 하고 오세요.
바꾸어 말하기	바꾸어 말하기는 다른 단어를 사용해서 유사한 의미를 갖는 문장으로 재구조화하여 들려주는 것이다. 예 화자: 내가 생각했던 것과는 너무 상이한 결과였어. 청자: 다른 단어로 말해 주시겠어요? 화자: 내가 생각했던 것과 결과가 많이 달랐어.
간략화	간략화는 쉬운 단어를 사용하거나 단어의 수를 적게 하여 들려주도록 요구하는 것이다. 예 화자: 차라리 그 인간이 황홀한 지경이 되도록 칭찬을 해주는 거야. 청자: 쉬운 말로 해줄래? 화자: 그 인간에게 칭찬을 많이 해주라고.

수정 전략과 회복 전략은 명확하게 구분하는 것이 쉽지 않다. 수정 전략은 청자가 환경요인이나 화자의 부주의로 인해 화자의 말을 알아듣지 못하였을 때 요구하는 방법이다. 청자 입장에서 화자

기출 POINT 12

❶ 22초등B4

㉠에 들어갈 청각장애 학생의 구어 지도를 위해 사용하는 의사소통 전략을 쓰시오.

예기 전략	수업 장면에서 나올 /ㅅ/가 들어가는 말을 미리 생각해 본다.
(㉠)	• 수업 중 교실 밖 소음으로 인해 듣기에 방해가 되어 창문을 닫는다. • 교사의 말이 잘 들리지 않아서 보청기의 볼륨이 적절한지 점검하여 조정한다. • 교사의 말이 잘 들리지 않아서 교사와 가까운 자리로 옮겨 앉는다.
회복 전략	교사의 말을 이해하지 못하면 중요한 단어를 다시 말해 달라고 요청한다.

기출 POINT 13

❶ 24중등A10

㉡을 ㉣활동에 적용하는 예와 ㉢을 ㉤활동에 적용하는 예를 1가지씩 각각 서술하시오(단, ㉢은 '언어 정보 전체를 이해하지 못한 경우'에 한하여 작성할 것).

> 특수교사: 학생 A가 ㉡ 예상하는 전략과 ㉢ 회복하는 전략을 사용할 수 있도록 지도하면 됩니다.
> 일반교사: 그렇군요. 그럼 다음 주에 '박물관 학예사 체험하기 활동'을 하면서 ㉣ 학예사의 활동 알아보기와 ㉤ 학예사 역할 체험을 계획하였는데, 학생 A에게 적용해 보면 좋겠습니다.

❷ 18중등B7

밑줄 친 ㉡ 중에서 학생 K가 사용할 수 있는 방법을 2가지 서술하시오.

> 일반교사: 학생 K가 의사소통을 잘할 수 있는 방법이 있을까요?
> 특수교사: 예, 여러 방법이 있지만 그중 ㉡ 회복전략을 참조하면 좋겠네요.

의 행동이나 환경을 수정해줄 것을 요구할 수 있다. 예를 들면, "좀 더 조용한 곳으로 가서 이야기 할까요?" 또는 "저를 보고 이야기해 주시겠어요?" 등이 해당된다. 반면에 회복 전략은 청자 요인(대화의 메시지를 놓치거나, 낮은 언어 이해력 등)으로 화자의 말을 알아듣지 못했을 때 사용된다.

(2) 발화수정 전략(Jenkins, 1997.)

① 의사소통 전략에서 발화수정 전략은 청각장애 아동의 말을 상대방이 잘 알아듣지 못했을 경우 청각장애 아동이 스스로 회복할 수 있는 전략이다. 즉, 여기서는 청각장애 아동이 화자의 입장에서 발화 내용이나 형태를 수정한다.

② 발화수정 전략은 서로 의사소통이 단절되었을 때 메시지를 수정하거나 변경하여 의사소통을 유지하기 위한 목적을 갖는다.

반복	이전 발화의 내용을 똑같이 반복한다.	A: 칭찬 받았어요. B: 뭐라고? A: 칭찬 받았어요.
수정	발화를 새로운 단어나 구문으로 반복한다. ❶ 20중등A8	A: 오늘 영화는 다 매진이래. B: 뭐라고? A: 오늘 영화는 자리가 없대.
부연 설명	이전 발화를 자세히 설명한다.	A: 홍준이 봤어? B: 뭐라고? A: 아까 모임에서 홍준이 봤냐고.
구어 확인	청자가 요청한 정보만을 구어로 제시한다.	A: 그 집은 짜장면 값 얼마야? B: 짜장면? A: 응, 짜장면.
비구어 반응	몸짓으로 청자의 질문에 대답한다.	A: 그 중국집 최고야. B: 양이 많아서? A: (고개 끄덕임)
부적절한 반응	반응하지 않거나 이전 발화와 관련 없는 단어나 구문으로 반응한다.	A: 칭찬 받았어요. B: 뭐라고? A: –

기출 POINT 14

❶ 20중등A8

(나)의 대화를 참고하여 (다)의 ㉢에 해당하는 수정 내용을 서술할 것.

(나) 대화

일반교사: 학생 G가 발음은 정확하지 않지만, 적극적으로 말을 하려고 해요. 그런데 가끔씩 학생 G의 발음이 분명하지 않아서 무슨 말을 하는지 제가 알아듣지 못해요. 그래서 대화가 끊어질 때가 있어요. 그럴 땐 어떻게 하면 좋을까요?

특수교사: 네, 학생 G가 스스로 수정해서 말하도록 대화에 적절한 반응을 보여주세요. 그러면 학생 G가 계속해서 말하려고 시도할 겁니다.

(다) 발화 수정 전략

유형	내용	예시	목표발화
반복	이전 발화의 내용을 똑같이 반복함	학생: 다당면 먹어서요. 교사: 뭐라고? 학생: 다당면 먹어서요.	짜장면 먹었어요.
수정	(㉢)	학생: 비수가 겨서해서요. 교사: 뭐라고? 학생: 비수가 아와서요.	지수가 결석했어요.
부연 설명	이전 발화를 자세히 설명함	학생: 저바 저워서요. 교사: 뭐라고? 학생: 제가 아가 저바 저워서요.	칠판 지웠어요.

02 수어교육

고도의 청력손실로 인해 음성언어를 의사소통 수단으로 사용하기 어려운 사람들은 수어로 소통한다. 건청인이 듣는 언어를 사용한다면, 농인은 움직임을 통한 시각적인 언어를 사용하여 의사소통을 하는 것이다. 농문화는 수어를 중심으로 이루어지는 언어 공동체이며, 그들이 사용하는 수어는 언어로서의 조건을 갖춘 시공간적 언어이다. 수어는 크게 수어와 지화(한글/숫자)로 구성되어 있다.

1. 수어의 이해

① '수어'란 손의 움직임과 비수지 신호(얼굴 표정과 몸짓)를 사용하여 공간적 차원에서 표현하는 시각언어인 동시에 문법체계를 갖춘 농인의 1차 언어이다.

② 수어는 공간에서 이루어지는 시각-운동언어로서, 단지 손을 사용한 몸짓이 아니라 일반적인 언어의 기능(정보적 기능, 표현적 기능, 명령적 기능, 친교적 기능, 관어적 기능, 미적 기능) 등을 모두 포함하고 있다.

③ 수어는 다른 언어와 마찬가지로 분명한 체계를 가지고 있으며, 따라서 수어는 하나의 완전한 언어로 인정받는다.

2. 자연수어와 문법수화 ❶ 21중등B11, ❷ 19유아B5

(1) 자연수어 ❸ 13중등15

① 농인들이 문화와 관습 속에서 자연발생적으로 만들어낸 수어로, '농식 수화' 또는 '한국수화(KSL)'라고도 불린다.

② 자연수어는 문법이 국어와 다르고 자체의 문법과 규칙을 가지고 있다.

③ 자연수어는 국어를 이해하지 못해도 직관적으로 이해하기 쉽고, 관용적 표현이 많은 것이 특징이다.

④ 자연수어는 건청 아동이 음성언어를 1차 언어로 습득하는 것처럼 농아동이 자연스럽게 1차 언어로 습득한다.

(2) 문법수화

① 각국의 언어 문법에 맞게 인위적으로 만들어낸 수화이다.

② 자연수어가 관용적 표현 중심인 반면, 문법수어는 문장 형식의 수화가 중심이 되기 때문에 '문장식 수화', 또는 국어 문법에 맞게 개발되었다는 점에서 '국어대응식 수화'라고도 불린다.

③ 문법수화는 농인과 건청인 사이의 의사소통을 용이하게 하며, 농학생이 건청인의 언어체계를 이해하는 데 도움을 준다.

④ 문법수화는 국어 미습득자가 이해하기에 어려움이 있다.

기출 POINT 15

❷ 19유아B5

자연수화와 문법수화(국어대응식 수화)의 차이점을 발생의 기원과 문법 측면에서 각각 1가지 쓰시오.

❸ 13중등15

수화(자연수화)에 대한 설명으로 옳은 것만을 있는 대로 고르시오.

> ㉠ 수화를 구성하는 요소인 수화소는 음성언어의 형태소에 해당한다.
> ㉡ 음운론, 형태론, 통사론 등 규칙과 문법 체계를 가지고 있는 언어이다.
> ㉤ 건청 아동이 말을 습득하는 것과 마찬가지로 농아동도 수화 환경에 노출되면 자연스럽게 수화를 습득한다.

자연수어와 문법수화 비교 ①

구분	자연수어	문법수화
문법 체계	다소 독자적인 문법 체계	• 말의 의미, 문법이 국어와 일치 • 조사, 용언의 활용어미 사용
수어의 이해	국어를 이해하지 못하더라도 직관적 이해가 쉬운 편	국어 미습득자에게는 이해하기 다소 곤란
지문자 사용	적은 편	음성언어와 함께 적극적 사용

자연수어와 문법수화 비교 ② ❶ 21중등B11

자연수어	문법수화
• 축약하여 표현함 • 구조와 어순 등이 음성언어와 매우 다름 • 지화를 거의 활용하지 않음 • 국어에 대한 이해가 필요 없음 • 문법형태소를 생략함	• 말이나 문장을 그대로 표현함 • 구조와 어순이 음성언어와 유사함 • 지화를 적극 활용함 • 국어 문법지식을 필요로 함 • 문법형태소를 지문자나 수어어휘로 표현함

기출 POINT 15

❶ 21중등B11

아래 대화 내용에 근거하여 자연 수어와 문법 수화의 차이점을 2가지 서술하시오.

(특수교사는 구어와 수어를 동시에 하며, 수어통역사는 수어로만 대화한다.)

특수교사: 여기는 왜 왔습니까?

농학생: … (수어통역사를 바라본다.)

수어통역사:

3. 수어의 특징 ❷ 13중등15

(1) 도상성 ❶ 15중등B2

① 도상성이란 실제로 지시하는 대상이 언어에 투영되어 있는 것이다.

② 음성언어와 비교하였을 때 수화는 도상성이 높다고 할 수 있으나, 실제로 수화의 대부분은 자의적이다.

양손을 펴서 손끝을 마주 댄다.

집

오른손 1, 5지를 펴서 귀와 입에 댄다.

전화

양손을 펴 얼굴 앞에서 상하로 움직인다.

세수하다

기출 POINT 16

❶ 15중등B2

수화의 도상성과 자의성을 전체 대화에서 사용된 단어 1가지씩을 선택하여 각각 설명하시오.

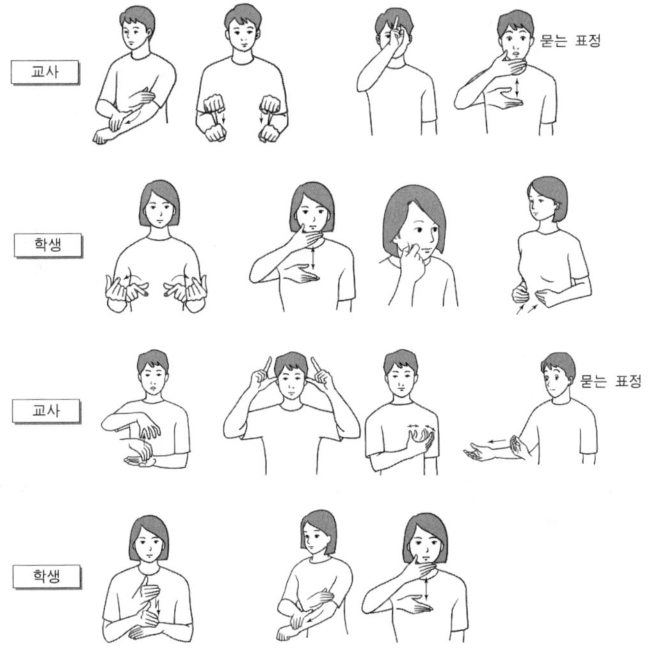

기출 POINT 16

❷ 13중등15

수화(자연수화)에 대한 설명으로 옳은 것만을 있는 대로 고르시오.

> ⓒ 수화 단어의 형태와 의미 사이에는 도상성(사상성)이 강하지만, 자의성(규약성)이 있는 단어도 많다.

(2) 자의성 ❶ 15중등B2

① 자의성이란 낱말과 대상 간에 직접적인 관계가 없는 것을 말한다.

② 음성언어와 마찬가지로 수화는 임의적인 약속기호이다. 즉, 수화 동작과 지칭하는 사물 간에 대부분 인과관계가 없다. 그렇기 때문에 각 나라마다 언어가 다르듯이 수화도 언어별로 표현이 다르다.

③ 수어의 구성에서 도상성과 자의성이 차지하는 비중은 어휘마다 다르지만, 대부분은 구체적인 사물을 표현하는 어휘에서 도상성이 높게 나타나고, 추상적인 표현에서 자의성이 높다.

④ 수어가 발전할수록 도상성보다는 자의성에 대한 의존도가 높아진다. 이는 경제성의 원리와 고급 언어일수록 추상적 표현이 증가하는 데서 기인한다.

⑤ 몸짓모방, 자연수화, 문법수화에서 도상성 의존도는 몸짓모방 → 자연수화 → 문법수화의 순서이고, 자의성 의존도는 문법수화 → 자연수화 → 몸짓모방의 순서이다.

오른손 1, 2지를 왼쪽 가슴에 댄다.

이름(한국수화)

양손 2지와 3지를 펴서 서로 두세 번 두드려 준다.

이름(미국수화)

(3) 동시성

① 수화의 동시성은 음성언어의 분절성과 반대되는 개념이다. 음성언어에서는 문장은 단어로, 단어는 형태소로, 형태소는 각각 분절음으로 쪼개지고, 2개의 말소리가 동시에 발성되지 않는다. 그러나 수화는 공간에서 표현되는 언어이기 때문에 여러 가지 요소가 동시에 산출되는 '동시성'을 갖는다.

② 예를 들어, '친구'는 수화 단어로 양손을 가슴 앞으로 모으며 두 번 정도 박수치듯 치는데, 이는 동시에 만들어지는 수화소의 결합으로 나타난다. 또한 문장 차원에서 '밥을 먹다'는 손바닥을 입 방향으로 2~3번 움직이는데, 이는 동사와 목적어를 동시에 결합하여 실현한다. ❶ 13중등15

기출 POINT 17

❶ 13중등15

수화(자연수화)에 대한 설명으로 옳은 것만을 있는 대로 고르시오.

ⓔ 공간성과 동시성이라는 특성은 단어 구성 시에 나타나는 것으로 문장 수준에서는 나타나지 않는다.

오른손의 2지와 3지를 펴서
입 앞에서 돌리며 밖으로 올린다.

노래하다

손가락을 펴서 1지를 배에 대고
나머지 손가락을 배에 댄다.

배고프다

(4) 가역성

① 가역성이란 음성언어에는 존재하지 않는 수어만의 특성으로, 대개 반의어에서 관찰된다.

② 예를 들어, 음성언어가 가역성을 가지고 있다면 '있다'의 반대어는 '다있'이어야 하며, '행복'의 반대어는 '복행'이어야 한다.

손바닥을 벌려 주면서 손목을 돌려
양 손바닥이 마주 보게 한다.

열다

마주 보는 양손을 얼굴 앞에서 붙여 준다.

닫다

(5) 축약성

① 축약성이란 전달하려는 메시지에 손상을 주지 않으면서 화자와 청자 간에 시간을 절약하거나 의미를 간결하게 하기 위해 사용되며, 일상적인 의사소통 상황에서 흔히 발견되는 현상이다.

② 예를 들어, 디지털 카메라를 '디카'로 줄여서 표현하거나, "아침밥 먹었어?"라는 질문을 "아침 먹었어?"라고 축약하기도 한다.

③ 수화는 통사론적 측면에서 매우 두드러진 축약성을 갖는데, 특히 자연수화는 긴 말을 짧게 줄여서 표현하는 축약성이 문법수화에 비해 훨씬 크게 나타난다. ❶ 13중등15

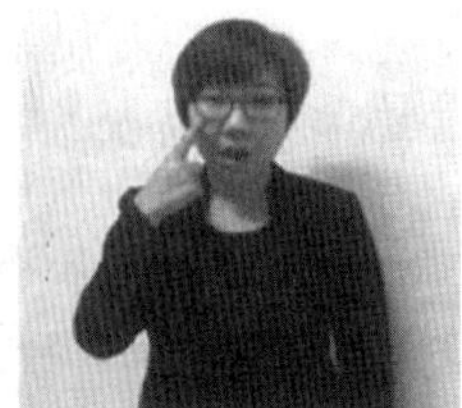
2지를 눈 밑에 두 번 정도 두드린다. 이때 표정을 함께한다.
어디 한 번 해봐

두 손을 펴 몸에 대고 좌우로 교차되게 움직인다.
몸을 씻다

(6) 공간성(공간적 배열)

① 수화의 중요한 특성 중 하나는 바로 공간성이다.

② 음성언어는 순차적 · 연속적으로 음소를 배열하지만, 수어는 공간에서 메시지가 이루어진다. 뿐만 아니라 어떤 공간에서 수어가 만들어지느냐에 따라 의미와 문법이 달라진다. ❶ 25중등B11

③ 예를 들어, 대화에서 "A와 B가 경기를 했는데 A는 이기고 B는 졌다."를 수화로 표현할 때 공간을 둘로 나누어 의미를 전달한다. ❶ 13중등15

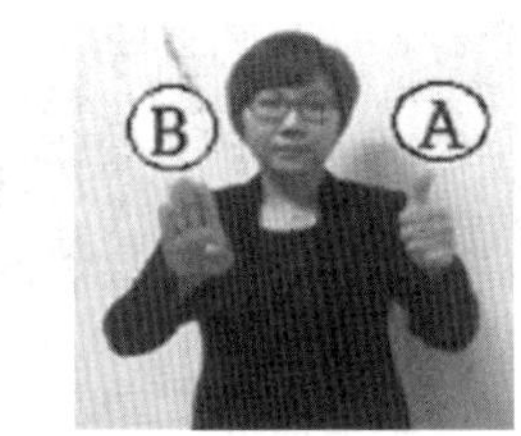

A와 B

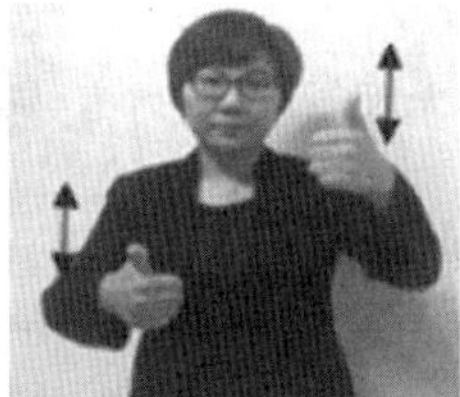
경기

A 이기고 B 지다

④ 예를 들어 "남자가 여자에게 말하다."라는 문장에서 음성언어의 경우는 음소의 순차적 나열로 문장을 구성하고 있지만, 수어로 표현하자면 '남자' · '여자' 동작은 좌우로 동시에 나타나서 '남자'로부터 '여자'쪽으로 '말하다'의 수어동작을 함으로써 공간적으로 배열되어 문장을 표현하는 것이다.

(7) 반복성

① 반복성은 음성언어에서도 볼 수 있는 특성으로, 의성어 · 의태어 그리고 강조를 표현할 때 나타난다.

② 수형이 같을 때 동사로부터 명사를 분리하는 기능적 준거로서 사용되기도 한다.

(8) 조음과 조동의 운동량 비교

① 음성언어의 조음에 필요한 혀의 운동량보다 수어의 조동에 필요한 손과 몸의 운동량이 더 크다. 따라서 같은 의미를 표현할 때 수어가 더 많은 에너지를 필요로 한다.

② 또한 음성언어를 수어로 통역할 경우에도 시간차가 발생할 수 있다.

기출 POINT 18

❶ 25중등B11

(가)를 참고하여 (나)의 수어 문장 ⓒ에서 목적어를 나타내는 데 사용된 수어의 구성 특성을 1가지 쓰시오.

(가) 학생 A의 특성

- 평균 순음청력역치: 왼쪽 85dB HL, 오른쪽 80dB HL
- 양쪽 귀에 보청기를 착용하고 있음
- 제1언어로 한국어를 사용함
- 한국수어를 배워 사용함

(나) 특수교사와 일반교사의 대화

학 생

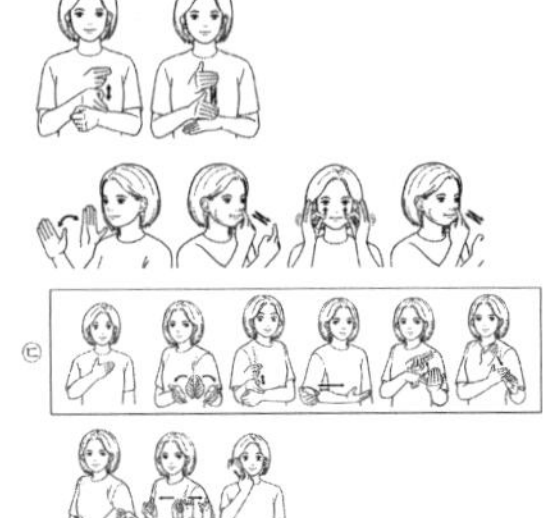

더 알아보기

수어의 공간적 배열

수어의 공간적 배열은 주로 문법적 요소와 어휘적 요소가 공간적으로 어떻게 배치되는지를 의미함

- **주어와 목적어의 위치**: 특정 위치에 주어와 목적어를 배치하여 문장의 의미를 전달
- **시간적 배열**: 사건이나 행동의 순서를 공간적으로 배열하여 표현

4. 수화소의 구분 ❶ 09중등29

(1) 수형

① 수형은 수화를 할 때 손의 모양을 말한다. ❷ 09초등유아7

② 하나의 수어를 구성하기 위해 하나의 수형이 필요하거나, 둘 이상의 수형이 필요한 경우도 있다.

③ 손의 모양에 따라 단어의 의미가 달라질 수 있다.

예쁘다

어렵다

(2) 수위

① 수위는 수화를 하는 손의 위치를 말한다.

② 수위는 크게 수어를 표현하는 공간과 손이 접촉하는 신체 부위의 두 가지로 나눌 수 있다.

③ 수위에 따라 단어의 의미가 달라질 수 있다.

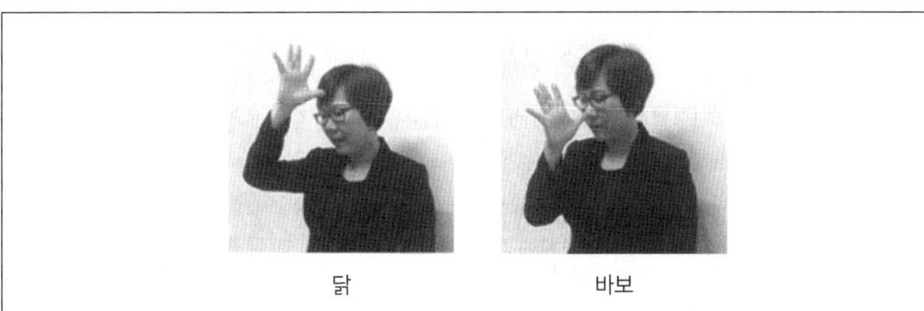
닭　　바보

(3) 수동

① 수동은 수형의 움직임을 의미한다.

② 수동에 따라 의미가 달라질 수 있다.

존경

칭찬

기출 POINT 19

❶ 09중등29

청각장애 학생을 위한 의사소통 지도 요소에 관한 설명으로 옳지 않은 것은?

① 국어 음운론상의 최소 단위를 음소라 한다.
② 수화의 시각적 최소 단위를 수화소라 한다.
③ 말 읽기의 시각적 최소 단위를 독화소라 한다.
④ 한국 수화소의 수는 국어 음소의 수보다 많다.
⑤ 국어 독화소의 수는 한국 수화소의 수보다 많다.

❷ 09초등유아7

한글 지문자의 수형과 수향에 대한 바른 설명은?

① 'ㄱ'과 'ㅋ'은 수형이 같으나 수향은 다르다.
② 'ㅂ'과 'ㅈ'은 수향이 같으나 수형은 다르다.
③ 'ㅏ'와 'ㅡ'는 수형이 같으나 수향은 다르다.
④ 'ㅣ'와 'ㅓ'는 수형이 같으나 수향은 다르다.
⑤ 'ㅐ'와 'ㅟ'는 수향이 같으나 수형은 다르다.

(4) 수향

① 수향은 손바닥과 손가락의 방향이 어디를 향하는지에 따라 분류한다.

② 수향에 따라 단어의 의미가 달라질 수 있다.

교제하다　　　　놀다

(5) 비수지 신호

① 비수지 신호는 얼굴 표정이나 입 모양, 머리와 상체의 움직임 등과 같이 손동작 외의 몸짓이 주는 신호를 의미한다. ❷ 21중등B11

② 비수지 신호는 음성언어에서 초분절음과 같은 역할을 한다. 초분절음은 강세·고저·장단에 의해 만들어지는 소리로서 뜻을 구별하는 기능을 하는데, 수어에서 비수지 기호는 문장을 이해하는 데 중요한 역할을 하며, 문법적 기능을 담당한다.

❶ 22중등B11, ❸ 19중등B3

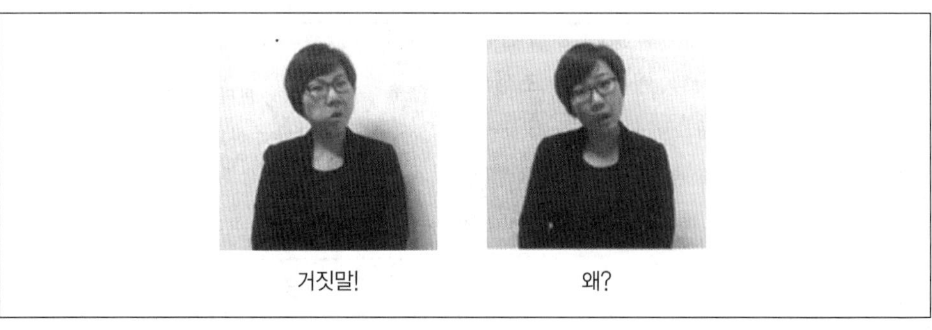

거짓말!　　　　왜?

기출 POINT 20

❶ 22중등B11
밑줄 친 ⓜ에 해당하는 수어의 구성요소를 쓰시오.

> 초임 교사: ⓜ 얼굴 표정에 따라 수어의 뜻이 달라지는 것도 자연스럽게 배울 수 있겠네요.

❷ 21중등B11
수어에서 의문문을 표현하기 위해 사용하는 비수지 기호를 2가지 쓰시오.

❸ 19중등B3
ⓛ에 해당하는 용어를 쓰고, ⓛ이 가지는 수어에서의 기능을 1가지 서술하시오.

> 일반교사: 수어에서도 음성언어의 고저나 장단 같은 초분절음의 역할을 하는 특성이 있나요?
> 특수교사: (ⓛ)이/가 음성언어의 초분절음과 같은 역할을 합니다.

5. 수어의 기호 구성방법

구성방법	개념
지사	수화기호가 의미하는 것을 직접 손이나 손가락으로 가리키는 것을 말한다.
모방	기호가 의미하는 동작을 그대로 해 보이는 것을 말한다.
상형	대상의 형체를 만들거나 그려 보이는 것을 말한다.
형지	기호가 의미하는 대상의 형체를 만들고 그것이 가리키는 동작을 해 보이는 것을 말한다.
형동	기호가 의미하는 대상의 형체를 만들고 그 대상이 하는 행동을 해 보이는 것을 말한다.
회의	둘 이상의 글자를 합하여 새로 한 글자를 만드는 방법이다.
전주	수화기호의 의미가 전이되어 다른 뜻의 수화기호로 사용되는 것이다. 예 '땀', '덥다', '여름'은 하나의 수화로 사용됨

6. 수어의 언어학적 분석

(1) 자연수어를 국어대응식의 문법양식에 맞추어 언어학적 특징을 분석할 때의 문제점은 다음과 같다.

① 수어에서는 하나의 어휘에 하나의 형태만 있는 것이 아니다.

예 '없다'의 수어는 오른손 2, 3지를 펴서 턱 밑에 붙이는 형태도 있지만, 관용적으로 사용되는 표현으로는 상황에 따라 '손 털기' 또는 '손 벌리기' 형태로도 나타난다. 특히 관용적 표현의 경우에는 한 언어 안에서도 지역이나 관습 등에 따라 나타나기도 하고 나타나지 않기도 하기 때문에, 자연수어를 하나로 표준화하는 것은 매우 어렵다.

② 수어는 문장에서 결합되는 명사에 따라 차이가 있기도 한다.

예 자연수어에서는 '주다'라는 동사가 단독으로 쓰일 경우 다섯 손가락 모두를 붙여 편 상태에서 한 지점에서 다른 지점으로 이동하지만, '돈을 주다'의 수어는 엄지와 검지 끝을 서로 붙여 돈처럼 손의 모양을 만들고, '컵을 주다'는 다섯 손가락을 구부려 컵을 잡았을 때의 손 모양을 만든다.

③ 기본 어순이라고 할 때 음성언어는 기본적으로 '주어+동사' 또는 '주어+목적어+동사' 등의 일정한 어순이 있지만, 수어는 오랜 세월 동안 농문화 속에서 자연발생적으로 만들어진 언어이기 때문에 그 구조나 표현양식에서 하나의 공식을 제시하는 것은 매우 어렵다.

(2) 자연수어의 이해

① 기본 어순과 종결어미

㉠ 국어대응식 수어에서는 종결어미의 경우 손바닥이 위로 향하게 편 왼 손바닥에 오른 손바닥을 댔다가 떼어 내린다.

㉡ 반면에 자연수어는 과제시제 '끝'이라는 수어기호를 사용하여 종결어미까지 국어의 모든 문법 정보를 전달한다.

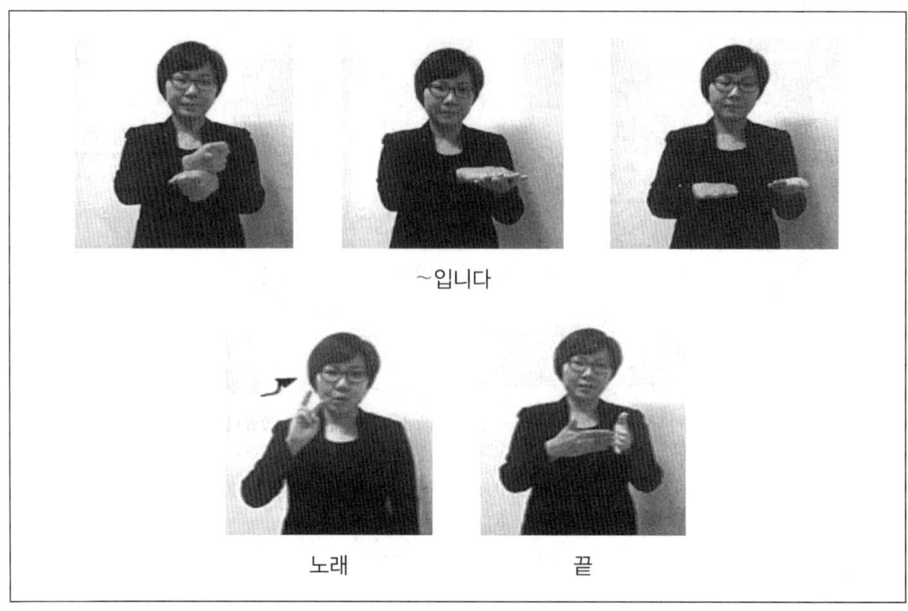

② **높임법**: 자연수어에서는 '몸을 숙이는 자세'와 같은 비수지 신호를 사용하여 높임을 표현한다.

③ 최소대립쌍

㉠ 수화에서 최소대립쌍이란 수형, 수위, 수동, 수향에 해당하는 수화소 가운데 하나에서만 대조를 보임으로써 의미가 달라지는 것을 말한다. ❶ 22중등B11, ❷ 18초등B3

㉡ 예를 들면, 수형에서만 대조를 보이는 어휘로는 '예쁘다'와 '어렵다'를 들 수 있다.

㉢ 수위에서만 최소대립쌍을 보이는 단어로는 '만들다'와 '수고하다'가 있다.

단어	수형	수위	수동	수향
만들다	주먹	손	상하운동	내향
수고하다	주먹	팔	상하운동	내향

㉣ 수동에 의해 최소대립쌍을 이루는 단어로는 '배우다'와 '멋있다'가 있다.

단어	수형	수위	수동	수향
배우다	숫자 10형	얼굴(코)	전후운동	내향
멋있다	숫자 10형	얼굴(코)	외향	내향

㉤ 수향에서만 대조를 보이는 어휘로는 '사귀다'와 '놀다'가 있다.

기출 POINT 21

❷ 18초등B3

㉡이 '괜찮다'와 '웃다'의 의미를 가진 수어일 때 ㉡이 ㉦에 해당하는 이유를 쓰시오.

■ 전개

활동 2	추가 활동
• 자음 음소 대치에 따라 낱말의 의미 구별하기 – 낱말 카드의 예 사과	• 수어소 변화에 따른 수어의 의미 구별하기 – ㉡ 수어 그림 자료의 예

일반교사: 그래도 지난번에 선생님이 주신 ㉦ 최소대립쌍을 이루는 수어 단어가 많은 도움이 되었어요.
특수교사: 그러셨어요? 수어도 음성 언어처럼 수어소 대치가 가능하니 수어소에 따른 의미 변화를 연습하도록 수어 최소대립쌍을 활용할 수 있어요.

④ 관용적 표현: 자연수어에서 관용적 표현은 매우 빈번하게 나타나는 특성이다.

예 귓불을 잡아당기는 것은 '귀가 얇다'라는 의미의 관용적 표현이고, '깨끗하다'와 '주다'가 합하여 '솔직히 말하다'로 사용되는 것도 수어에서 나타나는 관용적 표현에 해당한다.

더 알아보기

최소대립쌍 단어

예쁘다

어렵다

사귀다

놀다

배우다

멋있다

기출 POINT 21

❶ 22중등B11

그림 ㉢과 ㉣이 최소대립쌍인 이유를 서술하시오.

㉢	 양말: 왼손 ①②③④지를 펴서 손등이 위로 향하게 하고, 오른손바닥을 손등에 올렸다가 뒤집어 손등에 댄다.
㉣	 선물: 왼손 ①②지를 펴서 손등이 위로 향하게 하고, 오른손 ①②지를 그 위에 올렸다가 뒤집어 손가락 위에 댄다.

기출 POINT 22

❶ 25중등B11

(가)를 참고하여 (나)의 수어 문장 ⓒ에서 목적어를 나타내는 데 사용된 수어의 구성 특성을 1가지 쓰시오.

(가) 학생 A의 특성

- 평균 순음청력역치: 왼쪽 85dB HL, 오른쪽 80dB HL
- 양쪽 귀에 보청기를 착용하고 있음
- 제1언어로 한국어를 사용함
- 한국수어를 배워 사용함

(나) 특수교사와 일반교사의 대화

학 생

ⓒ

더 알아보기 수어의 언어적 특성(이필상, 2020.)

1. 수어는 시각언어로, 시각적 단서가 주요 문법적 자질을 내포하고 있다. 구체적으로 평서문은 수어를 종결할 때 얼굴 표정에 변화가 없는 경우이고, 의문문은 눈과 눈썹이 올라가면서 종결하게 되며, 부정문은 얼굴이 찌푸려지는 것이다.
2. 의미의 차이의 경우 한국어에서는 어휘에 의미가 내포되지만, 수어는 의미 중심의 어휘를 전달하는 차이를 보인다.
   예 한글 중심의 문법수어는 '{식사} {하다} {-까?}(말을 함께 함)'으로, 자연수어에서는 '{식사} {끝}(눈썹이 올라감)'으로 차이를 보임
3. 수어의 능동문과 수동문은 수동의 방향과 얼굴 표정으로 구분한다.
   예 '개가 고양이를 물다.'는 {개}(얼굴 표정 밝음) {고양이}(무표정) {물다}(얼굴 표정 밝음)으로, '개가 고양이한테 물리다.'는 {개}(얼굴 표정 어두움) {고양이}(무표정) {물리다}(얼굴 표정 어두움)으로 차이를 구분함
4. 한국어 문법구조에는 조사가 활용되지만 수어에는 조사가 없다. 수어에서도 주격과 목적격을 구분하기도 하는데, 몸통 안에서 인칭을 지칭할 때는 주격이 되고, 목적격을 표시할 때는 몸을 앞으로 숙이거나 팔을 바깥 방향으로 빼는 형태를 취함으로써 구분한다. ❶ 25중등B11

기출 POINT 23

❷ 22중등A12

밑줄 친 ⓒ~ⓐ 중 틀린 것 2가지를 찾아 기호와 함께 바르게 고쳐 각각 서술하시오.

- 학생이 잘 볼 수 있도록 정면에서 수어를 한다.
- ⓒ 적절한 수어 표현이 없을 때에는 지문자를 사용한다.

더 알아보기 수화의 언어적 특성(고은, 2017.)

- 수화는 구어와 달리 하나의 동작이 품사의 구별 없이 동일하게 사용된다. 예를 들면, 명사인 '건강'과 동사로서의 '건강하다', 그리고 형용사 '건강한'을 표현할 때도 구분이 없다. ❶ 23초등A3
- 동작의 반복은 강조의 기능을 갖는다. 예를 들면, '또'는 오른손 2, 3지를 오른쪽에서 왼쪽으로 이동하면서 한 번만 펴는 반면에, '자주'는 이 동작을 두세 번 반복한다.
- 지화를 쓸 경우에는 오른손을 사용하여 천천히 한 음절씩 또박또박 써야 하며, 손의 위치와 모양 그리고 방향을 정확히 해야 한다.
- 수화를 할 때는 하나의 음뿐만 아니라 표정과 제스처를 풍부하게 표현해야 한다.
- 윗사람과 대화를 할 경우에는 몸의 자세나 표정을 공손하게 하여 존대의 의미를 나타낸다.
- 수화에는 '~은', '~가', '~에게' 등의 조사가 대부분 생략된다. ❶ 23초등A3
- 생략과 축약이 많다.
- 과거형인 '했다', '먹었다' 등의 동사는 '끝'의 수화를 함께 사용함으로써 과거형이 된다.
- 수화는 음성언어와 비교하여 어휘가 다양하지 않다. 한 가지 수화가 여러 가지 뜻으로 사용되는 경우가 많은데, 예를 들면 사계절의 경우 '봄'은 '따뜻하다'라는 동사로 함께 쓰이며, '여름'은 '덥다', '가을'은 '바람'과 '불다', '겨울'은 '춥다'로 함께 사용된다.
- 수화 표현이 없거나 고유명사의 경우는 지화를 사용하기도 한다. ❷ 22중등A12

기출 POINT 23

❶ 23초등A3

㉡ 측면에서 한국수어와 음성언어의 차이점을 2가지 쓰시오.

> 예비 교사: 농학생과 의사소통이 잘 안 되는 경우가 있습니다.
> 지도 교사: 국어대응식수화로 의사소통해서 그럴 수 있습니다. 국어대응식수화는 문법수화로 불리기도 합니다. 한국수어는 자연수어라고 하지요.
> 예비 교사: 한국어 단어마다 수어 단어를 대응시키면 한국수어 문장이 되는 것 아닌가요?
> 지도 교사: 아닙니다. 국어대응식수화는 한국수어를 사용하는 농학생은 이해하기 어렵습니다. 예를 들면 다음과 같습니다. (자료를 보여 주며)
>
> 한국어: 나는 친절한 친구가 좋다.
> 국어대응식수화: [나] [친절하다] [친구] [좋다]
>
> 위와 같은 국어대응식수화 문장은 한국수어를 사용하는 농학생이 "나는 친절하다. 친구가 좋아한다."라고 해석할 수 있습니다.
> 예비 교사: 한국수어의 문법체계는 한국어 문법 체계와 다른 거군요.
> 지도 교사: 예. 한국수어는 음성언어와 ㉡ 언어적 특성 측면에서 차이가 있습니다. 수어 단어뿐만 아니라 한국수어 문법도 공부하고 연습해야 합니다.

[부록] 한글 지문자

❶ 25초등B5, ❷ 25중등B11, ❸ 24초등B4, ❹ 23중등B8, ❺ 22중등B11, ❻ 22초등B4, ❼ 18중등B7

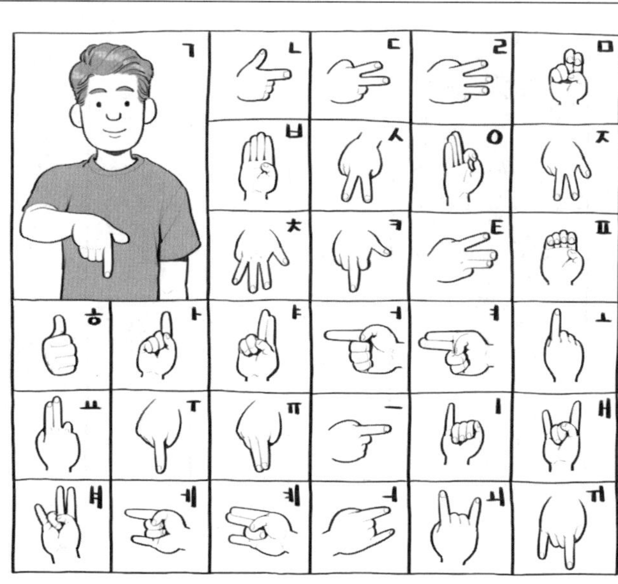

기출 POINT 24

❶ 25초등B5

㉠에 들어갈 단어를 지문자로 나타낸 것이다. 이를 2음절 단어로 쓰시오.

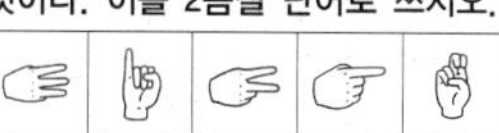

❷ 25중등B11

㉣을 한글로 쓰시오.

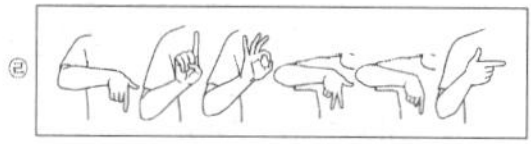

❸ 24초등B4

㉡에 해당하는 다음의 지문자를 2음절의 한글 단어로 쓰시오.

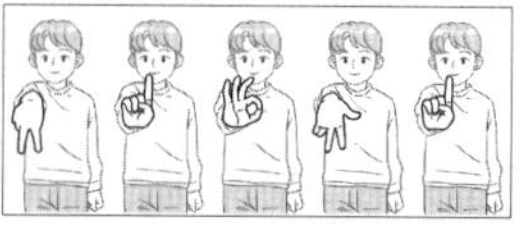

❹ 23중등B8

㉢에 해당하는 지문자를 한글 단어로 쓰시오.

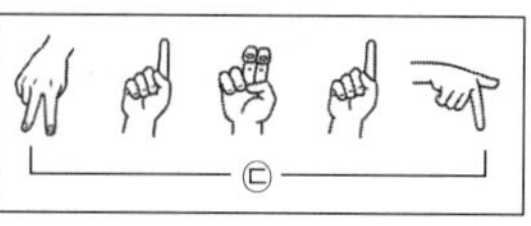

❺ 22중등B11

㉠의 지문자를 한글 단어로 옮겨 적으시오.

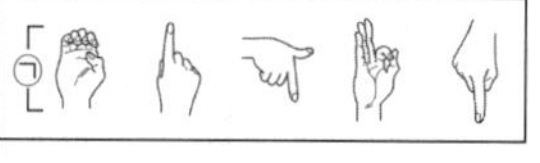

❻ 22초등B4

지문자가 의미하는 바를 순서대로 쓰시오. (단, 지문자는 교사가 보는 방향임)

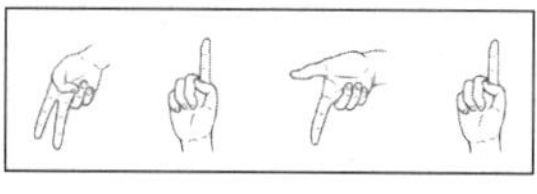

❼ 18중등B7

아래의 지문자를 한글 자모로 쓰시오.

기출 POINT 25

❶ 21초등A2

다음 지숫자가 나타내는 의미를 아라비아 숫자로 쓰시오.

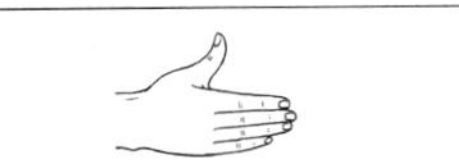

❷ 14초등A5

'기차'를 한국수화 지문자로 표현할 때, 이 지문자에 사용된 수형으로 표현할 수 있는 숫자(1~9)를 3가지 쓰시오.

❸ 12중등32

다음은 청각장애인이 지문자와 지숫자를 사용하여 수화로 자기소개를 한 것이다. ㉠과 ㉡의 수형과 수향에 대한 설명을 보고, ㉠에 들어갈 한글 자음과 ㉡에 들어갈 숫자를 쓰시오.

"내 이름은 김 (㉠) ㅐ 현입니다."
"내 생일은 (㉡)월 6일입니다."

- ㉠의 수형은 지숫자 7과 같으며, 수향은 지문자 ㄱ과 같다.
- ㉡의 수형은 지문자 ㅊ과 같으며, 수향은 지숫자 9와 같다.

[부록] 한글 지숫자 ❶ 21초등A2, ❷ 14초등A5, ❸ 12중등32

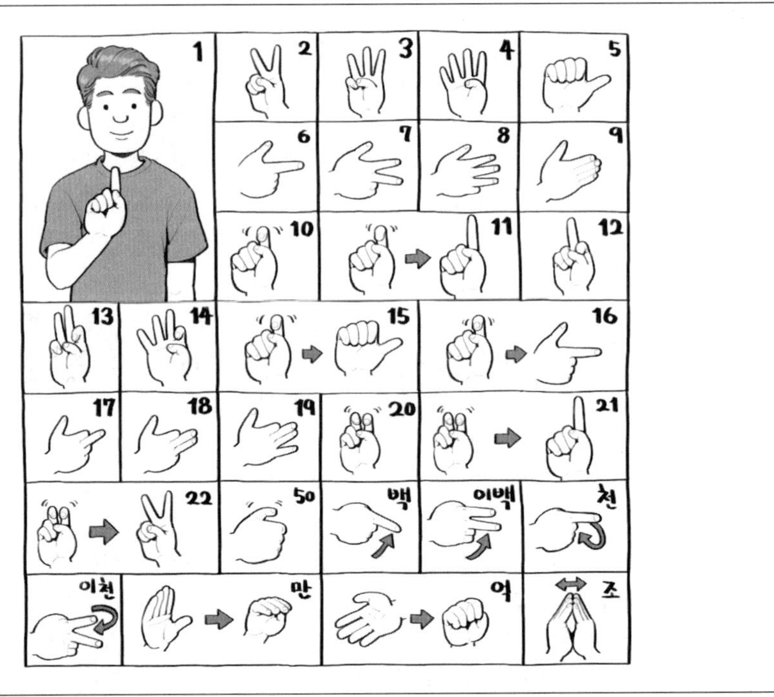

기출 POINT 26

❶ 17초등B5

다음의 알파벳 지문자에 해당하는 영어 알파벳을 순서대로 쓰시오.

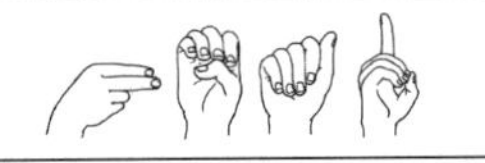

❷ 16초등B3

㉠에서 'B' 지문자와 수형이 동일한 한국 수화언어의 지문자를 한글 자모로 쓰시오.

■ 알파벳 지문자

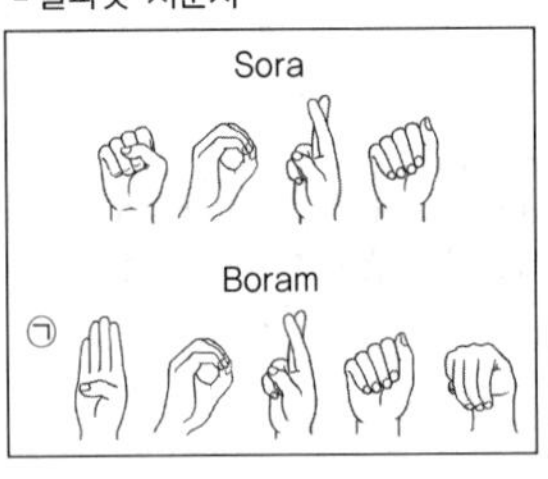

[부록] 영어 지문자 ❶ 17초등B5, ❷ 16초등B3

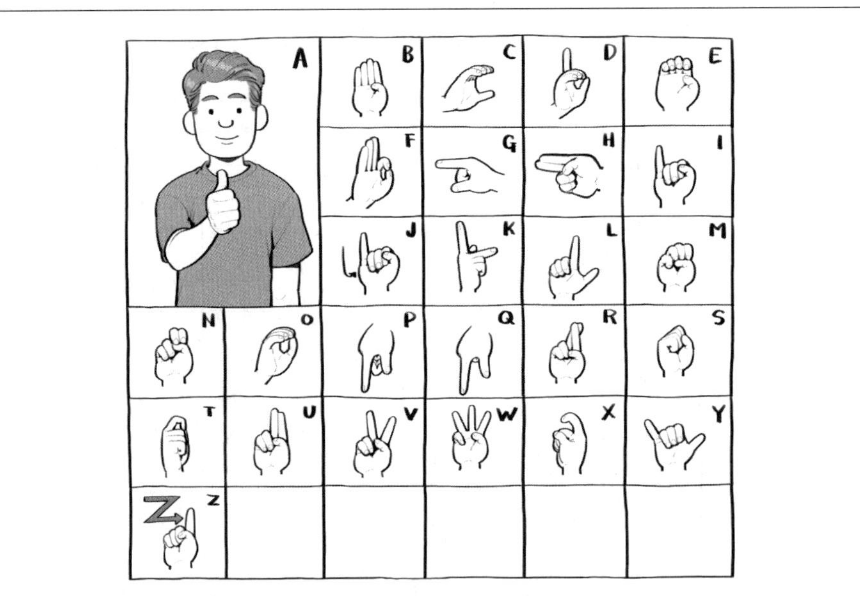

03 종합적 의사소통법(동시적 의사소통법, Total Communication ; TC) ❷ 13중등16

① 종합적 의사소통법은 효과적인 의사소통을 위해 청각적·구화적·수화적 의사소통 양식을 모두 활용하도록 하는 접근법이다.

② 종합적 의사소통법은 의사소통에 사용할 수 있는 모든 수단, 즉 말읽기·발화·수어·지문자·몸짓·기타 등을 동시에 사용하거나, 그러한 것들 중에서 의사소통에 적절한 어떤 하나의 수단을 사용하는 것이다. ❶ 23초등A3

더알아보기

종합적 의사소통법(total communication)을 동시적 의사소통법(simultaneously communication)과 같은 의미로 보기도 하지만(이필상 외), 동시적 의사소통은 구어를 하며 그에 맞추어 시각적 의사소통 양식을 사용하는 것으로, 이때 사용하는 시각적인 방법은 국어대응식 수화이다. 그에 비해 종합적 의사소통법은 특정한 의사소통 양식이라기보다는 모든 방법을 사용하여 청각장애 학생의 의사소통을 돕는다는 개념이다(심현섭 외).

기출 POINT 27

❷ 13중등16

청각장애학교가 채택한 의사소통 방법에 따른 교육적 접근법에 대한 기술이다. 각각의 교육적 접근법에 대한 설명으로 옳은 것은?

> A 학교: 농문화를 존중하며 자연수화를 사용하여 수업을 한다.
> B 학교: 말과 함께 수화와 지문자 등을 사용하여 수업을 한다.

① A 학교 교육적 접근법의 구체적인 실천 방법은 로체스터법이다.
② A 학교의 교육적 접근법에서는 이차언어로 자연수화를 가르치므로 국어 교육과정에 수화 관련 내용을 추가한다.
③ B 학교 교육적 접근법의 구체적인 실천 방법은 동시적 의사소통 방법이다.
④ B 학교의 교육적 접근법에서는 음성언어보다 문자언어의 사용을 더 강조한다.

기출 POINT 27

❶ 23초등A3

① ㉠의 도입 목적을 1가지 쓰고, ② ㉠에서 사용되는 의사소통 유형을 1가지 쓰시오. (단, 수어는 제외할 것)

> 예비 교사: ㉠ 총체적 의사소통법으로 수업을 할 수 있도록 수어를 배우고 있습니다. 그런데 농학생과 의사소통이 잘 안되는 경우가 있습니다.
> 지도 교사: 국어대응식수화로 의사소통해서 그럴 수 있습니다. 국어대응식수화는 문법수화로 불리기도 합니다. 한국수어는 자연수어라고도 하지요.

더알아보기

로체스터법은 뉴욕 로체스터 농학교에서 문법적 어순에 따라 문법수화 중에서도 지문자의 사용을 제안한 것에서 시작되었다. 즉, 구화법과 지문자를 병용하는 방법이다. 로체스터법과 비교하면 토탈 커뮤니케이션은 의사소통의 양식을 제한하지 않는다.

04 이중언어 - 이중문화 접근법(2Bi) ❷ 18초등B3, ❸ 16유아A7

1. 2Bi의 이해

① 이중언어-이중문화 접근법에서는 교실에서 교수를 위한 1차 언어로 청각장애인들의 모국어인 수화를 채택하고, 국어는 읽기와 쓰기를 위한 2차 언어로 가르친다. 13중등16

② 이중언어-이중문화 접근법에서는 청각장애인의 농문화를 제1문화로 보고, 농문화를 이해하려는 노력을 강조하며, 청각장애인의 문화를 건청인의 문화와 동등한 것으로 인정한다. ❶ 19중등B3

2. 2Bi의 특징

① 청각장애인의 사고에 필요한 도구를 발달시키고 다른 청각장애인과의 관계를 통해 건강한 자아의식을 발달시키는 것을 목적으로 강력한 시각적 1차 언어를 갖도록 한다. 또한 농인 문화 속에서의 교수를 지지하고, 청각장애인 교육에 농인 사회의 역사와 기여 · 가치 · 전통을 포함시키며, 가청인 부모가 다양한 프로그램을 통해 농인과 수어를 포함한 농인 문화를 만날 수 있는 기회를 제공한다. ❹ 09중등26

② 이중언어-이중문화 접근법은 청각장애인의 문화를 가청인과 동등한 문화로 인정한다. 또한 청각장애인을 위한 이중언어 교육이라는 것은 농아동이 두 언어 모두에 능통함을 함축하고 있다.

3. 2Bi의 목적

① 청각장애인의 자아실현과 학업성취도 향상 및 언어발달을 촉진할 수 있다.

② 농아동이 농문화를 받아들여 건강한 자아정체감을 형성할 수 있도록 지원한다.

기출 POINT 28

❶ 19중등B3

㉠에 해당하는 내용을 1가지 서술하시오.

특수교사: 수어를 1차 언어로 하고, 읽기나 쓰기를 위한 한국어를 2차 언어로 가르치는 이중언어접근법으로 지도하고 있어요. 학교에서 이중언어접근법을 강조하는 이유는 학생 C의 (㉠)을/를 목표로 하기 때문이지요.

❷ 18초등B3

'바람직한 이중문화 정체성'을 갖도록 도움을 주기 위한 지원 방안 중 적절하지 않은 방안을 찾아 기호를 쓰고, 바르게 고쳐 쓰시오.

ⓐ 정기적으로 수어 단어를 학급 친구들에게 가르쳐 줄 기회를 준다. ⓑ 하나의 언어를 집중적으로 교육하여 단일 언어 사용자가 되도록 지도한다. ⓒ 본받고 싶은 청인과 농인 사례를 골고루 접할 수 있는 기회를 갖게 해 준다. ⓓ 학교 친구들뿐만 아니라 다른 학교에 있는 농인 친구와도 만날 수 있는 기회를 갖게 해 준다.

❸ 16유아A7

교사는 진수의 특성을 고려하여 진수의 교육에는 이중언어-이중문화의 접근이 적절하다고 판단했다. 다음 ( ) 안에 공통으로 들어갈 말을 쓰시오.

감음신경성 청각장애, 부모 모두 농인, 한국 수어와 한국어를 모국어로 습득함

( )은/는 농인들이 농사회의 구성원으로서 습득한 지식, 가치관, 도덕, 삶의 방식, 신념 등의 총체를 말한다. 이중언어-이중문화 접근은 농아동이 ( )을/를 받아들여 자아정체감을 형성하도록 한다.

❹ 09중등26

농학생의 전형적인 읽기 · 쓰기 특성에 관한 설명으로 적절하지 않은 것은?

① 내적 언어 결손으로 읽기 발달이 지체된다.

05 통합교육 지원 ❷ 16중등A12

1. 일반학급에 통합된 청각장애 아동의 학습을 돕기 위한 지침

① 청각장애 아동의 좌석은 소음으로부터 멀고 교육 활동이 진행되는 곳과는 가까워야 한다.

② 청각장애 아동의 좌석은 교사를 정면으로 바라볼 수 있도록 배치되어야 하며, 교사는 말할 때 청각장애 아동에게 등을 돌리지 않도록 주의해야 한다. 또한, 토론이나 다른 아동의 발표가 있을 때에는 청각장애 아동이 필요한 경우에 자리를 옮겨 다니며 말하는 사람의 입을 볼 수 있게 해주어야 한다. ❶ 25유아A4

③ 수어통역사가 교실에 있는 경우 청각장애 아동이 잘 볼 수 있는 위치에 있도록 한다.

④ 말하는 사람이 빛을 등지고 서지 않도록 한다. 교사가 빛이 들어오는 창문 앞에 서서 말한다면 아동은 교사가 무슨 말을 하는지 입을 볼 수 없기 때문이다.

⑤ 교실 안팎의 소음을 가능한 한 줄인다. 보청기를 착용하고 있는 경우에는 말소리뿐만 아니라 모든 소리가 크게 들리기 때문에 소음의 수준을 고려해야 한다.

⑥ 식당이나 음악실 등으로부터 먼 교실을 택하고, 의자 다리 밑에 커버를 씌우거나 가능하다면 카펫이나 커튼 등을 이용하여 소리를 흡수하도록 한다.

2. 청각장애 아동의 통합교육을 위한 교수방법상의 고려사항

① 편측성 난청의 경우 중앙에 앉히기보다는 잘 듣는 귀가 교사를 향하도록 한다.

② 양측성 난청의 경우 교사의 말소리가 머리 위를 바로 지나도록 한다.

③ FM 시스템을 활용한다.

④ 가르치는 개념에 대해 명확하게 설명하고, 시각적 예를 많이 사용한다.

⑤ 용어는 일관되게 사용하는 것이 좋다.

⑥ 교사나 또래들이 청각장애 아동과 이야기할 때, 자연스럽게 이야기하고 몸짓도 자연스럽게 하되, 얼굴을 마주 보며 말하도록 한다.

⑦ 보청기나 인공와우를 항상 착용하도록 독려한다. 불편하다고 자꾸 빼면 학습 내용을 이해하기가 어려워지기 때문이다.

⑧ OHP를 사용한다. OHP를 사용하면 교사가 필기를 하면서도 학생들 쪽으로 얼굴을 향하고 있으므로 무슨 말을 하는지 알기 쉽다. 단, 가능한 한 OHP의 기계 소리가 조용한 것을 사용하고, 실내가 너무 어두우면 독화가 힘들다는 점을 고려해야 한다.

⑨ 게시판을 사용하거나 도표, 그림, 컴퓨터 그래픽 등 시각적 교수방법을 최대한 활용한다.

⑩ 자료를 나누어줄 때는 말하지 않는다. 자료와 교사의 입을 동시에 볼 수 없기 때문이다.

기출 POINT 29

❶ 25유아A4

밑줄 친 ㉣의 학급 규칙에 해당하는 예를 1가지 쓰시오.

> 박 교사: 네, 그런데 이야기 나누기 시간에 두 사람 이상이 동시에 말할 때, 은수가 듣고자 하는 소리를 선택해서 듣는 것을 많이 어려워하더라고요. 이때는 어떻게 지원하면 좋을까요?
> 윤 교사: 이런 상황에서는 '친구가 말할 때 동시에 말하지 않는다.', '한 사람씩 순서대로 말한다.'와 같은 ㉣ 학급 규칙을 더 만들어 보세요.

❷ 16중등A12

'청각장애 학생의 통합학급 지원 사항'에서 적절하지 못한 것의 기호를 2가지 쓰고, 그 이유를 쓰시오.

> ㉤ 청각장애 학생의 자리 배치는 독화하기 좋은 자리로 하되, 학생과 상의하여 결정한다.
> ㉥ 수화통역사를 활용하는 경우, 학생이 교사와 통역사를 동시에 볼 수 있는 자리에 배치한다.
> ㉦ 수화통역사를 활용하는 경우, 학생이 수업 내용을 이해했는지 교사가 통역사에게 물어보고 확인한다.
> ㉧ 일반학급 교사와 급우들에게 보청기 혹은 인공와우 착용 사실을 알리지 않는다.

기출 POINT 30

❶ 16유아A7

다음 중 적절하지 않은 행동 2가지를 찾아 기호를 쓰고 각각 바르게 수정하여 쓰시오.

> ⓒ 승규가 지시를 이해했다고 추측하지 않고, 이해했는지 여부를 구체적으로 질문하거나 지시 내용을 승규에게 말해보게 함
> ⓜ 민지가 알아듣지 못했을 때, 반복하거나 말을 바꾸어서 다시 말해줌

❷ 13중등13

일반학급에 통합된 청각장애 학생들의 효과적인 수업을 위해 교사가 고려해야 할 사항으로 옳은 것만을 있는 대로 고르시오.

▪ 보청기를 착용한 경우

> (가) 수업시간에 친구가 필기한 노트를 청각장애 학생이 빌릴 수 있도록 한다.
> (다) 교사의 말을 잘 청취하도록 하기 위해서 FM 시스템(FM 보청기)을 활용할 수 있다.

❸ 13추가중등B7

다음 중 적절하지 않은 수업 방법 2가지를 찾아 기호를 쓰고, 그 이유를 각각 쓰시오.

> ② 수미에게는 완전한 문장보다는 한두 단어로 말해 준다.

❹ 12중등30

다음은 청각장애 학생 A를 담당하고 있는 일반교사와 특수교사의 대화이다. 다음 중 옳은 내용만을 있는 대로 고르시오.

> 일반교사: 수업시간에는 어떻게 하는 것이 좋을까요?
> 특수교사: ⓔ 학생 A에게는 단어로 말하기보다는 완전한 문장으로 말해 주세요. 수업시간에는 시각적 자료를 많이 제시하는 게 좋은데, ⓜ 시각적 자료를 활용할 때는 시각적 자료를 보여준 후에 그 자료에 대해서 설명해 주세요.

⑪ 수업이 강의식으로 진행될 때는 다른 친구 두 명 정도의 노트를 빌릴 수 있게 한다. 독화하면서 동시에 필기하기가 불가능하기 때문이다. ❷ 13중등13

⑫ 중요한 단어나 새로운 단어는 칠판에 써주고, 수업 전에 미리 새로운 단어를 공부할 수 있게 해준다.

⑬ 과제물이나 공지사항, 새로운 어휘, 페이지 번호 등을 말할 때 칠판에도 적어준다.

⑭ 비디오나 컴퓨터 동영상 자료 등을 볼 때 자막이 있는 것을 선택한다.

⑮ 아동이 수업 내용을 이해했는지 질문하고 확인한다. 아동이 항상 잘 이해하는 것은 아니며, 교사에게 질문하는 것을 어려워할 수 있기 때문이다. 또한 아동이 질문에 답하도록 하거나, 다시 말해 보도록 할 수 있다. ❶ 16유아A7

⑯ 완전한 문장으로 말해준다. 알아듣지 못했을 때도 한두 단어만 말해주지 말고 전체 문장을 다시 반복하거나 말을 바꾸어 해준다. 문장 형태에서 내용과 의미를 파악하기가 더 쉽기 때문이다. ❶ 16유아A7, ❸ 13추가중등B7, ❹ 12중등30

⑰ 수업을 시작할 때 중요한 내용을 미리 요약하고, 마칠 때도 요점을 정리해 주는 것이 도움이 된다.

⑱ 토론 활동 시 한 번에 한 사람씩 말하게 하고, 누가 말하는지 알려주어 누구를 보아야 하는지 알 수 있도록 한다.

⑲ 학급 또래들이 수화를 배우고 싶어 할 수도 있으므로 이러한 경우 배울 수 있는 기회를 마련한다.

3. 청각장애 아동의 통합교육을 위한 교수환경상의 고려사항 ❶ 20유아A3

> **기출 POINT 31**
> ❶ 20유아A3
> 찬우가 [그림]의 위치에 앉으면 좋은 이유를 ©과 ⓡ을 고려하여 각각 쓰시오.
>
> 
>
>
> [그림]
>
> 김 교사: 찬우의 자리는 어디로 할까요?
> 박 교사: 수업 형태에 따라 자리 배치를 하는 것이 좋아요. © 유아들이 언어적 상호작용을 많이 하는 수업시간에는 자리 배치를 반드시 고려해야 해요.
> 김 교사: ⓡ 조명이나 채광도 고려해야 하지요? 그럼 찬우 자리는 어디가 좋을까요?
> 박 교사: [그림]과 같은 위치가 가장 좋아요.

(1) 교실배치(좋은 자리배치)

① 교실은 전체적으로 밝고 동일한 조명 밝기를 가져야 한다.

② 칠판 앞쪽은 어둡지 않도록 필요시 조명을 비춰주는 것이 좋다. 프로젝터(빔)나 TV를 사용한 후에는 반드시 바로 꺼야 하며, 눈부심을 방지하기 위하여 조명은 학생의 등 뒤에 있는 것이 좋다.

③ 창문은 가급적 학생을 등지고 있는 것이 좋으며, 학생의 자리와 교탁 간 거리는 3m를 넘지 않아야 한다.

④ 모둠수업을 하게 될 경우 쉽게 책장(상) 위치를 변형할 수 있는 구조가 좋으며, 교실에서 사용하는 의자는 쉽게 방향을 바꾸어 앉을 수 있는 회전의자가 좋다.

⑤ 책상배치는 반원 형태나 L자형 또는 U자형 등의 형태가 적절하다.

(2) 음향학적 조건

① 교실 내 소음은 청각장애 학생의 어음청취력과 집중력을 현저하게 떨어뜨리므로, 교실 내 소음을 줄이는 것은 무엇보다 중요하다. 소음제거에 효율적인 자재를 사용하거나, 교실의 잔향(반향)은 0.45초를 초과해서는 안 되며, 의자나 책상다리에는 소음용 덮개를 씌워주는 것이 소음을 줄이는 데 효과적이다.

② TV나 프로젝터 등의 전자제품은 사용 즉시 꺼야 하며, 일상적인 활동을 하면서 발생하는 소음을 줄일 수 있는 행동지침 등을 학생들에게 알려주는 것이 필요하다.

(3) 교실 분위기

청각장애 학생은 청각장애로 인하여 다른 사람의 말을 이해하지 못하고, 상대방은 불분명한 발음으로 인해서 청각장애 학생의 말을 이해하기 어렵다. 이는 교우관계 형성에 부정적 영향을 미칠 수 있으므로 장애인식 개선이 필요하다. 문제가 있을 경우에는 그에 대해 말할 수 있어야 하며, 수업시간에 '청각장애'에 대한 주제를 가지고 토론을 하거나

'소리'에 대해 각자 경험해보는 시간을 가질 수 있다. 예를 들어, 주변 소음에 집중해 보거나, 특정 소리를 듣지 못해 갖는 불편함을 경험해보는 것도 좋다.

(4) 독화조건

① 교사가 얼굴 방향을 일정하게 유지하기 위해서는 칠판보다는 프로젝터를 사용하는 것이 보다 효율적이다.

② 교사의 동선은 짧은 것이 좋으며 다른 학생들과도 눈맞춤이 잘 이루어질 수 있어야 한다. 특히 청각장애 학생은 교사뿐만 아니라 발표자의 얼굴도 쉽게 볼 수 있어야 한다. 그런 맥락에서 모둠 형태의 자리배치는 적절하다고 볼 수 없다.

③ 모든 학급 구성원은 말소리의 크기와 억양, 속도 그리고 발음 등에 주의할 뿐만 아니라 소음이나 여러 사람이 동시에 말하는 상황을 피할 수 있는 규칙을 만드는 것이 좋다. 예를 들면 다음과 같은 규칙을 사용할 수 있다. ❶ 25유아A4

기출 POINT 32

❶ 25유아A4

밑줄 친 ㉣의 학급 규칙에 해당하는 예를 1가지 쓰시오.

> 박 교사: 네, 그런데 이야기 나누기 시간에 두 사람 이상이 동시에 말할 때, 은수가 듣고자 하는 소리를 선택해서 듣는 것을 많이 어려워하더라고요. 이때는 어떻게 지원하면 좋을까요?
> 윤 교사: 이런 상황에서는 '친구가 말할 때 동시에 말하지 않는다.', '한 사람씩 순서대로 말한다.'와 같은 ㉣ 학급 규칙을 더 만들어 보세요.

학급 내 규칙

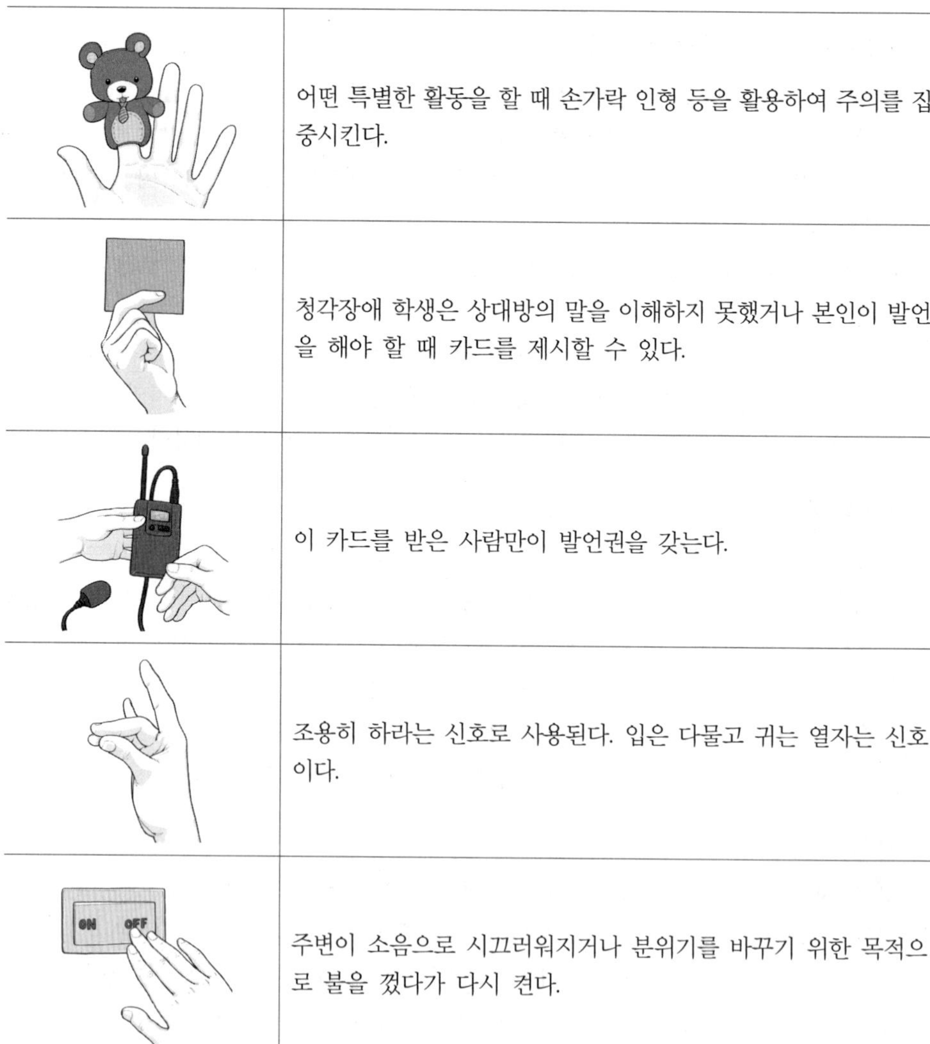

	어떤 특별한 활동을 할 때 손가락 인형 등을 활용하여 주의를 집중시킨다.
	청각장애 학생은 상대방의 말을 이해하지 못했거나 본인이 발언을 해야 할 때 카드를 제시할 수 있다.
	이 카드를 받은 사람만이 발언권을 갖는다.
	조용히 하라는 신호로 사용된다. 입은 다물고 귀는 열자는 신호이다.
	주변이 소음으로 시끄러워지거나 분위기를 바꾸기 위한 목적으로 불을 껐다가 다시 켠다.

(5) 교사의 언어

성공적인 의사소통을 위해서는 비언어적 요소, 준언어적 요소 그리고 언어적 요소를 잘 사용할 수 있어야 한다. 특히 청각장애 학생에게 이 세 가지 요소는 상호작용뿐만 아니라 수업의 효율성을 위해서도 매우 중요하다.

요소	예시
비언어적 요소	표정, 제스처, 자세와 동작, 공간 이동
준언어적 요소	말소리의 빠르기, 높이, 세기, 침묵
언어적 요소	발음, 어휘, 문장의 정확성 및 효율성

(6) 잘 들어주기

청각장애 학생은 말하는 것에 대해 불안감을 갖기 쉬우므로 특히 교사의 '공감적 듣기' 태도가 중요하다.

요구 유형	정의	예
(전체) 반복하기	청자가 화자에게 메시지 전체를 반복해 달라고 요구하는 것이다. 지나치게 자주 사용하면 효과가 감소한다.	A: 한드떼디보다다당맨머거오. B: 미안하지만 다시 한번 말해줄래?
(부분) 반복하기	자신이 이해한 부분을 기초로 하여 이해하지 못한 부분을 반복해 달라고 요구한다.	A: 저는 %#^에서 살아요. B: 어디서 산다고?
		A: 하지니가 %#@ 물어봤어요. B: 하지니가 뭘 물어봤다고?
바꾸어 말하기	같은 내용의 메시지를 다른 단어를 사용해서 말해달라고 요구하는 것이다.	A: 너무 #&^% 못하겠어요. B: 다르게 말해볼래?

(7) 잘 말하기

① 교사의 말은 학생의 주의집중을 충분히 끌어올 수 있어야 한다. 그러기 위해서는 말이 분명해야 하며 이해하기 쉬워야 한다.

② 교사가 사용하는 언어는 학생들의 모델이 될 뿐만 아니라, 교사는 학생들 간에 서로 의사소통이 되지 않을 때 대신 학생 말을 반복해 주거나 다른 말로 전달해 주는 통역사의 역할도 해야 한다.

- 분명하고 과장되지 않은 정도에서 천천히 이야기한다.
- 불필요한 감탄사는 가급적 사용하지 않는다.
- 완전한 문장을 사용하되, 짧은 문장으로 말한다.
- 질문을 할 때는 명확하게 하며 '무엇', '누가', '언제', '왜' 등의 의문사를 사용한다.
- 학생의 언어발달 수준에 맞는 어휘를 사용한다.
- 학생의 발화가 잘못되었을 경우에는 수정해준다.

- 학생의 이해를 돕기 위하여 비구어적 요소를 충분히 활용한다.
- 학생을 부를 때는 이름과 함께 손짓을 함께 사용한다.
- 학생이 정확히 이해했는지를 확인한다. 그러나 이때 "선생님이 한 말 이해했어?"라고 묻지 않고 "선생님이 뭐라고 했지?"라고 묻는다.
- 학생이 다른 학생들과의 대화 전체를 이해할 수 있도록 다른 사람의 말을 교사가 그대로 옮겨준다.
- 학생에게 한번 더 들을 수 있는 기회를 준다.
- 말 도중에 쉼을 적절히 주어 학생이 생각하고 답을 준비할 수 있도록 한다.
- 학생이 무엇을 쓰고 있을 때에는 기다려주고 가급적 말하지 않는다.
- 경우에 따라서는 이해를 돕기 위하여 글로 다시 한번 보여준다.
- 표현을 바꾸어 말해주거나 짧게 말해준다.

4. 청각장애 학생 통합교육의 장단점

(1) 특수학교의 장단점

장점	단점
• 청각사나 상담가가 제공하는 특수교육 관련 서비스 이용 용이 • 다양한 학업적 · 직업적 · 사회적 프로그램 제공 • 청각장애 동료와의 다양한 활동을 통해 긍정적인 감정 발달 • 장애 낙인 없이 다양한 과외 활동 가능	• 가청 또래에 비해 낮은 사회적 기술 • 졸업 후 사회적응을 위한 학업, 의사소통 기술면에서의 제한성

(2) 통합교육의 장단점

장점	단점
• 가청아동 교육 프로그램에 참여함으로써 더 다양한 경험 가능 • 직업 선택의 폭이 다양함 • 가청 또래와의 상호작용을 통하여 협동심과 의사소통 능력 향상 • 가청 또래와의 교류를 통한 사회 소속감과 정서적 안정 • 연령에 맞는 사회성과 적응 능력 향상 • 다양한 친구들과의 상호작용을 통해 사회성, 독립심, 자존감 향상	• 가청아동들과 의사소통의 어려움으로 인하여 외로움, 거부, 사회적 고립 경험 • 자아정체성 형성에 부정적인 영향 • 가청아동과 동일한 기회를 부여받지 못함 • 수업 내용 이해 곤란 • 교사와의 상호작용이 어려움

① 통합교육의 문제점 등을 보완하기 위한 방법 중 하나로 청각장애 학생들을 그룹 지어 일반학교에 배치하는 모델을 제안할 수 있다(Higgins, 1992).

② 즉, 일정한 수의 청각장애학생들을 모아 교육함으로써 필요한 특수교육 관련 서비스의 제공이 더 용이하며, 청각장애 학생들도 일반학생들과 상호작용하며 동시에 원한다면 수어를 사용하는 작은 사회를 경험할 수도 있다. ❶ 25유아A4

기출 POINT 33

❶ 25유아A4

밑줄 친 ©의 장점을 청각장애 유아의 정서 측면에서 1가지 쓰시오.

> 청각장애 유형을 파악해서 특성에 맞게 교육하는 것이 중요해요. 다음에 제가 청력 평가 결과를 해석하는 방법을 알려 드릴게요. 그리고 청각장애 유아를 교육적으로 적절하게 배치하는 것도 중요해요. 한 학급에 청각장애 유아를 한 명만 배치하지 않고 두 명 이상 배치하는 © 동반 입학(co-enrollment)도 시도해 보면 좋아요.

5. 수어통역사 활용 시 유의점 ❹ 13중등13

(1) 수업 전

① 청각장애 아동이 교사, 수어통역사, 다른 시각적 교수 자료를 번갈아가며 보기가 용이하도록 자리를 배치한다. ❸ 16중등A12

② 소집단 토의 시 반원형의 자리 배치가 좋다. ❶ 17초등B5

③ 칠판, 지도, OHP 등의 시각적 자료를 다양하게 활용하여 수어통역사의 설명을 이해하기 쉽게 해준다.

④ 수어통역사는 수업 내용에 대해 익숙하지 않으므로 사전에 교안, 주요 단어, 교재 등을 제공하여 학습내용 중 어려운 수화나 개념 등을 미리 준비할 수 있게 하고, 토론을 하거나 기자재를 이용하게 될 때에는 자리 배치에 대해 미리 생각하도록 한다.

⑤ 수어통역사의 역할을 확실히 한다.

⑥ 수어통역사와 교사 간의 정기적인 회의시간을 정해둔다.

(2) 수업 중

① 가능한 한 고정된 위치에서 청각장애 아동을 마주 보고 수업한다. 수어통역사가 있어도 교사의 말을 독화하거나 제스처 등을 보아야 하기 때문이다. ❷ 16유아A7

② 아동의 행동 지도 및 학급 관리는 교사가 담당하고 수어통역사에게는 맡기지 않는다.

③ 아동이 이해하는지에 대한 책임은 수어통역사가 아니라 교사 자신에게 있음을 인식한다.

④ 수어통역사가 용어나 개념을 설명할 때 충분한 시간을 준다(특히 난이도가 높은 문장으로 된 교재나 시험문제 등).

⑤ 교사나 또래 모두 질문을 할 때는 아동에게 직접 하고(예 진우는 어떻게 생각하니?), 수어통역사에게는 하지 않는다(예 진우에게 어떻게 생각하는지 물어보세요). ❸ 16중등A12

⑥ 수어통역사가 학급 전체를 대상으로 수화를 소개하고 가르칠 수 있도록 기회를 마련한다.

기출 POINT 34

❶ 17초등B5

(나)를 고려할 때 (다)에서 틀린 것 2가지를 찾아 기호를 쓰고, 각각 바르게 고쳐 쓰시오.

(나)

> 동호
> - 7세 때 양쪽 귀에 인공와우 수술을 받았고, 인공와우 착용 시 좌우 청력은 각각 30dB 정도임
> - 청인과는 구어로, 농인과는 수어로 의사소통하는 이중언어 사용자임

(다)

> 일반 교사: 자리 배치도 중요할 것 같아서 ㉣ 소그룹 토론식 수업을 할 때는 책상을 'U'모양으로 배열하고, 동호를 제일 오른쪽이나 왼쪽에 앉혀 전체 학생을 볼 수 있도록 했습니다.

❷ 16유아A7

다음 중 적절하지 않은 행동 2가지를 찾아 기호를 쓰고 각각 바르게 수정하여 쓰시오.

> ㉣ 수화통역사를 진수 옆자리에 배치함

❸ 16중등A12

다음 중 적절하지 못한 것의 기호를 2가지 쓰고, 그 이유를 쓰시오.

> ㉥ 수화통역사를 활용하는 경우, 학생이 교사와 통역사를 동시에 볼 수 있는 자리에 배치한다.
> ㉦ 수화통역사를 활용하는 경우, 학생이 수업 내용을 이해했는지 교사가 통역사에게 물어보고 확인한다.

❹ 13중등13

일반학급에 통합된 청각장애 학생들의 효과적인 수업을 위해 교사가 고려해야 할 사항으로 옳은 것만을 있는 대로 고르시오.

▪ 교실에 수화통역사가 배치된 경우

> (라) 수업시간에 수화통역사가 청각장애 학생 옆자리에 앉아서 통역을 하게 한다.
> (마) 수업 전에 수화통역사가 통역을 준비할 수 있도록 수업 내용이나 교재를 제공한다.
> (바) 청각장애 학생에게 질문을 할 때는 수화통역사를 보고 말하여 그 질문을 전달하도록 한다.

청각장애 특수교육 교육과정

01 2022 특수교육 교육과정 총론
- 'Ⅲ. 학교급별 교육과정 편성 · 운영의 기준' – 기본사항
- 공통 교육과정 및 선택중심 교육과정
  - 초등학교 · 중학교 교육과정 편성 · 운영 기준
  - 고등학교

02 국어

03 농인의 생활과 문화

04 수어

01 2022 특수교육 교육과정 총론

1. 'Ⅲ. 학교급별 교육과정 편성 · 운영의 기준' – 기본 사항

머. 시각장애 또는 청각장애 학생이 다른 장애가 함께 있는 경우 교육적 요구를 지원하는 별도의 교육 활동을 병행하거나 대체하여 편성 · 운영할 수 있다.

2. 공통 교육과정 및 선택중심 교육과정

(1) 초등학교 · 중학교 교육과정 편성 · 운영 기준

라) 학교는 특수교육 대상 학생을 위해 필요한 경우 교과(군)별 증감 시수를 활용하여 '점자', '시각장애인 자립생활' 또는 '수어', '농인의 생활과 문화'를 창의적 체험활동에 포함하여 운영한다.

마) 특수학교에서는 시각 · 청각 · 지체장애 학생을 위해 [별책 2]에 제시된 별도의 교육과정을 활용할 수 있다.
- 시각장애: 체육, 미술, 점자, 시각장애인 자립생활
- 청각장애: 국어, 수어, 농인의 생활과 문화
- 지체장애: 체육

(2) 고등학교

① 보통교과 – 공통국어

역량	비판적·창의적 사고 역량, 디지털·미디어 역량, 의사소통 역량, 공동체·대인 관계 역량, 문화 향유 역량, 자기 성찰·계발 역량	
구성 체계	• 국어과 선택 중심 교육과정 공통 과목은 기초 소양 및 기본 학력 함양, 학문의 기본 이해 관련 과목으로, '공통국어(청각장애)1, 공통국어(청각장애)2'로 나누어 설정함 • '공통국어(청각장애)1, 공통국어(청각장애)2'의 구성 체계는 국어과 초등학교 및 중학교의 공통 교육과정 구성 체계를 따르며, '성격, 목표, 내용 체계, 성취기준, 교수·학습 및 평가'로 구성	
내용 체계	지식·이해	과목 학습의 주요 분야 혹은 언어 활동의 본질과 관련되는 지식
	과정·기능	언어 활동 혹은 과목 관련 주요 분야 탐구의 수행 과정, 전략, 혹은 실제에 해당하는 내용
	가치·태도	과목 학습의 정의적 요소에 해당하는 내용

② 특수교육 전문교과

교과(군)	과목			
직업·생활	• 직업준비 • 정보처리 • 외식서비스 • 시각장애인 자립생활	• 안정된 직업생활 • 농생명 • 직업현장실습 • 농인의 생활과 문화	• 기초작업기술 I • 사무지원 • 직업과 자립	• 기초작업기술II • 대인서비스 • 사회적응
이료(시각장애 학교)	• 해부·생리 • 전기치료 • 진단	• 병리 • 한방 • 이료실기실습	• 이료보건 • 침구	• 안마·마사지·지압 • 이료임상

③ 교육과정 편성·운영 기준(공통 사항)

거) 학교는 특수교육 대상 학생을 위해 필요한 경우 '점자'와 '수어'를 창의적 체험활동에 포함하여 운영한다.

너) 특수학교에서는 시각·청각장애 학생을 위해 [별책 2]에 제시된 별도의 교육과정을 활용할 수 있다. ➡ 신설
- 시각장애: 점자, 시각장애인의 자립생활
- 청각장애: 국어, 수어, 농인의 생활과 문화

02 국어

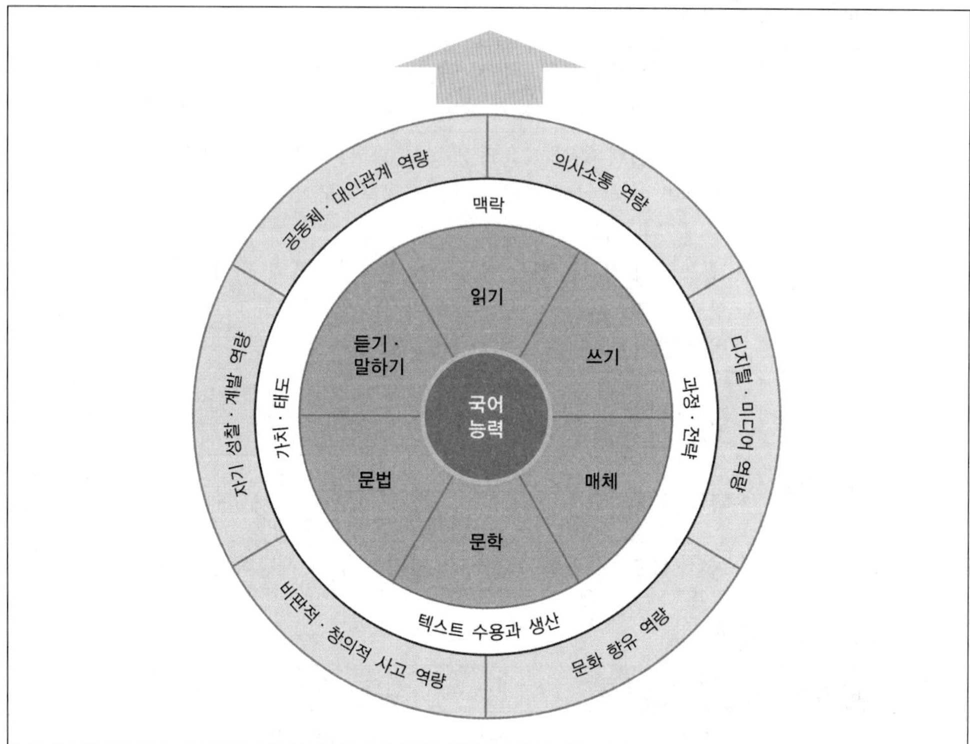

2022 개정 '공통국어' 교육과정 개요

03 농인의 생활과 문화

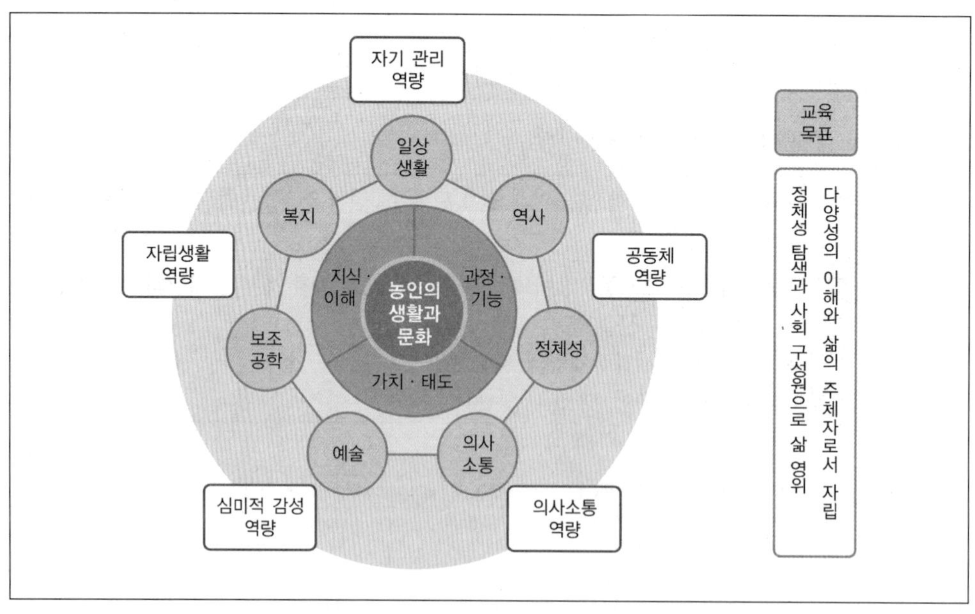

2022 개정 '농인의 생활과 문화' 교육과정 개요

04 수어

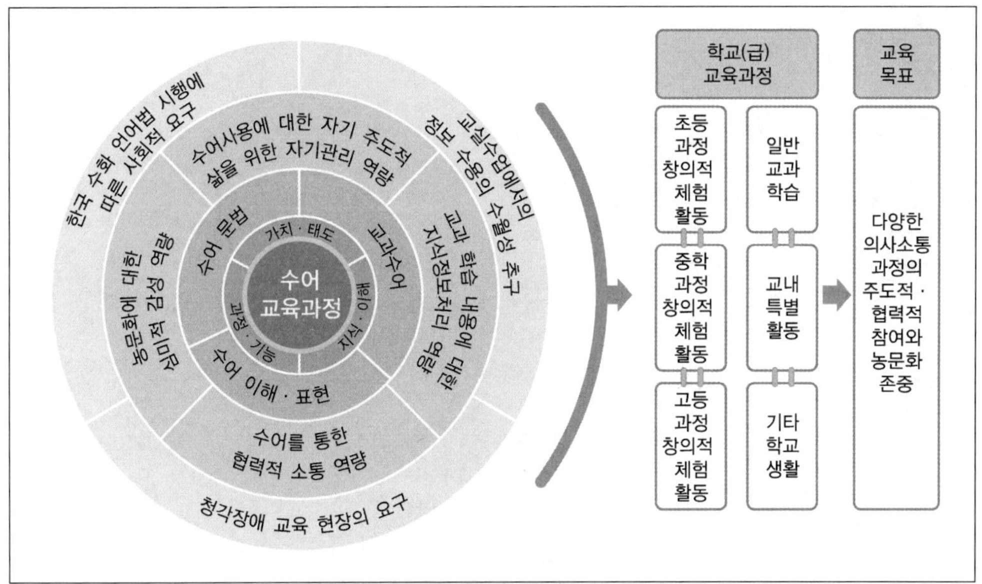

한국 수화 언어법 시행에 따른 사회적 요구
교실수업에서의 정보 수용의 수월성 추구
청각장애 교육 현장의 요구
수어사용에 대한 자기 주도적 삶을 위한 자기관리 역량
교과 학습 내용에 대한 지식정보처리 역량
수어를 통한 협력적 소통 역량
농문화에 대한 심미적 감성 역량
수어 문법
교과수어
수어 이해 · 표현
가치 · 태도
지식 · 이해
과정 · 기능
수어 교육과정
학교(급) 교육과정
교육 목표
초등 과정 창의적 체험 활동
중학 과정 창의적 체험 활동
고등 과정 창의적 체험 활동
일반 교과 학습
교내 특별 활동
기타 학교 생활
다양한 의사소통 과정의 주도적 · 협력적 참여와 농문화 존중

수어 교육과정 설계의 개요

김은진
스페듀
기본이론서

Vol. 3

Chapter 01. 시각장애의 이해
Chapter 02. 안질환과 교육적 조치
Chapter 03. 저시력 학생을 위한 교육적 중재
Chapter 04. 맹 학생을 위한 교육적 중재
Chapter 05. 시각장애 특수교육 교육과정
Chapter 06. 교과별 지도
Chapter 07. 시각중복장애 학생을 위한 교육 접근

Special Education

PART

02

시각장애

CHAPTER 01

시각장애의 이해

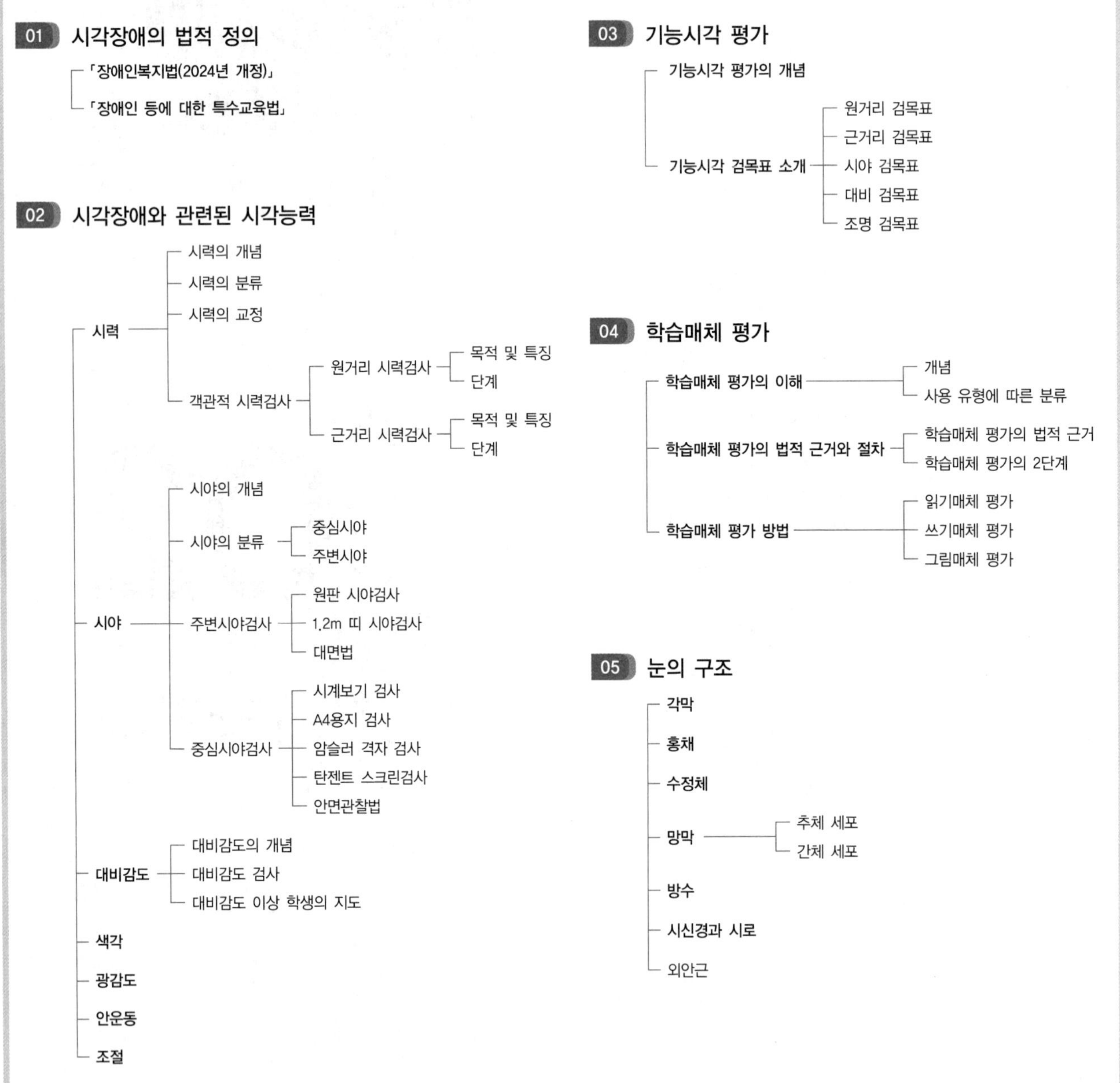

01 시각장애의 법적 정의
「장애인복지법(2024년 개정)」
「장애인 등에 대한 특수교육법」
02 시각장애와 관련된 시각능력
시력
시력의 개념
시력의 분류
시력의 교정
객관적 시력검사
원거리 시력검사
목적 및 특징
단계
근거리 시력검사
목적 및 특징
단계
시야
시야의 개념
시야의 분류
중심시야
주변시야
주변시야검사
원판 시야검사
1.2m 띠 시야검사
대면법
중심시야검사
시계보기 검사
A4용지 검사
암슬러 격자 검사
탄젠트 스크린검사
안면관찰법
대비감도
대비감도의 개념
대비감도 검사
대비감도 이상 학생의 지도
색각
광감도
안운동
조절
03 기능시각 평가
기능시각 평가의 개념
기능시각 검목표 소개
원거리 검목표
근거리 검목표
시야 검목표
대비 검목표
조명 검목표
04 학습매체 평가
학습매체 평가의 이해
개념
사용 유형에 따른 분류
학습매체 평가의 법적 근거와 절차
학습매체 평가의 법적 근거
학습매체 평가의 2단계
학습매체 평가 방법
읽기매체 평가
쓰기매체 평가
그림매체 평가
05 눈의 구조
각막
홍채
수정체
망막
추체 세포
간체 세포
방수
시신경과 시로
외안근

01 시각장애의 법적 정의

1. 「장애인복지법」(2024년 개정)

장애정도에 따른 시각장애 분류

가. 장애의 정도가 심한 시각장애인
  1) 좋은 눈의 시력이 0.06 이하인 사람
  2) 두 눈의 시야가 각각 모든 방향에서 5도 이하로 남은 사람
나. 장애의 정도가 심하지 않은 시각장애인
  1) 좋은 눈의 시력이 0.2 이하인 사람
  2) 두 눈의 시야가 각각 모든 방향에서 10도 이하로 남은 사람
  3) 두 눈의 시야가 각각 정상 시야의 50% 이상 감소한 사람
  4) 나쁜 눈의 시력이 0.02 이하인 사람
  5) 두 눈의 중심시야에서 20도 이내에 겹보임(복시)이 있는 사람

2. 「장애인 등에 대한 특수교육법」

시각계의 손상이 심하여 시각기능을 전혀 이용하지 못하거나 보조공학기기의 지원을 받아야 시각적 과제를 수행할 수 있는 사람으로서 시각에 의한 학습이 곤란하여 특정의 광학기구·학습매체 등을 통하여 학습하거나 촉각 또는 청각을 학습의 주요 수단으로 사용하는 사람

특수교육대상자 선별검사 및 진단평가 영역: 기초학습기능검사, 시력검사, 시기능 및 촉기능검사

더 알아보기 의학적 정의와 교육적 정의의 비교

「장애인복지법」은 의학적 기준인 시력 및 시야 손상 정도에 따라 시각장애를 판정한다. 반면 「장애인 등에 대한 특수교육법」은 교육적 정의를 근거로 하고 있다. 여기에서 사용하는 '교육적 맹'이나 '교육적 저시력'이라는 용어가 특수교육 장면에서 학생의 시각 능력과 그에 따라 필요한 특수교육 지원 사항에 대해 더 유용한 정보를 나타낼 수 있다.

예 A가 '맹학생'이라는 표현은 A가 학습에 촉각이나 청각을 주로 사용하는 학생으로 점자 사용, 양각 자료와 교구 지원, 상세한 구어 설명과 안내 등이 필요하다는 것을 나타낼 수 있다. B가 '저시력'이라는 표현은 학습에 잔존 시각을 활용할 수 있고, 적합한 확대자료나 확대기기 등의 지원이 필요하다는 것을 나타낸다.

분류		조문	해석
교육적 시각장애		시각계의 손상이 심하여 시각 기능을 전혀 이용하지 못하거나 보조공학기기의 지원을 받아야 시각적 과제를 수행할 수 있는 사람	시각 문제로 인해 학습 활동에 참여하거나 수행하는 데 어려움이 있거나 낮은 학업 성취를 보이는 학생
장애 정도	교육적 저시력	시각에 의한 학습이 곤란하여 특정의 광학기구·학습매체 등을 통하여 학습하는 사람	학습 활동에 주로 잔존 시각을 사용하되, 이를 위해 확대자료, 확대기기 등이 필요한 학생
	교육적 맹	촉각 또는 청각을 학습의 주요 수단으로 사용하는 사람	학습 활동에 시각이 아닌 청각과 촉각 같은 다른 감각을 주로 사용하되, 이를 위해 점자 및 촉각자료, 보조공학기기 등이 필요한 학생

더 알아보기

두 가지 이상 중복된 장애를 지닌 특수교육대상자

다음 각 목의 구분에 따른 장애를 지닌 사람으로서 제1호부터 제6호까지의 규정에 따른 특수교육대상자에 대한 각각의 교육지원만으로 교육적 성취가 어려워 특별한 교육적 조치가 필요한 사람

가. 중도중복장애: 다음의 구분에 따른 장애를 각각 하나 이상씩 지니면서 각각의 장애의 정도가 심한 경우. 이 경우 장애의 정도는 법 제14조 제1항에 따른 선별검사의 결과, 제9조 제4항에 따라 제출한 진단서 및 「장애인복지법 시행령」 제2조 제2항에 따른 장애의 정도 등을 고려하여 정한다.
  1) 지적장애 또는 자폐성장애
  2) 시각장애, 청각장애, 지체장애 또는 정서·행동장애
나. 시청각장애: 시각장애 및 청각장애를 모두 지니면서 시각과 청각에 의한 학습이 곤란하고 의사소통 및 정보 접근에 심각한 제한이 있는 경우

더알아보기 시각장애 정도를 분류하는 여러 기준

분류	기준	맹	저시력
세계보건기구 (WHO)	의학적 기준	교정 후 좋은 쪽 눈의 시력이 0.05 이하	교정 후 좋은 쪽 눈의 시력이 0.05~0.3
주로 사용하는 감각기관	기능적 기준	학습이나 일상활동에 청각과 촉각을 주로 사용하는 사람	학습이나 일상활동에 주로 잔존 시각을 사용하는 사람
문해매체	기능적 기준	읽기와 쓰기에 점자를 사용하는 사람	읽기와 쓰기에 확대자료나 확대기기를 사용하는 사람

02 시각장애와 관련된 시각능력

시각능력에는 시력(visual acuity), 시야(visual field), 대비감도(contrast sensitivity), 색각(color perception), 광감도(light sensitivity), 안운동(ocular mobility), 조절(accommodation) 등이 있다.

1. 시력(visual acuity)

(1) 시력의 개념

시력은 물체의 존재 및 형태를 인식하는 능력이다. 물체의 존재 유무를 판단하는 것뿐 아니라 물체의 세부를 판별하는 능력도 시력에 포함된다.

(2) 시력의 분류

① 안경이나 교정렌즈 착용 유무에 따른 분류

㉠ 나안시력: 눈의 이상(질환) 유무와 관계없이 안경을 쓰지 않은 상태에서 측정한 시력

㉡ 교정시력: 굴절 이상이 있는 사람이 안경 교정을 받은 상태에서 측정한 시력. 일반적으로 시각장애로 판정할 때는 교정시력으로 검사한 시력을 사용한다.

② 시력을 측정한 거리에 따른 분류

㉠ 원거리 시력: 3m(한식 표준 시시력표) 혹은 4m(진용한 시력표)의 거리에 있는 물체나 시표를 보면서 측정한 시력을 의미

㉡ 근거리 시력: 약 35~40cm 거리에서 측정한 시력을 의미

(3) 시력의 교정

① 시력은 렌즈로 교정한다. 이때 렌즈 굴절력의 단위를 '디옵터(diopter)'로 명시한다.

② '+'와 '−'는 렌즈가 볼록렌즈인지 오목렌즈인지를 명시한 것으로, '+'는 볼록렌즈로 원시용이고 '−'는 오목렌즈로 근시용이다.

(4) 객관적 시력검사*

① 원거리 시력검사

㉠ 목적 및 특징

- 3m 또는 6m 정도에서 보는 능력을 측정하고, 검사 결과를 바탕으로 망원경과 원거리용 확대독서기를 추천하는 데 그 목적이 있다.
- 저시력인용 원거리 시력표는 시표가 훨씬 크고 다양하며, 검사 거리도 조정하기 용이하여 0.001까지도 시력을 측정할 수 있다.

㉡ 단계: 원거리 시력표는 적정 밝기를 제공하고 눈부심이 없으며 부착물이 없는 흰색 계열의 벽에 부착하되, 학생의 눈높이에 시력표 중앙이 오도록 한다. 원거리 시력검사는 양안 → 우안 → 좌안 순서로, 다음과 같이 3단계로 진행된다.

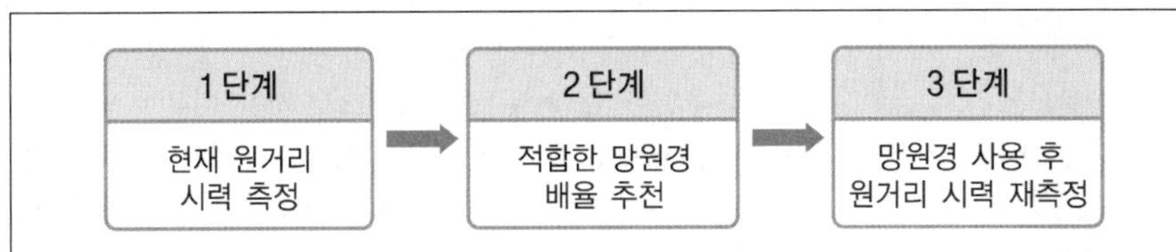

원거리 시력검사의 3단계

단계	내용
1단계. 현재 원거리 시력 측정	① 표준검사 거리에서 시력 측정 ㉠ 학생이 시력표로부터 표준검사 거리에 서거나 앉도록 한다. ㉡ 시력표의 가장 큰 시표부터 작은 시표 순서로 읽도록 한다. ㉢ 학생이 마지막으로 읽은 시표에 해당하는 시력을 기록한다. 일반적으로 각 줄에 5개의 시표가 있을 경우에 3개 이상을 바르게 읽어야 해당 시력을 보유한 것으로 인정하며, 시력을 표기할 때 잘못 읽은 숫자의 개수를 위첨자로 표시할 수 있다(예 0.04^{-1}). ② 만일 표준검사 거리에서 가장 큰 시표조차 읽지 못한다면 1m 간격으로 시력표에 다가가서 읽도록 하고, 공식에 따라 시력을 계산하여 기록한다. ❶ 11중등10 $$\text{시력} = \text{마지막으로 읽은 라인의 시력} \times \frac{\text{실제 검사 거리}}{\text{표준 검사 거리(m)}}$$ 예를 들어, 학생이 표준검사 거리가 3m인 원거리 시력표를 사용하여 우안으로 시력 0.016에 해당하는 시표를 1m에서 읽었다면 우안의 시력은 0.016×1/3으로 계산한다. ③ 만약 시력표에 1m까지 다가가서도 가장 큰 시표를 읽지 못한다면 안전지수 → 안전수동 → 광각 순으로 측정한다. ㉠ 안전지수(Finger Count ; FC): 학생의 50cm, 30cm 거리에서 검사자가 편 손가락의 수를 맞힐 수 있는 시력으로, 거리와 함께 기록한다. 예 50cm 안전지수 ❷ 23중등A10

Keyword

객관적 시각검사

객관적 시각검사는 공인된 시력표나 검사도구로 평가하는 것으로, 안과 의사나 저시력 클리닉에 평가를 의뢰하거나, 2017년에 교육부에서 보급한 시각 평가도구를 사용하여 특수교사가 직접 평가할 수 있다(이태훈, 2024).

더알아보기

진용한 원거리 시력표

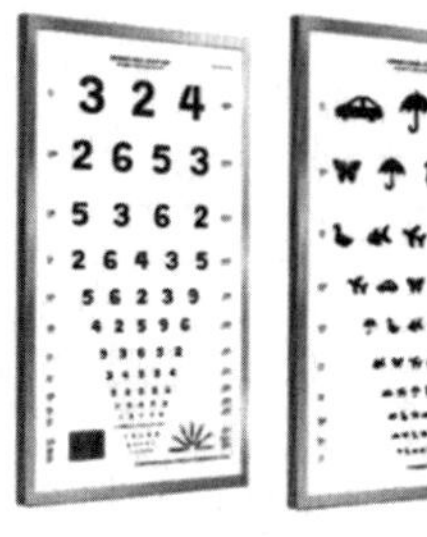

기출 POINT 1

❶ 11중등10

담당 체육교사가 학생 A(미숙아망막증, 양안 교정시력 0.04)를 위한 체육수업에 대해 조언을 요청하여, 특수교사는 다음과 같은 안내문을 만들었다. 옳은 내용만을 모두 고르시오.

■ 교수 방법

㉠ 학생 A의 시력은 한천석 시시력표를 읽을 때, 4m 앞에서 시력 기준 0.1에 해당하는 숫자를 읽을 수 있는 수준이므로, 시각적 지표는 확대해 주시면 좋습니다.

❷ 23중등A10

학생 A와 C의 시력 차이를 우세안 기준으로 서술하시오.

구분	학생 A	학생 C
시력	• 좌안: LP • 우안: 30cm FC	• 좌안: NLP • 우안: 50cm FC

	㉡ 안전수동(Hand Movement ; HM) : 학생의 50cm, 30cm 거리에서 검사자가 손을 좌우로 흔들고 있는지, 멈추고 있는지를 맞힐 수 있는 시력으로, 거리와 함께 기록한다. 예 30cm 안전수동 ㉢ 광각(Light Perception ; LP) : 학생의 눈앞에서 검사자가 전등이나 플래시를 켰는지, 껐는지를 맞출 수 있는 시력으로, 빛의 유무를 지각하면 '광각', 지각하지 못하면 '광각무' 또는 '전맹'으로 기록한다.
2단계. 망원경 배율 계산과 추천	① 학생의 현재 원거리 시력이 0.3 이하인 경우에는 망원경과 원거리용 확대독서기를 사용하도록 하는 것이 필요하다. 다만, 짧은 시간 동안의 원거리 보기에는 망원경이나 스마트폰(카메라)을 사용할 수 있으나, 수업 시간 내내 칠판을 봐야 할 때는 원거리용 확대독서기를 사용하는 것이 적절하다. ② 망원경의 배율은 좌안과 우안 중 좋은 눈(우세안)을 기준으로 단안 망원경을 추천한다. 좋은 눈을 기준으로 하는 이유는 낮은 배율의 망원경을 사용하도록 하여 더 넓은 시야와 편안한 사용을 돕기 위함이다. ③ 망원경 배율은 목표 원거리 시력과 현재 원거리 시력(우세안)에 의해 결정된다. $$\text{망원경 배율} = \frac{\text{목표 원거리 시력}}{\text{현재 원거리 시력}}$$ ④ 일반적으로 교실에서 칠판을 보는 데 필요한 최소 시력을 0.3으로 보기 때문에 목표 원거리 시력 0.3을 기준으로 학생의 현재 원거리 시력에 따라 가감하게 된다. 이때 망원경은 배율이 높을수록 시야가 좁아지고 렌즈 주변부에 보이는 물체의 상의 왜곡이 커져서 사용의 어려움과 어지러움을 호소할 수 있다는 점을 고려해야 한다. 따라서 가급적 10배율 이하를 사용하도록 시력을 조정할 필요가 있다. 예 좋은 눈의 시력이 0.1인 경우에는 목표 원거리 시력을 0.6이나 0.8로 높여 잡아도 되지만, 좋은 눈의 시력이 0.015라면 목표 원거리 시력을 0.3으로 설정했을 때 20배율이 필요하기 때문에 목표 원거리 시력을 0.2 이하로 내려 잡는 것이 좋다. 일반적으로 원거리 시력 0.2 이상인 경우 2~3배율, 0.2~0.07인 경우 4~6배율, 0.07~0.03인 경우 8배율을 선정하는 경우가 많다.
3단계. 망원경 사용 시 원거리 시력 재측정	① 교사가 추천한 망원경을 사용할 때 목표 원거리 시력에 도달하는지를 다시 검사할 필요가 있다. 목표 시력에 도달하지 못할 경우에는 한 배율 더 높은 망원경을 사용하도록 할 것인지를 교사가 결정해야 한다. ② 학생이 망원경을 사용하여 검사할 때 교사가 가리키는 시표를 찾는 데 어려움을 보이면 노란색 색지를 해당 시표 아래에 대어줌으로써 망원경으로 노란색 색지를 먼저 찾고 그 위의 숫자를 찾아 읽도록 도울 수 있다.

② 근거리 시력검사

㉠ 목적 및 특징

근거리 시력검사는 40cm 정도 거리에서 보는 능력(독서 시력)을 측정하고, 검사 결과에 의해 확대경과 근거리용 확대독서기를 추천하는 데 그 목적이 있다.

❶ 19중등A10

더 알아보기

근거리 시력표

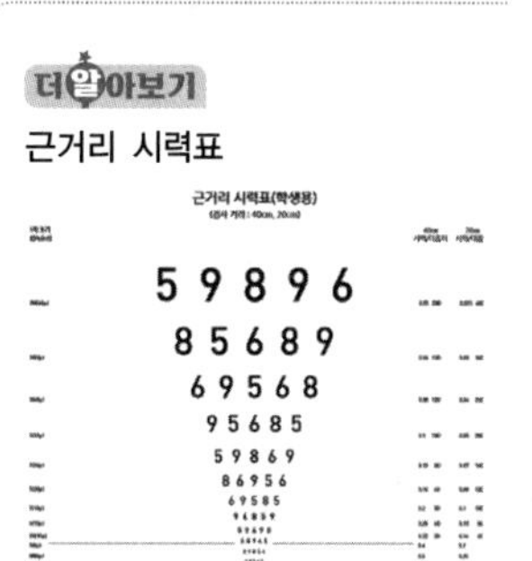

기출 POINT 2

❶ 19중등A10

'읽기(교과서, 지필평가 자료)를 위한 시력검사'에 해당하는 검사 유형을 쓰시오.

㉡ 단계

- 학생이 바르고 편안한 자세로 검사받을 수 있도록 높낮이 조절 독서대에 근거리 시력표를 놓은 후, 적정 밝기를 제공하고 눈부심 및 그림자를 방지할 수 있는 테이블 위치에 놓아야 한다.
- 근거리 시력검사는 양안 → 우안 → 좌안 순서로 검사한다.
- 근거리 시력은 글자 크기(1M = 8포인트)로 기록한다.
- 근거리 시력검사 또한 다음과 같이 3단계로 진행된다.

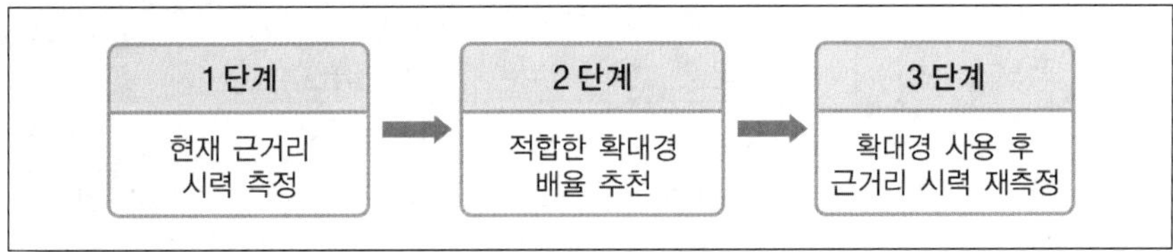

근거리 시력검사의 3단계

단계	내용
1단계. 현재 근거리 시력 측정	① 표준검사 거리에서 시력 측정 ㉠ 학생의 눈과 근거리 시력표 간에 표준검사 거리를 유지한다. ㉡ 시력표의 가장 큰 시표부터 작은 시표 순서로 읽도록 한다. 학생이 시력표의 줄을 잃어버리거나 시표를 찾는 데 어려움을 보이는 경우는 읽어야 하는 시표 아래를 검은색 색지로 가려준다. ㉢ 학생이 마지막으로 읽은 시표의 글자 크기(M size)를 기록한다. 다만, 시표의 5개 숫자 중 3개 이상을 바르게 읽어야 해당 시력을 보유한 것으로 인정하며, 시력을 표기할 때 잘못 읽은 숫자의 개수를 위첨자로 표시할 수 있다. 예 $1.6M^{-1}$ ② 만일 학생이 표준 검사 거리에서 가장 큰 시표조차 읽지 못하는 경우에는 학생이 볼 수 있는 거리까지 다가가서 읽도록 하고, 검사 거리와 마지막으로 읽은 숫자의 글자 크기를 기록한다. 예 10cm에서 2.0M

<table>
<tr><td>2단계.
확대경 배율
계산과 추천</td><td>① 표준검사 거리에서 읽을 수 있는 글자 크기가 고학년 학생의 경우에 1.0M(8포인트), 저학년 학생의 경우에 2.0M(16포인트)보다 더 크다면 확대경과 근거리용 확대독서기를 사용할 필요가 있다.
② 확대경 배율은 좌안과 우안 중 좋은 눈을 기준으로 확대경을 추천한다. 좋은 눈을 기준으로 하는 이유는 확대경은 배율이 높아질수록 시야가 감소하고 렌즈의 주변부에서 상의 왜곡 현상이 있어 읽기 효율성이 떨어지기 때문이다.
③ 확대경 배율에 사용하는 단위인 디옵터(D; Diopter)는 목표 글자 크기, 현재 읽을 수 있는 가장 작은 글자 크기, 검사 거리에 의해 결정된다.
$$D = \frac{\text{현재 읽을 수 있는 글자 크기}}{\text{목표 글자 크기}} \times \frac{100\text{cm}}{\text{검사 거리}}$$
<table><tr><th colspan="3">근거리 시력(☑나안 □안경)
(검사 거리: 40m)</th><th rowspan="2">(8)디옵터 확대경 사용 시력
(우세안: 우안)</th></tr><tr><th>양안</th><th>우안(우세안)</th><th>좌안</th></tr><tr><td>3.0M</td><td>3.0M</td><td>4.0M</td><td>1.0M</td></tr></table>
1.0M은 8포인트 글자 크기에 해당하므로 3.0M은 24포인트, 4.0M은 32포인트 정도의 글자 크기임
➡ 예를 들어, $D = \frac{3M}{1M} \times \frac{100cm}{40cm} = 7.5$</td></tr>
<tr><td>3단계.
확대경 사용 시
근거리 시력
재측정</td><td>① 교사가 추천한 배율(디옵터)의 확대경을 사용할 때 목표 글자 크기를 읽을 수 있는지를 다시 검사하는 것이 필요하다. 목표 글자 크기까지 읽지 못할 경우에는 한 배율 높은 확대경을 사용하도록 할 것인지를 결정해야 한다.
② 학생이 이미 높은 배율을 사용하고 있고, 현재 배율의 확대경을 사용하는 것이 힘들고 어지럽다고 호소하고 있다면, 더 높은 배율의 확대경보다는 근거리용 확대독서기를 사용하도록 하는 것을 권고할 수 있다.
③ 확대경의 디옵터에 따라 학습자료와 렌즈 간의 초점거리가 달라지기 때문에 초점거리공식(초점거리 = 100cm/D)을 이용해 구해야 한다. 확대경은 초점거리를 제대로 맞추지 않으면 선명하고 확대된 상을 보지 못한다.</td></tr>
</table>

2. 시야(visual field)

(1) 시야의 개념

시야는 눈으로 전방의 한 점을 주시하고 있을 때 볼 수 있는 주변의 범위를 말한다.

(2) 시야의 분류

① 중심시야

㉠ 단안 시야 기준으로 주 시점에서 25° 또는 30° 이내의 범위이며, 시야 범위 내에 있는 물체를 선명하게 보는 역할을 한다.

㉡ 이 지점이 손상된 경우 똑바로 보는 것이 어렵고 색각을 못할 수 있다.

② 주변시야

㉠ 단안 시야 기준으로 주 시점에서 30°를 넘는 시야이며, 물체의 움직임이나 공간과 사물 간의 상호 관계를 신속하게 파악하는 역할을 한다.

㉡ 이 지점이 손상된 경우 외계의 물체를 발견하고 그 상호 위치 관계를 파악하지 못할 수 있다. 또한 앞뒤나 양옆으로 이동하는 것, 어두울 때 보는 것과 조명 변화에 적응하는 것을 어려워한다.

(3) 주변시야검사 ❶ 22유아A5

망막색소변성증, 녹내장, 시로장애 등의 안질환을 가진 학생은 주변부 시야검사를 실시하는 것이 필요하다. 학생 면담이나 관찰에서 학생이 우측 물체와 잘 부딪히거나 우측으로 고개를 돌리는 이유는 우측이 잘 보이지 않기 때문에 이를 보상하려는 자연스러운 행동이다.

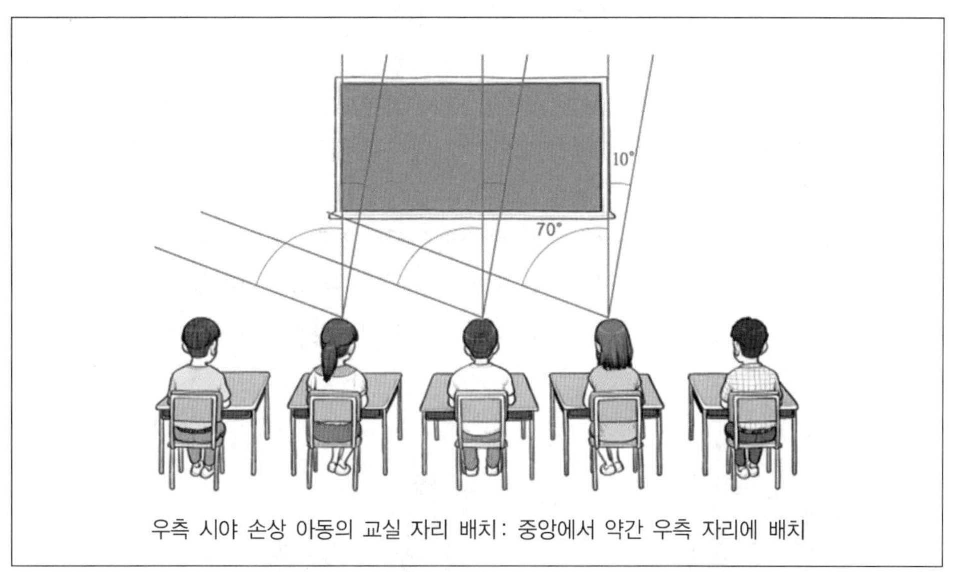

우측 시야 손상 아동의 교실 자리 배치: 중앙에서 약간 우측 자리에 배치

기출 POINT 3

❶ 22유아A5

괄호 안의 ㉠에 공통으로 들어갈 말을 쓰시오.

> 장 교사: 선생님, 우리 반 진서는 선천성 녹내장이 있는데 진행성이다 보니 어머니께서 개별화교육계획에 (㉠)을/를 포함한 시각 특성을 반영해 달라고 하셨어요. 검사를 통해 그 특성을 파악해야 할 것 같은데, 어떤 검사가 좋을까요?
> 민 교사: (㉠)을/를 측정하는 대표적인 검사로는 시계보기 검사, 대면법, 암슬러 격자 검사, 1.2m 띠를 활용한 검사 등이 있어요. 진서의 특성을 감안할 때 1.2m 띠를 활용한 검사를 추천해요.

① 원판 시야검사

㉠ 학생이 원판의 손잡이를 잡고 파인 부분을 눈 아래에 대도록 한다.

㉡ 학생이 원판 맞은편 중앙의 표식 1을 응시하도록 하고, 교사는 학생의 맞은편에서 학생의 눈동자를 움직이지 말고 중앙 표식 1만 계속 바라보도록 말한다.

㉢ 교사는 긴 투명판을 오른쪽 가장자리에서 중앙으로 천천히 이동시킬 때 학생이 투명판의 표식 2가 보이면 말하도록 한다. 학생이 "보여요."라고 말하는 지점의 우측 시야각을 기록한다.

㉣ 긴 투명판을 왼쪽 가장자리에서 중앙으로 천천히 이동시킬 때 학생이 "보여요."라고 말하는 지점의 좌측 시야각을 기록한다.

㉤ 양안 → 우안 → 좌안 순서로 실시하거나 양안만 검사할 수 있다.

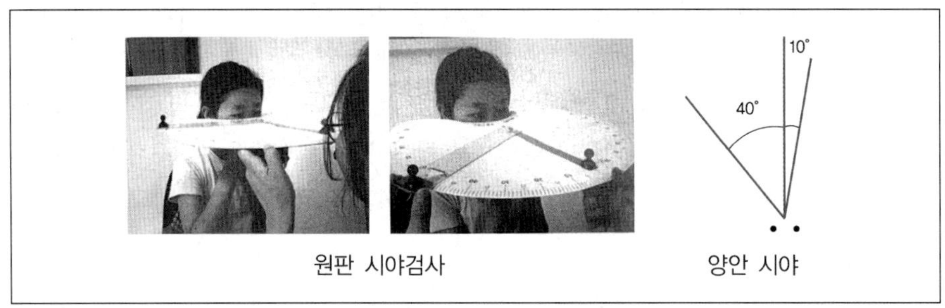

원판 시야검사　　양안 시야

② 1.2m 띠 시야검사: 원판 시야검사가 어려운 유아, 시각중복장애 학생 등은 1.2m 띠 검사를 실시할 수 있다.

㉠ 학생은 1.2m 띠의 중앙에 선다.

㉡ 교사 1은 학생으로부터 2~3m 떨어진 전방에 서서 학생에게 교사 1의 코를 계속 응시하도록 한다.

㉢ 교사 2가 띠의 우측 끝에서 전방을 향해 직선으로 걸어갈 때 학생은 교사 2가 보이면 말하도록 한다. 학생이 보인다고 말하는 지점의 시야각을 재어 우측 시야각으로 기록한다.

㉣ 교사 2가 띠의 좌측 끝에서 전방을 향해 직선으로 걸어갈 때 학생이 교사가 보인다고 말하는 지점의 시야각을 재어 좌측 시야각으로 기록한다.

㉤ 양안 → 우안 → 좌안 순서로 실시하거나 양안만 검사할 수 있다.

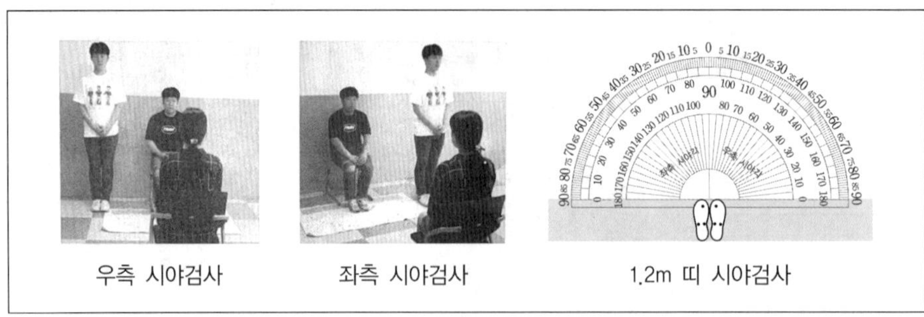
우측 시야검사　　좌측 시야검사　　1.2m 띠 시야검사

③ **대면법**: 교사와 학생이 마주보고 검사하며, 대비가 높은 색의 막대나 맨손을 사용한다.
   ㉠ 교사와 학생이 80~100cm 거리에서 마주본다.
   ㉡ 학생이 검사자와 같은 쪽 눈을 바라보도록 하고, 검사자는 학생이 눈동자를 움직이지 않도록 말한다.
   ㉢ 교사가 3시, 1시 반, 4시 반, 9시, 10시 반, 7시 반 방향에서 손가락이나 막대를 중앙으로 이동시킬 때 보이면 말하도록 한다. 학생이 "보여요."라고 말한 지점의 바깥 부분이 시야가 손상된 부위이고, 안쪽 부분이 남아 있는 부위이다.
   ㉣ 시야검사지에 잔존 시야를 대략 그려서 표시한다.
   ㉤ 양안 → 우안 → 좌안 순서로 실시하거나 양안만 검사할 수 있다.

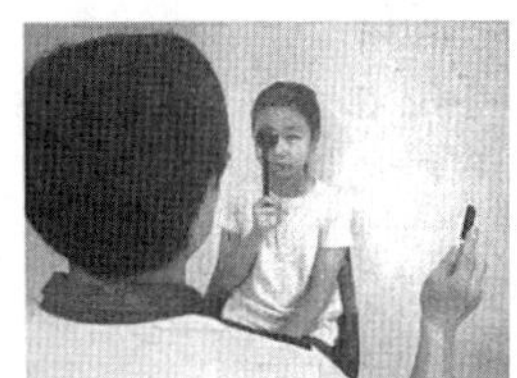
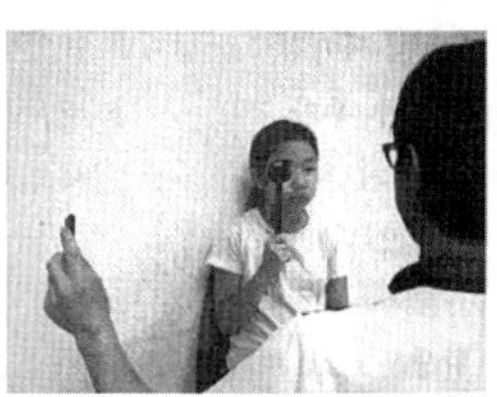

대면법 시야검사 장면

(4) 중심시야검사

황반부 변성, 시신경 위축 등의 안질환을 가진 학생은 시야 중심부에 암점이 있는지를 검사하는 것이 필요할 수 있다.

① 시계보기 검사
   ㉠ 시계보기 검사지는 빈 종이에 시계 그림을 그린 후 시계의 가운데에 학생이 볼 수 있는 크기로 숫자, 글자, 도형을 적는다. 양안 → 좌안 → 우안 순서로 검사하거나 양안으로만 검사할 수 있다.
   ㉡ 학생이 12시, 1시, 2시, 3시, 4시, 5시, 6시, 7시, 8시, 9시, 10시, 11시, 12시 방향 순서로 바라보도록 하면서 어느 방향을 볼 때 가운데 글자가 가장 잘 보이는지 말하도록 한다.
   ㉢ 학생이 가운데 글자가 가장 잘 보인다고 말하는 시계 방향이 중심외 보기 방향일 수 있다. 예를 들어, 암점이 중앙에서 2시 방향으로 약간 치우쳐 존재한다면 2시 방향을 바라볼 때 가운데 글자가 가장 잘 보인다고 말할 수 있다.

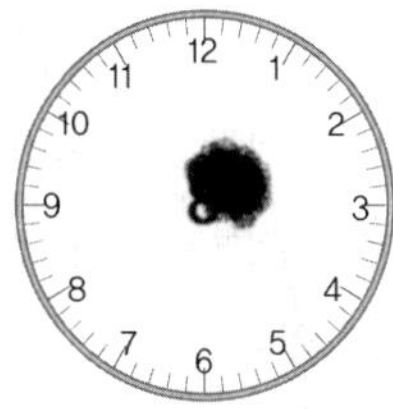

시계보기 검사(2시 방향이 중심외 보기 방향)

② A4 용지 검사: 시계보기 검사를 어려워하는 학생은 좀 더 쉽고 간편한 A4 용지 검사를 실시할 수 있다.

㉠ 교사는 학생이 A4 용지 중앙의 숫자 또는 단어를 바라보도록 한 후, 고개를 좌우로 천천히 움직이면서 어느 방향을 볼 때 단어가 잘 보이는지 말하도록 한다.

㉡ 다시 고개를 위아래로 천천히 움직이면서 어느 방향으로 볼 때 잘 보이는지 말하도록 한다. 단어가 가장 잘 보이는 방향이 중심외 보기 방향이다. A4 용지 대신 컴퓨터 모니터를 사용할 수도 있다.

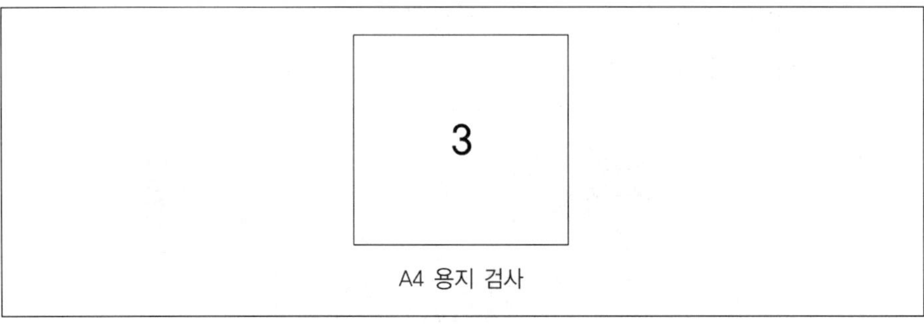

A4 용지 검사

③ 암슬러 격자 검사

㉠ 암슬러 격자는 암점의 크기나 위치를 대략 파악하여 적합한 중심외 보기 방향을 확인할 수 있다.

㉡ 학생이 암슬러 격자의 중앙을 바라보도록 한 후, 검사지의 선이 안 보이거나 끊어져 보이는 부분을 색연필로 칠해 보도록 한다. 학생이 색칠한 부분이 중앙을 기준으로 어디에 있는지, 어느 정도 크기인지 확인한다.

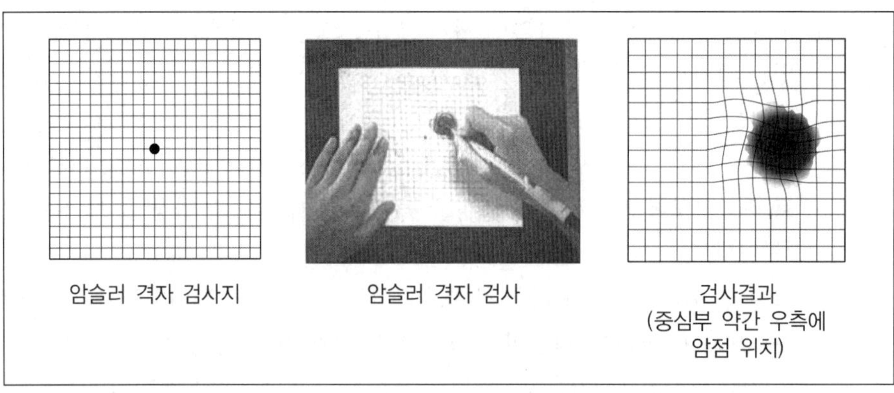
암슬러 격자 검사지 / 암슬러 격자 검사 / 검사결과 (중심부 약간 우측에 암점 위치)

④ 탄젠트 스크린검사

㉠ 탄젠트 스크린검사는 중심시야 35도 이내 범위를 검사하는 데 효과적인 검사로, 이 위치의 암점은 시력과 보행에 큰 장애를 초래한다.

㉡ 저시각인이 검정색 스크린으로부터 1m 떨어진 곳에 앉고, 가운데 × 표시를 고시한다. 만일 중심시야에 결손이 있어 × 표시가 안 보인다면 × 표시 인근의 교차지점을 보게 한다. 그다음 펜라이트나 대비되는 원형 자석보드를 안쪽으로 움직일 때 이것이 보이는지 확인함으로써 중심시야 결손이나 암점 부위를 확인할 수 있다.

⑤ 안면관찰법

㉠ 저시각인이 한 눈을 가리고 60~90cm 떨어진 거리에서 검사자 얼굴 가운데의 조명이나 스티커를 바라보도록 한다. 이때 검사자 얼굴의 어느 부위가 보이지 않는지를 물어서 암점 부위를 확인한다.

㉡ 안면관찰법은 낮은 대조를 제공하지만, 사람의 얼굴을 사용하므로 검사가 용이하다.

더 알아보기 시야 손상 유형에 따른 어려움과 중재 방법

시야 손상	어려움	중재 방법
중심부 암점	• 정면으로 보면 보이지 않음 • 읽기에서 글자나 단어를 빠뜨리고 읽음	• 가장 적합한 주변시야로 보는 중심외 보기 기술을 지도 • 중심외 보기 방향을 고려하여 자리 배치
우측 시야 손상	• 우측편의 대상을 확인하지 못하거나 부딪힘 • 문장을 우측으로 읽을 때 느리게 읽거나 멈칫멈칫 읽음 • 읽기에서 문장의 마지막 단어를 빼고 다음 줄로 넘어감 • 중앙에 앉으면 칠판의 우측이 잘 보이지 않음	• 안구나 고개를 우측으로 돌려 보는 시각기술(추시, 추적, 주사)을 지도 • 페이지의 문장 끝에 수직 라인을 긋고 수직 라인이 보일 때까지 읽음 • 교실 중앙으로부터 조금 우측 자리에 배치하고 교재교구를 학생의 좌측에 배치
좌측 시야 손상	• 좌측편의 대상을 확인하지 못하거나 부딪힘 • 읽기에서 다음 줄의 처음을 잘 찾지 못하거나 줄을 건너뜀 • 중앙에 앉으면 칠판의 좌측이 잘 보이지 않음	• 안구나 고개를 좌측으로 돌려 보는 시각기술을 지도 • 문장을 읽을 때 각 줄의 처음을 손으로 짚거나 라인 가이드를 활용함 • 교실 중앙으로부터 조금 좌측에 자리를 배치하고 교재교구는 학생의 우측에 배치
하측 시야 손상	• 계단 같은 아래쪽 물체를 확인하기 어려움 • 책상의 안측 자료나 낮은 높이에 있는 교구를 보기 어려움	• 고개나 안구를 아래쪽 방향으로 응시하여 보는 시각기술을 지도 • 학습 자료나 확대독서기 등이 좀 더 상단에 위치하도록 높낮이 조절 책상의 높이를 올림
상측 시야 손상	• 드리워진 나뭇가지, 머리 높이의 설치물과 같은 위쪽 물체를 확인하기 어려움 • 높은 위치에 있는 교구를 보기 어려움	• 고개나 안구를 위쪽 방향으로 응시하여 보는 시각기술을 지도 • 학습 자료나 확대독서기 등이 좀 더 하단에 위치하도록 높낮이 조절 책상의 높이를 낮춤
터널 시야	• 사물의 중심부를 제외하고는 주변부가 보이지 않음 • 교실 가장자리에 앉으면 칠판의 중앙을 찾아보기 어려움	• 안구나 고개를 좌우로 돌려 확인하는 시각기술을 지도 • 교실 중앙에 자리를 배치

3. 대비감도(contrast sensitivity)

(1) 대비감도의 개념

① 대비감도는 서로 다른 세기의 빛을 구별할 수 있는 시각의 능력이다. 윤곽이 명확하게 있지 않거나 배경에서 눈에 띄는 목표를 보는 시각적인 기능을 의미한다.

② 대비감도는 원거리나 근거리 시력에 영향을 미칠 수 있는데, 원거리 시력이나 근거리 시력이 동일하더라도 대비감도가 낮으면 학습활동이나 일상생활에서 보는 데 어려움이 더 클 수 있다.

③ 대비감도가 낮은 학생은 독서 시 선명하지 못한 글자 보기, 사람의 얼굴 식별하기, 계단 오르내리기, 길가의 웅덩이 피하기 등에 어려움을 보일 수 있다.

(2) 대비감도 검사

① 대비감도 검사에서 사용하는 시표는 흰색 바탕에 고대비의 검은색 글자로 시작하여 점차 흐릿해지는 저대비 검은색 글자로 구성된다.

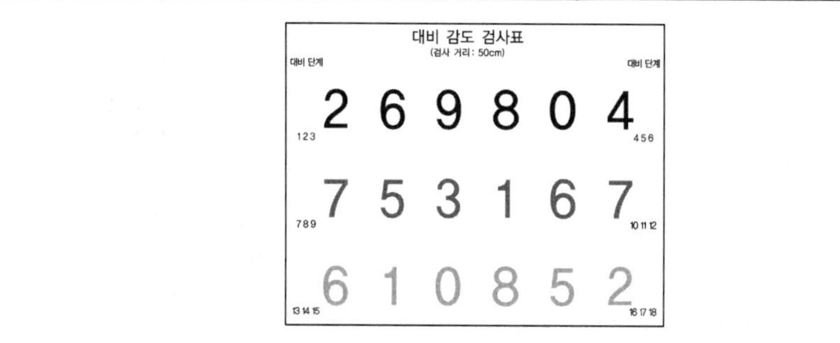

대비감도 검사표

② 단계

- 독서대에 대비감도 검사표를 놓은 후, 적정 밝기를 제공하고 눈부심 및 그림자를 방지할 수 있는 테이블 위치에 놓아야 한다.
- 대비감도 검사는 양안 → 우안 → 좌안 순서로 실시하거나 양안만 검사할 수 있다. 다만, 좌안과 우안의 시력과 시야가 비슷하다면 좌안과 우안의 대비감도를 검사하여 대비감도가 좋은 눈을 우세안으로 보고 망원경이나 확대경을 사용하도록 하는 것이 좋다.
  - ㉠ 대비감도 검사표의 표준검사 거리를 유지한다.
  - ㉡ 가장 대비가 높은 시표(숫자)부터 점점 낮아지는 시표(숫자) 순서로 읽도록 한다.
  - ㉢ 학생이 마지막으로 읽은 시표에 해당하는 대비 단계를 기록한다.

(3) 대비감도 이상 학생의 지도

① 대비감도는 물체와 배경색의 차이를 말하는 것으로, 대비가 높을수록 시감도가 증가한다. 따라서 대비를 증가시키기 위해서 보려는 물체의 밑이나 뒤에 물체와 대비가 잘 되는 색상의 물체를 놓으면 된다.

② 대비가 잘 된 노트와 필기구를 제공하고 교실 바닥과 책상 사이, 교실의 벽과 문 사이, 복도의 바닥과 벽, 계단 등의 대비를 증가시켜주는 것이 필요하다.

③ 아세테이트지, 확대독서기 등 대비 증진 기구를 사용하도록 한다.

더알아보기 대비 증진 기구 선호 검사

여러 가지 색의 착색 렌즈나 아세테이트지는 대비를 높이고 눈부심을 감소시켜 시력이나 대비감도 같은 시기능을 향상시키는 효과가 있다. 대비 증진 기구 선호 검사에서는 대비감도 검사표나 근거리 시력표를 사용하며, 착색 렌즈나 아세테이트지가 추가로 필요하다.

대비 증진 기구 선호 검사는 양안으로만 검사해도 되며, 착색 렌즈를 착용하거나 아세테이트지를 시력표 위에 놓은 상태에서 이전의 근거리 시력검사 또는 대비감도 검사와 동일한 절차로 검사한다. 착색 렌즈나 아세테이트지의 시기능 향상 효과를 정확하게 확인하기 위해서는 이전의 근거리 시력검사 또는 대비감도 검사와 같은 검사 거리를 유지해야 하는 것을 잊지 말아야 한다. 이들 기구를 사용할 때 근거리 시력이나 대비감도가 향상된 경우에는 착색 렌즈나 아세테이트지 사용 효과가 있는 것으로 보고 사용할 것을 추천할 수 있다.

근거리 시력 변화		대비감도 변화	
착색 렌즈/ 아세테이트지 사용 전 양안 근거리 시력	착색 렌즈/ 아세테이트지 사용 후 양안 근거리 시력	착색 렌즈/ 아세테이트지 사용 전 양안 대비감도	착색 렌즈/ 아세테이트지 사용 후 양안 대비감도
3.0M	2.5M(향상)	10	12(향상)

4. 색각(color perception)

① 색각이란 물체의 색채를 구별하여 인식하는 능력으로, 망막의 추체가 이 기능을 담당한다.

② 색각이상은 망막 내의 세 가지 추체세포 중 어느 한 가지가 없거나 혹은 정상적으로 기능하지 못하는 상태이다.

③ 색각이상 학생이 느끼는 어려움을 이해하고 교육과 생활에서 색 시인성을 높이기 위한 노력이 필요하다. 그 해결책으로 공학제품의 활용과 색 시인성을 보장하는 자료의 개발이 있다.

④ 색채 지각을 높이기 위한 방법으로는 색의 대비를 높이는 방법과 조명을 사용하는 방법이 제안된다.

㉠ 특정 사물의 색채를 지각할 때 그 사물을 둘러싸고 있는 환경의 색채와 대비를 높여 지각에 도움이 되도록 한다.

㉡ 빛과 조명이 색 시인성에 영향을 줄 수 있으므로 500Lx 이상의 충분한 자연 광선 조명을 사용하도록 한다.

⑤ 색각이상이 있는 경우 망막의 추체에 이상이 있는 경우가 많은데, 이는 색채 식별을 어렵게 만들 뿐 아니라 눈부심을 일으킬 수 있다. 이 경우 회색 렌즈 안경을 착용하여 눈부심을 줄이고, 눈을 편안하게 해줄 수 있다.

5. 광감도(light sensitivity)

① 사람의 망막에는 빛을 느끼는 부분으로 추체세포와 간체세포로 구성된 광수용 세포층이 있다.

② 광감도는 빛의 밝기에 대한 민감도이다. 추체세포는 밝은 빛에 반응하고, 간체세포는 어두운 빛에 반응한다.

③ 학생별로 광감도가 다르기 때문에 햇빛을 조절하고 조명기구의 조도를 조정하여 학생이 최적의 상태에서 학업에 집중하고 일상생활을 할 수 있도록 돕는다.

6. 안운동(ocular mobility)

① 안운동이란 안와 내에 있는 여섯 개 외안근의 작용으로 나타나는 안구의 움직임과 눈의 위치 조정을 포함하는 개념이다. 각 눈의 안근이 민감하게 조정되면서 두 눈은 같은 물체를 바라보는 양안시가 가능해진다.

② 안운동 이상으로는 사시나 안구진탕 등이 있다.

㉠ 사시의 경우 외안근들의 융합 기능이 완성되기 전에 일찍 사시를 발견해서 치료하면 시력이 증진되고 시각기능 손상도 예방할 수 있다.

㉡ 안구진탕의 경우 눈떨림이 영점(null point)에서 감소된다면 영점에서 사용할 수 있는 프리즘 렌즈 부착 안경이 처방될 수 있다.

7. 조절(accommodation)

수정체는 조절 기능이 있어 원근의 물체에 초점을 맞추기 위해 그 모양을 바꿀 수 있다. 즉, 수정체의 만곡상태와 두께 변화를 통해 근거리와 원거리 사물을 볼 수 있다.

03 기능시각 평가

1. 기능시각 평가의 개념

① 기능시각 평가는 학생이 학교 및 일상 환경에서 시각을 어떻게 사용하고 있는지를 확인하는 데 목적이 있다.

② 기능시각 평가는 관찰, 면담, 직접 평가방식으로 실시할 수 있다. 이를 통해 시각장애 학생이 잔존 시각을 효율적으로 사용하기 위한 환경 수정, 교수 방법, 저시력 기구 및 보조공학 기기 지원 등에 대한 실질적인 요구와 정보를 확인할 수 있다.

③ 기능시각 평가는 생활 환경에서 다양한 시간대에 여러 번 반복하여 평가가 이루어질 때 평가의 타당도와 신뢰도를 보장할 수 있다.

④ 기능시각 평가는 객관적 시각 검사에 참여하기 어려운 시각중복장애 학생이나 유아에게 더욱 중요하다.

⑤ 기능시각 평가 결과는 공인 시력표를 사용하는 객관적 시각 검사 결과와 통합해 해석할 때 평가 결과의 신뢰도를 높일 수 있다.

⑥ 2017년 교육부에서 개발·보급한 기능시각 평가 검목표는 5가지 영역으로 구성되어 있다.

2. 기능시각 검목표 소개

- 기능시각 평가 검목표는 학생의 학습과 생활에서 이루어지는 대표적인 시각 관련 활동들을 체크리스트 형태의 문항들로 구성한다.
- 실제 학습 및 일상 활동에서 시각장애로 인해 수행에 어려움을 보이는 활동, 즉 특수교육 지원이 필요한 활동을 구체적으로 확인할 수 있다는 장점이 있다.
- 학생 면담이나 관찰 등의 방법을 통해 평가하며, 응답은 '그렇다－조금 어렵다－많이 어렵다'처럼 3점 척도 등을 사용할 수 있다.

(1) 원거리 검목표

① 원거리 검목표는 학생이 어떠한 원거리 활동에 어려움을 겪고 있는지를 확인하여 필요한 특수교육 지원을 강구하는 데 활용한다.

② 원거리 검목표의 문항 및 해석 방법은 다음과 같다.

원거리 검목표 예시

영역	문항
읽기	• 교실의 앞자리에서 판서 내용을 읽을 수 있습니까? • 교실의 TV 화면을 볼 수 있습니까? • 시청각실의 스크린 화면을 볼 수 있습니까?
교과 학습	• 선생님이 교단에서 보여주는 교과 교육 자료나 교구를 볼 수 있습니까? • 선생님의 자세나 동작 등의 시범을 보고 따라할 수 있습니까? • 축구나 농구 같은 구기 활동에서 공을 주고받을 수 있습니까? • 미술 시간에 교단 앞에 놓인 작품을 감상할 수 있습니까?
보행	• 학교 교실의 팻말(음악실, 3학년 4반 등)을 볼 수 있습니까? • 복도에서 계단 입구를 찾고 계단을 오르내릴 수 있습니까? • 복도나 길에서 장애물에 부딪히거나 걸려 넘어지는 일이 있습니까? • 차도와 인도를 구분하고 인도를 따라 이동할 수 있습니까? • 횡단보도의 신호등 색을 구별하고 안전하게 건널 수 있습니까?

㉠ 원거리 읽기 영역에서 교실 칠판, TV, 빔프로젝터 스크린을 보는 활동에 대해 어렵다고 응답한다면 앞자리 배치, 망원경, 원거리용 확대독서기 같은 원거리용 저시력 기구 지원, 판서나 TV나 스크린 내용에 대한 구어 설명 제공 등의 교육지원을 고려할 필요가 있다.

㉡ 교과 학습 영역에서 교과 관련 원거리 활동에 대해 어렵다고 응답한다면, 어려움을 보이는 교과 학습에 대해 지원이 필요할 수 있다.

예 확대 및 양각 교구(음성 저울, 음성 온도계, 소리 나는 공 등), 보조공학 기기(확대독서기, 망원경 등), 자리 배치, 교수 기법의 수정(상세한 구어 설명과 촉각 교수 방법 등) 등의 지원을 고려할 수 있다.

예 체육시간에 교사의 동작 시범을 보고 따라하는 것이 어렵다고 응답한 경우, 교사는 저시력 학생이 시범을 가까운 위치에서 보도록 허용하고, 가까이에서도 보기 어려운 학생이라면 시범 동작에 대한 촉각 모델링과 신체적 안내법 같은 촉각 교수 방법을 사용할 필요가 있다.

㉢ 보행 영역에서 주변 사물을 구별하거나, 목적지를 찾아가거나, 장애물을 피하는 등의 활동이 어렵다면 독립적이고 안전한 이동을 위해 보행 교육 및 보행 환경의 개선이 필요할 수 있다.

(2) 근거리 검목표

① 근거리 검목표는 학생이 어떠한 근거리 활동에서 어려움을 겪고 있는지를 확인하여 필요한 특수교육 지원을 강구하는 데 활용한다.

② 근거리 검목표의 문항 및 해석 방법은 다음과 같다.

근거리 검목표 예시

영역	문항
읽기	• 일반 교과서를 편안하게 읽을 수 있습니까? • 일반 참고서나 문제지를 편안하게 읽을 수 있습니까? • 국어사전, 영어사전 등 사전류를 편안하게 읽을 수 있습니까? • 10분 이상 책을 읽으면 눈이 피로합니까?
쓰기	• 수업 시간에 손으로 필기를 할 수 있습니까? • 일반 필기구를 사용하여 필기할 수 있습니까? • 일반 공책에 줄을 따라 쓸 수 있습니까? • 주어진 시간 내에 필기를 마칠 수 있습니까? • 자신이 쓴 글씨를 읽을 수 있습니까? • 공책의 여러 쪽에 걸쳐 필기를 계속할 수 있습니까?
교과학습	• 수학, 과학 등 교과서에 나오는 도표와 그래프를 보고 읽을 수 있습니까? • 사회 교과서에 나오는 지도를 보고 지역 위치를 찾을 수 있습니까? • 사회, 과학, 미술 등 교과서에 나오는 사진, 그림 자료를 보고 어떤 그림인지 알 수 있습니까? • 과학 실험 및 실습 활동에서 실험 기구를 보고 조작할 수 있습니까? • 미술시간에 연필로 그림을 그리고 스케치한 선을 벗어나지 않게 색칠할 수 있습니까? • 음악시간에 악보를 읽을 수 있습니까?
일상생활	• 동전과 지폐의 금액을 확인할 수 있습니까? • 컵에 원하는 만큼의 물이나 음료를 따를 수 있습니까? • 식탁에 놓인 반찬의 종류와 위치를 확인할 수 있습니까? • 과자 봉지와 음료수 병에 쓰인 글자를 읽을 수 있습니까?

㉠ 근거리 읽기 영역에서 교과서, 참고서, 사전 같이 주로 사용하는 학습 자료를 읽는 것에 대해 어렵다고 응답한다면, 확대 자료, 확대경, 근거리용 확대독서기, 점자 자료, 음성 자료 등의 교육 지원을 고려할 필요가 있다.

㉡ 쓰기 영역에서 일반 필기구로 정해진 시간 내에 알아볼 수 있도록 필기하는 것에 대해 어렵다고 응답한다면, 굵은 펜이나 굵은 선 노트·확대경이나 확대독서기를 이용한 쓰기, 컴퓨터 워드프로세서로 쓰기, 점자 쓰기, 음성 녹음 등의 교육 지원을 고려할 필요가 있다.

㉢ 근거리 교과 학습 영역의 경우, 교과 관련 시각 자료 및 교구를 보고 이용하는 것에 대해 어렵다고 응답한다면, 학습자료나 교구의 수정, 수업이나 교수·학습 방법의 변화 등의 교육 지원을 고려할 필요가 있다.

㉣ 근거리 일상 활동을 수행하는 데 어려움이 있다면, 독립적인 일상 활동을 위해 연령에 적합한 일상생활 교육과 생활 환경의 개선이 필요할 수 있다.

(3) 시야 검목표

① 시야 검목표는 학생이 어떠한 시야 관련 활동에서 어려움을 겪고 있는지를 확인하여 필요한 특수교육 지원을 강구하는 데 활용한다.

② 시야 문제는 중심부 시야 손상(중심부 암점)과 주변 시야 손상으로 구분할 수 있으므로, 학생이 시야 어디에 손상이 있는지 확인하는 것이 필요하다.

③ 시야 검목표의 문항 및 해석방법은 다음과 같다.

시야 검목표 예시

영역	문항
주변부 시야 손상	• 책을 읽을 때 읽고 있던 줄을 잃어버리곤 합니까? • 교과서에 있는 도표, 그림, 사진 자료를 볼 때 그림 가장자리가 보이지 않습니까? • 좌·우 측면에 있는 장애물에 부딪힙니까? • 나뭇가지와 같이 머리 위쪽에 있는 장애물에 부딪힙니까? • 문턱이나 돌부리 같이 바닥에 있는 장애물에 부딪힙니까? • 횡단보도를 건널 때 좌·우측에서 다가오는 차량을 보기 어렵습니까?
중심부 시야 손상	• 책을 볼 때 측면으로 보거나 고개를 기울여 보는 것이 더 편안합니까? • 교과서에 있는 도표, 그림, 사진 자료를 정면으로 볼 때 그림 중앙이 보이지 않습니까? • 학습 자료나 교구를 가운데보다 측면에 놓을 때 보기가 더 좋습니까? • 정면에 있는 물체를 똑바로 쳐다보면 보이지 않을 때가 있습니까? • 가까이 있는 사람의 얼굴을 똑바로 쳐다보면 코 부분이 모두 보입니까?

㉠ 주변부 시야 손상 영역에서 읽기 활동 중 글줄을 잃어버리거나 그림 자료의 가장자리가 보이지 않는다고 응답한다면 주변 시야 손상이 있는 것이며, 특정 위치에 있는 물체와 자주 부딪힌다면 부딪히는 쪽에 시야 손상이 있다는 것을 의미한다. 이 경우 타이포스코프나 라인 가이드 같은 읽기 보조기구, 프리즘 렌즈 같은 시야 확대 기구, 추시・추적・주사 같은 시기능 훈련을 고려할 필요가 있다.

㉡ 중심부 시야 손상 영역에서 자료나 물체의 정면을 바라볼 때 가운데 부분이 보이지 않거나 고개나 안구를 돌려 측면으로 보는 것이 편안하다고 응답한다면, 중심부 암점이 있는 것으로 볼 수 있다. 이 경우 중심외 보기 같은 시기능 훈련을 고려할 필요가 있다.

(4) 대비 검목표

① 대비 검목표는 학생이 어떠한 대비 환경과 상태에서 어려움을 겪고 있는지를 확인하여 필요한 특수교육 지원을 강구하는 데 활용한다.

② 대비는 명도 대비와 색상 대비로 구분할 수 있다.

③ 대비 검목표의 문항 및 해석 방법은 다음과 같다.

대비 검목표 제시

영역	문항
명도 대비	• 책에서 흐릿하거나 선명하지 않은 글자를 읽을 수 있습니까? • 컴퓨터 화면의 흐릿한 글자를 읽을 수 있습니까?
색상 대비	• 배경색과 글자색이 흰색과 검은색이 아닌 경우(연두색 바탕에 검은색 등)에도 읽을 수 있습니까? • 크레파스, 색종이, 물감 등의 색을 구별할 수 있습니까? • 비슷한 색의 물건들이 함께 섞여 있을 때 혼동하곤 합니까? • 계단과 계단 사이를 구별할 수 있습니까? • 투명 유리문을 보지 못해 부딪히곤 합니까?

㉠ 명도 대비 영역에서 책이나 컴퓨터의 보통 글자보다 선명하지 않은 글자를 보는 것이 어렵다면 굵고 진한 글자체로 학습자료를 제공하거나 개인 조명 기구, 착색 렌즈, 아세테이트지, 확대독서기 같은 대비증진 기구를 읽기 활동에 사용하는 것을 고려할 필요가 있다.

㉡ 색상 대비 영역에서 계단과 계단 사이나 복도의 투명 유리창을 구별하는 것과, 비슷한 색상으로 구성된 그림이나 물건을 식별하거나 찾는 데 어려움이 있다면, 계단코나 유리창 가운데에 노란색 띠를 부착하는 등의 환경 개선과, 낮은 색상 대비의 그림이나 자료를 볼 때 확대독서기를 사용하도록 하는 것을 고려할 필요가 있다.

(5) 조명 검목표

① 조명 검목표는 학생이 어떠한 조명 환경과 상태에서 어려움을 겪고 있는지를 확인하여 필요한 특수교육 지원을 강구하는 데 활용한다.

② 검목표를 통해 밝은 조명과 어두운 조명 중 선호하는 밝기와 눈부심에 대한 문제를 대략 확인할 수 있다.

③ 조명 검목표의 문항 및 해석방법은 다음과 같다.

조명 검목표 예시

영역	문항
밝기 선호	• 조명이 밝은 곳과 조금 어두운 곳 중 어디가 읽기 활동에 더 편안합니까? • 현재 교실 조명이 어떻게 느껴집니까? • 컴퓨터나 스마트폰의 밝기를 어떻게 설정하는 것이 보는 데 편안합니까? • 실내에서 조명이 밝지 않은 곳에서 이동하는 데 어려움이 있습니까?
눈부심	• 교실에서 형광등 때문에 눈부시다고 느낍니까? • 교실의 창가에 있을 때 눈부시다고 느낍니까? • 책으로부터 반사되는 빛으로 인해 눈부시고 읽기에 방해가 된다고 느낍니까? • 맑은 날 야외 활동을 할 때 눈부심으로 인해 앞에 있는 물체가 잘 보이지 않습니까?

㉠ 밝기 선호 영역에서 밝은 장소나 밝은 화면 등에서 읽는 것이 편안하고 잘 보인다고 응답한다면 개인용 스탠드를 사용하는 것을 고려할 필요가 있다.

㉡ 눈부심 영역에서 태양이나 조명등의 빛 또는 종이나 책상 같은 표면으로부터 반사되는 빛에 의해 눈부심을 느낀다고 응답한다면, 눈부심을 감소시키기 위해 착색 렌즈, 챙이 있는 모자, 광원을 등진 곳으로의 자리 배치 등을 고려할 필요가 있다.

더 알아보기 **시각 평가**(이태훈, 2024.)

시각 평가는 학생의 시기능 수준과 학습 및 일상생활에서 잔존 시각을 활용하는 능력과 어려움을 확인하고, 잔존 시각을 보다 효율적으로 활용할 수 있도록 적절히 지원하는 데 목적이 있다. 2017년 교육부가 개발 · 보급한 시각 평가 도구는 공인된 시력표를 활용하는 '객관적 시각 검사'와 '기능시각 평가 검목표'를 활용하는 주관적 시각 평가로 구분하고 있다.

- **객관적 시각 검사**: 공인된 원거리 시력표, 근거리 시력표, 대비감도 검사표, 시야 검사 도구 등을 사용하여 학생의 원거리 시력, 근거리 시력, 시야, 대비감도, 조명 및 대비 선호 등의 객관적 시기능 수준을 확인하고 시기능 향상에 도움이 되는 확대경, 망원경, 아세테이트지, 착색 렌즈(선글라스) 등의 저시력 기구를 추천할 수 있다. 안과 전문의나 저시력 클리닉의 검사 진단서를 활용하거나 의뢰할 수 있다.
- **기능시각 평가**: 학습과 생활에서 이루어지는 대표적인 활동들을 체크리스트 형태의 문항으로 제작하여 원거리, 근거리, 시야, 대비, 조명의 5가지 하위 영역에서의 실질적 어려움과 지원 요구를 파악할 수 있다. 평가 문항은 학생과의 일대일 면담, 행동 시연 요구, 관찰 평가 형태로 실시할 수 있다. 예를 들어, "교실 앞자리에서 칠판을 볼 수 있습니까?(원거리 활동)", "교과서를 편안하게 읽을 수 있습니까?(근거리 활동)", "계단 입구를 찾고 계단을 오르내릴 수 있습니까?(보행 활동)" 등으로 구성된다.

04 학습매체 평가

1. 학습매체 평가의 이해

(1) 학습매체 평가의 개념

① '학습매체'란 학습 내용을 전달하는 매개 수단으로, 잉크로 인쇄된 묵자 교과서와 참고서가 보편적인 예이다.

② 시각장애로 인해 일반 교과서와 참고서를 사용하는 데 어려움이 있다면 점자 자료, 확대 자료, 음성 자료 같은 대체 학습 자료의 제공이 필요하다.

③ 시각장애 학생에 대한 체계적인 학습매체 평가를 통해 점자, 확대 글자(또는 확대경을 사용한 보통 글자), 음성 자료 중 어떤 매체가 적절한지, 그리고 확대 글자를 주 매체로 사용해야 하는 학생이라면 적합한 확대 글자 크기와 확대경 배율은 무엇인지를 결정하는 것이 학생의 학습 활동 참여와 학습 성과를 높이는 데 무엇보다 중요하다.

④ 학습매체 평가는 읽기 교육이 시작되는 3세부터 시작되어야 하고, 안질환에 따른 시력의 변화를 고려하여 매년 재평가가 이루어져야 한다.

(2) 학습매체 사용 유형에 따른 분류

① **일반 묵자를 주 매체로 사용하는 집단**: 확대 기기나 확대 자료 없이도 적절한 읽기 속도로 학습이 가능한 학생들이다.

② **확대 글자를 주 매체로 사용하는 집단**: 18포인트 이상의 큰 글자로 확대해서 보거나 확대경, 확대독서기 같은 저시력 기구를 사용해 학습하는 것이 효율적인 학생들이다. 잔존 시각 수준에 따라 적합한 확대 글자 크기와 확대경 배율 등에 대한 요구가 다르며, 몇몇 학생들은 확대 글자 읽기 능력이나 상급 학년 진학에 따라 음성 자료를 보조매체로 사용하기도 한다.

③ **점자와 묵자를 함께 사용하는 집단(이중매체 사용자)**: 확대 글자를 사용하여 읽을 수 있으나, 읽기 속도가 현저하게 느리거나 안피로가 심해 오랜 시간 읽기 어려워서 점자를 주 매체로 사용하면서 간헐적으로 확대 글자를 함께 사용하는 학습자들이다. 이들은 많은 분량의 자료는 점자로 읽고, 간단한 자료는 확대 글자로 읽으며, 상급 학년 진학에 따라 음성 자료를 보조매체로 사용하기도 한다.

④ **점자를 주 매체로 사용하는 집단**: 전맹, 빛 지각, 형태 지각, 안전수동 수준의 시력만 남아 있어 확대 글자조차 읽기 어려워서 점자로 학습하는 것이 효율적인 학생들이다. 이 학생들은 점자 읽기 능력이나 상급 학년 진학에 따라 음성 자료를 보조매체로 사용하기도 한다.

⑤ **음성 자료를 주 매체로 사용하는 집단**: 소아당뇨, 당뇨병성 망막증, 중도 실명 노인 같은 일부 학습자들은 촉각의 둔감화로 인해 점자를 배우거나 촉각으로 점자를 읽기가 어려워지면 음성 자료를 주 매체로 사용할 수 있다.

2. 학습매체 평가의 법적 근거와 절차

(1) 학습매체 평가의 법적 근거

① 학습매체 평가는 '문해매체 평가'로 불리기도 하며, 시각장애 학생에게 적합한 교수·학습 자료의 유형과 도구, 읽기 및 쓰기의 방법과 도구 등을 결정하는 데 목적이 있다.

② 기능시각 평가가 시각 활용 능력에 초점을 두는 반면에, 학습매체 평가는 시각·청각·촉각 중 어떠한 감각 기관과 감각 자료 및 기기를 학습에 사용하는 것이 효율적인가에 초점을 둔다.

(2) 학습매체(문해매체) 평가의 2단계

① 최초 문해매체 선정 평가

㉠ 최초의 문해 교육과 사용을 위해 적합한 매체를 선정하는 것으로, 선천성 시각장애 학생의 경우에는 형식적 문해(한글 읽기와 쓰기) 교육을 시작하는 유치원 시기나 늦어도 초등학교 1학년에 실시해야 한다.

㉡ 평가 과정에 학습과 생활 환경에서 학생이 선호하여 사용하는 감각 기관의 유형, 과제를 수행하는 눈과 자료 간의 작업 거리, 학생이 읽을 수 있는 글자 크기, 읽기 정확성과 속도, 안질환의 진행성 여부와 진행 속도, 다른 장애의 수반 여부, 학생과 학부모의 선호와 태도 등을 종합적으로 고려한다.

② 문해매체 계속 평가

㉠ 이 평가는 최초 문해매체 결정의 적합성 여부를 확인한다. 학생 면담과 관찰, 읽기 유창성 평가 등을 통해 학생이 최초 선정한 문해매체로 편안하고 효율적인 읽기와 쓰기 등의 학습과제를 수행하는지, 현재 사용 중인 문해매체의 적합성과 현재 매체를 사용하여 적절한 학업 성취에 도달하고 있는지를 확인한다.

㉡ 그리고 현재와 미래의 문해 관련 과제를 수행하기 위해 추가적인 문해 도구의 사용이나 다른 문해매체로의 변경 필요성 등을 확인한다.

3. 학습매체 평가 방법

(1) 읽기매체 평가

① 읽기매체 평가는 궁극적으로 점자, 확대 글자(또는 확대경을 이용한 보통 글자), 음성의 세 가지 읽기매체 중 어떤 매체가 개별 학생의 읽기 활동에 가장 효율적인지를 결정하는 평가이다.

② 평가 목적

㉠ 먼저 학생에게 적합한 확대 글자 크기를 찾는 데 목적이 있다. 즉, 시각장애 학생이 가장 편안하고 빠르게 읽을 수 있는 글자 크기를 결정하고 이를 기초로 확대경 배율을 추천할 수 있다.

더 알아보기

우리나라 교육부가 2017년에 개발·보급한 학습매체 평가 도구는 읽기매체 평가와 쓰기매체 평가의 2가지로 구성되어 있다.

더알아보기

결정적 글자 크기를 확인하는 3가지 방법

① 읽기 속도가 저하되기 직전의 글자 크기
② 임계 글자 크기의 2배 글자 크기
③ 학생에게 "어느 글자 크기부터 읽기가 어렵니?"라고 질문하였을 때 학생이 어렵다고 말한 글자 크기보다 한 라인 위의 글자 크기
※ 일반적으로 읽기 속도가 저하되기 직전의 글자 크기를 학생에게 적합한 최소 확대 글자 크기로 보고, 학생이 선호하는 확대 글자 크기 등의 다른 정보를 종합하여 최종 확대 글자 크기를 결정하는 것이 바람직하다.

- 결정적 글자 크기(critical print size): 학생이 오독 없이 편안하고 빠르게 읽을 수 있는 가장 작은 확대 글자 크기
- 임계 읽기 시력(read acuity threshold): 오독이 있더라도 읽을 수 있는 가장 작은 글자 크기

㉡ 최종적으로 학생에게 적합한 읽기매체로 점자, 확대 글자, 음성 중 어떤 것이 가장 적합한지를 결정하는 데 목적이 있다. 이를 위해 학생에게 가장 적합한 확대 글자 크기나 확대경 배율로 읽기 속도를 평가하여 같은 학년 점자 사용 학생의 평균 속도와 객관적으로 비교하거나, 확대 글자로 현재 학년의 학습 자료를 효율적으로 공부할 수 있는지를 교사가 주관적으로 판단하여 학생에게 적합한 읽기매체를 결정할 수 있다.

③ 읽기매체 평가를 위한 고려사항

㉠ 시각장애 학생에게 적합한 확대 글자 크기나 확대경 배율을 결정할 때 '근거리 시력표'보다 '문장형 읽기 시력표'가 더 선호된다. 그 이유는 5개의 숫자를 사용하는 근거리 시력검사는 학생이 유창하게 읽을 수 있는 최소 글자 크기를 측정하는 것이 아니라, 단지 학생이 5개 중 3개 이상을 정확하게 읽을 수 있는 최소 글자 크기를 측정하는 것이기 때문이다. 반면, 문장형 읽기 시력표는 다양한 글자 크기로 이루어진 문장들에 대한 읽기 속도를 측정하여 읽기 속도가 저하되지 않는, 즉 학생이 유창하게 읽을 수 있는 가장 작은 글자 크기를 측정할 수 있다.

㉡ 읽기매체 평가에서 측정해야 할 중요한 두 가지는 읽기 유창성(읽기 속도: 분당 정독 어절 수)과 읽기 지속시간이다. 시각장애 학생이 확대글자를 적절한 속도로 읽을 수 있다고 하더라도 오랜 시간 읽기 활동을 지속하기 어려운 경우라면 점자매체 사용을 고려해야 하기 때문이다.

㉢ 읽기매체 평가를 실시할 때 학생에게 최적의 읽기 환경을 조성하여 평가해야 한다. 학생이 개인 조명기구, 착색 렌즈, 확대경이나 확대독서기 등을 읽기매체 평가에 사용하기를 원한다면 허용해야 한다. 다만, 학생이 읽기매체 평가에 이들 읽기 보조기구 등을 사용하였다면 이를 기록하고 결과 해석에 반영해야 한다.

(2) 쓰기매체 평가

① 쓰기매체 평가는 손글씨로 묵자를 쓰는 능력을 확인하여 묵자와 점자 중 학생에게 적합한 쓰기 자료와 도구를 결정하는 데 그 목적이 있다. 그러나 읽기매체 유형과 쓰기매체 유형은 동일한 것이 일반적이므로 쓰기매체 평가를 생략할 수 있다.

② 쓰기매체 평가는 학생이 선호하는 최적의 쓰기 환경을 조성하여 실시하되, 학생이 굵은 펜 · 굵은 선 노트 · 확대경 · 확대독서기 같은 쓰기 도구를 사용하는 것을 원한다면 이를 허용해야 한다.

③ 쓰기매체 검사지(교육부 · 2017)를 사용하거나 이 도구를 구할 수 없는 경우에는, 학생의 해당 학년 권장 도서 중에서 10줄 정도의 쓰기 지문을 발췌하여 학생에게 읽어 주고 이를 받아쓰도록 한다. 교사는 학생이 전체 쓰기 지문을 작성하는 데 걸린 시간, 쓰기 속도, 쓰기 정확성, 손글씨 명료도, 쓰기 활동 거리, 쓰기 활동에 따른 눈의 피로도 등을 종합적으로 평가하여 묵자와 점자 중 어떤 매체를 사용하는 것이 적절한지를 결정할 수 있다.

(3) 그림매체 평가

그림매체 평가는 교과서, 참고서 등의 학습자료에 제시된 그림, 삽화, 사진, 도식 같은 시각자료들을 잔존 시각으로 보고 이해할 수 있는지를 확인하고 일반 그림, 확대 그림, 양각 그림 중 학생에게 적합한 그림매체를 결정하는 데 그 목적이 있다.

05 눈의 구조

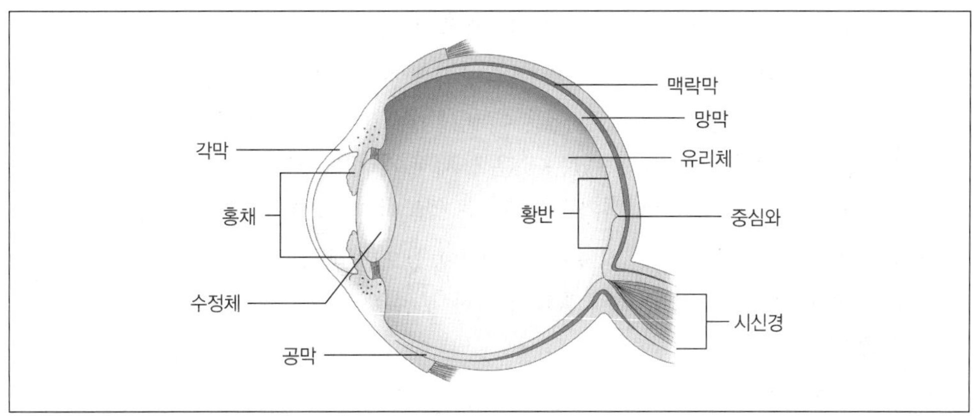

눈의 모양과 구조

1. 각막

① 각막은 외막의 앞쪽에 위치한 얇은 투명한 막으로, 바라보는 물체의 상이 빛을 통해 눈으로 들어오는 첫 번째 창으로서의 기능을 하고, 부수적으로 물체의 상이 망막에 초점이 맺히도록 굴절시키는 기능도 한다.

② 각막의 손상으로 인해 혼탁이 생기면 일반적으로 흐릿하고 뿌옇게 보이는 시력장애가 발생하며, 때때로 각막 혼탁이 심한 부위는 보이지 않는 시야 문제도 가져올 수 있다.

③ 각막에 생기는 주요 질환으로는 각막 궤양, 각막 외상, 각막 실질염, 원추 각막 등이 있다.

2. 홍채

① 홍채는 각막과 수정체 사이에 있는 도넛 모양의 불투명한 조직으로, 눈으로 들어오는 빛의 양을 조절하는 기능을 한다.

② 홍채의 중앙에 있는 작은 구멍을 '동공'이라고 하는데, 홍채가 수축되거나 이완되면서 동공의 크기가 커지거나 작아져서 빛의 양을 조절한다. 어둡거나 밝은 곳에서 잘 볼 수 있는 것은 홍채가 어두운 곳에서는 산동(동공이 커짐), 밝은 곳에서는 축동(동공이 작아짐)함으로써 어둠(암순응)과 빛(명순응)에 적응하기 때문이다.

③ 홍채에 이상이 생기면 눈으로 빛이 과도하게 들어와 마치 태양이나 전등을 마주보면서 전방의 물체를 볼 때처럼 눈부심으로 인해 물체가 뿌옇게 보이는 시력장애가 나타나며, 명순응과 암순응에도 문제를 일으킨다.

④ 홍채에 생기는 주요 질환으로는 무홍채증, 홍채염 등이 있다.

3. 수정체

① 수정체는 수분과 단백질로 구성된 볼록렌즈 모양의 투명 조직이다.

② 수정체는 두께를 조절하여 물체의 상이 망막에 초점이 맺히도록 굴절시키는 기능과, 물체의 상이 선명하게 통과할 수 있는 두 번째 창으로서의 역할을 한다. 먼 곳의 물체나 가까운 곳의 물체를 잘 볼 수 있는 것은 물체의 거리에 따라 수정체의 굴절률을 변화시켜 물체의 상이 망막에 정확히 맺힐 수 있도록 하기 때문이다.

③ 수정체에 혼탁이나 굴절 이상(근시 · 원시)이 있으면 물체가 흐릿하게 보이는 시력장애가 발생하며, 때때로 수정체 혼탁이 심한 부위는 보이지 않는 시야 문제를 가져올 수 있다.

④ 수정체에 생기는 주요 질환으로는 선천성 백내장, 무수정체안, 굴절 이상 등이 있다.

4. 망막

① 물체의 상은 빛을 통해 각막, 동공, 수정체, 유리체를 거쳐 망막에 상이 맺힌다.

② 망막을 구성하는 광수용체는 추체(원뿔) 세포와 간체(막대) 세포로 이루어진다.

❶ 18중등B4, ❷ 16초등B5, ❸ 12중등27

㉠ **추체 세포**: 망막의 중심부(황반)에 많다. 이는 밝은 곳에서 물체의 형태와 색을 인식하는 기능을 하므로, 추체 세포에 손상이 생기면 물체가 흐릿하게 보이는 시력 저하가 나타나고 색을 구별하는 능력이 감소한다.

㉡ **간체 세포**: 망막의 주변부에 많다. 이는 어두운 곳에서 물체의 명암을 인식하는 기능을 하므로, 간체 세포에 손상이 생기면 어두운 곳에서 물체를 잘 보지 못하는 야맹증이 생긴다.

기출 POINT 4

❶ 18중등B4

㉠~㉥ 중에서 적절하지 않은 것 2가지의 기호를 적고, 그 이유를 각각 서술할 것.

■ 학생 시력 특성

• 초기: 직선이 휘어져 보였다고 함 • 현재: 망막 중심부(황반부)에 커다란 암점이 생겼고, 추체의 기능을 상실한 상태임

㉡ 다양한 색상의 시각단서와 여러 가지 촉각단서를 활용함

❷ 16초등B5

영수의 특성을 고려할 때 ㉣이 필요한 이유를 망막의 시세포(광수용체)와 관련지어 쓰시오.

■ 영수의 특성

망막색소변성(양안 교정시력 0.06, 양안 주시점에서 10도)

㉣ 영수는 야맹증이 있고, 낮은 조도에서 학습활동을 하는 데 어려움이 있기 때문에 적절한 조도 환경을 제공한다.

❸ 12중등27

다음은 시각장애 학생 A에 대한 정보이다. 이 정보를 통해 교사가 파악한 사항 중 적절한 것을 모두 고르시오.

의료적 사항: 망막 간상체에 문제가 있음

㉠ 야맹증의 가능성이 있을 것이다.

③ 망막이 손상되면 손상된 망막 부위에는 물체의 상이 맺히지 못해 물체의 일부가 보이지 않는 시야장애와 야맹증이 나타나며, 망막의 손상이 중심부(황반)로 진행하면 현저한 시력 저하와 색각 이상의 문제까지 발생하게 된다.

④ 망막에 생기는 주요 질환으로는 망막색소변증, 황반변성, 미숙아 망막병증, 당뇨병성 망막병증 등이 있다.

5. 방수

① 방수는 눈에서 생성되어 배출되는 투명한 액체로, 눈에 영양을 공급하고 안구의 내압을 일정하게 유지시키는 기능을 한다. 방수는 생성된 만큼 안구 밖으로 배출이 되어야 내압이 일정하게 유지될 수 있다.

② 방수와 관련된 질환은 녹내장으로, 방수가 잘 배출되지 않으면 안구 압력이 올라가서 안통・두통・구역질 등이 일어나고, 안구의 내압에 의해 망막 뒤쪽에 위치한 시신경이 손상된다.

6. 시신경과 시로

① 물체의 상이 망막에 잘 결상되더라도 망막의 정보가 시신경과 시로를 통해 뇌로 전달되지 않으면 결국 물체를 인식하지 못하여 물체가 무엇인지 알 수 없게 된다.

② 시신경과 시로가 손상되면 손상된 부위의 정보가 뇌로 전달되지 못해 물체의 일부가 보이지 않는 시야장애가 일어날 수 있으며, 시신경 손상이 중심부로 진행될수록 현저한 시력 저하가 동반될 수 있다.

③ 시신경과 시로에 생기는 주요 질환으로는 시신경염, 시신경 위축, 시로장애(반맹증) 등이 있다.

7. 외안근

① 외안근(눈 주변 근육)은 4개의 직근과 2개의 사근으로 이루어져 있으며, 직근은 안구의 수직과 수평 운동을 주도하고, 사근은 안구의 회전 운동을 주도한다. 안구를 움직여 사방을 볼 수 있는 것은 외안근이 정상적으로 기능하기 때문이다.

② 외안근에 문제가 생기면 양 눈의 초점이 맞지 않아 생기는 복시 현상이나 시력 저하가 일어날 수 있다.

③ 외안근의 이상으로 생기는 주요 질환으로 사시, 안구진탕(안진)이 있다.

더알아보기 **특수교사가 알아야 할 눈의 주요 부위와 관련 안질환**

눈의 주요 부위		주요 기능	대표 안질환	시력과 시야장애
외막	각막	창의 기능, 굴절 기능	각막 궤양, 각막 외상, 원추 각막	각막 혼탁으로 시력 저하
중막	홍채	빛의 양 조절 기능	무홍채증, 홍채염	눈부심으로 시력 저하
내막	망막	물체의 상이 맺히는 필름 기능	망막색소변성	• 초기 주변부 시야 손상 • 중심부 시야 손상으로 진행하면 심각한 시력 저하 동반
			황반변성	중심부 시야 손상으로 인한 심각한 시력 저하 동반
			당뇨병성 망막병증	• 불규칙적 시야 손상 • 중심부 시야 손상이 있으면 심각한 시력 저하 동반
			미숙아 망막병증	• 주변부 시야 손상 • 중심부 시야 손상이 있으면 심각한 시력 저하 동반
안내용물	수정체	굴절 기능	근시, 원시, 난시	굴절 이상으로 시력 저하
		창의 기능	백내장	수정체 혼탁으로 시력 저하
	방수	안구 내압 유지	녹내장	녹내장을 일으키는 원인
시신경과 시로	시신경	망막에 맺힌 시각 정보를 뇌로 전달	녹내장	• 주변부 시야 손상 • 중심부 시야 손상으로 진행하면 심각한 시력 저하 동반
			시신경 위축	시신경 위축 위치에 따라 시야 손상과 시력 저하
	시로	망막에 맺힌 시각 정보를 뇌로 전달	시로 장애	• 1/2 반맹 시야 손상 • 1/4 반맹 시야 손상
안부속기	외안근	안구 운동	사시	양안 시 어려움으로 시력 저하
			안진	초점 유지의 어려움으로 시력 저하
대뇌 (시각) 피질	배쪽/등쪽 시각 경로	대상(사물)의 올바른 인식과 해석의 어려움	피질 시각장애	CVI의 고유한 10가지 시각특성과 뇌의 시각정보처리 문제 발생

CHAPTER 02

안질환과 교육적 조치

01 외막 질환

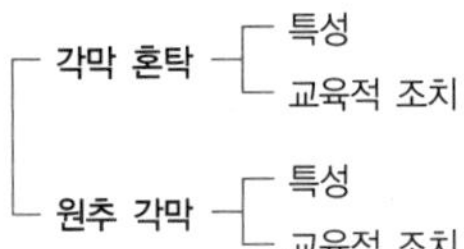

02 중막 질환

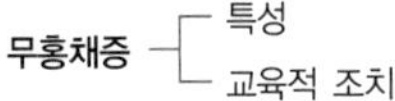

03 수정체 질환

04 방수 질환

- 선천성 녹내장
  - 특성
  - 교육적 조치

05 망막 질환

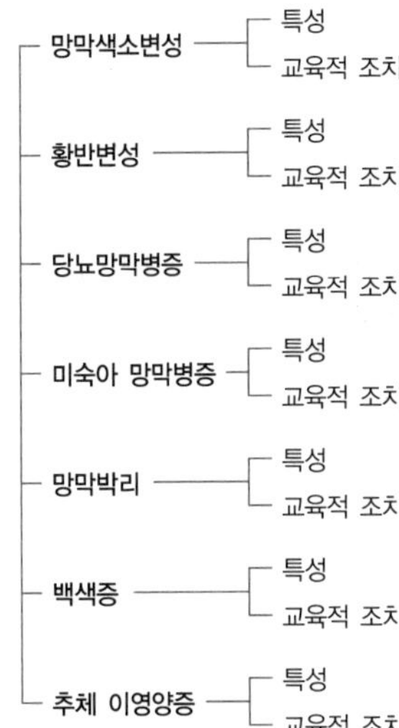

06 시신경 질환

07 외안근 이상

08 굴절 이상

09 시청각장애(맹농) 질환

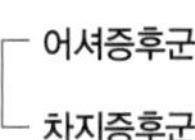

10 기타 질환

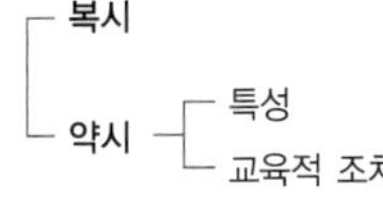

01 외막 질환

1. 각막 혼탁

(1) 특성

① 각막의 혼탁은 각막의 전체 또는 특정 위치에 발생할 수 있어 혼탁 부위를 확인해야 한다. 각막 손상은 안구 통증, 충혈, 눈부심, 이물감, 눈물 흘림, 시력 저하 등을 가져올 수 있다.

② 각막 주변부에 가깝게 발생한 혼탁은 시력에 큰 영향을 미치지 않지만, 각막 중심부에 발생한 심한 혼탁은 심각한 시력 저하를 가져올 수 있다.

(2) 교육적 조치

① 각막 혼탁은 시력과 대비감도 감소에 큰 영향을 미치므로 시력, 대비감도, 대비 선호, 조명 선호 및 눈부심 등의 시각 평가를 실시할 필요가 있다.

② 시력 저하로 일반 자료를 읽기 어려운 경우에 확대 자료나 확대경 같은 확대 기기를 사용하도록 한다.

③ 각막 혼탁 부위를 확인하여 혼탁이 덜한 부분으로 보는 것이 도움이 될 수 있다. 각막 중심부에 심한 혼탁이 있다면 중심외 보기가 필요할 수 있다.

④ 대비감도가 저하되어 낮은 대비의 자료를 읽기 어려운 경우에 고대비 자료를 제공하거나, 대비를 높여주는 착색 렌즈나 확대독서기를 사용할 수 있다.

⑤ 균일하지 않은 각막 표면으로 인해 눈부심이 있는 경우, 조명등이 학생의 눈 앞쪽보다 뒤쪽에 위치하도록 자리를 배치하며, 착색 렌즈*를 착용하는 것이 도움이 될 수 있다.

> **Keyword**
>
> **착색 렌즈**
> - 적절한 색과 빛 투과율의 착색 렌즈(선글라스용 렌즈)는 빛을 흡수하여 눈부심을 감소시키고 대비를 높이는 효과가 있다.
> - 백내장, 녹내장, 황반변성, 백색증, 망막변성증, 시신경 질환 등 대비 문제를 일으킬 수 있는 안질환에는 착색 렌즈가 도움이 된다.
> - 저시력 학생에게 착색 렌즈 사용을 추천하려면 근거리 시력표나 대비감도 검사표를 이용하여 착색 렌즈 사용 전과 후의 시력 또는 대비 변동 여부를 확인하여 결정한다.

2. 원추 각막

(1) 특성

① 각막이 비정상적으로 얇아져서 각막 특정 부위가 원추 모양으로 돌출되는 진행성 질환이다.

② 정기적인 안과 진료를 통해 진행 여부를 확인해야 한다. 각막이 돌출되기 시작하면 난시에 의해 시력 저하, 물체의 상 왜곡, 눈부심과 번져 보임, 복시, 대비 감소, 눈의 이물감 등이 나타나며 심한 경우 각막이 파열되어 각막 이식 수술이 필요할 수 있다.

(2) 교육적 조치

① 원추 각막은 시력과 대비감도 감소에 큰 영향을 미치므로 시력, 대비감도, 대비 선호, 조명 선호 및 눈부심 등의 시각 평가를 실시할 필요가 있다.

② 원추 각막의 진행 정도에 따라 난시 교정을 위해 안경이나 콘택트렌즈를 착용하는 것이 시력 개선에 도움이 될 수 있다.

③ 원추 각막이 각막 중심부에서 일어나면 심각한 시력 저하가 일어날 수 있으며, 중심외 보기가 필요할 수 있다.

④ 눈부심 문제 및 대비감도 저하가 일어날 수 있으며, 대처 방법은 각막 혼탁 지원 방법과 유사하다.

⑤ 난시가 발생하여 이미지를 볼 때 너울거리거나 여러 개로 보이는 문제로 인해 안피로나 어지러움을 느낀다면 주기적인 휴식을 허용한다.

⑥ 원추 각막을 진행시킬 수 있는 안면 접촉이 일어나는 운동이나 불소 처리된 수영장에서의 수영, 눈을 비비는 행위 등을 자제하도록 한다.

02 중막 질환

1. 무홍채증

(1) 특성

① 무홍채증은 홍채가 없거나 정상적으로 자라지 않아 동공이 크게 열려 있어 항상 빛이 많이 들어오므로 심한 눈부심 문제와 이로 인한 시력 저하를 초래한다.

② 무홍채증은 각막 혼탁, 백내장, 녹내장, 사시, 약시 같은 질환을 동반할 수 있으므로 교사는 이들 질환의 동반 여부를 확인하는 것이 필요하다.

(2) 교육적 조치

① 무홍채증은 시력 저하와 눈부심에 큰 영향을 미치므로 시력, 대비감도, 대비 선호, 조명 선호 및 눈부심 등의 시각 평가를 실시할 필요가 있다.

② 홍채의 역할을 대신할 수 있는 착색 렌즈나 홍채 콘택트렌즈를 사용하면 눈으로 들어오는 빛의 양을 줄일 수 있다.

③ 실내외 모두에서 착색 렌즈를 착용하거나, 창문에 블라인드를 설치하거나, 야외에서 챙 있는 모자를 쓰는 것이 도움이 될 수 있다.

④ 보통 수준의 조명에서도 조명등을 눈에 직접 비추는 것 같은 눈부심 문제를 가질 수 있기 때문에, 조명의 밝기를 보통 이하로 낮추고 조명의 밝기 변화에 적응하는 시간을 주는 것이 필요하다.

⑤ 교사가 창문이나 광원 앞에서 지도하게 되면 학생은 교사를 바라볼 때 빛을 마주보아야 하는 문제가 발생하므로 교사는 창문이나 광원 앞에 서 있거나 그곳에서 교구를 제시하지 않도록 한다.

⑥ 전체 조명기구는 빛이 고루 퍼지는 조명을 사용하고, 형광등에 루버를 부착하여 빛이 직접 눈에 비치지 않도록 하는 것이 좋다.

⑦ 교실에서 학생의 자리를 형광등이나 창을 등진 앞쪽에 배치하는 것도 눈부심을 줄일 수 있다.

⑧ 형광등 불빛에 의한 이차 반사는 흰색 칠판보다 검은색 계열의 칠판에서 감소할 수 있다. 흰색 칠판을 사용할 경우 무광 칠판에 굵은 검은색 마커로 판서하는 것이 도움이 된다.

⑨ 인쇄된 책을 읽을 때 종이로부터 반사되는 빛의 양을 줄이고 대비를 높여주기 위해 타이포스코프를 사용할 수 있다. 인쇄 자료를 출력하거나 필기할 때도 반사가 적은 재질의 담황색 종이를 사용하는 것이 도움이 될 수 있다.

⑩ 검은색 매트나 종이 위에 학습 자료나 교구를 놓고 보면 책상으로부터 반사되는 눈부심을 줄이고 대비도 높일 수 있다.

⑪ 컴퓨터, 스마트 기기, 빔프로젝터 등 모니터의 밝기를 표준 이하로 설정하고 화면도 검은색 배경에 흰색 글자로 설정하는 것이 도움이 된다.

03 수정체 질환

1. 선천성 백내장

(1) 특성

① 백내장으로 수정체 혼탁이 일어나면 안갯속에서 사물을 바라보는 것처럼 흐릿하고 뿌옇게 보이게 된다.

② 백내장의 유형과 진행 정도에 따라 수정체 혼탁의 위치와 정도가 다를 수 있고, 시력 저하 정도도 다양하다.

③ 일반적으로 선천성 백내장은 정지성 질환으로, 시력이 유지되는 편이다.

(2) 교육적 조치

① 수정체 혼탁으로 시력과 대비감도 저하에 큰 영향을 미치므로 시력, 대비감도, 대비 선호, 조명 선호 및 눈부심 등의 시각 평가를 실시할 필요가 있다.

② 시력 저하 정도에 따라 확대 자료, 확대경 등의 확대 기기 사용이 필요할 수 있다.

③ 대비감도 저하로 대비가 낮은 자료를 보기 어려운 경우에 고대비 자료의 제공, 아세테이트지와 확대독서기 사용이 도움이 될 수 있다.

④ 눈부심을 느끼는 경우, 태양광이 직접 눈에 비치지 않는 곳에 자리를 배치하거나 착색 렌즈나 챙이 있는 모자를 착용하는 것이 도움이 될 수 있다.

⑤ 수정체 혼탁 부위가 다양하므로 혼탁 부위를 확인하는 것이 필요하다. 특히 수정체 중심부에 혼탁이 심한 경우에는 중심 시력의 현저한 저하가 일어나서 혼탁이 덜한 쪽으로 보는 중심외 보기가 필요할 수 있다.

⑥ 수정체 중심부에 혼탁이 있는 백내장은 밝기가 낮은 조명을, 수정체 주변부에 혼탁이 있는 백내장은 밝기가 높은 조명을 선호하므로, 수정체 혼탁 부위를 고려하여 교실에서의 자리 배치와 개인 조명기구 지원 여부를 결정해야 한다. ❶ 11초등36, ❷ 09중등16

⑦ 밝기가 높은 조명을 선호하는 주변부 혼탁 백내장 학생의 경우라도 눈부심을 느낄 수 있으므로 조명등의 광원을 눈에 직접 비추지 않고 학습 자료를 향해 비추도록 해야 하고, 조명등이 학생의 눈앞보다는 학생의 뒤쪽에 위치하도록 조명기구의 위치나 자리 배치를 조정해야 한다.

정안인이 볼 때의 모습

백내장 아동이 볼 때의 모습

2. 무수정체안

(1) 특성

① 무수정체안의 원인은 심한 백내장으로 인한 수정체 적출, 외상 후 수정체 이탈 등이다.

② 수정체가 적출되면 수정체의 굴절 기능이 없어져서 망막이 아닌 망막 뒤쪽에 물체의 상이 맺혀 흐릿하게 보이는 원시가 나타난다.

(2) 교육적 조치

① 수정체가 없어 초점을 조절하지 못하므로 안경이나 콘택트렌즈를 처방받는 것이 필요하다. 다만, 안경이나 콘택트렌즈로 한곳에 초점을 맞출 수 있더라도 물체와의 거리 변화에 따라 초점을 다시 맞추는 굴절 조절력이 없으므로, 원거리용과 근거리용 안경을 따로 준비하거나 다초점 안경을 사용하는 것이 필요하다.

② 처방받은 안경이나 콘택트렌즈의 초점 거리를 벗어나면 잘 보이지 않을 수 있으므로 학습 활동에서 처방된 안경이나 콘택트렌즈가 허용하는 적정 거리를 유지하도록 한다.

③ 눈부심을 줄이기 위해 착색 렌즈나 챙 있는 모자가 도움이 된다.

④ 주변부 시야의 왜곡 현상과 심도지각의 감소로 인해 측면 장애물이나 바닥면의 높이 차이에 따른 보행 안전에 유의하도록 한다.

기출 POINT 1

❶ 11초등36

교수적합화(교수적 수정)의 내용 중 가장 적절한 것은?

- 시각장애 3급
- 4배율(1X= 4D) 손잡이형 확대경 사용
- 수정체 중심 부위가 뿌옇게 흐려짐
- 시각장애를 제외한 다른 장애 없음

① 조명은 700룩스 이상으로 높인다.

❷ 09중등16

저시력 학생을 위한 적절한 교육 환경 및 처치로 가장 거리가 먼 것은?

③ 백내장이 수정체 가장자리에 있는 경우, 고도 조명을 제공한다.

04 방수 질환

1. 선천성 녹내장

(1) 특성

① 녹내장은 방수가 안구 밖으로 배출되지 않아 안구의 내압(안압) 상승으로 시신경이 눌리거나 혈액 순환의 문제가 발생하여 시신경 손상이 일어나는 질환이다. 시신경은 망막에 맺힌 시각 정보를 뇌로 전달하는 기능을 하는데, 시신경이 손상되면 망막의 정보가 뇌로 전달되지 못하여 사물의 일부가 보이지 않는 시야장애가 일어난다.

② 녹내장이 계속 진행되어 시신경 손상이 중심부까지 확대되면 심각한 시야장애 외에도 시력 감소를 동반하게 된다.

(2) 교육적 조치 ❸ 10중등30

① 선천성 녹내장은 시야장애와 이로 인한 시력 저하를 동반할 수 있으므로 시야, 시력, 대비감도, 대비 선호, 조명 선호 및 눈부심 등 시각 평가를 실시해야 한다.

② 녹내장은 진행성 질환이어서 지속적인 시야 손상과 시력 저하로 인한 특수교육 지원 요구가 변할 수 있으므로, 정기적인 시각 평가와 학습매체 평가를 실시하는 것이 필요하다. ❶ 22유아A5

③ 녹내장으로 진단되면 약물이나 수술 등을 통해 더 이상 시신경이 손상되지 않도록 관리하는 것이 중요하므로, 학생이 처방에 따라 안압을 낮추는 약물과 안약을 정해진 시간에 투약하고 있는지 확인하는 것이 필요하다.

④ 약물을 복용하는 아동은 감각이 둔해질 수 있으므로 감각훈련을 실시한다.

⑤ 피로와 스트레스로 안압이 상승할 수 있으므로 스트레스를 받지 않도록 주의시킨다.

⑥ 잠영, 물구나무 서기, 중량 들기 등 안구의 압력을 높이는 운동에 주의해야 한다. ❷ 14초등B6

⑦ 안압 상승으로 각막이 늘어나 안구가 커지면서(우안증) 각막 혼탁과 굴절 이상이 생길 수 있으므로 확대 자료, 확대 기기, 고대비 자료를 제공하는 것이 도움이 될 수 있다.

⑧ 안압으로 인한 안피로를 호소하면 읽기나 과제 수행을 멈추고 주기적인 휴식을 취하는 것을 허용한다.

⑨ 보통보다 밝은 조명 밝기를 선호하지만 눈부심을 느낄 수 있으므로 개인용 스탠드의 광원을 직접 눈에 비추지 않도록 하며, 착색 렌즈를 착용할 수 있다.

⑩ 암순응에 적응하는 데 어려움이 있을 수 있어 밝은 곳에서 어두운 곳으로 들어갈 때 조명 변화에 적응할 시간을 주도록 한다.

⑪ 시신경 손상으로 야맹증이 있을 수 있으므로, 야맹증이 심한 경우에는 야간에 흰지팡이를 사용하도록 보행 교육을 할 수 있다.

⑫ 주변부 시야 손상이 큰 경우는 가운데 자리가 적절하고, 좌·우측의 시야 손상 차이가 큰 경우는 잔존 시야를 보다 효율적으로 활용할 수 있는 쪽에 자리 배치를 하는 것이 필요하다.

기출 POINT 2

❶ 22유아A5

민 교사가 ㉡과 같이 말한 이유를 쓰시오.

> 장 교사: 선생님, 우리 반 진서는 선천성 녹내장이 있는데 진행성이다 보니 어머니께서 개별화교육계획에 시야를 포함한 시각 특성을 반영해 달라고 하셨어요. 검사를 통해 그 특성을 파악해야 할 것 같은데, 어떤 검사가 좋을까요?
> 민 교사: 진서와 같은 경우에는 병원에서 하는 검사뿐만 아니라 ㉡ 유치원에서도 시각 평가를 자주 할 필요가 있어요.

❷ 14초등B6

물 속의 카드 찾기 게임을 할 때 진행 보조(게임에 참여하기 힘든 학생)의 역할을 담당할 학생의 이름과 그 이유를 각각 쓰시오.

■ 학생 특성

이름	시력 정도	원인
민수	저시력	녹내장
정배	저시력	미숙아망막변성
설희	저시력	망막색소변성
현옥	저시력	추체이영양증
미진	저시력	백내장
영희	맹	시신경 위축
성우	맹	망막모세포종

■ 교수학습 활동

- 잠수(잠영)하여 수영장 바닥에 있는 카드를 건진 후, 카드에 적힌 '뜨기 자세'를 따라한 횟수가 많은 팀이 승리
- 진행 보조 학생은 팀별로 획득한 카드의 개수를 점수판에 묵자로 기재

❸ 10중등30

녹내장을 가진 시각장애 학생의 특성 및 교육적 조치로서 가장 거리가 먼 것은?

① 터널 시야와 야맹증세가 나타난다.
② 책을 읽을 때 빛의 조도를 높여 준다.
③ 안구가 늘어나고 각막이 커지기 때문에 거대각막이라고도 한다.
④ 시야가 좁은 학생은 보행에 어려움이 있으므로 보행지도를 한다.
⑤ 약물을 복용하는 학생은 감각이 둔해질 수 있으므로 감각훈련을 실시한다.

⑬ 중심부 시야까지 손상되어 심한 시력 저하를 동반하게 되면 확대 자료나 확대 기기를 사용하도록 하고, 확대해도 읽기가 어려워지면 점자를 익히도록 한다.

⑭ 주변부 시야 손상이 심해지면 물체가 시야에 모두 들어오지 않아 무엇인지 확인하기 어려우므로, 사물과 눈 간의 거리를 좀 더 멀리하여 사물 전체가 시야에 들어오도록 한다.

⑮ 주변부 시야 손상 정도에 따라 추시, 추적, 주사 등의 시기능 훈련을 실시한다.

정안인이 볼 때의 모습

녹내장 아동이 볼 때의 모습

05 망막 질환

1. 망막색소변성

(1) 특성

① 망막색소변성은 망막의 손상으로 시야장애가 발생하는 진행성 질환이다.

② 망막의 주변부부터 손상이 이루어져 주변부 시야 손상과 야맹증이 발생한다. 망막의 중심부까지 손상되면 중심부 시야의 손상과 더불어 급격한 시력 저하와 색 지각 감소가 나타난다. 아직 치료 방법이 없어 실명에 이를 가능성이 높다.

(2) 교육적 조치 ❶ 25중등A7

① 망막색소변성증은 진행 정도에 따라 시야장애 외에 시력과 대비감도 저하도 일으킬 수 있으므로 시야, 시력, 대비감도, 대비 선호, 조명 선호 및 눈부심 등의 시각 평가를 실시해야 한다.

② 망막색소변성증은 진행성 질환이므로 지속적인 시야 손상과 시력 저하로 특수교육 지원 요구가 변화할 수 있어, 정기적인 시각 평가와 학습매체 평가를 실시하는 것이 필요하다.

③ 주변부 시야 손상이 계속 진행되면 터널을 지나갈 때처럼 보이는 터널 시야가 나타나며, 효율적인 잔존시각 활용을 위해 추시·추적·주사 등의 시기능 훈련이 필요할 수 있다.

④ 읽기 활동에서 글줄을 잃어버리는 현상이 나타나면 타이포스코프, 라인 읽기 가이드 등을 사용하도록 한다.

⑤ 주변부 시야 손상이 심해지면 커다란 사물의 경우에 전체가 보이지 않을 수 있으므로 눈과 사물 간의 거리를 더 멀게 조절하여 먼저 전체 모양을 보도록 지도한다.

기출 POINT 3

❶ 25중등A7

밑줄 친 내용 중 틀린 내용을 찾아 기호를 쓰고, 바르게 고쳐 서술하시오. (제시문 참고)

(가) 학생 C의 특성

원인	특성
망막색소변성	터널 시야가 나타남

(나) 교육적 고려사항

이름	교육적 고려사항
학생 C	• 독서를 할 때 줄을 따라 읽도록 타이포스코프 사용하기 • 시야 확대 기구 제공하기 • 효율적인 잔존 시각 활용을 위한 시기능 훈련하기

⑥ 중심부까지 시야 손상이 진행되어 시력 저하가 일어나면 확대 자료, 확대경 같은 확대기기를 사용하도록 한다. 다만, 시야가 좁기 때문에 너무 큰 확대 자료나 고배율 확대경을 사용하게 되면 잔존 시야 내에 목표물이 들어올 수 없으므로 잔존 시야를 고려한 최소 확대 글자 크기나 확대경 배율을 추천해야 한다. ❶ 21중등B3

⑦ 학생이 글자를 크게 확대해도(24포인트 이상) 읽기에 어려움을 보이기 시작하면 실명 전에 점자를 익히도록 지도한다. ❸ 09중등16

⑧ 밝은 곳에서 어두운 곳으로 이동하면 암순응이 잘 이루어지지 않으므로 학생이 어두운 곳에 갈 때나 밤에는 야맹증이 있다는 것을 이해하고 지도한다. ❷ 16초등B5

⑨ 야맹증이 심한 경우에 휴대용 조명기구를 사용하거나 야간 이동 및 어두운 장소에서 흰지팡이를 선택적으로 사용하도록 보행 교육을 실시할 수 있다.

⑩ 망막색소변성증은 망막박리를 일으킬 수 있으므로 과격한 신체 활동을 자제하는 것이 필요하다.

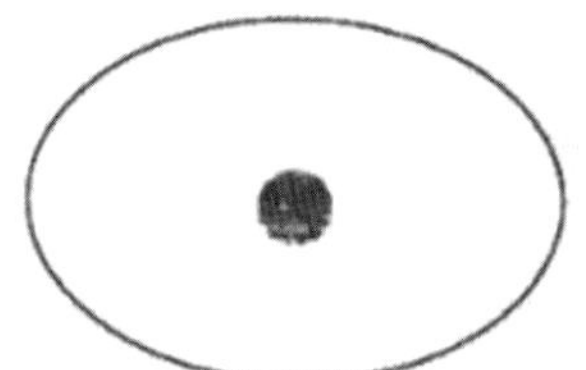

정안인이 볼 때의 모습　　망막색소변성 아동이 볼 때의 모습

기출 POINT 4

❶ 21중등B3

읽기 활동을 위해 학생이 필요로 하는 최소 글자 크기나 최소 확대 배율을 선택해야 하는 학생을 A~E에서 찾아 쓰고, 그 이유를 학생의 특성과 관련지어 쓰시오.

학생	원인	특성
A	망막색소변성	• 시력: 우안(0.2) / 좌안(0.1) • 터널 시야
B	황반변성	• 시력: 우안(0.1) / 좌안(0.1) • 중심외 보기 전략 사용 • 읽기 활동 시 ㉠ 손잡이형 확대경(+10D)을 사용
C	백색증	• 시력: 우안(0.1) / 좌안(0.1) • 안구진탕 • 대비감도 감소
D	당뇨망막병증	• 시력: 양안 광각(Light Perception)
E	선천성 백내장	• 시력: 우안(0.05) / 좌안(0.05) • 시각중복장애(지적장애) • 수정체 중심부 혼탁

기출 POINT 4

❷ 16초등B5

영수의 특성을 고려할 때 ㉣이 필요한 이유를 망막의 시세포(광수용체)와 관련지어 쓰시오.

■ 영수의 특성

망막색소변성(양안 교정시력 0.06, 양안 주시점에서 10도)

㉣ 영수는 야맹증이 있고, 낮은 조도에서 학습활동을 하는 데 어려움이 있기 때문에 적절한 조도 환경을 제공한다.

❸ 09중등16

저시력 학생을 위한 적절한 교육 환경 및 처치로 가장 거리가 먼 것은?

② 망막색소변성의 경우, 대부분 진행성이므로 점자를 배우게 한다.

2. 황반변성

(1) 특성

① 망막의 중심부를 '황반'이라고 하며, 황반은 추체세포로 이루어져 있다.

② 황반변성이 있으면 중심부 암점에 따른 중심시야 손상이 일어나고 시력도 저하된다. 우리가 보는 물체의 상이 망막의 황반부(중심와)에 맺어질 때 가장 좋은 시력을 얻을 수 있고, 망막 주변으로 갈수록 시력이 감소하므로 황반이 손상되면 시력이 급격히 저하되며, 밝은 곳에서 물체와 색을 인식하는 능력도 감소하게 된다.

③ 황반변성은 사물을 볼 때 사물의 가운데가 보이지 않거나 상이 일그러져 보이는 문제가 발생한다. 이 질환을 비교적 초기에 발견하면 레이저 시술 등으로 진행을 막을 수 있으므로 조기진단이 중요하다. 황반변성의 초기 증상을 가장 효과적으로 확인할 수 있는 검사는 암슬러 격자법이다.

(2) 교육적 조치

① 황반변성은 중심부 시야 손상과 시력 저하에 큰 영향을 미치므로 시야, 시력, 대비감도, 대비 선호, 조명 선호 및 눈부심 등의 시각 평가를 실시해야 한다.

② 황반변성은 진행성 질환이므로 지속적인 시야 손상과 시력 저하로 특수교육 지원 요구가 변할 수 있어 정기적인 시각 평가와 학습매체 평가를 실시하는 것이 필요하다.

③ 중심부 시야 손상이 일어나면 중심부 암점의 위치와 크기를 확인하여 주변부 시야(주변 시력)로 보는 중심외 보기를 지도한다. ❶ 25중등A7, ❸ 11중등32

④ 중심부 암점과 중심 시력 저하로 확대 자료, 확대독서기 같은 확대 기기의 사용이 도움이 될 수 있다. 중심부 암점의 영향을 감소시키기 위해 학습 자료를 상대적으로 더 크게 확대하거나, 더 높은 배율의 확대경을 사용하거나, 물체에 더 가까이 다가가는 것이 도움이 될 수 있다.

⑤ 황반부 변성이 심해지면 색 지각과 대비감도도 저하될 수 있으므로 고대비 자료를 제공하고, 대비 조절 기능이 있는 확대독서기를 사용하도록 한다. ❷ 20초등A5, ❹ 09중등16

⑥ 어두운 곳에서 밝은 곳으로 들어갈 때 필요한 명순응에 어려움이 있을 수 있으므로 조명 변화에 적응할 시간을 준다.

⑦ 눈부심을 느끼는 경우에는 착색 렌즈를 사용하거나 창을 등진 앞자리에 앉도록 자리를 배치하는 것이 도움이 될 수 있다.

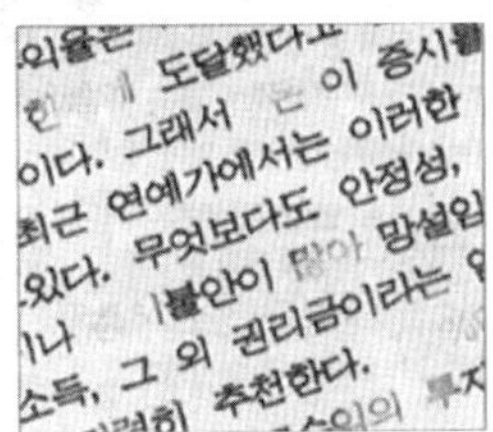

황반변성 아동이 볼 때의 모습

기출 POINT 5

❶ 25중등A7

괄호 안의 ⓗ에 해당하는 내용을 쓰시오.

(가) 학생 B의 특성

원인	특성
황반변성	황반부에 암점이 있음

(나) 교육적 고려사항

이름	교육적 고려사항
학생 B	• ㉣ 필기 시 굵고 진한 선이 있는 종이와 검정색 사인펜을 사용하기 • ㉤ 상대적 크기 확대법을 적용하여 확대 독서기로 학습자료 접근성 높이기 • 중심부 시야가 손상이 되면 암점의 위치와 크기를 확인하여 (ⓗ) 방법 지도하기

❷ 20초등A5

묵자 자료 읽기가 가능한 (가)의 학생 중에서 유인물을 제작할 때 정보 제시 방법으로 색상 차이를 활용하는 것이 적절하지 않은 학생을 찾아 이름과 그 이유를 쓰시오.

(가) 학생별 시력 특성

이름	시력 특성
한영	• 황반변성 • 큰 암점
영철	• 망막색소변성 • 시야 10도
민수	• 당뇨망막병증 • 안전수동(HM/50cm)
세희	• 녹내장 • 시야 15도
지유	• 미숙아 망막병증 • 광각(LP)
연우	• 시신경위축 • 광각(LP)

❸ 11중등32

학생 A는 최근에 나타난 망막색소변성으로 시각장애 2급 판정을 받았다. 특수교사는 학생 A가 통합학급에서 효율적으로 교육받을 수 있도록 다음에 제시한 콘(Corn)의 모델을 활용하여 시기능을 평가·훈련하고자 한다. 교사의 평가 및 훈련 계획으로 적절하지 않은 것은?

⑤ 학생 A는 지속적인 시기능 저하가 나타날 수 있으므로 심리적 안정을 고려하며, 중심외 보기를 통해 주변시야를 활용하는 시기능 훈련을 한다.

❹ 09중등16

저시력 학생을 위한 적절한 교육 환경 및 처치로 가장 거리가 먼 것은?

⑤ 황반변성의 경우, 글자와 종이의 대비가 선명한 자료를 제공한다.

3. 당뇨망막병증

(1) 특성

① 당뇨병성 망막병증은 오랜 당뇨병으로 망막까지 손상을 입게 되어 발생하는 진행성 질환이다.

② 당뇨병의 초기에 혈당 조절이 잘 이루어지면 망막병증의 발생을 지연시킬 수 있으므로 철저한 혈당 조절로 망막병증의 진행과 시력 저하를 늦추는 것이 필요하다. 따라서 당뇨병성 망막병증은 정기적인 안과 검진과 혈당 조절이 절대적으로 중요하다.

(2) 교육적 조치

① 당뇨병은 시력을 저하시키거나 시야 여러 부위에 암점이 나타날 수 있으므로 시야, 시력, 대비감도, 대비 선호, 조명 선호 및 눈부심 등의 시각 평가를 실시할 필요가 있다.

② 당뇨병성 망막병증은 진행성 질환이므로 지속적인 시야 손상과 시력 저하로 특수교육 지원 요구가 변할 수 있어, 정기적인 시각 평가와 학습매체 평가를 실시하는 것이 필요하다.

③ 학생이 학교에서 혈당 관리를 할 수 있도록 혈당 체크와 혈당 조절을 위한 식이요법을 지원할 필요가 있다.

④ 시력 저하 외에도 망막 손상으로 사물의 모양이 일그러지거나 일부가 안 보이는 시야 손상도 함께 발생할 수 있으며, 망막 손상 부위에 따라 중심외 보기가 필요할 수 있다.

⑤ 시력이 계속 저하되어 확대해도 자료를 보기 어려워지고 손의 촉각 둔감화로 점자를 읽기도 어렵다면, 듣기(오디오) 자료와 스크린 리더 같은 청각 활용 보조기기를 사용하여 학습하도록 한다. ❶ 20초등A5, ❷ 16중등A13

⑥ 손과 발의 촉각 둔감화로 인해 상처가 나도 못 느낄 수 있으므로 교사는 유의하여 피부를 살펴야 한다.

⑦ 망막의 혈관에서 출혈이 생기거나 망막이 벗겨져 떨어지는 망막박리가 일어날 수 있으므로, 과격한 신체 활동은 자제하도록 지도한다.

정안인이 볼 때의 모습

당뇨망막병증 아동이 볼 때의 모습

기출 POINT 6

❶ 20초등A5

안내판의 내용을 반드시 듣기 자료로 제공해 주어야 하는 학생을 (가)에서 찾아 이름과 그 이유를 쓰시오.

(가)

이름	시력 특성	이름	시력 특성
한영	• 황반변성 • 큰 암점	세희	• 녹내장 • 시야 15도
영철	• 망막색소 변성 • 시야 10도	지유	• 미숙아 망막병증 • 광각(LP)
민수	• 당뇨망막 병증 • 안전수동 (HM/50cm)	연우	• 시신경위축 • 광각(LP)

❷ 16중등A13

㉠을 활용하여 지도하기에 적합하지 않은 학생을 찾아 이름을 쓰고, 그 이유를 서술하시오.

> 학생의 시력 변화와 요구에 기초하여 한 가지 문자 매체만을 강조하기보다는 필요에 따라 ㉠ 묵자와 점자를 병행하여 사용하게 함

(가) 학생 정보

학생	안질환	유형
이영수	시신경 위축	단순 시각장애
박근화	망막색소변성	단순 시각장애
정동기	당뇨망막병증	단순 시각장애
김영철	추체 이영양증	단순 시각장애
김창운	미숙아망막병증	시각중복장애 (경도 정신지체)
김영진	선천성 녹내장	단순 시각장애

4. 미숙아 망막병증

(1) 특성

① 미숙아 망막병증은 출생 시 망막이 완전히 형성되지 않은 미숙아에게 주로 나타난다.

② 미숙아 망막병증은 시력 저하, 근시, 난시, 사시 등을 일으킬 수 있으며 예후가 나쁜 편이라 망막박리를 동반하게 되면 실명할 가능성이 높다.

(2) 교육적 조치

① 미숙아 망막병증은 시력 저하와 시야 손상에 영향을 미치므로 시야, 시력, 대비감도, 대비 선호, 조명 선호 및 눈부심 등의 시각 평가를 실시해야 한다.

② 미숙아 망막병증은 망막박리로 진행될 수 있어 지속적인 시야 손상과 시력 저하로 특수교육 지원 요구가 변할 수 있으므로, 정기적인 시각 평가와 학습매체 평가를 실시하는 것이 필요하다.

③ 망막박리의 가능성이 높으므로 망막박리가 일어나지 않게 과격한 신체 활동을 자제하도록 지도한다.

④ 시력 저하 정도가 다양하고 실명까지도 초래할 수 있으며, 시력 저하에 따라 적절한 확대 자료와 확대경 같은 확대 기기를 사용하도록 한다.

⑤ 미숙아 망막병증의 진행을 막고 망막 중심부를 보존하여 현재 시력이 유지될 수 있도록 정기적인 검진을 통한 치료와 관리가 필요하다.

⑥ 망막 손상으로 야맹증이 있을 수 있으므로 야간 보행 능력을 평가하고 필요에 따라 보행 교육을 실시할 필요가 있다.

⑦ 밝은 조명을 선호할 수 있으나 눈부심에 민감하므로 밝은 조명을 제공하면서 동시에 눈부심을 낮추는 지원이 필요할 수 있다.

⑧ 주변부 시야 손상 정도가 심한 경우에 추시, 추적, 주사 같은 시기능 훈련이 필요하다.

⑨ 미숙아로 태어나면서 뇌손상으로 인한 지적장애를 동반할 수 있으므로 지적장애 동반 여부를 확인할 필요가 있다.

5. 망막박리

(1) 특성

① 망막박리는 망막 안쪽의 감각신경층과 바깥쪽의 색소상피층이 분리되어 떨어지는 것으로 당뇨, 머리 충격, 퇴행성 고도 근시, 미숙아 망막병증 등이 원인이 될 수 있다.

② 망막박리는 망막 주변부부터 시작되어 중심부(황반)로 진행되면서 시야가 좁아지는 것이 일반적이다. 망막박리가 중심부(황반부)까지 진행되면 시력이 급격하게 저하되고, 물체의 모양이 일그러져 보이는 변시증과 색각 이상도 나타날 수 있다. 황반부까지 진행되지 않은 망막박리는 조기에 발견하여 수술로 망막을 다시 붙이면 양호한 시력 회복을 기대할 수 있다.

(2) 교육적 조치

① 망막박리의 위치와 진행 정도에 따라 시야와 시력 모두에 영향을 미칠 수 있으므로 시야, 시력, 대비감도, 대비 선호, 조명 선호 및 눈부심 등의 시각 평가를 실시할 필요가 있다.

② 망막박리가 진행되면서 지속적인 시야 손상과 시력 저하로 특수교육 지원 요구가 변할 수 있으므로 정기적인 시각 평가와 학습매체 평가를 실시하는 것이 필요하다.

③ 망막박리가 일어나기 전에 눈앞에 번쩍거리거나(광시증) 먼지 같은 것이 보이는(비문증) 등의 전구증상이 있으므로, 학생이 이를 경험하면 안정을 취하고 안과 검진을 받도록 한다.

④ 망막박리가 황반부에서 일어나면 황반변성과 유사한 교육 지원이 도움이 되고, 망막박리가 주변부에서 일어나면 망막색소변성증과 유사한 교육 지원이 도움이 될 수 있다. 망막박리가 중심부에서 일어나지 않는다면 중심부 시력 손상이 일어나지 않아 시력 저하가 크지 않을 수 있다.

⑤ 망막박리로 인해 시력 저하가 오면 확대 자료, 확대경 같은 확대 기기를 사용하도록 한다.

⑥ 망막박리는 밝은 조명을 선호할 수 있으나, 동시에 눈부심을 감소시켜 주는 것이 필요하다.

⑦ 망막박리가 진행되지 않도록 머리 충격이나 과격한 신체 활동을 피하는 것이 필요하며, 고글 같은 눈 보호 기구를 착용하는 것도 도움이 될 수 있다. ❶ 11중등10

망막박리 아동이 볼 때의 모습

기출 POINT 7

❶ 11중등10

담당 체육교사가 학생 A(미숙아망막증, 양안 교정시력 0.04)를 위한 체육수업에 대해 조언을 요청하여 특수교사가 다음과 같은 안내문을 만들었다. 옳은 내용만을 모두 고르시오.

■ 대표적인 시각장애인 스포츠

㉣ 골볼은 모든 선수가 안대를 하고 공의 소리를 들으면서 경기하는 구기 종목이므로 일반학생들과 함께 경기할 수 있지만, 학생 A는 망막박리의 위험이 있을 수 있으니 조심하셔야 합니다.

6. 백색증

(1) 특성

① 백색증은 멜라닌 합성이 결핍되어 일어나는 유전 질환이다.

② 눈에서는 망막의 색소 소실이 일어나서 동공은 붉은색, 홍채는 청회색 · 갈색 · 적갈색 등으로 보인다.

③ 백색증으로 인해 눈부심을 크게 호소하며 안진, 눈물 흘림증, 심한 시력 저하 등이 나타날 수 있다.

(2) 교육적 조치 ❷ 10초등5 · 유아5

① 햇빛이 비치는 실외로 나갈 때, 빛을 흡수하여 여과시키는 안경을 착용하고 차양이 있는 모자를 쓰도록 한다. ❶ 15유아A3

② 백색증은 심한 눈부심과 시력 저하를 가져올 수 있으므로 시력, 대비감도, 대비 선호 및 조명 선호, 눈부심 등의 시각 평가를 실시해야 한다.

③ 백색증은 굴절 이상과 난시를 동반할 수 있으므로 안경사에 의한 시력검사 및 안경 처방이 이루어질 필요가 있다.

④ 학생에 따라 시력은 다양하므로 시력 저하 정도에 따라 확대 자료, 확대경, 망원경, 확대독서기 같은 확대 기기를 사용하도록 한다.

⑤ 대비감도 저하가 있을 수 있어 고대비 자료를 제공하고, 확대독서기를 사용할 때 검은색 바탕에 흰색 글자로 대비를 조절하는 것을 선호할 수 있다.

⑥ 눈부심에 매우 민감하므로 눈부심을 낮추는 지원이 필요하다. 실내외에서 착색 렌즈를 사용하고, 조명등이 눈 바로 앞에 보이지 않도록 자리를 배치하며, 눈부심을 줄여줄 수 있는 담황색 종이를 사용하는 것이 도움이 될 수 있다.

⑦ 햇볕에 의한 화상이나 피부 손상을 막기 위하여 실외 활동 시 장시간 햇볕에의 노출을 피하고 자외선 차단제를 바르는 것이 필요하다. 피부암에 걸릴 위험성이 크므로 정기적인 피부과 검진을 받도록 하는 것도 중요하다.

백색증 아동이 볼 때의 모습

기출 POINT 8

❶ 15유아A3

㉡을 할 때 진수의 시효율성을 높이기 위해서 교사가 취해야 할 적절한 조치 1가지를 쓰시오.

김 교사: 선생님, 지난 주에 백색증을 가진 저시력 유아 진수가 입학했는데 여러 가지 어려움이 있네요.
박 교사: 대개 저시력 유아들이 환경이 바뀌면 어려움이 있을 수 있어요. 그래서 진수를 지도할 때 여러 가지를 고려해야 해요. 진수에게 잔존시력이 있긴 하지만 필요에 따라서는 보행훈련을 해야 할 수도 있어요. 그래서 실내 활동과 ㉡ 실외 활동을 할 때 잘 살펴보세요.

❷ 10초등5 · 유아5

백색증을 가진 학생의 교육을 위해 교사가 해야 할 조치로 가장 적절한 것은?

① 백색증은 안압 상승을 초래하므로 학생에게 정기적으로 안약을 넣도록 지도한다.
② 백색증은 망막박리를 초래하므로 학생에게 신체적인 운동을 줄이도록 권장한다.
③ 백색증은 점진적인 시력 저하를 초래하므로 학생에게 점자를 미리 익히도록 지도한다.
④ 백색증은 눈부심을 초래하므로 학생에게 햇빛이 비치는 실외에서 차양이 넓은 모자를 착용하도록 지도한다.
⑤ 백색증은 암순응 곤란을 초래하므로 교실의 전체 조명보다 높은 수준의 조명을 학생에게 개별적으로 제공한다.

7. 추체 이영양증

(1) 특성

① 추체 이영양증은 망막의 중심부가 발달하지 못하여 색맹이 되거나 원거리 시력이 감퇴하는 질환이다.

② 추체세포의 기능이 상실되고 간체세포는 밝은 곳에서 기능을 잘하지 못하므로 이 질환이 있는 아동은 심한 눈부심과 안구진탕 증상이 나타난다.

(2) 교육적 조치

교육적 조치는 백색증과 동일하다.

06 시신경 질환

1. 시신경 위축

(1) 특성

① 시신경 위축은 10세 이전에 양측 시신경의 퇴축이 일어나 시력 감소 등이 나타나는 질환이다.

② 질병, 유전 외에 녹내장에 의해서도 시신경 위축이 일어날 수 있다.

(2) 교육적 조치

① 시신경 위축으로 시력 저하와 암점이 나타나므로 시야, 시력, 대비감도, 대비 선호 및 조명 선호 등의 시각 평가를 실시해야 한다.

② 시력은 다양하며, 시력 저하 정도에 따라 확대 자료나 확대 기기를 사용할 필요가 있다.

③ 시신경 위축으로 인한 중심부 암점이 있는 경우에 중심외 보기가 필요하다.

④ 야맹증이 있을 수 있으므로 야간 이동에 어려움이 있다면 보행 교육을 실시할 수 있다.

⑤ 밝은 조명을 선호하므로 개인용 스탠드를 제공하되, 눈부심을 줄여 주기 위해 학생의 눈 뒤쪽에서 조명을 비추도록 하고, 착색 렌즈를 사용하는 것이 도움이 된다.

2. 시로장애

(1) 특성

시신경이 교차하는 시로(시각로)에 손상이 생기면 시야의 절반이 손상되어 보이지 않는 반맹 또는 드물지만 4분의 1 반맹이 발생할 수 있다.

(2) 교육적 조치

① 시로 손상으로 시야 문제가 크므로 시야, 시력 등의 시각 평가를 실시해야 한다.

② 절반의 잔존 시야를 잘 활용할 수 있는 곳에 자리 배치를 하거나 교구를 제시하는 것이 필요하다.

예 시야의 좌측이 반맹이고 우측이 남아 있다면 교실의 중앙으로부터 약간 좌측에 자리를 배치하는 것이 잔존 시야를 보다 효율적으로 활용할 수 있다.

③ 책을 읽을 때 각 줄의 처음과 끝부분을 놓치고 읽거나 글줄을 잃어버리지 않도록 한다. 시야의 우측 절반이 안 보이는 경우에는 글줄의 마지막 글자나 단어를 놓치기 쉽고, 시야의 좌측 절반이 안 보이는 경우에는 글줄의 첫 글자를 찾기 어렵거나 다음 줄을 건너뛰고 읽기 쉽다.

④ 시야 절반의 상실로 인해 사물의 절반 정도가 보이지 않으므로 추시, 추적, 주사 등의 시기능 훈련이 필요하다.

⑤ 시야 손상이 있는 쪽 안경에 프리즘 렌즈를 부착하면 시야 확대에 도움이 될 수 있다.

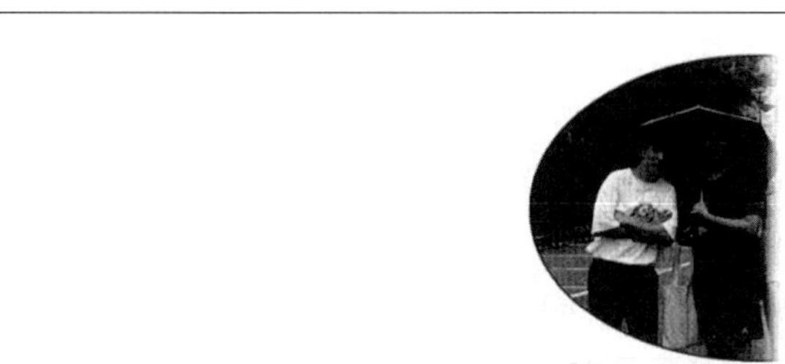

반맹증 아동이 볼 때의 모습

더 알아보기

CVI가 바라보는 세상

세상과 환경이 무수한 시각 정보로 가득 차 있더라도 이들 정보가 무엇인지 제대로 인식하고 이해하지 못한다면 시각 정보는 학생에게 아무런 의미가 없으며, 자연스러운 학습(우연학습)이 일어날 수도 없다.

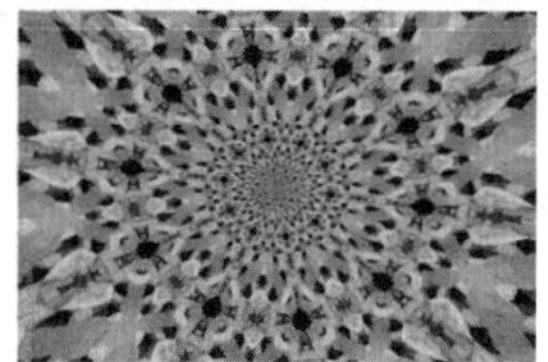

만화경

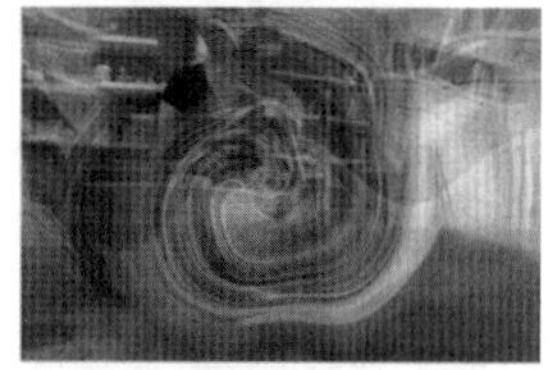

CVI 아동이 식탁에서 간식 준비하는 어른을 바라볼 때 보이는 상태

CVI 아동이 바라보는 알파벳 자료

3. 대뇌 피질 시각장애(Cortical Visual Impairment ; CVI)

(1) 특성

① 피질 시각장애는 뇌 기형, 외상성 뇌손상, 뇌수종 등의 여러 가지 원인에 의해 발생하며 시각장애아 교육에서 관심이 높아지고 있는 안질환이다.

② 안구의 외형이나 기능에는 문제가 없으나, 뇌에 병소가 있어 망막에서 뇌로 전달된 시각 정보를 제대로 해석하지 못하여 시각 문제가 일어난다.

③ 피질 시각장애는 지적장애, 간질, 뇌성마비 등을 동반하는 경우가 있으므로 동반장애가 있는지 확인하는 것이 필요하다.

④ 학생이 CVI로 진단되려면 다음 3가지 기준을 충족해야 한다(이태훈, 2023).

- 안과 검사 결과가 아동의 현재 시각 문제를 적절히 설명하지 못한다(안과 검사 결과가 정상이지만, 학습과 일상 활동에서 시각을 사용하는 데 어려움이 있다).
- CVI의 원인과 관련된 신경학적 병력이나 질환이 있다.
- CVI의 고유한 10가지 시각 특성(시각적 행동)이 관찰된다. ❶ 25유아A5

특성	내용	중재의 예
특정 색상 선호 ❶ 22초등B1	빨간색, 노란색 등 특정 색상에 시각적으로 끌린다(시각적 주의가 일어난다). 아동의 시각적 주의를 위해 학습 자료에 선호하는 색상을 사용한다.	• 시각적 주의를 위해 아동이 선호하는 빨간색 사용하기 • 알파벳 글자에 빨간색 윤곽선을 그려 알파벳의 모양과 특징에 대한 시각적 주의 촉진하기
움직임에 대한 요구(끌림)	움직임에 시각적 주의와 끌림이 일어난다. 아동의 시각적 주의를 유도하기 위해 보아야 하는 대상(물체)을 움직여준다. 한편, 주변 사람이나 사물의 움직임은 시각적 과제에 대한 주의 집중과 유지를 방해할 수 있으므로 이를 최소화한다.	움직이는 것처럼 보이는 반짝이는 재질을 사용하거나 물체를 직접 움직여 시각적 주의 유도하기
시각적 (반응) 지연 ❷ 25중등A7	대상을 제시하면 이것을 보고 반응하는 데 오랜 시간이 걸린다. 또래와 비교해 시각 자극에 대한 즉각적인 반응이 일어나지 않는다.	• 시각적으로 반응할 때까지 기다려주기 • 선호하는 색상이나 움직임 등을 통해 시각적 반응을 촉진하기
특정 시야 선호	좌측이나 우측 시야처럼 선호하는 주변 시야 영역(방향)이 있다. 일반적으로 하측 시야 영역(방향)을 잘 인식하지 못하는 경향이 있다. 자료를 책상에 두기보다 수직보드나 경사대에 부착하여 제시한다.	• 선호하는 시야 방향에 자료 제시하기 • 하측 시야의 결함을 고려하여 수직보드를 이용해 자료 제시하기
시각적 복잡성의 어려움	시각적 복잡성이 있는 곳에서 대상을 바라보거나 인식하지 못한다. 이때 복잡성은 대상(사물) '표면(외형)의 복잡성', '배경(배열)의 복잡성' '감각 환경의 복잡성', '사람 얼굴의 복잡성'으로 구분한다. 시각적 복잡성이 높은 학습 환경이나 학습 자료를 수정하여 복잡성을 낮추어 준다.	• 배경의 복잡성을 줄이고 시각적 주의를 위해 가림판으로 주변 배경을 가리기 • 배경의 복잡성을 줄이기 위해 검은색 단색 배경에 제시하기 • 한 번에 보이는 정보의 양을 줄여주기 • 시각적 혼란을 줄이기 위해 많은 시각 자극이나 정보를 한꺼번에 제시하지 않기 • 시각·청각·촉각 같은 여러 감각 정보를 동시에 제공하지 말고 한 번에 1개의 감각 정보를 순차적으로 제공하기

기출 POINT 9

❶ 25유아A5

[A]를 고려하여 밑줄 친 ㉠~㉣ 중 잘못된 자료 제시 방법의 기호를 찾아 쓰고, 이를 적절한 내용으로 고쳐 쓰시오.

> 김 교사: 선생님, 작년에 민정이 담임이셨죠? 민정이가 뇌병변장애와 대뇌피질형시각장애(Cortical Visual Impairment: CVI)를 중복으로 가지고 있어서 시각적 정보 처리 과정에 어려움이 있더라고요.
> 박 교사: 네, 민정이가 시각적 복잡성이 있는 곳에서 시각을 사용해 사물을 바라보거나 인식하는 것을 어려워해요. [A]
> 김 교사: 그러면 시각적 주의 집중을 위해 자료를 어떻게 제시해야 할까요?
> 박 교사: 민정이에게 시각적 자료를 제시할 때 ㉠ 검은색 배경판에 노란색 사물 제시하기, ㉡ 책상 주변에 검은색 칸막이 설치해 주기, ㉢ 복잡한 패턴의 자료를 순차적으로 제시하기, ㉣ 사물을 한 개씩 순차적으로 제시하기 등의 방법을 활용해서 지도했어요.

❷ 25중등A7

밑줄 친 내용 중 틀린 내용을 찾아 기호를 쓰고, 바르게 고쳐 서술하시오.

(가) 학생 A의 특성

원인	특성
대뇌피질시각장애	빛을 응시하는 경향이 있음

(나) 교육적 고려사항

이름	교육적 고려사항
학생 A	• ㉠ 단순한 수업 환경 제공하기 • ㉡ 대상을 제시한 후 시각적으로 바로 반응하게 지도하기 • ㉢ 교육 자료를 주기적으로 움직여 학생의 시각적 주의력 높이기

빛에 대한 요구(끌림)	광원(빛)에 끌려 오랜 시간 바라본다. 아동이 바라보아야 하는 대상 주변에 광원이 있으면 시각적 과제에 주의집중하는 것을 방해한다. 다른 측면에서 대상을 바라보도록 유도하기 위해 대상을 빛(라이트 박스, 손전등 등)과 함께 제시하는 것이 도움이 된다.	• 빛을 이용해 시각적 주의 유도하기 • 라이트 박스로 여러 가지 모양과 그림 지도하기
원거리 보기의 어려움	멀리 떨어져 있는 대상을 인식하기 어렵다. 그 이유는 시력의 문제가 아니라 멀리 떨어져 있을수록 아동의 시야에 주변 배경 요소들이 더 많이 보이게 되어(배경의 복잡성이 증가) 배경과 대상(물체)을 분리하여 확인하기 어렵기 때문이다. 예 거리가 멀어질수록 아동이 찾는 컵의 주변 배경이 시야에 더 많이 들어옴에 따라 시각적 복잡성이 증가하여 컵을 찾거나 식별하는 데 어려움을 보인다.	• 대상(자료·물체 등)을 근거리에서 제시하되, 단계적으로 대상을 제시하는 거리를 증가시키기 • 학습 자료나 교구를 학생 가까이 제시하기
비전형적 시각 반사	아이의 콧대를 가볍게 건드리거나 얼굴에 손바닥을 갖다 대는 위협적 행동에 대한 반응으로 '눈 깜빡임 반사'가 일어나지 않는다. 이 특성은 전반적인 시각 기능이 발달하면서 자연스럽게 해결되기 때문에 별도로 중재하지 않는다.	
시각적 새로움의 어려움	친숙한 대상(사물)에 대해서는 시각적 주의가 일어나지만, 새로운(낯선) 대상에는 시각적 호기심이나 시각적 주의가 부족하거나 일어나지 않는다. 새로운 대상에 대한 반복적인 노출을 통해 친숙화하는 중재가 필요하며, 이미 알고 있는 친숙한 대상과 유사성이 있는 새로운 대상부터 먼저 제시한다.	새로운 자료와 교구를 반복적으로 노출(워밍업)하여 친숙해질 시간을 제공하기
시각적으로 안내된 신체 도달의 어려움 ❶ 22초등B1	또래처럼 물체를 보면서 동시에 손으로 물체를 접촉하지 못한다. 물체를 눈으로 바라보고, 다시 시선을 다른 곳으로 돌린 후, 물체에 손을 뻗어 접촉한다.	• 아동이 선호하는 색상의 물체, 빛이 나는 물체, 단순한 배경에 물체 제시 등을 통해 대상을 보면서 동시에 손으로 접촉하는 행위를 촉진하기 • 사물을 보면서 동시에 조작하는 활동에 어려움이 있으므로 이들 과제를 순차적으로 수행하도록 허용하기

더알아보기

라이트 박스(light box)

라이트 박스는 조명이 들어가 있는 반투명 플라스틱 테이블 위에 여러 가지 물체를 놓고 물체의 모양이나 특징에 관심과 주의를 기울이도록 돕는다.

라이트 박스 사용지침

- 라이트 박스는 방의 형광등을 끄거나 조도(밝기)를 낮춘 후 사용함. 다만, 라이트 박스의 밝기를 단계적으로 낮추고 방의 조명을 높여 나가면서 라이트 박스에서 학습한 기술을 일반 조명 환경에도 일반화할 수 있도록 함
- 간질(뇌전증) 증상이 있는 학생의 경우, 빛의 깜빡거림이 발작을 촉발할 수 있으므로 라이트 박스에 깜빡임이 있는지 확인함
- 간질(뇌전증) 증상이 있는 학생의 경우, 일정한 패턴으로 계속 움직이는 아이템이나 이미지의 사용을 삼가는 것이 좋음
- 빛에 민감하거나 거부 반응을 보이는 학생이라면 테이블 아래가 아닌, 머리 위쪽에 조명이 비치는 라이트 박스를 구입해 사용할 수 있음
- 라이트 박스에 활용하는 아이템들은 반투명의 유색 물체나 도구들이 좋음. 불빛이 아이템을 통과하면서 내는 여러 가지 색이 유아의 관심을 끌 수 있음
- 라이트 박스에 아이템을 제시하고, 학생이 아이템의 모양·크기·색·위치를 말하도록 함

기출 POINT 10

❶ 22초등B1

(가)의 [A]를 고려하여 특수교사가 확인해야 할 (나)의 ⓒ을 쓰고, (가)를 고려하여 (나)의 ⓔ의 예를 1가지 쓰시오.

(가) 세희의 특성

- 초등학교 6학년 저시력 학생임
- 피질 시각장애로 인해 낮은 시기능과 협응능력의 부조화를 보임
- 눈부심이 있음 ─┐
- 글씨나 그림 등은 검은색 배경에 노란색으로 제시했을 때 더 잘 봄 ─┘ [A]
- 원근 조절이 가능한 데스크용 확대독서기를 사용하지만 읽는 속도가 느림

(나) 협의 내용

협의 내용 요약		점검사항 공통사항: 공 세희지원: 세
통합학급 교사	특수교사	
• 팀 활동 후 평가 실시 ─ 평가지는 ⓛ 평가 문항들이 단원의 목표와 내용을 충실하게 대표하는지를 같은 학년 교사들이 전문성을 바탕으로 이원분류표를 활용해서 비교·분석하여 확인함	• 학급을 순회하며 학생 요구 지원 ─ 세희가 평가지를 잘 볼 수 있게 ⓒ 확대독서기 기능 설정을 확인함 ─ 시험시간을 1.5배 연장함	공 이원분류표 세 ⓔ 수정된 답안지와 필기구 제공

07 외안근 이상

1. 사시

(1) 특성

더 알아보기

사시의 유형

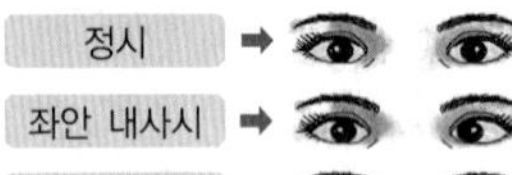

① 사시는 외안근의 불균형에 의해 양쪽 눈이 한 지점을 바라보지 못하는 질환이다. 유아기에 사시가 있을 경우 조기에 치료하지 못하면 시력 저하와 약시가 발생할 수 있다.

② 한쪽 눈이 정면을 바라볼 때 다른 쪽 눈은 안쪽 또는 바깥쪽으로 돌아가거나 위 또는 아래로 돌아가는 등 다양한 사시 유형이 있다.

③ 사시는 사물이 겹쳐 보이는 복시, 돌아간 눈을 사물의 인식에 사용하지 못하여 발생하는 억제, 약시, 두통, 안피로 등을 유발할 수 있다.

(2) 교육적 조치

① 사시는 시력 저하와 시야 문제를 가져올 수 있으므로 시력, 시야 등의 시각 평가를 실시해야 한다.

② 사시를 교정하면 양안시(양쪽 눈이 하나로 초점을 맺음) 회복과 시력 개선이 이루어질 수 있다. 사시 유형에 따라 눈을 가리는 차폐법(외사시)이나 안경으로 교정하는 방법(내사시), 수술 등을 활용할 수 있다.

③ 사시로 인해 시력이 저하되어 인쇄물이 흐릿하게 보이는 경우에 확대 자료나 글자가 굵고 선명한 자료를 제공하는 것이 도움이 된다.

④ 양안시의 어려움으로 눈손 협응 활동 등에 어려움을 보인다면 추시, 추적, 주사 등의 시기능 훈련이 도움이 된다.

⑤ 대화할 때 눈 접촉이 잘 이루어지지 않으므로 반 친구들이 이를 이해하고 놀리지 않도록 한다.

⑥ 양안시 문제로 인한 입체시 부족으로 깊이 지각이 어려우므로 단차, 계단, 굴곡 있는 길을 이동할 때 발을 헛디디지 않게 유의하도록 한다.

⑦ 친숙하지 않은 시각 활동이나 과제를 수행할 때 시각적으로 적응하는 데 시간이 걸리므로 과제 수행 시간을 더 준다.

⑧ 사시 유형에 따라 효율적으로 시각을 활용할 수 있는 위치에 자리를 배치한다. 예를 들어 좌안 정상, 우안 외사시라면 교실 중앙으로부터 약간 좌측에 자리를 배치하는 것이 도움이 된다.

⑨ 양안시의 어려움으로 눈에 피로감을 느낄 수 있으므로 주기적인 휴식을 허용한다.

2. 안구진탕

(1) 특성

① 안구진탕(안진)은 학생의 의지와 상관없이 안구가 무의식적이고 빠르게 반복적으로 움직인다. ❶ 17초등A4

② 안구가 원하는 위치에 머물러 있지 못하므로 앞에 있는 목표 대상을 일정 시간 동안 주시하여 바라보는 것이 어렵다.

③ 안구진탕으로 인해 시력장애가 발생하거나 진동시(물체가 떨려 보이는 증상)로 인해 심한 어지럼증을 호소하는 경우에는 치료를 시도할 필요가 있다.

(2) 교육적 조치

① 안구의 불수의적 움직임은 시력 저하와 안피로 등을 가져올 수 있으므로 시력, 읽기 지속성 등의 시각 평가를 실시해야 한다.

② 읽기 활동에서 글줄을 잃어버리는 현상을 보이면 타이포스코프나 라인 가이드를 사용하도록 한다.

기출 POINT 11

❶ 17초등A4

수지의 특성을 고려할 때 ㉡이 수지의 읽기 속도 및 시기능(시효율)을 향상시킬 수 있는 이유를 1가지 쓰시오.

■ 수지(단순 시각장애)

- 원인: 안구진탕(안진)
- 현재 시각 정도: 저시력
- 묵자 읽기 속도가 느리고, 시기능(시효율)이 낮음

㉡ 독서 보조판(typoscope)을 제공한다.

③ 안구의 불수의적 움직임이 계속되면 눈의 피로감과 어지러움을 느낄 수 있으므로 주기적인 휴식을 허용한다.

④ 과도한 긴장과 스트레스 역시 불수의적 안구 움직임을 심화시킬 수 있으므로 심리적으로 편안함을 느끼도록 학습 분위기를 조성한다.

⑤ 시력표, 읽기 자료 등을 사용하여 안진이 줄어들고 가장 잘 보이는 눈의 응시 방향 및 자료와 적정 거리를 찾아 사용하는 정지점 훈련(null point training)을 실시한다.

⑥ 초점을 맞추기 위해 머리를 돌리거나 몸을 기울일 때, 꾸중을 하거나 자세를 교정시켜서는 안 된다. ❶ 17중등A10

기출 POINT 12

❶ 17중등A10
㉠~㉣ 중에서 바르지 않은 것을 찾아 그 이유를 쓰시오.

■ 학생 특성

시력	• 수업 시간에 머리를 돌리거나 몸을 기울임 • 고시 능력에 문제가 있음 • 피로하거나 과도한 스트레스를 받으면 안질환의 증상이 심해짐
학업	• 묵자와 점자를 병행하여 학습함 • 인지 및 운동 기능에는 어려움이 없음

■ 교수학습 방법 및 평가 방법

㉡ 머리를 돌리거나 몸을 기울이지 않도록 자세를 교정함

⑦ 안구의 불수의적 움직임으로 인해 일정 시간 동안 안정적으로 고시를 유지하는 능력이 부족하므로, 전방의 한 점을 계속 주시하는 훈련을 실시한다.

⑧ 줄무늬 같은 특정 무늬가 안구의 불수의적 움직임을 증가시킬 수 있으므로 학습 자료나 환경에서 이를 피하도록 한다.

더 알아보기 **고시**(fixation)

> 고시는 한 지점을 눈으로 계속 응시하는 기술이다. 목표물을 일정 시간 동안 계속 고시를 할 수 있어야 눈으로 초점을 맞추고 그 목표물이 무엇인지 확인할 수 있다. 따라서 시야가 좁거나 안구진탕 또는 사시가 있는 학생은 목표물을 찾아 고시를 유지하는 데 어려움을 보일 수 있다.

08 굴절 이상

1. 근시

(1) 특성

① 근시는 수정체의 굴절력이 커서 물체의 상이 망막 앞쪽에 맺히게 되어 흐릿하게 보이게 된다.

② 물체에 더 가까이 다가가면 물체의 상이 커지는 효과가 있어 수정체의 굴절력이 크더라도 망막에 제대로 상이 맺힐 수 있기 때문에, 근시 학생은 사물에 가까이 다가가려는 경향이 있다.

③ 근시가 있는 학생은 가까운 물체는 볼 수 있으나 먼 거리의 물체는 보기 어려우므로 근거리 시력이 원거리 시력보다 더 좋다.

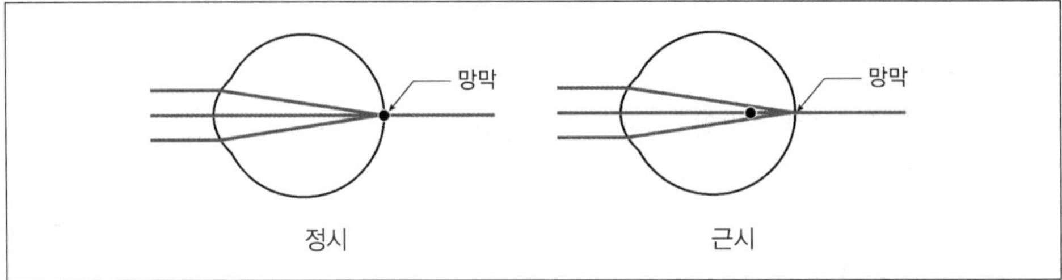

(2) 교육적 조치 ❶ 09초등23

근시가 있는 학생이 먼 거리의 물체를 보기 위해 가까이 다가가지 않고도 문제를 해결할 수 있는 방법은 오목렌즈 안경을 착용하는 것이다. 오목렌즈는 가운데는 얇고 가장자리는 두꺼워 물체의 상이 렌즈를 통과할 때 렌즈의 두꺼운 쪽으로 굴절되기 때문에 물체의 상을 크게 만드는 효과가 있다.

> **기출 POINT 13**
> ❶ 09초등23
> 시각장애 학생 정호의 특성이다. 가장 적절한 지도사항은?
> ■ 학생 특성
> • 좋은 쪽 눈의 교정시력이 0.08이다.
> • 가까이 있는 사물은 볼 수 있지만 멀리 있는 사물은 거의 보지 못한다.
> ③ 사회 교과서를 읽을 때 오목렌즈를 사용하도록 지도한다.

2. 원시

(1) 특성

① 원시는 노화로 안구의 전후 길이가 짧아지거나 무수정체안 등으로 인해 물체의 상이 망막의 뒤쪽에 맺혀 흐릿하게 보이는 것이다.

② 물체와 멀리 떨어질수록 물체의 상이 작아지는 효과가 있으므로 수정체의 굴절력이 작더라도 망막에 제대로 상이 맺힐 수 있어, 원시 학생은 사물로부터 거리를 두어 보려는 경향이 있다.

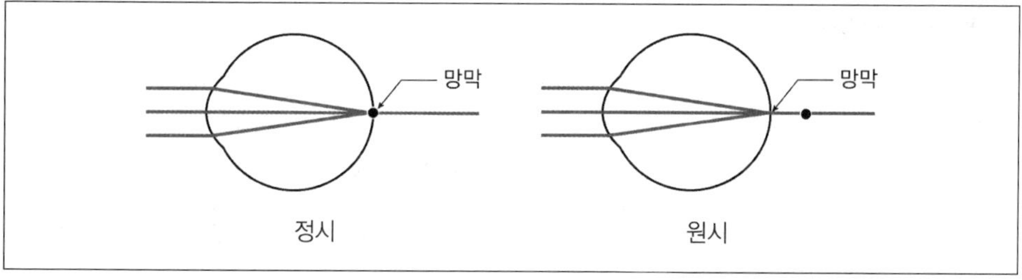

(2) 교육적 조치

원시는 근거리 과제에 어려움이 있으므로 볼록렌즈로 교정하는 것이 필요하다. 볼록렌즈는 가운데가 두껍고 가장자리가 얇아 물체의 상이 렌즈를 통과할 때 물체의 상을 작게 만드는 효과가 있어, 물체와 떨어져서 보지 않더라도 망막에 상이 맺히도록 할 수 있다.

3. 난시

(1) 특성

난시는 눈의 굴절력이 안구의 모든 면에서 같지 못하여 물체의 상이 한 점이 아닌 여러 점에 초점을 맺어 물체가 여러 개로 보인다.

(2) 교육적 조치

① 난시용 안경 렌즈를 통해 어느 정도 교정이 가능하다.

② 난시가 있는 학생은 핀홀 효과를 얻기 위해 곁눈질해서 보는 경향이 있으며, 근거리 과제를 오래 하면 눈의 피로가 있을 수 있으므로 주기적인 휴식을 허용하는 것이 필요하다.

09 시청각장애(맹농) 질환

1. 어셔증후군

① 어셔증후군은 시력 및 청력 상실을 일으키는 진행성 유전 질환이다.

② 시력 상실은 망막의 퇴행을 가져오는 망막색소변성증에 기인하며, 일반적으로 유년기나 청소년기에 나타난다.

③ 청력 손실은 유전자 돌연변이가 달팽이관에 영향을 주어 발생한다.

2. 차지증후군

① 차지증후군은 태아 발달기부터 발생하여 여러 장기를 침범하는 유전 질환이다.

② 안조직 결손, 후비공 폐쇄, 뇌신경 이상, 귀모양 이상과 난청을 동반한다.

10 기타 질환

1. 복시

① 복시는 1개의 물체가 2개로 보이는 현상을 의미한다. 한 눈으로 볼 때 사물이 2개로 보이는 현상을 한눈 복시(단안 복시), 양 눈의 정렬이 잘못되어 생기는 복시를 두눈 복시(양안 복시)라고 한다.

② 한눈 복시의 원인은 각막 손상, 난시, 수정체 탈구, 백내장, 원추 각막, 익상편 등이 있다. 안구는 외안근에 의해 움직이는데, 하나의 안근에 이상이 발생하면 두 눈의 초점이 달라지는 두눈 복시가 발생한다. 두눈 복시의 원인은 외안근 염증 및 손상, 신경마비, 중증 근무력증 등이 있다.

③ 두눈 복시는 한쪽 눈을 감았을 때 복시가 사라지는지를 기준으로 진단할 수 있다. 이때 물체의 상이 위아래로 생기는지, 옆으로 생기는지, 상이 기울어져 보이는지 확인한다. 성인의 경우 보이는 것을 잘 묘사할 수 있으므로 복시를 쉽게 진단할 수 있지만, 어린 아동의 복시를 진단하는 것은 어렵다. 아동이 눈을 많이 비비거나, 손으로 가리거나, 곁눈질을 하거나, 머리를 한쪽으로 기울이는 등의 행동을 한다면 복시를 의심할 수 있다.

④ 복시 치료 방법은 그 원인에 따라 차이가 있다. 근육 이상, 백내장이나 익상편에 의해 생긴 복시는 수술을 통해 교정하고, 난시로 인해 생긴 복시는 특수 콘택트 렌즈나 안경을 사용하여 교정한다. 사시가 있는 아이에게는 안경을 착용시키거나 눈을 올바르게 정렬시키는 훈련을 위한 프리즘 치료를 시행하되, 복시 증상이 심하면 사시 교정 수술이 필요할 수 있다.

⑤ 사시를 동반한 시각장애 학생을 위한 교육적 고려사항은 다음과 같다.

- 눈의 피로감이나 현기증을 느낄 수 있으므로 잦은 휴식 시간을 허용한다.
- 고대비의 라인 마커를 사용하여 주요 정보나 내용에 표시한다.
- 고대비 자료를 사용하고 눈부심(빛 반사)을 감소시킨다.
- 새로운 환경에 친숙해질 수 있도록 보행에서 친숙화 교육을 실시한다.

2. 약시

(1) 특성

① 경도 저시력 학생의 안과 진단서에 '약시'라고 적혀 있는 경우가 종종 있다. 약시는 안과 검사에서 특별한 안질환을 발견할 수 없음에도 불구하고 안경이나 콘택트렌즈로 최대한 교정해도 정상적인 시력이 나오지 않는 경우를 말한다.

② 시력표에서 양쪽 눈의 시력이 두 줄 이상 차이가 있을 때 시력이 낮은 쪽을 약시라고 한다.

③ 약시의 원인에는 사시, 굴절 이상, 선명한 시각상의 결여 3가지가 있으므로 조기부터 적절한 지원이 이루어지면 약시를 어느 정도 예방하고 개선할 수 있다.

④ 특히 눈 조직이 발달하는 성장기에 약시를 조기 발견하여 치료하면 예후가 양호하므로 치료 시기를 놓치지 않는 것이 중요하다.

(2) 교육적 조치

① 교정하여도 시력이 좋지 않고 좋은 쪽 눈으로만 보는 경향에 따른 시력 저하 문제를 가질 수 있으므로, 시력 · 대비감도 · 대비 선호 등의 시각 평가를 실시할 필요가 있다.

② 굴절 이상이 원인일 경우 안경이나 콘텐트 렌즈로 교정한다. 사시가 원인일 경우 좋은 쪽 눈을 가리고 사시가 있는 나쁜 쪽 눈을 사용하는 기회를 제공하며, 학습자료를 적합한 글자 크기의 선명한 자료로 만들어 주거나 적합한 배율의 확대경을 통해 선명한 상을 보는 기회를 제공하는 것이 약시 예방과 치료에 도움이 될 수 있다.

③ 좋은 쪽 눈만 사용하는 단안시(즉, 양안시의 어려움)로 인해 깊이 지각에 어려움이 있을 수 있어 보행할 때 길가의 웅덩이, 패인 곳, 계단 등에서 발을 헛딛지 않게 유의하도록 한다.

④ 두 눈의 큰 시력 차이로 인해 시각-운동 협응을 요구하는 활동에 어려움을 보일 수 있으므로 과제에 적응할 추가 시간이 필요할 수 있다.

⑤ 교실에서는 두 눈 중 좋은 눈을 사용할 수 있는 곳에 자리를 배치한다. 예를 들어, 우측 눈이 더 좋다면 우측 눈은 우측 시야 90도, 좌측 시야 60도가 정상임을 고려하여 교실 중앙이나 약간 좌측에 자리를 배치하는 것이 좋다.

저시력 학생을 위한 교육적 중재

01 Corn의 시기능 모델

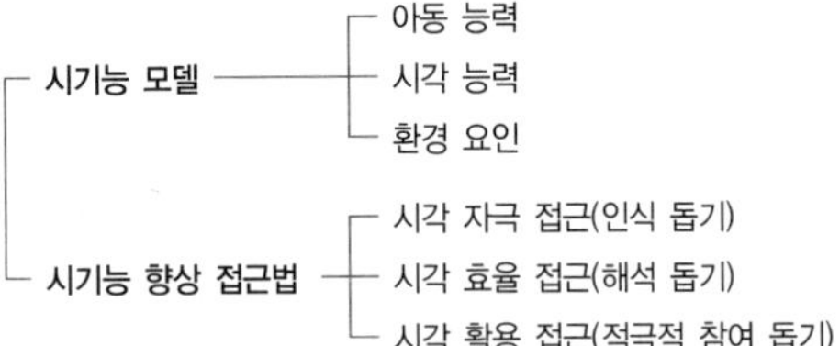

02 시각 활용 기술 훈련(시각전략)

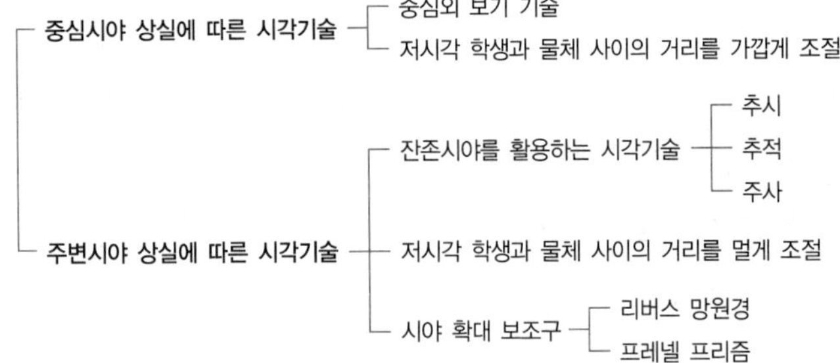

03 저시력 학생을 위한 학습자료 수정(확대법)

- 상대적 거리 확대법
- 상대적 크기 확대법
- 각도 확대법
- 투사 확대법

04 저시력 학생을 위한 보조공학기기

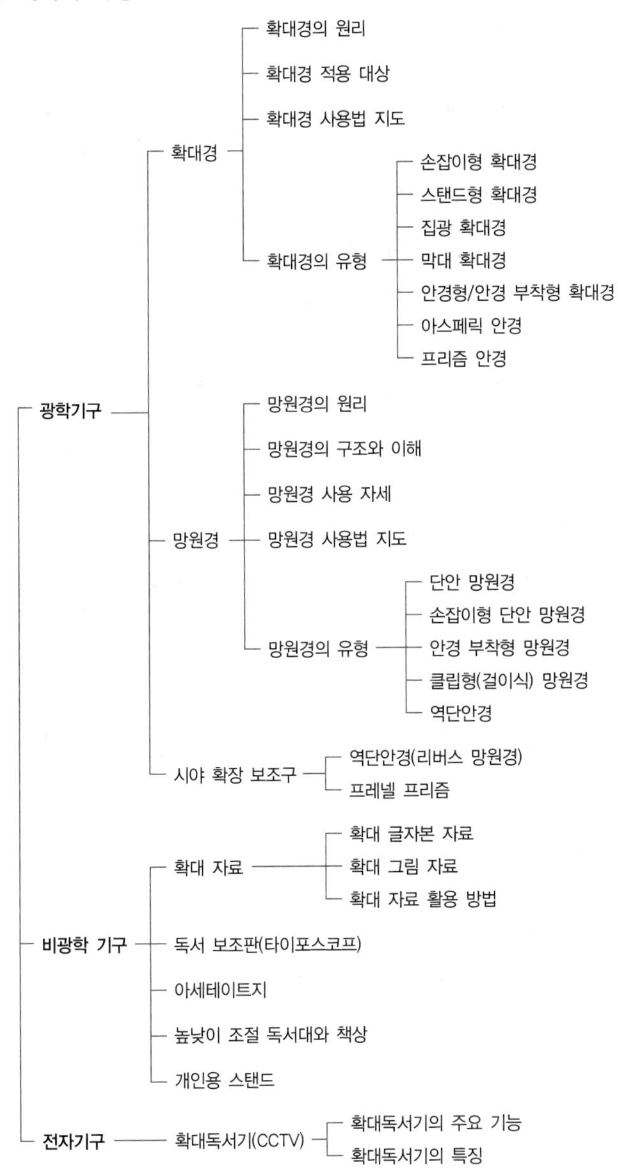
광학기구
확대경
확대경의 원리
확대경 적용 대상
확대경 사용법 지도
확대경의 유형
손잡이형 확대경
스탠드형 확대경
집광 확대경
막대 확대경
안경형/안경 부착형 확대경
아스페릭 안경
프리즘 안경
망원경
망원경의 원리
망원경의 구조와 이해
망원경 사용 자세
망원경 사용법 지도
망원경의 유형
단안 망원경
손잡이형 단안 망원경
안경 부착형 망원경
클립형(걸이식) 망원경
역단안경
시야 확장 보조구
역단안경(리버스 망원경)
프레넬 프리즘
비광학 기구
확대 자료
확대 글자본 자료
확대 그림 자료
확대 자료 활용 방법
독서 보조판(타이포스코프)
아세테이트지
높낮이 조절 독서대와 책상
개인용 스탠드
전자기구
확대독서기(CCTV)
확대독서기의 주요 기능
확대독서기의 특징

05 저시력 학생을 위한 컴퓨터 접근성

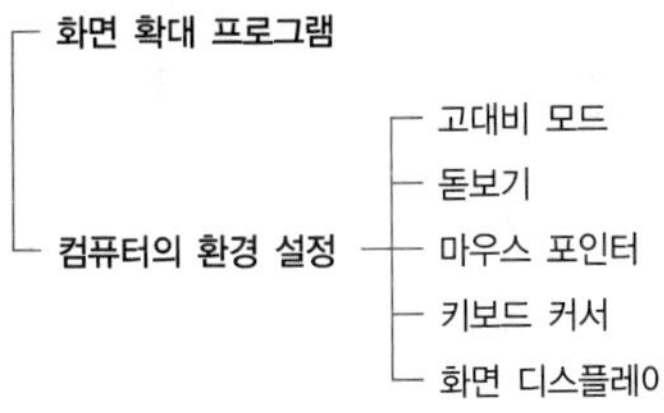
화면 확대 프로그램
컴퓨터의 환경 설정
고대비 모드
돋보기
마우스 포인터
키보드 커서
화면 디스플레이

01 Corn의 시기능 모델

1. 시기능 모델 ❶ 11중등32

'시기능'이란 시각을 이용해 과제를 수행하는 능력으로, 시기능의 수준은 아동의 시력, 과거 시각적 경험, 시각을 사용하려는 동기와 욕구, 주변의 기대에 좌우된다. 시효율을 높이기 위한 시기능 요인에는 아동 능력, 시각 능력, 환경 요인이 있다.

아동 능력	인지, 지각, 심리적·신체적 구성, 감각통합*
시각 능력	시력, 시야, 안구운동, 뇌기능, 빛 지각과 색각
환경 요인	색상, 대비, 시간, 공간, 조명 환경적인 요인은 아동이 시각 과제를 쉽고 편안하며 효율적으로 할 수 있도록 총체적으로 고려되어야 한다.

기출 POINT 1

❶ 11중등32

학생 A는 최근에 나타난 망막색소변성으로 시각장애 2급 판정을 받았다. 특수교사는 학생 A가 통합학급에서 효율적으로 교육받을 수 있도록 다음에 제시한 콘(Corn)의 모델을 활용하여 시기능을 평가·훈련하고자 한다. 교사의 평가 및 훈련 계획으로 적절하지 않은 것은?

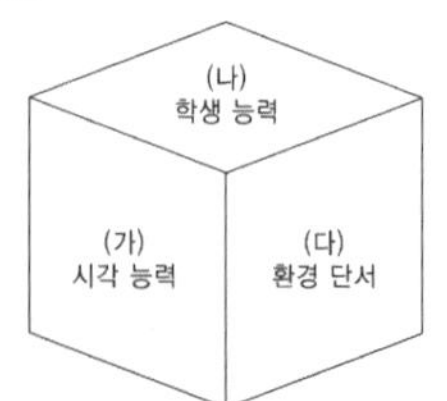

① 시지각은 학생의 경험 및 지식과 관련이 있으므로, 시기능 훈련 시 인지적 요인을 고려한다.
② (가)에는 시력, 시야, 안구운동, 뇌기능, 빛지각과 색각이 포함되므로, 이러한 능력을 고려하여 시기능 훈련을 계획한다.
③ (나)에는 감각발달통합 능력이 포함되므로, 다양한 감각 정보를 조직화하고 해석하는 능력을 시기능 훈련에 포함시킨다.
④ (다)를 참고하여, 학생 A가 광학 및 비광학 기구를 활용할 때, 색상, 대비, 시간, 공간 및 조명의 효과성을 다양한 환경에서 평가한다.

Keyword

감각통합(감각발달통합)

주변으로부터 들어온 감각 정보를 뇌의 지각 기능과 연관시켜 이해하는 과정이다. 즉, 시각, 청각, 촉각, 후각, 미각, 근육감각 등을 통해 동시에 쉴 새 없이 들어오는 감각 정보를 조직화하고 해석하는 작용이다.

2. 시기능 향상 접근법(저시력 아동을 위한 교육접근)

Corn은 시기능 평가를 통한 시지각 훈련이 필요하다고 보고, 저시력 아동에게 적용할 수 있는 세 가지 접근법을 제안하였다.

(1) 시각 자극 접근(인식 돕기)

① 아동의 시각을 실생활에서 효율적으로 활용할 수 있도록 질 높은 시각 자극 경험을 단계에 맞춰 제공해 주어야 한다.

② 시각 자극 프로그램은 다음 기술들을 단계별로 지도한다.

㉠ 빛이 있는지 없는지 판단하기
㉡ 사물이 있는지 없는지 판단하기
㉢ 움직이는 대상을 머리를 움직이거나 눈을 움직여 추적하기
㉣ 눈으로 본 대상으로 접근하기

(2) 시각 효율 접근(해석 돕기)

① 시각 효율 접근에서는 시기능의 발달 및 시지각과 관련된 환경 요소들을 고려한다.

② 아동은 시각 자극의 유형을 구별하고, 대상의 윤곽과 세부적인 부분들을 알아보며, 2차원의 그림과 상징에 대해 학습한다.

(3) 시각 활용 접근(적극적 참여 돕기)

시각 활용 접근은 광학·비광학 보조구 사용, 시각 환경 수정 등 시각 사용을 극대화할 수 있는 기법으로 구성된다.

02 시각 활용 기술 훈련(시각전략)

저시각인이 잔존시각을 효율적으로 활용하는 기술을 습득하게 되면 보행 및 일상 활동에서 시기능을 향상시킬 수 있다.

1. 중심시야 상실에 따른 시각기술

(1) 중심외 보기 기술 ❶ 25중등A7

① 시야 중심부에 손상이 있으면 시력이 저하되고, 목표물을 똑바로 바라볼 때 물체의 가운데가 보이지 않아 물체를 알아보기 어려울 수 있다. 따라서 황반변성, 시신경 위축, 망막박리 등으로 시야 중심부의 손상이나 암점이 있는 학생은 시야 중심부에서 비교적 가까운 주변부 시야로 보는 중심외 보기 기술을 익혀야 한다. ❸ 11중등32

② 중심외 보기를 하는 학생은 정면에 위치한 물체를 보기 위해 안구나 고개가 정면을 향하지 않고, 안구나 고개를 돌려 주변부로 보아야 하는데, 학생마다 시야 중심부 손상 위치와 크기에 따라 중심외 보기 방향이 다를 수 있다. ❷ 14중등A9

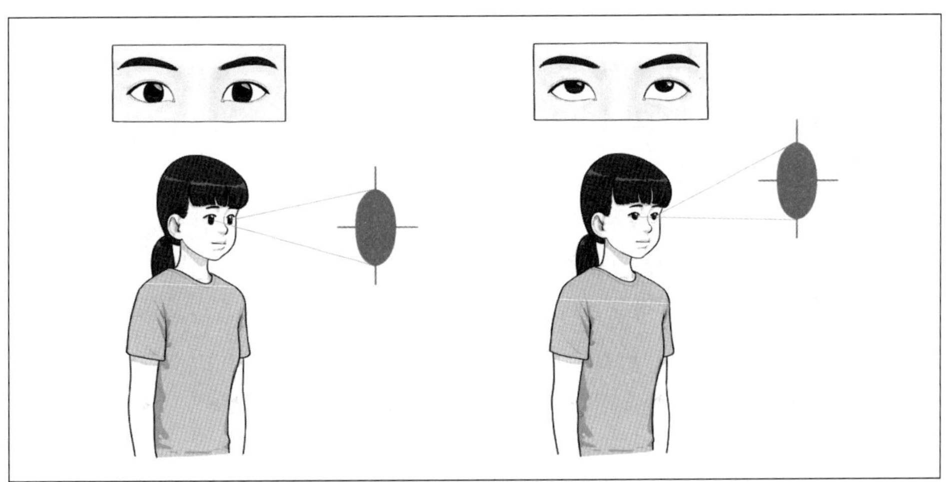

중심부 암점(좌)과 12시 방향으로 중심외 보기(우)

더 알아보기

시각 활용 기술

시각 활용 기술에는 고시, 추시, 추적, 주사, 중심외 보기 등이 있다.

기출 POINT 2

❶ 25중등A7

괄호 안의 ⓗ에 해당하는 내용을 쓰시오.

(가) 학생 B의 특성

원인	특성
황반변성	황반부에 암점이 있음

(나) 교육적 고려사항

이름	교육적 고려사항
학생 B	• ⓔ 필기 시 굵고 진한 선이 있는 종이와 검정색 사인펜을 사용하기 • ⓜ 상대적 크기 확대법을 적용하여 확대 독서기로 학습자료 접근성 높이기 • 중심부 시야가 손상이 되면 암점의 위치와 크기를 확인하여 (ⓗ) 방법 지도하기

❷ 14중등A9

저시력 학생 A(교정시력 좌안 광각, 우안 0.08, 시야는 중심부 암점)의 시각 특성에 따라 특수교사가 학생 A에게 가르치고 있는 시각 활용 기술에 해당하는 용어를 쓰시오.

교사: 자, 책에 있는 그림을 보세요.
학생: 선생님, 그림을 똑바로 보면 그림 전체가 오히려 더 잘 안 보여요.
교사: 그러면 그림의 약간 위쪽, 오른쪽, 왼쪽을 한 번씩 보세요. 그림의 어느 쪽을 볼 때 가장 잘 보이나요?
학생: 그림의 약간 오른쪽을 볼 때가 가장 잘 보이는 것 같아요.
교사: 그러면 책에 있는 다른 그림들을 볼 때도 그림의 약간 오른쪽을 보도록 하세요.

❸ 11중등32

학생 A는 최근에 나타난 망막색소변성으로 시각장애 2급 판정을 받았다. 특수교사는 학생 A가 통합학급에서 효율적으로 교육받을 수 있도록 다음에 제시한 콘(Corn)의 모델을 활용하여 시기능을 평가·훈련하고자 한다. 교사의 평가 및 훈련 계획으로 적절하지 않은 것은?

⑤ 학생 A는 지속적인 시기능 저하가 나타날 수 있으므로 심리적 안정을 고려하며, 중심외 보기를 통해 주변시야를 활용하는 시기능 훈련을 한다.

(2) 저시각 학생과 물체 사이의 거리를 가깝게 조절

① 중심 암점의 영향을 최소화하는 전략으로 저시각인과 물체 간의 거리를 가깝게 조절하는 것이다.

② 물체를 바라볼 때 물체의 중심부가 안 보여서 물체를 확인하기 어렵다면, 물체에 더 가까이 다가가는 것이 도움이 된다. 물체에 다가가면 눈의 암점의 크기는 변함이 없으나 물체가 커지는 효과가 있어 암점의 영향이 감소됨에 따라 물체의 더 많은 부분을 볼 수 있다.

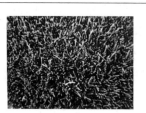

떨어져서 나무 보기 다가가서 나무 보기

2. 주변시야 상실에 따른 시각기술

(1) 잔존시야를 활용하는 시각기술 ❶ 22유아A5, ❷ 13초등B6

① 추시(tracing)

㉠ 추시는 움직이지 않는 목표물을 눈으로 따라가며 목표물 전체를 보는 기술이다. 시야가 좁은 학생은 목표물의 전체를 한 번에 보기 어렵기 때문에 전체를 확인하기 위해 목표물의 시작 부분부터 끝부분까지 눈으로 따라가면서 보는 것이 필요하다.

㉡ 시야 손상이 있는 학생은 문장 읽기, 표지판 읽기, 인도에서 펜스나 연석을 따라 걷기 등의 활동을 할 때 추시 기술의 사용이 도움이 된다.

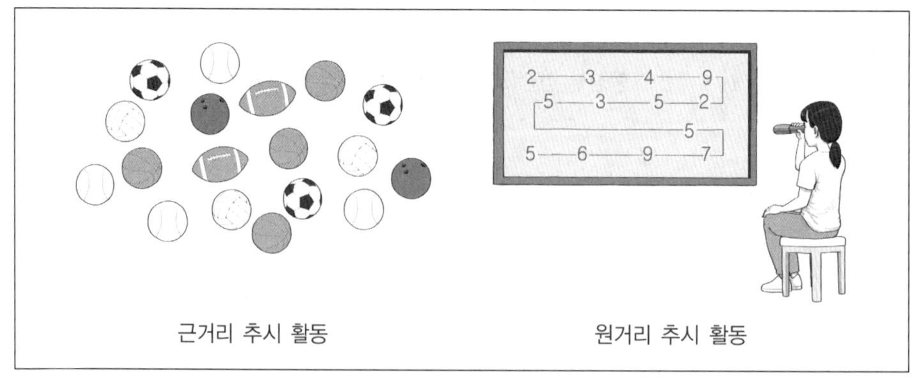

근거리 추시 활동 원거리 추시 활동

기출 POINT 3

❶ 22유아A5
① ㉣의 구체적인 지도내용을 1가지 쓰고, ② ㉣을 도와줄 수 있는 비광학 기구를 1가지 쓰시오.

> 진서가 동화책을 볼 때 ㉣ 추시하기(tracing)를 가르치기 시작했어요.

❷ 13초등B6
추시하기와 주사하기 기술을 지도받을 필요가 있는 학생의 이름을 쓰고, 이 학생을 선정한 이유를 쓰시오.

학생	안질환	시각장애 정도
준수	선천성 녹내장	전맹
경호	선천성 백내장	저시력
현미	무홍채증	저시력
수진	망막색소변성	저시력

② 추적(tracking)

㉠ 추적은 움직이는 목표물을 눈으로 따라가며 보는 기술이다. 시야가 좁은 사람은 움직이는 목표물을 쉽게 놓치기 때문에 목표물의 이동 방향을 눈으로 계속 쫓아가면서 목표물을 확인하는 추적 기술이 필요하다.

㉡ 시야 손상이 있는 학생은 마우스 커서의 움직임 따라가기, 공 주고받기, 이동하던 택시가 멈추어 서는 위치 확인하기, 움직이는 버스의 노선 번호 확인하기 등의 활동을 할 때 추적 기술의 사용이 도움이 된다. ❶ 25중등A7

③ 주사(scanning)

㉠ 주사는 특정 공간이나 장소를 눈이나 머리를 체계적으로 움직이면서 빠뜨리지 않고 훑어보는 기술이다. 시야 손상이 있는 학생은 특정 장소에서 목표물을 찾는 데 어려움이 있다.

㉡ 바닥에 떨어진 물건 찾기, 책 페이지에서 특정 줄이나 단어 찾기, 운동장에서 사람 찾기, 상가 지역에서 특정 상점 찾기 등의 활동을 할 때 주사 기술의 사용이 도움이 된다.

축구공을 찾아 ○표 하기

⚑ 근거리 주사 활동

(2) 저시각 학생과 물체 사이의 거리를 멀게 조절

① 주변시야가 상실되었더라도 중심시력이 양호한 경우에는 저시각 학생과 대상물 간의 거리를 조절하는 방법으로 주변시야 상실의 영향을 감소시킬 수 있다.

② 물체의 전체가 보이지 않을 때 물체로부터 더 멀리 떨어지면 물체의 상이 작아져 시야가 넓어지는 효과로 전체를 볼 수 있다. 다만, 거리가 멀어지면 시력이 감소하여 세부 요소를 정확히 확인하기 어려워지므로, 물체의 전체 윤곽을 확인한 후에 물체에 다시 가까이 다가가서 세부 요소를 살펴보는 단계적 보기 전략을 사용할 필요가 있다. ❶ 22유아A5

기출 POINT 4

❶ 25중등A7

시기능 훈련에 나타난 시각 활용 기술의 명칭을 쓰시오.

〈움직이는 공 주고받기〉

〈움직이는 단어 카드 읽기〉

기출 POINT 5

❶ 22유아A5

©의 구체적인 방법을 쓰시오.

민 교사: 선천성 녹내장인 진서의 시각 특성을 고려해서 교육활동에 적용해 보셨어요?
장 교사: 네, 자료를 제시할 때 © 진서의 눈과 자료의 거리를 조절하여 자료 전체의 모습을 볼 수 있도록 했어요.

(3) 시야 확대 보조구

시야 확대 보조구는 시야 범위가 지나치게 좁은 학생을 위한 특별한 보조구로, 리버스 망원경과 프레넬 프리즘이 있다.

① **리버스 망원경**: 시야가 좁아 보는 범위가 적은 경우에 대상을 축소시켜 주어 자신의 눈으로 볼 수 없는 범위의 사물까지 볼 수 있게 도와주는 광학기구이다. 아파트 현관문에 부착되는 외부 관찰용 렌즈로 제작되어 실생활에서 활용되기도 한다.

② **프레넬 프리즘**: 투명하고 두꺼운 플라스틱 막으로, 안경알에 부착해서 쓴다. 안전하고 효율적인 이동을 위해 필요한 정보를 받아들일 수 없을 정도로 시야가 좁은 경우, 프리즘을 통하여 80~90도 범위 안에 있는 대상을 볼 수 있다.

정안 / 반맹 / 프리즘 렌즈를 안경에 부착한 경우

기출 POINT 6

❶ 25중등A7

밑줄 친 ㉠~㉤ 중 틀린 내용을 2가지 찾아 기호를 쓰고, 바르게 고쳐 서술하시오.

(가) 학생 특성

이름	원인	특성
학생 B	황반 변성	황반부에 암점이 있음

(나)

> ㉤ 상대적 크기 확대법을 적용하여 확대 독서기로 학습자료 접근성 높이기

❷ 13중등20

저시력 학생을 위한 확대법에 대한 두 교사의 대화이다. 옳은 것만을 있는 대로 고른 것은?

> 박 교사: 선생님, 저시력 학생을 위해 자료를 확대하는 방법 중 상대적 거리 확대법에 대해 설명해 주세요.
> 이 교사: 예, ㉠ 교과서나 교육 자료를 큰 문자로 인쇄하거나 확대 복사하는 것이 상대적 거리 확대법의 예입니다.
> 박 교사: 각도 확대법은 무엇인가요?
> 이 교사: 각도 확대법은 광학기구를 이용하여 확대하는 방법입니다. 확대경을 이용하는 것이 좋은 예입니다.

03 저시력 학생을 위한 학습자료 수정(확대법)

확대법은 시력과 시야 중 시력에 문제가 있는 학생에게 보다 효과적인 방법이다. 학생이 시력과 시야 모두에 문제가 있다면 학생의 잔존 시야를 고려해 적정 수준에서 확대하는 것이 필요하다. 학생의 잔존 시야를 고려하지 않고 확대하게 되면 글자나 그림 전체가 시야에 들어오지 않거나 시야에 들어오는 글자 수가 적어져서 읽기 효율성이 감소할 수 있다.

1. 상대적 거리 확대법 ❷ 13중등20

자료에 가까이 다가가서 보는 것으로, 자료에 다가갈수록 물체의 상이 커지는 효과가 있다.

예 체육 시간에 교사가 학생에게 가까이 다가와서 보도록 함

2. 상대적 크기 확대법 ❶ 25중등A7

자료를 더 크게 만들어주는 것으로, 칠판에 글자를 더 크게 써주거나 복사기로 2배 확대한 자료를 제공하는 것이다. 예 체육 시간에 일반 공보다 큰 공을 사용함

3. 각도 확대법

렌즈를 사용하여 자료가 더 크게 보이도록 하는 것으로, 원 자료가 렌즈를 통과하면 자료의 글자나 그림의 상이 더 커진다. 예 확대경, 망원경

4. 투사 확대법 ❶ 20중등A9, ❷ 16중등A13

카메라 및 전자 장치를 통해 모니터나 스크린에 원 자료의 크기보다 크게 투사한다.

예 확대독서기(CCTV)

더 알아보기 확대법

학생의 잔존 시각과 학습 상황에 따라 이들 확대법을 조합하여 사용하는 것이 필요하다. 예를 들어, 판서가 보이지 않는 학생을 상대적 거리 확대법을 적용하여 교실 맨 앞줄에 앉도록 하였으나 여전히 잘 보지 못한다면, 교사가 칠판의 글자 크기를 원래보다 2배 이상 크게 쓰는 상대적 크기 확대법을 함께 적용할 수 있다. 또는 각도 확대법에 따라 확대경을 사용해야 하는 학생이 확대경의 배율이 너무 높아서 눈의 피로나 어지러움을 호소한다면, 확대경 배율을 낮추는 대신에 학습 자료를 확대복사기로 더 크게 확대해주는 상대적 크기 확대법을 함께 사용할 수 있다. 특히 고배율의 확대가 필요한 중도 저시력 학생에게는 두 가지 이상의 확대법을 함께 사용하는 것이 도움이 된다.

04 저시력 학생을 위한 보조공학기기

저시력 학생의 대부분은 잔존시력을 보유하고 있기 때문에 이를 효과적으로 활용할 수 있도록 해야 한다. 저시력 학생용 보조기구는 크게 광학기구(확대경, 망원경, 시야확장보조구)·비광학기구(확대도서, 독서 보조판과 독서대, 노란색 아세테이트지)·전자기구(확대독서기) 등으로 나눌 수 있다.

더 알아보기 시기능 문제와 중재 방법

시기능 문제		중재 방법
시력	작은 것을 보기 어려움	• 자료를 확대함 • 자료에 다가가서 봄 • 확대경과 확대독서기를 사용함
대비	낮은 대비 자료를 보기 어려움	• 자료를 고대비로 수정함 • 적정 조명을 제공함 • 눈부심을 감소시킴 • 확대독서기를 사용함 • 아세테이트지, 착색 렌즈를 사용함 • 검은색 매트 위에 자료를 놓음
중심부 시야 손상(암점)	물체를 보면 중앙이 안 보임	• 중심외 보기(주변부 시야 보기) 기술을 지도함 • 암점보다 자료를 크게 확대함 • 암점의 영향을 줄이기 위해 자료에 더 가까이 다가감
주변부 시야 손상	물체를 보면 주변부가 안 보임	• 추시, 추적, 주사 기술을 지도함 • 프리즘 렌즈를 사용함 • 잔존 시야를 고려한 최소 확대를 사용함
밝은 조명 선호	보통 이하의 밝기에서 잘 보지 못함	• 개인용 스탠드를 사용함 • 조명과 가까운 곳에 자리를 배치함

기출 POINT 7

❶ 20중등A9

학생 I의 특성에 근거하여 (나)의 밑줄 친 ⓒ에 적합한 보조공학기기를 1가지 쓸 것

(가) 학생 I의 특성

시야	정상
대비감도	낮은 대비의 자료를 볼 때 어려움이 있음
근거리 시력	근거리 자료를 읽기 위해서 고배율 확대가 필요함

(나) 보조공학 지원 계획

학생	보조공학 지원 내용
I	ⓒ <u>책을 읽기 위해 투사 확대법을 적용한 보조공학기기</u> 지원이 필요함

❷ 16중등A13

'교육적 조치'에서 4가지 확대법 중 사용되지 않은 1가지의 명칭과 이것을 수업에 활용할 때의 예를 쓰시오.

■ 교육적 조치

- 교실 바닥과 다른 색의 책상 제공
- 학생에게 굵은 선이 그어진 공책 제공
- 휴식 시간을 자주 제공
- 독서대 제공
- 교실의 제일 앞 줄에 자리 제공
- 일반 교과서의 150% 크기인 확대 교과서 제공
- 판서 내용을 볼 수 있게 망원경 제공
- 보행훈련 제공

기출 POINT 8

❷ 21중등B3
읽기 활동 시 손잡이형 확대경(+10D) 사용방법을 지도할 때, 읽기 자료와 렌즈 사이의 거리를 쓰고, 읽기 자료와 렌즈 사이의 거리를 일정하게 유지해야 하는 이유를 1가지 서술하시오.

❸ 17중등B6
손잡이형 확대경(+20D)을 활용하여 가장 큰 배율과 넓은 시야로 지도 보는 방법을 서술하시오. (렌즈와 사물과의 거리, 렌즈와 눈과의 거리를 포함하여 서술할 것)

❹ 15중등A4
괄호 안의 ㉠에 들어갈 말을 쓰시오.

> 저시력 학생의 보조공학기기는 크게 나누어 광학기구와 비광학기구, 그리고 전자보조기구 등이 있다. 광학기구에는 확대경과 망원경, 안경 등이 있으며, 각각에 사용되는 렌즈는 굴절력을 갖고 있다. 렌즈의 도수는 디옵터(D)로 표시한다. 오목렌즈를 사용하는 학생이 초점거리가 5cm인 렌즈를 사용한다면 이 학생의 렌즈 도수는 (㉠)D가 된다.

❺ 14중등B2
상담 및 관찰 평가 결과에 적합하지 않은 중재 계획 2가지를 찾아 기호를 쓰고, 각각의 중재 계획을 바르게 수정하시오.

■ 학생 상담 및 관찰 평가 결과

> 손잡이형 확대경을 올바르게 사용하지 못하여 독서할 때 글자가 흐릿하게 보이고, 렌즈를 통해 보이는 글자 수가 적다고 호소함

■ 보조공학기기 중재 계획

> ㉠ 눈과 확대경 간의 거리를 멀게 하고, 확대경과 읽기 자료 간의 거리도 멀게 하여 보도록 지도함

❻ 12중등27
다음은 시각장애 학생 A에 대한 정보이다. 이 정보를 통해 교사가 파악한 사항 중 적절한 것을 모두 고르시오.

> 손잡이형 확대경: 3X(안경을 착용하지 않음)

> ㉣ 확대경의 배율을 고려하여 물체와 확대경 간의 초점거리를 8cm 정도 유지할 것이다.

❼ 11초등36
교수 적합화(교수적 수정)의 내용 중 가장 적절한 것은?

> 4배율(1X= 4D) 손잡이형 확대경을 사용함

⑤ 확대경과 그림 카드 간의 초점거리를 6cm 정도 유지하여 사용하게 한다.

눈부심	밝은 곳에서 눈부심으로 잘 보지 못하고 눈이 불편함	• 광원에 눈이 직접 비치지 않도록 함 • 조명에 갓이나 루버를 설치함 • 광원을 등진 자리에 배치함 • 착색 렌즈를 사용함 • 조명 기구나 모니터의 밝기를 좀 더 낮게 조절함
독서 자세	자세가 바르지 않아 쉽게 피로를 느낌	• 높낮이 조절 독서대나 책상을 사용함 • 독서대에 자료를 올려놓을 때 자료의 중앙이 눈높이에 오도록 함

1. 광학기구

(1) 확대경(근거리용 저시각 기구)

① 확대경의 원리

㉠ 확대경은 독서 같은 근거리 보기 활동에 사용한다.

㉡ 확대경의 배율은 근거리 시력검사 결과에 기초하여 결정하며, 좋은 쪽 눈으로 사용한다. 왜냐하면 시력이 나쁠수록 높은 배율이 필요한데, 확대경의 배율이 높아지면 시야는 감소하고 렌즈의 주변부에서 상의 왜곡이 생겨 읽기 효율성이 떨어지기 때문이다.

㉢ 확대경을 사용하기 위해서는 목표물, 확대경, 눈 간의 거리 관계에 대한 이해가 필요하다.

작업거리	작업거리는 물체와 눈의 거리를 말한다.
초점거리	학습자료와 확대경 렌즈 간의 거리를 초점거리라고 하며, 초점거리를 맞추고 유지해야 학습자료의 글자를 해당 배율에 맞게 크고 선명하게 볼 수 있다. 초점거리는 [100cm/D(디옵터)] 계산식으로 구할 수 있으며, 확대경 배율이 높을수록 초점거리는 짧아진다. 예를 들어 학생이 10디옵터를 사용한다면 100/10=10cm의 초점거리를 유지해야 한다. 기출 POINT 8
시야	확대경과 눈의 거리는 시야와 관련이 있다. 확대경 렌즈로부터 눈이 멀리 떨어질수록 렌즈 속에 보이는 글자 수가 적어지고 렌즈 주변의 왜곡 현상을 더 많이 느끼게 되어 읽기 가독성이 떨어질 수 있다. 시야가 좁은 저시각인의 확대경 사용 효율성을 높이기 위해 다음을 고려할 수 있다. • 눈과 렌즈 간의 거리를 가깝게 하면 시야가 넓어지는 효과가 있으므로, 고배율의 확대경을 사용할수록 눈과 렌즈 간의 거리를 가까이 하여 렌즈 속에 더 많은 정보가 보이도록 한다. • 확대경 렌즈의 직경이 클수록 렌즈 속으로 보이는 시야가 넓어지므로, 같은 배율이라도 직경이 큰 렌즈를 사용하면 렌즈를 통해 더 많은 글자를 볼 수 있다. • 확대경이 고배율일수록 렌즈의 곡률 문제로 렌즈의 직경이 작아지고, 렌즈 가장자리에서 물체 상의 왜곡 현상이 증가하므로 렌즈의 중앙으로 보도록 한다.

기출 POINT 8

❶ 24초등B3

① (가)의 ㉠에 근거하여 민호가 글자를 가장 크고 선명하게 읽게 하는 교사의 지도 방법 1가지를 쓰고(단, 확대경 렌즈와 글자 간 거리를 관련지을 것), ② (가)의 [A]를 고려하여 (나)의 ㉡의 방법 1가지를 쓰시오.

(가)

학생	특성
민호	• 원인: 시신경 위축 • ㉠ 읽기를 위해 5배율(X)의 손잡이형 확대경을 사용함 (단, $X=\frac{D(\text{디옵터})}{4}$, 볼록 렌즈임)
영미	• 원인: 녹내장 • 확대경 사용 방법 지도가 필요함 – 확대 배율 – 확대경 렌즈의 지름 [A] – 눈과 확대경 렌즈 간 거리

(나)

영미: ㉡ 확대경을 사용할 때 넓은 시야로 자료를 볼 수 있도록 지도

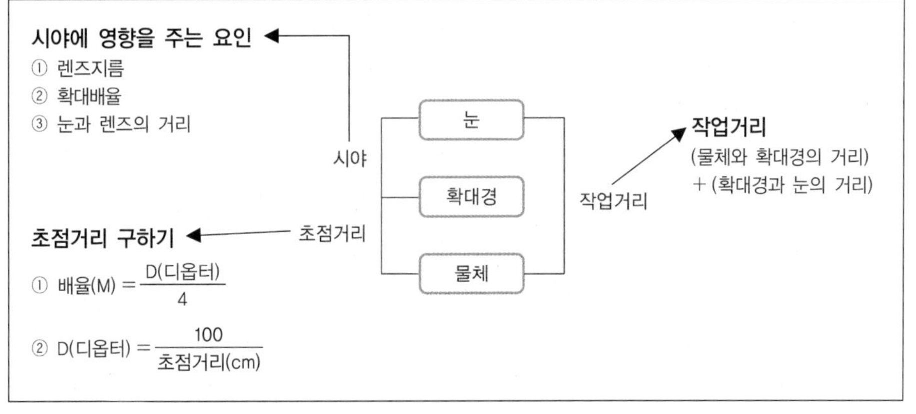

더알아보기

확대배율에 따른 렌즈 속의 글자 수

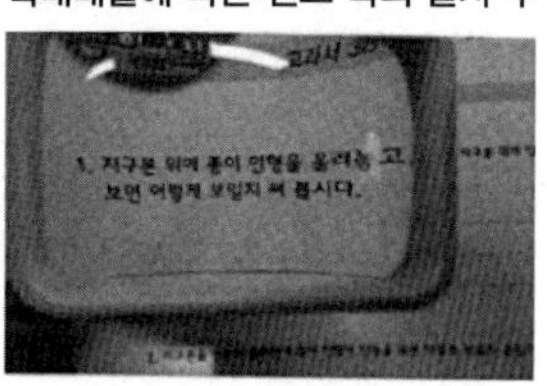

8디옵터 렌즈

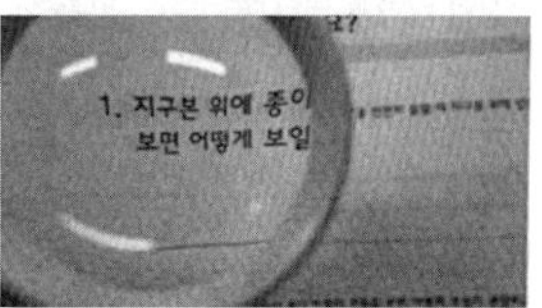

16디옵터 렌즈

② 확대경 적용 대상

㉠ 확대경은 중심시력을 상실한 경우에는 효과적이나, 중심시력을 상실하지 않은 경우에는 효과적이지 않다. ❶ 19유아A1, ❷ 13중등20, ❸ 12초등7

㉡ 주변시야를 상실한 아동이 확대경을 사용하면 아동의 시야보다 더 좁은 시야를 갖게 된다. 만약 주변시야를 상실한 아동이 확대경을 사용해야 할 경우 상대적으로 낮은 배율을 사용하면 시야 감소 문제를 줄일 수 있다. 반면, 중심 암점이 있는 학생은 상대적으로 높은 배율을 사용하면 암점의 영향을 감소시킬 수 있다.

③ 확대경 사용법 지도

㉠ 확대경 렌즈를 자료에 갖다 댄 후 천천히 멀어지면서 가장 크고 선명한 상이 보일 때 멈춘다. ❸ 12초등7

㉡ 확대경 렌즈를 눈 가까이에 댄 후 천천히 자료에 다가가면서 가장 크고 선명한 상이 보일 때 멈춘다.

㉢ 자료와 눈의 거리를 20~25cm 정도 유지한 상태에서 자료로부터 확대경의 거리를 증감시키면서 가장 크고 선명한 상이 보일 때 멈춘다.

④ 확대경의 유형

㉠ 연령이 낮거나 확대경을 처음 사용해보는 학생은 렌즈의 직경이 크고 사각형인 확대경이 사용하기 쉬울 수 있다. 확대경 사용에 익숙해지면 휴대성이 좋은 작은 확대경을 사용할 수 있다.

㉡ 고배율의 확대경 사용이 필요한 학생은 처음부터 해당 배율을 사용하기보다 저배율부터 고배율까지 단계적으로 도입하여 적응하도록 한다.

㉢ 고배율 확대경의 사용으로 눈의 피로, 어지러움, 낮은 대비 자료 보기의 어려움 등을 호소한다면 휴대형이나 데스크형 확대독서기를 사용하도록 한다.

㉣ 렌즈의 초점거리 개념을 알고 맞추기 어려운 유아나 시각・지적장애 학생에게는, 처음에는 학습 자료 위에 대고 사용하는 집광 확대경이나 스탠드형 확대경을 사용하도록 한 후 익숙해지면 손잡이형 확대경을 도입할 수 있다.

㉤ 뇌성마비를 가진 시각장애 학생이 수지 기능의 문제로 손잡이형 확대경을 손으로 잡거나 초점거리를 유지하기 어렵다면 스탠드형 확대경을 사용할 수 있다.

㉥ 과학 실험이나 미술 활동처럼 양손을 사용해야 한다면 안경부착형이나 안경형 확대경을 사용할 수 있다.

㉦ 주변부 시야 손상이 심한 학생은 프리즘 부착 안경이 도움이 된다.

㉧ 밝은 조명을 선호하는 학생은 집광 확대경이나 조명이 부착된 확대경 종류를 사용한다.

기출 POINT 9

❶ 19유아A1

㉥에 해당하는 시각장애의 발생 원인을 1가지 쓰고, 이 유아들이 확대경을 사용하면 안 되는 이유를 쓰시오.

> 김 교사: 확대경이 모든 저시력 유아에게 도움이 되는 것은 아니라고 하던데 맞나요?
> 윤 교사: 맞아요. 확대경 사용이 대부분의 저시력 유아에게 도움이 되지만, ㉥ 어떤 유아들은 사용하면 안 되는 경우가 있어요.

❷ 13중등20

저시력 학생을 위한 확대법과 확대경에 대한 두 교사의 대화이다. ㉠~㉣ 중 옳은 것만을 있는 대로 고른 것은?

> 이 교사: ㉡ 주변시야를 상실한 저시력 학생이 확대경을 사용하면 학생의 시야보다 넓은 시야를 가지게 됩니다.

❸ 12초등7

경력교사의 설명 중 옳지 않은 것은?

> 초임교사: 저시력 기구 중에 확대경은 어떤 학생에게 좋은가요?
> 경력교사: ㉠ 중심시력이 좋고 시야가 좁을수록 더 효과적이에요.
> 초임교사: 손잡이형 확대경이 많이 사용된다는데, 어떻게 사용하지요?
> 경력교사: ㉡ 자료 위에 확대경을 대었다가 천천히 들어올리면서 초점을 맞추면 되죠. ㉢ 이때 눈이 확대경에서 멀어지면 시야가 좁아지는 현상이 있으니 유의하세요.

종류	기능
손잡이형 확대경	• 렌즈와 자료 간의 초점거리를 맞추어야 선명하게 확대된다. • 지능이나 수지 운동 기능 문제로 초점거리를 맞추고 유지하기 어려운 학생은 사용하기 어렵다. • 밝은 조명을 선호하는 학생에게 조명이 부착된 손잡이형 확대경을 지원한다. • 고배율 확대경도 있다.
스탠드형 확대경 ❶ 24중등B6, ❷ 19유아A1, ❸ 13중등20, ❹ 12초등7	• 읽기 자료에 대고 사용하므로 초점거리를 맞출 필요가 없다. • 어린 학생이나 수지 운동 기능에 문제가 있는 학생에게 유용하다. • 밝은 조명을 선호하는 학생에게 조명이 부착된 스탠드형 확대경을 지원한다. • 고배율 확대경도 있다.
집광 확대경 ❹ 12초등7	• 빛을 모아주는 성질이 있어 렌즈 안을 밝게 비춘다. • 밝은 조명을 선호하는 학생에게 도움이 된다. • 읽기 자료에 대고 사용하므로 초점거리를 맞출 필요가 없어 유아가 사용하기 쉽다. • 고배율이 없어 경도 저시력 학생에게만 유용하다.
막대 확대경	• 읽기 자료에 대고 사용한다. • 한 줄 단위로 읽을 수 있어 글줄을 놓치는 학생에게 도움이 된다. • 고배율이 없어 경도 저시력 학생 중 시야 문제나 안진 문제로 안정된 읽기가 어려운 학생에게 유용하다.
안경형/안경 부착형 확대경 ❸ 13중등20	• 양손을 사용하는 활동이나 과제를 할 때 유용하다. • 렌즈와 자료 간의 초점거리를 맞추어야 선명하게 확대된다. • 양안을 모두 사용할 수 있는 학생은 양안용, 한쪽 눈이 실명되었거나 양쪽 시력 차가 큰 학생은 좋은 눈을 기준으로 단안용을 사용한다.
아스페릭 안경	• 안경에 볼록 렌즈를 삽입하여 물체의 확대된 상을 보여준다. • 렌즈의 상의 왜곡이 적고 상대적으로 시야가 넓다.
프리즘 안경	• 반맹 학생에게 유용하다. • 안경 렌즈에서 시야가 손상된 쪽에 프리즘을 부착하면 손상된 시야 부분에 대한 보상 효과가 있다.

기출 POINT 10

❶ 24중등B6

저시력 학생에게 밑줄 친 ㉠이 적합한 이유를 기기의 특성에 근거하여 1가지 쓰고, ㉠의 장점을 1가지 서술하시오.

> • 저시력 학생
> ㉠ 스탠드형 확대경 제공
> ㊒ 저시력 학생은 손떨림이 있으므로 악기 지도 시 유의한다.

❷ 19유아A1

㉧에 들어갈 확대경의 종류를 쓰시오.

> 김 교사: 경호가 손잡이형 확대경을 사용할 때 손이 흔들려서 많이 힘들어해요.
> 윤 교사: 그렇군요. 그러면 (㉧)을/를 사용하게 해 보세요.

❸ 13중등20

㉠~㉣ 중 옳은 것만을 있는 대로 고르시오.

> 박 교사: 스탠드 확대경도 각도 확대법에 이용되는 광학기구인가요?
> 이 교사: 예. ㉢ 스탠드 확대경을 이용하면 확대경과 자료의 거리가 일정하게 유지되는 장점이 있습니다.
> 박 교사: 안경 장착형 확대경은 어떤 장점이 있나요?
> 이 교사: 저시력 학생이 ㉣ 안경 장착형 확대경을 이용하면 읽기와 쓰기를 동시에 할 수 있습니다.

❹ 12초등7

경력교사의 설명 중 옳지 않은 것은?

> 초임교사: 나이가 어리거나 상지 조절력이 부족하면 손잡이형 확대경을 사용하기 어렵지 않나요?
> 경력교사: ㉣ 그럴 수 있죠. 그때는 스탠드형 확대경을 사용해 보세요.
> 초임교사: 학생의 조명 요구에 따라 선택할 수 있는 확대경도 있나요?
> 경력교사: ㉤ 예. 플랫베드 확대경이나 조명 부착형 확대경이 밝은 조명을 선호하는 학생에게 유용해요.

(2) **망원경**(원거리용 저시각 기구)

① 망원경의 원리

㉠ 망원경은 원거리 시력 개선용 보조기기로, 망원경의 배율은 원거리 시력과 바라는 원거리 활동을 위해 필요한 시력으로 결정된다. ❷ 20유아B3, ❸ 12중등27

$$\text{망원경 배율} = \frac{\text{원거리 활동을 위해 필요한 시력}}{\text{볼 수 있는 시력(원거리 시력검사 결과)}}$$

㉡ 망원경의 배율이 높을수록 시야가 감소한다.

㉢ 양안 시력이 동일한 수준인 경우에는 양안 망원경을 사용하고, 양안 시력이 서로 다른 경우에는 양쪽 눈 중 좋은 눈을 사용하므로 이를 기준으로 망원경 배율을 결정한다. ❶ 20중등A9

기출 POINT 11

❶ 20중등A9

(가)의 학생 H의 특성에 근거하여 (나)의 괄호 안의 ㉠에 들어갈 내용을 쓰고, 그 이유를 1가지 서술할 것(단, 배율과 시야를 고려할 것). 또한 (가)의 학생 H의 특성에 근거하여 (나)의 괄호 안의 ㉡에 해당하는 배율을 쓸 것. [단, 목표(필요한) 원거리 시력은 0.3임]

(가) 학생 H의 특성

시야	정상	
대비감도	정상	
원거리 시력 (나안 시력)	좌안(왼쪽 눈)	우안(오른쪽 눈)
	0.02	0.06

(나) 보조공학 지원 계획

학생	보조공학 지원 내용
H	• 원거리에 있는 도로 표지판을 보기 위해 적합한 배율의 단안 망원경 추천이 필요함 – 단안 망원경을 어느 쪽 눈에 사용할지 결정: (㉠) – 적합한 단안 망원경 배율: (㉡)

기출 POINT 11

❷ 20유아B3

활동상의 유의점 ⓐ~ⓕ 중 적절하지 않은 것을 2가지 찾아 그 기호를 쓰고, 각각 바르게 고쳐 쓰시오.

〈활동상의 유의점〉

ⓒ 칠판에 사진 자료를 제시할 때 경민이에게 확대경을 줘서 볼 수 있게 한다.

❸ 12중등27

다음은 시각장애 학생 A에 대한 정보이다. 이 정보를 통해 교사가 파악할 사항 중 적절한 것을 〈보기〉에서 모두 고르시오.

손잡이형 단안망원경: 보행 시 활용함

〈보기〉

ⓜ 근거리 시력검사의 결과를 바탕으로 처방받은 단안망원경을 사용하고 있을 것이다.

② **망원경의 구조와 이해**: 망원경의 몸체에는 망원경의 사양을 나타내는 숫자가 표기되어 있는데, 예를 들어 '8X21 7.2'는 8배율, 대물렌즈 직경 21mm, 시야 7.2°를 말한다.

㉠ **접안렌즈**: 눈에 대는 렌즈로, 보통 고무 재질로 마감되어 있으며, 안경에 댈 때는 고무를 뒤집어 댄다.

㉡ **대물렌즈**: 물체를 향해 있는 렌즈로, 딱딱한 재질로 마감되어 있다.

㉢ **경통**: 물체와의 거리에 따라 선명한 상을 얻기 위해 돌려서 초점을 조절하는 부위이다. 물체와의 거리에 따라 접안렌즈와 대물렌즈 간의 거리(경통 거리)를 조절하여 초점을 맞춘다. 즉, 가까운 물체를 볼 때는 경통을 길게 하고, 먼 물체를 볼 때는 경통을 짧게 한다.

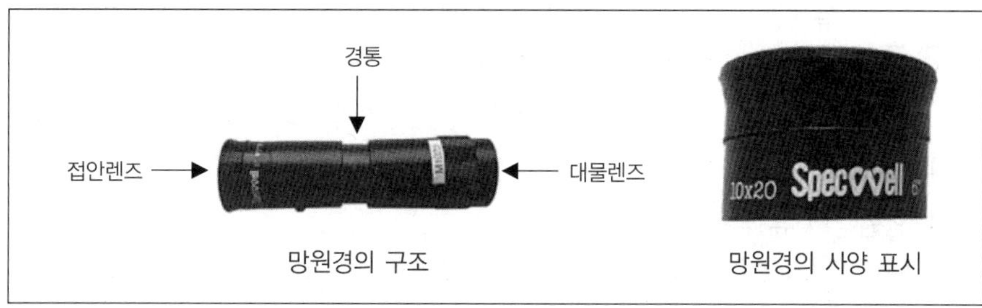

망원경의 구조 망원경의 사양 표시

㉣ 망원경의 사용으로 광량이 감소하게 되므로, 보다 높은 조도를 선호하는 경우에는 대물렌즈의 직경이 큰 것을 선택한다.

③ 망원경 사용 자세

㉠ 망원경은 좋은 눈에 대고 보기 때문에 일반적으로 좋은 눈 쪽의 손으로 잡되, 엄지 손가락과 나머지 손가락으로 접안렌즈와 경통 부위를 감싸듯이 잡아야 한다.

㉡ 접안렌즈를 눈에 최대한 붙이는 이유는 빛은 대물렌즈로만 들어오고, 접안렌즈와 눈 사이의 공간으로 불필요한 빛이 들어오지 않도록 차단해야 보다 선명하고 넓은 시야로 볼 수 있기 때문이다.

잡기의 바른 자세

④ 망원경 사용법 지도

㉠ 망원경 초점을 맞추는 연습은 고대비의 큰 숫자나 도형 카드를 벽에 부착하고 벽으로부터 다양한 거리에 떨어져서 실시할 수 있다. 중심부 시야 손상이나 중심 암점이 있는 학생은 망원경 렌즈를 중심외 보기 방향으로 바라보도록 해야 한다.

㉡ 저배율 망원경에서 시작하여 고배율 망원경으로 단계적으로 도입하면 고배율 망원경 사용에 따른 눈의 피로나 어지러움을 줄이고 망원경으로 목표물을 찾는 어려움을 줄일 수 있다. ❶ 14중등B2

㉢ 망원경으로 목표물의 초점을 맞추는 절차는 다음과 같다.
- 나안으로 목표물을 찾는다.
- 목표물을 찾으면 고개와 눈을 물체 쪽으로 향해 둔다.
- 목표물을 응시한 채로 망원경을 눈에 가져다 댄다.
- 망원경의 경통을 돌려 목표물이 선명하게 보일 때까지 초점을 맞춘다.
- 목표물이 무엇인지 확인하여 말한다.

기출 POINT 12

❶ 14중등B2

상담 및 관찰 평가 결과에 적합하지 않은 중재 계획 2가지를 찾아 기호를 쓰고, 각각의 중재 계획을 바르게 수정하시오.

■ 학생 상담 및 관찰 평가 결과

원거리의 물체나 표지판을 확인하는 데 어려움을 가지고 있어 단안 망원경 사용법을 배우기를 희망함

■ 보조공학기기 중재 계획

ⓔ 양안 중 시력이 더 나쁜 쪽 눈으로 망원경을 보게 하고, 훈련 초기에는 목표물의 위치를 찾기 쉽도록 처방된 배율보다 높은 배율의 망원경을 사용하여 지도함

⑤ 망원경의 유형

종류	기능
단안 망원경	• 양안의 시력 차이가 큰 경우 좋은 쪽 눈에 사용하고, 쌍안경은 양안의 시력 차이가 없는 경우에 사용한다. • 양쪽 눈 중 좋은 눈에 사용하는데, 그 이유는 더 낮은 배율을 사용함으로써 더 넓은 시야로 편안하게 볼 수 있기 때문이다.
손잡이형 단안 망원경	손으로 잡고 보는 망원경으로 도로 표지판, 버스 노선표, 상점이나 물체 찾기처럼 단시간 동안 사용할 때 가장 보편적으로 사용한다.
안경 부착형 망원경	안경렌즈의 상단 부분에 양안 또는 단안으로 망원경을 부착하는 것으로, 양손을 사용하거나 긴 시간 동안 망원경을 사용해야 할 때 유용하다.
클립형(걸이식) 망원경	• 대부분 단안용으로, 필요한 때에 안경의 안쪽에 걸이식으로 부착하여 사용한다. • 망원경을 사용하는 눈으로는 칠판 보기 같은 원거리 시작업을 하고, 다른 눈으로는 노트 필기와 같은 근거리 시작업을 할 때 유용하다.
역단안경	역단안경은 시야가 좁지만 중심시력이 좋은 저시각인에게 도움이 된다. 이들은 주변시야 손상으로 물체의 전체나 주변부를 보기 어렵기 때문에, 역단안경을 사용하면 물체를 축소하여 상대적으로 넓은 시야를 얻을 수 있다.

손잡이형 단안 망원경

안경 부착형 망원경

클립형 망원경

(3) 시야 확장 보조구 ❶ 17초등A4

① 역단안경(리버스 망원경)

㉠ 역단안경은 중심시력은 양호하나 주변시력에 손상이 있어 보는 범위가 적은 경우에, 대상물을 축소시켜 시야를 확장해준다.

㉡ 그러나 반맹 아동에게는 효과적이지 않다.

② 프레넬 프리즘

㉠ 프레넬 프리즘은 투명하고 두꺼운 플라스틱 막으로, 안경의 렌즈에 부착해서 사용한다.

㉡ 필요한 정보를 받아들일 수 없을 정도로 시야가 매우 좁은 경우, 안전하고 효율적인 이동을 위해 프레넬 프리즘을 사용하여 80~90° 범위에 있는 대상을 볼 수 있다.

㉢ 프레넬 프리즘은 중심시력을 활용하는 경우와 반맹 아동 모두에게 효과적이다.

2. 비광학기구

(1) 확대 자료

① 확대 글자본 자료 ❶ 21초등A3

확대 자료를 사용하는 저시력 학생의 가독성을 높일 수 있도록 제작하는 것이 필요하다.

㉠ 확대 자료의 종이가 너무 크면 휴대하거나 손으로 다루기 어렵고, 넓은 시야를 요구하므로 가급적 A4 정도의 크기가 적절하다.

㉡ 학생이 요구하는 확대 정도가 큰 경우는 너무 큰 종이를 사용하기보다 원본 자료를 편집해서 여러 페이지로 분리하여 확대하는 것이 좋다.

㉢ 학생의 읽기 효율성을 향상시키기 위해 반사가 적은 종이를 사용하는 것이 좋다. 흰색 종이에 눈부심을 느끼는 경우에는 옅은 담황색 종이를 사용할 수 있다.

㉣ 확대 글자의 크기는 보통 16~18포인트 이상이며, 24포인트를 넘지 않는 것이 좋다.

㉤ 글자체의 경우 한글은 명조체, 필기체, 장식적인 서체를 피하고 굴림체, 돋움체, 고딕체를 사용한다.

㉥ 글자의 두께는 표제, 단어, 문장을 강조하고자 할 때 효과적으로 사용될 수 있다. 글자의 두께가 너무 가늘면 보기 어렵고, 너무 두꺼우면 글자 획 간의 간격이 좁아 오독할 수 있다. 특정 단어나 어구를 강조할 때는 글자를 진하게 하거나 두께가 좀 더 두꺼운 글자체를 선택할 수 있다.

㉦ 글자는 가로쓰기로 배열하는 것이 읽기에 도움이 되므로, 원본 자료가 세로쓰기로 되어 있더라도 가로쓰기로 수정할 수 있다.

㉧ 일반 본문의 줄 간격은 대략 180~200% 정도면 적당할 수 있다. 다만, 제목·문단·인용 같은 페이지의 중요한 부분을 강조하기 위해 줄 간격 띄우기, 들여쓰기, 정렬 등을 활용할 수 있다.

기출 POINT 13

❶ 17초등A4

민수의 특성을 고려하여 보행교육을 실시하고자 할 때, 민수의 시야를 개선하기 위해 사용할 수 있는 광학기구의 예 1가지를 쓰시오.

■ 민수(단순시각장애)의 특성

- 원인: 망막색소변성
- 현재 시각 정도: 양안 중심시력 0.2, 시야는 주시점에서 10도(터널시야)
- 묵자 읽기 속도가 느림

기출 POINT 14

❶ 21초등A3

'확대문자-점자 병기판'을 보고 ㉠을 고려한 개선 방안을 쓰시오.

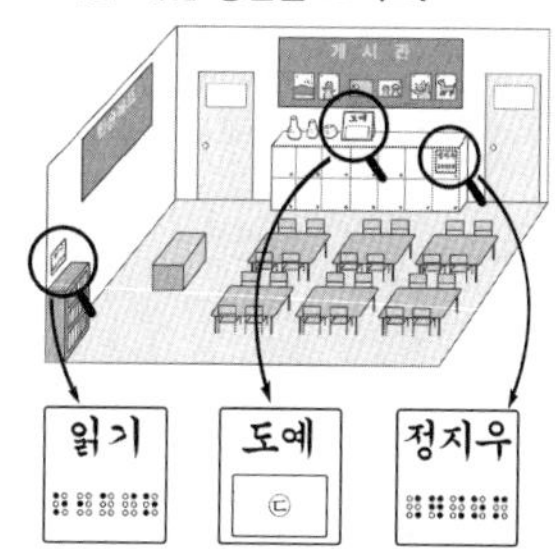

특수교사: 확대문자는 50포인트 볼드타입으로 만들어 주시는데요, 확대 이외에 ㉠ 가독성을 높일 수 있는 다른 방법도 고려하시고, 지우가 눈부심이 심하다는 점도 감안해서 만들어 주세요.

ⓧ 글자와 기호 간의 자간이 너무 좁으면 읽기 어려우므로 자간 설정을 조정하거나 띄어쓰기를 통해 자간을 띄울 수 있다.

ⓩ 단어・어구・문장 등을 강조할 때 두꺼운 글자체를 사용하거나, 글자를 진하게 설정하거나, 고대비의 형광펜 기능을 사용하는 것이 밑줄선보다 적절하다.

ⓚ 배경과 글자색 간의 대비가 낮으면 확대하더라도 읽기가 어렵기 때문에, 가능하다면 배경과 글자색을 고대비로 수정하는 것이 좋다.

ⓣ 한 페이지를 여러 다단으로 나누어 사용할 때는 다단 간에 보다 넓은 여백을 확보해야 한다. 정렬 방법은 가운데 정렬이나 우측 정렬보다는 좌측 정렬이 다음 줄을 더 쉽게 찾고 읽을 수 있도록 한다.

② 확대 그림 자료

확대 그림 역시 원본 그림을 그대로 확대하는 것보다는 가독성이 떨어지는 그림의 형태, 내용, 채색, 배열 등을 일부 수정하면 그림을 보다 쉽게 이해할 수 있다.

ⓖ 원본 그림의 배열이나 순서가 내용의 이해와 상관이 없다면 확대 그림의 크기를 고려하여 재배열을 할 수 있다.

ⓝ 원본 그림이 크고 복잡한 경우에는 원본 그림을 일정한 기준에 따라 여러 개로 나누어 확대할 수 있다.

ⓓ 원본 그림 중 본문 내용 이해와 관련 없는 세부 요소는 생략하고, 관련된 세부 요소 중심으로 확대할 수 있다.

ⓡ 원본 그림이 윤곽선으로만 되어 있어 시각적 혼동을 주어 이해하기 어렵다면 선 내부에 색을 넣을 수 있다.

ⓜ 원본 그림의 색이 회색조이거나 대비가 낮은 색이라면 고대비 색으로 바꾸어 확대할 수 있다.

ⓑ 원본 그림 아래에 있는 간략한 설명글을 확대 그림 위로 재배열하면 그림의 내용을 먼저 이해한 후 그림을 살펴볼 수 있다.

ⓢ 원본 그림 속에 글자가 있는 경우 그림과 글자 간의 대비가 낮아 읽기 어렵다면 고대비 글상자로 수정하거나 글자를 그림 밖으로 빼내어 제시할 수 있다.

③ 확대 자료 활용 방법

저시력 학생이 시력 외에 대비감도와 시야에도 문제가 있다면 다음과 같은 전략이 도움이 된다.

ⓖ 확대 그림 전체가 시야에 들어오지 않는 경우에 그림 전체의 윤곽을 보기 위해 자료와 좀 더 떨어져서 본 후 세부 요소는 다가가서 보도록 한다.

ⓝ 확대 그림의 세부 요소 간 관계를 볼 때 양 손가락으로 요소들을 짚어가며 보면 상호 관계를 파악하는 데 도움이 된다.

ⓓ 해상도가 낮거나 대비를 수정하지 못한 확대 자료를 볼 때 확대독서기의 색상대비 조절 기능을 사용하여 본다.

(2) **독서 보조판(타이포스코프, typoscope)** ❶ 17초등A4, ❷ 10중등31, ❸ 09중등16

① 시야의 문제로 인해 문장을 좌에서 우로 똑바로 읽어나가지 못하거나, 다음 줄을 잃어버리거나, 눈부심에 민감한 학생이 사용하면 도움이 된다.

② 독서 보조판의 기능

㉠ 한 줄 단위로 문장을 제시하여 글줄을 잃어버리지 않도록 한다.

㉡ 바탕색과 글자색 간의 대비를 더 높여준다.

㉢ 책의 흰색 바탕보다 독서보조판의 검은색 바탕이 빛 반사를 낮추어 눈부심을 줄여준다.

타이포스코프 아세테이트지가 부착된 라인 가이드

(3) **아세테이트지** ❶ 10중등31, ❷ 09초등31

① 아세테이트지는 셀로판지라고도 부르는데, 대비를 높이거나 종이로부터 반사되는 눈부심을 줄여줄 수 있어, 대비감도가 낮거나 눈부심에 민감한 학생에게 도움이 된다.

② 일반적으로 노란색 계열을 많이 사용하지만 안질환에 따라 밝은 갈색 등 다른 색을 사용할 수 있다.

(4) **높낮이 조절 독서대와 책상**

① 높낮이와 각도가 조절되는 독서대나 책상은 시력 저하로 책과 눈 간의 거리를 가깝게 하여 고개를 숙이고 보는 학생에게 도움이 된다.

② 책상이나 독서대의 각도(기울기)를 조절하면 고개를 숙였을 때 조명을 가려 학습자료가 어두워지거나 그림자가 지는 것을 막을 수 있고, 조명으로부터 책을 통한 2차 빛반사가 눈에 들어오지 않도록 하여 눈부심을 줄일 수 있다.

(5) **개인용 스탠드**

① 개인 조명기구는 조명 선호 검사 결과에 따라 밝은 조명을 선호하는 학생에게 제공한다. 조명은 일상적인 환경의 경우 400Lx가 표준이며, 최고 조도 수준은 600Lx이다.

❷ 11초등36, ❹ 09중등16

㉠ 전체 조명은 집중 조명보다는 빛이 고루 퍼지는 조명(산광 또는 확산광)을 사용한다.

㉡ 학생들의 조명 선호도가 다양하므로, 교실 조명은 기본적으로 적정 밝기를 유지하되, 밝은 조명을 선호하는 학생에게는 개인용 스탠드를 지원하고, 밝기를 낮추는 것이 필요한 학생은 창가나 형광등에서 떨어진 자리에 배치할 수 있다.

㉢ 개인용 스탠드는 밝기와 방향 조절이 되는 제품으로 구입한다.

기출 POINT 15

❶ 17초등A4

(가)의 수지의 특성을 고려할 때 (나)의 ㉡이 수지의 읽기 속도 및 시기능(시효율)을 향상시킬 수 있는 이유 1가지를 쓰시오.

(가) 수지의 특성(단순 시각장애)

- 원인: 안구진탕(안진)
- 현재 시각 정도: 저시력
- 묵자 읽기 속도가 느리고, 시기능(시효율)이 낮음

(나)

㉡ 독서 보조판(typoscope)을 제공한다.

❷ 10중등31

다음의 (나)에 들어갈 명칭으로 옳은 것은?

(나)는 반사로 인한 눈부심을 막아 주고 읽을 글줄을 제시해 주기 때문에 저시력 학생의 읽기에 도움을 준다.

❸ 09중등16

저시력 학생을 위한 적절한 교육 환경 및 처치로 가장 거리가 먼 것은?

④ 독서할 때 글줄을 자주 잃을 경우, 타이포스코프를 제공한다.

기출 POINT 16

❶ 10중등31

다음의 (가)에 들어갈 명칭으로 옳은 것은?

일반적으로 전경과 배경과의 대비가 높을수록 시감도는 증가된다. 따라서 저시력 학생에게 굵은 선을 그은 종이를 제공하면 대비가 증가되어 읽고 쓰기가 쉬워진다. 특히, 책 지면 위에 (가)를 올려놓으면 대비가 증가되어 컬러 인쇄물이나 묵자가 더 잘 보이는 효과가 있다.

❷ 09초등31

전맹 학생인 영희에게 이 단원을 가르치려고 할 때 필요한 교수적합화(교수적 수정)를 〈보기〉에서 고른 것은?

〈보기〉

㉡ 아세테이트지로 덮어 색의 대비를 높인다.

기출 POINT 17

❶ 12초등23
학생(좌안 0.05, 우안 광각)의 특성에 따른 지도 및 지원 전략으로 적절하지 않은 것은?
④ 계단에서 넘어지지 않도록 복도보다 밝은 고도 조명을 설치하여 조도 차이를 증가시킨다.

❷ 11초등36
교수적합화(교수적 수정)의 내용 중 가장 적절한 것은?

- 시각장애 3급임
- 수정체 중심 부위가 뿌옇게 흐려짐
- 4배율(1X = 4D) 손잡이형 확대경을 사용함
- 시각장애를 제외한 다른 장애는 없음

① ⓐ: 조명은 700룩스 이상으로 높인다.

❸ 10초등5 · 유아5
백색증을 가진 학생의 교육을 위해 교사가 해야 할 조치로 가장 적절한 것은?
⑤ 백색증은 암순응 곤란이 있으므로 교실 전체의 조명보다 높은 수준의 조명을 제공한다.

❹ 09중등16
저시력 학생을 위한 적절한 교육 환경 및 처치로 가장 거리가 먼 것은?
① 약시학급의 경우, 교실 환경을 전체적으로 더 밝게 해준다.

기출 POINT 18

❶ 11초등36
교수적합화(교수적 수정)의 내용 중 가장 적절한 것은?

- 시각장애 3급임
- 수정체 중심 부위가 뿌옇게 흐려짐
- 4배율(1X=4D) 손잡이형 확대경을 사용함
- 시각장애를 제외한 다른 장애는 없음

③ 현아에게 광택이 많이 나는 그림카드를 별도로 제공한다.

㉣ 조명등은 형광등, 백열등 외에도 자연광에 가까우면서 눈에 편안함을 제공하는 다양한 할로겐등을 사용한다.

㉤ 명순응이나 암순응에 어려움을 보이는 학생을 위해 교실, 복도, 계단, 화장실의 밝기 수준은 비슷하게 유지하는 것이 좋다. ❶ 12초등23, ❸ 10초등5 · 유아5

② 조명 제공 시 눈부심을 감소시키는 전략

㉠ 창가를 바라보지 않도록 창가를 등진 앞자리나, 형광등이 학생의 앞쪽보다 바로 위나 뒤쪽에 위치하도록 자리를 배치한다.

㉡ 교구를 보여주거나 시범을 보이는 교사의 위치는 창가나 태양광이 비치는 곳에서 빛을 등지고 서 있지 않도록 한다.

㉢ 개인용 스탠드는 조명등이 학생의 얼굴 앞쪽보다는 뒤쪽에서 자료를 비추도록 한다.

㉣ 개인용 스탠드의 조명등 방향이 조절되면 조명등이 눈을 비추지 않고 학습자료만을 향하도록 조정하여 책으로부터 2차 반사되는 빛의 눈부심을 줄일 수 있다.

㉤ 천장 조명기구와 개인용 스탠드의 조명등이 바로 눈에 노출되지 않도록 루버, 갓 등이 부착되어야 한다.

㉥ 창가에 블라인드나 커튼을 설치하되, 밝은색 계열(아이보리색 · 흰색 등)을 선택하여 자연광을 통한 교실 밝기를 저해하지 않도록 한다.

㉦ 책상이나 테이블로부터 빛이 반사되어 일어나는 눈부심을 줄이면서 동시에 대비를 높일 수 있도록 검은색 계열의 테이블보 또는 학습용 매트를 깐다.

㉧ 빛이 반사되지 않는 무광 칠판을 사용하고, 항상 깨끗하게 관리하여 판서 글자가 명료하게 보이도록 한다. ❶ 11초등36

3. 전자기구

(1) 확대독서기(CCTV)

경도 저시력 학생은 확대경으로도 읽기 활동을 하는 데 어려움이 없지만, 고배율의 확대가 필요한 중증의 저시력 학생은 확대경보다 확대독서기가 더 유용할 수 있다.

① 확대독서기의 주요 기능 ❶ 22초등B1, ❷ 20중등A9, ❸ 14중등B2

배율 조절	확대(+) 및 축소(−) 버튼을 이용하여 책의 글자를 불편 없이 읽을 수 있는 최소 배율로 조절한다.
모니터 밝기 조절	모니터 밝기 조절 버튼을 이용하여 자신의 조명 선호도와 눈부심 여부에 따라 자신에게 맞는 모니터의 밝기로 조절한다.
색상 대비 조절	색상 대비 버튼을 사용하여 자신이 선호하는 바탕색과 글자색을 찾는다. 낮은 대비 자료를 볼 때 대비 조절 기능을 적극적으로 사용하도록 하고, 눈부심이 심한 학생은 검은색 바탕에 흰색 글자가 도움이 될 수 있다.

마커 기능	화면에 줄로 표시하거나 불필요한 영역을 가려 원하는 부분만을 볼 수 있다. 시야가 좁아 줄을 놓치거나 문장을 따라가며 읽는 능력이 부족한 학생에게 도움이 될 수 있다.
화면 캡처	시간 내에 보기 어려운 내용은 스마트폰의 사진 촬영이나 캡처 기능을 이용하여 화면 내용을 저장하였다가 다시 불러내어 확대하여 볼 수 있다.

② 확대독서기의 특징

㉠ 확대독서기는 고배율의 확대가 가능하고, 대비 조절 기능이 있어 낮은 대비 자료를 고대비로 바꾸어주고, 모니터의 밝기를 자신의 선호 수준이나 눈부심 여부에 따라 조절할 수 있다.

㉡ 휴대용과 데스크용 확대독서기로 구분할 수 있으며, 휴대용 확대독서기는 주로 근거리용이지만 일부 제품은 칠판 보기 같은 원거리 보기도 가능하다. 고배율의 확대가 필요한 학생에게는 휴대용보다 모니터가 큰 데스크용 확대독서기를 추천할 필요가 있다.

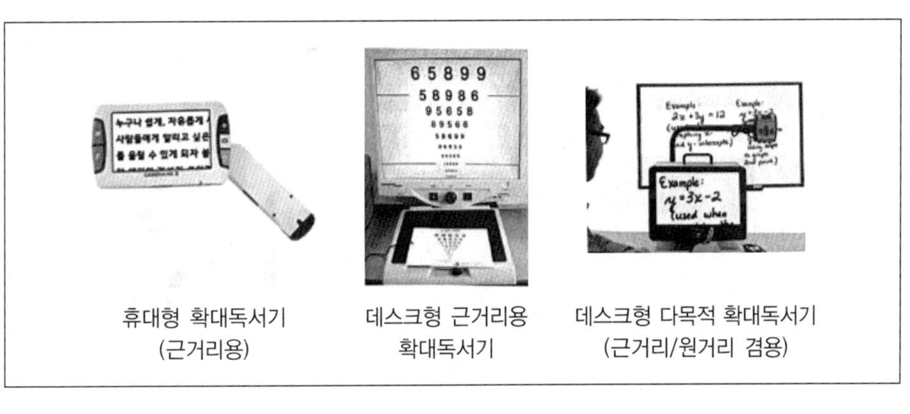

휴대형 확대독서기 (근거리용) / 데스크형 근거리용 확대독서기 / 데스크형 다목적 확대독서기 (근거리/원거리 겸용)

05 저시력 학생을 위한 컴퓨터 접근성

1. 화면 확대 프로그램

① 화면 확대 프로그램은 컴퓨터 화면의 내용을 보기 어려운 학생을 위해 화면의 내용을 확대해주는 소프트웨어이다.

② 화면 확대 프로그램의 기능

㉠ 줌텍스트 같은 전문 확대 소프트웨어를 구입하여 컴퓨터에 설치한 후 사용할 수 있다.

㉡ 컴퓨터 운영 시스템인 윈도(window)에 내장된 '돋보기 프로그램'은 확대 배율을 500%까지 조절할 수 있고 화면 확대 방법도 전체 화면 확대, 렌즈 화면 확대, 도킹 화면 확대 중 선택할 수 있다.

기출 POINT 19

❶ 22초등B1

[A]를 고려하여 특수교사가 확인해야 할 확대독서기의 기능을 쓰시오.

- 눈부심이 있음
- 글씨나 그림 등은 검은색 배경에 노란색으로 제시했을 때 더 잘 봄 [A]

❷ 20중등A9

(가)의 학생 I의 특성에 근거하여 (나)의 밑줄 친 ㉢에 적합한 보조공학기기를 1가지 쓸 것

(가) 학생 I

시야	정상
대비 감도	낮은 대비의 자료를 볼 때 어려움이 있음
근거리 시력	근거리 자료를 읽기 위해서 고배율 확대가 필요함

(나) 보조공학 지원 계획

학생	보조공학 지원 내용
I	㉢ <u>책을 읽기 위해 투사확대법을 적용한 보조공학기기</u> 지원이 필요함

❸ 14중등B2

상담 및 관찰 평가 결과에 적합하지 않은 중재 계획 2가지를 찾아 기호를 쓰고, 각각의 중재 계획을 바르게 수정하시오.

■ 학생 상담 및 관찰 평가 결과

낮은 대비감도로 인해 저대비 자료를 보거나 교구를 사용하는 데 어려움을 보임

■ 보조공학기기 중재 계획

㉡ 저대비 자료를 볼 때는 확대경 대신 전자 독서확대기를 사용하게 하고, 교구의 색은 배경색과 대비가 높은 것을 활용함

- **렌즈 화면 확대**: 마우스로 이동하는 사각형 렌즈 화면을 통해 일부 내용만 확대하는 것이다.
- **도킹 화면 확대**: 화면 가장자리에 확대된 내용을 보여준다.

2. 컴퓨터의 환경 설정

① **고대비 모드**: 검은색 바탕에 글자색을 흰색이나 노란색 등으로 조절한다. ❶ 17중등B6

② **돋보기**: 전체 화면 또는 별도 창에 실행하거나 마우스 포인터를 따라 움직이는 렌즈로 실행할 수 있다.

③ **마우스 포인터**: 포인터의 크기를 크고 대비가 높은 색으로 하고, 포인터의 이동 속도는 느리게 조절한다.

④ **키보드 커서**: 커서를 넓게 조절하면 커서 위치를 확인하기 쉽다.

⑤ **화면 디스플레이**: 해상도를 조절하여 화면의 글자나 그림을 확대한다.

⑥ 인터넷 익스플로러를 사용할 때에도 <Ctrl>과 마우스 휠을 위 · 아래쪽으로 돌려 화면 내용을 확대 · 축소한다.

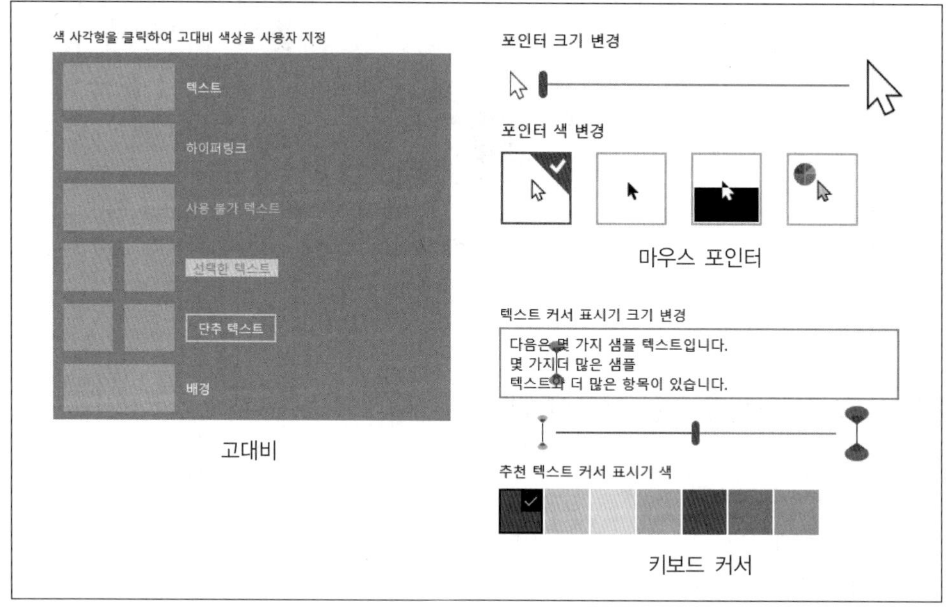

기출 POINT 20

❶ 17중등B6

㉡~㉤ 중에서 바르지 않은 것 2가지를 찾아 그 이유를 제시하시오.

■ 주요 학습 내용

인터넷을 통해 유명하거나 매력적인 도시 찾아보기

■ 학생 S를 위한 고려 사항

컴퓨터 환경 설정 수정(윈도우용)

㉡ 고대비 설정을 통해 눈부심을 줄이고 대비 수준을 높임

CHAPTER 04

맹 학생을 위한 교육적 중재

01 점자 지도

- 한글 점자의 이해
- 점자의 장단점
- 점자 일람표
- 한글 점자 규정(2024)
  - 자음
  - 모음
  - 약자
  - 약어
  - 숫자
  - 띄어쓰기
  - 문장 부호 및 기타 기호
  - 영어 점자
- 점자 지도
  - 점자 학습의 접근 방법
  - 점자 읽기 지도 방법
  - 중복장애 학생을 위한 점자 지도
    - 점보점자
    - 개별화 의미중심 접근

02 보행교육

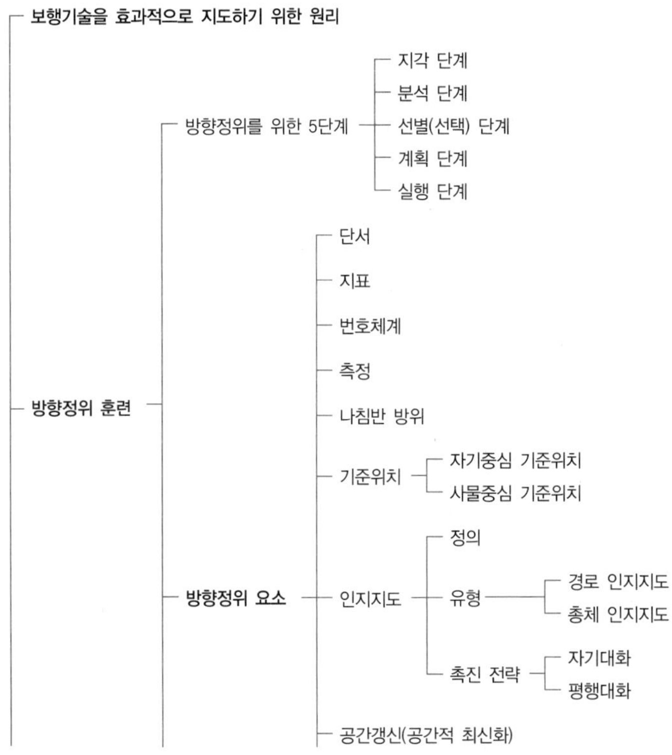

- 보행기술을 효과적으로 지도하기 위한 원리
- 방향정위 훈련
  - 방향정위를 위한 5단계
    - 지각 단계
    - 분석 단계
    - 선별(선택) 단계
    - 계획 단계
    - 실행 단계
  - 방향정위 요소
    - 단서
    - 지표
    - 번호체계
    - 측정
    - 나침반 방위
    - 기준위치
      - 자기중심 기준위치
      - 사물중심 기준위치
    - 인지지도
      - 정의
      - 유형
        - 경로 인지지도
        - 총체 인지지도
      - 촉진 전략
        - 자기대화
        - 평행대화
    - 공간갱신(공간적 최신화)

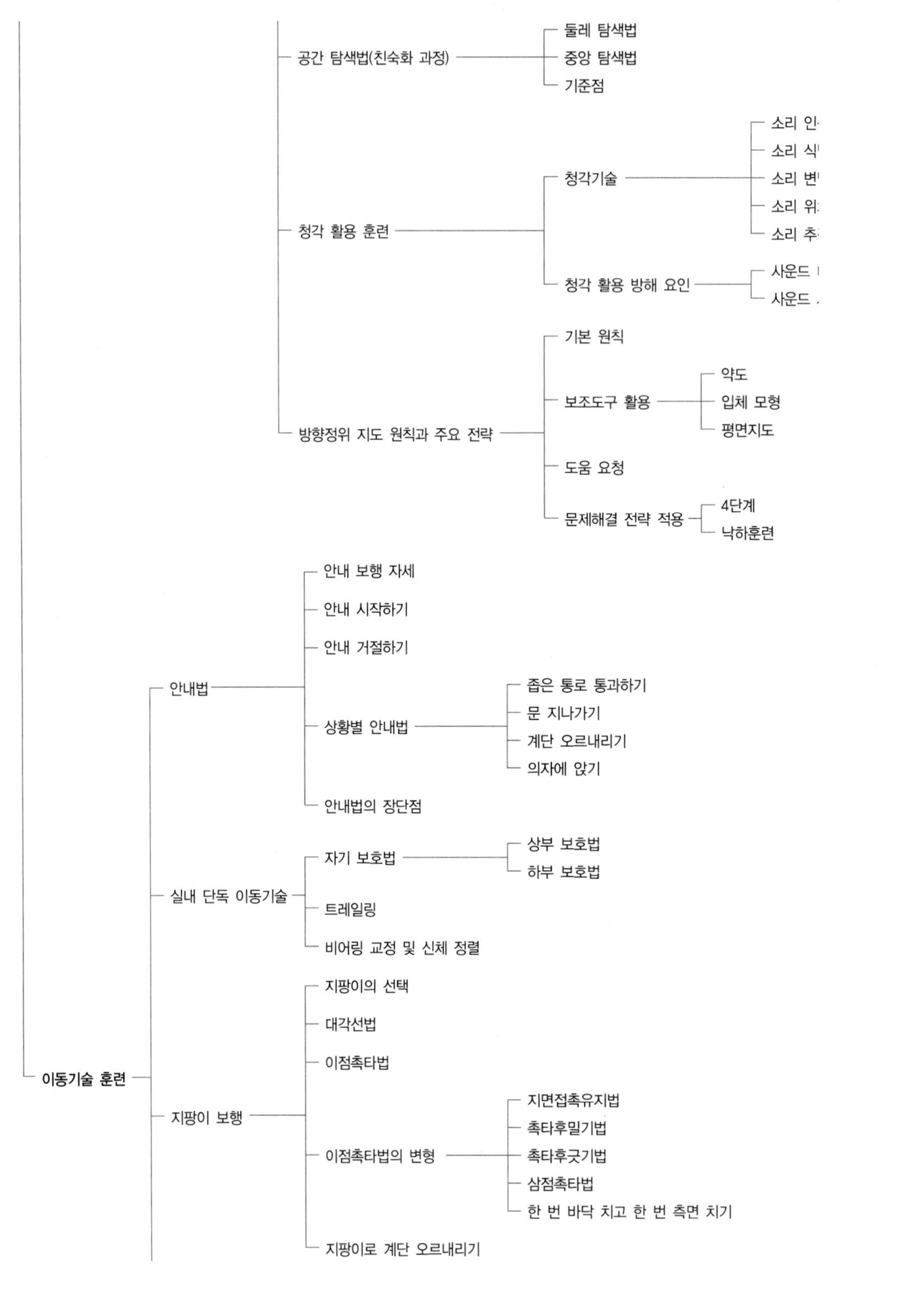

공간 탐색법(친숙화 과정)
둘레 탐색법
중앙 탐색법
기준점
청각 활용 훈련
청각기술
소리 인
소리 식
소리 변
소리 위
소리 추
청각 활용 방해 요인
사운드
사운드
방향정위 지도 원칙과 주요 전략
기본 원칙
보조도구 활용
약도
입체 모형
평면지도
도움 요청
문제해결 전략 적용
4단계
낙하훈련
이동기술 훈련
안내법
안내 보행 자세
안내 시작하기
안내 거절하기
상황별 안내법
좁은 통로 통과하기
문 지나가기
계단 오르내리기
의자에 앉기
안내법의 장단점
실내 단독 이동기술
자기 보호법
상부 보호법
하부 보호법
트레일링
비어링 교정 및 신체 정렬
지팡이 보행
지팡이의 선택
대각선법
이점촉타법
이점촉타법의 변형
지면접촉유지법
촉타후밀기법
촉타후긋기법
삼점촉타법
한 번 바닥 치고 한 번 측면 치기
지팡이로 계단 오르내리기

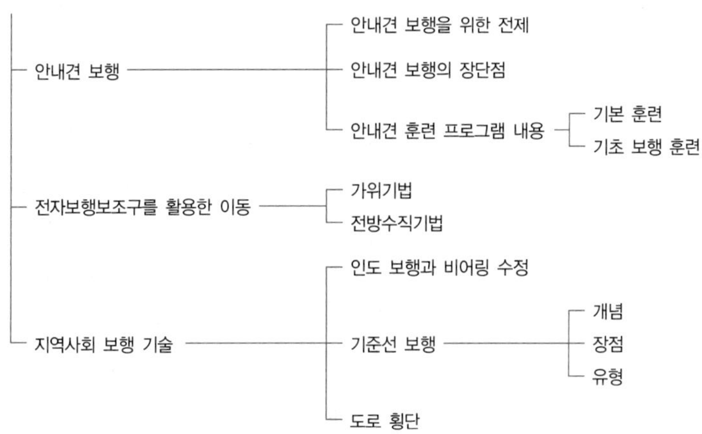

03 맹 학생을 위한 학습 자료 수정

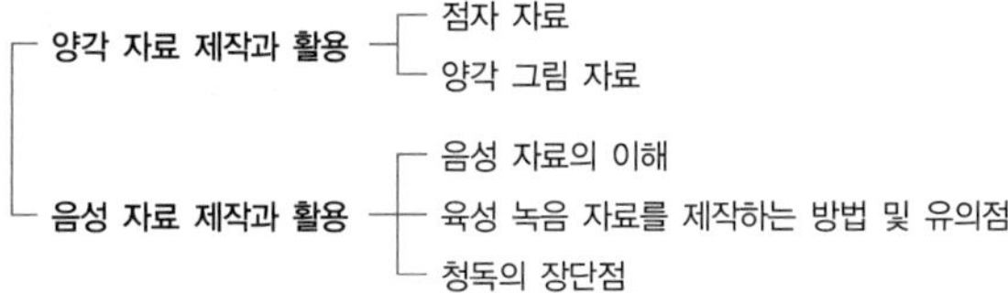

04 맹 학생을 위한 보조공학기기

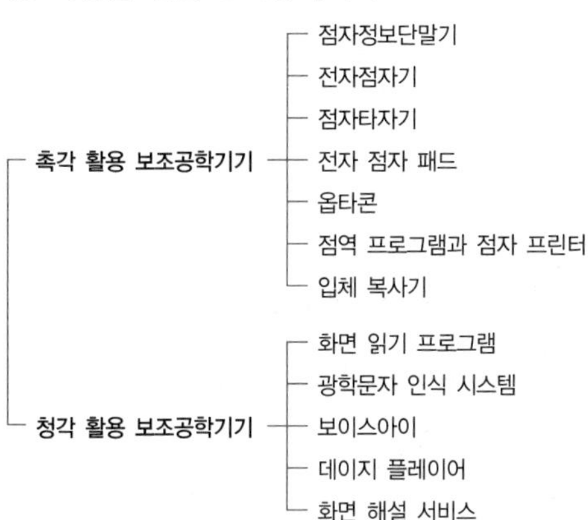

05 맹 학생을 위한 컴퓨터 접근성(컴퓨터의 환경 설정)

- [접근성]–[음성인식]
- [접근성]–[내레이터]
- [접근성]–[키보드]–[토글 키]

기출 POINT 1

❶ 09초등9

〈보기〉에서 한글 점자에 관한 바른 설명을 모두 고르시오.

〈보기〉

㉡ 점자를 읽을 때 점칸 내 왼쪽 위의 점은 1점이다.

더 알아보기

한글 점자

1	••	4	← 상단
2	••	5	← 중단
3	••	6	← 하단

직	⠨	⠕	⠁
	ㅈ	ㅣ	ㄱ

01 점자 지도

1. 한글 점자의 이해

① 점자는 한 칸을 구성하는 6개의 점으로 이루어지며, 6개의 점으로 만들 수 있는 63개(빈칸 제외)의 점형을 자음과 모음 · 약자 · 문장부호 · 숫자 등에 배정하여 사용한다.

❶ 09초등9

② 점자는 점자지에 점자를 찍은 후에 뒤집어 읽기 때문에 읽을 때와 쓸 때 점의 좌우 위치가 바뀌게 된다. 따라서 점자 쓰기는 묵자와 반대로 종이의 우측에서 좌측으로 찍어 나가고, 점자 읽기는 묵자와 동일하게 좌측에서 우측으로 읽어 나간다. 그리고 한 칸에 점자를 쓸 때도 읽기 기준의 점 번호와 쓰기 기준의 점 번호 위치가 다름에 유의해야 한다.

③ 묵자는 글자를 구성하는 자모를 한 칸에 모아 쓰지만, 점자는 자모를 여러 칸에 풀어 쓰기 때문에 묵자에 비해 자료의 부피가 늘어나고 읽는 속도가 느릴 수밖에 없다. 점자의 이러한 문제를 보완하고자 27개의 약자와 7개의 약어를 만들어 사용한다.

2. 점자의 장단점

(1) 점자의 장점

① 맹인의 중요한 의사소통 수단이다.

② 정독과 재독이 가능하다.

③ 철자를 읽히는 데 도움이 된다.

(2) 점자의 단점

① 읽기 속도가 묵독이나 청독보다 현저하게 느리다.

② 점자도서나 간행물을 구하기 어렵고, 점자도서의 제작비가 비싸다.

③ 공간을 많이 차지하므로 휴대하거나 보관하기 어렵다.

④ 부호의 중복 사용으로 난이도가 높고 혼동이 발생한다.

⑤ 약자를 사용하여 철자법에 특별한 주의가 필요하다.

⑥ 어구, 문장, 도서 체재, 그림 등 책의 전체적인 형태를 파악하기 어려워 상당한 기억력과 종합력이 필요하다.

⑦ 일부 중복장애 아동은 점자를 학습하기 어렵다. 예를 들면, 중도 지적장애의 경우 점자를 배우기 어렵고, 뇌졸중 환자와 당뇨병 환자는 촉각의 상실로 점자를 읽기 어렵다.

3. 점자 일람표

구분															
자음	ㄱ	ㄴ	ㄷ	ㄹ	ㅁ	ㅂ	ㅅ	ㅇ	ㅈ	ㅊ	ㅋ	ㅌ	ㅍ	ㅎ	된소리
	⠈	⠉	⠊	⠐	⠑	⠘	⠠		⠨	⠰	⠋	⠓	⠙	⠚	⠠
받침	ㄱ	ㄴ	ㄷ	ㄹ	ㅁ	ㅂ	ㅅ	ㅇ	ㅈ	ㅊ	ㅋ	ㅌ	ㅍ	ㅎ	ㅆ받침
	⠁	⠒	⠔	⠂	⠢	⠃	⠄	⠶	⠅	⠆	⠖	⠦	⠲	⠴	⠌
모음	ㅏ	ㅑ	ㅓ	ㅕ	ㅗ	ㅛ	ㅜ	ㅠ	ㅡ	ㅣ					
	⠣	⠜	⠎	⠱	⠥	⠬	⠍	⠩	⠪	⠕					
	ㅐ	ㅒ		ㅔ	ㅖ	ㅘ	ㅙ		ㅚ	ㅝ	ㅞ		ㅟ		ㅢ
	⠗	⠜	⠗	⠝	⠌	⠧	⠧	⠗	⠽	⠏	⠏	⠗	⠍	⠗	⠺
약자	가	나	다	마	바	사	자	카	타	파	하	억	언	얼	연
	⠫	⠉	⠊	⠑	⠘	⠇	⠨	⠋	⠓	⠙	⠚	⠹	⠾	⠞	⠡
	열	영	옥	온	옹	운	울	은	을	인	것				
	⠳	⠻	⠭	⠷	⠿	⠛	⠯	⠵	⠮	⠟	⠸	⠎			
약어	그래서		그러나		그러면		그러므로		그런데		그리고		그리하여		
	⠁	⠎	⠁	⠉	⠁	⠒	⠁	⠢	⠁	⠝	⠁	⠥	⠁	⠱	
숫자	수표	1	2	3	4	5	6	7	8	9	0				
	⠼	⠁	⠃	⠉	⠙	⠑	⠋	⠛	⠓	⠊	⠚				
문장 부호	.	?	!	,	–	~		*		“	”	‘		’	
	⠲	⠦	⠖	⠐	⠤	⠈	⠔	⠔	⠔	⠦	⠴	⠠	⠦	⠴	⠄
	:		;		줄임표(⋯)										
	⠐	⠂	⠰	⠆	⠠⠠⠠										
영어	영어 시작	a	b	c	d	e	f	g	h	i	j	k	l	m	n
	⠴	⠁	⠃	⠉	⠙	⠑	⠋	⠛	⠓	⠊	⠚	⠅	⠇	⠍	⠝
	o	p	q	r	s	t	u	v	w	x	y	z	끝	대문자	
	⠕	⠏	⠟	⠗	⠎	⠞	⠥	⠧	⠺	⠭	⠽	⠵	⠲	⠠	

PART 02

4. 한글 점자 규정(2024)

(1) 자음

① 묵자의 초성과 종성 자음은 같은 모양이지만 위치를 통해 구별할 수 있다. 그러나 점자는 자모를 풀어쓰기 때문에 자음과 모음의 점형이 달라야 한다.

② 'ㅇ'이 첫소리로 쓰일 때에는 점자로 표기하지 않는다. ❶ 09초등9

③ 초성 'ㄲ, ㄸ, ㅃ, ㅆ, ㅉ'을 적을 때는 앞의 'ㄱ, ㄷ, ㅂ, ㅅ, ㅈ' 대신 된소리표(6점)를 적는다. ❶ 09초등9

④ 겹받침은 각 받침 글자를 어울러(연이어) 적는다.

⑤ 쌍받침 'ㄲ'은 종성 'ㄱ'을 두 번 풀어서 적고, 쌍받침 'ㅆ'은 약자인 34점으로 표현한다.

쌍받침 'ㅆ'은 모음 'ㅖ'와 점형이 같으므로 서로 혼동되지 않게 유의해야 한다. 그래서 모음 다음에 모음 'ㅖ'가 올 때에는 모음과 'ㅖ' 사이에 붙임표(36점)를 적어 나타낸다.

(2) 모음

① 기본 모음(단모음)

기본 모음[ㅏ ㅑ], [ㅓ ㅕ], [ㅗ ㅛ], [ㅜ ㅠ], [ㅡ ㅣ]의 점형은 상호 대칭된다.

② 자음자나 모음자가 단독으로 쓰일 때는 해당 글자 앞에 온표(123456점)를 적어 나타내며, 자음자는 받침으로 적는다.

③ 한글의 자음자가 번호로 쓰일 때는 온표를 앞세워 받침으로 적는다.

④ 모음연쇄

㉠ 모음 'ㅖ'는 쌍받침 'ㅆ'과 점형이 같으므로, 모음자 다음에 'ㅖ'가 올 때는 그 사이에 구분표(⠤)를 적어 나타낸다. 그렇지 않으면 'ㅖ'를 쌍받침 'ㅆ'으로 잘못 읽을 수 있다. ❶ 25중등B7, ❷ 21초등A3

㉡ 'ㅑ, ㅘ, ㅜ, ㅝ' 다음에 '애'가 붙어 나올 때에는 두 모음자 사이에 구분표(⠤)를 적어 나타낸다. 'ㅑ, ㅘ, ㅜ, ㅝ' 다음에 구분표를 적지 않으면 'ㅒ, ㅙ, ㅟ, ㅞ'로 읽어야 한다.

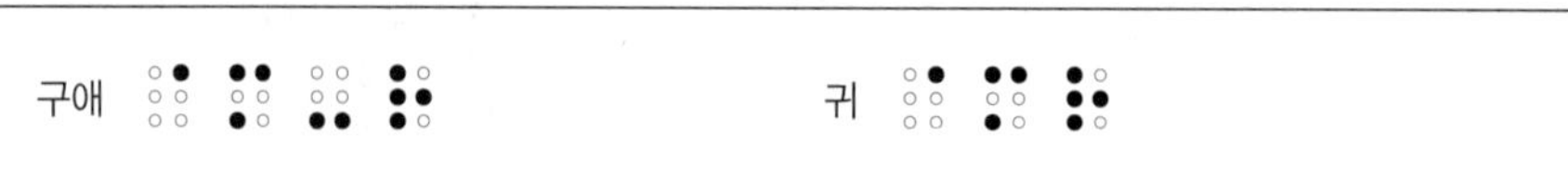

더알아보기

종성 자음은 초성 자음을 왼쪽으로 이동시키거나, 왼쪽으로 이동이 불가능한 경우에 아래로 내려 표시한다.

기출 POINT 2

❶ 09초등9

〈보기〉에서 한글 점자에 관한 바른 설명을 모두 고르시오.

〈보기〉

㉠ 모음 앞에 오는 이응(ㅇ)을 항상 생략한다.

㉣ 첫소리에 오는 된소리를 쓸 때 자음 앞에 된소리 기호 5점을 표기한다.

기출 POINT 3

❶ 25중등B7

ⓒ의 점자를 묵자로 쓰시오.

ⓒ (점자) 위치 확인하기

❷ 21초등A3

ⓒ에 해당하는 점자를 쓰시오. (단, 아래의 예시와 같이 각 점형의 점 번호를 답으로 제시할 것)

묵자	점자(●은 튀어 나온 점임)
사랑	(점자)
	읽을 때 기준임

답안(예시)

123-5-126-2356

도예

ⓒ

(3) 약자

약자는 묵자의 글자 중 사용 빈도수가 많은 글자를 점자로 보다 빨리 읽고 쓸 수 있도록 줄여 쓰고자 만들어졌으며, 글자에 약자가 있으면 정자로 풀어 쓰지 않고 약자로 써야 한다. ❷ 16중등B2

① 다음 글자들은 약자를 사용하여 적는다. 여기서 '가'와 '사'를 제외한 약자를 'ㅏ 생략 약자'라고 부르기도 한다. 다만 '라', '차'는 정자로 적는다. ❸ 11초등7, ❺ 09초등9

가	나	다	마	바	사	자	카	타	파	하
⠫	⠉	⠊	⠑	⠘	⠇	⠨	⠋	⠓	⠙	⠚

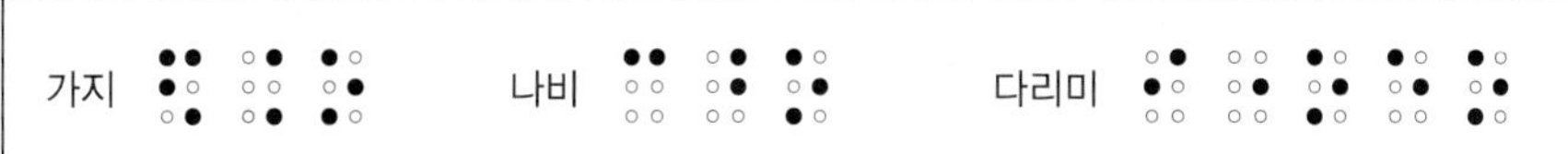

㉠ 위의 글자에 받침이 있거나 첫소리가 된소리일 때도 약자를 사용하여 적는다.

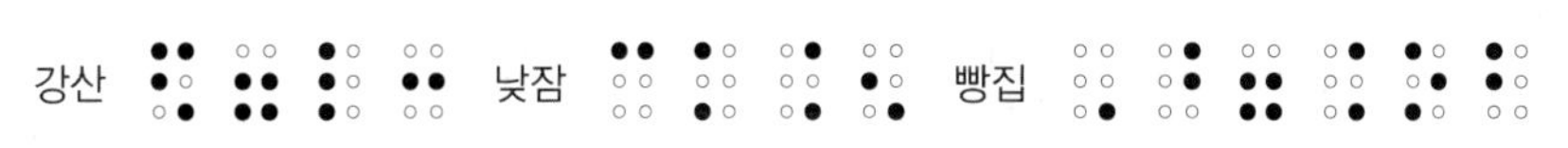

㉡ '나, 다, 마, 바, 자, 카, 타, 파, 하'('ㅏ 생략 약자')에 모음이 붙어 나올 때는 약자를 사용하지 않고 정자로 적는다.

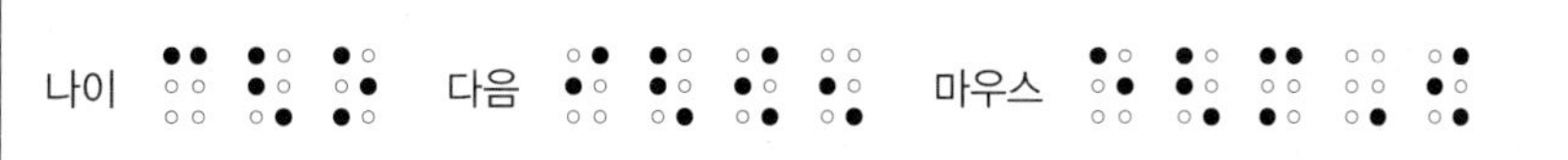

㉢ '팠'을 적을 때는 'ㅏ'를 생략하지 않고 적는다. ❹ 10중등38

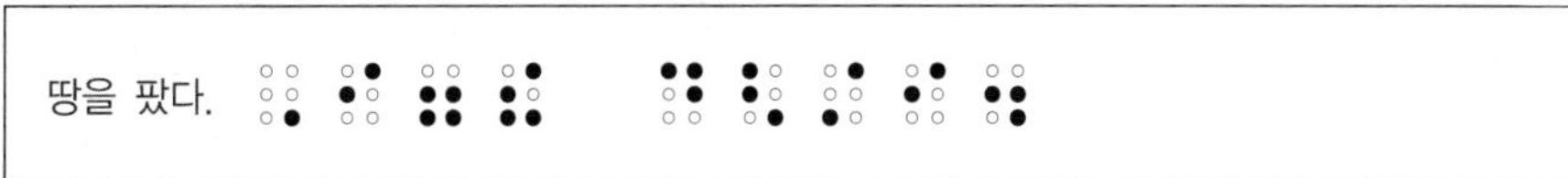

② 다음 글자들은 약자를 사용하여 적는다.

억	언	얼	연	열	영	옥	온	옹	운	울
⠹	⠾	⠞	⠡	⠳	⠻	⠭	⠷	⠿	⠛	⠯
은	을	인	것							
⠵	⠮	⠟	⠸⠎							

㉠ '성, 썽, 정, 쩡, 청'은 'ㅅ, ㅆ, ㅈ, ㅉ, ㅊ' 다음에 'ㆁ ⠻'의 약자를 적어 나타내고 'ㆁ'으로 읽는다.

기출 POINT 4

❶ 20중등B5

(나)의 괄호 안의 ㉡에 들어갈 용어를 쓸 것

> 교육실습생: 한글 점자 규정을 공부하면서 잘 모르는 것이 있었는데, 질문해도 될까요?
> 지도교사: 네, 어떤 것이 궁금한가요?
> 교육실습생: '힘껏'의 '껏'은 어떻게 찍어야 하나요?
> 지도교사: '껏'을 찍을 때에는 '것'의 약자 표기 앞에 (㉡)을/를 덧붙여서 찍어요.

❷ 16중등B2

㉢에 해당하는 내용 2가지를 점자의 특성에 기초하여 쓰시오.

> 영수: 약자를 다 외우긴 했는데 ㉢ 약자를 사용하는 이유를 잘 모르겠어요.

❸ 11초등7

각 낱말 중 'ㅏ' 생략 약자를 써야 하는 것은?

① 기차 ② 라디오
③ 마을 ④ 사과
⑤ 자전거

❹ 10중등38

다음 중 '폐'에 해당하는 점자는?

① ⠙⠝ ② ⠚⠌
③ ⠓⠗ ④ ⠙⠌
⑤ ⠚⠝

❺ 09초등9

〈보기〉에서 한글 점자에 관한 바른 설명을 모두 고르시오.

〈보기〉
> ㉢ 모든 첫소리 자음 다음에 오는 모음 'ㅏ'를 생략한다.

ⓛ '까, 싸, 껏'은 각각 '가, 사, 것'의 약자 표기에 된소리 표(6점)를 덧붙여 적는다. 다만 '껐'을 적을 때에는 '껏'에 'ㅅ받침'을 덧붙여 적는다. ❶ 20중등B5

까치　　　　힘껏

(4) 약어

약어는 접속어를 두 칸으로 줄여 쓴 것으로, 가능한 접속어 첫 글자의 종성과 마지막 글자의 자모를 1개씩 선택하여 적는다. ❶ 25중등B7, ❷ 23중등A10

① 약어 뒤에 다른 음절을 붙여 쓸 때는 약어를 사용하여 적는다. ❸ 20중등B5

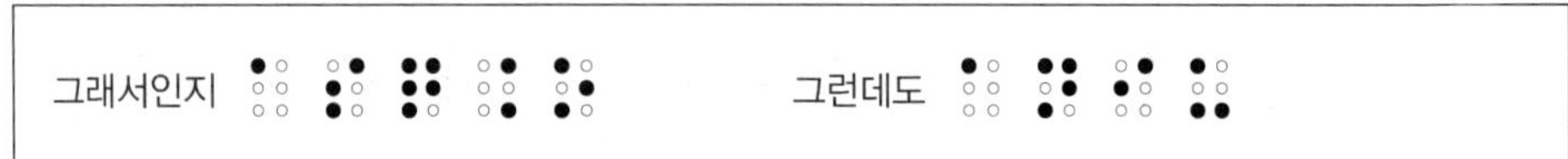

② 약어 앞에 다른 음절을 붙여 쓸 때는 약어를 사용하여 적지 않고 정자로 풀어 쓴다.

그러면서

쭈그리고

(5) 숫자

숫자는 0부터 9까지 일의 자리 수를 익히면 백의 자리, 천의 자리 등의 숫자로 쉽게 적을 수 있다. 숫자와 관련된 규정은 다음과 같다. ❶ 21중등A5

0	1	2	3	4	5	6	7	8	9
초성 ㅎ			초성 ㄴ	초성 ㅍ	초성 ㅁ	초성 ㅋ	약자 ㅠ	초성 ㅌ	초성 ㄷ

① 숫자는 수표( )를 앞세워 적는다.

② 숫자 사이에 붙어 나오는 쉼표와 자릿점은 2점으로 적는다. ❷ 16중등B2

9,375명

5,700,000원

③ 일곱 자리 이상의 긴 숫자를 두 줄에 나누어 적을 때에는 윗줄 끝에 연결표(6점)를 적고, 아랫줄의 첫머리에는 수표를 다시 적지 않는다. 이때 아랫줄에는 세 가지 이상의 숫자가 나와야 한다. 그리고 자릿점이 있는 숫자의 경우, 자릿점 뒤에 연결표를 적는다.

기출 POINT 5

❶ 25중등B7

밑줄 친 ㉣을 점자로 표기할 때, 각 점형의 점번호를 읽기 기준 순서대로 쓰시오. [단, 한국점자규정(문화체육관광부 고시 제2024-5호, 2024. 1. 29.)에 근거할 것]

> ㉣ 촉각 활용 보조공학 기기 알아보기

❷ 23중등A10

밑줄 친 ㉠을 약자로 표기할 때, 점형의 번호를 읽기 기준 순서대로 쓰시오.

> ㉠ 그러므로

❸ 20중등B5

(나)의 밑줄 친 ㉢을 점자로 표기할 때, 각 점형의 점번호를 순서대로 쓸 것. (점형의 구분은 '-'로 표시할 것)

> 교육실습생: 선생님, 한글 점자 규정의 '약어' 관련 부분도 어려웠어요. 지금도 잘 모르겠어요. ㉢ 그러면서는 점자로 어떻게 찍나요?

기출 POINT 6

❶ 21중등A5

(나)의 묵자를 점자로 점역한 부분 중에서 틀린 곳 2가지를 찾아 쓰고, 각각의 이유를 서술할 것.

(나) 학습 자료

묵자	3학년 9반
점자	

(제시된 점형은 읽기 기준이며, ●은 볼록 튀어 나온 점임)

❷ 16중등B2

밑줄 친 ㉠에 해당하는 내용 2가지를 쓰고, ㉡에 들어갈 약자를 묵자로 적으시오.

필기 내용	땅 1평은 3.3㎡이고, 땅 1,000평은 약 3,300㎡이다.
밑줄 친 부분에 해당하는 점자	

(제시된 점형은 읽기 기준이며, ●은 볼록 튀어 나온 점임)

> 김 교사: ㉠ '땅 1,000'을 점자로 찍은 것에 문법적인 오류가 있어.
> 영수: '1,000평'처럼 묵자에서 숫자 다음에 한글이 이어 나올 때에요. 점자에서는 어떤 경우에 한 칸을 띄는지 궁금해요.
> 김 교사: 그건 숫자 다음에 바로 초성 'ㄴ, ㄷ, ㅁ, ㅋ, ㅌ, ㅍ, ㅎ'과 약자 (㉡)이/가 오는 경우란다.

당첨금 : 10,000,000,000원

④ 숫자 뒤에 이어 나오는 한글의 띄어쓰기는 묵자를 따른다. 다만, 숫자와 혼동되는 'ㄴ, ㄷ, ㅁ, ㅋ, ㅌ, ㅍ, ㅎ'의 첫 소리 글자와 '운'의 약자가 숫자 뒤에 붙어 나오는 경우에는 숫자와 한글을 띄어 적는다. ❶ 21중등A5

1가 / 1년

2권 / 2도

⑤ 숫자 사이에 마침표, 쉼표, 연결표가 붙어 나올 때에는 뒤의 숫자에 수표를 다시 적지 않는다. 다만 그 밖의 다른 기호가 숫자 사이에 붙어 나올 때에는 수표를 다시 적는다.

0.48 / 1,000

02)799-1000

3·1 운동

(6) 띄어쓰기

띄어쓰기는 묵자를 따른다.

(7) 문장 부호 및 기타 부호

문장 부호는 묵자와 같이 앞 글자와 띄어 쓰지 않고 붙여 쓴다.

.	?	!	,
마침표	물음표	느낌표	쉼표
(	)	{	}
여는 소괄호	닫는 소괄호	여는 중괄호	닫는 중괄호
—	-	~	.
줄표	붙임표	물결표	드러냄표, 밑줄표

집에 간다. ⠠⠕⠃⠝ ⠈⠣⠊⠲

(8) 영어 점자

① 알파벳의 점형은 다음과 같다.

㉠ 알파벳 a~j는 수표 다음에 표기하는 숫자 1~9 및 0의 점형과 같다.

㉡ 알파벳 k~t는 a~j의 점형에 3점을 더하여 표기한다.

㉢ 알파벳 u~z는 a~e의 점형에 36점을 더하여 표기한다.

㉣ 다만 w는 이러한 원칙을 따르지 않고 별도의 점형으로 표기한다.

1	2	3	4	5	6	7	8	9	0
⠼⠁	⠼⠃	⠼⠉	⠼⠙	⠼⠑	⠼⠋	⠼⠛	⠼⠓	⠼⠊	⠼⠚
a	b	c	d	e	f	g	h	i	j
⠁	⠃	⠉	⠙	⠑	⠋	⠛	⠓	⠊	⠚
k	l	m	n	o	p	q	r	s	t
⠅	⠇	⠍	⠝	⠕	⠏	⠟	⠗	⠎	⠞
u	v	x	y	z		w			
⠥	⠧	⠭	⠽	⠵		⠺			

② 한글 문장 안에 로마자가 나올 때에는 그 앞에 로마자표(⠴)를 적고 그 뒤에 로마자 종료표(⠲)를 적는다. 이때 로마자가 둘 이상 연이어 나오면 첫 로마자 앞에 로마자표를 적고 마지막 로마자 뒤에 로마자 종료표를 적는다.

그는 Canada로 여행을 떠났다.

③ 로마자에서 대문자를 표기할 때에는 대문자 표를 사용하여 적는다.

㉠ 한 글자만 대문자일 경우에는 해당 로마자 앞에 대문자 기호표(⠠)를 적는다.

㉡ 단어 전체가 대문자일 경우에는 해당 단어 앞에 대문자 단어표(⠠⠠)를 적는다. ❶ 22중등A10

기출 POINT 7

❶ 22중등A10

잘못 표기한 점자를 2가지 찾아 각각의 이유를 서술하시오.

필기 내용	비만을 진단할 때 BMI를 활용한다.
밑줄 친 부분에 해당하는 점자	[점자]

(제시된 점형은 읽기 기준이며, ●은 볼록 튀어 나온 점임)

㉢ 세 단어 이상이 대문자일 경우에는 첫 대문자 앞에 대문자 구절표(⠠⠠⠠)를 적고, 마지막 대문자 바로 뒤에 대문자 종료표(⠠⠄)를 적는다. 대문자 종료표 바로 다음에 로마자 종료표가 올 때는 대문자 종료표를 적지 않는다.

> New York
>
> NEW YORK

④ 로마자와 숫자가 이어 나올 때에는 로마자 종료표를 적지 않는다.

기출 POINT 8

❹ 15중등A1

(가)~(라) 중에서 잘못 받아쓴 단어를 찾아 쓰고, 점자를 쓸 때 적용해야 하는 점자의 문법적 내용 요소 ①~④를 예시와 같이 쓰시오.

문항	단어	점자	문법적 내용 요소
예시	깍두기		'까'는 '가'의 약자 앞에 된소리표를 사용하여 쓴다.
(가)	밥그릇		①
(나)	바위		②
(다)	그리고는		③
(라)	찡그리고		④

※ 제시된 점자는 읽기 기준이고, ●은 볼록 나온 점임

❺ 14중등A2

학생 A가 잘못 받아쓴 단어 3개를 찾아 쓰고, 잘못 받아쓴 각각의 단어에 대해 교사가 지도해야 할 점자 문법 요소를 쓰시오.

문항	학생 A의 점자 답안지	문항	학생 A의 점자 답안지
1. 우수		4. 나사	
2. 떡		5. 구애	
3. 차로			

※ 제시된 점자는 읽기 기준이고, ●은 볼록 나온 점임

기출 POINT 8

❶ 24중등B6

제시된 점자를 묵자로 쓰시오. [단, 한국 점자 규정(문화체육관광부 고시 제2020-38호)에 근거할 것]

❷ 24초등B3

다음의 점자를 묵자로 쓰시오. [단, 검은 점이 튀어 나온 점이며, 한국 점자 규정(문화체육관광부고시 제2020-38호)에 의거할 것]

❸ 23중등A10

(나)의 밑줄 친 ㉡~㉥ 중 점자가 틀린 것 1가지를 찾아 점형의 번호를 읽기 기준 순서대로 바르게 고쳐 쓰시오. [단, 개정 한국 점자 규정(문화체육관광부 고시 제2020-38호)에 근거할 것]

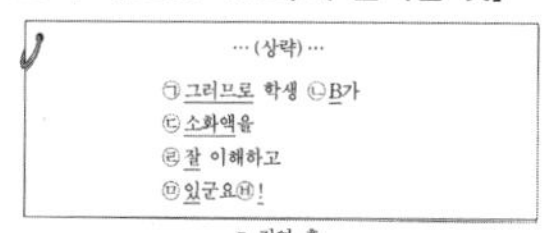

⇩ 점역 후

…(상략)…

❻ 13중등21

㉠~㉣의 점자 표기로 옳은 것만을 〈보기〉에서 있는 대로 고르시오.

(※ 제시된 점자는 읽기 기준임. ○는 찍히지 않은 점임)

〈보기〉

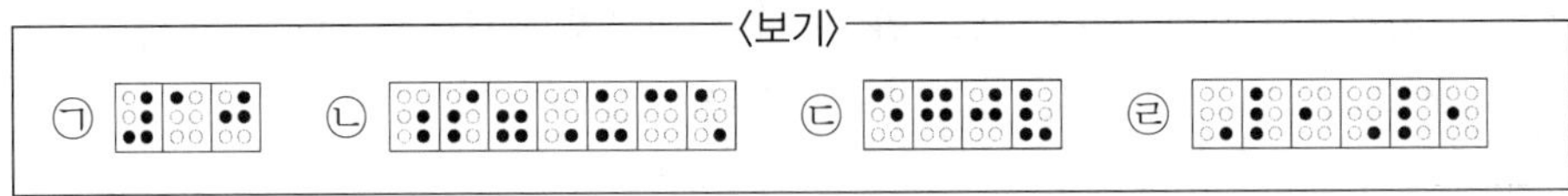

❼ 11중등11

㉠~㉣의 점자 표기로 옳은 것만을 〈보기〉에서 있는 대로 고르시오.

〈보기〉

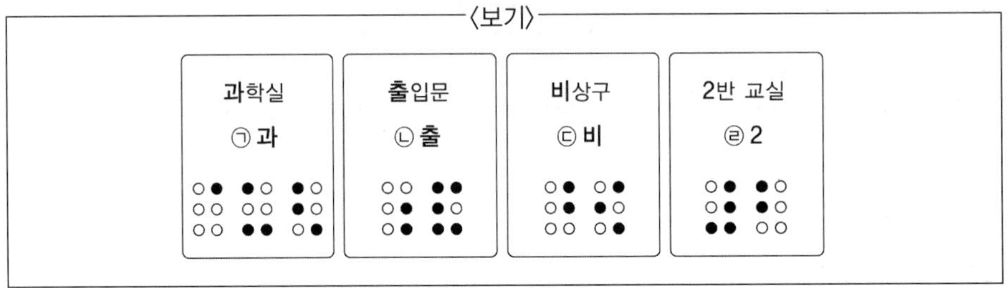

5. 점자 지도

(1) 점자 학습의 접근 방법

① 저시력 학생은 묵자의 읽기 속도, 읽기 지속 시간과 눈의 피로 정도, 시력 감소의 진행과 예후 등을 종합적으로 고려하여 점자 학습 여부를 결정하고, 학생의 요구에 따라 점자와 묵자 2가지 매체를 모두 사용할 수 있다. 저시력 학생은 점자를 배울 때 안대를 착용하거나 랩트레이를 사용하여 눈으로 점자를 보고 읽지 않도록 한다.

② 지적장애가 있는 시각장애 학생은 인지 수준에 따라 음소 및 문법 중심의 점자 지도보다 일상생활에서 자주 사용하는 낱말을 선정하여 언어 경험 접근법과 의미 중심 접근법으로 낱말의 의미와 기능을 알고 사용하도록 한다.

③ 지체장애가 있는 시각장애 학생은 양팔과 손가락의 운동 기능 이상 여부를 확인하고, 점자 읽기 · 쓰기에 필요한 운동 기능이 있는 팔과 손가락을 점자 학습에 사용하도록 한다.

④ 시청각장애 학생은 점자 읽기와 쓰기 지도에 더하여 보완대체의사소통 방법의 하나인 손가락 점자(점화)를 학습하여 사용하도록 지도할 수 있다.

⑤ 묵자를 학습한 중도 실명 학생은 손가락의 촉지각을 발달시키고, 연령에 적합한 점자 읽기와 쓰기 예문으로 재구성하여 점자 학습에 대한 흥미와 동기를 높이도록 한다.

(2) 점자 읽기 지도 방법

① 교사는 학생의 연령, 손과 손가락의 운동 기능, 개인의 선호, 점자 사용 상황 등을 고려하여 적합한 점자 읽기 방법을 사용하도록 지도한다.

② 일반적으로 양손 점자 읽기가 한 손 점자 읽기보다 읽기 정확성과 속도가 우수하므로, 점자 학습 초기부터 양손 점자 읽기 기술을 습관화하도록 한다.

③ 양손 점자 읽기는 양손의 손가락들을 호 모양이 되도록 가볍게 모아서 점자를 효율적으로 읽는 방법이다. 집게손가락이 점자를 읽는 주된 기능을 하고, 나머지 손가락은 줄을 안정되게 따라가고 점형을 먼저 탐색하여 예측하는 보조 기능을 수행함으로써 집게손가락이 보다 빠르고 정확하게 점형을 인식하도록 한다. 이것이 양손 점자 읽기가 한손 점자 읽기보다 점자 읽기의 정확성과 속도가 높은 이유이다.

④ 양손 점자 읽기 방법은 병행형, 왼손 표시형, 분리형, 가위형의 4가지가 있으며, 일반적으로 가위형 양손 점자 읽기가 가장 효율적인 것으로 알려져 있다. 그러나 처음부터 가위형 양손 점자 읽기를 사용하는 것이 어려우므로, 병행형과 분리형 양손 점자 읽기를 먼저 익힌 후에 가위형 양손 점자 읽기로 전환하는 것이 효과적이다.

㉠ **병행형 양손 읽기**: 가장 단순하고 익히기 쉬우므로 먼저 지도할 수 있으며, 시각장애 유아나 시각중복장애 아동에게 적합할 수 있다. 다만, 다른 양손 읽기보다 읽기 효율성이 부족하므로, 이후 분리형이나 가위형 양손 읽기로 발달시킬 필요가 있다.

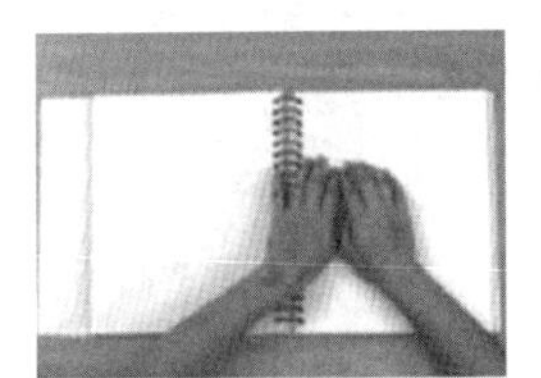

① 양손을 모아 줄의 시작점에 놓는다.

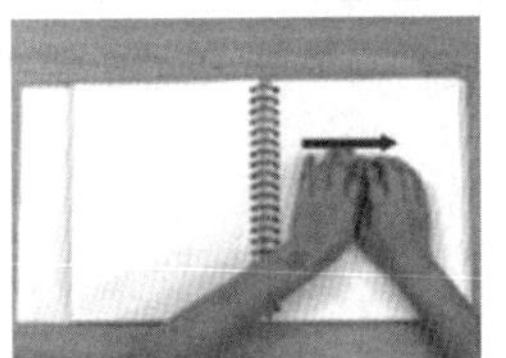

② 양손으로 줄을 따라가며 끝까지 읽는다.

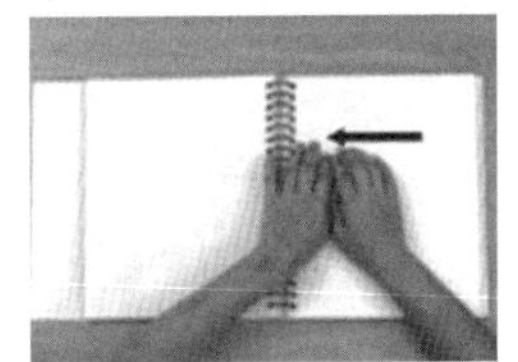

③ 양손으로 읽었던 줄을 되돌아 시작점으로 온다.

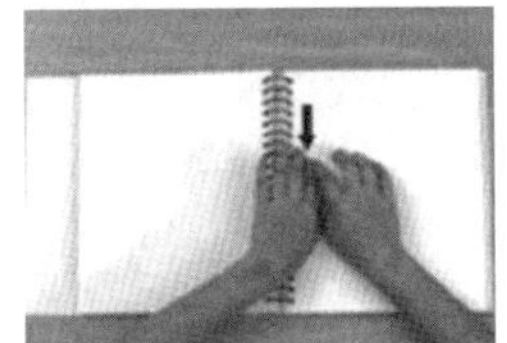

④ 양손을 다음 줄의 시작점으로 내린다.

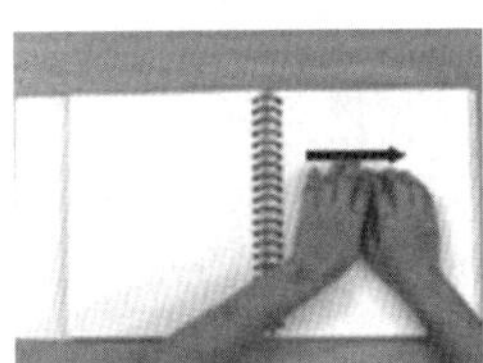

⑤ 같은 방식으로 다음 줄을 읽는다.

병행형 양손 읽기 방법

㉡ **분리형 양손 읽기**: 양손이 줄의 중간 위치까지 함께 읽지만, 중간 이후부터 오른손은 나머지를 읽고 왼손은 다음 줄의 시작점을 찾는다. 양손을 사용하여 줄의 중앙까지 보다 빠르고 정확하게 읽을 수 있고, 왼손이 미리 다음 줄의 시작점을 찾음으로써 줄을 찾는 데 별도의 시간을 할애할 필요가 없어 효율적인 읽기가 가능하다.

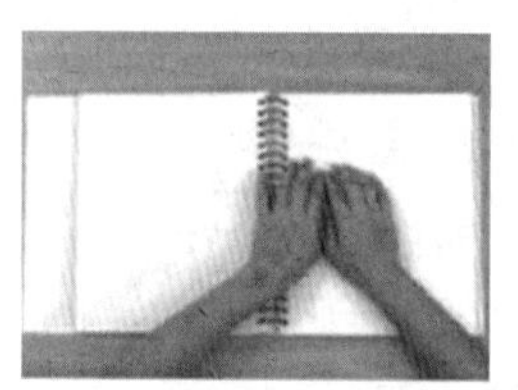
① 양손을 모아 줄의 시작점에 놓는다.

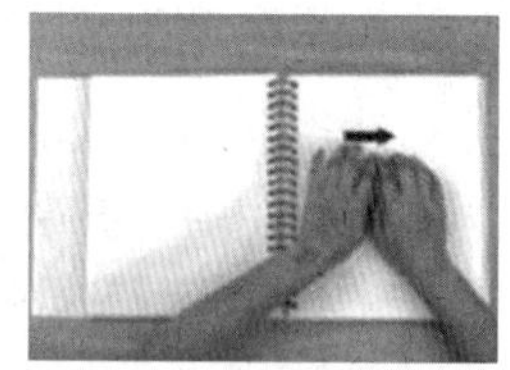
② 줄을 따라가며 중간 위치까지 양손으로 읽는다.

③ 줄의 중간 이후부터 끝까지 오른손으로 읽는다.

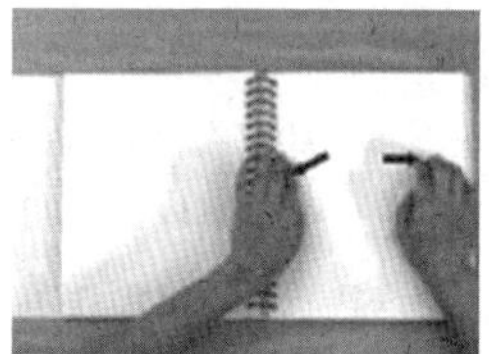
④ 오른손이 줄의 끝까지 읽는 동안, 왼손은 다음 줄의 시작점을 대각선으로 이동한다.

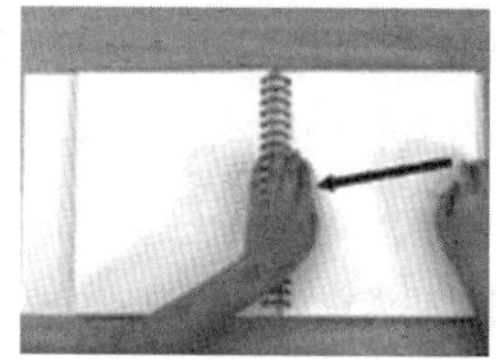
⑤ 오른손이 줄의 끝까지 모두 읽으면 왼손 옆으로 대각선으로 이동한다.

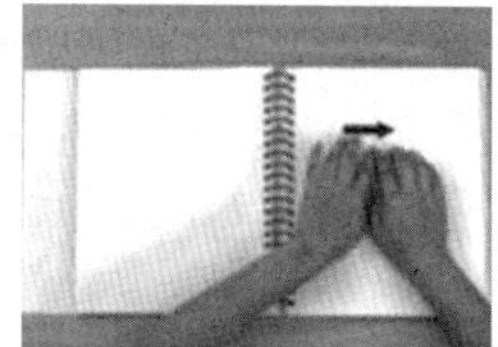
⑥ 같은 방식으로 다음 줄을 읽는다.

분리형 양손 읽기 방법

© 가위자형 양손 읽기: 분리형 양손 읽기를 더욱 발전시킨 것으로, 왼손의 역할이 다음 줄의 시작점을 찾는 데 그치지 않고, 오른손이 나머지를 읽고 왼손 옆으로 내려오는 동안 왼손 혼자서 다음 줄을 먼저 읽어 나간다. 이렇게 하면 오른손이 왼손 옆으로 내려올 때까지 기다리지 않고 양손이 각각 독립적인 읽기를 수행함으로써 읽기 유창성을 더욱 높일 수 있다.

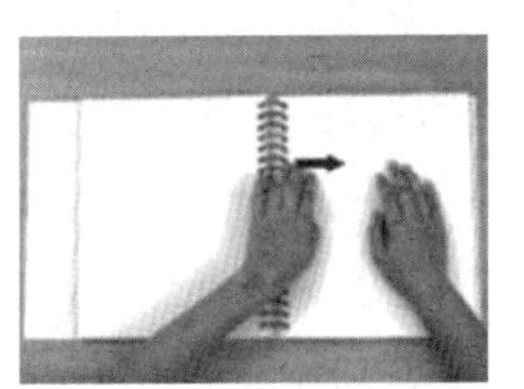

① 왼손은 줄의 시작점에, 오른손은 중간 위치에 놓는다.

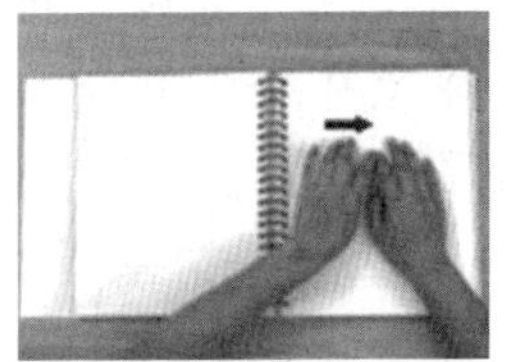

② 줄의 중간까지 왼손으로 읽는다.

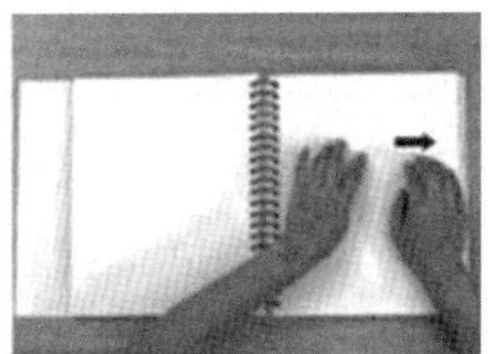

③ 줄의 중간 이후부터 끝까지 오른손으로 읽는다.

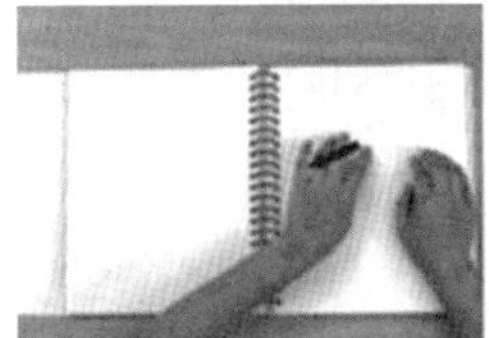

④ 오른손이 줄의 끝까지 읽는 동안, 왼손은 다음 줄의 시작점으로 이동한다.

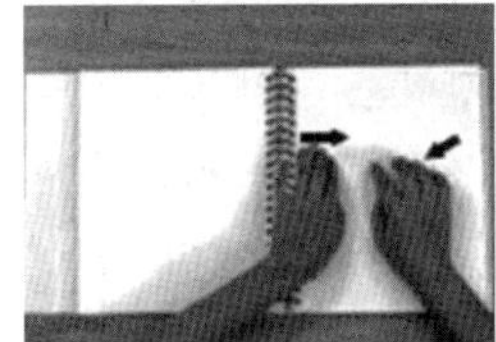

⑤ 오른손이 다음 줄의 중간 위치로 이동하는 동안, 왼손이 먼저 줄을 따라 읽기 시작한다.

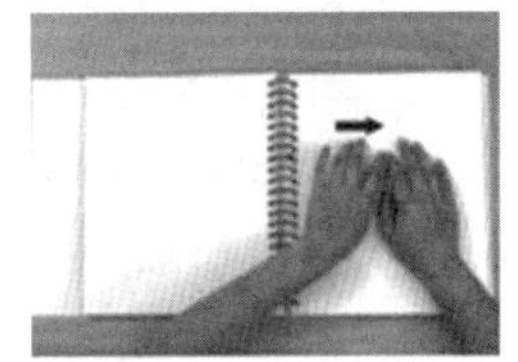

⑥ 같은 방식으로 다음 줄을 계속 읽어 나간다.

가위자형 양손 읽기 방법

(3) 중복장애 학생을 위한 점자 지도(박순희, 2022.)

① 점보점자

㉠ 표준점자를 사용해서 점자를 배우기 어려운 학생을 위해 개발된 것으로, 처음 점자를 배우거나 촉감능력이 부족한 시각중복장애 학생의 점자 지도에 활용할 수 있다.

㉡ 점보점자의 점 조합은 표준점자의 점 크기와 모양은 동일하지만, 점 사이 혹은 칸 사이의 간격이 약간 크다. 점 자체는 표준점자에 사용되는 것과 같은 크기이다.

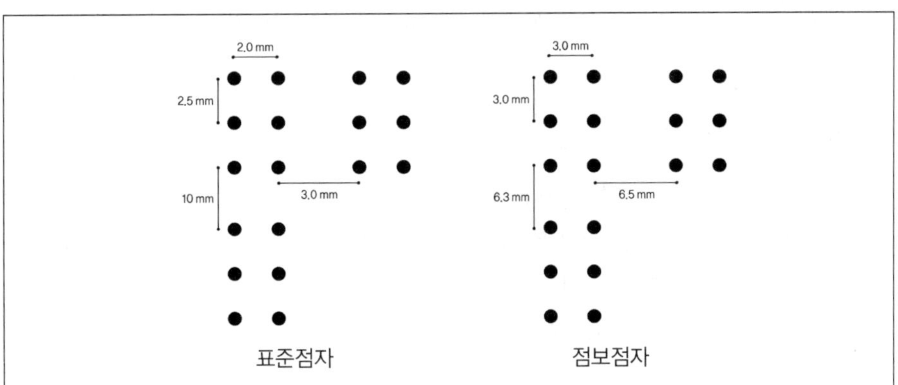

② 개별화 의미중심 접근

㉠ 의미중심 접근은 의미를 중심으로 가르치는 교수법이다. 학생 개인별로 실제 생활 기능에 필요한 어휘를 선택하여 점자로 제시한다. 점자를 손가락으로 만지면서 어휘와 관련지어 이야기를 만들고 직접 활동을 하게 함으로써 자신이 만지고 있는 점자 어휘에 의미가 있음을 알게 한다.

㉡ 개별화된 의미중심 접근의 특성은 바로 개인별로 선택된 점자 어휘와 이에 의미를 부여하는 활동을 통해 점자 문해기술을 습득시킨다는 것이다. 이때 점자는 정자 점자로 지도하여 습득이 되면 약자 점자를 가르칠 수도 있고, 정자 점자를 사용하지 않고 바로 약자 점자로 지도하는 방법을 사용할 수도 있다.

㉢ 이 접근에서는 음소가 아닌 어휘를 중심으로 점자 지도를 하기에 일견단어 접근법이 사용된다. 일견단어 접근법은 시각으로 단어 전체를 통째로 익히는 것을 말하는데, 점자 사용자에게 있어서는 손끝으로 만져지는 한 단어에 해당하는 점들을 한꺼번에 모양으로 익히는 것이기에 일촉단어 접근법이라 할 수 있다. 예를 들어, '학교'라는 단어를 익힐 때 '학교'라는 단어를 음소로 구분하여 인식하기보다는 전체로 익히는 것이다. 어휘로 선택된 단어들을 인식하는 것이 가능하게 되면 음절, 음소, 음운론에 대한 지도가 이루어진다.

㉣ 이 접근법은 실제 기능에 필요한 각 개인에게 의미 있는 어휘를 선정하고, 읽기가 학생에게 의미가 있다는 것을 인식시키기 위해 학생별로 이야기를 만들어 제공하는 등 점자를 충분하게 경험할 수 있는 환경을 조성한다. 또한 학생이 보이는 진전에 대한 기록과 점검을 중요시한다.

02 보행교육

기출 POINT 9

❶ 15유아A3
'보행훈련'에 해당하는 요소 2가지를 쓰시오.

보행훈련은 단순히 걷는 것만을 의미하는 것이 아니라 방향정위(orientation)와 이동성(mobility)이라는 개념을 포함하고 있다. ❶ 15유아A3

방향정위	잔존 감각을 이용해 보행 구간의 주변 정보를 수집·분석하여 현재 자신이 어디에 위치해 있고 어느 방향으로 가야 하는지를 판단하는 인지과정
이동	신체를 사용하여 목적지까지 걸어가는 신체 동작과 행동

1. 보행기술을 효과적으로 지도하기 위한 원리

① 보행 교육 장소는 환경확대법*에 따라 해당 학년의 교실·복도 → 학교 건물 전체 → 학교 운동장 → 학교 인근 지역사회로 확대해 나간다. 즉, 작고 친숙한 장소에서부터 넓고 낯선 장소로 확대한다.

② 보행기술은 나선형 원리에 따라 쉽고 간단한 기술부터 어렵고 복잡한 기술 순서로 위계적으로 지도한다.

Keyword

환경확대법
환경확대법은 학생이 경험하는 공간의 범위를 동심원적으로 확대하여 학습범위를 구성하는 방식이다.

③ 보행 자세와 기술은 장애물이 없는 안전한 장소에서 먼저 지도한 후 장애물이 있는 실제 장소에서 실습하도록 한다.

④ 보행기술은 학생의 연령 및 발달 수준을 고려해 처음에는 '경험하기 · 모방하기 수준'에서 보행에 대한 관심과 자신감을 높이는 데 주안점을 두고, 점차 보행 자세와 기술의 정확성과 숙달에 주안점을 두어 지도한다.

⑤ 보행기술은 과제분석을 통해 한 단계씩 정확한 자세와 세부 기술을 익히도록 지도하고, 보행기술을 혼자서 능숙하게 사용할 수 있게끔 충분히 연습하도록 한다.

⑥ 보행 지도 과정에서 촉각 교수법과 언어적 · 신체적 촉진 등을 통해 바른 자세와 기술을 익히도록 한다.

⑦ 안내 보행, 보행 기초 기술, 흰지팡이 기술은 보행 상황에 따라 왼손과 오른손을 번갈아 사용할 수 있도록 지도한다.

2. 방향정위 훈련

(1) **방향정위를 위한 5단계**[보행을 위한 시각장애인의 인지과정 모델, Hill & Ponder(1976)]

❶ 22중등B8

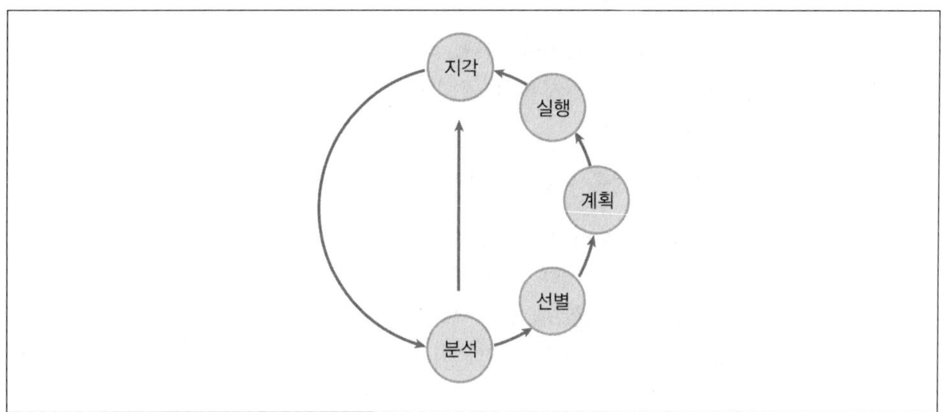

① **지각 단계**: 이동하는 구간에서 촉각, 청각, 후각, 잔존 시각으로 정보를 수집한다.

② **분석 단계**: 수집한 정보를 분석하여 이 정보가 무엇인지 확인한다. 분석 정보 중에 필요한 정보가 없으면 다시 지각 단계로 돌아가 추가 정보를 수집해야 한다.

③ **선별(선택) 단계**: 수집 · 분석한 정보 중 현재 위치와 가야 할 방향을 판단하는 데 도움이 되는 정보(랜드마크와 단서)를 찾는다.

④ **계획 단계**: 선택한 정보를 활용하여 이동 계획, 즉 가야 할 방향과 방법을 결정한다.

⑤ **실행 단계**: 계획에 따라 적절한 방향으로 이동한다.

기출 POINT 10

❶ 22중등B8

㉠에 포함되지 않은 방향정위 인지과정의 요소를 쓰고, 이 요소를 위해 교사가 학생에게 지도해야 할 내용 1가지를 서술하시오. (단, 힐과 폰더의 방향정위 인지과정에 근거할 것)

■ 방향정위 인지과정

㉠
- 학교 정문에서 기숙사까지 이동하는 데 필요한 정보를 촉각, 후각, 청각, 근육 감각 등을 사용하여 수집한다.
- 지각한 정보를 일정한 기준으로 범주화하고 분류한다.
- 학교 정문에서 기숙사까지 보행 계획을 수립한다.
- 계획한 보행 경로를 따라 보행한다.

기출 POINT 11

❶ 25중등B7

밑줄 친 ㉠이 나타내는 방향정위 요소를 쓰시오.

학습 단원	학습 내용 및 활동
보행 구간과 생활 공간 탐색하기	– 보행 구간 탐색과 정보 수집 – 보행 구간 기록하기(급식실 찾아가기): 교실 문을 나가 우회전→5m 직진→복도 끝에서 우회전하면 ㉠ 내리막길(경사로)→4m 직진하면 급식실

❷ 18중등B4

다음은 중도에 실명한 시각장애 학생(황반변성)의 보행훈련 계획이다. ㉠~㉥ 중에서 적절하지 않은 것 2가지의 기호를 적고, 그 이유를 각각 서술하시오.

- 목표: 방향정위와 다양한 이동기법 이해하기
- 방향정위: 선별된 감각적 자료를 기초로 노선도를 설계함
  - ㉠ 랜드마크와 번호체계 등을 활용함
  - ㉡ 다양한 색상의 시각단서와 여러 가지 촉각단서를 활용함

❸ 15초등A5

새로운 교실 환경을 탐색할 때, 아래의 교실 배치도에서 참고점으로 활용하기에 적절한 지표(landmarks)를 1가지 찾아 쓰고, 그 이유를 쓰시오.

■ 교실 배치도

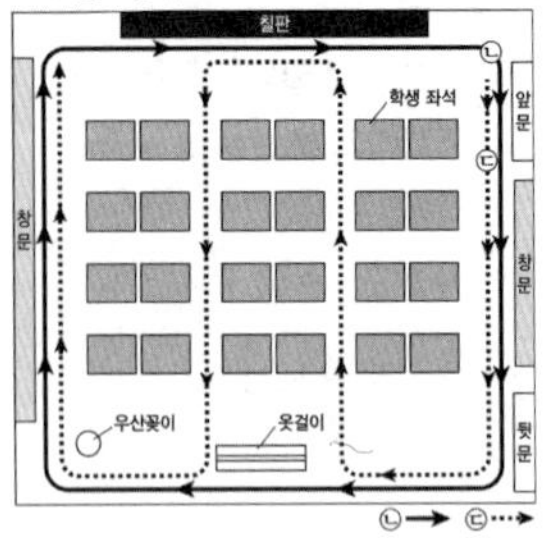

❹ 13추가중등B4

㉡과 ㉢에 해당되는 방향정위의 기본 요소를 쓰고, 두 요소 간의 가장 큰 차이점을 쓰시오.

오늘은 자기보호법과 트레일링 기법을 사용하여 미술실로 향했다. 경호는 미술실로 가기 위해서 ㉡ 친구들이 지나다니는 발자국 소리와 계단 앞의 점자블록을 이용해 ㉢ 계단 난간을 찾았다.

(2) 방향정위 요소 ❷ 18중등B4

① 단서(clues)

㉠ 주변 정보 중 방향정위에 도움이 되는 잔존 시각, 청각, 후각, 촉각으로 지각할 수 있는 정보를 말한다(이태훈, 2024).

㉡ 청각, 후각, 촉각, 근육감각이나 시각 자극물로 자신의 위치를 파악하거나 이동 방향을 결정하는 데 쉽게 활용될 수 있다.

예 사람 발자국 소리나 말소리, 음식점에서 나는 소리, 창문에서 들어오는 빛 등

㉢ 그러나 지표와는 달리 변화가 심하여 항상 활용할 수는 없다. ❹ 13추가중등B4

② 지표(landmark)

㉠ 단서들 중 잔존 감각으로 보다 쉽게 지각되고 그 자리에 영속적으로 존재하며, 방향을 판단하는 데 결정적인 역할을 하는 단서를 랜드마크로 설정한다(이태훈, 2024).

예 주유소의 기름 냄새는 주유소 인근을 지날 때면 쉽게 후각으로 지각되고, 주요소를 이전하지 않는 한 계속 그 장소에 있다.

㉡ 지표란 보행자에게 환경 내의 특정 위치를 알려주는 지각적 특징이다. ❶ 25중등B7

예 문, 계단, 우체통 등

㉢ 지표의 특징 및 조건은 다음과 같다. ❸ 15초등A5

- 일정 기간 고정되어 있어야 한다.
- 특정 환경의 고유한 특징을 드러내야 한다.
- 쉽게 인지되어야 한다.

㉣ 지표는 인지의 용이성을 기준으로 1차 랜드마크와 2차 랜드마크로 구분할 수 있다.

1차 랜드마크	1차 랜드마크는 환경 내에 항상 존재하며, 보행경로에서 반드시 인지하게 되는 랜드마크이다. 예를 들어, 보도 끝을 알려주기 위해 점자블록을 설치할 때 보도 폭 전체에 점자블록을 설치한다면 시각장애인 보행자가 보도의 왼쪽에 치우쳐 가든지 오른쪽에 치우쳐 가든지 상관없이 발 밑으로 점자블록을 감지하게 될 것이다.
2차 랜드마크	2차 랜드마크는 쉽게 인지되고, 영속적이며, 환경 내 위치를 분명하게 알려주기는 하지만 시각장애인 보행자가 놓칠 수 있는 랜드마크이다. 예를 들어, 보도의 점자를 가로폭 전체 대신 중앙 40cm 폭만큼 설치한다면, 왼쪽 또는 오른쪽으로 치우쳐 보행하는 시각장애인은 중앙의 점자블록을 발견하지 못할 수 있다. 점자블록이 랜드마크이긴 하지만 시각장애인이 발견하지 못할 수 있다는 점에서 1차 랜드마크와 다르다.

③ 번호체계(numbering system)

㉠ 번호체계(건물 내부와 외부 환경)는 환경이 어떤 순서로 구성되어 있는지를 알려준다. 건물 안의 방들은 특정한 숫자체계에 의해서 배열되어 있고, 또한 건물 밖의 거리나 건물들도 특정 숫자체계에 따라 구성되어 있음을 알고 이를 활용한다.

㉡ 예를 들어, 건물은 1층부터 순서대로 2층 · 3층 · 4층으로 이루어져 있고, 각 층마다 방은 번호 순서대로 한편에서 다른 편으로 배정되어 있다.

④ 측정(measurement)

㉠ 단위를 사용하여 사물이나 공간의 치수를 정확히 또는 대략적으로 파악하는 것이다.

㉡ 측정에는 미터, 센티미터, 피트, 인치 등을 활용하는 표준화된 측정과 걸음 수, 무릎 높이, 팔 길이 등을 활용하는 비표준화된 측정, 그리고 '~보다 길다, ~보다 넓다' 등과 같이 상대적으로 비교하는 비교 측정이 있다.

⑤ 나침반 방위(compass directions)

동서남북과 같은 방위로, 동서남북의 사방에 북서 · 북동 · 남서 · 남동을 포함시켜 팔방으로 사용하기도 하고, 보다 더 자세한 방향을 나타내기 위해 시계 방향(1~12시 방향)을 사용하기도 한다.

⑥ 기준위치(frames of reference)

㉠ 기준위치는 공간에 관한 사고 및 행동을 위해 특정 사물이나 지형의 위치를 표현하는 데 사용하는 기준으로, 자기중심 기준위치와 사물중심 기준위치가 있다.

㉡ 자기중심 기준위치

- 자기중심 기준위치는 환경과 사물에 대한 정보를 자신의 현재 위치를 기준으로 지각하고 기억하며 활용하는 것으로, '자신과 사물 간의 관계(self-to-object relationship)'라고 표현하기도 한다.
- 공간 관계에 대한 이해는 내적 공간에서 외적 공간으로 발달하기 때문에, 시각장애인의 방향정위 능력을 향상시키기 위해서는 우선 사물중심 기준위치보다 자기중심 기준위치를 활용하도록 지도해야 한다.
- 자기중심 기준위치는 순차적 학습전략에 따라 가까이에 위치한 사물과의 관계를 먼저 지도한 다음, 거리를 점차 늘려간다. 우선, 고정된 사물 한 개와 자신의 위치 관계를 인지하도록 지도하는 것이 첫 단계이다.
- 신체의 일부, 특히 등에 지도를 그려주는 것도 하나의 전략이다. 손에 지도를 그려주면 위치가 쉽게 바뀌므로 방향과 위치의 일관성을 확보하기 어려운 데 비해, 등에 지도를 그려주면 환경 내 특정 위치를 기준으로 사물들 간의 관계와 위치, 방향의 일관성을 유지할 수 있다. 예를 들어, 교육생의 목 근처를 짚어 주면서 서점이라고 알려주고, 교육생의 허리 근처를 짚어 주면서 음식점이라고 말한다. 그리고 등의 위아래를 북쪽과 남쪽으로 가리킨 후, 쇼핑몰의 주요 가게 위치를 교육생의 등을 짚어 알려주면서 방향을 파악하도록 도울 수 있다.

ⓒ 사물중심 기준위치

- 사물중심 기준위치는 '사물과 사물 간의 관계(object-to-object relationship)'로, 자기중심 기준위치에 따른 공간 관계에 대한 인지는 점차 사물중심 기준위치에 따른 공간 관계 인지능력으로 발달한다.
- 사물중심 기준위치로 방향정위를 할 경우, 장소나 사물의 관계는 변하지 않고 보행자의 이동에 의해 영향을 받지 않는다.
- 사물중심 기준위치로 공간 관계를 이해하는 것이 자기중심 기준위치로 이해하는 것보다 더 어렵지만, 보행경로를 다양하게 계획하고 선택하는 데는 더 유용하다.
- 촉각지도, 시곗바늘, 나침반 방향, 점 칸의 점 번호 등을 활용하면 사물중심 기준위치로 공간을 이해하는 데 매우 효과적이다.

⑦ 인지지도(cognitive map)

㉠ 인지지도란 환경의 공간 구조나 사물의 위치와 공간 관계에 대한 정신적 이미지로, 사물중심 기준위치에 따라 지표, 보행경로, 사물들 간의 거리와 방향을 표상화한 것이다. 시각장애인이 환경 내에서 독립적으로 보행한다면 그 환경에 대한 인지지도를 형성하고 있다는 것을 의미한다. ❶ 15초등A5

㉡ 인지지도는 경로 인지지도와 총체 인지지도로 구분할 수 있다.

경로 인지지도	경로 인지지도란 출발지점과 목표지점 두 지점을 연결하는 경로에 대한 방향과 거리 및 경로 중의 지표 등에 대한 정신적 표상이다. 예 시각장애 유아가 교실 출입구에서 자신의 사물함을 스스로 찾아가 옷을 걸어두고 자기 자리를 찾아간다면 출입구, 사물함, 의자까지의 경로에 대한 인지지도를 형성하고 있다는 것을 의미한다. 그러나 이 유아는 같은 교실 내 다른 친구들의 사물함이나 의자 위치, 교사의 책상, 세면대 등 교실 전체와 세부 구조에 대한 인지지도를 형성하고 있지 않을 수 있다.
총체 인지지도	• 총체 인지지도는 특정 환경 전체 및 환경 내 사물들 간의 위치 관계 등에 대한 인지적인 표상이다. 특정 환경에 대한 총체 인지지도를 형성하고 있다면, 해당 환경 내에서는 항상 같은 경로를 따라 보행하는 대신, 상황에 따라 다양한 경로를 선택할 수 있다. • 경로 인지지도만 형성하고 있다면 다양한 상황에 맞추어 보행경로를 선택하지 못하지만, 총체 인지지도를 형성하고 있을 경우에는 훨씬 다양하고 자유롭게 보행경로를 선택할 수 있다. 따라서 경로 인지지도를 먼저 형성하고 나서 점차 총체 인지지도를 확보해야 한다. 예 시각장애 유아가 교실 출입구에서 자신의 사물함을 지나 의자까지 일상적으로 가는 경로를 선택하지 않고 앞서 걷는 친구의 발자국 소리를 들으면서 다른 쪽으로 돌아 사물함을 찾아간다면, 교실에 대한 총체 인지지도를 형성하고 있다는 것을 의미한다.

기출 POINT 12

❶ 15초등A5

㉠과 관련하여 아래의 괄호 안에 들어갈 용어를 쓰시오.

■ 활동 2

㉠ 우리 교실에서 친구나 물건이 어디에 있는지 말하기

새로운 교실 환경에서 방향정위를 습득한 근우는 친구들과 사물의 위치, 사물들 간의 거리를 인지적으로 형상화하게 됨으로써 교실에서 독립적이고 안전하게 이동할 수 있게 된다. 이때 근우는 교실 환경에 대한 (   )을/를 형성한 것으로 볼 수 있다.

㉢ 인지지도의 형성을 촉진하기 위한 대표적인 전략으로 자기대화와 평행대화가 있다.

자기대화 (self talk)	• 자기대화란 교육생이 보행하는 과정 내내 자신이 생각하고 행동하는 것을 말로 표현하는 것이다. • 이 전략은 비고츠키의 내적 언어에 관한 이론에 근거한 것으로, 보행지도사는 교육생의 자기대화를 들음으로써 인지지도를 정확하게 형성하고 있는지, 정확하지 않다면 무엇이 교정되어야 하는지 파악할 수 있다.
평행대화 (parallel talk)	• 평행대화란 보행지도사가 교육생의 보행 과정을 말로 표현하는 것이다. • 이 전략은 교육생이 자신의 움직임이나 신체언어를 자각하지 못할 때 특히 유용하다.

⑧ 공간갱신(공간적 최신화, spatial updating)

㉠ 공간갱신이란 보행자가 보행경로를 따라 이동하면서 자신과 사물 간의 거리와 방향 변화를 지속적으로 파악하는 과정이다. 예를 들어, 책상 하나가 보행자의 몸 바로 앞에 놓여 있는 상황이라면, 몸을 오른쪽으로 90도 회전하면 책상은 자신의 앞에 있지 않고 자신의 왼쪽에 놓이게 된다. 이와 같이 자신과 사물의 관계는 보행자 자신이 이동하면 달라진다는 것을 이해하는 것이 공간갱신이다.

㉡ 실제 보행 상황에서는 목표지점에 도달하기 위해 공간을 지속적으로 갱신하여야 한다. 예를 들어, 복도식 아파트 7층의 경우 중앙에서 오른쪽 방향으로 엘리베이터 → 계단 → 701호 → 702호 등의 순서로 709호까지 배열되어 있다면, 엘리베이터에서 내려 702호를 향해 오른쪽으로 몸을 90도 회전한 순간에는 계단이 자신의 왼쪽 앞에 있지만, 701호 앞을 지난 때에는 계단이 자신의 왼쪽 뒤에 있다는 것을 인식하여야 한다.

⑨ 공간 탐색법(친숙화 과정, self-familiarization) ❷ 15초등A5

공간 탐색법은 새로운 환경에 대해 보행자와 사물 간의 관계 및 사물들 간의 관계를 파악하는 과정으로, 공간 파악을 위해 이동할 때는 실내 이동기술인 트레일링과 자기보호법을 사용한다. 일반적으로 둘레 탐색 후에 중앙 탐색을 사용한다.

둘레 탐색법 ❶ 23중등B6	• 손 스쳐가기와 상부 보호법을 사용해 방의 출입문을 기준점으로 하여 방의 네 벽을 순차적으로 돌면서 네 벽의 거리와 벽의 부착물 등을 확인함으로써 방의 둘레 이미지를 그려 나간다. • 둘레 탐색법의 목적은 공간의 모양과 크기를 파악하는 것이다.
중앙 탐색법	• 하부 보호법이나 상·하부 보호법을 사용하여 벽의 한쪽 끝에서 바둑판 모양으로 방의 내부를 탐색해 나가면서 가구나 설비 등을 확인함으로써 방의 내부 이미지를 그려 나간다. • 중앙 탐색법의 목적은 공간 내부의 구조와 가구 배치를 파악하는 것이다.

기출 POINT 13

❶ 23중등B6

㉡의 기준점으로 활용할 수 있는 것을 1가지 쓰고, 밑줄 친 ㉢과 ㉣에서 공통적으로 활용할 수 있는 독립 보행 방법을 서술하시오. (단, 신체를 활용할 것)

■ 자기 익숙화 전략

• 교실 공간 탐색하기
 – ㉢ 교실 둘레 탐색하기
 – 교실 중심부 탐색하기

■ 기준선 보행 실습하기

• ㉣ 벽 기준선 보행
• 화단 기준선 보행
• 점자블록 기준선 보행

❷ 15초등A5

㉡과 ㉢에 해당하는 환경 탐색 기법의 명칭을 각각 쓰고, 새로운 교실 환경을 탐색할 때, 아래의 교실 배치도에서 참고점으로 활용하기에 적절한 지표(landmarks)를 1가지 찾아 쓰고, 그 이유를 쓰시오.

■ 활동 2

우리 교실에서 친구나 물건이 어디에 있는지 말하기
• 특정한 친구를 기준으로 위치 말하기
• 교실 내에서 자리를 이동한 후 자신의 위치 말하기
 – ㉡과 같이 사방 벽면을 따라 이동하며 사물의 위치 익히기
 – ㉢과 같이 친구들의 좌석 사이를 이동하며 친구들의 위치 익히기

■ 교실 배치도

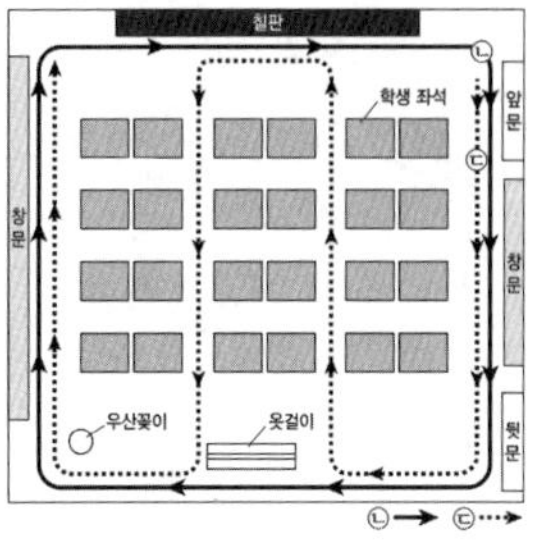

기준점	• 환경 전체를 탐색하기 위해 어느 지점에 있든지 간에 쉽게 되돌아와 활용할 수 있는 기준이다. ❷ 15초등A5 • 예를 들어, 강당 내 공간을 익히고자 하는 시각장애인이 출입구를 기준점으로 삼아 강당 내 어느 지점에 있든지 간에 사물들 간의 배열을 파악하기 위해 필요할 때마다 기준점을 재확인하면서 방향정위하는 전략이다.

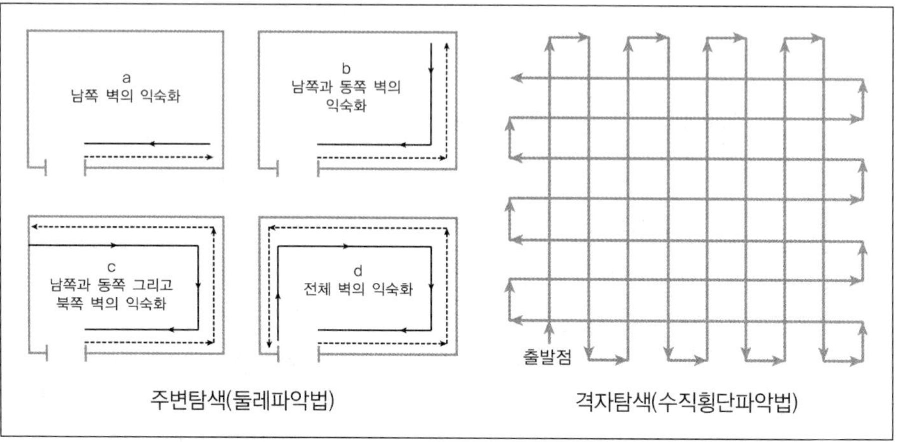

(3) 청각 활용 훈련

맹 학생은 방향정위를 위해 흰지팡이나 발과 손을 통해 수집되는 촉각 정보와 더불어 청각 정보를 주로 활용한다. 독립보행을 위해 청각기술 훈련은 매우 중요하다.

① 청각기술

소리 인식	보행 환경 주변에서 나는 소리를 들을 수 있는 것을 말한다. 현재 보행 환경에 다양한 청각 단서가 있으나, 주변 소음이 크거나 청력에 문제가 있으면 소리를 듣지 못하고 청각 단서를 그냥 지나칠 수 있다.
소리 식별	수돗물 소리, 체육관에서 공 튀기는 소리, 엘리베이터 소리, 오토바이 소리 등처럼 소리의 정체가 무엇인지 아는 것이다. 학생과 자주 이용하는 보행 장소를 다니면서 소리 식별 훈련을 실시해야 한다.
소리 변별	소리가 나는 여러 사물 중에 같은 소리, 다른 소리, 특정 사물이 내는 소리를 구분해내는 것을 말한다. 교차로에서 차량의 흐름이 직진인지, 좌회전인지, 우회전인지를 구분하는 훈련 등이 해당된다. 소리 식별 훈련이 이루어지면 비슷한 소리들을 구별할 수 있는 소리 변별 훈련을 실시해야 한다. ❶ 24중등A6
소리 위치 추정	소리가 나는 곳을 알고 그에 도달할 수 있는 것을 말한다. 소리의 방향과 크기를 통해 거리를 가능한 한 정확하게 판단하는 것이 중요하다. 탁 트인 공간에서 소리 나는 물체를 학생 주변에 떨어뜨리고 학생이 소리 나는 물체를 찾도록 하는 훈련 등이 해당된다.

소리 추적	사람이나 차량처럼 소리 나는 대상을 따라가는 것을 말한다. 보행교사가 박수를 치면서 앞서가면 학생이 박수 소리를 듣고 따라가기 등이 해당된다. 소리 추적 기술은 인도에서 직선 보행을 하기 위해 앞서가는 사람을 따라가거나 인도와 평행한 도로를 지나가는 차량의 소리를 따라갈 때 활용될 수 있다.

② 청각 활용 방해 요인

사운드 마스크	청각 단서가 주변의 소음으로 인해 들리지 않는 현상으로, 인도 보행 중에 주변 공사 소음으로 인해 차량의 진행음, 카페 음악, 횡단보도 신호음 등을 들을 수 없는 경우이다. 소음이 일시적인 것이면 소음이 사라질 때까지 기다리거나, 촉각이나 후각 같은 다른 감각 정보를 이용하여 천천히 이동하거나, 행인에게 도움을 요청할 수 있다.
사운드 섀도	보행 도중 청각 단서가 나오는 곳(음원)과 시각장애 학생 사이에 큰 물체나 구조물이 있어서 청각 단서가 차단되어 잘 들리지 않는 현상으로, 인도를 걷는 도중 음원과 시각장애 학생 사이에 공사를 위한 대형 칸막이가 있는 경우이다. 청각 단서를 차단하는 것이 일시적인 것이면 지나갈 때까지 기다리거나, 촉각이나 후각 같은 다른 감각 정보를 이용하여 천천히 이동하거나, 행인에게 도움을 요청할 수 있다.

더 알아보기 사운드 섀도 ❶ 24중등A6

- 사운드 섀도는 버스 정류장 등을 찾을 때 활용할 수 있는데, 인도에서 버스 정류장을 지나치는 동안 버스 정류장 유리벽으로 인해 차도의 차량 소리가 잠시 작아지기 때문이다. ❶ 24중등A6
- 또한, 시각장애인은 사운드 섀도를 통해 음원과 자신의 사이에 놓인 사물을 인지할 수 있다. 사운드 섀도를 활용하면 도로나 모퉁이에 있는 기둥이나 주차된 자동차를 구별할 수 있다.
- 지도 단계
  ① 교육생을 지역사회로 데리고 간다.
  ② 교육생을 도로 가장자리에 서 있는 트럭이나 자동차 앞에서 도로를 향해 서게 한다.
  ③ 다른 차량이 지나갈 때 트럭이나 자동차에 의해 소리가 막히는 것을 듣도록 지도한다.
  ④ 보도보다 더 넓은 공간에 교육생을 서게 한 다음, 지나가는 차량 소리를 듣고 구체적으로 알 수는 없지만 어떤 사물이 놓여 있다는 것을 아는지 표시하게 한다.
  ⑤ 처음에는 울타리와 같이 폭이 넓은 사물, 나중에는 신호등과 같이 폭이 좁은 사물을 활용하여, 교육생이 사운드 섀도를 인지할 수 있을 때까지 위와 같은 절차로 연습을 반복한다.
  ⑥ 교육생을 교차로 근처 보도에 서 있게 한 다음, 기둥이나 주차된 차량이 있는지 여부를 말하게 한다.
  ⑦ 교육생을 보도로 혼자 걸어가게 하면서 사운드 섀도를 활용하여 기둥, 주차된 자동차, 버스정류장 등을 지나가면 그것을 말하게 한다.

기출 POINT 14

❶ 24중등A6

괄호 안의 ㉣의 내용에 해당하는 예를 1가지 서술하시오. (단, ㉣은 버스 정류장을 찾는 상황으로 제시할 것)

− 사운드 섀도 : (㉣)

(4) 방향정위 지도 원칙과 주요 전략

① 방향정위를 지도하기 위한 기본 원칙

첫째, 개별화 지도계획을 수립한다.	• 공간에 대한 이해 수준은 구체성-추상성이라는 연속적인 차원에서 개인마다 다르다. 교육생 개인의 경험 범위, 보행 목적, 주요 관심사, 현재 능력 등을 고려하여 구체성-추상성 차원에서 공간에 관한 개인의 이해능력을 점진적으로 추상화하는 것이 방향정위 지도의 목적이다. • 이를 위해 보행지도사는 교육생 개인의 현재 능력 수준을 종합적으로 평가하고, 이를 기초로 지도계획을 수립하여 방향정위를 지도해야 한다. 즉, 단순한 활동에서 복잡한 활동, 구체적인 활동에서 추상적인 활동으로 점진적인 발달을 촉진하도록 활동 과제의 순서를 정한다.
둘째, 감각기술과 인지전략을 통합하여 지도한다.	• 교육생이 공간에 대해 이해하기 위해서는 잔존시각 · 청각 · 촉각 · 고유수용감각 등 모든 감각을 효과적으로 사용하여 정보를 수집할 뿐만 아니라, 수집된 정보를 분석하여 어떤 정보가 방향정위하는 데 관련성이 있는가를 변별하고 선택하며 조직화해야 한다. • 감각정보 그 자체가 방향정위를 결정하는 것이 아니라, 감각정보에 대한 해석과 평가 및 재평가가 지속적으로 순환하는 과정이 방향정위에 필수적이다. • 예를 들어, 보도를 따라 흰지팡이 보행을 할 때 내리막길을 느끼는 것은 운동감각의 기능이지만, 내리막길이 교차로에 접근하는 지점에 있다는 것을 기억하고 랜드마크로 활용하는 것은 인지기능이다. 따라서 방향정위를 지도할 때 감각기술과 인지전략을 통합적으로 활용하도록 지도한다.
셋째, 생애주기와 장애 특성 등을 고려하여 지도한다.	• 감각, 운동, 인지, 언어, 정서 등 여러 영역의 발달 수준을 고려하여 목표를 설정하고 활동 과제를 선택한다. • 시각장애 유아에게는 신체 부위별 명칭과 운동 범위 등 신체에 대한 개념을 지도한다. • 시각장애 발생 시기에 따라 방향정위 지도를 달리할 필요도 있다. 선천적 시각장애인에게는 공간을 설명할 때 우선 부분으로 나누어 지도한 후, 그것을 조합하여 전체를 이해하게 하는 접근이 효과적이다. 반면, 후천적 시각장애인에게는 공간 전체를 먼저 설명해준 다음, 부분별로 나누어 보다 세부적으로 이해하도록 지도하는 것이 효과적이다.
넷째, 방향정위와 이동기술을 통합하여 지도한다.	방향정위 및 이동기술과 관련된 내용은 경우에 따라 별도로 나누어 지도할 수 있지만, 통합하여 지도하는 것이 효과적일 때가 많다.
다섯째, 성공적인 훈련 경험을 제공한다.	효과적인 방향정위 지도를 위해서는 교육생 개인이 훈련 시간마다 개인 수준의 성공을 경험하도록 목표를 설정하고, 활동 과제를 선정하며, 강화를 제공한다.

② 보조도구 활용

약도	• 환경이 복잡하거나 생소할 경우, 특정 환경에 대해 상세한 정보를 제공하는 지도(map)보다 경로만을 간단하게 기술해주는 약도가 더 유용하다. 또한, 공간 이해력이 낮은 시각장애 아동이나 시각중복장애인에게는 상세한 지도 대신 간단한 약도를 활용하여 경로 인지지도를 형성하도록 하는 것이 효과적이다. • 약도는 출발지점과 목표지점의 경로를 중심으로 방향정위를 설명한다. 이때 "여기서 왼쪽으로 90도 돌아 가세요. 세 블록을 걸어 가세요. 세 번째 블록이 시작되는 지점부터는 보도가 조금씩 위로 올라가기 시작할 거예요. 세 번째 블록이 시작되는 연석에서 5m 지점에 카페가 있어요."와 같이 경로상의 랜드마크를 밝혀주는 것도 중요하다.
입체 모형	• 입체 모형은 약도나 평면 촉각지도보다 시각장애인의 방향정위를 촉진하는 데 더 유용하다. • 입체 모형은 실제적인 3차원 공간을 더 구체적으로 나타내므로, 환경 개념이 부족한 시각장애인의 방향정위를 촉진하는 데 특히 유용하다. • 시각장애인이 직접 만져보고 경험하기에는 너무 크고 복잡하며 위험한 사물이나 환경 등은 입체 모형을 통해 개념 습득을 촉진한다. 예를 들면, 주상 복합 건물, 고가도로, 도로 표지판, 교통 신호등, 철도 건널목, 고속도로 나들목 등이다. • 실물과 동일한 입체 모형이 가장 바람직하나, 개념을 정확하게 이해하는 데 필수적인 속성이 포함되도록 실물을 축소하여 모형을 설계하는 것이 현실적이다.
평면지도	• 평면지도는 공간 정보를 전달하는 감각 유형에 따라 촉각지도, 확대지도 및 촉각확대지도 등으로 구분할 수 있다. • 촉각지도는 시각장애인이 생소한 공간 배치를 익히거나, 이미 익숙한 공간 내에서 새로운 보행경로를 발견하거나, 이동하면서 공간갱신을 하는 데 유용하다. 촉각지도는 일반지도와 달리 휴대하기는 불편하므로, 특정 건물의 벽면에 부착해두고 활용하는 경우가 대부분이다. 촉각지도는 일반지도보다 제작하고 읽는 데 시간과 노력이 더 필요하므로, 중요한 정보를 선택한 후 불필요한 정보를 삭제해야 한다. • 저시각인을 위한 확대지도를 제작할 때에는 크기, 대비, 배열 등을 고려한다. 어느 정도의 크기가 적절한지는 대상 공간의 크기, 사용자의 시력 등 고려할 변인이 무수하다. 대비는 가능한 한 높게 하는 것이 효과적이다. 중요도가 낮거나 지나치게 복잡한 것은 삭제하고, 중요도가 높은 것만을 선택하여 제시하며, 배열은 단순화한다.

③ 도움 요청

㉠ 시각장애인은 보행하는 동안 도움이 필요하면 지나가는 보행자에게 도움을 요청할 수 있어야 하고, 지나가는 보행자가 불필요한 도움을 제공하면 정중하게 거절할 수 있어야 한다.

㉡ 시각장애인은 효과적으로 도움을 요청할 수 있어야 한다. 따라서 도움 요청 시점, 대상, 표현방법 등을 익혀야 한다.

- 지나가는 사람들의 발소리나 대화 소리 등을 들으면서 도움 요청 시점을 결정한다.
- 간단하고 명료하게 도움을 요청한다.
- 대부분의 정안인 보행자들은 시각장애인을 도와준 경험이 없기 때문에 도움 요청을 받으면 망설이거나 불분명하게 설명할 수 있다. 이 경우 도움을 다시 요청해야 한다. 도움을 받고 난 후 감사의 표현도 잊지 말아야 한다.

④ 문제해결 전략 적용

㉠ 시각장애인의 보행은 지속적인 문제해결 과정이다. 문제해결 전략은 4단계로 구분하는 것이 일반적이다.

단계	내용
첫째, 문제 자체를 인식하는 단계이다.	• 문제 상황에 직면하고, 나아가 문제의 성격과 원인 등을 분석한다면 문제해결이 더 용이해진다. • 시각장애인이 보행경로에서 방향정위 문제를 직면하게 되는 원인은 랜드마크 지각 또는 기억 실패, 비어링 등이다. • 목표지점에 도달하는 보행경로에서 예상했던 랜드마크나 정보점을 발견하지 못했다면, 보행경로의 방향이 잘못된 것일 수도 있고, 보행경로는 잘 선택했으나 비어링했을 수도 있다. 예 지하도 입구에 들어섰을 때 에스컬레이터가 오른쪽에 있다고 기억했으나, 왼쪽에서 에스컬레이터 소리가 난다면 목표로 했던 입구가 아닌 다른 입구로 들어온 것일 수 있음
둘째, 문제를 해결하기 위한 대안을 모색하는 단계이다.	• 활용 가능한 지각 정보를 총동원하여 현재 위치·보행경로·원인 등에 대한 가설을 설정하며, 목표지점을 향해 다시 보행하기 위한 이동방향을 결정한다. • 랜드마크나 정보점을 확보하기 위해 일정한 방향으로, 또는 기준선을 따라 보행해본다. 지나가는 행인에게 도움을 요청하거나 지도를 찾아보는 것도 대안이다.
셋째, 활용 가능한 대안을 선택하여 실행하는 단계이다.	• 잠시 멈추어 서서 가능한 대안을 모색하고 나면 실행할 대안을 하나 또는 그 이상 선택하여야 한다. • 목표지점을 향해 안전하게 도달할 수 있는 보행경로와 방법을 선택하여 실행에 옮겨야 한다.
넷째, 실행한 대안의 효과에 대해 평가하는 단계이다.	선택한 대안을 실행했는데도 목표지점에 도달하기 위한 랜드마크를 발견하지 못하였다면 대안의 실패를 인식하여야 하고, 곧바로 다른 대안을 찾아 실행하며 그 결과를 재평가한다.

ⓛ 낙하훈련(drop-off lesson)

- 시각장애인의 보행 관련 문제해결 역량을 증진하는 데 효과적인 방법으로, 교육생을 특정 환경에 위치시킨 후 목적지를 제시하면서 찾아오라는 과제를 수행하게 하는 것이다.
- 낙하훈련은 대부분 보행훈련의 마지막 단계에 실시하지만, 친숙한 환경에서 실시하는 것이라면 마지막 단계 이전에도 실시할 수 있다.
- 낙하훈련의 난이도는 점진적으로 높여간다.
  - 익숙한 실내 환경에서 낙하훈련 실시: 보행지도사가 교육생을 안내하여 복도 어느 지점에 멈추어 선 후, 그곳부터 건물 내 다른 층의 화장실을 찾아가도록 과제를 지시한다. 실내 환경에서도 우선 단순한 과제를 수행하게 한 후, 점차 난해한 과제를 부여한다.
  - 실외 환경에서 낙하훈련을 실시: 처음에는 익숙하고 단순한 실외 환경에서 실시한 후, 점차 낯설고 복잡한 환경에서 실시한다. 보행지도사는 교육생과 함께 건물을 출발한 후 실외 환경의 특정 위치에 도착하면, 교육생 혼자서 건물로 돌아가거나 근처 커피 전문점을 혼자 찾아가도록 지시한다.
  - 낯선 환경에서 낙하훈련을 실시: 보행지도사가 교육생을 자동차에 승차시킨 후, 매우 낯선 보도에 하차시켜 시내 특정 건물을 찾아오는 과제를 수행하게 하는 것이다.

3. 이동기술 훈련

이동성은 잔존 감각을 활용하여 한 장소에서 자신의 목적 장소까지 안전하고 효율적으로 품위 있게 이동하는 것이다. ❸ 12중등28, ❹ 11중등33

(1) 안내법

안내법은 안내인의 도움을 받아 이동하는 보행방법으로, 시각장애인이 이미 알고 있는 길이라면 방향정위의 주체는 시각장애 학생이며, 안내인은 시각장애인이 이야기하는 방향 단서를 확인하면서 안내해야 한다. 그러나 시각장애인도 처음 가는 길이라면 안내인이 방향정위의 주된 책임을 가질 수 있다. ❶ 18중등B4

① 안내 보행 자세

㉠ 안내 보행 표준 자세: 시각장애 학생은 안내인의 반보 뒤, 반보 안쪽 측면에 선 후 안내인의 팔꿈치 바로 위를 손 전체로 감아 잡는다. 그리고 두 사람 모두 양 팔을 몸에 가볍게 붙인다. ❷ 13추가중등B4

㉡ 팔을 몸통에 붙이지 않으면 팔에서 느끼는 정보에 혼란을 줄 수 있으므로 유의한다. 예를 들어, 팔이 몸통에 가깝게 붙어 있을 경우 계단이나 턱을 올라가거나 내려갈 때 높이에 대한 정확한 정보를 줄 수 있지만, 안내자가 팔을 몸통에 붙이지 않고 아무 때나 올리고 내리면 정확한 정보를 주기 어렵기 때문이다.

기출 POINT 15

❶ 18중등B4

㉠~㉥ 중에서 적절하지 않은 것 2가지의 기호를 적고, 그 이유를 각각 서술하시오.

■ 보행훈련 시 유의점

안내법 보행 시 안내자가 시각장애인에게 환경적 정보를 제공해야 함

❷ 13추가중등B4

다음은 시각장애 학생 경호의 학교생활 모습을 나타낸 글이다. ㉤~㉧의 상황에서 적절하지 않은 것을 1가지 찾아 그 기호를 쓰고, 바르게 고쳐 쓰시오.

계단을 지나 '예절실'이라고 적힌 곳에서 정안인 친구 희수가 와서 함께 가자고 했다. ㉤ 희수는 경호의 팔꿈치 조금 위를 잡고 반보 뒤에서 걸었다.

❸ 12중등28

㉠~㉤ 중에서 적절한 것만을 모두 고르시오.

특수교사: ㉠ 보행훈련의 목적은 잔존감각과 인지기능을 최대한 활용하여 자신의 목적지까지 안정성, 효율성, 품위를 갖추어 독립적으로 이동할 수 있는 것이라서 대학생활에서 무척 중요해.

❹ 11중등33

㉠~㉤ 중에서 옳은 것만을 모두 고르시오.

■ 이동성의 지도 요소

㉠ 이동성 지도 요소에는 지표와 단서, 번호 체계, 친숙화 과정이 포함된다.

② **안내 시작하기**: 안내인이 시각장애 학생의 손등에 자신의 손등을 가볍게 대면, 시각장애 학생은 안내인의 손등에서 팔꿈치까지 스쳐 올라가 팔꿈치 위를 잡는다.

③ **안내 거절하기**: 시각장애 학생은 다른 손으로 안내인의 팔목을 잡아 정중하게 떼어 내면서 혼자서 갈 수 있음을 이야기한다.

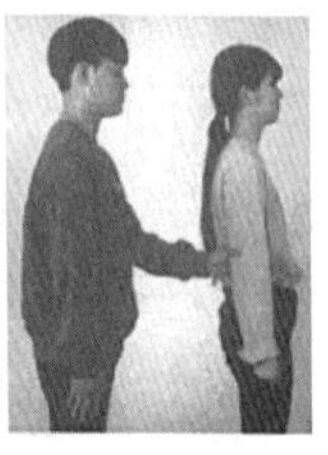
안내 보행 표준 자세

안내 시작

안내 거절

④ 안내 위치 전환 기술은 안내 보행 도중 시각장애 학생 쪽에 장애물이나 위험물이 있을 경우에 안내 위치를 좌우로 바꿀 때 사용한다.

㉠ **안내 위치 전체 전환**: 시각장애 학생은 안내인의 신체 반대편으로 이동하여 안내 보행 표준 자세로 잡는다.

㉡ **안내 위치 부분 전환**: 시각장애 학생은 안내인의 팔만 자신의 다른 쪽 손으로 바꾸어 잡고 안내인의 등 뒤에 서서 장애물이나 위험물을 통과한 후 원래 자세로 되돌아온다.

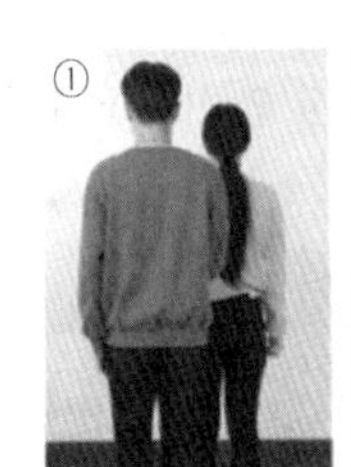

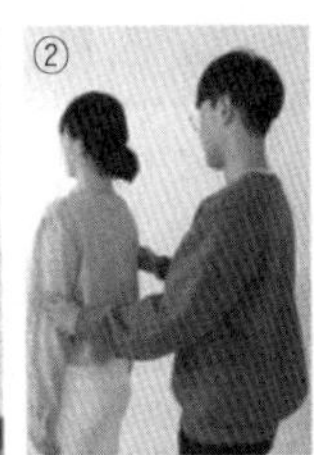

안내 위치 전체 전환

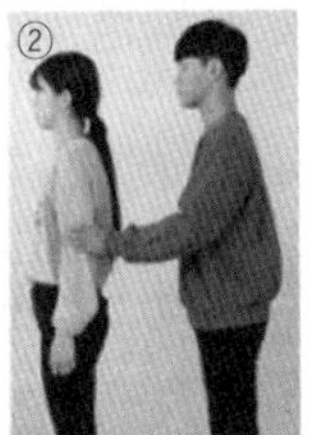

안내 위치 부분 전환

⑤ 안내 방향 전환 기술은 안내 보행 도중에 오던 길로 180도 되돌아 가야 할 때 사용한다. 넓은 통로에서는 한 사람이 회전축이 되어 돌기 기술을 사용하고, 좁은 통로에서는 두 사람이 마주 보며 돌기 기술을 사용하도록 한다.

㉠ **한 사람이 회전축이 되어 돌기**: 두 사람이 멈추어 선 후에 둘 중 한 사람은 축이 되어 제자리에서 돌고, 바깥쪽에 있는 사람은 더 넓게 돈다.

㉡ **두 사람이 마주 보고 돌기**: 두 사람이 이동을 멈추고 90도 돌아 마주 보고 서서 팔을 바꾸어 잡은 후에 오던 방향으로 90도 돈다.

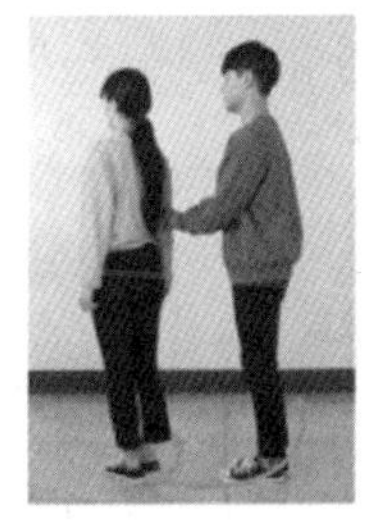
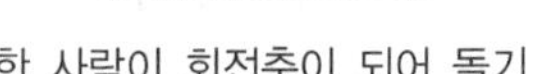

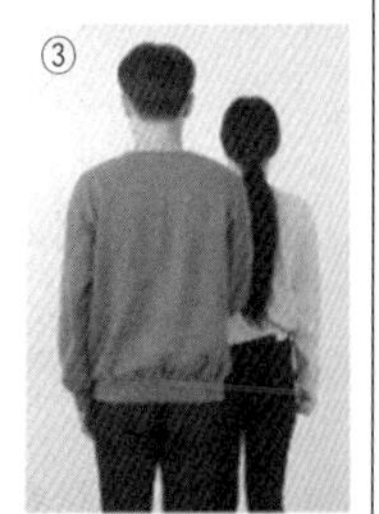

한 사람이 회전축이 되어 돌기　　두 사람이 마주 보고 돌기

⑥ 상황별 안내법

㉠ 좁은 통로 통과하기

- 표준 자세: 자신이 안내하던 손의 손등을 허리에 대면 시각장애 학생은 안내인의 손목까지 내려 잡고 안내인의 등 뒤에 서서 통과한다. ❶ 25중등B7
- 안내 위치 부분 전환 자세 활용: 시각장애 학생은 안내인의 팔만 자신의 다른 쪽 손으로 바꾸어 잡고, 안내인의 등 뒤에 서서 장애물이나 위험물을 통과한 후 원래 자세로 되돌아온다.

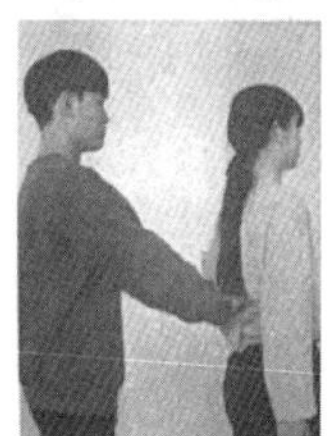

좁은 통로 지나가기 표준 자세

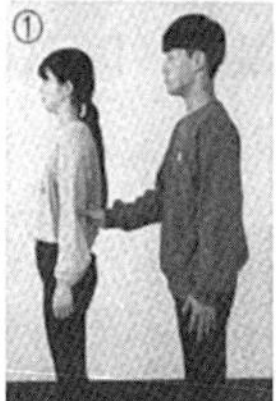

안내 위치 부분 전환

㉡ 문 지나가기 ❶ 18중등B4, ❷ 13추가중등B4

- 안내인의 역할: 문을 지나갈 때 앞에 선 안내인은 문을 여는 역할을 한다.
- 시각장애인의 역할: 문 손잡이를 잡고 있는 안내인의 팔을 손가락 끝으로 가볍게 트레일링해서 내려가 문 손잡이를 찾고 문을 닫는 역할을 한다.

문 통과하기

문 손잡이를 찾기 위한 트레일링법

기출 POINT 16

❶ 25중등B7

괄호 안의 ㉡을 안내인이 해야 할 동작으로 서술하시오.

> 예비 교사: 선생님, 안내 보행 중에 시각장애 학생과 좁은 통로를 통과해야 할 경우에 어떻게 하나요?
> 지도 교사: 그럴 경우에는 (㉡).
> 예비 교사: 감사합니다.

기출 POINT 17

❶ 18중등B4

㉠~㉥ 중에서 적절하지 않은 것 2가지의 기호를 적고, 그 이유를 각각 서술하시오.

> • 목표: 방향정위와 다양한 이동기법 이해하기
> • 이동 안내법
> − ㉢ 문을 통과할 때에 안내자가 문을 열고 닫게 함

❷ 13추가중등B4

다음은 시각장애 학생 경호의 학교생활 모습을 나타낸 글이다. ⓐ~ⓞ의 상황에서 적절하지 않은 것을 1가지 찾아 그 기호를 쓰고, 바르게 고쳐 쓰시오.

> 미술실 앞에서 ⓢ 여닫이로 된 출입문을 열고 들어간 후, 경호가 문을 닫았다.

㉢ 계단 오르내리기: 계단 올라가기 → 계단 내려가기 순서로 지도하되, 처음에는 계단 난간이나 핸드레일을 잡고 오르내리도록 한다. 원형 계단을 올라갈 때는 시각장애 학생이 바깥쪽에 위치하는 것이 정상적인 계단 디딤판 넓이를 확보할 수 있어 안전하다.

- 계단 올라가기: 안내인이 계단 앞에 서서 올라가는 계단임을 말하면 시각장애 학생은 안내인 옆에 나란히 서서 난간을 잡는다. 안내인이 한 계단 앞서 올라가되, 처음 두세 계단은 천천히 올라가서 계단의 높이와 형태를 파악하도록 하고 그 이후의 계단은 정상적인 속도로 올라간다. 시각장애 학생은 안내인의 움직임, 팔의 위치 변화, 난간 곡선 변화 등을 통해 계단의 시작과 끝을 예측하도록 한다.
- 계단 내려가기: 안내인이 계단 앞에 서서 내려가는 계단임을 말하면 시각장애 학생은 안내인 옆에 나란히 서서 난간을 잡는다. 안내인이 한 계단 앞서 내려간다. 나머지 절차는 계단 올라가기와 동일하다.

난간 위치 안내

계단 올라가기와 내려가기

원형 계단 올라가기

계단 오르내리기

기출 POINT 18

❶ 18중등B4
㉠~㉥ 중에서 적절하지 않은 것 2가지의 기호를 적고, 그 이유를 각각 서술하시오.

> • 목표: 방향정위와 다양한 이동기법 이해하기
> • 이동 안내법
> – 계단을 이용할 때에 안내자가 '잠깐 멈춤'을 통해 계단의 시작과 끝을 알게 함

❷ 13추가중등B4
다음은 시각장애 학생 경호의 학교생활 모습을 나타낸 글이다. ㉤~㉧의 상황에서 적절하지 않은 것을 1가지 찾아 그 기호를 쓰고, 바르게 고쳐 쓰시오.

> ㉥ 희수는 2층으로 올라가는 계단 앞에서 잠깐 멈추었다가 올라갔다.

더 알아보기 잠깐 멈춤 ❶ 18중등B4, ❷ 13추가중등B4

안내 시 '잠깐 멈춤'은 시각장애인으로 하여금 환경의 변화를 미리 예측하게 하는 기능을 수행한다. 이는 계단 앞에서 잠깐 멈추고 계단이 다 끝나는 지점에서 잠깐 멈추어 계단이 다 끝났음을 알려줄 수 있는 유용한 방법이다.

㉣ 의자에 앉기

- 안내인은 시각장애인이 스스로 의자에 앉을 수 있도록 단서를 제공하는 역할을 한다.
- 안내인이 시각장애인의 손을 의자 등받이에 대주면, 시각장애인은 앉을 자리에 물건이 있는지 확인한 후 의자에 앉는다. ❶ 13추가중등B4

책상 있는 의자에 앉기

기출 POINT 19

❶ 13추가중등B4
다음은 시각장애 학생 경호의 학교생활 모습을 나타낸 글이다. ㉤~㉧의 상황에서 적절하지 않은 것을 1가지 찾아 그 기호를 쓰고, 바르게 고쳐 쓰시오.

> ㉧ 희수는 경호의 손을 의자 등받이에 얹어 준 후, 자기 자리로 가서 앉았다.

⑦ 안내법의 장단점

㉠ 안내법은 안내인과 시각장애인이 서로 원만한 사회적 관계를 유지할 수 있도록 도움을 준다.

㉡ 안내 방법을 정확하게 알고 있는 경우 안내법은 가장 안전하고 신속한 이동 방법이다.

㉢ 안내인의 설명을 통해 안내를 받으면서 지형이나 표지판 등을 알아갈 수 있어 독립보행을 위한 준비에 도움이 된다.

㉣ 그러나 대부분의 일반인들은 시각장애인들을 어떻게 안내해야 하는지에 대한 이해가 부족하여 오히려 방해가 될 수 있고, 필요하지 않은 상황에서도 도움을 주고자 하는 경우 시각장애인들을 오히려 난처하게 만들거나 안내를 잘못하여 두려움을 주는 경우도 있다.

㉤ 안내법은 다른 사람에게 의지한다는 점에서 시각장애인의 자존감에 부정적인 영향을 미칠 수 있다.

PART 02

(2) 실내 단독 이동기술

① 자기 보호법

자기 보호법은 주변의 장애물로부터 상체를 보호하는 상부 보호법과 하체를 보호하는 하부 보호법으로 나뉜다. ❶ 18중등B4

㉠ 상부 보호법

- 기능: 주변의 장애물로부터 상체를 보호하는 기술이다.
- 자세: 벽에 등을 대고 서서 한 팔을 들어 반대편 어깨에 손을 갖다 댄 후에 팔꿈치의 각도가 120도 정도 되도록 손바닥을 전방으로 내민다. 장애물의 위치에 따라 내민 손바닥의 위치를 얼굴 쪽으로 조정할 수 있다.
- 유의사항: 복도의 왼쪽으로 보행할 때는 오른쪽 팔을, 오른쪽으로 보행할 때는 왼쪽 팔을 사용하는 것이 좋다. 이는 보통 장애물이 벽 쪽에 많고 장애물을 접했을 때 탄력이 많은 손바닥이 장애물에 부딪히게 하기 위한 것이다. ❷ 12초등23

상부 보호법

기출 POINT 20

❶ 18중등B4

㉠~㉥ 중에서 적절하지 않은 것 2가지의 기호를 적고, 그 이유를 각각 서술하시오.

- 목표: 방향정위와 다양한 이동기법 이해하기
- 보호법
  - ㉣ 상부보호법, 하부보호법을 이용하여 실내 보행훈련을 실시함

❷ 12초등23

학생(좌안 0.05, 우안 광각)의 특성에 따른 지도 및 지원 전략으로 적절하지 않은 것은?

③ 복도를 지나갈 때 학생의 우측 상단에 장애물이 있을 경우, 모델링과 신체적·언어적 촉진을 활용하여 학생이 머리나 상체를 보호할 수 있게 왼손을 들어 상부보호법 자세를 바르게 취하도록 지도한다.

㉡ 하부 보호법

- 기능: 주변의 장애물로부터 하체를 보호하는 기술이다.
- 자세: 벽에 등을 대고 서서 한 손을 몸 중앙에 내려 뻗은 후 손등이 바깥을 향하도록 몸으로부터 20~25cm 정도 떨어뜨린다.
- 유의사항: 장애물의 위치에 따라 내민 손의 위치를 조정할 수 있다.

하부 보호법

상하부 보호법

② 트레일링(손 스쳐가기, hand trailing)

- 기능: 트레일링은 실내에서 흰지팡이 없이 벽을 따라 이동할 때 자주 사용하는 기술로, 시각장애 학생이 사물을 따라 이동하여 자신의 목표물을 찾는 방법이다. 벽 주변에 장애물이 있으면 자기 보호법과 함께 사용할 수 있다.
- 손의 자세: 벽에 대는 손의 자세는 손등 또는 손의 측면이 가장 일반적이며, 벽의 재질이나 매끄러움 정도에 따라 선택할 수 있다.
- 트레일링 자세: 벽과 반보 떨어져 나란히 서서 벽과 가까운 쪽 팔을 전방 45도로 뻗은 후 손의 측면이나 손등을 가볍게 벽에 대고 이동한다. 벽을 따라 이동할 때 벽에 댄 손이 몸통보다 항상 앞에 있어야 단서나 장애물을 먼저 확인할 수 있다.

❶ 21초등A3, ❷ 19중등A10, ❸ 10중등29

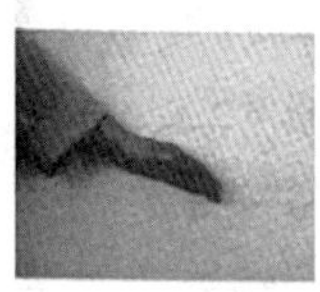
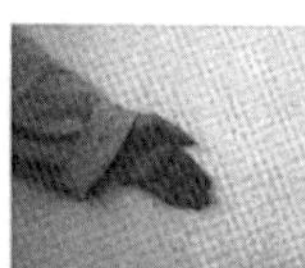
손 자세: 손의 옆면 대기-손등 대기

손 스쳐가기와 상부 보호법

더 알아보기

자기 보호법과 트레일링의 결합

특히 시각장애 학생이 따라가던 벽과 벽이 끊어진 열린 공간을 이동할 때 자기 보호법과 트레일링을 함께 사용할 것을 권한다.

상체 보호법과 트레일링 동시 사용

열린 공간에서 이동

기출 POINT 21

❶ 21초등A3

지우가 대각선법과 함께 사용한 오른손 활용 방법의 명칭을 쓰시오.

❷ 19중등A10

핸드 트레일링법을 사용할 때 학생이 취해야 할 자세를 서술하시오. (단, 우측 보행상황에서 양팔 및 손의 위치와 모양 그리고 지팡이의 위치를 포함하여 서술할 것)

❸ 10중등29

시각장애 학생의 보행훈련에서 사용되는 기법들이다. (가)에 해당하는 기법을 쓰시오.

(가)

기준선(벽 등)과 가까운 팔을 진행 방향과 평행되게 하고, 그 팔을 약 45도 아래쪽 정면으로 뻗쳐서 손을 허리 높이 정도로 들고, 새끼손가락 둘째 마디 바깥 부분을 기준선에 가깝게 대면서 이동한다.

③ 비어링 교정 및 신체 정렬

㉠ '비어링'이란 직선보행을 할 때 자신도 모르게 왼쪽이나 오른쪽으로 굽어져 걷는 현상을 의미한다. 이때 맹 학생은 주변 사물과 자신의 신체를 볼 수 없어 신체를 수직이나 수평으로 정렬하는 것이 어렵다. 따라서 촉각을 이용하여 신체를 보다 정확하게 정렬하는 기술이 필요하다. ❶ 23중등B6

㉡ 신체 정렬

- **직각 서기(직각 정렬)**: 진행 방향으로부터 직각으로 방향을 틀어 이동해야 할 때 사용한다. 발뒤꿈치, 엉덩이, 어깨를 벽에 대어 수직으로 선다.
- **평행 서기(평행 정렬)**: 진행하는 방향과 같은 방향을 계속 유지하며 이동할 때 사용한다. 예를 들어, 복도의 교차 지점을 건너 같은 방향으로 이동해야 할 때 사용할 수 있다. 벽과 가까운 손을 앞뒤로 45도 정도 들어올릴 때 팔의 균등한 당김 정도를 통해 벽과 평행하도록 신체를 정렬한다.

직각 서기(수직 정렬)

평행 정렬(수평 정렬)

더알아보기 신체 정렬법(박순희, 2022.)

시각을 사용할 수 없을 경우 자신의 현재 위치를 알아내고 자신이 움직일 방향을 결정하는 것은 쉽지 않다. 따라서 시각장애 학생은 사물을 활용한 신체 정렬을 통해 현재 위치를 파악하고 이동 방향을 결정하도록 지도해야 한다. 이때 몸을 정렬시키는 사물들로 환경 속에서 고정 불변한 지표를 선정해야 한다.
- 수직 정렬은 벽 등의 사물과 90도가 되도록 몸의 한쪽을 정렬하는 방법이다.
- 수평 정렬은 사물에 등을 대어 평행이 되도록 하는 방법이다.

수직 정렬법

수평 정렬법

기출 POINT 22

❶ 23중등B6

㉠에 공통으로 해당하는 용어를 쓰시오.

(가) 학생 A의 보행 모습

(나) 학생 A의 보행 수업을 위한 사전 평가 결과

- 공간에 대한 인지와 익숙화 전략이 부족함
- (㉠)이/가 심함
- 점자블록을 정보로 파악하지 못함

(3) 지팡이 보행

① 지팡이의 선택

㉠ 길이: 일반적으로 흰지팡이의 표준 길이는 학생의 겨드랑이나 가슴 중앙 높이 정도에 오는 것이 적절하다.

㉡ 무게: 지나치게 무겁거나 가벼운 지팡이는 사용하기에 적합하지 않다. 보편적으로 170~200g 정도의 지팡이가 성인용으로 적합하다.

㉢ 접촉 탐지능력: 장애물을 탐지하고 지면의 상태를 알아내는 것으로, 지팡이에서 전달되는 소리나 진동이 잘 전달되어야 한다.

㉣ 내구성: 튼튼하고 오래 사용할 수 있어야 한다. 충격이나 압력에도 견딜 수 있어야 하고, 오래 사용하여도 변질되거나 약화되지 않아야 한다. ❶ 18중등B4

㉤ 팁: 학생의 연령이나 운동 기능에 적합한 팁을 사용할 수 있다.

유형	내용	
표준 팁		팁이 뾰족하고 가벼워 가장 많이 사용하는 이점 촉타법에 효과적이다.
볼 팁		• 팁이 탁구공처럼 둥글고 커서 지팡이 팁이 바닥에 걸리지 않고 잘 미끄러진다. • 대각선법이나 지면 접촉 유지법을 주로 사용하는 유아나 시각중복장애 학생에게 효과적이다.
롤링 팁		• 팁이 베어링에 의해 바퀴처럼 굴러가고 무게감이 있는 팁으로, 흰지팡이를 지면에서 들기 어렵고 팁을 좌우로 움직이는 힘이 부족한 더 어린 유아나 더 심한 시각중복장애 학생에게 효과적이다. • 이 팁은 지면 접촉 유지법이나 대각선법에서 주로 사용할 수 있으나, 이점 촉타법에는 사용하기 어렵다.

㉥ 손잡이: 손잡이는 잡기에 편해야 하고 오래 사용해도 피로를 느끼지 않게 하는 것이어야 하며, 기후의 변화에도 이상이 없는 것이어야 한다.

② 대각선법

㉠ 개념: 대각선법은 주로 익숙한 실내에서 독립보행을 위해 사용되는 지팡이 활용 기법이다.
❶ 13추가중등B4, ❷ 09중등39

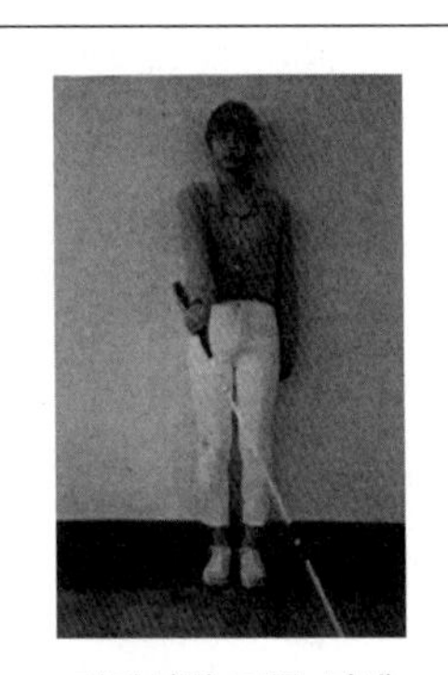
대각선법 표준 자세

기출 POINT 23

❶ 18중등B4
ⓢ의 이유 1가지를 서술하시오.
■ 유의점

> ⓢ 지팡이는 너무 단단하거나 약해서는 안 됨

기출 POINT 24

❶ 13추가중등B4
㉠에 들어갈 지팡이 사용 기법의 용어를 쓰고, 이 기법에 해당되는 지팡이의 주된 기능을 1가지만 쓰시오.

> 시각장애 학생 경호는 점자를 주된 학습 매체로 사용하며, 익숙한 공간에서는 단독 보행이 가능하다. 평상시에는 화장실이나 다른 교실로 이동할 때, 지팡이를 몸의 앞쪽에서 가로질러 잡고 지팡이 끝(tip)을 지면에서 약간 들면서 보행하는 (㉠)을/를 사용한다.

❷ 09중등39
김 교사가 가르치고자 하는 지팡이 기법의 내용 중 적절한 것을 〈보기〉에서 모두 고르시오.

〈보기〉

> ㉥ 2점 촉타법은 주로 실외 보행을 위해 사용하도록 지도하고, 익숙한 학교 복도에서는 주로 대각선법을 사용하도록 지도한다.

ⓛ 대각선법 사용법 ❶ 19중등A10, ❷ 10중등29

- 흰지팡이를 잡은 손의 팔을 뻗고 흰지팡이가 대각선 방향이 되도록 조정한 후, 바닥으로부터 5cm 이하의 간격을 두고 팁을 유지함으로써 이동할 때 장애물과 턱을 확인할 수 있다. 이때 유아나 시각중복장애 학생이 흰지팡이를 바닥에서 들어올리기 어렵다면 팁을 지면에 대고 이동할 수 있으며, 표준 팁 대신 볼 팁을 사용할 수도 있다.
- 흰지팡이를 잡은 손의 팔을 펴야 하며, 팁은 항상 한 발 앞에 위치해 있어야 한다.
- 대각선법에서 흰지팡이의 양 끝은 어깨보다 약 5cm 정도 더 나와야 한다.

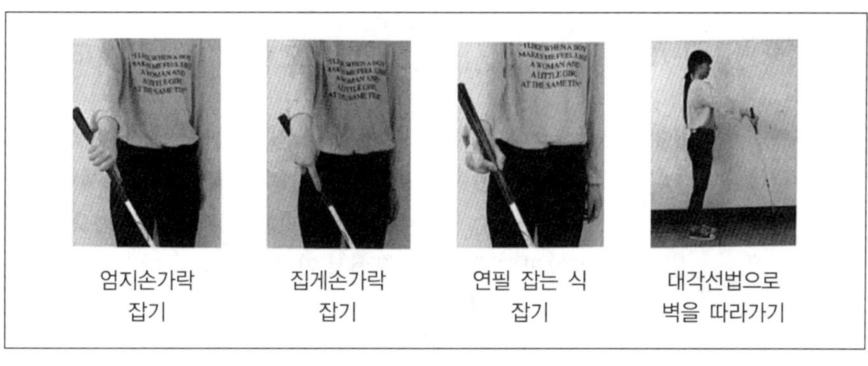

엄지손가락 잡기
집게손가락 잡기
연필 잡는 식 잡기
대각선법으로 벽을 따라가기

대각선법 잡는 방법

ⓒ 대각선법의 특징 및 장점

- 대각선법은 실내에서 벽을 따라 기준선 보행을 할 때 사용할 수 있으며, 이 경우 지팡이 끝을 벽에 붙이면서 가는 대각선법과 트레일링 기법을 동시에 사용하면 신속하고 편하게 목적지에 도달할 수 있다.
- 대각선법은 이점촉타법보다 제한이 있으나, 자기보호법이나 트레일링보다는 더 많은 보호를 하기 때문에 익숙한 실내에서 편리하게 사용할 수 있다.

③ 이점촉타법

㉠ 개념

- 이점촉타법은 발을 내디딜 지면을 먼저 흰지팡이가 팁으로 두드려 지면의 상태나 장애물 여부 등을 확인하는 기술로, 실외에서 가장 널리 사용된다. ❷ 12중등28
- 이점촉타법은 실내에서도 사용 가능한데, 시각장애인에게 익숙한 실내에서 몸 양편을 두드리는 것은 불필요한 에너지를 낭비하는 것이며, 지팡이를 두드리는 것이 소음을 만들어낼 수 있으므로 사용 여부를 주의 깊게 결정해야 한다. ❶ 21초등A3

기출 POINT 25

❶ 19중등A10

대각선법에서 학생이 취해야 할 자세를 서술하시오. (단, 우측 보행상황에서 양 팔 및 손의 위치와 모양 그리고 지팡이의 위치를 포함하여 서술할 것)

❷ 10중등29

시각장애 학생의 보행훈련에서 사용되는 기법들이다. (나)에 해당하는 기법을 쓰시오.

(나)

흰지팡이를 자신의 몸 전면에 가로질러 뻗치게 하고 첨단은 지면에서 약 5cm 떨어지며, 흰지팡이의 아래쪽 끝과 위쪽 끝은 몸의 가장 넓은 부위보다 밖으로 약 2~4cm 벗어나게 해서 이동한다.

기출 POINT 26

❶ 21초등A3

교사가 지우에게 이점촉타법보다 대각선법을 활용하게 한 이유를 1가지 쓰시오.

❷ 12중등28

㉠~㉤ 중에서 적절한 것만을 모두 고르시오.

사회복지사: 지팡이를 활용하여 캠퍼스 보행을 지도해 주실 수도 있어. 방향정위를 포함하여 ㉣ 실내에서 사용하는 트레일링, 대각선법 그리고 실내·외에서 사용 가능한 이점촉타법 등을 보행지도사가 지도해 주실 거야.

PART 02

기출 POINT 27

❶ 18중등B4

㉠~㉥ 중에서 적절하지 않은 것 2가지의 기호를 적고, 그 이유를 각각 서술하시오.

- 목표: 방향정위와 다양한 이동기법 이해하기
- 지팡이 보행
  - ㉤ 2점 촉타법에서 지팡이 끝이 왼쪽 지점을 칠 때 오른발이 지면에 닿게 함

❷ 11중등33

㉠~㉤에서 옳은 것만을 모두 고르시오.

■ 지팡이 보행법 중 이점 촉타법

지팡이 호의 넓이: ㉡ 어깨너비보다 5~6cm 정도 넓게 유지한다.

❸ 09중등39

김 교사가 가르치고자 하는 지팡이 기법의 내용 중 적절한 것을 〈보기〉에서 모두 고르시오.

〈보기〉

㉡ 지팡이를 움직여서 그리는 호의 넓이는 신체 부위에서 가장 넓은 어깨넓이를 유지한다.
㉢ 지팡이를 잡은 손은 몸 앞 중앙에 오도록 유지하고, 손목을 좌우로 움직여 호를 그린다.
㉣ 지팡이로 신체 왼쪽 바닥면을 두드리는 동시에 왼쪽 발을 리듬에 맞추어 앞으로 내딛는다.

㉡ 자세

지팡이 잡는 법	• 지팡이를 잡은 손은 몸 중앙에 둔다. 두 번째 손가락은 뻗고 나머지 손가락들로 지팡이를 감아쥔다. 두 번째 손가락만 아래쪽으로 뻗는 이유는 지팡이 끝으로 전달되어 오는 진동과 느낌을 잘 전달받기 위해서다. ❸ 09중등39 • 손목의 움직임을 자연스럽게 하기 위해서 지팡이를 잡은 손의 손등은 위쪽이 아닌 측면을 향하도록 한다. • 지팡이를 잡은 쪽의 팔은 최대한 곧게 뻗는다. 이것은 몸 앞의 공간을 지팡이로 최대한 확보하기 위해서다. 그러나 사람이 많은 혼잡한 장소에서는 지팡이를 길게 잡으면 다른 사람의 보행을 방해할 수 있으므로 지팡이를 몸 쪽으로 당겨 잡는다.
손목 운동	• 지팡이를 잡은 손이 몸 중앙에 오도록 위치시켜 양쪽에 똑같은 넓이로 호를 그리도록 한다. ❸ 09중등39 • 지팡이 호를 만들기 위해 손목을 중심으로 손 부분만을 양쪽으로 움직여 양쪽이 똑같은 넓이가 되도록 한다. 양쪽의 넓이가 달라지면 앞으로 똑바로 이동하는 직선보행을 할 수 없다. 예를 들어, 왼쪽이 더 넓으면 왼쪽으로 치우쳐서 가고, 오른쪽이 더 넓으면 오른쪽으로 치우쳐서 가게 된다. • 호의 넓이는 어깨 너비보다 약 5cm 정도 넓게 하는 것이 적당하다. 손목을 몸 중심에 놓고 양옆으로 손만 움직여 양 어깨에서 각각 2.5cm씩 더 넓게 지팡이를 쳐준다. ❷ 11중등33, ❸ 09중등39 • 호의 높이는 2~5cm 정도로 한다. 너무 높으면 지면의 작은 사물을 놓칠 수 있기 때문이다.
발과 리듬 맞추기	지팡이의 끝이 왼쪽 지점을 칠 때, 오른쪽 발이 지면에 닿게 한다. 반대로 지팡이의 끝이 오른쪽 지점을 칠 때, 왼쪽 발이 지면에 닿게 한다. 이는 정안인이 걸을 때 왼손을 앞으로 내밀면 오른발이, 오른손을 앞으로 내밀면 왼쪽 발이 나가는 것과 같은 원리다. 즉, 지팡이 사용자에게는 지팡이가 팔의 역할을 하는 것이다. ❶ 18중등B4, ❸ 09중등39

손 전체로 감아 잡기

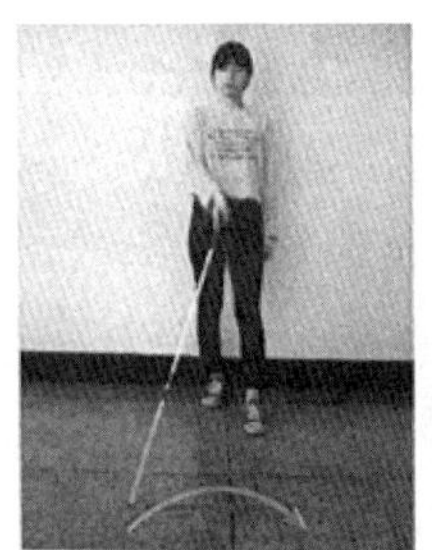

이점촉타법 자세

④ 이점촉타법의 변형 ❶ 12중등28

㉠ 지면접촉유지법(constant-contact cane technique)

- 지면접촉유지법은 이점촉타법 변형 기술로 이점촉타법과 유사하며, 다른 점은 팁이 바닥을 계속 접촉한 상태에서 어깨너비만큼 좌우 슬라이딩한다는 것이다.
- 지면접촉유지법은 바닥이 매끄러운 곳에서 사용할 수 있다.
- 지면접촉유지법은 교육생이 지팡이로 좌・우측으로 이동할 때 지팡이 끝을 계속해서 지면 위에 유지하는 방법으로, 중복장애인이나 지형의 변화를 탐지하는 데 어려움을 겪는 시각장애인에게 유용하다.
- 지면접촉유지법의 장단점은 다음과 같다.

장점	– 지팡이를 지면과 계속 접촉함으로써 내려가는 계단이나 연석 등을 가장 빠르게 탐지할 수 있다. – 지면의 정보를 가장 많이 입수할 수 있다. – 지팡이로 바닥이나 지면을 두드리는 소리로 인하여 교육생이 다른 사람의 주의를 끄는 일이 없다.
단점	– 표면이 거친 지역에서는 지팡이 끝에 금이 가서 갈라질 수 있어 사용하기 곤란하고, 손의 힘이 약한 교육생의 경우는 오랜 시간 동안 이 기술을 사용하기 어렵다. – 교육생들이 지면에 지팡이를 두드려서 얻을 수 있는 촉각적・청각적 단서가 없기 때문에 보조를 유지하기 어려울 수 있다.

㉡ 촉타후밀기법(touch-and-slide technique) ❷ 09중등39

- 촉타후밀기법은 이점촉타법처럼 흰지팡이로 좌우 바닥면을 두드릴 때마다 팁을 전방으로 5~10cm 정도 미는 동작이 추가된 기술이다.
- 도로의 연석이나 경계석, 내려가는 계단, 현관 입구, 단차 등 전방의 떨어지는 곳을 탐지할 때 유용하며, 눈 덮인 보도에서 지면을 확인할 때 사용할 수 있다.
- 촉타후밀기법을 사용할 때는 호의 폭을 평상시보다 줄여서 사용한다.

㉢ 촉타후긋기법(touch-and-drag technique) ❶ 22중등B8, ❷ 09중등39

- 촉타후긋기법은 흰지팡이로 따라가고자 하는 기준선(면)의 반대쪽을 두드린 후 기준선(면) 쪽으로 흰지팡이 팁을 바닥에 댄 채 끌어당기는 기술이다.

  예 기준선이 자신의 왼쪽에 있다면 기준선 반대쪽, 즉 오른쪽은 이점촉타법과 같이 지팡이를 공중에서 호를 그리며 지면을 터치한다. 그런 다음 지팡이 끝을 바닥에서 떼지 않고 호를 그리며 왼쪽으로 이동시키면서 기준선에 닿게 된다. 그리고 그 절차를 필요할 때까지 반복한다.
- 보도와 차도의 경계석, 보도와 잔디, 보도의 점자블록 등 지면이 서로 다른 경계선을 따라 기준선 보행을 하거나 인도 연석처럼 측면의 떨어지는 곳을 탐지할 때도 유용하다.

기출 POINT 28

❶ 12중등28

㉠~㉤ 중에서 적절한 것만을 모두 고르시오.

> 사회복지사: 그리고 대학 복도에서 ㉤ 지팡이 끝을 바닥에서 떼지 않고 양쪽으로 이동시키는 '터치 앤 슬라이드' 방법도 가르쳐 주실 거야.

기출 POINT 29

❶ 22중등B8

밑줄 친 ㉡에서 촉타후긋기 기술을 지도할 때 교사가 학생에게 지도해야 할 내용 1가지를 서술하시오. (단, 지팡이 끝을 지면에서 어떻게 움직여야 하는지를 서술할 것)

> 학교 정문에서 기숙사까지 갈 때 ㉡ 촉타후긋기 기술(touch-and-drag technique)을 사용하여 학교 정문에서 기숙사까지 연결된 점자블록의 경계선을 따라가며 보행하는 방법 지도

❷ 09중등39

김 교사가 가르치고자 하는 지팡이 기법의 내용 중 적절한 것을 〈보기〉에서 모두 고르시오.

〈보기〉

> ㉤ 2점 촉타법의 응용기법으로는 터치 앤 슬라이드, 터치 앤 드래그 방법 등이 있다.

㉣ 삼점촉타법

- 삼점촉타법은 흰지팡이로 좌우 바닥면을 두드리는 것에 더해 벽, 잔디 같은 기준선(면)을 한 번 더 두드리는 동작을 추가한 기술이다.
- 이때 리듬감이 가장 중요한데, 첫 번째 터치는 한 박자이지만 두 번째와 세 번째 터치는 합쳐져서 한 박자가 된다.
- 실외의 담벼락, 펜스, 연석 등을 따라갈 때나 건물 외벽을 따라 이동하다가 출입문을 찾을 때 효과적으로 사용할 수 있다.

㉤ 한 번 바닥 치고 한 번 측면 치기

- 이 기술은 삼점촉타법과 동일한 목적으로 사용되나, 삼점촉타법에서 포인트 2를 생략하는 방법이다. 즉, 바닥을 한 번 터치한 후 바로 포인트 3에 해당하는 위쪽 측면을 터치하는 것이다.
- 삼점촉타법보다 배우기 쉽지만, 바닥에 대한 충분한 정보를 제공하지 못한다는 단점이 있다.

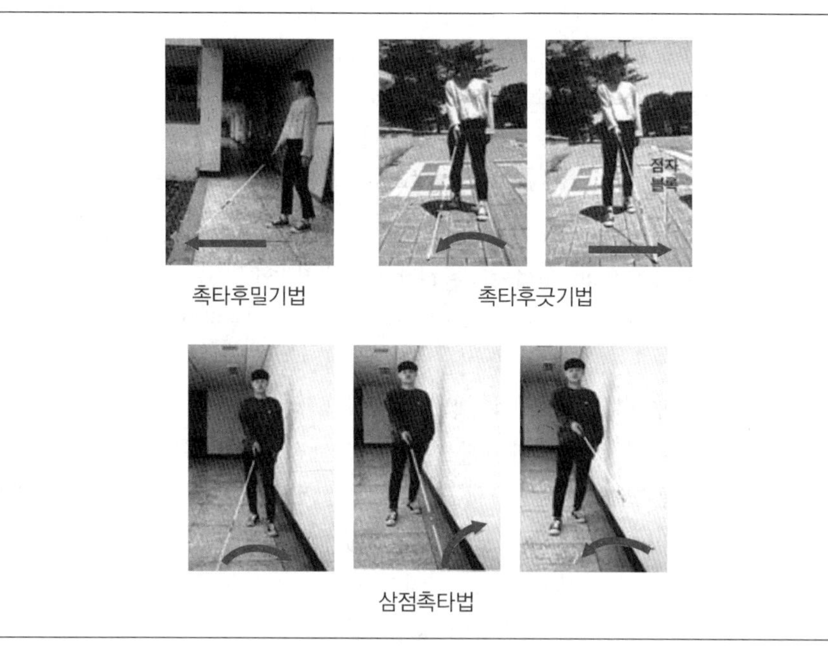

이점촉타법의 변형

⑤ 지팡이로 계단 오르내리기

지팡이로 계단 이용하기는 계단 올라가기를 먼저 지도한 후 내려가기를 지도한다.

㉠ 계단 올라가기 ❶ 11중등33

- 대각선법이나 지면접촉유지법으로 올라가는 계단 입구를 찾는다.
- 흰지팡이 팁이 계단을 접촉하면 흰지팡이를 수직으로 세우면서 계단 입구에 다가간다. 계단 우측 편에 서서 흰지팡이 팁을 바닥에서 들어올려 첫 번째 계단의 높이와 깊이를 확인한다.
- 흰지팡이를 연필 잡기 식으로 잡되, 흰지팡이는 몸 중앙에 오도록 하여 수직으로 세우고 흰지팡이를 잡은 팔은 지면과 평행하게 편 자세를 취한다. 흰지팡이 팁이 세 번째 계단 모서리(계단코)에 살짝 걸쳐 접촉하도록 위치시킨다.
- 이 자세로 계단을 올라갈 때 흰지팡이 팁이 계단코를 접촉하지 않게 되면 마지막 계단까지 한두 계단 정도 남은 것으로 볼 수 있다.

㉡ 계단 내려가기

- 촉타후밀기법이나 지면접촉유지법으로 내려가는 계단 입구를 찾는다.
- 흰지팡이 팁이 계단 아래로 떨어지면 챌면(수직면)에 흰지팡이를 수직으로 세우면서 입구까지 다가간다.
- 집게손가락 잡기로 대각선법 자세를 취하되, 흰지팡이 손잡이의 상단을 잡아 흰지팡이를 길게 잡는다. 흰지팡이 팁이 두 번째 계단 모서리 위에 위치하도록 하되 계단 모서리에 걸리지 않도록 한다. ❶ 09중등39
- 이 자세로 계단을 내려갈 때 흰지팡이 팁이 바닥에 부딪히면 한두 계단 정도 남은 것으로 볼 수 있다.

계단 올라가기

계단 내려가기

기출 POINT 30

❶ 11중등33

㉠~㉥에서 옳은 것만을 모두 고르시오.

■ 이점촉타법

> 계단 오르기: ㉢ 지팡이 손잡이 아래 부분을 연필 쥐듯이 잡고 팔을 앞으로 뻗어 한두 계단 위쪽 끝 부분을 지팡이 끝으로 스치듯 치면서 올라간다.

기출 POINT 31

❶ 09중등39

김 교사가 가르치고자 하는 지팡이 기법의 내용 중 적절한 것을 〈보기〉에서 모두 고르시오.

〈보기〉

㉠ 계단을 오를 때에는 대각선법으로 지팡이를 잡는다.

기출 POINT 32

❶ 24중등A6

밑줄 친 ⓒ의 개념을 서술하시오.

안내견 학교 선생님의 "엎드려!", "앉아!", "앞으로 가!", "기다려!" 등의 명령에 안내견이 복종하는 훈련 내용과 ⓒ 지적 불복종의 훈련 내용도 있었음

❷ 18중등B4

㉠~㉥ 중에서 적절하지 않은 것 2가지의 기호를 적고, 그 이유를 각각 서술하시오.

- 목표: 방향정위와 다양한 이동 기법 이해하기
- 안내견 보행
  - ㉥ 위험한 상황에서 안내견이 '지적 불복종'한다는 것을 인식하게 함
- 유의점
  - 주인 이외의 사람이 안내견을 만지거나 먹을 것을 주는 행동을 절대 하지 않도록 해야 함

❸ 12중등28

㉠~㉤ 중에서 적절한 것만을 모두 고르시오.

특수교사: ⓒ 안내견을 사용하면 방향정위에 신경 쓰지 않아도 되니 좋을 것 같아.
학생 A: 저는 ⓒ 만 20세가 안 되어서 안내견을 사용할 수 없다고 생각했어요.

❹ 11중등33

㉠~㉤ 중에서 옳은 것만을 모두 고르시오.

■ 안내견 보행의 장점

㉣ 주로 시각장애인의 방향정위를 지원한다.
㉤ 허리 위쪽의 장애물을 피하도록 도움을 준다.

(4) 안내견 보행

① 안내견 보행을 위한 전제

㉠ 시각장애인이 안내견을 사용하기 위해서는 방향정위와 이동기술을 익혀야 한다. 시각장애인이 방향을 지시하고 이동을 하면, 안내견은 안전한 보행을 돕는 역할을 하기 때문이다. ❸ 12중등28

㉡ 안내견을 분양받는 시각장애인은 만 16세 이상이어야 하고, 자격 심사와 교육을 거쳐야 한다. 시각장애인은 안내견을 돌보는 역할을 수행해야 하기 때문이다. ❸ 12중등28

② 안내견 보행의 장단점

장점	• 안내견은 안전하지 못한 상황에서 지적으로 불복종하여 시각장애인을 보호한다. '지적 불복종 훈련'이란 안내견이 장애물이나 위험 상황을 인지하여 주인의 명령에 불복종하고 안전한 방향으로 유도하게 하는 훈련이다. ❶ 24중등A6, ❷ 18중등B4 • 시각장애인은 위험 정보를 파악하기 위한 노력을 덜 기울이는 대신 방향정위에 집중할 수 있다. 따라서 안내견 보행은 특히 시각장애인에게 낯설고 익숙하지 않은 지역을 보행할 때 효과적이다. ❹ 11중등33 • 안내견은 스스로 장애물을 인식하여 적절한 판단을 내리므로 속도감 있고 안전한 이동이 가능하다. 뿐만 아니라 안내견은 훈련을 통해 머리 높이나 통로에 있는 장애물도 인식할 수 있다. ❹ 11중등33 • 안내견을 사용하면 타인에게 덜 의존할 수 있다. • 안내견을 매개로 다른 사람들과 접촉할 수 있는 기회가 확대된다. • 안내견을 돌보고 보살피는 과정에서 책임의식을 기를 수 있다.
단점	• 안내견을 돌보는 데 시간과 노력과 경비가 소요된다. • 안내견을 사용하지 않을 때 안내견을 기다리게 하기 어렵다. • 시각장애인보다 안내견이 주위의 주목을 더 끌 수 있다.
유의사항	안내견이 시각장애인을 안내하기 위해서는 높은 집중력과 판단력이 필요하므로, 안내견이 안내를 하는 동안 허락 없이 만지거나 먹을 것을 주거나 부르는 등 집중력을 떨어뜨리는 행위를 절대로 하면 안 된다. 안내견 이용자는 자신의 안내견이 어떠한 유혹에 노출되고 있는지를 쉽게 알 수 없으므로, 예상치 못한 안내견의 돌발행동은 자칫 시각장애인과 안내견 모두에게 큰 위험을 초래할 수 있기 때문이다.

③ 안내견 훈련 프로그램 내용

㉠ 기본 훈련

복종	• 다양한 환경과 상황 속에서 주인이 원하는 방향으로 안내견을 통제하는 동시에 좋은 사회적 이미지를 남기기 위한 가장 기본적 훈련 단계이다. • 안내견의 행동을 유도하기 위한 명령어와 동작을 인식시켜 준다. 예 엎드려, 서, 기다려, 이리 와, 따라와 등
품행 훈련	안내견은 보행할 때가 아니더라도 사용자의 편의 및 사회적 이미지를 위하여 적절하게 행동해야 한다. 사회적 상황에서는 주로 엎드리거나 앉은 상태에서 기다린다.
명령에 대한 올바른 반응	보행 시 방향 전환, 훈련사의 통제, 특정 행동을 유도하는 의사소통을 위한 정해진 명령 체계들을 안내견이 이해하고 따를 수 있어야 한다.

㉡ 기초 보행 훈련

올바른 보행 위치 인식	• 필요성: 안내견의 움직임을 명확하게 전달받기 위해서는 올바른 자세를 유지하는 것이 중요하다. 안내견 역시 안정된 자세에서 보다 효율적으로 사람을 안내할 수 있을 뿐만 아니라, 갑작스러운 방향 전환 시 사람이 반응할 수 있는 시간을 마련해 주므로 사고의 위험이 줄어든다. • 올바른 안내견 보행 위치는 안내견이 사람과 나란히 한 쪽(주로 왼쪽)에 위치한 상태에서 안내견의 전체 몸 길이의 약 3/4이 사람보다 앞서 있는 상태다.
직선보행	한 지점에서 시작하여 다음의 방향 전환 시까지 계속되는 보행을 훈련하는 것으로, 장애물 등을 피하면서 방향 전환 명령이 있기 전까지 안전하게 길을 따라 걷는 훈련이다.
장애물 인지	보행 시 보행에 해를 끼지는 모든 형태의 비정상적인 것들을 만났을 때 멈추거나 피하는 등 효과적으로 대처할 수 있도록 하는 훈련이다. 예 지상장애물, 돌출장애물, 움직이는 물체, 유혹 억제 등
연석 인지	하나의 직선 인도가 끝나는 지점인 건널목이나 각종 건물 등의 진입로에 위치하는 내림 연석에 이르면, 안내견은 그 가장자리에서 정지한다. 이는 사람이 발을 헛디디지 않게 함과 동시에 지나는 차량이 없는지의 여부를 확인케 하고 또한 방향정위를 지원하는 효과도 있다.
목적지 보행 ❶ 24중등A6	안내견 보행에 있어서 기본적인 방향 설정과 방향정위는 사람의 몫이나, 자주 혹은 정기적으로 다니는 보행 목적지의 경우 안내견이 좀 더 주도적으로 보행할 수 있으며, 목적지 근처에 이르렀을 때 출입문과 같은 최종 포인트를 지적하는 것은 안내견의 몫이다.

기출 POINT 33

❶ 24중등A6

밑줄 친 ㉡의 개념을 서술하시오.

> • 안내견이 시각장애인과 보행하기 위해, 여러 가지 보행 프로그램 훈련을 받고 있었음
> – ㉡ 내가 자주 가거나 정기적으로 가는 곳은 안내견이 보행을 주도하는 경우도 있다고 함

(5) 전자보행보조구를 활용한 이동

전자보행보조구는 시각장애 아동에게 환경에 대한 정보를 청각과 촉각정보, 즉 소리와 진동을 통해 전달해준다.

① 가위기법(scissors method)

㉠ 가장 일반적으로 활용되는 방법으로, 흰지팡이의 손잡이 부분과 전자보행보조구를 가위 모양으로 교차시켜 사용한다.

㉡ 사용자는 한 손으로 이점촉타법을 사용하면서 다른 손으로 전자보행보조구를 잡고 보행한다. 이때 전자보행보조구는 흰지팡이를 잡은 손의 팔목 위쪽에 위치시켜야 하는데, 이는 팔목 아래쪽에 위치시켰을 때 전자보행보조구가 사용자의 손을 탐지하는 것을 방지하기 위함이다.

㉢ 흰지팡이와 전자보행보조구를 수직으로 교차시키면 머리 높이의 장애물을 탐지하는 데 도움이 된다.

② 전방수직기법

㉠ 전방수직기법은 이점촉타법을 사용하면서 전자보행보조구는 전방을 똑바로 가리키는 방법이다. 이는 흰지팡이를 단독으로 사용할 경우 허리 위쪽의 장애물을 확인하지 못하는 단점을 효과적으로 보완할 수 있다.

㉡ 전자보행보조구를 지팡이 위에 고정하여 잡고 가거나 약간 위쪽으로 향하게 하여 잡고 갈 수 있다.

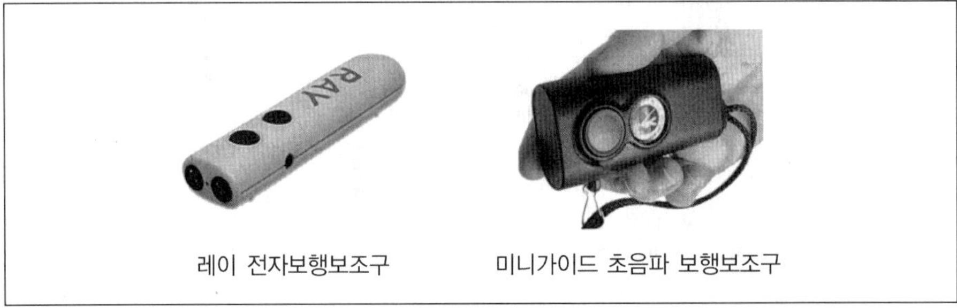

레이 전자보행보조구　　미니가이드 초음파 보행보조구

(6) 지역사회 보행 기술

① 인도 보행과 비어링 수정

㉠ 인도 직선 보행: 인도에서 직선 이동이 이루어지려면 먼저 바른 자세로 이동해야 하며, 팁이 신체 좌우를 균등한 거리로 두드려야 한다. 긴 거리를 직선으로 계속 이동하기 위해서는 이동 중에 차도의 차량 진행 방향이나 앞서가는 사람들의 소리를 활용하는 것이 필요하다.

㉡ 비어링 수정: 인도 보행 중에 차량 소리가 가까워지거나 흰지팡이 팁이 인도 아래로 떨어지는 느낌이 든다면 인도 중앙에서 차도 쪽으로 비어링한 것임을 알고 멈춰 서야 한다. 비어링을 수정하려면 연석에서 평행 서기를 한 후 인도 중앙을 향해 옆으로 서너 걸음 이동한 후 차량 소리를 이용해 방향과 자세를 정렬해야 한다.

인도에서 비어링 수정하기(평행 서기 후 인도 중앙으로 이동)

② 기준선 보행

㉠ 개념: 기준선 보행은 보행자의 진행 방향과 같은 방향으로 뻗어 있는 벽, 펜스(울타리), 화단, 담벼락 등이 있을 때 이들을 기준선으로 활용하여 따라가는 기술이다. ❶ 22중등B8

㉡ 장점: 기준선 보행은 보행자가 방향을 잃지 않고 심리적 안정감을 갖도록 할 수 있다는 장점이 있다.

㉢ 유형: 대각선법, 이점촉타법, 촉타후긋기법, 삼점촉타법, 지면접촉유지법 등을 이용하여 기준선과 기준선 반대쪽으로 번갈아 접촉하며 따라가게 된다.

복도 벽 기준선 보행	실내에서는 흰지팡이를 두드리는 소리가 시끄러울 수 있어 대각선법이나 지면접촉유지법을 이용하여 기준선 보행을 한다. ❷ 21초등A3
화단 기준선 보행	화단이나 펜스를 따라갈 때는 이점촉타법, 삼점촉타법을 사용할 수 있다. 지면 상태가 좋지 않아 바닥 상태까지 확인하며 따라가야 할 때는 이점촉타법보다 삼점촉타법을 사용하는 것이 좋다.
점자블록 기준선 보행	이점촉타법을 사용하면 점자블록을 감지하기 어려우므로, 촉타후긋기법이나 지면접촉유지법을 사용하여 점자블록을 따라가는 것이 좋다. ❶ 22중등B8

화단 기준선 보행: 이점촉타법

점자블록 기준선 보행: 촉타후긋기법

기출 POINT 34

❶ 22중등B8

밑줄 친 ㉡의 보행 방법을 쓰시오.

> 학교 정문에서 기숙사까지 갈 때 ㉡ 촉타후긋기 기술(touch-and-drag technique)을 사용하여 학교 정문에서 기숙사까지 연결된 점자블록의 경계선을 따라가며 보행하는 방법 지도

❷ 21초등A3

교사가 지우에게 이점촉타법보다 대각선법을 활용하게 한 이유를 1가지 쓰시오.

기출 POINT 35

❶ 23중등B6

괄호 안의 ⓒ에 해당하는 기능을 서술하시오.

■ 점자블록의 종류와 기능

종류	기능
점형 블록	보행 동선의 분기점, 대기점, 시발점, 목적 지점 등의 위치를 표시하며 위험 지역을 둘러 막을 때 쓰임
선형 블록	(ⓒ)

더 알아보기 점자블록

점자블록은 정보의 인지와 구별에 따라 크게 위치표시용과 방향표시용으로 나뉜다.

1. 위치표시용은 '점자유도블록'이라고 하며, 보행 분기점 · 대기점 · 시발점 · 종료지점 등의 위치를 표시하고, 위험물이나 위험지역을 알리는 역할을 하기도 한다.
2. 방향표시용은 '선(유도) 블록'이라고도 한다. 보행 분기점 · 대기점 · 시발점에서 목적 방향으로 일정한 거리까지 설치하여 정확한 방향을 알 수 있도록 하는 데 목적이 있다. 끝나는 지점에는 블록이 더 이상 연결되지 않는다는 사실을 알려주는 시설이 되어 있다. 양각된 돌출선은 윗면은 평면이 주로 쓰이고, 돌출선의 양끝은 둥글게 처리한 것이 많다. ❶ 23중등B6

점형-위치표시용

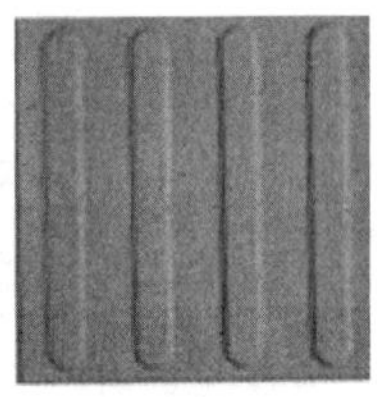
선형-유도용

③ 도로 횡단

㉠ 교차로의 형태와 횡단 거리가 다양하고, 도로 횡단은 생명과 직결되므로 바르고 안전하게 횡단할 때까지 충분히 실습하는 것이 중요하다.

㉡ 삼거리, 사거리, 오거리 등의 구조와 형태를 익히기 위해 2020년 국립특수교육원에서 개발 · 보급한 '보행 촉지도 제작 키트'를 사용할 수 있다.

㉢ 횡단보도는 횡단보도 근처의 점자블록과 인도 경사면, 횡단보도 앞의 사람 소리나 차량 정차 소리, 횡단보도 인근 지형 지문(상가 건물 등) 등을 종합적으로 이용하여 찾아야 한다.

㉣ 횡단보도를 찾으면 횡단보도 앞의 연석과 지나가는 차량 소리를 이용하여 직각 서기를 하고 지팡이 팁을 연석에 수직으로 세워 놓아야 한다.

㉤ 신호등의 보행자 신호음, 다른 보행자의 움직임, 차량의 정차 소리 등을 이용해 횡단 시점을 파악하여 직선으로 건너서 반대쪽 연석을 확인한 후 인도로 올라서야 한다.

횡단보도 찾아 건너기

03 맹 학생을 위한 학습 자료 수정

더 알아보기 대체자료

교사는 학생의 학습매체 평가 결과에 따라 적합한 학습 자료를 준비하여 수업에 사용해야 한다.

- 점자를 사용하는 맹 학생은 점자 인쇄 자료, 전자 파일, 양각 그림 자료가 필요하다.
- 확대를 사용하는 저시력 학생은 확대 인쇄 자료, 확대 그림 자료, 확대 기기가 필요하다.
- 맹 학생과 저시력 학생 모두 점자와 확대 글자 읽기 능력에 따라 음성 자료를 보조적으로 사용할 수 있다. 음성(오디오) 자료에는 육성 녹음 자료와 전자 음성 자료가 있다.

1. 양각 자료 제작과 활용

(1) 점자 자료

① 일반 자료를 점자 자료로 제작할 때는 점자 자료 제작 표준 지침을 준수해야 한다.

② 교과서 외에 수업 자료를 점자 인쇄 자료로 제작하고자 한다면 일반적으로 국립특수교육원, 국립장애인도서관, 시각장애인복지관, 점자도서관 등에 의뢰하여 전문 점역 교정사를 통해 제작한다. 따라서 교사가 한글 파일(hwp) 등의 전자 자료를 가지고 있으면 학생이 점자정보단말기에 다운로드하여 점자를 읽을 수 있도록 한다.

(2) 양각 그림 자료

① 수업에 필요한 그림이 점자 교과서에 생략되어 있다면 해당 그림을 점자 관련 기관에 제작 요청하거나, 간단한 그림의 경우 특수교사가 양각 그림으로 제작할 필요가 있다. 양각 그림 자료는 원본 그림의 형태에 따라 적절한 방법으로 제작해야 한다.

② 수학 교과의 도형이나 그래프 같은 시각 자료는 점자 프린터나 입체복사기로 제작할 수 있다. 점자 프린터로 제작하기 어려운 여건에서는 양각선 그리기 도구를 사용하여 간단한 도형이나 그래프 등을 제작할 수 있다.

③ 과학 교과의 세포 구조, 사회 교과의 선상지나 삼각주 등과 같이 점자 프린터나 양각선 그리기 도구로 제작하기 곤란한 입체 자료는 3D 프린터로 제작하거나 다양한 사물과 재료를 사용하여 사물 촉각 자료로 만들어 볼 수 있다.

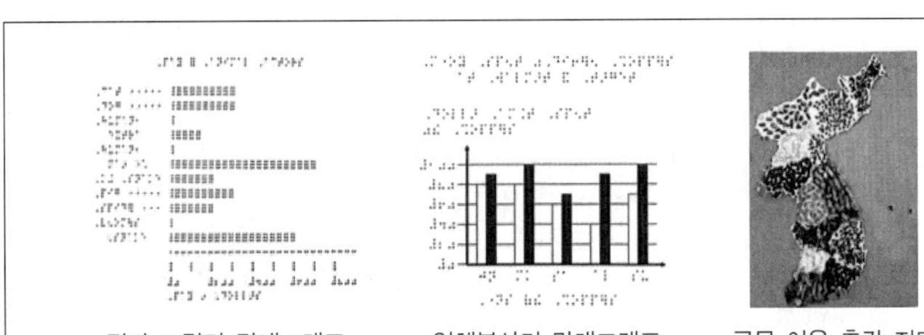

점자 프린터 막대그래프　　입체복사기 막대그래프　　곡물 이용 촉각 지도

기출 POINT 36

❶ 18초등A6

입체복사 자료의 장점을 점자 그림 자료와 비교하여 1가지 쓰고, 복잡한 시각 자료를 입체복사 자료로 제작할 때 유의해야 할 점 1가지를 쓰시오.

❷ 12초등22

다음은 시각장애 특수학교 교사가 전맹 학생을 대상으로 사회과 '우리 지역의 생활 모습' 단원을 지도하려고 동료교사와 나눈 대화이다. 대화의 내용 중 적절한 것을 모두 고르시오.

> 황 교사: 다음 주에 '우리 지역에서 발달한 산업 조사하기'를 주제로 수업을 하려고 해요. ㉠ 지도와 그래프를 보고 분석하는 능력이 사회과의 중요한 기능 목표이므로, 사회과부도의 산업지도를 보고 촉각지도를 만들려고 해요. 어떻게 만들면 좋을까요?
> 박 교사: 먼저 ㉡ 전체 산업지도에서 우리 지역에 해당되는 부분을 분리하여 촉각지도로 제작하세요. 이때 ㉢ 우리 지역의 지형을 정확히 알도록 하는 데 주안점을 두고, 일반지도처럼 지역 경계선을 자세히 묘사해야 해요.
> 황 교사: 산업지도 안에는 여러 가지 기호나 글자들도 표시되어 있는데 어떻게 하죠?
> 박 교사: ㉣ 기호나 글자들은 양각의 화살표나 안내선을 주로 사용하여 혼돈이 없도록 해야 해요.
> 황 교사: 통계청의 산업통계 그래프도 촉각그래프로 만들어 함께 사용하려고 해요. 그런데 우리 단원과 관련 없는 정보는 어떻게 하면 좋을까요?
> 박 교사: ㉤ 단원의 학습 주안점을 주의 깊게 읽어보고 관련성이 적은 요소는 생략할 수 있어요.

④ 양각 그림 자료를 제작할 때 준수해야 할 지침과 기준은 다음과 같다. ❷ 12초등22

- 원본 그림이 본문의 내용이나 개념을 이해하는 데 필요한 자료인지 확인한다. 단지 장식적인 목적의 그림이거나 구어 설명만으로 충분한 이해가 가능하다면 생략할 수 있다.
- 원본 그림을 양각 그림으로 만들 때 점자 프린터나 입체복사기로 출력할 것인지, 교사가 여러 가지 사물과 재료로 제작할 것인지 결정한다. 단순한 시각 자료(예 단순한 모양의 차트)는 점자 프린터나 입체복사기로도 제작할 수 있다.
- 양각 그림을 개발할 때는 학생의 연령과 경험을 고려해야 한다. 학생의 연령과 기술 수준이 낮을수록 양각 그림에서 사용하는 면, 선, 점, 기호의 수를 줄여주는 것이 좋다.
- 양각 그림을 만들 때 원본 그림과 똑같이 만드는 데 주안점을 둘 필요가 없다. 원본 그림에서 필수적이지 않은 요소는 제거하거나 단순화하여 양각 그림을 만들면 더 잘 이해할 수 있다. 예를 들어, 우리나라의 지도 모양을 이해하는 데 있어 남도의 많은 섬을 배우는 데 목적이 있는 것이 아니라면 작은 섬들을 생략하거나 보다 단순화하여 제시할 수 있다.
- 양각 그림의 크기는 양손으로 확인할 수 있는 크기(30×30cm 내외)가 적절하다. 너무 크거나 작으면 촉각 자료의 전체 모양이나 세부 요소 간의 간계를 파악하기 어렵다. 촉각 자료의 세부 요소는 손으로 지각하고 구별할 수 있는 최소 크기가 되어야 한다.
- 양각 그림을 원본 그림과 동일한 크기로 제시하는 데 주안점을 둘 필요는 없다. 단, 원본 그림을 정확한 비례로 확대·축소해야 하고, 필요에 따라 그림의 확대나 축소 비율을 명시할 수 있다.
- 원본 그림의 형태를 단지 양각의 윤곽선만으로 나타내기보다 선의 안쪽을 채운 양각 면 형태로 제시하면 대상의 모양이나 형태 등을 더 잘 지각할 수 있다. ❶ 18초등A6
- 양각 그림에 여러 개의 양각 선을 사용해야 할 때는 양각 선들을 촉각으로 구별할 수 있도록 5mm 정도의 간격을 두고, 그림의 양각 선과 점자 글자 간의 간격도 3mm 이상이 되도록 한다.
- 양각 그림의 주요 특징을 손으로 탐색할 때 그림 이해를 돕기 위한 짧은 설명의 점자 글을 함께 제시할 수 있다.
- 양각 그림에 여러 개의 양각 선을 사용해야 할 때는 양각 선을 촉각으로 구별할 수 있도록 5mm 정도의 간격을 두고, 그림의 양각 선과 점자 글자 간의 간격도 3mm 이상이 되도록 한다.
- 중증의 저시력 학생은 촉각 탐색뿐만 아니라 잔존 시각도 활용할 수 있도록 그림의 양각 윤곽선에 대비가 높은 색을 입히면 양각 그림 자료를 더 잘 이해할 수 있다.

- 양각 그림에 점자 글자를 적기 어려운 경우에는 안내선(유도선)을 사용하기보다 기호나 주석을 사용한다. 안내선을 사용해야 한다면 안내선과 양각 선이 구분되어야 한다.
- 복잡한 원본 그림의 모든 세부 정보가 필요할 경우 원본 그림을 한 장에 제시하기보다 여러 장으로 분리하여 책자형으로 제작할 수 있다. 예를 들어 첫 장에는 원본 그림의 전체 윤곽이나 형태를 나타내는 양각 그림을 배치하고, 다음 장부터는 원본 그림을 몇 개로 나누어 만든 세부 양각 그림들을 제시한다.
- 복잡한 원본 그림을 양각 그림으로 제작하는 방법에는 전체-부분 방식이나 단계별 방식이 있다. 전체-부분 방식은 전체 그림을 2개 이상의 부분 양각 그림으로 나누어 제작하는 것이고, 단계별 방식은 원본 그림의 전체 윤곽과 세부 내용을 나누어 제작하는 것이다.
- 복잡한 원본 그림을 여러 부분으로 분리하여 양각 그림 자료를 제작할 때, 그림의 분리점(또는 분리선)을 더욱 명확하고 도드라지게 표시해야 분리된 양각 그림 자료를 탐색한 후 하나로 통합하여 이해하기 쉽다.
- 복잡한 원본 그림을 분리할 때는 논리적인 분할이 이루어져야 하고, 각 분리된 부분을 잘 나타내는 제목을 다시 붙여야 한다. 분할은 수평이나 수직으로 절반을 나누거나 1/4로 나누거나, 또는 자연의 랜드마크(강 · 산맥 등)를 기준으로 나눌 수 있다.

더알아보기 입체복사 자료

1. 점자로 표시하기 어려운 도형이나 그림은 입체복사기를 사용하여 촉각 자료로 만들 수 있다. 전용 용지인 플랙시 페이퍼에 연필, 차이나 마커 등으로 그림을 그린 뒤 입체복사기에 통과시키면 그림 부분이 부풀어 올라 촉각으로 만져 확인할 수 있다.
2. 그러나 돋을새김이 된 선 그림을 제시하는 것은 신중하게 접근해야 한다. 선 그림들은 실제 그림에서 표현된 부분을 세부적으로 표현하는 데 한계가 있기 때문이다. 예를 들어, 토끼가 당근을 입에 물고 있는 그림을 점이나 퍼프 페인트로 돋을새김이 된 선으로 그렸을 경우, 시각장애 학생이 손으로 만져 당근과 토끼를 구분하는 것은 쉬운 일이 아니다. 일반 아동은 그림에서 색상이나 모양으로 당근과 토끼를 구분하는 것이 가능하지만, 시각장애 학생은 돋을새김의 자극만으로 둘을 구분하기가 쉽지 않다.

2. 음성 자료 제작과 활용

(1) 음성 자료의 이해

① 음성 자료는 점자나 확대 자료 사용자가 좀 더 편안하고 빠르게 도서를 읽도록 하기 위해 사용된다.

② 음성 자료는 육성 녹음 도서와 전자 음성 도서의 두 가지로 구분할 수 있다. 전자 음성 도서인 'TTS 도서'란 텍스트 파일을 음성 변환 프로그램을 사용해 변환한 오디오 파일 도서로, 화면 읽기 프로그램, 점자정보단말기, 데이지 플레이어 등을 통해 도서 내용을 음성으로 들을 수 있다.

기출 POINT 37

❶ 19초등B5

녹음 자료를 제작할 때 유의점에 대한 설명이다. 적절하지 않은 것 2가지를 찾아 각각 기호를 쓰고 바르게 고쳐 쓰시오.

ⓐ 조용한 실내에서 녹음한다.
ⓑ 읽는 속도를 늦추어 녹음한다.
ⓒ 외국어 단어나 문장은 정확한 발음으로 읽은 후 철자를 읽어 준다.
ⓓ 설명 자료의 표지, 목차, 저자 소개 등은 특별한 경우가 아니면 생략하여 녹음한다.
ⓔ 쉼표와 마침표 같은 구두점은 특별한 경우가 아니면 내용 이해도를 높이기 위해 생략한다.

❷ 13중등19

㉠~㉣ 중 옳은 것만을 있는 대로 고르시오.

이 교사: 듣기 지도를 위해 녹음 도서를 제작하려고 합니다. 그런데 교과서에 있는 영어로 된 용어나 이름은 어떻게 녹음해야 하는지 궁금해요.
김 교사: ㉢ 영어로 된 용어나 이름은 발음과 철자를 함께 녹음해야 합니다.
이 교사: 이 밖에도 주의해야 할 내용은 무엇이 있나요?
김 교사: ㉣ 녹음 도서를 제작할 때에는 책 전체의 위계를 알 수 있도록 책의 장, 절, 순서를 나타내는 숫자 등의 내용을 함께 녹음하는 것도 필요합니다.

(2) 육성 녹음 자료를 제작하는 방법 및 유의점 ❶ 19초등B5

① 소음이 적은 시간과 장소에서 녹음한다.

② 일부러 읽는 속도를 늦추지 말고 보통 속도로 최대한 명확하게 발음하여 읽는다.

③ 자료를 녹음할 때 원본 자료에 기재된 표지, 목차, 저자 소개 등을 빠뜨리지 않고 녹음하는 것을 기본으로 한다. ❷ 13중등19

④ 쉼표, 마침표 같은 구두점은 특별한 경우가 아니면 듣기 가독성과 이해도를 돕기 위해 생략한다.

⑤ 도서는 1개의 챕터를 1개의 파일로 제작하는 것이 일반적이나, 1개의 파일이 60분이 넘어가면 2개의 파일로 나누어 저장하고, 이를 알기 쉽게 파일 이름에 번호를 달아 준다.

⑥ 표를 읽을 경우에는 각 항목을 어떤 순서로 읽을 것인지 알려준 후 항목별 내용을 읽어준다. 예를 들어 다음 표는 "구분, 오메가-3, 수은, 수은 대비 오메가-3의 비율 순으로 낭독해드리겠습니다. 먼저 연어 2.7, 0.05, 54.0 다음 정어리 1.57, 0.04, 39.3 다음 훈제 연어 1.54, 0.04, 38.5 마지막으로 송어 1.15, 0.06, 19.2입니다."라고 읽는다.

구분	오메가-3	수은	수은 대비 오메가-3 비율
연어	2.7	0.05	54.0
정어리	1.57	0.04	39.3
훈제 연어	1.54	0.04	38.5
송어	1.15	0.06	19.2

⑦ 원그래프는 현재 몇 시 방향(보통 12시 방향 기준)에서 시작하여 시계 또는 반시계 방향으로 어떤 항목이 어떤 비율을 차지하는지 읽어준다.

⑧ 막대 그래프는 가로축과 세로축의 제목을 읽고, 가로축의 항목별로 세로축의 크기를 설명한다.

⑨ 선 그래프는 x축과 y축의 제목을 읽고, x축과 y축의 범위와 간격이 어떠한지 먼저 이야기한다. 그 다음 각 좌표의 점을 x축 → y축 순서로 읽어준다. 이때, 각 그래프의 변화 경향성이 어디서부터 감소하고 증가하는지를 설명한다.

더알아보기 녹음도서 제작 시 고려사항

- 녹음도서는 음절 단위로 제시되며, 경우에 따라서는 책의 내용과 직접적인 관계가 없더라도 필요한 부분에 대한 설명도 녹음해야 한다.
- 책 전체의 위계를 알 수 있도록 책의 부, 장, 절 그리고 순서를 나타내는 숫자는 물론 책의 제목, 출판사, 출판 연월일, 트랙의 수를 녹음한다.
- 외국어로 된 용어나 이름은 정확한 발음과 함께 철자도 읽어주고, 한문으로 표기된 단어는 글자의 음과 뜻을 읽어주거나, 낱말의 뜻도 녹음해준다.
- 희귀한 낱말, 어려운 낱말, 문맥 속에서 혼동을 줄 수 있는 낱말 등은 반드시 뜻도 함께 읽어주어야 한다.
- 도표, 차트, 그래프, 그림 등은 낭독자가 완전히 이해한 뒤 그 뜻을 풀어서 간결하게 설명을 해준다.
- 괄호, 따옴표 등 중요한 부호는 녹음한다.
- 페이지를 바꿀 때는 읽던 문장을 완전히 다 읽은 후 그 다음 페이지를 읽는다.

(3) 청독의 장단점

① 청독의 장점

㉠ 듣기는 말하기, 읽기, 쓰기의 발달에 도움을 준다.

㉡ 중복장애 학생과 묵독이나 점독에 어려움이 있는 학생에게 듣기는 중요한 학습 수단이다. ❶ 13중등19

㉢ 듣기는 점독에 비해 속도가 빠르다.

㉣ 듣기는 자료를 구하고 처리하는 데 점자보다 더 효과적이다.

② 청독의 단점

㉠ 듣기는 그림, 차트, 그래프, 도형 등 일부 내용을 전달하기 어렵다.

㉡ 듣기는 참조하는 데 어려움을 준다. 학생은 듣기를 통해 앞의 내용을 다시 듣거나, 건너뛰거나, 자세히 분석하거나, 원하는 장이나 페이지를 찾기 어렵다. ❶ 13중등19

㉢ 듣기는 자료를 통제하기 어렵다. 듣기에서의 속도, 억양, 고저, 간격 등은 낭독자가 결정한다.

㉣ 듣기는 수동적이다. 녹음도서는 가만히 앉아서 듣기 때문에 수동적이기 쉽다. 따라서 집중력을 높이기 위해서는 능동적인 듣기를 해야 한다.

㉤ 듣기자료를 구하기 어렵다.

기출 POINT 38

❶ 13중등19

㉠~㉣ 중 옳은 것만을 있는 대로 고르시오.

이 교사: 김 선생님, 시각장애 학생에게 듣기 지도를 하려고 해요. 듣기를 이용해서 교육을 하면 어떤 장점이 있나요?
김 교사: ㉠ 듣기는 묵자나 점자를 읽는 데 어려움이 있는 학생에게 중요한 학습 수단입니다. 그리고 ㉡ 시각장애 학생은 듣기를 이용하여 학습자료를 자세히 분석하거나 원하는 페이지를 쉽게 찾아갈 수 있습니다.

04 맹 학생을 위한 보조공학기기

1. 촉각 활용 보조공학기기

(1) 점자정보단말기

① 본체에 6개의 점자 입력 버튼으로 점자를 입력하고, 음성 합성 장치와 점자디스플레이를 통해 음성과 점자로 출력할 수 있다. ❷ 19중등B5

② 점자정보단말기에는 노트북처럼 다양한 기능(예 이메일, 인터넷, 메신저, 계산기, 워드, 내비게이션, 온라인 데이지, 독서기 등)이 포함되어 있다.

③ 점자정보단말기의 구조 ❶ 22중등A10

㉠ 점자정보단말기는 본체 중앙에 위치한 <space> 키를 기준으로 좌측으로 1점, 2점, 3점, 우측으로 4점, 5점, 6점의 점자 입력 키들이 배열되어 있다.

㉡ 본체의 하단에는 플라스틱 재질의 점자가 출력되는 점자디스플레이가 있는데, 점 칸이 6개의 점이 아닌 8개의 점으로 구성되어 있다. 점 칸 제일 아래의 두 점은 컴퓨터의 커서에 해당하는 것으로, 커서를 이동하여 원하는 위치에 점자의 입력이나 수정을 할 수 있다.

㉢ 점자디스플레이는 전자점자를 활용하므로 점자의 읽기 점과 찍기 점이 동일하다. ❸ 13초등추시A6

㉣ 점자정보단말기의 음성 합성 장치는 음성 크기, 속도, 고저를 학생의 연령과 듣기 능력에 맞게 조정할 수 있다.

점자정보단말기

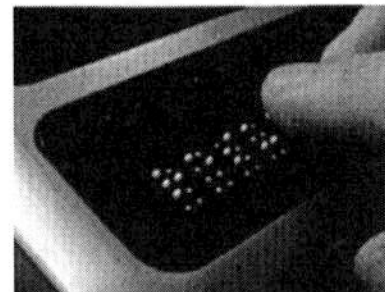
점자디스플레이

더 알아보기 점자정보단말기의 주요 기능

- **워드프로세서**: 문서 작성 프로그램으로 점자정보단말기 문서(hbl), 점자 문서(brl) 외에도 MS 워드 문서(doc), 한글(hwp), 텍스트(txt) 파일 형식도 사용할 수 있다.
- **독서기**: 음성 독서를 위한 프로그램으로 점자정보단말기 작성 문서(hbl), 점자 문서(brl), MS 워드 문서(doc), 한글(hwp), 텍스트(txt), E-book 파일 형식의 문서를 열어 음성으로 들을 수 있다.
- **미디어 플레이어**: 디지털 녹음기와 같은 기능으로, 수업 강의 등 원하는 소리를 녹음하고 재생할 수 있으며, mp3 같은 오디오 파일도 열어 들을 수 있다.
- **인터넷 설정**: 컴퓨터 없이 인터넷을 사용할 수 있어 웹페이지나 이메일 이용이 가능하다.
- **온라인 데이지**: 데이지 도서를 읽을 수 있는 기능이다.
- **기타 기능**: 주소록 관리, 계산기, 일정 관리, 달력, 알람 등의 기능을 가지고 있다.

기출 POINT 39

❶ 22중등A10

ⓒ과 같이 점자 출력부의 각 점자 셀은 8개의 점으로 이루어졌는데, 점자 셀의 제일 아래에 있는 두 점의 기능을 1가지 서술하시오.

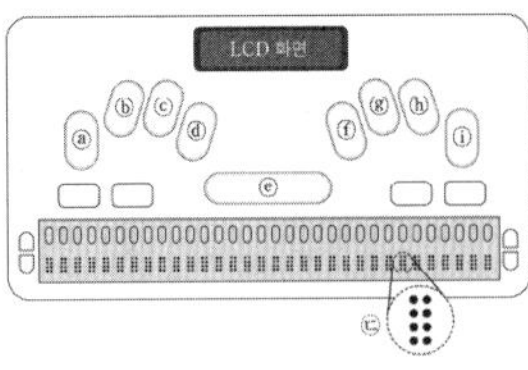

❷ 19중등B5

ⓛ에 들어갈 점자정보단말기의 주요 기능 1가지를 쓰시오.

■ 주요 기능

• 문서 작성 및 편집 • 점자 출력 • (ⓛ)

■ 부가 기능

인터넷, 날짜, 시간, 스톱워치, 계산

❸ 13초등추시A6

점자정보단말기에 대한 설명 중 ①에 공통으로 들어갈 알맞은 말을 쓰시오.

점자정보단말기는 여섯 개의 키와 스페이스 바로 구성된 점자 컴퓨터 기기로, 휴대할 수 있으며 음성이나 (①)을/를 지원한다. (①)은 종이를 사용하지 않고 점자 알 크기의 핀이 표면으로 올라오는 점자이다. 이 핀을 읽은 후 스페이스 바를 누르면 지금까지의 점자는 사라지고, 다음 줄에 해당하는 점자가 나타난다.

(2) 전자점자기

전자점자기는 종이를 사용하지 않고 금속이나 나일론으로 된 점자알 크기의 핀이 표면으로 올라와 점자를 구성한다.

(3) 점자타자기

① 점자타자기는 종이에 점자를 칠 수 있도록 만든 장치로, 6개의 점에 해당되는 6개의 키로 구성되어 있다.

② 점자타자기의 장점은 다음과 같다. ❶ 13초등추시A6

㉠ 점자타자기는 점자판보다 근육운동을 덜 필요로 한다.

㉡ 점자타자기는 점자판보다 속도가 2배 빠르다.

㉢ 점자타자기는 점자를 쓰면서 읽을 수 있다. 이는 읽기와 쓰기 학습이 동시에 이루어지기 때문에 점자 학습에 보다 효과적이다.

(4) 전자 점자 패드

① 최근 개발되고 있는 여러 줄의 점자 셀로 이루어진 패드형 점자기기는 점자 텍스트는 물론이고 시각 이미지의 모양대로 점자 셀이 튀어나와 양각 이미지를 만들 수 있다.

② 수학의 그래프, 사회과의 지도 등 교과서에 제시된 간단한 그림들을 양각 그림으로 구현하는 것이 가능하다.

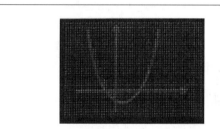

수학 그래프 양각 이미지

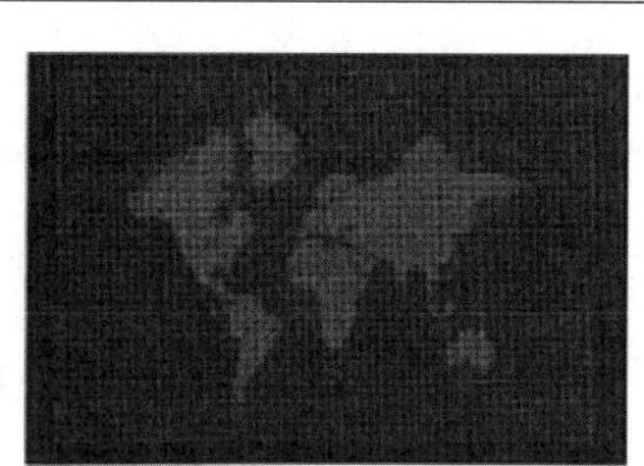
세계 지도 양각 이미지

(5) 옵타콘

① 옵타콘은 카메라 렌즈로 읽어들인 문자를 소형 촉지판에 문자 모양 그대로 돌출시켜 준다.

② 즉, 활자를 점자로 바꾸는 것이 아니라 글자 모양 그대로 양각화하여 맹 학생이 일반 묵자를 읽을 수 있도록 해주는 장치이다. ❶ 17중등A10

(6) 점역 프로그램과 점자 프린터

① 점역 프로그램은 본문에 직접 한글을 입력하거나 텍스트(txt), 한글(hwp), MS 워드(doc) 파일 등을 불러온 후 점자로 변환하여 출력할 수 있다.

② 점자 프린터는 작성한 문서를 점자 인쇄물로 출력해주는 장치이다.

PART 02

기출 POINT 40

❶ 13초등추시A6

㉡에 들어갈 알맞은 말을 쓰시오.

> 김 교사: 유미는 읽을 때와는 달리 점자판으로 점자를 쓸 때, 점형의 좌우를 바꾸어 쓰는 것에 오류를 범해요. 어떻게 하면 이 문제를 해결할 수 있을까요?
> 이 교사: 방향 및 위치 개념의 형성에 대한 지도가 조금 더 필요할 것 같아요. 이와 더불어 (㉡)와 점자정보단말기를 한번 이용해 보세요. (㉡)은 종이 위에 점자를 쓰면서 바로 읽을 수 있고, 빠르게 쓸 수 있어서 점자지도에 매우 유용합니다.

기출 POINT 41

❶ 17중등A10

㉣이 옳지 않은 이유를 쓰시오.

■ 교수학습방법

> ㉣ 옵타콘을 활용하여 점자 읽기를 지도함

(7) 입체 복사기

① 입체 복사기는 시각장애인을 위한 촉지도, 다이어그램, 그래픽 등을 전용 용지를 사용해 양각 그림으로 제작하는 기기이다.

② 사용 방법

㉠ 입체복사기용 특수 용지에 원하는 이미지를 전용 펜으로 직접 그리거나 컴퓨터에서 필요한 도안을 그린 후 일반 프린터에 전용 용지를 넣어 출력한다.

㉡ 출력한 전용 용지를 입체복사기에 통과시키면 열과 반응한 유색 잉크 부분만 부풀어 올라 양각 이미지가 생성된다.

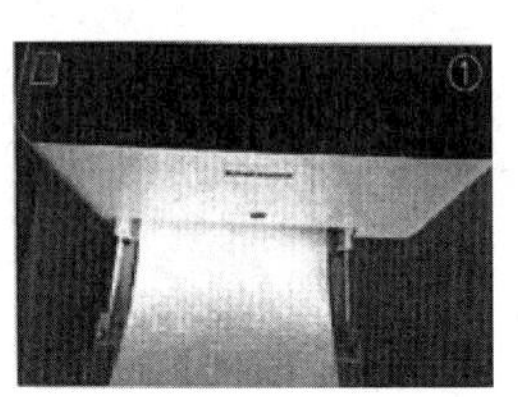

일반 프린터로 전용 용지에 이미지 출력하기

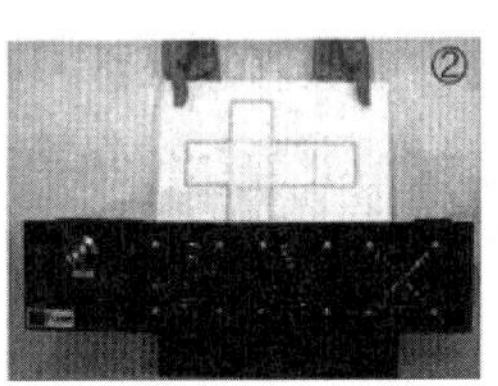

입체복사기에 전용 용지 넣기

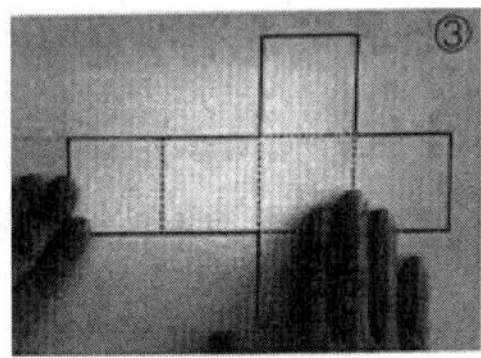

양각 선 확인하기

2. 청각 활용 보조공학기기

청각 활용 보조공학기기는 맹 학생과 저시력 학생 모두에게 유용할 수 있다. 점자를 사용하는 학생은 짧은 시간 내에 많은 분량의 자료를 읽어야 하는 경우에 효과적이며, 저시력 학생은 읽기 속도가 느리거나 오랜 시간 읽으면 눈의 피로가 심한 경우에 도움이 된다.

(1) **화면 읽기 프로그램**(화면 낭독 프로그램, 스크린 리더)

① 맹 학생이 많은 학습 자료를 빠른 속도로 듣기를 통해 학습하거나, 컴퓨터로 문서를 작성하거나, 인터넷에 필요한 자료를 검색하거나, SNS를 사용하는 등 다양한 컴퓨터 기반의 여가 활동에 활용할 수 있다.

② 음성 출력 기능은 음성 속도 · 고저 · 크기를 자신에게 맞게 조절할 수 있으며, 공용 장소에서는 이어폰을 착용하고 사용하도록 해야 한다.

③ 텍스트(txt)나 한글(hwp) 문서 파일을 읽을 때 문서의 내용을 글자 · 단어 · 줄 단위로 읽거나 문서 처음부터 끝까지 연속하여 읽는 등의 읽기 방식을 선택할 수 있으며, 읽다가 멈춘 지점을 표시하기 위한 책갈피 기능도 가지고 있다.

④ 화면 읽기 설정에서 읽기 가독성을 위해 구두점을 생략하고 읽을 수 있고, 정확한 글쓰기를 위해서는 구두점 읽기를 선택할 수 있다.

(2) 광학문자 인식 시스템(OCR)

① 광학문자 인식 시스템은 인쇄 자료를 확대해도 읽을 수 없어 인쇄 자료를 점자나 음성으로 다시 변환해야 읽을 수 있는 맹학생에게 유용하다.

② 광학문자 인식 시스템은 스캐너 또는 카메라로 인쇄물을 스캔하여 저장한 뒤, 문자 인식 프로그램을 통해 이미지를 제외한 문자만을 추출하여 텍스트(txt) 파일로 변환하며, 이 텍스트 파일을 음성이나 점자로 출력하여 이용하게 된다. ❶ 19중등B5, ❷ 14중등B2

③ 광학문자 인식 시스템의 유형

㉠ **일체형**: 추가 장비가 불필요한 일체형 OCR 독서 장치로, 광학문자 판독기라고도 부른다. 예 리드이지 무브

㉡ **소프트웨어형**: 컴퓨터에 프로그램을 설치하고 별도의 외부 스캐너를 연결해서 사용한다. 예 소리안썬더, 파인 리더 등

(3) 보이스아이

① 보이스아이는 2차원 바코드 심벌로 저장된 디지털 문자정보를 자연인에 가까운 음성으로 변환하여 들려주는 기기로, 이 장치를 사용하기 위해서는 반드시 사전에 제작된 보이스아이 심벌이 있어야 한다.

② 보이스아이 심벌은 가로와 세로 모두 1.5cm 크기의 정사각형 모양으로, 하나의 심벌에는 책 두 페이지 분량의 정보가 저장되어 있다.

③ 따라서 녹음도서를 따로 만들 필요 없이, 모든 인쇄 및 출판물 그리고 문서 작업 시 보이스아이 심벌을 만들면 이 심벌에 기기의 스캔 장치를 대어 음성 출력이 가능하다.

④ 보이스아이는 스캔 장치를 보이스 아이 전용 음성 출력 하드웨어에 연결하여 사용할 수도 있고, 컴퓨터에 연결하면 모니터에 글자가 표시되는 동시에 스피커를 통해 음성이 출력되기도 한다.

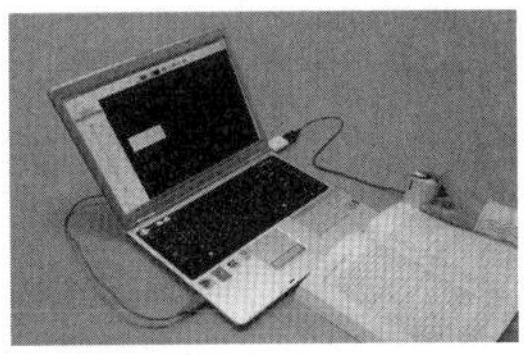

보이스아이 장치

보이스아이 심벌

기출 POINT 42

❶ 19중등B5
광학문자 인식 시스템(OCR)의 특징 1가지를 서술하시오.

❷ 14중등B2
상담 및 관찰 평가 결과에 적합하지 않은 중재 계획 2가지를 찾아 기호를 쓰고, 각각의 중재 계획을 바르게 수정하시오.

■ 학생 상담 및 관찰 평가 결과

점자교과서 외에 다양한 참고서의 점자 인쇄 자료와 전자 파일을 구하는 데 어려움을 호소함

■ 보조공학기기 중재 계획

ⓒ 광학문자 인식 시스템을 사용하여 묵자 인쇄 자료를 텍스트 파일로 변환시키는 방법을 지도함

PART 02

(4) 데이지 플레이어 ❶ 20초등A2, ❷ 18중등A8

① '데이지 도서(DAISY)'란 시각장애인 등 일반 활자를 이용하는 데 어려움이 있는 사람들을 위한 표준화된 형식의 디지털 도서로, 텍스트 · 녹음 · 점자 파일 등을 포함하므로 시각장애 정도에 따라 자신에게 적합한 것을 선택할 수 있다.

② DAISY는 녹음도서나 CD도서와 달리 문서 내 원하는 부분을 쉽게 검색할 수 있다. 이는 녹음도서의 단점인 참조의 어려움을 보완해준다.

③ 데이지 도서는 국가대체자료공유시스템인 DREAM을 통해 검색하고 내려받아 이용할 수 있다.

④ 데이지 플레이어의 음성 속도 · 크기 · 고저 등도 자신에게 맞게 설정할 수 있으며, 독서 기능 외에 녹음하고 재생할 수 있는 녹음 기능, WiFi를 통해 웹 라디오나 팟캐스트를 청취할 수 있는 기능도 있다.

⑤ 데이지 플레이어는 기본적으로 데이지 도서를 이용하도록 만들어졌으나 다양한 문서 파일 형식(hwp, doc, pdf 등)도 읽을 수 있다.

(5) 화면 해설 서비스 ❷ 18중등A8

① 시각장애인을 위하여 대사나 음향을 방해하지 않고 TV 스크린에서 일어나고 있는 비디오의 상황을 말로 설명해주는 서비스이다.

② 시각장애인이 TV 프로그램, 영화, 비디오 같은 시각 매체에서 볼 수 없는 출연자의 행동, 의상, 몸짓, 표정, 특정 장면 분위기 등을 음성으로 설명해주는 기술이다.

기출 POINT 43

❶ 20초등A2

민아가 '전자도서단말기'를 사용할 때 쓸 수 있는 파일(형식)을 쓰시오. (단, 아래의 기능을 가지고 있을 것)

- 문서 내 이동, 검색, 찾아가기, 북마크 기능 등으로 일반 학생과 유사한 독서환경을 제공함
- 테이프, CD도서 등의 오디오북과는 달리 텍스트, 이미지, 동영상, 점자 파일, MP3 등이 포함됨
- 전자도서의 국제표준이며, 전 세계적으로 자료 교환이 가능함

❷ 18중등A8

㉠에 들어갈 서비스의 명칭을 쓰고, ㉡에 들어갈 전자도서의 형식을 쓰시오.

■ 서비스 명칭: (㉠)

- 정의: TV 프로그램 등에서 대사나 음향을 방해하지 않고 시각적 요소를 해설해 주는 서비스
- 기원: 극장에서 직접 배우들의 의상, 얼굴 표정, 신체어, 색깔, 행동 등 시각적 요소를 전문가가 설명
- 현황: 공영 방송의 일부 드라마나 영화에서 해당 서비스를 실시함
- 활용: 학습용 동영상 콘텐츠 제작 시 해당 서비스를 반영하여 학생들의 정보 접근성을 높임

■ 전자도서 형식: (㉡)

- 정의: 시각장애인이나 독서장애인을 위한 전자도서의 국제 표준 형식
- 방식: 녹음 혹은 CD도서와 달리 이미지, 동영상, 텍스트, 점자 파일을 하나의 포맷으로 저장하는 제작 방식
- 현황: 국립장애인도서관에서는 해당 형식의 도서를 제작하여 지역 점자도서관과 연계해 필요한 장애인에게 무료로 제공하고 있음. 또한 홈페이지를 통해 해당 형식의 전자도서 제작을 직접 신청받기도 함
- 활용: 여러 장르의 도서를 다양한 형식의 콘텐츠로 제작해 줌으로써 학습 교재의 접근성을 높일 수 있음

05 맹 학생을 위한 컴퓨터 접근성(컴퓨터의 환경 설정)

1. [접근성] - [음성인식]

① 키보드나 마우스 사용 대신 음성으로 컴퓨터에 정보를 입력 및 제어하는 기능이다.

② 음성인식 시스템에는 화자의존 시스템과 화자독립 시스템이 있다.

㉠ **화자의존 시스템**: 사용하는 사람의 목소리를 인식시키기 위한 훈련을 통해 인식의 정확성을 높인다.

㉡ **화자독립 시스템**: 다른 사람들로부터 다양한 말 패턴 인식을 위한 훈련을 한다.

음성만 사용하여 텍스트 입력 및 장치 제어 음성 인식 켜기 끔 음성 인식은 영어(미국, 영국, 캐나다, 인도 및 호주), 프랑스어, 독일어, 일본어, 북경어(중국어 간체 및 중국어 번체) 및 스페인어에서만 사용할 수 있습니다.	키보드 입력 대신 말하기 받아쓰기를 사용하여 텍스트를 쉽게 입력할 수 있습니다. Windows 로고 키 + H를 눌러 받아쓰기 시작. 터치 키보드에서 마이크 버튼을 선택하세요.

음성인식

2. [접근성] - [내레이터] ❶ 17중등B6

① 내레이터는 화면의 내용을 설명하는 화면 읽기 프로그램을 내려받거나 설치할 필요 없이 윈도우에서 기본으로 제공된다.

② 키보드, 터치 및 마우스로 내레이터를 제어할 수 있다.

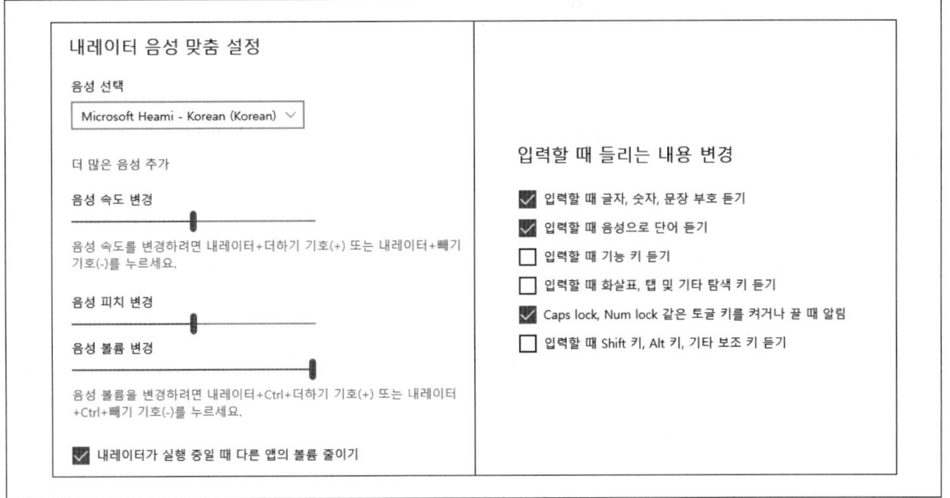

내레이터

3. [접근성] - [키보드] - [토글 키]

[Caps Lock], [Num Lock], [Scroll Lock] 키를 누를 때 신호음을 들을 수 있다.

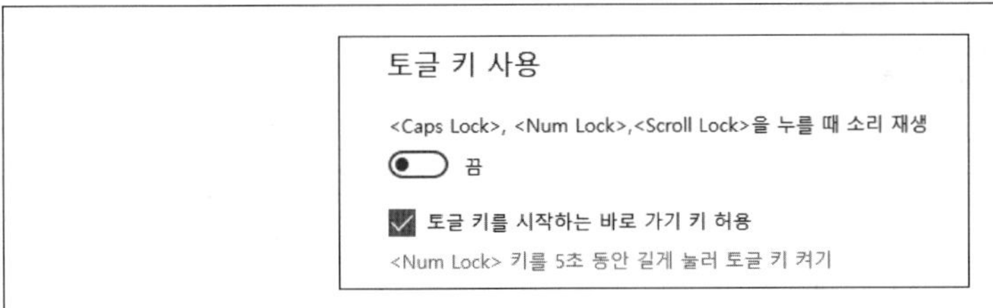

토글 키

기출 POINT 44

❶ 17중등B6

ⓒ~ⓜ 중에서 바르지 않은 것 2가지를 찾아 그 이유를 제시하시오.

■ 주요 학습 내용

인터넷을 통해 유명하거나 매력적인 도시 찾아보기

■ 학생 S를 위한 고려 사항

• 컴퓨터 환경 설정 수정(윈도우용) – ⓔ 키보드를 누를 때 해당키 값의 소리가 나게 '음성인식' 기능을 설정함

PART 02

더 알아보기

토글 키(박은혜 외)

〈한/영〉, 〈Caps Lock〉, 〈Insert〉, 〈Num Lock〉, 〈Scroll Lock〉 등 키보드에서 두 가지 상태만을 가지고 있는 키를 말한다. 키를 한 번 누르면 한 값이 되고, 다시 한번 누르면 다른 값으로 변하는 키를 누를 때 소리를 내어 상태를 알려주는 기능이다.

CHAPTER

05 시각장애 특수교육 교육과정

01 시각장애 확대 핵심 교육과정

02 시각장애인 자립생활

기출 POINT 1

❶ 16초등B5

교사는 시각장애라는 특성을 반영한 다음과 같은 교육과정을 고려하여 지도하고자 한다. ( ) 안에 들어갈 말을 쓰시오.

> (　　)은/는 시각장애인이 사회의 구성원으로 독립적으로 살아가기 위해서 필수적으로 습득해야 하는 지식과 기술로 구성된 교육과정을 의미하며, 그 내용으로는 보상 기술, 기능적 기술, 여가 기술, 방향정위와 이동 기술, 사회 기술, 시기능 훈련, 일상생활 기술 등이 있다.

01 시각장애 확대 핵심 교육과정 ❶ 16초등B5

시각장애 학생은 일반교육과정뿐만 아니라 시각장애를 고려하여 장애 보상의 차원에서 확대 핵심교육과정으로 개인별 요구에 적합한 내용을 선정하여 지도받을 수 있다.

① 시각장애 확대 핵심 교육과정은 시각장애인이 사회의 구성원으로서 독립적으로 살아가기 위해서 필수적으로 습득해야 하는 지식과 기술로 구성된 교육과정을 의미한다. 시각장애 아동에게는 일반 학생을 위한 교육과정에 시각장애를 고려한 교육과정을 포함하여 확대시킨 교육과정을 적용하는 것이 필요하다.

② 시각장애 확대 핵심 교육과정에는 점자, 보행(방향정위와 이동), 보조공학, 일반교육과정의 접근성을 보장하기 위한 보상 기술(의사소통 기술과 청해 기술), 무상의 적합한 공교육 실천에 필요한 사회적 상호작용 기술, 레크리에이션 및 여가 기술, 진로교육, 시효율 기술 등이 포함된다.

02 시각장애인 자립생활

① 시각장애인 자립생활 교육과정은 시각장애 학생이 다양한 생활 장면에서 시각장애로 겪는 어려움에 대처하고 자립적인 삶을 살아가는 역량을 기르기 위해 특별히 설계된 교육과정이다.

② 시각장애인 자립생활 교육과정에서 추구하는 자립생활 역량은 총론에서 제시한 핵심 역량을 시각장애 학생의 특성과 요구를 반영하여 재구성한 것이다. 시각장애 학생은 시각장애인 자립생활 교육과정을 통해 자주적인 생활인으로 성장하고, 비장애인과 동등하게 자신의 삶을 능동적으로 설계하고 영위할 수 있다.

독립적인 생활 역량	생활하는 공간을 독립적으로 이동하고 혼자서 일상 활동을 해나가는 역량
공동체 생활 역량	타인과 관계를 형성하고 유지하며, 여가를 함께 즐기는 역량
디지털 사회 적응 역량	디지털 기기를 활용하여 디지털 사회를 살아가는 역량
경제 활동 참여 역량	자신의 진로 목표에 따라 진로를 준비하여 직업생활에 참여하는 역량

③ 시각장애인 자립생활 교육과정은 시각장애 학생이 현재와 미래에 필요한 자립생활 역량을 기르도록 7개 내용 영역으로 구성하였다. 2015 시각장애인 자립생활 교육과정에서는 5개 내용 영역으로 구성하였으나, 2022 개정 시각장애인 자립생활 교육과정에서는 여가 생활을 즐기고 직업생활을 준비할 수 있도록 '여가 활용'과 '진로 준비' 영역을 추가하여 7개 영역으로 확대하였다. ❶ 23중등A10

영역	내용
보행	생활 공간에서 독립적으로 이동하는 능력을 기르는 것
일상생활	일상의 활동을 스스로 수행하는 능력을 기르는 것
대인관계	타인과 원만한 관계를 형성하고 소통하는 능력을 기르는 것
보조공학	보조공학 기기를 활용해 디지털 정보와 생활에 접근하는 능력을 기르는 것
감각 활용	시각 제한을 보상하기 위해 잔존 감각을 통합적으로 활용하는 능력을 기르는 것
여가 활용	비장애인과 함께 건강하고 즐거운 여가 활동에 참여하는 능력을 기르는 것
진로 준비	자신의 적성 직업을 탐색하고 직업을 준비하는 능력을 기르는 것

④ 학교급에 따라 필요한 자립생활 지식, 기술, 태도를 단계적으로 학습해 나가도록 초등학교, 중학교, 고등학교 과정으로 구분하였다. '교수・학습 방법 및 평가'는 2022 개정 특수교육 교육과정의 총론에 제시된 '초등학교와 중학교의 창의적 체험활동'과 '고등학교의 특수교육 전문 교과'로 편성・운영하는 것에 더하여 학교의 교육 여건에 따라 실과, 가정・기술, 사회, 도덕, 정보, 진로와 직업, 보건 등 초・중등 교과 수업과 연계하여 지도하고, 디지털 사회에 사용되는 각종 디지털 기기 및 소프트웨어를 교육에 활용할 것을 강조하고 있다.

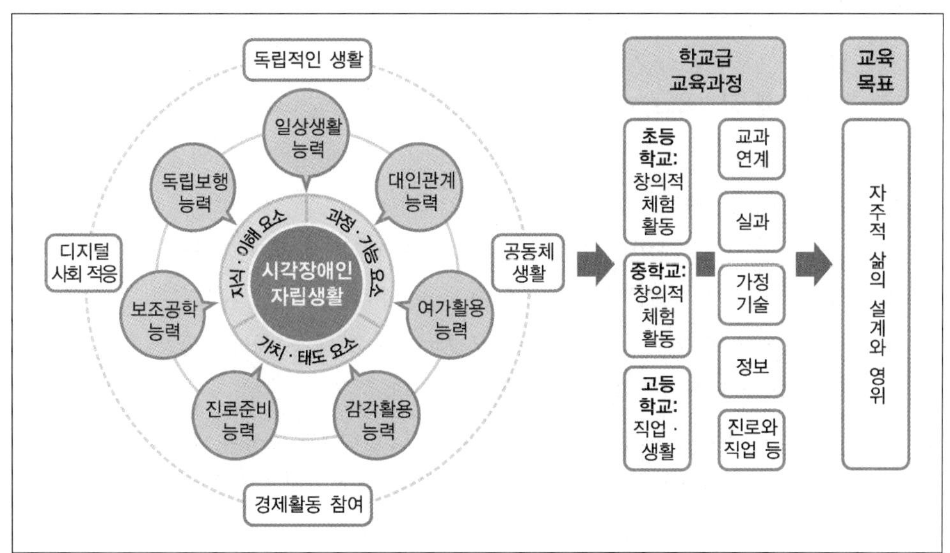

시각장애인 자립생활 교육과정 설계와 원리

기출 POINT 2

❶ 23중등A10

괄호 안의 ㉦에 해당하는 명칭을 쓰시오. [단, 2015 개정 특수교육 교육과정 총론(교육부 고시 제2022-3호)에 근거할 것]

> 과학교사: 우리학교에서는 시각장애 학생의 재활을 위하여 확대중핵교육과정을 바탕으로 보행, 일상생활, 대인관계, 기능시각, 보조공학 영역으로 구성된 (㉦)을/를 창의적 체험활동에 편성하고 있습니다. 청각장애 특수학교에서 '농인의 생활과 문화'를 창의적 체험활동에 편성하여 운영하는 것과 같습니다.

CHAPTER 06

교과별 지도

01 국어
02 영어
03 수학
04 과학
05 사회
06 체육
07 미술

더 알아보기

아세테이트지를 이용한 저대비 자료 읽기

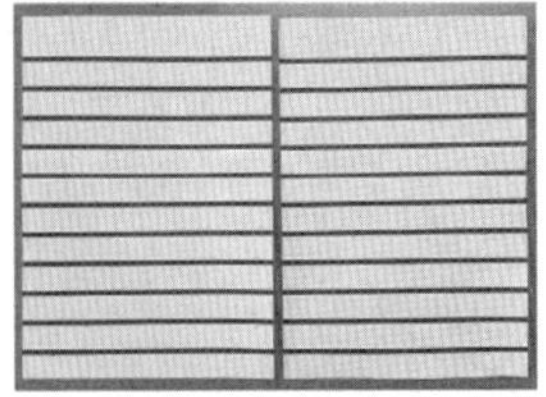
굵은 선 노트로 쓰기

01 국어

① 맹 학생에게는 점자 익히기 지도서와 보조 교과서를 사용하여 한글 점자를 지도하도록 한다.

② 수업 전 점자 교과서와 일반 교과서의 학습 단원을 비교하여 점자 교과서에 어떤 시각 자료가 생략되었거나 글로 풀어 설명되고 있는지를 확인한다.

③ 시각적 경험과 정보 습득이 제한되는 맹 학생이 국어의 다양한 어휘와 개념을 정확하게 이해하기 위해 비유를 통해 설명하거나, 관련된 실물이나 모형을 사용하거나, 관련 활동을 경험을 통해 지도하는 것이 도움이 될 수 있다.

④ 맹 학생의 점자 읽기와 쓰기 활동에 점자정보단말기를 활용하여 학습의 동기와 효율성을 높인다.

⑤ 한글 점자를 학습하는 초기에는 철자를 소리 나는 대로 잘못 쓰는 경우가 많으므로 한글 맞춤법 지도에 신경을 쓴다.

⑥ 저시력 학생은 잔존 시각과 시기능 문제에 따라 적합한 광학기구와 비광학기구를 사용하여 효율적인 읽기와 쓰기 활동을 하도록 한다.

⑦ 저시력 학생은 읽기 활동에 개인용 스탠드, 아세테이트지, 확대경, 확대독서기, 타이포스코프 등을 사용하여 최적의 읽기 환경을 조성한다.

⑧ 저시력 학생은 쓰기 활동에 굵은 펜, 굵은 선 노트, 확대경, 확대독서기, 묵자 쓰기 가이드 등을 사용하여 최적의 쓰기 환경을 조성한다.

⑨ 국어 교과서에 수록된 도서는 국립특수교육원, 국립장애인도서관, 점자도서관, 시각장애인복지관 등에서 시각장애인 대체 도서로 제작되어 있는지 확인하여 활용한다. 특히 국가대체자료공유시스템(DREAM) 사이트를 적극 활용한다.

02 영어

① 맹 학생은 점자 익히기 지도서의 영어 점자 대단원을 활용하여 지도하고, 학년에 따라 필요한 영어 점자 기호를 단계적으로 익혀 영어를 정확하고 유창하게 읽고 쓸 수 있도록 한다.

② 수업 전 점자 교과서와 일반 교과서의 학습 단원을 비교하여 점자 교과서에서 어떤 시각 자료가 생략되거나 글로 풀어 설명되고 있는지 확인한다.

③ 영어 어휘를 지도할 때는 어휘와 관련된 그림이나 사진을 볼 수 없으므로 관련된 실물을 함께 제시하거나 신체 동작 경험을 통해 설명한다.

④ 점자정보단말기나 화면 읽기 프로그램을 사용하여 전자 영어 사전을 이용하도록 한다.

⑤ 발음을 지도할 때는 입술과 입 모양을 자세히 설명해주고, 필요한 경우 학생이 교사의 입 모양을 만져보는 것을 허용한다.

⑥ 저시력 학생은 확대 자료나 확대경 등의 광학기구나 비광학기구를 사용하여 능숙하게 읽고 쓸 수 있도록 해야 한다.

03 수학

① 맹 학생은 다양한 수학 기호나 수식을 점자 기호로 표현할 수 있으므로 학년에 적합한 수학 점자 기호를 단계적으로 익혀 사용하도록 한다.

② 연산 학습 단원에서 저시력 학생에게는 필산법을 지도하고, 맹 학생은 지산법 · 암산법 · 주산법 등을 활용하도록 지도한다.

③ 측정 관련 단원에서 양각 자, 양각 각도기 등의 수학 보조 교구를 사용하여 측정하도록 한다.

④ 그래프 관련 단원을 지도할 때 수학 격자 고무판 · 슈파핀 · 고무줄을 이용하여 양각 그래프를 나타낼 수 있으며, 그래프의 이해를 돕기 위해 손 위 손 안내법 등을 통해 탐색을 도와줄 수 있다.

⑤ 입체도형과 전개도는 자석 입체 도형 교구, 비슷한 사물 등을 이용하여 지도할 수 있다.

⑥ 이차원의 촉각자료를 제시하기 전에 실물과 삼차원의 모형을 먼저 경험할 기회를 제공한다. 또한 촉각 그래픽을 이해하는 데 필요한 공간 개념과 위치 개념에 대한 지식을 가르쳐주고, 그래픽 자료를 적절하게 탐색하고 해석하는 요령을 지도해야 한다. ❶ 16유아A4

⑦ 저시력 학생은 소수점, 위 첨자나 아래 첨자 기호들을 잘 구별하지 못하거나 혼동하기도 하므로 이 부분을 상대적으로 크게 확대하는 것이 필요하다.

기출 POINT 1

❶ 16유아A4

유아의 강점을 고려한 지도 방법으로 적절하지 않은 것을 찾아 그 기호와 이유를 각각 쓰시오.

■ 수지의 특성

- 시각정신지체 중복장애
- 촉지각 능력이 뛰어남

■ 지도 방법

㉠ 네모와 같은 단순한 그림을 촉각 그래픽 자료로 지도함

04 과학

① 맹 학생이 실험 과정을 이해할 수 있도록 학습 도우미나 특수교육 보조원이 실험 진행 상황을 말로 설명해 주거나 실험을 보조하도록 한다.

② 실험 테이블에서 손을 움직일 때는 허공이 아닌 바닥에 댄 상태에서 천천히 움직여야 실험기구를 넘어뜨리는 것을 방지할 수 있다.

③ 실험에 따라 대안적인 재료를 사용할 수 있다. 예를 들어 혼합물 분리 실험에서 좁쌀 대신 입자가 더 큰 렌틸콩을 사용하거나, 물을 사용하는 실험에서 식용색소를 넣으면 실험 과정의 변화와 결과를 시각적으로 보기 쉽다.

④ 맹학생이 과학 점자를 익혀 과학 단위와 수식을 점자로 표현할 수 있도록 한다.

⑤ 첫 번째 상자에 실험 기구나 장비를 두고, 두 번째 상자에 실험 재료를 실험 순서에 따라 배열해놓으면 맹학생의 효율적인 실습을 도울 수 있다. 실험 기구나 재료를 사용한 후에는 바로 제자리에 두어 혼동하지 않도록 한다.

⑥ 저시력 학생이 저시력 기구를 사용하거나 다가가서 실험을 관찰하는 것을 허용하고, 안전을 위해 필요한 경우 고글을 쓰고 가까이에서 보도록 한다.

⑦ 저시력 학생을 위해 눈부심이 있는 창가에서 떨어진 자리를 제공하고, 실험 테이블과 실험기구 간의 대비를 높이며, 시각적으로 복잡하지 않은 벽 앞 등을 실험 장소로 선정한다.

⑧ 저시력 학생은 투명한 실험기구 뒤에 흰색이나 노란색 종이를 배경으로 두면 더 잘 볼 수 있으며, 실린더 입구에 노란색 페인트나 테이프 등으로 표시하면 입구를 더 잘 확인할 수 있다.

⑨ 저시력 학생은 측정 기구, 비커, 플라스크, 실험관 등에 확대 눈금 표시를 하고, 맹 학생의 경우 실린더, 비커 플라스크 등의 안쪽에 촉각 눈금 표시를 하면 무독성 용액을 다룰 때 손가락을 사용하여 깊이를 측정할 수 있다.

⑩ 실험에 사용되는 유리 용기를 모두 클램프, 스탠드 또는 두꺼운 테이프로 고정하면 실험 과정에서 안전성을 높일 수 있다.

⑪ 식물의 성장 과정을 관찰해야 하는 경우에는 식물의 변화를 직접 느낄 수 있도록 물에 심어서 손으로 만질 수 있게 하고, 유리벽을 통해 시각적으로 관찰할 수도 있다.

❶ 10초등30

⑫ 실험 기구나 재료를 점자나 확대 글자로 표시하고, 화학 약품의 경우 점자나 확대 글자 부착 외에도 종류에 따라 용기나 뚜껑의 모양 또는 색을 달리하여 구별을 도울 수 있다.

⑬ 소리굽쇠, 청광기, 감광기, 음성 색 감별기, 음성 타이머, 음성 저울, 음성 온도계 등 청각을 활용하는 특수 기구를 실험에 이용한다.

기출 POINT 2

❶ 10초등30

통합학급 유 교사는 '식물의 한 살이'를 지도하려고 한다. 시각장애 학생 정희(시신경 위축, 좌안 광각, 우안 수동)를 지도하는 방법으로 적절한 것을 모두 고르시오.

㉠ 강낭콩을 기르는 과정을 묵자자료로 확대하여 제공한다.
㉡ 강낭콩의 성장과정을 입체모형으로 제작하여 만져보게 한다.
㉢ 강낭콩 줄기의 길이를 측정하도록 촉각표시가 된 자를 제공한다.
㉣ 강낭콩 성장과정을 손으로 확인할 수 있도록 싹이 튼 강낭콩을 흙보다는 물에서 기른다.
㉤ 강낭콩 줄기의 길이변화를 측정하여 얻은 결과수치를 대비가 높은 색을 사용하여 제시한다.

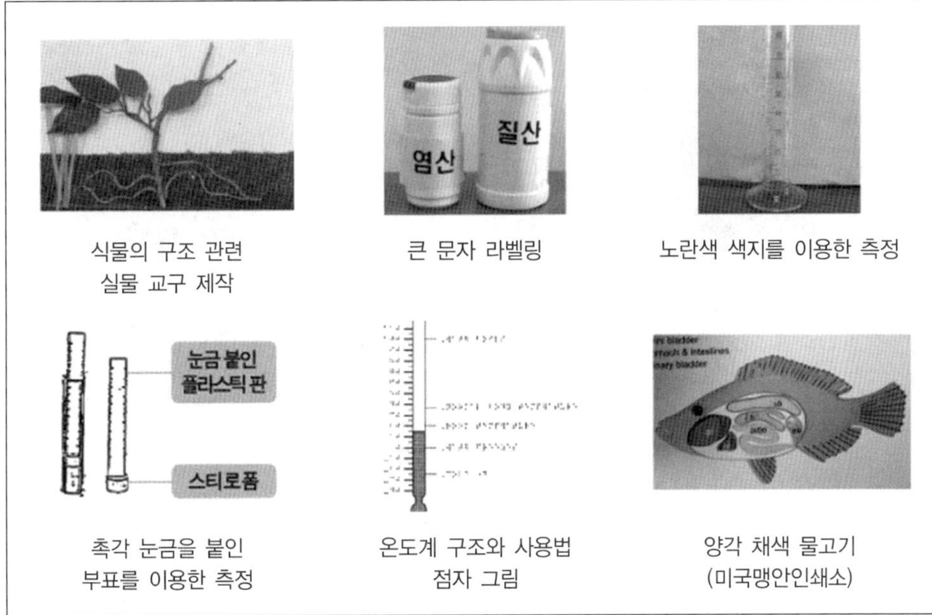

식물의 구조 관련 실물 교구 제작 / 큰 문자 라벨링 / 노란색 색지를 이용한 측정

촉각 눈금을 붙인 부표를 이용한 측정 / 온도계 구조와 사용법 점자 그림 / 양각 채색 물고기 (미국맹안인쇄소)

05 사회

① 양각 지도나 그림을 직접 제작해야 하는 경우에 손으로 만져 식별할 수 있도록 원본 지도를 단순화하거나, 개념을 이해하는 데 필요 없는 그림 요소를 생략하는 등의 수정 과정을 거쳐 제작한다.

② 양각 지도나 그림을 탐색할 때 양손을 사용하여 전체 윤곽을 먼저 탐색하고 내부 요소를 탐색한다. 내부 요소를 탐색할 때는 촉각 상징 중 하나를 기준점으로 정하여 한 손으로 기준점을 접촉하고 다른 손으로 기준점 주변을 탐색해 나가도록 할 수 있다.

③ 사회과 관련 동영상 자료를 이용할 때는 동영상 화면에 대한 화면 음성 설명이 잘 되어 있는 것으로 선정한다.

④ 일반 사회 교과서와 점자 교과서를 비교하여 사진, 지도, 그림, 도표 등 어떠한 시각 자료가 생략되었는지 확인한다. 또한, 생략된 시각 자료가 구어 설명으로 대체 가능한지, 또는 별도 양각 자료의 제작이나 구입이 필요한지를 확인해야 한다.

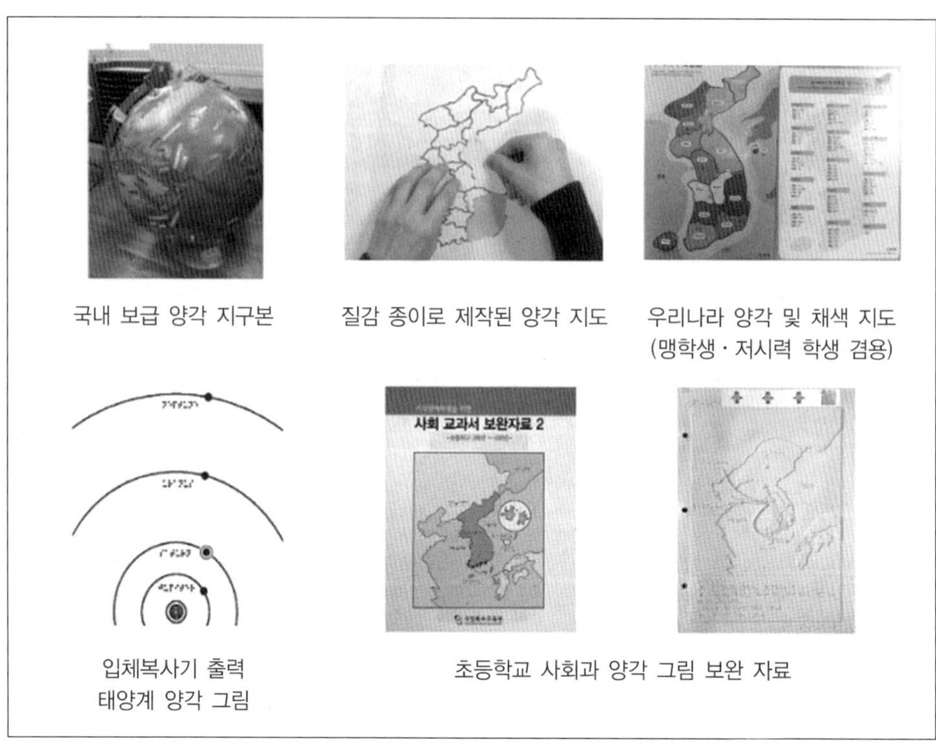

국내 보급 양각 지구본 / 질감 종이로 제작된 양각 지도 / 우리나라 양각 및 채색 지도 (맹학생 · 저시력 학생 겸용)

입체복사기 출력 태양계 양각 그림 / 초등학교 사회과 양각 그림 보완 자료

⑤ 저시력 학생을 위해 원본 지도의 윤곽선을 굵은 선으로 수정하거나 지역별로 다른 색을 넣어 채색 지도로 수정할 수 있다.

⑥ 대비가 낮은 원본 그림 자료는 확대해도 보기 어려우므로 확대독서기를 사용하여 색상 대비를 조절하여 보도록 한다.

⑦ 생활 주변과 관련된 수업 내용 및 개념은 지역사회의 해당 기관을 방문하는 현장 학습 기회를 제공한다.

06 체육

① 체육 활동 공간은 전반적인 대비를 높여주고, 적정 밝기를 유지하며, 태양 빛으로 인한 눈부심을 줄여주는 것이 필요하다. 또한 체육관에서 안전사고가 일어나지 않도록 체육 설비를 잘 정돈하고 각 설비의 위치를 숙지시켜야 한다.

② 체육 활동별로 자세와 동작을 지도할 때는 순서에 따라 설명해 주면서 손 위 손 안내법, 촉각적 모델링, 공동 운동 같은 촉각 교수법을 사용한다.

③ 교사가 동작 시범을 보일 때 저시력 학생이 눈부심을 느끼지 않도록 태양이 비치는 쪽에 서지 않아야 하고, 이때 주변 배경과 대비되는 색의 옷을 입으면 학생이 동작을 구별하기 쉽다.

④ 실외 체육 활동에서 교사나 특수교육 보조원 또는 학급 또래 도우미 학생이 신체 활동 중에 구어 설명, 청각 단서, 신체적 지원 등을 적절히 제공하도록 한다.

⑤ 경기장 라인은 바닥과 대비가 잘 되는 색으로 굵게 칠하거나, 다른 질감의 바닥재 등을 사용해 맹 학생이 촉각 단서로 구분할 수 있도록 한다.

⑥ 일반 장비나 기구를 조금만 변경하면 저시력 학생도 쉽고 안전하게 사용할 수 있다. 배경과 대조되는 밝은 색의 공, 매트 등을 사용할 수 있다.

⑦ 맹 학생을 위해 일반 공 대신 소리 나는 공을 사용할 수 있으며, 부저 또는 종을 목표물이나 목표 장소에 설치하면 목표 위치에 대한 청각 단서를 줄 수 있다.

⑧ 체조 수업에서 교사의 신체 자세와 동작 시범을 저시력 학생이 가까운 위치에서 보고 따라 하도록 한다. 맹 학생의 경우 교사가 체조 동작을 과제분석을 통해 한 단계씩 취한 후 학생이 교사의 자세를 만져보는 '촉각적 모델링'과, 교사가 자신의 손으로 학생의 해당 신체 부위를 접촉해 바른 자세를 만들어주는 '신체적 안내법'을 이용해 지도한다.

⑨ 댄스는 맹 학생이 자신의 파트너의 위치를 알고 따라갈 수 있도록 하는 소리 나는 팔찌를 사용할 수 있다.

⑩ 육상 경기는 개인 종목이기 때문에 최소한의 조정만으로 시각장애 학생도 참여할 수 있다. 저시력 학생은 트랙 라인을 고대비 색으로 선명하게 그려주거나, 트랙 라인에 고대비의 트래픽 콘을 놓아주고 트랙에 친숙해질 시간을 미리 주면 혼자서 뛰는 데 큰 문제가 없다. 맹 학생은 트랙 옆에 매끄러운 로프를 설치해 줄을 접촉하며 뛰게 하거나, 친구나 특수교육 보조원을 가이드 러너로 선정해 함께 뛰게 할 수 있다. 허들 경기의 경우 밝은 색상의 허들을 사용하고 허들의 높이를 낮추는 것 등이 도움이 된다. ❶ 22초등B6, ❷ 13초등B6

⑪ 투창, 원반, 투포환 같은 던지기 종목도 시각장애 학생에게 상대적으로 접근성이 높은 종목이다. 던지기 동작은 촉각 교수법과 반복적인 연습을 통해 가능하며, 안전을 확보하고 바른 방향으로 던지기 위해 방향을 안내하는 청각이나 촉각 단서를 제공할 수 있다.

⑫ 멀리뛰기나 높이뛰기 같은 도약 경기는 많은 조정이 필요하지 않다. 달려가면서 뛰기보다 제자리에서 서서 뛰기, 도약 지점을 나타내는 다른 질감의 바닥 재질이나 고대비 색의 발판 사용하기, 위치를 알려주는 음향이나 말소리 같은 청각 단서 제공하기 등을 통해 참여할 수 있다.

⑬ 농구·축구·핸드볼 같은 구기 종목은 경기 참여 학생의 수, 빠른 속도, 선수 간의 많은 접촉 등으로 어려움이 크다. 그러나 경기 참여 학생의 수를 줄이고, 경기장의 크기를 더 작게 만들고, 잔존 감각으로 식별하기 쉬운 경기 라인을 그려주고, 공의 크기와 색상 대비를 높여주고 경기 규칙을 단순화하는 등의 방법을 통해 시각장애 학생도 참여할 수 있다. ❶ 22초등B6

⑭ 배드민턴·테니스·배구·탁구와 같은 네트형 종목은 경기장의 크기를 작게 만들고, 대비가 높고 크기가 더 큰 공을 사용하고, 스펀지 공이나 풍선으로 대체해 공의 속도를 낮추고, 네트의 높이를 기준보다 더 낮추고, 경기 테이블 주변에 장벽을 설치해 공이 밖으로 멀리 나가지 않도록 하는 등의 방법을 통해 시각장애 학생도 참여할 수 있다.

기출 POINT 3

❶ 22초등B6

게임에 참여할 학생을 고려한 ㉣의 제작 방법을 쓰시오.

(가)

학생	주요 특성
민수	학습매체: 묵자와 점자 병행 사용
한나	보행: 시각, 촉각, 청각적 정보 활용
정기	시야: 터널 시야와 야맹증
병수	• 시력: FC/50cm • 청력: 110dB HL

(나)

㉣ 경기장 라인 알기
– 경기장을 직접 돌며 구조와 기능 파악

기출 POINT 4

❶ 22초등B6

병수에게 적합한 ㉢의 방법을 쓰고, 게임에 참여할 학생을 고려한 ㉣의 제작 방법을 쓰시오.

(가) 학생 주요 특성

학생	주요 특성
민수	학습매체: 묵자와 점자 병행 사용
한나	보행: 시각, 촉각, 청각적 정보 활용
정기	시야: 터널 시야와 야맹증
병수	• 시력: FC/50cm • 청력: 110dB HL

(나) 단원 지도 계획

단원	골볼형 게임을 해요.	
차시	교수·학습활동	자료(㉮) 및 유의점(㉲)
1	• 기초 체력 증진과 골볼형 게임의 이해 – ㉡기초 체력 증진: 오래 달리기 실시 – 골볼의 역사와 장비 알아보기	㉲ ㉢보조 인력 없이 운동장 트랙 달리기 지도 ㉮ 골볼, 안대, 보호대 등
2	• 안전한 게임 방법 알기 – ㉣경기장 라인 알기 • 패널티 규정 익히기 – 반칙 카드 놀이 게임을 통한 규정 습득	㉲ 경기장을 직접 돌며 구조와 기능 파악 ㉮ 경기 규정집, 종류별 ㉤반칙 카드

⑮ 소프트볼·야구 같은 타격 경기는 안전이나 잔존 시각을 고려해 얼굴 보호대를 착용하고, 음향으로 타격 위치를 알려주는 타격 지원 스탠드를 사용하고, 경기 상황을 안내해주거나 대신 베이스까지 뛰어줄 주자로 특수교육 보조원이나 친구를 활용하는 등의 방법을 통해 시각장애 학생도 참여할 수 있다. ❶ 23중등A9

⑯ 일반 장비나 기구를 조금만 변경하면 저시력 학생도 쉽게 안전하게 사용할 수 있다. 배경과 대조되는 밝은 색 공, 매트 등을 사용할 수 있다.

⑰ 시각장애인이 매우 선호하는 생활 체육인 볼링은 맹학생을 위한 볼링 라인을 따라 이동하면서 공을 던질 수 있도록 안내하는 가이드 레일이나 핀의 위치를 알리는 음향기 등이 있으면 좋지만, 상황에 따라 구두 설명이나 안내만으로도 볼링에 참여 가능하다.

⑱ 시각장애의 원인 질환을 고려해 수업 참여 내용과 정도를 조정할 필요도 있다. 예를 들어 망막 박리와 관련된 안질환이 있는 학생은 외부 충격을 받을 경우 망막이 떨어질 수 있으므로 과격한 활동을 자제해야 한다. ❷ 14초등B6

시각장애인 탁구

가이드 러너와 함께 줄을 잡고 달리기

타격 스탠드와 소리 나는 큰 야구공

로프를 이용해 원형 달리기

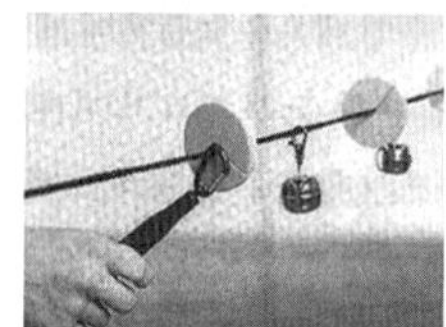
가이드 와이어(러닝 로프)를 잡고 달리기

촉각 단서를 활용한 던지기 동작 지도

신체적 안내법으로 배팅 자세 지도

가이드 레일을 이용한 시각장애인 볼링

댄스용 소리 나는 팔찌

---

❷ 13초등B6

ⓒ을 하기 위해 사용할 수 있는 바람직한 방법 2가지를 쓰시오.

- 시각장애 정도에 따른 달리기 방법 지도
  - 저시력 학생: 출발 위치 확인하기, 자기 레인 유지하며 달리기 등을 위해 추시하기와 주사하기 기술 활용하기
  - 전맹 학생: ⓒ 안내인(가이드러너)과 함께 달리기

기출 POINT 5

❶ 23중등A9

학생 A의 수업 참여를 위한 물리적 환경 수정의 예시 1가지를 서술하시오. [단, (나)의 밑줄 친 ㉠을 활용할 것]

(가) 학생 A의 정보

- 시각장애 학생
- 활발하고 도전정신이 강하고, 급우들과의 관계가 원만함

(나) 체육 수업 준비사항

- 주제: 티볼을 활용한 팀 경기하기
  - 변형 경기장 조성 및 팀 구성
    ㉠ 준비물: 티볼 공, 배트, 탬버린

❷ 14초등B6

ⓒ의 유의점을 특별히 고려해야 할 학생 이름과 그 이유를 쓰시오.

이름	시력 정도	원인	이름	시력 정도	원인
민수	저시력	녹내장	미진	저시력	백내장
정배	저시력	미숙아 망막 변성	영희	맹	시신경 위축
설희	저시력	망막색소변성	성우	맹	망막 모세 포종
현옥	저시력	추체 이영양증			

- 단원: 물놀이
- 학습목표: 여러 가지 자세로 물에 뜰 수 있다.
- 자료 및 유의점
  - ⓒ 뜨기 연습 중 머리가 부딪히지 않도록 지도

더 알아보기 **시각장애아동을 위한 체육 교과 지도 시 활용할 수 있는 단서**(박순희, 2022.)

시각적 단서 주기	• 수영장 윗면 바닥에 그려진 밝은 노란색 유도선(10cm)을 따라 이동하기 • 배경과 대비가 되는 밝은 색의 공, 매트, 필드 마커(바닥선), 골대 등을 사용하기 • 장비와 배경의 대비를 위해 색 테이프 등을 사용하기(예 높이뛰기 지주와 가로대, 평균대의 가장자리)
언어적 단서 주기	• 달리기 경기에서 시각장애학생 옆에서 달리면서 지속적으로 언어 단서 제공하기 • 수영장의 길이와 깊이에 대한 정보를 수영장 벽면에 점자로 제시하기 • 글씨가 적힌 카드 등을 통해 수행해야 할 움직임 확인하기
청각적 단서 주기	• 여러 가지 크기와 형태의 공(탁구공, 축구공, 골볼공 등)에 벨 넣기 • 축구·농구 골대나 볼링 핀에서 지속적으로 음향 신호를 제공해 소리로 목표물 확인하기 • 높이뛰기 바(또는 고무줄)에 작은 종을 매달아 수행 결과 확인하기 • 자전거 바퀴살에 종이를 대고 지속적으로 소리가 나도록 해 운동 수행 돕기 • 소리를 듣고 여러 가지 공(가죽 공, 테니스공, 농구공, 케이지 볼 등)의 튀어오르는 소리 구분하기 • 소리를 듣고 농구공 리바운드 높이 판단하기 • 자신이 튀긴 공 또는 다른 학생이 튀겨준 공 받기 • 공의 방향을 지각하고 자신의 왼쪽 또는 중앙으로 굴러오는 공을 잡거나 치기 • 볼링에서 레인 위 또는 거터로 굴러가는 공, 핀 넘어가는 소리(한 개·여러 개·스트라이크) 구분하기 • 트램펄린 중앙과 가장자리 아랫부분에 부착한 종소리를 듣고 위치 파악하기 • 숲길을 걸으며 곳곳에 설치된 카세트 소리를 활용해 보물찾기 • 방울이 달린 줄넘기 아래로 달리거나 줄넘기하기
촉각적 단서 주기	• 청각장애를 중복으로 가진 학생을 위해 수영장 윗면 바닥(데크)에 그려진 유도선 안에 전자 감응 장치를 내장시켜 인식하게 하기 • 출발선 5m 정도의 풀 바닥에서 올라오는 기포를 느껴서 벽과 가까워짐을 알기 ❶ 14초등B6

07 미술

① 맹 학생이 손가락으로 그림의 형태를 알 수 있도록 양각 그림을 준비하거나, 양각 선 그리기 도구를 사용하여 그리거나, 연필 윤곽선을 따라 글루건으로 덧칠하거나 지끈을 붙여 도드라지게 표시해줄 수 있다. 물감으로 색칠할 때는 색깔별로 질감이 다른 가루를 섞고 손가락으로 색칠하는 핑거 페인팅도 활용할 수 있다. ❷ 09초등31

② 시각장애인을 위한 미술 전시회를 견학할 때는 친구나 특수교육 보조원이 시각장애 학생을 안내하고 작품에 대해 설명해주도록 한다. ❶ 14유아A5

③ 맹 학생이 도자기 같은 다양한 공예품을 만드는 수업에서는 모방할 수 있는 실물이나 이미 완성된 공예품을 모델로 제시하여, 완성된 공예품과 자신의 작품을 계속 비교하며 만들어 가도록 한다.

④ 깃털, 단추, 줄, 종이, 콩알, 털실 등 촉감각을 사용할 수 있는 다양한 재료를 사용하고 그러한 재료를 분류·보관할 상자를 마련한다.

기출 POINT 6

❶ 14초등B6
(제시문 참고)

• 단원: 물놀이
• 학습목표: 여러 가지 자세로 물에 뜰 수 있다.
• 자료 및 유의점
  – 수영장 가장자리로부터 2m 지점의 바닥에서 기포를 발생시켜 벽에 부딪히지 않도록 조치

기출 POINT 7

❶ 14유아A5
시각장애(맹) 유아가 명화를 감상할 수 있도록 지원하는 방법 2가지를 쓰시오.

❷ 09초등31
다음은 초등학교 3학년 미술과 '여러 가지 색' 단원 수업계획의 일부이다. 전맹 학생인 영희에게 이 단원을 가르치려고 할 때 필요한 교수적합화(교수적 수정)를 고른 것은?

• 학습목표: 여러 가지 색 알기
• 학습활동: 기본 5색(빨강, 노랑, 초록, 파랑, 보라) 알기
• 학습자료: 기본 5색 물감

ⓒ 언어를 통하여 색에 대한 연상이 이루어질 수 있도록 한다.
ⓔ 질감이 다른 물질을 물감에 혼합하여 색의 차이를 표현한다.

⑤ 사물, 페인트, 종이, 타일, 고무찰흙, 톱밥과 밀가루의 혼합물, 플라스틱 아교 등 손으로 만졌을 때 질감이 다른 다양한 수업 재료를 활용한다.

⑥ 도자기 같은 다양한 공예품을 만드는 수업에서는 모방할 수 있는 실물이나 이미 완성된 공예품을 모델로 제시하여, 맹학생이 완성된 공예품과 자신의 작품을 계속 비교하며 만들어 가도록 한다.

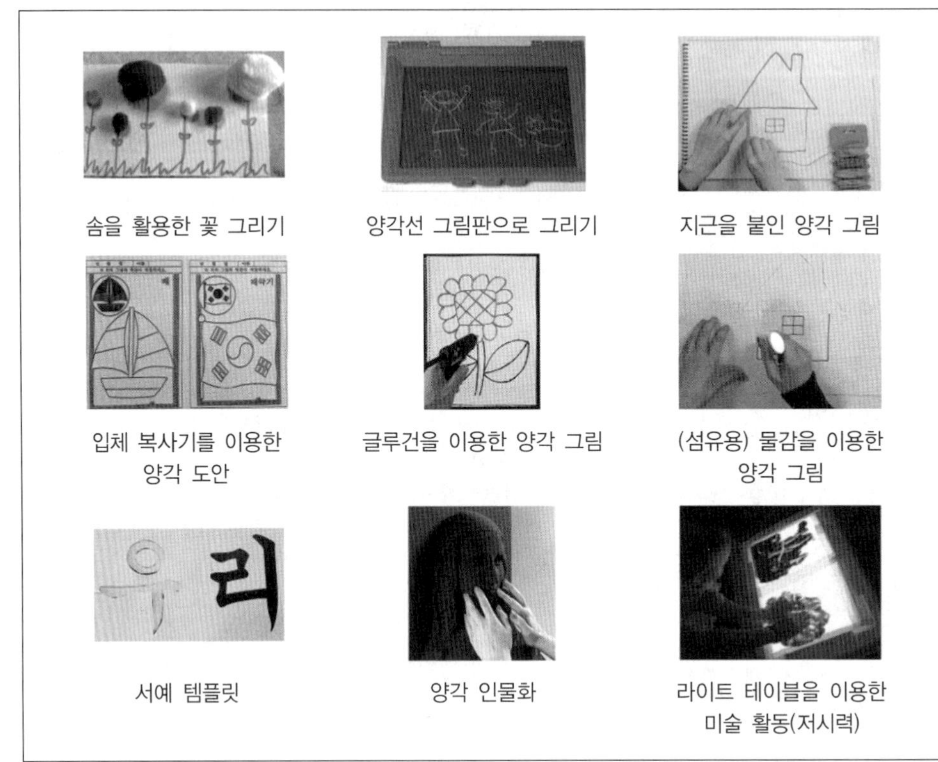

솜을 활용한 꽃 그리기 / 양각선 그림판으로 그리기 / 지근을 붙인 양각 그림

입체 복사기를 이용한 양각 도안 / 글루건을 이용한 양각 그림 / (섬유용) 물감을 이용한 양각 그림

서예 템플릿 / 양각 인물화 / 라이트 테이블을 이용한 미술 활동(저시력)

⑦ 저시력 학생에게는 대비가 크거나 형체가 큰 그림을 그리도록 허용한다. 교사가 굵은 검은색 펜으로 윤곽선을 덧그려 주거나 학생이 색칠해야 하는 그림 요소별로 해당 색으로 윤곽선을 그려주면, 학생이 선을 벗어나지 않고 색칠하는 데 도움이 된다.

⑧ 감상 영역에서는 시각장애 학생이 촉각이나 다감각을 통해 감상할 수 있는 양각이나 입체 작품을 준비하고, 손 위 손 안내법 같은 촉각 교수법과 작품 설명을 통해 감상 과정을 지원한다.

⑨ 입체 조형물을 손으로 만져 감상할 때에는 얇은 장갑을 끼도록 한다. 이는 작품의 훼손을 예방하고, 학생이 손으로 탐색하는 과정에서 다치지 않도록 하기 위함이다.

CHAPTER 07

시각중복장애 학생을 위한 교육 접근

01 시각중복장애 학생 교수법

- 다감각 교수법
- 촉각 교수법
  - 손 아래 손 안내 기법
  - 손 위 손 안내 기법
  - 촉각적 모델링
  - 신체적 안내법
  - 공동 운동 및 공동 촉각운동
- 전체 – 부분 – 전체

02 시각중복장애 학생을 위한 의사소통 방법

- 비구어 상징 체계
  - 시각 상징
  - 촉각 상징
  - 청각적 스캐닝
- 촉각 상징 의사소통 유형
  - 촉각 신호
    - 촉각 단서
    - 사물 단서
  - 손으로 만져볼 수 있는 상징
  - 촉수어 · 촉지화
  - 손가락 점자
  - 핵심 어휘 사인
  - 타도마
  - 손바닥 문자
  - 저시력 시청각장애인을 위한 수어
- 사물 상징 보완대체의사소통 시스템
  - 사물 상징
  - 보조기기
  - 캘린더 박스

기출 POINT 1

❶ 25유아A5
밑줄 친 ⓔ을 고려하여 [B]에서 교사가 사용한 교수 방법을 쓰시오.

> 김 교사: 네! 저도 민정이에게 자료를 제시할 때 좀 더 신경을 써야겠어요. 그런데 민정이가 시각적 정보만으로는 주변 환경과 사물로부터 충분한 정보를 얻기가 어려운 점이 염려돼요.
> 박 교사: 그렇죠. ⓔ 놀이와 활동을 통해 잔존 시력을 최대한 활용하도록 하고 사물에 대한 정보를 추가로 제공해줄 수 있어야 해요.
>
> 〈민정이와의 놀이 장면〉
> 책상 주변 조명을 어둡게 하고 라이트 테이블(light table)을 준비한다.
> 김 교사가 민정이 손을 잡고 민정이 앞에 놓인 상자 속에 손을 넣어 주며 "이건 나뭇잎이야."라고 말해 주자 민정이가 나뭇잎을 만지작거린다. 민정이가 나뭇잎을 만질 때 '바삭바삭' 소리가 나자 교사가 민정이 귀에 "바삭바삭."이라고 말해 준다. 나뭇잎을 골라 냄새를 맡아 보게 하며 "이게 나뭇잎 냄새야."라고 말해 준다. 민정이가 교사와 함께 나뭇잎 하나를 라이트 테이블 위에 올려 색과 모양을 본다. [B]

기출 POINT 2

❶ 19초등B5
김 교사는 새로운 자극에 거부감이 있는 시각중복장애 학생이 조각품을 감상할 수 있도록 다음과 같이 안내하였다. 김 교사가 사용한 촉각 안내법의 명칭을 쓰시오.

> • 교사가 먼저 조각품의 표면을 탐색한다.
> • 학생 스스로 교사의 손 위에 자신의 손을 올려놓게 한다.
> • 학생의 손이 조각품에 닿을 때까지 교사의 손을 조금씩 뒤로 뺀다.

01 시각중복장애 학생 교수법

1. 다감각 교수법 ❶ 25유아A5

시각중복장애 학생이 주변 환경이나 사물로부터 필요한 정보를 얻기 위해 잔존 시각, 촉각, 청각, 후각, 운동 감각 등 가능한 모든 감각을 사용하도록 격려하는 것이 필요하다.

시각	시각중복장애 학생이 잔존 시각을 효과적으로 사용하도록 지도하는 것이 중요하다. 단지 물체의 형태를 보는 것만으로 물체의 개념을 이해하기 어려우므로 물체를 직접 사용해보는 경험을 하도록 하는 것이 필요하다.
청각	청각을 통해 중요한 정보를 제공하더라도 들은 정보를 시각이나 촉각을 통해 확인하고 보완하는 것이 필요하다. 예를 들어, 물체의 소리를 들려준 다음 그 물체를 보여주고 만져보도록 할 때 물체에 대한 개념이 잘 형성될 수 있다.
촉각	시각중복장애 학생은 정보를 수집하고 이해하기 위한 주요 수단으로 촉각을 사용한다. 환경이나 사물을 만질 때 양손을 사용하여 탐색하도록 하고, 낯선 사물에 대한 촉각적 민감성이나 거부감을 보이는 학생에게는 단계적인 접촉과 탐색이 이루어지도록 해야 한다. 예를 들어, 학생에게 처음 보는 물체를 만지도록 요구하기보다는 좀 더 친숙한 물체부터 시작하여 점차 유사성이 있는 낯선 물체를 순차적으로 소개하는 것이다.
후각과 미각	냄새와 맛은 환경과 사물에 대한 정보를 수집하는 데 중요한 감각은 아니지만, 정보 수집에 제한이 많은 시각중복장애 학생에게는 도움이 될 수 있다. 예를 들어, 학생이 목적지를 찾기 위해 후각 단서를 사용할 수 있다. 학생이 좋아하는 노래방에 가려면 노래방 옆에 있는 빵집의 빵 냄새를 단서로 기억하여 찾아가도록 할 수 있다.

2. 촉각 교수법

(1) 손 아래 손 안내 기법

① 학생의 손 아래에 교사의 손을 두고 교사의 손 움직임을 학생이 인식하도록 하여 학습 기술을 지도하는 방법이다. ❶ 19초등B5

② 이 기법은 교사가 학생의 손을 잡아끌지 않아 덜 개입적이다. 따라서 촉각적 민감성이 심하거나 친숙하지 않은 물체의 접촉 또는 탐색을 거부하는 학생에게 효과적이다.

(2) 손 위 손 안내 기법

① 학생의 손 위에 교사의 손을 놓고, 교사가 학생의 손을 움직여 학습 기술을 지도하는 방법이다.

② 교사의 적극적인 개입이 이루어지는 촉각 교수 방법으로, 중복장애 학생에게 특히 많이 사용된다.

③ 학생의 손을 접촉하여 안내할 때 강압적이지 않도록 하며, 특히 다른 사람과의 접촉에 예민하거나 거부감을 보이는 학생에게는 사용을 지양해야 한다.

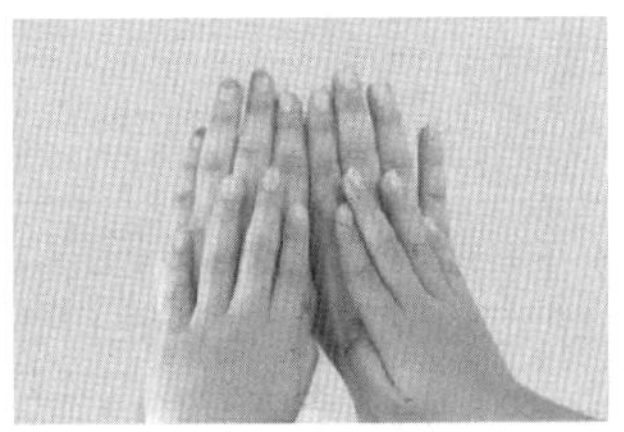
'손 아래 손' 전략

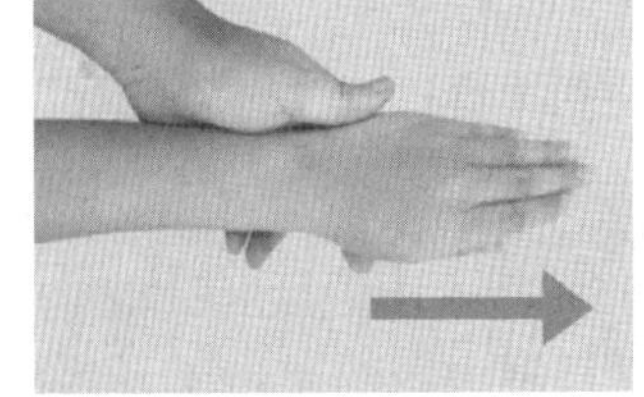
'손 위 손' 전략

(3) 촉각적 모델링 ❶ 24초등B3

신체 자세나 동작을 지도할 때 교사의 올바른 신체 자세나 동작에 대한 시범을 학생이 손으로 만져 탐색하고 모방하도록 지도한다.

(4) 신체적 안내법 ❷ 22초등B6

신체 자세나 동작을 지도할 때 교사가 자신의 손을 사용하여 학생이 적절한 신체 자세나 동작을 취하도록 지도한다.

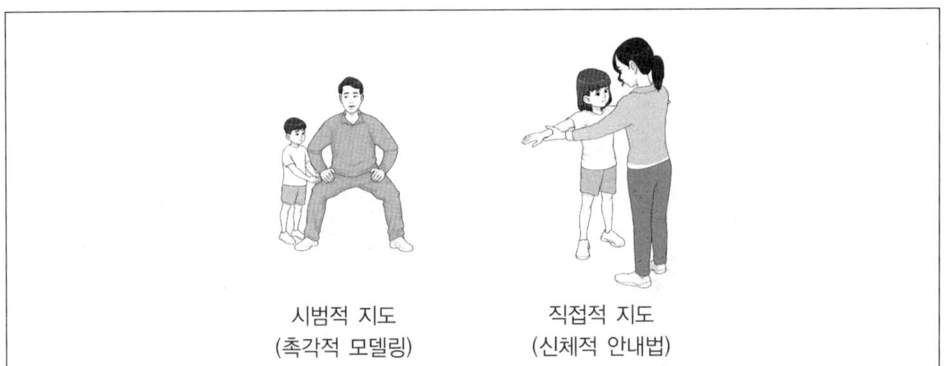
시범적 지도 (촉각적 모델링)

직접적 지도 (신체적 안내법)

(5) 공동 운동 및 공동 촉각운동

① 공동 운동은 학생이 시각을 이용하여 교사와 같은 신체 움직임을 동시에 경험하도록 하면서 배운다.

② 공동 촉각운동은 맹 학생이 특정 동작을 공동 운동으로 배우기 위해 교사와 학생이 해당 신체 부위를 서로 접촉한다. 이에 반해 촉각적 모델링은 교사의 신체 부위에 학생이 손을 대어 교사의 자세나 움직임(동작)을 탐색하도록 한다.

맹 학생 공동 촉각 운동 지도 (상호 신체 접촉)

저시력 학생 공동 운동 지도 (근거리 위치와 고대비 배경)

PART 02

기출 POINT 3

❶ 24초등B3

ⓑ을 구체적으로 1가지 쓰시오.

> ㉾ ⓑ 시범적 지도 방법(Braille-me method)을 활용하여 자세 지도

❷ 22초등B6

신체적 안내법을 활용한 ⓐ의 지도 방법을 쓰시오.

> • 공격기능 익히기: ⓐ 볼 굴리기

더 알아보기

시각적 모델링

- 저시력 학생에게 적합한 방법으로, 교사가 시범을 보일 때 저시력 학생이 잔존 시각을 잘 활용할 수 있도록 환경을 조성하는 것이 필요함
- 학생이 교사의 시범을 다가와서 보는 것을 허용해야 하고, 교사는 창가처럼 태양이 비치는 장소를 피해 시범을 보여야 함
- 시범을 보이는 장소의 배경과 대비되는 옷을 입는 것이 좋음

3. 전체-부분-전체(whole-part-whole)

① 전체-부분-전체 교수법은 보통 3개의 학습 단계로 진행된다.

1단계	학습 과제(기술이나 지식)의 '전체'를 학생에게 노출함으로써 학습 과제에 대한 전체적인 이해를 돕는 단계로, '인지적 스캐폴딩'이라고도 함
2단계	학습 과제를 구성하는 부분들(parts, 구성요소)에 초점을 두어 지도하는 것으로, 교사는 과제분석한 각 부분을 촉각 교수 방법 등을 통해 지도해 나감
3단계	각 부분을 성공적으로 학습한 후에 각 부분을 서로 연결하여 전체를 수행하도록 지도하는 것으로, 부분과 전체의 관계에 대한 학습자의 이해를 통해 학습이 마무리됨

② 예를 들어, 체육시간에 '공 굴리기' 기술을 지도한다면, 첫 번째 단계에서는 해당 기술의 전체를 관찰하고 설명을 들을 기회가 제공된다. 두 번째 단계에서는 과제분석한 일련의 부분(공을 손으로 잡는다-손을 뒤로 올린다-손을 앞으로 내민다-공을 바닥에 굴린다)을 하나씩 익혀 나가는데, 이때 교사는 신체적 안내법이나 촉각 모델링 등을 통해 학생이 각 부분을 정확하게 익힐 때까지 연습시킨다. 마지막 단계에서는 이미 학습한 각 부분의 기술을 연결하여 학생이 전체 기술을 수행하도록 하며, 이 단계에서는 부족한 부분에 한해 교정적 지도가 이루어질 수 있다.

전체 동작 관찰과 설명

부분 동작들의 지도와 연습

전체 동작 수행

02 시각중복장애 학생을 위한 의사소통 방법

1. 비구어 상징 체계

① 시각중복장애 학생이 구어, 점자, 확대 글자 등 추상적 상징을 사용해 표현할 수 없을 때 구어에 해당하는 구체적인 상징을 사용하는 것이 필요하다.

② 시각중복장애 학생이 사용할 수 있는 상징 체계는 시각장애 정도에 따라 3가지로 나눌 수 있다.

시각 상징 (visual symbols)	• 그림이나 사진을 식별할 수 있는 저시력 학생에게 적절함 • 그림 상징 카드를 눈으로 식별할 수 있는 시각중복장애 학생의 경우, 그림 형태를 보다 쉽게 이해할 수 있도록 카드 바탕색과 그림 간의 색 대비를 높이고, 그림을 더 간결하고 명확하게 수정하여 사용하며, 라인 형태의 그림보다 라인 안이 채색된 그림이 식별하는 데 더 효과적임 • 또한, 그림 상징을 시력 수준에 적합한 크기로 확대하고, 시야 손상 정도를 고려하여 그림 상징 의사소통판의 위치를 선정하며, 학생이 심벌의 위치를 쉽고 정확하게 파악하도록 그림 상징의 배열 위치를 일관되게 유지하여 제시하는 것이 좋음
촉각 상징 (tactile symbols)	• 수지 기능에 문제가 없어야 하고, 눈으로 그림 상징을 식별할 수 없는 학생이 사용할 수 있음 • 촉각 상징에는 양각 그림, 사물 상징, 촉각 신호, 몸짓 언어(손담), 촉수어 등이 포함됨
청각적 스캐닝	• 다른 사람의 간단한 구어를 듣고 바라는 것을 선택하는 의사소통 방법임 • 이 방법은 다른 사람이 단어 · 어구 · 간단한 문장으로 말하는 것을 듣고 이해할 수 있고, 단어 · 발성 · 제스처 등으로 응답할 수 있으며, 상지 운동 기능이 제한되어 손으로 원하는 상징을 지적하기 어려운 시각중복장애 학생에게 적절함 예 교사는 시각중복장애 학생이 "응"이라고 대답하거나 '고개를 끄덕이는 동작'을 보일 때까지 학생이 어디가 아픈지 확인하기 위해 "머리? 팔? 다리? 배?"와 같이 단어로 물어볼 수 있음

2. 촉각 상징 의사소통 유형

(1) 촉각 신호(tactile cues)

① 촉각 신호는 시각중복장애 학생에게 특정 메시지를 전달하고자 신체 부위를 사용하는 '수용적 의사소통' 방식에 속하며, 상징적 의사소통에 해당한다.

② 촉각 단서(접촉 신호, touch cues)

㉠ 특정 메시지를 전달하기 위해 아동이나 성인의 몸에 일관된 방식으로 접촉하는 신체 단서(physical cues)로, 일반적으로 메시지와 관련된 신체 부위나 가까운 부위에서 접촉이 이루어진다. ❶ 24중등B6

㉡ 촉각 단서는 다양한 의미로 해석될 수 있기 때문에 일과 활동 동안에 일관되게 사용하는 것이 중요하다.

㉢ 현재 국내에서 중증중복장애 학생의 의사소통을 위해 보급된 손짓 언어(손담)를 시각중복장애 학생 및 농맹학생도 사용할 수 있도록 지침을 제공하고 있는데, 이는 접촉 단서를 발전시킨 것으로 볼 수 있다.

의사소통 내용	촉각 단서
"너를 의자에서 들어서 옮길 거야."	학생의 겨드랑이 부근을 두세 번 가볍게 접촉한다.
"한입 먹자."	학생의 입을 손이나 수저로 접촉한다.
"우측 귀에 보청기를 넣을게."	학생의 우측 귀를 두 번 접촉한다.

기출 POINT 4

❶ 24중등B6

시각중복장애 학생에게 밑줄 친 ㉡을 제공하는 이유를 1가지 서술하시오.

> 시각중복장애 학생
> '손 아래 손 안내법'으로 사물놀이 악기를 탐색하는 활동에서 ㉡ 촉각 단서(touch cues)를 제공하여 지도한다.

③ 사물 단서(object cues)

㉠ 일과 활동과 관련된 메시지를 전달하기 위해 관련된 사물이나 사물의 일부를 만져보도록 학생의 손에 제시하는 것이다.

의사소통 내용	사물 단서
"교실에서 체육관으로 이동하자."	학생의 신발에 손을 대준다.
"옷을 입자."	양말을 손에 대준다.

㉡ 사물 단서와 사물 상징(object symbols)의 차이점

- 사물 단서는 해당 활동에 사용되는 실물을 사용하지만, 사물 상징은 해당 활동에 사용되는 실물이 아닐 수 있다.
- 사물 단서는 학생의 손에 접촉하는 데 반해, 사물 상징은 관련 물체를 의사소통 카드나 보드에 부착한 후 손으로 탐색하도록 한다.

(2) 손으로 만져볼 수 있는 상징(tangible symbols)

① 손으로 만져볼 수 있는 상징은 시각중복장애 학생이 손으로 만져 이해할 수 있는 양각 그림이나 물체 같은 3차원 상징으로, 수용언어와 표현언어에 모두 사용되며 상징적 의사소통에 속한다.

② 효과적인 사물 상징(object symbols)은 '물체 전체', '물체 일부', '연관된 물체', '특정 질감이나 모양'을 사용한다.

③ 사물 신호(object cues)가 사물을 학생의 손에 직접 대어주는 방식으로 사용되는 데 반해, 사물 상징 AAC는 빈 카드에 부착한 후 사물을 의사소통 목적으로 사용하고 있음을 보다 명확하게 인식시킬 수 있다.

물체 전체	물체 일부	연관된 물체	연관된 질감이나 모양
체육관 – 공	편의점 – 과자 봉지 조각	보건실 – 반창고	욕실 – 욕실 타일

(3) 촉수어(tactile signing) · 촉지화(tactile finger spelling)

① 촉수어는 농아인이 사용하는 수어를 맹농인도 사용할 수 있도록 일부 변형시킨 수어 방식으로, 상징적 의사소통에 해당한다.

② 촉수어는 대화상대자의 수어 형태와 동작을 알기 위해 맹농인이 대화상대자의 손에 자신의 손을 얹어 수어를 확인하며, 농맹인이 수어를 좀 더 정확하게 촉지하도록 수어 동작을 보다 단순하게 변형하기도 한다. ❶ 15중등A7

③ 촉지화는 상대방의 손바닥에 대고 지화(알파벳, 자음과 모음)를 표현하는 것으로, 고유명사를 나타내거나 상대방이 수어표현을 이해하지 못할 때 사용하면 효과적이다.

④ 농맹 중복학생이면서 상지 사용의 어려움 등으로 촉수어를 사용하기 어려운 학생에게는 신체 위 수화(신체 기반 수화)를 사용할 수 있다. '신체 위 수화'란 표준수어를 하는 사람이 수어 수용자의 몸 위에 직접 수어를 해주는 것이다.

기출 POINT 5

❶ 15중등A7

다음은 농 · 맹 중복장애 학생이 사용하는 의사소통 방법에 대한 설명이다. 괄호 안의 ㉠, ㉡에 해당하는 방법이 무엇인지 쓰시오.

> 그리고 수화를 사용하는 농 · 맹 중복장애 학생(잔존시력 없음)이 상대방의 손 위에 자신의 손을 얹어 상대방의 수화를 이해하고 의사소통하는 방법을 (㉡)이라고 한다.

농맹인

농맹인(우측 사람)의 손 위치

농맹인 촉지화 알파벳 F

촉수어와 촉지화

(4) 손가락 점자(점화, finger braille)

① 손가락 점자는 구어 소통이 어려운 시청각장애인이 사용하는 촉각 의사소통 체계로, 한국 점자 규정을 기본으로 한다.

② 일반적인 점자가 점자 도구를 사용하여 읽고 쓰는 것과 달리, 손가락 점자는 화자와 청자의 손가락을 서로 사용한다는 점에서 차이가 있다. 즉, 손가락 점자는 '화자의 손가락으로 청자의 손가락에 치는 점자'라고 할 수 있다.

③ 손가락 점자는 점자타자기나 점자정보단말기의 자판에 점자의 여섯 점을 배정하는 것처럼, 양손의 손가락에 점자의 여섯 점을 배정하여 사용한다. ❶ 15중등A7

④ 손가락 점자로 대화를 시작하려면 시청각장애인의 어깨를 살짝 만져서 온 것을 알린다. 그리고 시청각장애인의 손에 자신의 손을 얹고 1점부터 6점까지 순서대로 쳐서 여섯 점의 위치를 상호 확인하고 대화를 시작한다.

점화의 시작

점자의 6점과 점화의 손가락 대응

손가락 점자

(5) 핵심 어휘 사인(keyword sign)

① 핵심 어휘 사인은 상대방에게 표현하고 싶은 말을 문장이 아닌 중요한 어휘만을 사용해 전달하는 것으로, 핵심 어휘는 일상에서 통용되는 자연스러운 몸짓 언어(제스처)와 쉽고 간단한 수어 표현들로 나타내게 된다.

② 핵심 어휘 사인은 어구나 문장을 구어로 이해하거나 표현하기 어려운 지적장애를 동반한 시각중복장애 학생의 의사소통 방법 중 한 가지로 사용할 수 있으며, 우리나라에서 개발한 '손담'이 여기에 해당한다.

기출 POINT 6

❶ 15중등A7

다음은 농·맹 중복장애 학생이 사용하는 의사소통 방법에 대한 설명이다. 괄호 안의 ㉠, ㉡에 해당하는 방법이 무엇인지 쓰시오.

> 점자를 주된 의사소통 수단으로 사용하는 농·맹 중복장애 학생이 왼손 손가락과 오른손 손가락을 3개씩 사용하여 상대방의 양손 손가락 위에 접촉하여 점자로 의사소통하는 방법을 (㉠)이라고 한다.

더알아보기

손담의 장점

- 학생의 장애 유형과 발달 특성에 맞추어 표현방법을 찾고 적용할 수 있기 때문에 의사소통의 효율성을 높이며, 의사소통 지도를 처음 시작하는 학생들에게 효과적이다.
- 도구를 사용하지 않아 간편하며, 의사소통에 필요한 인지 능력의 요구 수준이 낮아 학습하기 용이하다.
- 소통이 필요할 때 즉각적으로 표현하기 때문에 의사소통 과정에서 시간을 지연하거나 대화의 흐름이 단절되는 문제를 예방할 수 있다.
- 구어 체계를 대체하거나 구어와 병행하여 사용함으로써 구어로 전달하기 어려운 내용을 보완하여 표현할 수 있다.
- 특별히 많은 교육을 받지 않아도 대화 상대자들이 그 의미를 쉽게 유추하거나 이해할 수 있다.

③ 핵심 어휘 사인은 구어 발달 이전의 일반 영유아에게도 사용하는 'baby signs'과도 유사하다.

⑹ 타도마(tadoma)

농・맹 중복 장애인이 화자의 얼굴(입과 목)에 한 손 또는 두 손을 얹고 화자가 하는 말을 인식하는 진동 촉각 의사소통 방법이다.

⑺ 손바닥 문자(print on palm)

① 손바닥 문자는 시청각장애 학생의 손바닥에 대화 상대자가 집게손가락으로 크고 또렷하게 묵자를 써서 표현한다.

② 수어나 점자를 모르는 비장애인이 시청각장애인과 대화할 때 사용할 수 있다.

③ 손바닥 문자를 이용한 필담 방법은 3가지 유형이 있다.

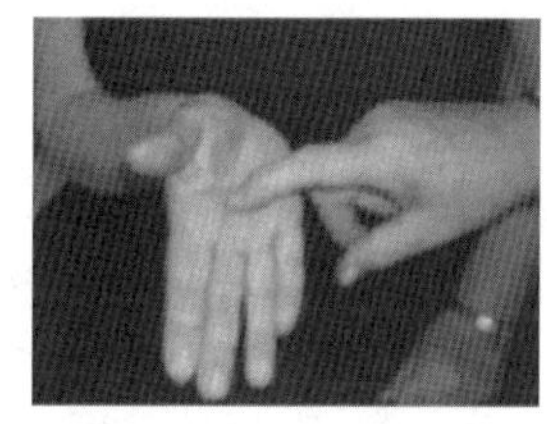
대화 상대자가 손가락으로 시청각장애 학생의 손바닥에 글자 쓰기

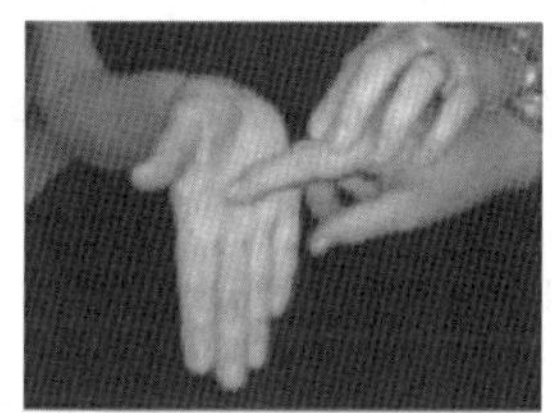
시청각장애 학생이 대화 상대자의 손가락을 잡도록 하고, 학생의 손바닥에 글자 쓰기

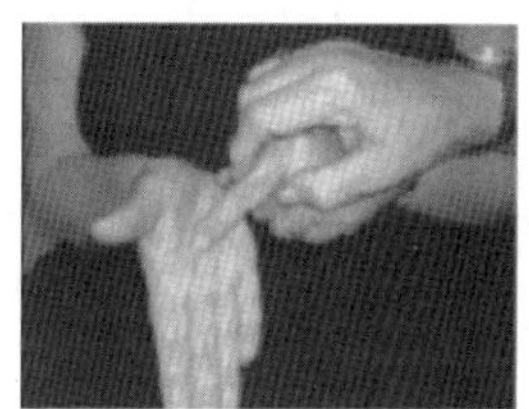
대화 상대자가 시청각장애 학생의 손가락을 잡고, 학생의 손바닥에 글자 쓰기

⑻ 저시력 시청각장애인을 위한 수어

① 잔존 시력이 남아 있는 시청각장애인의 경우에는 시야 내 수어, 수어 추적, 근접 수어 등을 사용할 수 있다.

② 시야나 시력을 고려하는 것에 더하여 수형과 수동을 잘 알아차리도록 배경 벽이나 옷의 대비를 고려하는 것도 중요하다.

③ 근접 수어는 시력 정도를 고려하여 농맹인과 보다 가까운 거리를 유지하면서 수어를 하는 것이다.

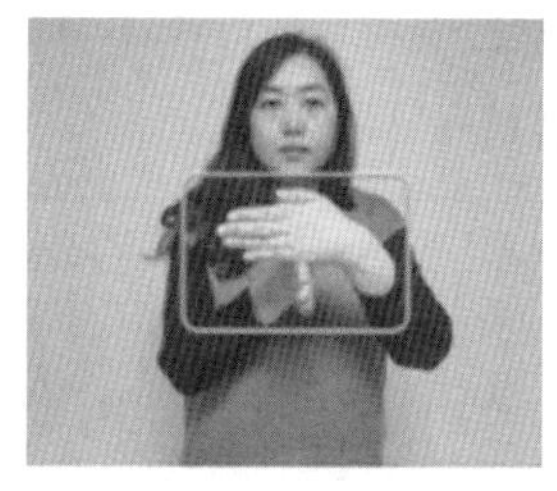
시야 내 수어: 주변 시야 손상이 있는 경우, 일정 시야 범위에서 수어 동작이 이루어지도록 수어의 움직임을 작게 하는 것

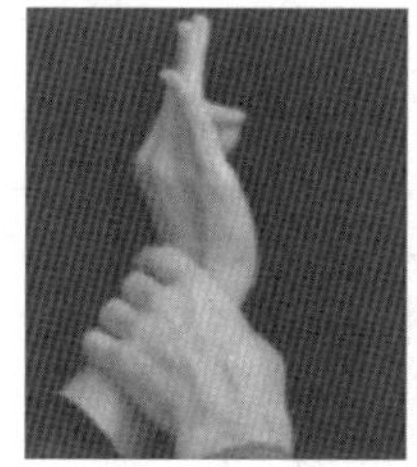

수어 추적: 시야 손상으로 수어의 움직임을 눈으로 따라가기 어려운 경우, 수어 상대자의 손목을 가볍게 잡아 상대방의 수어 움직임을 확인하는 것

3. 사물 상징 보완대체의사소통 시스템

(1) 사물 상징

① 사물 상징에는 물체의 전체, 물체의 일부, 연관된 물체가 사용될 수 있다. 수저나 컵처럼 단순한 모양에 한해 미니어처를 사용할 수 있으나, 미니어처의 대부분이 손으로 탐색하여 변별하기 어려운 경우가 많아 적극 추천되지는 않는다.

② 사물 상징을 선정할 때 표준화와 개별화라는 두 가지 측면을 모두 고려해야 효과적으로 사용될 수 있다. 시각중복장애 학생의 장애 특성, 생활 환경, 선호와 요구 등을 모두 고려하여 사물을 선정해야 한다.

㉠ 시각중복장애 학생이 자신의 특정 경험이나 활동에서 중요하게 여기거나 선호하는 것을 개별 상징으로 선택할 수 있다.

㉡ 학생의 수준에 적합한지, 쉽게 손으로 지각할 수 있는 상징(물)인지를 확인해야 한다.

㉢ 사물 상징을 선정할 때는 시각적 특성보다 오히려 촉각적 특성을 기반으로 하여야 한다.

㉣ 싫어하는 질감을 피하기처럼 학생의 지각적 선호도를 고려해야 한다.

(2) 보조기기

① 시각중복장애 학생에게 적합한 상징의 유형이 결정되면 이 상징을 담을 보조기기를 선정해야 한다.

② 학생이 사용할 수 있는 상징 어휘의 수가 적을 때는 의사소통판이나 육성 녹음 기기를 사용하고, 어휘의 수가 많을 경우에는 의사소통책을 사용할 수 있다.

③ 칫솔·공 같은 사물 상징을 사용해야 하는 경우, 의사소통 카드나 책 등에 부착하여 사용한다. 사물 상징을 그대로 사용할 경우에 학생은 의사소통을 위한 상징이 아닌 사물을 직접 만지고 조작하는 활동 도구로 인식할 수 있기 때문이다.

(3) 캘린더 박스

① 캘린더 박스는 중도중복장애 학생들이 일과를 예측하고, 여러 활동 속에서 원하는 것을 선택하도록 돕는다. 시각중복장애 학생이 자신에게 필요한 몇 가지 사물 상징을 사용할 수 있게 되면 캘린더 박스를 활용할 수 있다.

② 캘린더 박스는 사용 목적에 따라 크게 3가지로 구분할 수 있다.

구분	내용
시간 조각 캘린더	• 시간 흐름에 따라 어떠한 활동이나 사건이 이루어지는지를 나타내는 데 목적이 있음 • 전체 시간을 작은 조각의 시간으로 분할하고 작은 시간에 일어나는 활동 정보를 제공함 • 학생에게 월별, 주별, 일별 일과 계획 등의 메시지를 전달함

순서 캘린더	• 특정 활동이 이루어지는 단계나 순서를 나타내는 데 목적이 있음 • 이를 위해 교사는 활동을 작은 단계로 분석해야 하고, 각 단계를 예측할 수 있는 촉각 상징이나 사물 상징을 선정하여 순서에 따라 배치함
선택 캘린더	• 학생이 원하는 물건이나 활동을 선택하도록 하는 데 목적이 있음 • 이 캘린더는 학생에게 선택의 개념이나 자기 결정 능력을 지도할 수 있으며, 처음에는 2가지 중에 하나를 선택하는 것으로 시작하여 점차 여러 가지 중에서 선택하도록 확장함

③ 캘린더 박스 지도 시 고려사항

㉠ 캘린더의 형태는 일렬로 된 상자에 상징을 넣거나 벽면 게시판에 상징을 부착하는 방법 등이 있다. 학생이 잔존 시각이 있다면 캘린더와 상징 간에 대비를 높이는 것이 좋다.

㉡ 캘린더 박스를 사용할 때 몇 개의 활동을 나타내는 상징들을 사용할 것인가를 결정하는 것이 필요하다. 처음에는 오전과 오후로 나누어 대표적인 2가지 활동을 나타내는 상징 2개를 순서대로 제시하고, 점차 하루 일과를 나타내는 3개 이상의 상징을 제시하는 캘린더로 확장할 수 있다.

㉢ 캘린더의 설치 장소는 학생이 접근하기 쉽고 자주 이용하는 곳에 두는 것이 효과적이다. 교실에서 학생의 좌석과 가까운 곳이나 학생이 쉽게 찾고 자주 지나다니는 선반 위나 벽면에 부착할 수 있다.

㉣ 캘린더 활동을 시작할 때는 학생이 해당 상징을 꺼내 만져보도록 한 후 활동을 시작하여야 하고, 활동을 마쳤을 때는 캘린더 박스로 다시 가서 해당 활동의 상징을 치우거나, 상자 뚜껑을 덮거나, 별도의 '종료 상자'에 상징을 넣어서 활동이 끝났음을 알려야 한다.

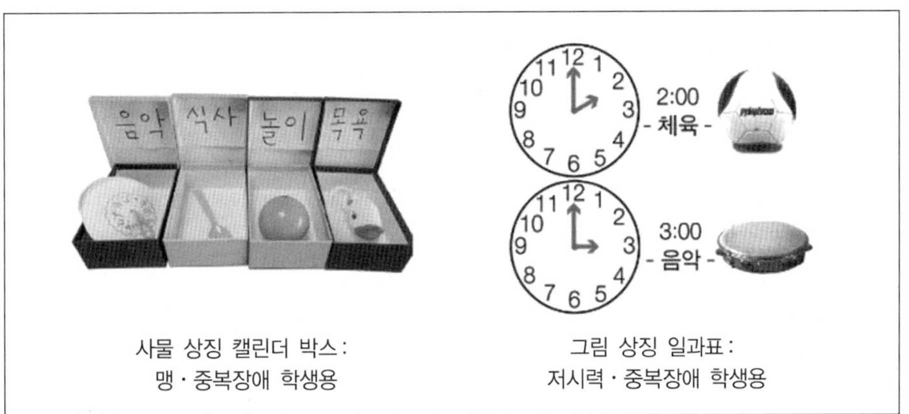

사물 상징 캘린더 박스 : 맹 · 중복장애 학생용

그림 상징 일과표 : 저시력 · 중복장애 학생용

김은진 스페듀 기본이론서

Vol. 3

Special Education

Chapter 01. 지체장애의 이해
Chapter 02. 뇌성마비
Chapter 03. 근이영양증
Chapter 04. 이분척추
Chapter 05. 뇌전증(경련장애)
Chapter 06. 골형성 부전증과 외상성 뇌손상
Chapter 07. 자세 및 앉기 지도
Chapter 08. 보행 및 이동 지도
Chapter 09. 식사 기술 지도
Chapter 10. 용변 기술 지도
Chapter 11. 착탈의 기술 지도
Chapter 12. 부분참여의 원리
Chapter 13. 의사소통 지도

PART

03

지체장애

지체장애의 이해

01 「장애인 등에 대한 특수교육법」에서의 정의

02 「장애인차별금지 및 권리구제 등에 관한 법률」

03 지체장애 학생 교육의 전달체계 및 교육배치 형태
- 특수학교와 특수학급
- 대안적 교육 방법
  - 순회교육
  - 병원학교
  - 원격수업

04 지체장애의 분류
- 신경성 증후군
- 운동기 증후군

01 「장애인 등에 대한 특수교육법」에서의 정의

기능·형태상 장애를 가지고 있거나, 몸통을 지탱하거나, 팔다리의 움직임 등에 어려움을 겪는 신체적 조건이나 상태로 인해 교육적 성취에 어려움이 있는 사람

특수교육대상자 선별검사 및 진단평가 영역: 기초학습기능검사, 시력검사

02 「장애인차별금지 및 권리구제 등에 관한 법률」

제14조 ① 교육책임자는 해당 교육기관에 재학 중인 장애인의 교육 활동에 불이익이 없도록 다음의 수단을 적극적으로 강구하고 제공하여야 한다.
- 장애인의 통학 및 교육기관 내에서의 이동 및 접근에 불이익이 없도록 하기 위한 각종 이동용 보장구의 대여 및 수리
- 장애인 및 장애인 관련자가 필요로 하는 경우 교육 보조인력의 배치
- 장애로 인한 학습 참여의 불이익을 해소하기 위한 확대독서기, 보청기기, 높낮이 조절용 책상, 각종 보완대체의사소통기기 등의 대여 및 보조견의 배치
- 휠체어 접근을 위한 여유 공간 확보

03 지체장애 학생 교육의 전달체계 및 교육배치 형태

1. 특수학교와 특수학급

① 지체장애 특수학교에는 지체장애 학생들에게 필요한 편의시설이 갖추어져 있고, 교육 및 재활치료 기자재가 많이 구비되어 있다는 장점이 있으나, 또래 일반 학생들과 함께 교육받는 통합교육이 어렵다는 단점이 있다.

② 특수학급에는 지체장애 학생에게 필요한 보조공학기기의 지원이나 치료 지원과 같이 지체장애 학생이 적절한 교육을 받을 수 있도록 기초를 제공하는 관련 서비스가 적절히 제공되어야 한다.

2. 대안적 교육 방법

(1) 순회교육

① '순회교육'이란 장애로 인해 장단기의 결석이 불가피하여 학교에서 교육을 받기 곤란하거나 불가능한 학생의 교육을 위해, 의료기관 또는 가정 등에 교사가 직접 방문하여 특수교육대상자의 교육을 지원하는 교육 형태를 말한다.

② 순회교육은 학교로 등교하여 교육받는 것이 어려운 학생들이 학교 교육에서 배제되지 않도록 개별 학생의 학습권을 보장하기 위한 교육 형태이다.

③ 순회교육 여부는 특수교육운영위원회에서 종합적으로 판단하여 결정하되, 부모의 동의를 포함하도록 한다. 학생 소속학교의 일반교사와 특수교사가 순회교육을 담당하거나, 해당 교육청에서 건강장애 학생 순회교육 협력학교를 지정하여 운영하며, 일반학교·교육청·특수교육지원센터 등에서 순회교육 내용을 관리·감독하여 운영한다.

(2) 병원학교

① '병원학교'란 만성질환으로 인해 3개월 이상의 입원치료나 잦은 통원치료가 필요하여 학교 출석을 제대로 할 수 없는 학생을 위해 병원에 설치된 학급을 말하며, 정식학교가 아닌 위탁교육기관이다.

② 대부분의 병원학교는 교사 1인이 운영하는 파견학급 형태로, 여러 학교급·학년의 학생이 함께 공부하기 때문에 병원학교라는 용어로 통칭하여 부른다.

(3) 원격수업

① '원격수업'이란 장기입원이나 통원치료로 인해 학교 교육을 받을 수 없는 학생들이 가정이나 병원 등 어디에서나 인터넷을 이용한 원격수업으로 학습지체 및 유급 문제를 해소할 수 있도록 지원하는 교육 형태를 말한다.

② 원격교육을 위해서는 대상 학생들의 인지 능력과 기초적인 컴퓨터 이용 능력이 전제되어야 하며, 지체장애 학생을 위한 대안적인 컴퓨터 입력장치 등이 가정에 갖추어져야 한다.

04 지체장애의 분류

(1) 신경성 증후군

뇌성마비, 근이영양증, 소아마비 등

(2) 운동기 증후군

형태이상(단지증 · 만곡증 · 내반슬 · 외반슬 · 척추만곡), 외상성 질환, 골형성 부전, 고관절 탈구, 관절 구축 등

CHAPTER 02

뇌성마비

01 뇌성마비의 이해

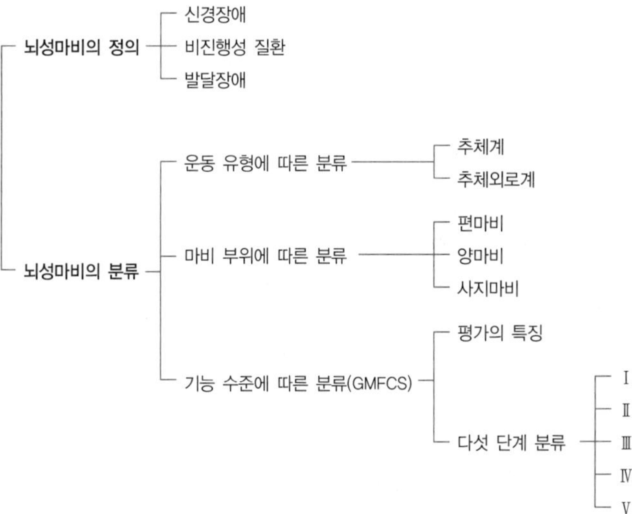

02 뇌성마비의 운동 유형에 따른 특징 및 중재

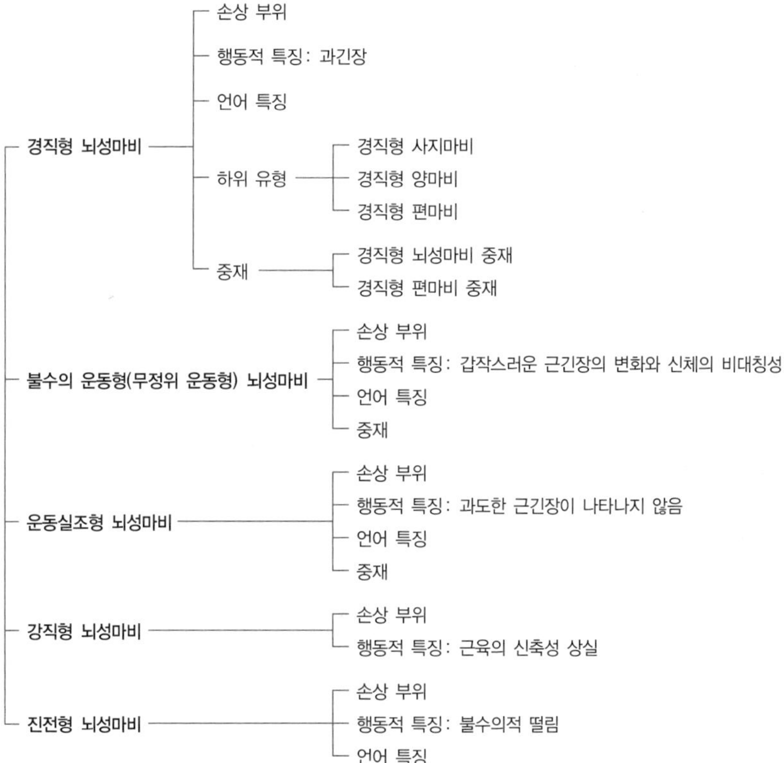

03 뇌성마비 아동의 특성

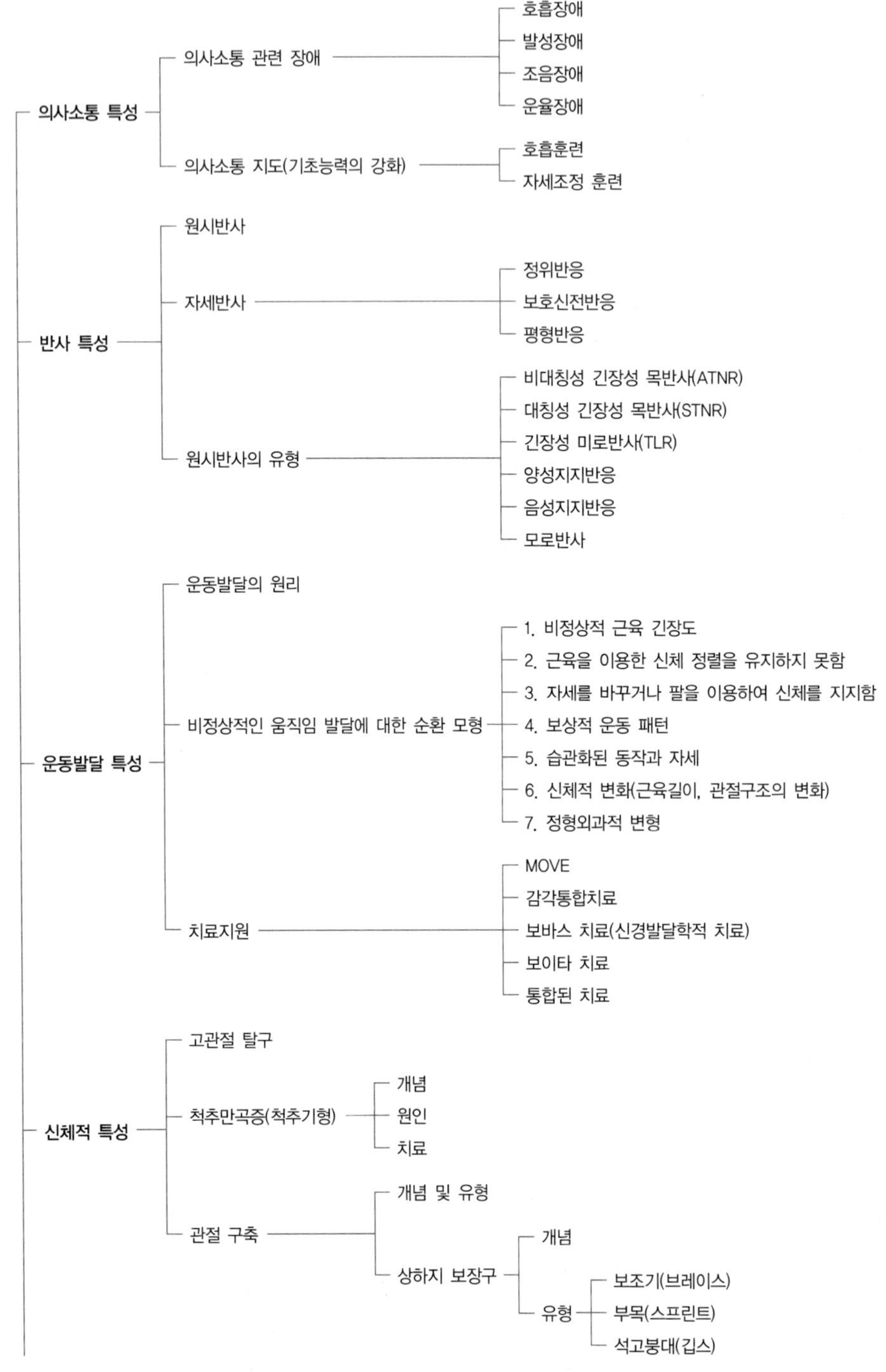
의사소통 특성
의사소통 관련 장애
호흡장애
발성장애
조음장애
운율장애
의사소통 지도(기초능력의 강화)
호흡훈련
자세조정 훈련
반사 특성
원시반사
자세반사
정위반응
보호신전반응
평형반응
원시반사의 유형
비대칭성 긴장성 목반사(ATNR)
대칭성 긴장성 목반사(STNR)
긴장성 미로반사(TLR)
양성지지반응
음성지지반응
모로반사
운동발달 특성
운동발달의 원리
비정상적인 움직임 발달에 대한 순환 모형
1. 비정상적 근육 긴장도
2. 근육을 이용한 신체 정렬을 유지하지 못함
3. 자세를 바꾸거나 팔을 이용하여 신체를 지지함
4. 보상적 운동 패턴
5. 습관화된 동작과 자세
6. 신체적 변화(근육길이, 관절구조의 변화)
7. 정형외과적 변형
치료지원
MOVE
감각통합치료
보바스 치료(신경발달학적 치료)
보이타 치료
통합된 치료
신체적 특성
고관절 탈구
척추만곡증(척추기형)
개념
원인
치료
관절 구축
개념 및 유형
상하지 보장구
개념
유형
보조기(브레이스)
부목(스프린트)
석고붕대(깁스)

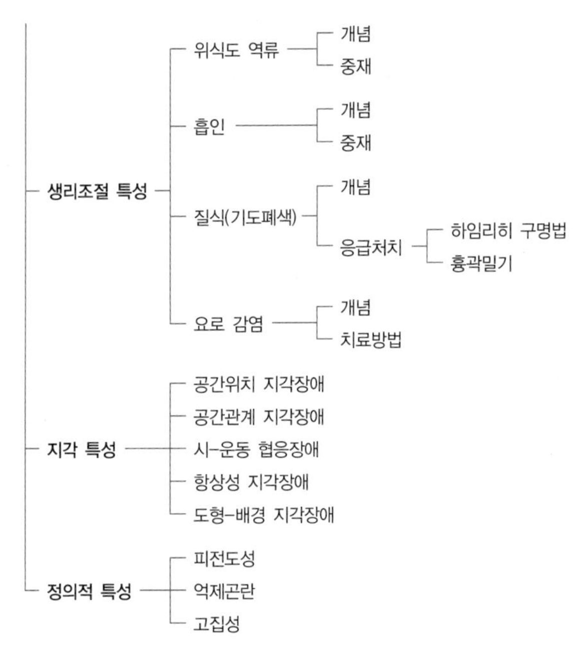

04 학습환경의 수정(신체 특성을 고려한 학습환경)

- 책상의 높이
- 휠체어 사용 학생의 경우

01 뇌성마비의 이해

1. 뇌성마비의 정의

(1) 신경장애

① 뇌성마비는 중추신경계 손상에 의한 근육마비, 협응성 장애, 근육 약화, 기타 운동기능장애로 특징지어지는 신경장애이다.

② 뇌의 기능장애로 나타나는 신경결함 증상 중에서 신경운동장애가 주로 나타나며 종종 감각, 지각, 인지, 의사소통, 행동에서의 장애를 수반한다.

③ 초기에 소아의 발달을 평가하는 데 있어 가장 먼저 그리고 쉽게 평가할 수 있는 것이 운동기능이기 때문에 뇌성마비는 가장 먼저 진단할 수 있는 발달장애 중 하나이다.

기출 POINT 1

❶ 12중등38
뇌성마비에 대한 설명으로 옳은 것을 있는 대로 고르시오.

> ㉠ 근긴장도를 조절하는 뇌 영역이 손상된 뇌성마비는 비정상적 근긴장에 의한 근골격계의 문제가 성장할수록 심해지는 진행성 질환이다.

❷ 11초등10
관찰 내용에 대한 설명으로 적절한 것을 모두 고르시오.
▪수지: 뇌성마비

> (나) 입 주위 근육에 마비가 나타나며, 이로 인하여 책이나 공책에 침을 흘리는 경우가 많다.

> ㉡ (나): 진행성이기 때문에 향후 이 마비 증상은 얼굴 전체로 확대된다.

(2) 비진행성 질환 ❶ 12중등38, ❷ 11초등10

① 뇌성마비는 출산 전이나 출산 시, 출산 후 초기 몇 년 이내에 뇌가 발달하는 기간 동안 미성숙한 뇌에 발생한 손상이나 결함으로 정상적인 발달이 저해되는 비진행성 질환이다.

② 뇌성마비로 인한 뇌손상은 더이상 진행되거나 완화되지는 않지만, 시간이 지남에 따라 구축이 진행되거나, 청소년기나 성인기에 이를수록 보행 및 이동이 점점 더 어려워질 수 있으며, 근육협응과 통제에서 더 많은 문제를 일으킬 수도 있다.

(3) 발달장애

뇌성마비는 출생 전이나 출생 시, 출생 후 몇 년 안에 발생하여 아동의 발달에 영향을 주기 때문에 발달장애로 분류된다.

2. 뇌성마비의 분류

(1) 운동 유형에 따른 분류

뇌성마비는 어느 부분에 손상을 입었는지에 따라 추체계 손상을 입은 경직형 뇌성마비, 추체외로인 기저핵에 손상을 입은 불수의 운동형, 소뇌에 손상을 입은 운동실조형, 복합적인 영역에 손상을 입은 혼합형으로 구분한다.

① 추체계: 추체계는 운동피질과 운동피질에서 척수로 내려오는 경로인 추체로로 구성되어 있다. 추체계에 해당하는 일차 운동피질의 각 영역은 특정 신체 부분의 동작을 조절한다.

② 추체외로계

㉠ 대뇌핵: 두뇌 중앙에 위치하고 있으며, 복잡한 움직임 패턴의 강도·방향·속도·순서를 조절하는 역할을 한다.

㉡ 소뇌: 각 두뇌 반구의 후두엽 아래에 위치하고 있으며, 운동 활동의 타이밍과 동작의 협응, 몸통과 팔다리의 평형과 균형 유지에 기여하는 역할을 한다.

(2) 마비 부위에 따른 분류

마비 부위에 따른 분류는 주로 경직형에 적용되는데, 다른 유형은 대체로 전신에 걸쳐 마비를 보이기 때문이다.

경직형 뇌성마비의 마비 부위

편마비	편마비는 좌우 어느 한쪽만의 마비로, 경직형에서 주로 나타난다. ❶ 20중등B10
양마비	양마비는 상지에 가벼운 마비를 가진 하지마비를 말한다.
사지마비	사지마비는 사지 전체에 운동마비가 나타나는데, 그중에서도 발의 비정상적인 근긴장도나 불수의적 운동이 팔이나 손보다 심하게 나타난다.

기출 POINT 2

❶ 20중등B10
'체육복 바지 입기'의 절차를 학생 L의 마비 부위를 고려하여 서술할 것

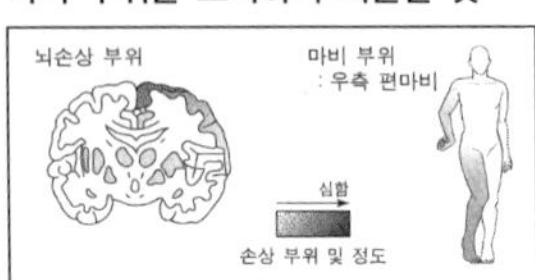

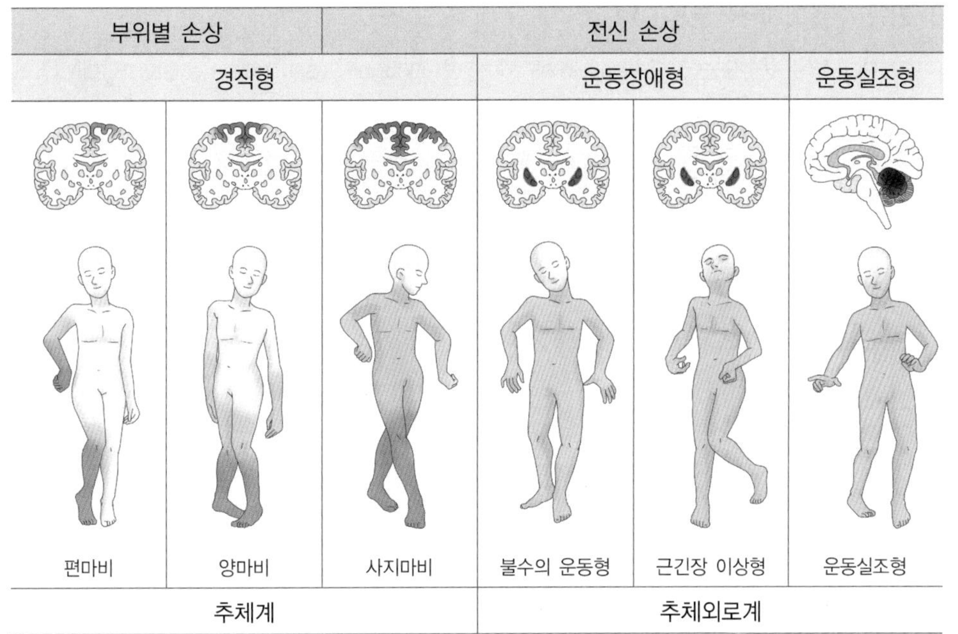

부위별 손상			전신 손상		
경직형			운동장애형		운동실조형
편마비	양마비	사지마비	불수의 운동형	근긴장 이상형	운동실조형
추체계			추체외로계		

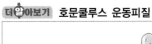

호문쿨루스 운동피질

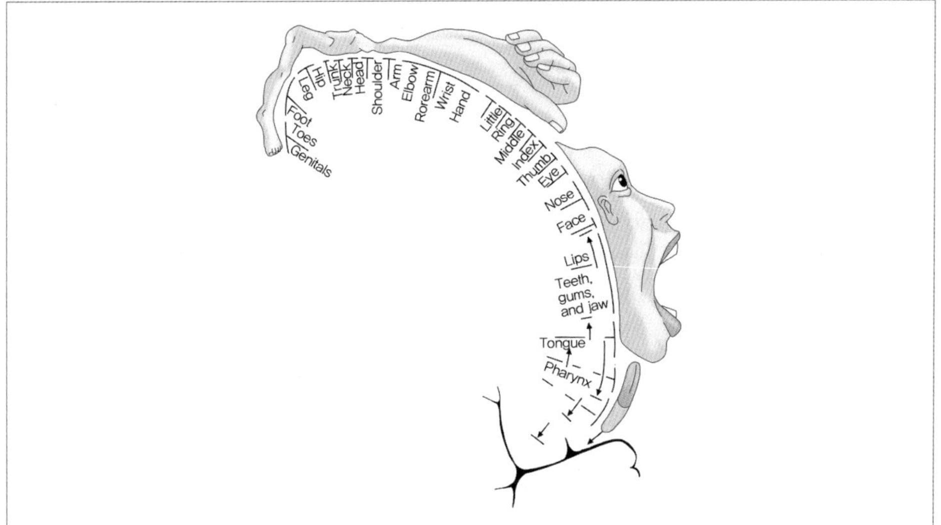

(3) 기능 수준에 따른 분류(GMFCS)

① 대근육 운동 기능 분류체계(Gross Motor Function Classification System ; GMFCS)는 뇌성마비 학생의 기능 수준에 따른 분류체계이다.

② GMFCS는 자발적으로 시작하는 동작을 평가하는 시스템으로서 앉기, 이동 동작, 몸통 균형조절능력에 초점을 둔다. 이는 학생의 최대 능력치가 아닌 일상생활(가정 · 학교 · 지역사회 등)을 관찰하여 평가하므로 학생의 현재 기능적 활동의 수행 수준을 잘 파악할 수 있다. ❶ 17중등B1

기출 POINT 3

❶ 17중등B1

뇌성마비 장애인의 대근육 운동 기능을 평가하는 ㉠의 평가 및 분류 방법상 특징을 1가지 쓰시오.

> 경직형 사지마비가 있는 학생 D는 ㉠ 대근육 운동 기능 분류체계(GMFCS)의 4수준으로, 휠체어를 이용해 이동한다.

③ 다섯 단계 분류의 주된 기준은 운동에서의 기능적 제한과, 손으로 잡는 보행 보조기구(워커 · 크러치 · 지팡이 등) 또는 바퀴 달린 이동 보조기구의 필요 여부에 근거하며, 동작의 질 또한 구분 기준이 된다.

대근육 운동 기능 분류체계(GMFCS) : 6~12세	
 GMFCS level Ⅰ	• 학생은 가정 · 학교 · 실외 · 지역사회에서 보행이 가능하다. • 신체적 보조 없이 경계석을 오르내릴 수 있고, 난간을 잡지 않고 계단을 오르내릴 수 있다. • 달리기나 뛰기 등 대근육 운동을 수행할 수 있으나 속도 · 균형 · 협응 면에서 제한이 있으며, 개인의 선택과 환경적 요인에 따라 체육 및 스포츠 활동에 참여할 수 있다.
 GMFCS level Ⅱ	• 학생은 대부분의 환경에서 걸을 수 있고 먼거리 걷기, 평평하지 않고 경사진 길 걷기, 사람이 붐비는 곳이나 좁은 곳 걷기, 걸으면서 물건 옮기기에 제한을 보인다. • 난간을 잡고 계단을 오를 수 있지만 난간이 없으면 신체적 보조를 받아서 계단을 오른다. • 야외와 지역사회에서 신체적 도움을 받거나 손으로 잡는 이동기구를 이용하여 걷고, 먼 거리는 휠체어를 사용하여 이동하며, 달리기와 뛰기 등 대근육 운동 기술 능력은 매우 부족하다. • 체육 및 스포츠 활동 참여를 위해서는 수정이 필요하다.
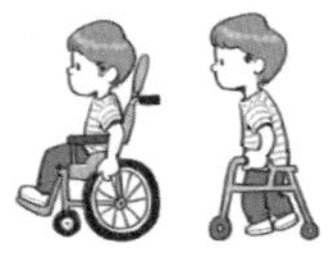 GMFCS level Ⅲ	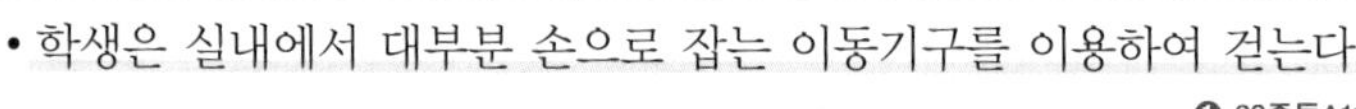 • 학생은 실내에서 대부분 손으로 잡는 이동기구를 이용하여 걷는다. ❶ 22중등A11 • 앉을 때는 골반의 정렬과 균형을 위해 좌석벨트를 사용한다. • 앉았다 일어나거나 바닥에서 일어날 때 타인의 신체적 도움이나 지지면이 필요하다. • 먼 거리 이동 시 휠체어를 사용하며, 다른 사람이 옆에 서 있거나 신체적 보조를 제공하면 난간을 잡고 계단을 오르내릴 수 있다. • 보행 능력이 제한적이므로 체육 및 스포츠 활동에 참여하기 위해 수동 휠체어 및 전동 휠체어와 같은 기구가 필요하다.

기출 POINT 4

❶ 22중등A11

(가)의 학생별 특성을 고려하여 (나)의 밑줄 친 ㉠~㉥ 중 적절하지 않은 것 2가지를 찾아 기호와 함께 그 이유를 각각 서술하시오.

(가)

> • 뇌성마비로 GMFCS 3수준임
> • 실내에서 손으로 잡는 이동 기구를 사용하여 이동할 수 있음
> • 보행 시 신체의 무게중심이 앞으로 기울어지는 경향을 보임

(나)

> ㉥ 계단을 오르내릴 때 난간을 잡고 이동하도록 지도하기

 GMFCS level Ⅳ	• 학생은 대부분의 환경에서 타인의 신체적 도움을 받거나 전동 휠체어를 사용한다. • 몸통과 골반의 자세 조절을 위해 개조된 의자가 필요한다. • 이동 시 대부분 신체적 도움이 필요하고, 가정에서는 바닥에서 구르거나 기어서 이동하고 신체적 도움을 받아 짧은 거리를 걷거나 전동 휠체어를 사용한다. • 보행은 어렵지만 자세를 유지하며 잘 앉아 있을 수 있다. ❹ 21초등B1 • 자세를 잡아주면 학교나 가정에서 체간지지 워커를 사용할 수 있고, 학교·야외·지역사회에서 타인이 학생의 수동 휠체어를 밀어주거나 전동 휠체어를 사용하여 이동한다. ❸ 24초등A2, ❻ 17중등B1 • 이동성의 제한으로 인해 체육 및 스포츠 활동에 참여하기 위해서는 신체적 도움이나 전동 휠체어와 같은 장치가 필요하다.
GMFCS level Ⅴ	• 학생은 모든 환경에서 수동 휠체어로 다른 사람이 옮겨주어야 한다. • 중력에 대항하여 머리와 몸통의 자세를 유지하기 어렵고, 팔과 다리의 움직임 조절에 제한이 있으며, 머리를 가누고/앉고/서고/이동하기 등을 위해 보조공학을 사용하거나, 이런 장비로는 완전히 보완되지 않고, 이동할 때는 전적으로 타인의 신체적 도움이 필요하다. ❷ 24중등A7, ❺ 20초등B2 • 가정에서 학생은 바닥에서 짧은 거리를 이동하거나 성인이 안아서 옮겨주어야 하고, 좌석과 조작 방법을 수정한 전동휠체어를 사용해 스스로 이동할 수 있지만, 이동성의 제한으로 인해 체육 및 스포츠 활동에 참여하기 위해서는 신체적 도움이나 전동 휠체어와 같은 장치가 필요하다.

더알아보기 **GMFCS 각 단계 간 주요한 구분 기준**

- **1단계와 2단계의 구분**
  1단계의 아동/청소년에 비해, 2단계의 아동/청소년은 장거리를 걷거나 균형을 잡는 데 제한적이다. 처음 걸음마를 배울 때 손으로 잡는 보행보조기구가 필요할 수도 있다. 실외나 지역사회에서 장거리를 갈 때 바퀴 달린 이동 장비를 쓸 수도 있다. 계단을 오르내릴 때 난간을 잡아야 한다. 달리기나 점프를 하지 못할 수도 있다.
- **2단계와 3단계의 구분**
  2단계의 아동/청소년은 4세 이후에는 손으로 잡는 보행보조기구 없이도 걸을 수 있다(물론 가끔씩은 쓸 수 있다). 3단계의 아동/청소년은 실내에서 걸으려면 손으로 잡는 보행보조기구가 필요하고 실외나 지역사회에서 바퀴 달린 이동 장비를 사용한다.
- **3단계와 4단계의 구분**
  3단계의 아동/청소년은 혼자서 앉거나 약간 잡아주거나 받쳐주면 앉을 수 있고, 4단계에 비해 더 독립적으로 일어설 수 있으며, 손으로 잡는 보행보조기구가 있으면 걷는다. 4단계의 아동/청소년은 앉을 수는 있지만(대개 잡아줘야 한다), 독립적인 이동은 제한적이다. 4단계의 아동/청소년은 수동 휠체어에 태워 다른 사람이 옮겨줘야 하거나 전동 이동 장비를 사용할 가능성이 더 높다.
- **4단계와 5단계의 구분**
  5단계의 아동/청소년은 목과 몸통을 가누는 것이 매우 제한적이며 상당한 정도의 보조 기술과 신체적 보조가 필요하다. 아동/청소년이 전동 휠체어 작동법을 배워야만 스스로 이동할 수 있다.

❷ 24중등A7

학생 B의 특성을 고려하여 밑줄 친 ⓒ의 이유를 2가지 서술하시오. (단, '원시반사'가 포함된 서술은 제외함)

(가) 학생 B의 특성

- 경직형 뇌성마비, ATNR
- GMFCS 5단계

(나) 대화

특수교사: AAC 기기나 모니터를 ⓒ 몸의 정중선에 위치하도록 하는 것이 중요합니다.

❸ 24초등A2

ⓒ을 고려하여 ⓔ에 들어갈 보조기기를 쓰시오.

Q. 이 학생은 ⓒ 불수의 운동형 뇌성마비를 가지고 있으며, 대근육 운동 기능 평가(GMFCS) 결과 4단계라고 합니다. 다음 주 실내 체험학습을 갈 때 어떤 보조기기를 활용하는 것이 좋을까요?
A. 체험학습이라면 실내 활동이라도 이동 거리가 상당할 것으로 보입니다. 이런 경우에는 휠체어가 적절할 것 같습니다. 다만 실내 좁은 공간이라면 학생의 운동 기능을 고려할 때 (ⓔ)을/를 추천합니다.

❹ 21초등B1

㉠에서 가능한 ⓒ의 사용 능력을 쓰시오.

㉠ 대근육 운동 기능 분류 시스템 4단계
ⓒ 수동 휠체어 사용

❺ 20초등B2

'대근육 운동 기능 분류체계(GMFCS)'에서 [B]가 해당되는 단계의 이동 특성을 이동 보조기기와 관련지어 쓰시오.

- 사지마비가 있음
- 모든 운동 기능이 제한적임
- 머리 조절이 어렵고, 체간이 한쪽으로 기울어짐

[B]

❻ 17중등B1

보조기기 ⓒ이 적절한 이유를 신체 기능적 측면과 교수·학습 측면에서 각각 1가지씩 설명하시오.

경직형 사지마비가 있는 학생 D는 대근육 운동 기능 분류체계(GMFCS)의 4수준으로, 휠체어를 이용해 이동한다. 대부분의 시간을 휠체어에 앉아 생활하지만, 교수·학습 장면에서는 종종 서기 자세 보조기기인 ⓒ 프론스탠더를 사용한다.

02 뇌성마비의 운동 유형에 따른 특징 및 중재

1. 경직형 뇌성마비

(1) 손상 부위

경직형은 가장 보편적인 뇌성마비 유형으로, 추체계 손상(대뇌피질의 운동영역)에 기인하며 수의적인 움직임에 제한이 나타난다. ❸ 19중등B6

(2) 경직형 뇌성마비의 행동적 특징: 과긴장 ❶ 22중등A11, ❹ 17유아A1

① 경직형은 근긴장이 증가하고 근육을 수동적으로 움직일 때 지속적인 저항이 나타난다.

② 근육이 뻣뻣하고 움직임이 둔하며 쉬고 있는 동안에도 과긴장이 나타나는 경향이 있다.

③ 경직형 뇌성마비의 높은 근긴장도는 접칼(주머니 칼)을 넣고 뺄 때와 비슷한 운동 형태를 유발한다. 이러한 접칼 강직 현상은 경직되어 있는 반대 방향으로 힘을 주면 처음에는 강한 저항을 보이나, 조금 더 힘을 주면 저항이 아예 사라지는 특성을 보인다.

④ 척추의 후만·측만이 많이 나타나고, 이 때문에 앉았을 때 등이 활처럼 휘어지는 '라운드 백' 현상을 쉽게 볼 수 있다. 교실이나 가정에서 바닥 앉기 자세를 취할 때 양다리를 쭉 펴고 앉게 되면, 하지 근육의 경직과 단축으로 라운드 백 현상이 현저하게 나타나므로 주의해야 한다.

⑤ 근육의 구축(고관절 내전근 경직)으로 인해 다리가 서로 겹쳐지는 '가위 모양의 자세'를 보인다.

⑥ 많은 경직형 뇌성마비 아동에게서 고관절 아탈구를 볼 수 있고, '까치발'이라고 하는 첨족 변형도 많이 나타난다. ❷ 21초등B1, ❺ 11중등38

⑦ 앉기 자세에서 감소한 균형 능력을 보상하고 안정성을 얻기 위해 'W 앉기' 자세를 취하는 경우가 많으나, 이 자세는 비정상적인 하지 정렬을 초래하고 관절에 무리가 가는 자세이기 때문에 피해야 한다(정동훈 외).

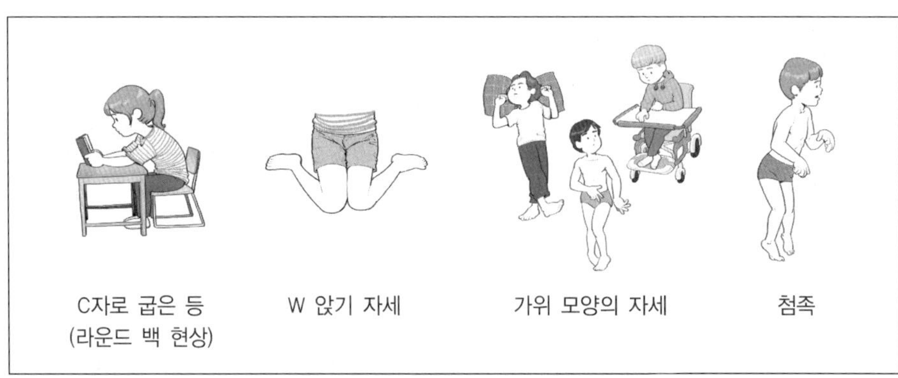

경직형 뇌성마비의 자세 특성

⑧ 경직형 뇌성마비의 증상으로는 과도한 건반사, 족간대 경련, 바빈스키 양성반응*, 다양한 공동운동(원시적 집단반사)이 나타난다. ❻ 09중등33

기출 POINT 5

❶ 22중등A11
학생 E의 운동장애에 따른 뇌성마비 유형을 쓰시오.

- 추체계와 운동피질의 손상으로 인한 뇌성마비임
- 근긴장도가 높고 근육이 뻣뻣해지며 가위 모양 자세를 보임
- 비대칭성 긴장성 목반사(ATNR)를 보임
- 위식도 역류를 보이며, 강직성 씹기 반사가 나타남

❷ 21초등B1
미나의 뇌성마비 유형을 쓰시오.

- 대뇌피질의 손상이 원인
- 근육이 뻣뻣하고 움직임이 둔함
- 양마비가 있음
- 까치발 형태의 첨족 변형과 가위 모양의 다리

❸ 19중등B6
밑줄 친 ㉠에서 제시된 뇌성마비 유형의 신체 운동 특성을 근긴장도 이상의 측면에서 1가지 서술하고, 괄호 안의 ㉡에 들어갈 용어를 쓰시오.

특수교사: 네, ㉠ 학생 K의 뇌성마비 유형은 경직형이고, 학생 L은 무정위운동형입니다. 뇌성마비는 뇌의 손상 부위에 따라 다른 운동 패턴을 보이는데, 경직형 뇌성마비는 (㉡)에 손상을 입은 경우이고, 무정위운동형은 동작 조절에 기여하는 기저핵 손상이 원인이라고 알려져 있어요. 뇌성마비 학생들은 경련, 시각장애, 그리고 청각장애와 같은 부수적인 장애를 보이는 경우도 많아요.

Keyword

바빈스키 양성반응(발바닥 반사)

발꿈치에서 발가락 쪽으로 문지르면 엄지발가락이 발등 쪽으로 굽고 다른 발가락은 쭉 펴는 행동이다. 이는 신생아 시기 잔존하는 반사로, 성인이 되면 자연스럽게 이 반사 반응이 사라지고 발바닥을 자극해도 반응이 없거나 발바닥 쪽으로 굽는 현상이 나타난다.

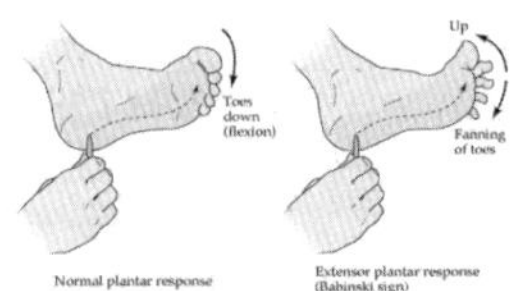

기출 POINT 5

❹ 17유아A1

대화의 ㉠에 해당하는 동우의 운동장애 형태 및 마비 부위에 따른 지체장애 유형을 쓰시오.

> 동우는 ㉠ 근긴장도가 높아서 팔다리를 모두 움직이기가 어렵고, 몸을 움직이려고 하면 뻗치는 경우가 많잖아요. 그리고 선생님께서 아시는 것처럼 시각장애까지 있어서, 말하는 것은 물론 눈빛으로 표현하는 것도 어려워해요. 가족들은 동우가 뭘 원하는지 알 수가 없어요.

❺ 11중등38

뇌성마비에 대한 설명으로 옳은 것을 있는 대로 고르시오.

> ㉢ 경직형 뇌성마비에서 주로 보이는 관절구축은 관절 주위 근육의 경직으로 인해 골격이 관절에서 이탈된 상태를 의미하며, 성장할수록 통증과 척추측만증을 유발한다.

❻ 09중등33

하지의 내전 구축으로 '가위' 형태의 자세를 보이기도 하며, 걸을 수 있는 경우 첨족 보행을 특징으로 하는 뇌성마비의 생리적 분류 유형에 대한 설명으로 가장 적절한 것은?

④ 운동피질의 손상으로 신전과 굴곡의 원시적 집단반사가 보여 자동운동이 어렵고 제어하기 어려운 간헐적인 경련이 있다.

---

(3) 경직형 뇌성마비의 언어 특징

경직형 학생의 경우에는 과도한 근긴장으로 인해 발음기관이 완전히 차단되어 음성기관을 움직이기 어렵다.

① 말이 폭발적이고, 일시적인 호흡 이상으로 말이 끊어지거나 느린 실성증적 음성을 보이며, 소리의 크기나 높이 조절이 어렵다.

② 호흡이 빠르고 얕은 비정상적인 호흡 패턴을 보이며, 성대의 과도한 긴장으로 후두에서 쥐어짜는 듯한 긴장된 노력성 발성 특징을 보인다. 11중등25

③ 연인두 개폐 기능 부전으로 과대비음과 보상조음이 나타난다. ❶ 14초등A6

④ 치조음의 발성에 특히 어려움이 있다.

기출 POINT 6

❶ 14초등A6

(가)는 경직형 뇌성마비 학생 주희의 언어 관련 특성이다. 주희의 말소리 산출 과정에서 ㉠과 같은 현상이 나타나는 이유를 쓰시오.

(가) 주희의 언어 관련 특성

> • 호흡이 빠르고 얕으며, 들숨 후에 길게 충분히 내쉬는 것이 어려움
> • 입술, 혀, 턱의 움직임이 조절되지 않고, 성대의 과도한 긴장으로 쥐어짜는 듯 말함
> • ㉠ 말소리에 비음이 비정상적으로 많이 섞여 있음
> • 전반적으로 조음이 어려우며, 특히 /ㅅ/, /ㅈ/, /ㄹ/ 음의 산출에 어려움을 보임

(4) 경직형 뇌성마비의 하위 유형

① 경직형 사지마비

㉠ 상지와 하지가 모두 손상을 받은 가장 심한 유형으로, 보통 다리가 팔보다 더 심각한 상태를 보인다. 11중등25

㉡ 과도한 동시수축으로 나타난다.

㉢ 과잉긴장으로 소리 · 위치 · 자극에 대해 공포심과 불안감을 느끼기도 하고, 머리 조절 능력이 현저히 떨어지며, 침을 흘리고 의사소통장애가 수반된다.

② 경직형 양마비

㉠ 주로 하지가 손상을 받은 상태를 말하나, 상지의 손상도 존재한다.

㉡ 몸통의 회전 능력이 부족하여 옆으로 앉는 자세를 취하기 어렵다.

㉢ 뒤로 넘어가는 체중 이동을 보상하기 위해 등을 구부린 채로 앉거나, 양다리를 옆으로 벌려 'W' 형태로 앉는 자세 등 부적절한 자세를 취하여 균형을 유지하려는 보상작용이 뇌성마비 유형 중 가장 많이 나타난다. ❶ 19초등A6 W자형으로 앉는 자세는 넓은 지지면을 제공하고 체중을 앞뒤로 옮기기 편한 자세여서 뇌성마비 학생이 선호하나, 엉덩이와 무릎관절의 긴장을 높이고 회전운동과 측면으로의 체중 이동을 어렵게 한다.

③ 경직형 편마비

㉠ 몸의 한쪽 편만 마비가 된 경우로, 두뇌 한쪽 부분의 운동피질에 손상이 있다. ❷ 12중등38

㉡ 경직형 편마비는 대부분 걸을 수 있으나, 마비된 쪽의 팔 · 다리를 사용하지 않는 경향이 있으며 모든 기능적인 동작을 손상되지 않은 쪽으로만 해결하려고 한다. 그러나 한쪽만 지나치게 사용하면 발작이 나타날 우려가 있으므로 주의해야 한다.

㉢ 안정성과 운동성을 동시에 추구하기 때문에 산만하고 분주하며 집중력이 떨어진다.

(5) 경직형 뇌성마비 중재

① 경직형 뇌성마비 학생에 대한 자리 배치 및 책상 제공 시 고려사항은 다음과 같다.

㉠ 경직형 뇌성마비 아동의 경우 교사의 눈에 잘 띄면서 앞자리보다 뒷자리에 배치한다.

㉡ 개별 지도 시 가능한 많은 움직임을 유도한다.

㉢ 활동 가능한 학생의 옆자리에 배치한다.

㉣ 불필요한 자극을 제공받지 않고, 움직임을 방해받지 않도록 책상을 낮추어준다.

㉤ U자형 책상은 팔의 움직임을 지원할 수 있어 대부분의 지체장애 학생에게 유용하다.

② 경직형 뇌성마비 학생은 외부 자극에 대해 과민한 반응을 나타내어 근육의 긴장도가 과도하게 높아지는 경향을 나타낸다. 그러므로 투입되는 감각자극을 조정하여 외부자극에 대해 과도하게 흥분한 신경체계를 진정시키고, 추락의 두려움을 줄이며, 운동 관련 기능에 참여할 수 있도록 지도한다(한동기, 2004).

기출 POINT 7

❶ 19초등A6

다음은 성재(경직형 양마비, 뇌전증)를 위한 교육 지원 협의록의 일부이다. 성재가 ㉢과 같은 자세로 앉는 이유를 1가지 쓰시오.

특수교사: 성재는 매트 위에 앉아서 놀 때 ㉢ 양다리를 좌우로 벌려 W모양으로 앉던데, 괜찮나요?
치료지원 담당자: 그런 자세가 계속되면 서기나 걷기 그리고 일상생활에도 문제가 생길 수 있어서 자세 지도가 필요합니다.

❷ 12중등38

뇌성마비에 대한 설명으로 옳은 것을 있는 대로 고르시오.

㉡ 경직형 편마비는 환측의 근육과 팔다리가 건측에 비해 발육이 늦거나 짧은 경향이 있으며, 반맹이나 감각장애가 발생하기도 한다.

더 알아보기

직접 선택 의사소통판의 배치

보통 선택세트는 신체 중앙에 놓는 것이 일반적이지만, 편마비나 한쪽 편의 운동 조절력이 더 나은 경우는 우세한 손에 가깝게 배치하여 접근성을 높여주도록 한다.

③ 경직형 편마비 중재는 다음과 같다.

㉠ 학생들은 마비가 온 부위를 움직이거나 사용하려고 하지 않는다. 그러므로 두 손을 시각 영역으로 가져와서 마비된 손을 이용하여 물건을 집거나 조작하는 데 '조력자'로서 사용하도록 지도한다.

예 편마비 학생에게 손으로 얼굴 씻기를 지도할 때에는 양손 협응을 위해 마비되지 않은 손으로 마비된 손의 아랫부분을 받쳐서 양손으로 씻을 수 있도록 지도한다. ❶ 18중등A14

㉡ 오른쪽 편마비 학생의 경우에는 책 또는 필통을 오른쪽에 두어 오른쪽을 조금이라도 사용하도록 유도하며, 책을 펼칠 때 두 손으로 책을 잡도록 하고, 오른쪽으로 고개를 돌려서 칠판을 볼 수 있도록 자리배치를 해주는 것이 좋다. ❷ 18초등A3

㉢ 그림을 그리거나 필기를 할 때 책상 위에서 종이를 고정시키는 데 마비된 팔과 손을 사용하도록 지도한다.

㉣ 신체의 정중선을 중심으로 균형을 잃지 않고 움직일 수 있도록 연습시킨다.

기출 POINT 8

❶ 18중등A14

학생 K의 특성을 고려하여 ㉠의 적절한 지도방법 1가지를 제시하고, 그 이유를 서술하시오.

■ 학생 K의 특성

- 경직형 뇌성마비 학생임
- 왼쪽 편마비임

■ 특수교사의 조언

체육 시간이 끝난 후, 학생의 특성을 고려하여 세면대에서 ㉠ '손으로 얼굴 씻기'를 지도함

❷ 18초등A3

㉠을 고려할 때 ㉡ 활동에서 자세 지도를 위한 ① 자리배치 방법과 ② 그 이유를 1가지 쓰시오.

- ㉠ 경직형 뇌성마비이며, 오른쪽 편마비를 가짐
- 학습 내용 소개: ㉡ 텔레비전으로 국경일 동영상 시청하기

2. 불수의 운동형(무정위 운동형) 뇌성마비

(1) 손상 부위

불수의 운동형은 동작 조절에 기여하는 대뇌핵(기저핵) 손상으로 발생한다. ❸ 11초등10

(2) 불수의 운동형 뇌성마비의 행동적 특징: 갑작스러운 근긴장의 변화와 신체의 비대칭성

① 불수의 운동형은 근육의 떨림이나 근긴장도가 수시로 변하여 팔, 손, 얼굴 근육 등에서 비자발적이고 불수의적인 운동이 나타난다. ❶ 20유아A2, ❷ 19중등B6

② 운동 특성으로는 운동의 중복성, 목적 없는 빠르거나 느린 운동 패턴, 휴식 시 팔다리가 꿈틀꿈틀 움직이거나 움찔거리는 불수의적 동작이 나타난다. ❹ 10초등8

③ 불수의 운동형은 '무정위 운동형'이라고도 하며, 불수의 운동, 즉 본인의 의지에 의해서 조절하는 것이 곤란하거나 불가능한 운동 형태를 보이게 된다.

④ 특히 머리 조절이 어렵고 중심선상에서의 운동 조절 능력이 현저히 낮다.

⑤ 과긴장에서 저긴장까지 근긴장도가 불규칙적으로 변화하며, 외부 자극에 의해 과도한 반응이 일어나므로 특정 자극으로 인한 반응이 가급적 적게 일어나도록 훈련하여 불수의적 동작을 줄이는 것이 지원의 목표가 된다.

⑥ 불수의적인 움직임을 억제하고 안정성을 확보하기 위해 신체 일부분을 과도하게 사용하게 되어 척추 기형이 나타나며, 연령이 증가할수록 긴장이 높아지는 경향이 있다.

(3) 불수의 운동형 뇌성마비의 언어 특징

불수의 운동형 뇌성마비는 가벼운 조음장애부터 말을 전혀 할 수 없는 경우까지 매우 다양한 언어 형태를 보인다.

① 호흡이 거칠고 불규칙적이며, 음성의 높이·억양·강세 등에 이상을 보이고 명료하지 못한 음을 산출하게 된다.

② 음의 강도가 약해 속삭이는 듯한 소리를 내는 기식성 발성이 나타내고, 이러한 특성은 단어의 어미 음과 구의 마지막 단어에서 특히 자주 관찰된다.

③ 성대 진동이 매우 빨라 가성대발성이 나타나며, 목쉰 음성을 내는 경우도 많다.

(4) 불수의 운동형 뇌성마비의 중재

불수의 운동형 뇌성마비는 불수의적이고 과도하며, 조직적이지 못한 움직임과 신체의 비대칭성이 특징이므로 다음과 같은 중재를 제공해야 한다.

① 반드시 칠판을 정면으로 볼 수 있도록 자리를 배치한다.

② 팔꿈치를 지지할 수 있도록 책상 높이를 높여주고, 의자와 책상이 신체와 밀착되도록 하며 U자형 책상을 사용한다.

기출 POINT 9

❶ 20유아A2

슬기의 운동장애 유형을 쓰시오.

- 사지를 불규칙하게 뒤틀거나, 팔다리를 움찔거리는 행동을 보임
- 사물에 손을 뻗을 때 손바닥이 바깥쪽으로 틀어지며 의도하지 않는 방향으로 움직임이 일어남
- 정위반응과 평형반응이 결여되어 자세가 불안정함

❷ 19중등B6

밑줄 친 ㉠에서 제시된 뇌성마비 유형의 신체 운동 특성을 근긴장도 이상의 측면에서 1가지 서술하시오.

특수교사: ㉠ 학생 K의 뇌성마비 유형은 경직형이고, 학생 L은 무정위 운동형입니다.

❸ 11초등10

관찰 내용에 대한 설명으로 적절한 것을 모두 고르시오.

■ 수지: 뇌성마비

(가) 어떤 동작을 수행하면 자신의 의지와 상관없는 불필요한 동작이 수반된다.

㉠ (가): 대뇌 기저핵의 손상이 주된 원인인 불수의 운동형의 주된 증상이다.

❹ 10초등8

문제의 주된 원인을 모두 고르시오.

- 소리나 움직임에 크게 놀라는 반응을 보이며 얼굴과 팔을 함께 움직이면서 불안정한 목소리로 말한다. 이 증상은 다른 학생이 주목하는 긴장된 상황에서 더욱 심하게 일어난다.
- 쓰기 과제를 수행할 때 의도하지 않은 불필요한 동작이나 이상한 방향으로 돌발적인 동작이 일어나 알아보기 힘든 글자를 쓴다.

㉠ 근력의 무긴장
㉡ 원시반사의 잔존
㉢ 대뇌 기저핵의 손상
㉣ 근 골격계의 구조 이상

③ 불수의 운동형 뇌성마비 학생은 무의식적이고 조직화되지 않은 움직임의 특성을 나타낸다. 이들의 운동 지도는 효과적인 중간범위 운동의 반복을 통해 중간범위에서 움직임을 조직하는 것을 학습하도록 한다. 자신의 감각운동 회로를 스스로 조절할 수 있도록, 활동의 요소를 옳고 그른 것으로 세분화한 뒤 수행을 비교하여 움직임의 정확성에 관한 분명하고 명백한 피드백을 제공한다.

④ 불수의 운동형 학생은 청소년 시기에 전동 휠체어, 컴퓨터 그리고 다른 환경적 제어를 위해 스위치를 사용하는 등 최적의 독립 기능을 유지할 수 있도록, 가능한 한 어린 시기에 이동 시스템을 제공한다. 단, 전동 휠체어에 장시간 앉아 있으며 하지기형의 위험이 있으므로 서기 보조기기를 이용하여 대안적 자세를 취해 이차변형과 구축을 방지한다.

3. 운동실조형 뇌성마비

(1) 손상 부위

운동실조형은 추체외로의 소뇌 손상으로 인해 발생한다.

(2) 운동실조형 뇌성마비의 행동적 특징: 과도한 근긴장이 나타나지 않음 ❶ 25초등B4, ❷ 20중등B10

① 운동실조형은 소뇌 손상으로 인해 균형감각이 부족하며, 거리감각과 공간에서 자세 조절 능력에 어려움을 보인다.

② 몸통의 회전운동 시 근긴장이 정상 또는 정상 이하로 떨어지는 저긴장을 보이며, 정상 이상의 과도한 근긴장은 나타나지 않는 것이 특징이다.

③ 몸통과 하지의 균형감각과 균형에 필요한 협응력 부족으로 몸통의 안정성과 자세의 긴장이 떨어지나, 팔과 손의 기능은 좋은 편이다.

④ 보행을 위해 다리를 넓게 벌리고 균형을 잡기 위해 팔을 올리고 걷는 보행 형태(실조성 보행)를 보인다.

(3) 운동실조형 뇌성마비의 언어 특징

① 조음의 왜곡이나 대치보다는 심한 부정확성을 보인다.

② 말하는 속도가 느리다.

③ 로봇이 말하듯 끊어지는 듯한 소리로 음절이 단절된다.

④ 소리의 크기와 높이가 매우 단조로우며 때때로 급격히 변화한다.

(4) 운동실조형 뇌성마비의 중재

① 운동실조형 뇌성마비 아동의 자리는 다음과 같이 배치한다.

㉠ 운동실조형 뇌성마비 아동의 경우 교실의 측면에 배치하여 몸통의 협응운동과 회전운동이 자연스럽게 발생하도록 유도한다.

㉡ 앞자리나 교사와 가까운 곳에 배치하여 아동의 산만성을 지도할 수 있도록 한다.

기출 POINT 10

❶ 25초등B4

[A]를 고려하여 영희의 뇌성마비 유형을 쓰시오.

- 소뇌 손상
- 머리가 흔들리는 등 운동 조절이 곤란함 [A]
- 기저면을 넓게 벌리고 팔을 바깥쪽으로 벌려 걸음 [A]
- 조음이 불명확하고 말의 속도가 느림

❷ 20중등B10

학생 M의 특성에 근거하여 학생 M의 운동장애 유형을 쓸 것

■ M의 특성

- 뇌성마비
- 소뇌 손상으로 발생함
- 평형이나 균형을 잡기 위한 협응이 잘 이루어지지 않음
- 다리를 넓게 벌리고, 팔을 바깥쪽으로 올리고 걷는 형태를 보임

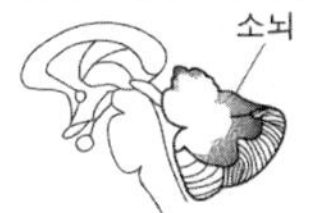

② 운동실조형 뇌성마비 아동의 교육 시 고려사항은 다음과 같다.

㉠ 더 정확한 운동에 반응하기 위해 신체와 관절 부위에 강화된 감각 입력을 제공하는 것이 필요하다. 예를 들어, 무게감이 있는 조끼 착용은 때때로 증대된 고유수용감각의 입력을 성취하는 데 도움을 줄 수 있다.

㉡ 공간에서 움직임이 어렵기 때문에 물리적 교실 환경을 구성해 주어야 한다. 예를 들어, 방해받지 않고 이동할 수 있도록 공간을 확보하거나, 교육활동에 접근이 용이한 자리에 배치하는 것이다. ❶ 11유아24

㉢ 개별 지도 시 아동의 어깨를 잡아 안정된 자세를 유지하도록 한다.

4. 강직형 뇌성마비

(1) 손상 부위

강직형 뇌성마비는 기저핵 손상으로 발생한다.

(2) 강직형 뇌성마비의 행동적 특징: 근육의 신축성 상실 ❶ 09중등33

① 근육의 신축성을 상실하여 강한 운동저항을 보인다.

② 강직형 뇌성마비는 팔다리를 펴거나 굽히는 근육이 모두 뻣뻣하여 움직임이 거의 없거나 느리고, 수동적으로 구부리거나 펼 때 납 파이프를 구부리는 것처럼 관절 운동범위의 처음부터 끝까지 일정한 저항감이 나타나는데 이를 '톱니바퀴 현상'이라고 한다.

③ 주로 중증 지적장애와 함께 나타난다.

5. 진전형 뇌성마비

(1) 손상 부위

진전형 뇌성마비는 기저핵 또는 소뇌의 손상으로 나타난다.

(2) 진전형 뇌성마비의 행동적 특징: 불수의적 떨림

① 진전형은 움직임 시 벌벌 떠는 것과 같은 불수의적인 리듬운동을 보인다. ❶ 11중등25

② 불수의적 떨림으로 운동조절능력이 낮고 보행실조, 손과 발의 길항운동 반복 불능증 등을 보인다.

진전형 뇌성마비 손상 부위에 따른 비교

소뇌 손상(뇌막염)	기저핵 손상
• 자율적인 움직임을 할 때 떨림 • 동작 마지막 움직임에서 떨림 • 다리보다 팔에 더 많은 떨림	• 자거나 특정 과제에 집중할 때는 떨림 감소 • 두개골, 손가락 근육에 많은 떨림

(3) 진전형 뇌성마비의 언어 특징

진전형 뇌성마비 아동의 경우 말을 할 때 떨림과 말더듬 현상이 심하게 나타난다.

기출 POINT 11

❶ 11유아24

뇌성마비 유아에게 '움직임의 자세 이해하기'를 지도하기 위한 고려사항으로 적절한 것을 모두 고른 것은?

> ㉤ 운동실조형 유아의 경우, 운동 계획 능력의 부족으로 생기는 문제를 최소화할 수 있도록 환경을 구성해서 지도해야 한다.

더 알아보기

불수의 운동형과 운동실조형의 훑기 기법 비교

불수의 운동형 → 자동 훑기	운동실조형 → 역 훑기
수의적 행동은 가능하지만 과도한 떨림을 수반하기 때문에, 스위치를 누를 수는 있으나 스위치를 유지하거나 해제는 곤란하므로 자동 훑기가 적절하다.	과잉행동을 수반하지만 팔과 손의 기능은 양호하기 때문에, 스위치를 누르는 것에는 어려움이 있으나 유지와 해제는 가능하므로 역 훑기가 적절하다.

기출 POINT 12

❶ 09중등33

하지의 내전 구축으로 '가위' 형태의 자세를 보이기도 하며, 걸을 수 있는 경우 첨족 보행을 특징으로 하는 뇌성마비의 생리적 분류 유형에 대한 설명으로 가장 적절한 것은?

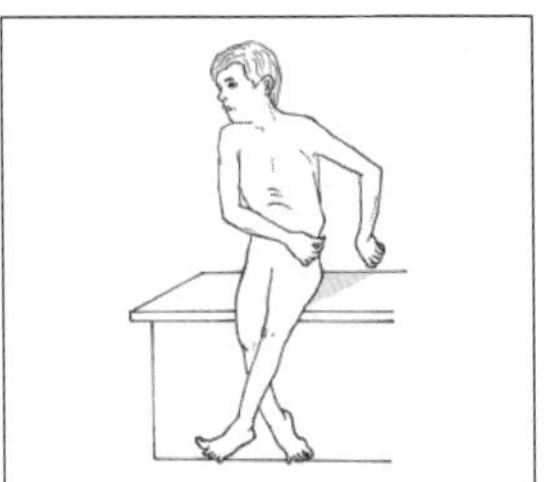

① 근긴장도가 낮아 몸통과 사지를 반복적으로 일정하게 비틀거나 운동의 중복성이 있다.
② 과잉동작이나 불수의적 운동은 거의 없지만 근육 신축성이 없어 운동 저항이 강하고 지능도 낮다.
③ 뇌막염과 같은 출생 후 질병으로 인해 추체외로가 손상되어 경련성 근긴장과 불수의적 운동이 모두 나타난다.
④ 운동피질의 손상으로 신전과 굴곡의 원시적 집단반사가 보여 자동운동이 어렵고 제어하기 어려운 간헐적인 경련이 있다.
⑤ 소뇌 기저핵 손상이 광범위하여 바빈스키 양성 반응이 1세 이후에도 지속되며 평형감각이 낮아 자세 불안정과 눈과 손발의 불협응이 보인다.

기출 POINT 13

❶ 11중등25

그림은 한 뇌성마비 학생의 뇌손상 부위와 정도를 나타낸 것이다. 이 학생의 운동 및 말(speech) 특성을 설명한 것으로 옳은 것은?

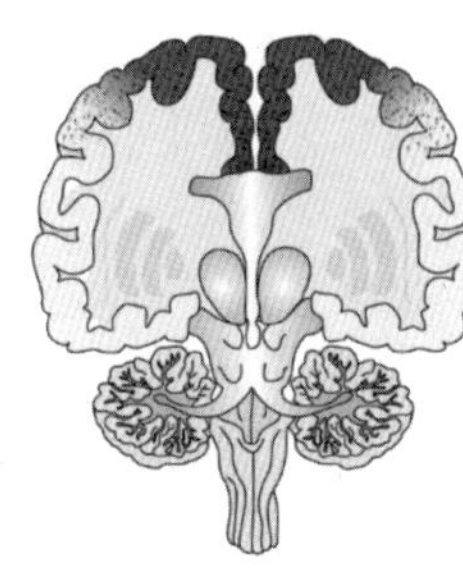

	운동 특성	말 특성
①	균형 감각과 방향 감각이 없어 걸음이 불안정하다.	말하는 속도가 느리고, 음절을 한 음 한 음씩 끊어서 말한다.
②	몸의 같은 쪽 상지와 하지의 근육 긴장도가 높아 발끝으로 걷는다.	억양이 거의 없어 단조로우며, 과대비음이 나타난다.
③	상지보다 하지의 근육 긴장도가 높고, 관절의 움직임이 제한되어 있다.	성대의 지나친 긴장으로 인해 후두에서 쥐어짜는 듯이 말한다.
④	스스로 조절할 수 없는 신체의 떨림으로 인해 연속적인 근육 긴장도의 변화를 보인다.	말할 때 떨림과 말더듬 현상이 심하게 나타난다.
⑤	전신의 근육 긴장도 변화가 심하고, 의도적으로 움직이려고 할 때 불규칙적이고 뒤틀린 동작을 보인다.	호흡이 거칠고 기식성의 소리가 많다.

03 뇌성마비 아동의 특성

1. 의사소통 특성

(1) 의사소통 관련 장애

① **호흡장애**: 말을 하기 위해서는 흡기보다 훨씬 긴 호기 지속시간이 필요한데, 뇌성마비는 자동화된 호흡 패턴 조절이 깨어진 상태이다.

㉠ 날숨의 지속시간이 너무 짧다.

㉡ 역호흡* 증상이 나타난다.

㉢ 호흡량이 부족하다.

㉣ 음절당 소모되는 공기의 양이 많다.

② **발성장애**: 정상적인 발성을 하기 위해서는 후두근육과 성대의 움직임이 정상적으로 이루어져야 한다. 그러나 비정상적인 근육의 긴장과 비협응운동은 발성장애를 유발한다.

㉠ 날숨 시 성대가 열려 있는 경우 압력이 형성되지 않아 발성이 이루어지지 않는다.

㉡ 성대가 너무 경직된 경우 성대진동이 어려워 발성이 이루어지지 않는다.

㉢ 성대긴장도가 유지되지 않는 경우 비정상적인 음도, 폭발적인 음성 등이 산출된다.

③ **조음장애**: 뇌성마비 아동의 조음 문제는 잘못된 자세와 비정상적인 근육긴장과 반사, 운동 패턴 등으로 인해 나타난다. 또한 뇌성마비로 인한 안면근육의 불수의 운동, 혀·입술·턱 등의 운동장애는 조음장애의 주요 원인이 된다.

㉠ 말소리의 강도, 음도, 그리고 운율상의 문제로 인하여 전체적으로 말의 명료도가 매우 낮다.

㉡ 말의 지각능력이 낮다.

㉢ 경직형의 경우 연인두폐쇄부전의 결함으로 파열음, 마찰음, 파찰음 산출이 어렵다. 또한 과대비성이 나타난다. ❶ 14초등A6

㉣ 조음기관의 기민성과 정확성이 떨어져 조음의 정확성이 낮다.

④ **운율장애**: 뇌성마비 아동은 대뇌의 병변으로 인해 언어의 운율에 대한 이해와 표현이 부족하여 운율장애를 수반한다. '운율장애'란 음도, 강도, 발화 지속시간, 쉼 등의 조절이 손상된 음성학적 장애를 뜻한다. 운율장애는 의미 전달을 어렵게 하고, 상대방으로 하여금 자신이 가지고 있는 언어능력보다 과소평가하게 만드는 경향이 있다.

㉠ 소리의 높낮이, 강세를 적절하게 조절하기 어렵다.

㉡ 발화를 할 때, 필요한 곳에서 쉼을 적절하게 조절하기 어렵다.

㉢ 발화를 할 때, 필요한 호흡의 양이 부족하거나 호흡조절이 어렵다.

㉣ 부적절한 쉼으로 인해 문장 내의 속도조절이 어렵다.

Keyword

역호흡

흡기 동안 가슴의 상부가 들어가는 상태를 나타내는 호흡 특성으로, 생후 초기에 나타났다가 생후 몇 개월 뒤에는 소실됨

기출 POINT 14

❶ 14초등A6

경직형 뇌성마비 학생 주희의 말소리 산출 과정에서 ㉠과 같은 현상이 나타나는 이유를 쓰시오.

(가) 주희의 언어 관련 특성

㉠ 말소리에 비음이 비정상적으로 많이 섞여 있음

(2) 뇌성마비 아동의 의사소통 지도(기초능력의 강화)

① 호흡훈련 ❶ 09초등10

㉠ 호흡근육 조절능력의 부족으로 생기는 역호흡은 호기량을 짧게 하여 발화가 짧고, 끊어질 듯한 현상을 가져온다. 따라서 역호흡을 억제하고 호흡량을 증가시키는 훈련이 필요하다.

㉡ 예를 들어 바람개비 불어 돌리기, 비눗방울 불기, 빨대로 물 불어 소리내기 등의 방법을 사용할 수 있다.

② 자세조정 훈련

㉠ 뇌성마비 아동의 조음치료에 있어서 적절한 자세란 이상반사 패턴을 억제하고, 조음기관의 최소한의 노력(움직임)으로 조음이 가능하도록 하는 자세이다. ❷ 14초등A6

㉡ 대표적인 자세조정 방법은 다음과 같다.

- **양순음**: 머리를 앞으로 숙여서 양 입술의 폐쇄가 쉽게 이루어지도록 한다.
- **경구개음, 치조음**: 머리를 앞으로 숙여서 설첨부위를 경구개나 치조에 보다 가깝게 위치시켜 혀를 조금만 움직여도 조음부위에 닿을 수 있게 한다.
- **연구개음**: 목을 뒤로 젖혀 혀뿌리가 중력에 의해 구강의 뒤쪽에 위치하도록 한다.

❶ 23중등B4

기출 POINT 16

❷ 14초등A6

(가)는 경직형 뇌성마비 학생 주희의 언어 관련 특성이고 (나)는 특수교사와 언어재활사가 협의한 내용이다. 협의 내용 중 틀린 내용을 찾아 번호를 쓰고, 그 이유를 쓰시오.

(가) 주희의 언어 관련 특성

- 호흡이 빠르고 얕으며, 들숨 후에 길게 충분히 내쉬는 것이 어려움
- 입술, 혀, 턱의 움직임이 조절되지 않고 성대의 과도한 긴장으로 쥐어짜는 듯 말함
- 말소리에 비음이 비정상적으로 많이 섞여 있음
- 전반적으로 조음이 어려우며, 특히 /ㅅ/, /ㅈ/, /ㄹ/ 음의 산출에 어려움을 보임

(나) 협의

- 협의 주제: 주희의 언어 능력 향상을 위한 지도 방안
- 협의 내용
  ① 호흡과 발성의 지속시간을 점진적으로 늘릴 수 있도록 지도하기로 함
  ② 비눗방울 불기, 바람개비 불기 등의 놀이활동을 통해 지도하기로 함
  ③ /ㅅ/, /ㅈ/, /ㄹ/ 발음의 정확성을 높이기 위해 반복 연습할 기회를 제공하기로 함
  ④ 자연스럽고 편안한 발성을 위해 바른 자세 지도를 함께 하기로 함

기출 POINT 15

❶ 09초등10

뇌성마비 학생 민수는 다음과 같은 호흡 특성을 가지고 있다. 국어과 '말하기' 수업시간에 교사가 적용할 수 있는 지도 방법으로 적절하지 않은 것은?

- 역호흡을 한다.
- 호흡이 얕고 빠르다.
- 호흡이 유연하지 않다.
- 호흡주기가 불규칙하다.

① 입과 코로 부드럽게 숨을 쉬도록 지도한다.
② 날숨과 발성의 지속시간을 연장하도록 한다.
③ 긴장하지 않고 여유 있게 심호흡을 하도록 한다.
④ 머리, 몸통, 어깨의 움직임이 안정되도록 조절한다.
⑤ 느리게 심호흡을 하고, 날숨을 조절해서 짧게 내쉬도록 한다.

기출 POINT 16

❶ 23중등B4

밑줄 친 ⓒ의 초성에 공통으로 해당하는 '조음위치에 따른 음의 유형'을 쓰고, 밑줄 친 ⓔ에 해당하는 자세 1가지를 서술하시오. (단, 밑줄 친 ⓒ의 초성에 근거할 것)

(가) 학생 C의 특성

- 조음과 관련된 근육의 협응이 잘 이루어지지 않음
- 말 명료도가 낮고, 자음에서의 조음 오류가 두드러짐

(나) 지도 교사의 메모

상황	학생 C가 잘 볼 수 있는 위치에서 그림카드를 가리키며 발음을 지도함
대화	• 교육실습생: 선생님을 따라 이런 자세로 말해 보세요. ⓒ /감/, /코/ • 학생 C: /더/, /으/
관찰	ⓔ 조음기관을 최소한으로 움직여 정조음을 훈련할 수 있는 자세를 활용하여 지도함

2. 반사 특성

(1) 원시반사

① 원시반사란 생후 초기 몇 달 동안 감각자극에 대해 반사적이고 자동적인 반응을 하는 것으로, 생존을 위한 보호의 기능뿐만 아니라 초기 운동기술의 기초를 형성한다.

② 원시반사는 약 6~9개월이 되면 사라지고 보다 높은 수준의 자기조절 운동으로 대체되지만, 원시반사가 나타나지 않거나 계속 잔존한다면 중추신경계의 이상을 의심해 보아야 한다.

③ 원시반사는 비정상적인 근긴장을 발생시키며, 정상적인 운동발달 과정에 필요한 고위수준의 자세반사 활동을 방해하게 된다. ❶ 19중등B6

기출 POINT 17

❶ 19중등B6

밑줄 친 ⓒ의 개념을 쓰고, 지속적 원시반사의 문제점 1가지를 서술하시오. (단, 원시반사 소실 이후 나타나야 하는 전형적인 운동발달 특성에 비추어 서술할 것)

> 교육공무직원: 학생 K의 식사 보조를 하다보면 목을 움직일 때 갑자기 팔이 뻗쳐져서 놀란 적이 있었어요.
> 특수교사: 학생 K는 ⓒ 원시반사 운동이 남아 있습니다.

(2) 자세반사

① 초기 원시반사들은 수직 자세 및 균형 유지와 같은 보다 높은 단계의 자세반사로 대체된다. 움직임은 자세조절과 이동을 위한 기초가 되며 정위반응, 보호신전반응, 평형반응과 같은 자세반응이 정상적으로 발현되어야 원활한 움직임이 가능하다.

② 자세반사는 성숙하면서 출현하는데, 전 생애에 걸쳐 나타나며 자신의 의지에 의해 조절된다.

㉠ 정위반응: 시각적 정보, 전정기관을 통한 정보, 촉각 및 고유수용감각 수용기에서 얻은 정보 등을 활용하여 머리와 신체를 능동적으로 조절하는 것을 말한다. 이 반응은 전 생애에 걸쳐 유지된다.

머리 정위반응	머리를 수직으로, 입을 수평으로 정렬하는 머리의 정상 위치를 유지하기
몸통 정위반응	몸통을 곧게 세우기 위해 몸통 부분을 일직선으로 정렬시키기

㉡ 보호신전반응: 중력의 중심이 깨어져 지지면의 범위를 벗어나 넘어지는 것을 막기 위해 이동하는 방향으로 팔이나 다리를 곧게 뻗고, 바깥 방향으로 움직이는 것을 말한다.

㉢ 평형반응: 무게중심을 옮겼을 때 균형을 유지하기 위해 몸통 자세와 근긴장을 조절하는 것을 말한다.

- 균형을 유지하기 위해 몸통의 상태와 신체의 근긴장도를 조절한다.
- 멀리 있는 물건을 잡으려고 손을 뻗을 때 균형을 잡기 위해 몸을 움직인다.

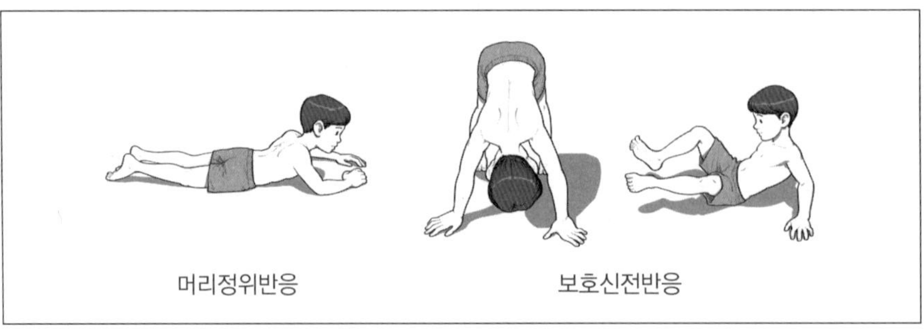

머리정위반응 보호신전반응

(3) 원시반사의 유형

① 비대칭성 긴장성 목반사(ATNR) ❺ 10중등20

㉠ ATNR의 개념

- ATNR은 목 돌림에 따라 얼굴이 바라보는 쪽의 팔과 다리가 신전되고 그 반대편의 팔과 다리는 굴곡된다. 신체의 정중선을 중심으로 하여 왼쪽과 오른쪽이 비대칭적인 자세가 되므로 비대칭성 긴장성 목반사라고 부른다. ❶ 23중등A11, ❸ 15중등B2
- 이러한 자세는 종종 '펜싱 자세'라고 불리며, 앙와위(등을 대고 누운 자세) 혹은 앉은 자세에서 쉽게 유발된다.

㉡ ATNR의 문제점

- 이 반사가 지속적으로 존재할 경우 식사하기, 시각적 추적하기, 양손을 신체 중앙 부분에서 사용하기, 신체의 전반적 대칭성을 유지하기 등을 저해한다.
- ATNR은 척추측만증과 같은 기형과 함께 비대칭적인 앉기 자세를 발생시킨다.
- 좌골이나 고관절 부위에 욕창을 유발할 수 있는 비대칭적 체중 부하를 유발한다.

㉢ ATNR의 중재 ❷ 22중등A11, ❹ 13중등28

- 머리 지지대를 활용하여 머리를 중앙에 위치시킨다.
- ATNR을 보이는 학생에게 과제를 제시할 때에는 측면이 아닌 학생의 정면 중심선 앞에서 제시한다.
- 반대되는 자세(머리가 돌려지는 방향의 팔과 다리가 신전되므로 그 방향을 굴곡시킴)를 수시로 연습시키는 것이 이 반사의 영향을 최소화하는 데 도움이 된다.

비대칭성 긴장성 목반사

기출 POINT 18

❶ 23중등A11

(가)의 밑줄 친 ㉡에 근거하여 (나)의 괄호 안의 ㉣에 해당하는 내용을 순서대로 서술하시오.

(가) 학생의 특성

B	㉡ 비대칭성 긴장성 목반사(ATNR)가 남아 있음

(나) 대화

> 특수교사: 학생 B와 C는 휠체어를 이용할 때 머리를 움직이지 않도록 하여 팔과 다리의 신전과 굴곡을 최소화하는 것이 중요합니다. 학생 B는 (㉣), 왼쪽 방향의 팔과 다리가 신전되고 반대편 팔과 다리는 굴곡됩니다.

❷ 22중등A11

(가)의 학생 특성을 고려하여 (나)의 밑줄 친 ㉠~㉤ 중 적절하지 않은 것 2가지를 찾아 기호와 함께 그 이유를 각각 서술하시오.

(가) 학생 E의 특성

> 비대칭성 긴장성 목반사(ATNR)를 보임

(나) 유의사항

> ㉠ 수업 활동 시 학생 E 옆에 가까이 서서 지도하기

❸ 15중등B2

밑줄 친 ㉠ 현상을 설명하시오. 그리고 ㉣에 들어갈 구체적인 내용을 쓰고, 그 이유를 1가지씩 쓰시오.

> - ㉠ 비대칭성 긴장성 경반사(ATNR)를 보임
> - 교실에서의 좌석 배치 : (㉣)

❹ 13중등28

ATNR을 보이는 학생 A를 위한 교사의 지원방법으로 옳은 것만을 있는 대로 고르시오.

> ㉠ 학생 A에게 학습 교재를 제공할 때는 교재를 책상 가운데에 놓아주고 양손을 몸의 중앙으로 모을 수 있게 한다.
> ㉡ 학생 A가 휠체어에 앉아 있을 때는 원시적 공동운동 패턴을 극대화시켜서 구축과 변형을 예방하고 천골과 미골에 욕창이 발생하지 않게 한다.
> ㉢ 학생 A가 컴퓨터 작업을 할 때 반사가 활성화되면 고개가 돌아간 방향에 모니터를 놓고, 관절운동범위와 자발적 신체 움직임을 고려하여 스위치의 위치를 정한다.

기출 POINT 18

❺ 10중등20

신체운동발달평가에서 비대칭 긴장성 경부반사(ATNR) 검사 결과가 양성으로 나타난 뇌성마비 학생 A의 반사운동 특성 및 이에 따른 교육적 고려사항으로 옳은 것을 <보기>에서 모두 고르시오.

〈보기〉

㉠ 머리가 뒤로 젖혀지면 양팔은 펴지고(신전근의 증가) 양쪽 다리는 구부러진다(굴곡근의 증가).
㉡ 이 반사가 활성화되면 손의 기능적 사용이 어렵고, 물체를 잡을 때도 한쪽 팔로만 잡으려 한다.
㉢ 이 원시반사가 지속되면 시각적 탐색능력이 저하되어 신체 인식이 늦어지고 시각적 인지능력도 낮아진다.
㉣ A와 상호작용을 하고자 할 때, 교사는 A의 몸을 기준으로 정중선 앞에서 접근하도록 한다.
㉤ 개인용 학습자료를 제시할 때, 반사가 일어나 A의 얼굴이 돌려지는 쪽의 눈높이 위치에 자료가 오도록 한다.
㉥ 스위치로 조작하는 의사소통판을 사용할 때, 스위치를 세워주어 A가 조작을 위해 머리를 숙여 반사가 활성화되지 않도록 한다.

---

② 대칭성 긴장성 목반사(STNR)

㉠ STNR의 개념

STNR은 목의 굴곡이나 신전에 의해 발생하는데, 목을 뒤로 젖힌 상태인 신전을 했을 경우 상지가 신전되고 하지는 굴곡되며, 반대로 목을 앞으로 숙인 상태로 굴곡시켰을 때에는 상지가 굴곡되고 하지가 신전된다. 이는 신체의 정중선을 중심으로 하여 왼쪽과 오른쪽이 대칭적인 자세가 되므로 대칭성 긴장성 목반사라고 부른다.

❶ 25초등B4, ❷ 23중등A11, ❸ 18중등B3

㉡ STNR의 문제점

- STNR은 앉은 자세에서는 어느 정도 통제가 가능하지만, 복와위(엎드린 자세)에서는 이 반사의 영향으로 인해 상지와 하지의 체중 지지 활동에 많은 지장을 받게 된다. 예를 들어, 기거나 엎드린 자세에서 팔꿈치로 받치고 머리를 드는 동작은 운동성 발달에 매우 중요한 부분이지만, STNR이 지속되는 경우 이러한 동작을 수행하기 어렵다.
- STNR은 아동을 앉은 자세에서 앞으로 미끄러지게 하고, 천골과 미골에 욕창의 위험을 일으킬 수 있다.

㉢ STNR의 중재

- 머리를 중앙에 놓아 안정성을 확보해준다.
- STNR을 보이는 학생에게 과제를 제시할 때에는 목의 굴곡과 신전을 방지할 수 있도록 학생의 정면에서 눈높이에 맞춰서 제시한다. ❹ 13중등28

기출 POINT 19

❶ 25초등B4

밑줄 친 ㉡을 팔과 다리를 중심으로 쓰시오.

지도 교사: 민호와 같이 대칭성 긴장성 목반사가 있는 경우, ㉡ 학생이 선생님을 쳐다보려고 고개를 치켜들면 반사로 인한 움직임이 생길 수 있습니다.

❷ 23중등A11

(가)의 밑줄 친 ㉢에 근거하여 (나)의 괄호 안의 ㉤에 해당하는 내용을 순서대로 서술하시오.

(가) 학생의 특성

C	㉢ 대칭성 긴장성 목반사(STNR)가 남아 있음

(나) 대화

특수교사: 학생 B와 C는 휠체어를 이용할 때 머리를 움직이지 않도록 하여 팔과 다리의 신전과 굴곡을 최소화하는 것이 중요합니다. 학생 C는 (㉤), 양팔은 신전되고 양 다리는 굴곡됩니다.

❸ 18중등B3

밑줄 친 ㉢이 적절한 이유를 ⓐ의 특성에 근거하여 1가지 서술하시오.

- 특성: ⓐ 대칭성 긴장형 목반사(STNR)를 보임
- 지원계획: 흡인을 예방하기 위해 ㉢ 한쪽이 낮게 잘린 컵을 사용하여 물을 마시도록 지도함

❹ 13중등28

STNR을 보이는 학생 B를 위한 교사의 지원방법으로 옳은 것을 고르시오.

㉣ 학생 B를 휠체어에 앉힐 때에는 골반과 하지 그리고 체간의 위치를 바로잡은 후, 머리와 목의 위치를 바르게 한다.

- STNR은 머리의 안정성을 유지하면서 시야의 상하 범위를 일정하게 유지하며 사물을 바라보면 반사의 영향을 최소화시킬 수 있다.

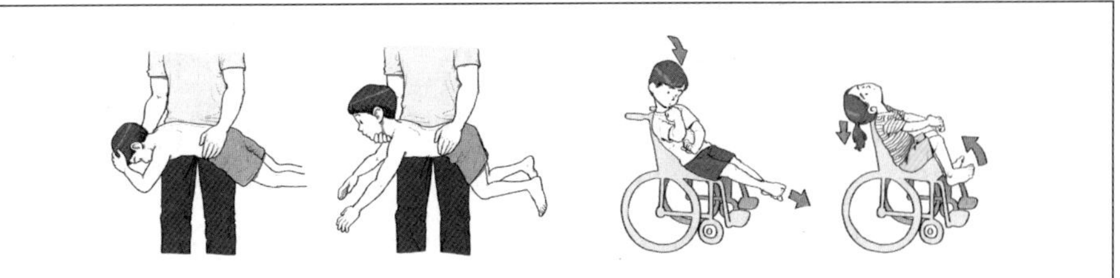

대칭성 긴장성 목반사

ATNR	STNR ❶ 16초등B4
• ATNR은 고개를 돌리는 쪽의 팔과 다리는 신전되고, 반대쪽의 팔과 다리는 굴곡되는 반사다. • 촉진자나 AAC 디스플레이의 정중선 배치가 선호된다. ❷ 15중등B2 • 스위치의 정중선 배치가 선호된다.	• STNR은 목을 굴곡시키면 상지의 굴곡, 하지의 신전이 나타나고 목을 신전시키면 상지의 신전, 하지의 굴곡이 나타나는 반사다. • AAC 디스플레이나 스위치의 수평적 배치는 STNR을 활성화할 수 있다. • AAC 디스플레이는 눈높이에 배치하고 스위치는 수직적으로 조정되어야 한다. • 촉진자는 위쪽에서 접근 시 STNR을 촉진할 수 있으므로 눈높이에서 접근해야 한다.
ⓐ 굴곡 신전 ⓑ ⓒ ⓓ ⓔ	ⓐ ⓑ ⓒ ⓓ ⓔ ⓕ

PART 03

기출 POINT 20

❶ 16초등B4

㉡에서 교사가 ① 음성출력 의사소통기기와 ② 스위치를 적절하게 배치하는 방법을 은지의 특성을 고려하여 각각 쓰시오.

은지의 특성	• 경직형 사지마비인 뇌성마비로 진단받았음 • 오른손으로 스위치를 이용함 • 스캐닝(훑기) 기법으로 음성출력 의사소통기기를 사용하여 의사소통함 • 휠체어에 앉아 있을 때의 모습은 다음과 같음 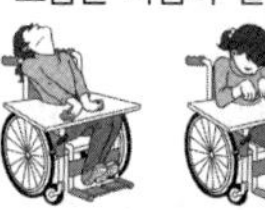
지도 장면	김 교사: ㉡ (음성출력 의사소통기기와 스위치를 은지의 휠체어용 책상에 배치한다.)

❷ 15중등B2

㉥에 들어갈 구체적인 내용을 쓰고, 그 이유를 1가지씩 쓰시오.

■ 학생 A의 특성 및 관련 서비스

구분	특성 및 관련 서비스
감각·운동 특성	㉠ 비대칭성 긴장성 경반사(ATNR)를 보임

■ 음성출력 의사소통기기와 트랙볼의 위치: (㉥)

③ 긴장성 미로반사(TLR)

㉠ TLR의 개념

신체 평형 유지와 관련되는 미로반사는 내이의 전정기관이 자극되었을 때 몸 전체의 근긴장 변화를 일으키는 자세반사로, 머리를 신전시키고 바로 누워 있을 때에는 몸 전체에 신전근의 긴장이 증가하며, 엎드려 누워 있는 경우에는 굴곡근의 긴장이 증가하는 반사이다. ❶ 25중등B6, ❺ 10유아19

㉡ TLR의 문제점

- 복와위 때 머리를 들어올릴 수 없고, 앉기나 무릎기기를 할 수 없다.
- 앙와위 때 머리를 들어올릴 수 없고, 몸을 일으키거나 신체 중심선으로 팔을 모으기 어렵다. 머리조절과 호흡, 돌아눕기 등에 어려움이 있다.
- TLR이 나타나는 뇌성마비 아동을 휠체어에 앉혔을 때 앉기 균형이 부족하거나 몸통 조절이 안 되어 휠체어 등받이를 경사시키면, 긴장성 미로반사의 영향으로 몸 전체의 신전근 긴장이 증가하고 뻗침 자세가 나타나게 된다. ❸ 21중등B6

㉢ TLR의 중재

- 머리가 신전되거나 앞으로 굴곡되지 않도록 머리의 위치를 중립에 두면 이 반사의 영향을 감소시킬 수 있다. ❷ 22초등B2
- TLR의 영향을 피하기 위하여 누워 있을 때에는 옆으로 눕는 자세를 취하는 것이 좋고, 앉은 자세에서 적절한 자세 잡기 기기를 사용하면 이 반사의 영향을 많이 줄일 수 있다. ❸ 21중등B6, ❹ 14중등A4
- 부득이하게 엎드릴 경우 웨지(삼각지지대)를 제공하여 상지 지지력을 강화할 수 있다.

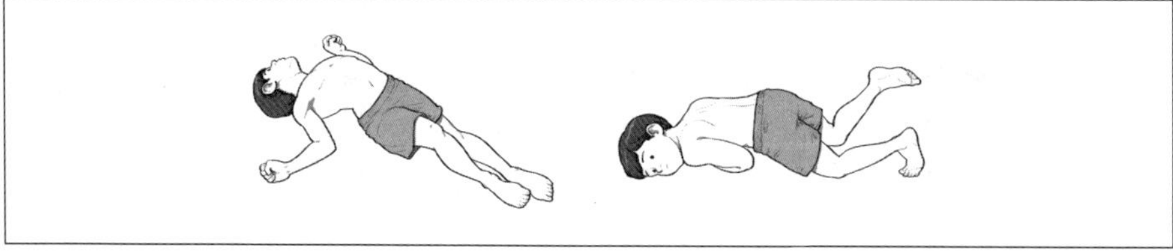

긴장성 미로반사

기출 POINT 21

❶ 25중등B6

밑줄 친 ㉠에 해당하는 원시반사의 명칭을 쓰시오.

구분	특 성
학생 B	• 불수의 운동형 뇌성마비 • 대근육 운동 기능 분류체계(GMFCS) 5단계 • 머리와 몸통 조절에 어려움이 있음 • 키보드의 키를 누르면 손을 떼기가 어려움 • ㉠ 누운 자세에서는 신전근의 긴장이 증가하고, 엎드린 자세에서는 굴곡근의 긴장이 증가함

❹ 14중등A4

(다)의 ㉠을 하기 위해 활용 가능한 보조기구를 1가지만 제시하고, ㉡을 하는 이유를 (가)의 밑줄 친 특성과 관련지어 설명하시오.

(가)

- 뇌성마비(경직형 사지마비)로 긴장성 미로반사를 보임
- 이너 시트가 장착된 휠체어를 사용함

(나)

- 친구들과 바닥에 전지를 펴 놓고 '우리 마을 지도'를 그리고 있음
- 바닥에 앉아 있는 자세를 취하는 데 어려움을 보임

(다)

㉠ 엎드려서 그리기를 잘 할 수 있는 자세를 취하도록 지원한다.
㉡ 그림을 그리다 피로감을 호소하면 옆으로 누운 자세를 취하도록 지원한다.

기출 POINT 21

❷ 22초등B2

교실에는 혜지의 자세유지용 보조기기가 없는 상황이다. 교사가 혜지의 뒤에서 등을 받치고 옆으로 눕혀 악기 연주 활동에 참여시키고자 할 때, ㉠의 특성을 고려하여 혜지가 옆으로 누운 자세를 유지할 수 있도록 교사가 가장 먼저 해주어야 할 자세 조절 방법을 쓰시오.

(가) 혜지의 특성

- 뇌성마비 학생이며, 시각적 정보 처리에 어려움이 있어 그림을 명확하게 변별하기 어려움
- 비정상적인 근긴장도로 인해 자세를 자주 바꿔 주어야 함
- ㉠ 바로 누운 자세에서 긴장성 미로반사가 나타남

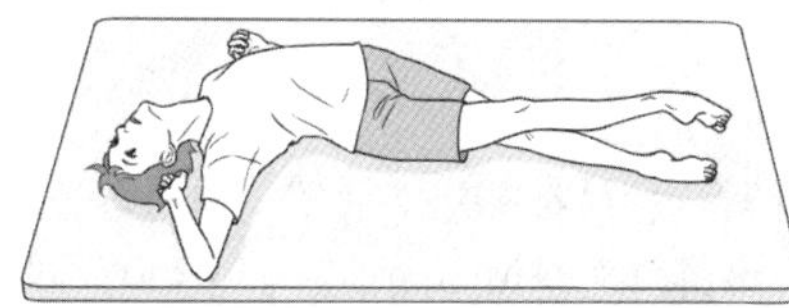

❸ 21중등B6

학생의 원시반사 형태를 쓰고, 이에 근거하여 밑줄 친 ㉠을 설명하고, (가)를 고려하여 (나)의 밑줄 친 ㉡~㉣ 중 틀린 곳 2가지를 찾아 기호를 쓰고, 그 이유를 각각 서술하시오.

(가) 학생 특성

학생	특성
G	• 중도 뇌성마비 • 앉기 자세 유지가 어려우며 신체 피로도가 높음 • 등을 대고 누운 자세에서 과도한 신전근을 보임 • 배를 대고 엎드린 자세에서 과도한 굴곡근을 보임

(나) 지도 계획

학생	지도 계획
G	• ㉠ 대안적 자세로 과제에 참여할 수 있도록 지원하기 • ㉡ 헤드포인팅 시스템을 활용하여 뒤로 기울어지지 않도록 주의하기 • ㉢ 휠체어 이용 시 휠체어가 뒤로 기울어지지 않도록 주의하기

기출 POINT 21

❺ 10유아19

박 교사는 5세 발달지체 유아 민호에게 체육과의 '기구를 이용한 다양한 움직임 익히기'를 지도하기 위해 스케이트보드를 사용하였다. (가)와 같은 비행자세를 취하지 못하고 (나)와 같이 있는 것을 보고 긴장성 미로반사의 통합에 문제가 있음을 알게 되었다. 민호와 같은 문제를 가진 유아에게 나타날 수 있는 행동으로 가장 가까운 것은?

(가)	(나)

① 바로 누운 자세에서 목을 들거나 다리를 들 수 없고, 균형을 잡고 앉아 있기 어렵다.
② 바로 누운 자세에서 머리를 한쪽으로 돌리면 몸 전체가 같은 방향으로 회전된다.
③ 바로 누운 자세에서 머리를 돌리면 돌린 쪽의 팔 다리는 펴지고 반대쪽은 구부려진다.
④ 의자에 앉은 자세에서 고개를 뒤로 젖히면 양팔은 펴지고 다리는 구부려진다.
⑤ 네 발 기기 자세에서 머리를 돌리면 돌린 방향의 반대편 팔꿈치가 구부려진다.

④ 양성지지반응

㉠ 양성지지반응의 개념: 양성지지반응은 휠체어 발받침의 자극 등으로 발바닥이 자극되면 하지의 신전근이 증가하는 반사이다.

㉡ 양성지지반응의 문제점

- 양성지지반응은 가끔 뇌성마비 아동의 근력 약화를 보상하여 선 자세를 취할 수 있게 해주지만, 보행을 위한 무릎관절의 굴곡을 할 수 없고, 가위 자세를 초래하여 보행에 방해가 된다.
- 또한 휠체어 앉기에서는 뻗침 자세를 초래하여 전방 미끄러짐 현상이 나타나며, 휠체어의 하지 부분을 지지해주는 발판이나 틀을 손상시킬 수 있다.

㉢ 양성지지반응의 중재: 적절한 발목 스트랩의 사용은 발바닥 전체에 가해지는 자극을 뒤꿈치로 이동시킴으로써 양성지지반응의 출현을 억제할 수 있다.

⑤ 음성지지반응

㉠ 음성지지반응의 개념: 음성지지반응은 양성지지반응과 달리 하지의 굴곡근 긴장이 증가하는 반사를 말한다. 즉, 발이 바닥에 닿았을 때와 같이 자극이 가해질 경우 하지가 구부러지게 되는 것이다.

㉡ 음성지지반응의 문제점: 이 반사는 휠체어 발받침에 발이 닿으면 순간적으로 하지를 굴곡시켜 천골 앉기 자세를 초래한다.

⑥ 모로반사

㉠ 모로반사의 개념: 모로반사는 갑작스런 목 신전으로 유발되는 반사로, 갑자기 큰 소리를 내거나 안고 있다가 갑자기 내려놓거나, 똑바로 눕힌 채 누운 자리 근처를 양쪽에서 세게 두드리면 팔을 쭉 벌리면서 손으로 무엇인가를 잡으려고 하는 자세를 취한다. 즉, 팔이 신전되면서 외전하고, 이어 굴곡하면서 내전하게 된다.

❶ 24중등B11, ❷ 23초등B6

㉡ 모로반사의 문제점: 지속될 경우 넘어지는 것과 같은 갑작스런 위치 변화가 있을 때 보호반사가 유발되지 않아 다칠 수 있고, 소리나 움직임에 민감하게 반응하여 일상생활에 어려움을 초래할 수 있다. 따라서 머리의 갑작스런 움직임으로 인해 목 신전이 유발되지 않도록 머리 지지대를 활용하여 지지하는 것이 좋다.

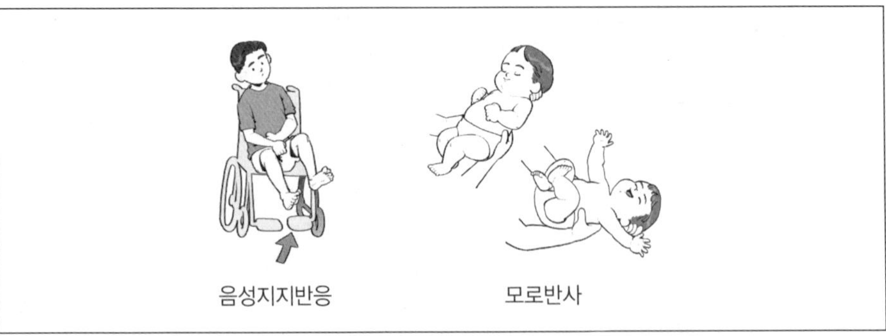

기출 POINT 22

❶ 24중등B11

Ⓐ과 같은 반사행동 명칭을 쓰시오.

> 교육실습생: 식사 중에 친구들이 갑자기 큰 소리를 내거나 뛰면 학생 A는 무척 놀라고 Ⓐ 갑작스러운 목 신전 반사가 나타나며 팔을 쭉 벌리면서 무언가를 잡으려 하는 자세를 취하게 됩니다.
> 특수교사: 주변 상황 변화에 대해 과도한 반사행동을 가진 학생에게는 편안하고 안정된 느낌을 제공해 주는 것도 필요합니다.

❷ 23초등B6

대화에서 알 수 있는 원시반사 유형을 쓰시오.

> 체육전담교사: 얼마 전 수업시간에 세희가 휠체어에서 뒤로 넘어질 뻔 했거든요. 어떤 모습이었냐면요, 갑자기 양팔이 활저럼 바깥으로 펼쳐지면서 뻗히다가 팔이 다시 안쪽으로 모아지는 모습이었어요. 정말 놀랐습니다.
> 특수교사: 갑자기 큰 소리가 났을 때 보이는 원시반사 중의 하나인데요.

더알아보기 **기타 원시반사**(박은혜 외, 2023.)

원시반사	설명	관리 전략
놀람반사 (startle reflex)	갑작스러운 큰 소리에 팔꿈치를 굽힌 채 팔을 벌림(팔을 사용하여 균형을 잡는 것이 어려움)	문을 쾅 닫거나 갑작스러운 큰 음악 소리를 피하고 일상적인 환경음에 아동이 익숙해지도록 함
정향반사 (rooting reflex)	'설근반사'라고도 하며, 입꼬리 부분에 자극을 주면 자극을 향하여 고개를 돌리고, 혀와 입을 움직임	
모로반사 (moro reflex)	갑작스러운 목의 신전으로 머리가 뒤로 떨어지면, 팔을 신전하여 몸 밖으로 펼치는 동작(팔의 신전-외전)에 이어서 몸을 향해 팔을 다시 구부림(팔의 굴곡-내전)	일상생활에서 머리 위치를 갑작스럽게 바꾸지 않도록 하고 이동 시 머리를 지지해줌
파악반사 (palmar grasp reflex)	손바닥에 압력을 주면 손가락을 구부림	• 손을 펴서 무게를 지지하는 경험이 반사의 강도를 감소시킬 수 있음 • 기능적 활동을 하는 동안 파악반사를 감소시키기 위해 엄지손가락 앞부분의 볼록한 부분에 압력을 줌
족저반사	발가락 아랫부분의 발바닥에 압력을 주면 발가락을 구부림	
굴근 위축 반사	누운 자세에서 발바닥에 압력을 가하면 다리를 구부림	• 앉거나 서 있을 때 발바닥으로 무게를 지탱하는 것을 방해함 • 자세와 체중 지지를 위해 발바닥에 깊은 압력을 줌 • 학교생활 중 보조기와 신발을 착용함

3. 운동발달 특성

(1) 운동발달의 원리 ❶ 12중등38

① 머리에서 다리 쪽으로 발달한다. 즉, 머리 움직임의 조절이 먼저 일어나고, 그다음의 운동 조절은 발을 향해 아래로 진행된다.

② 신체의 중심부에서 원위부로 발달한다. 움직임의 조절은 신체의 몸통 부분에서 시작하여 발과 다리 쪽으로 진행된다.

③ 반사작용에서 수의적인 움직임으로 발달한다. 생후 6~9개월의 많은 초기 움직임은 반사작용에 기초한다. 즉, 입력되는 감각자극에 대한 반응이 예측 가능한 패턴으로 나타나다가 서서히 좀 더 수의적인 조절력이 발달한다.

④ 대근육에서 소근육 움직임으로 발달한다. 움직임의 조절은 큰 움직임에서 점점 숙련되고 정교한 움직임으로 발달한다. ❶ 11유아24

⑤ 몸 쪽으로 향하는 굴곡의 움직임에서 몸 밖으로 뻗치는 신전의 움직임으로 발달한다.

기출 POINT 23

❶ 11유아24

뇌성마비 유아에게 '움직임의 자세 이해하기'를 지도하기 위한 고려사항으로 적절한 것을 모두 고른 것은?

ㄷ. 움직임 자세의 지도는 소근육 운동부터 시작해서 자신감을 얻게 한 후 점차 대근육 운동으로 진행된다.

기출 POINT 24

❶ 12중등38

뇌성마비에 대한 설명으로 옳은 것을 있는 대로 고르시오.

㉣ 운동은 신체의 중앙(근위부)에서 말초(원위부)의 방향으로 발달하고, 근육의 수축은 반사적 수축에서 수의적 수축으로 발달하는데, 뇌성마비는 이러한 정상 운동 발달 과정을 방해한다.
㉤ 비정상적인 근긴장은 근골격 구조의 변화를 유발하는데, 스스로 자세를 바꾸거나 팔을 이용하여 신체를 지지하는 것과 같은 보상적 운동 패턴의 발달을 도와주면 이차적 장애를 개선할 수 있다.

(2) 비정상적인 움직임 발달에 대한 순환 모형 ❶ 12중등38

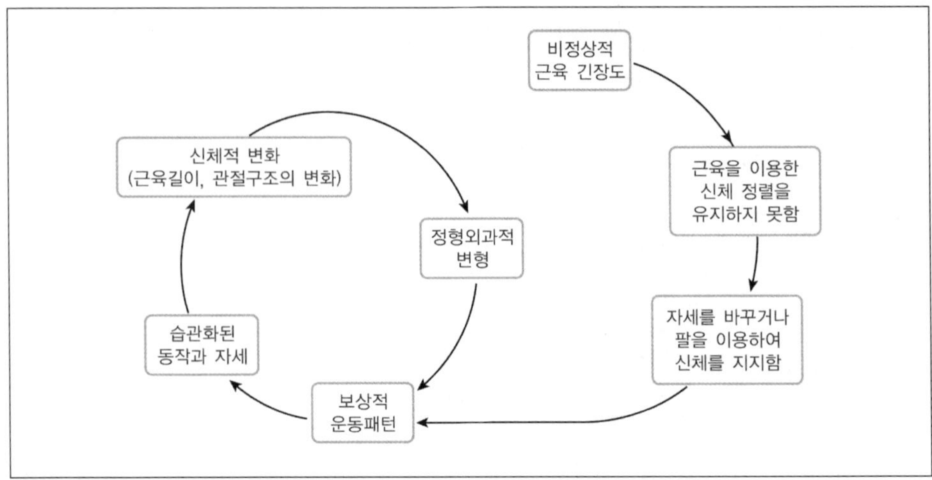

이차적 운동장애 순환모형

① 위의 그림은 시간이 흐를수록 자세와 움직임이 비정상적으로 발달되는 것을 나타낸다. 자세에서의 일탈은 중력에 대해 신체를 바르게 유지하려는 보상작용에서 나오는 것으로, 자세의 적응 결과이다. 이러한 적응은 순환하여 여러 종류의 움직임에 영향을 미친다.

② 보상적 운동은 아동이 균형과 안정성을 유지하기 위해 팔을 이용하여 자세를 취하는 것이다. 이러한 자세는 앉을 수는 있지만 다음과 같은 문제점을 가진다.

㉠ 아동은 앉기 자세를 취하기 위해 경직성을 이용하므로, 근육 긴장도가 높아진다.

㉡ 중력에 대해 정렬되지 못한 자세를 나타낸다.

㉢ 몸을 똑바로 유지하기 위해 팔을 사용하여 지지하므로 다른 기능적 활동에 참여하기 어렵다.

(3) 치료지원

① MOVE(Mobility Opportunities Via Education Curriculum)

㉠ MOVE는 자연스러운 활동 속에서 운동 기술을 교수하는 기능적인 운동기술 교육과정이다.

㉡ 이는 교사와 물리치료사의 협력을 통해 뇌성마비 학생에게 운동기술을 교수하는 협력적인 운동기술 중재 방법이다.

㉢ MOVE에서는 교수할 활동을 선택하면 활동을 수행할 수 있도록 여러 가지 기술로 과제 분석을 한다. 교사, 치료사, 부모는 과제 분석한 각각의 기술을 학생이 수행하는 모든 활동(예 자연스러운 활동으로 학생이 참여하는 교육 활동이나 여가 활동 등)에서 연습할 수 있도록 기회를 제공한다. 학생이 만족할 만한 수준으로 기술을 습득하면 현재 기능 수준의 상위 단계 기술을 다시 목표행동으로 선정하고, 촉진의 양을 줄이면서 운동 기술을 교수한다.

② 감각통합치료

㉠ '감각통합'은 여러 환경에서 나오는 감각을 받아들이고 분류하며 또 상호 연결시키는 중추신경계 능력을 말한다. 여러 감각 가운데 촉각, 전정감각, 고유수용성 감각의 세 가지 감각을 주로 다룬다.

- 촉각은 자궁 내에서 최초로 발달되는 신경체계로, 이를 통한 애착이나 먹기 · 기기 등으로 긍정적인 피드백이 제공된다.
- 전정감각은 태아에서부터 사망에 이르기까지 중력의 작용을 담당하는 것으로, 이후 시각과 청각 발달을 위한 기초 단계를 제공한다.
- 고유수용성 감각은 근육 · 관절 · 인대와 뼈의 수용기로부터 받아들여져 조절되는, 관절의 위치와 운동에 관한 무의식적 정보를 담당하는 신체운동감각이다.

❶ 16유아A6, ❷ 15중등B2

㉡ 감각통합훈련은 중추신경계의 조직화를 활성화하고 학생이 목적이 있는 감각통합 활동에 참여하면서 특정 감각자극(촉각, 전정감각, 고유수용감각 자극)에 더 잘 적응하도록 한다.

예 일반적인 감각통합치료는 간지럽히기, 손가락 알아맞히기 등 특별한 교구가 필요하지 않는 활동부터 그네, 볼풀, 스쿠터 보드, 치료용 공 등 교구를 활용한 활동까지 다양하게 실시할 수 있다. 아동은 이를 치료보다는 놀이로 생각하기 때문에 다른 치료에 비해 적극적으로 즐겁게 참여하는 경향이 있다.

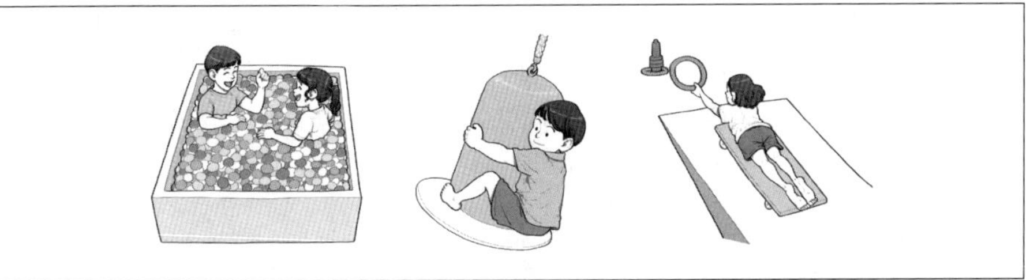

감각통합치료

③ 보바스 치료(신경발달학적 치료, NDT) ❶ 15중등B2

㉠ 신경발달처치의 궁극적인 목적은 학생의 비전형적인 움직임 패턴을 억제하고 필수적인 자세반응을 포함한 전형적 움직임 패턴을 촉진하는 것이다.

㉡ 움직임에 대한 적절한 자세반응을 유도하기 위해 학생이 실제 움직일 때 직접적으로 촉진하고, 일과 중 수행하는 기능적 활동에서도 지속적으로 촉진을 제공한다. 이때 교사 · 치료사 · 가족의 훈련과 참여가 필요하고, 여기에서 치료사의 좋은 다루기 기술이 매우 중요하다.

㉢ 보바스 치료법은 다음과 같이 이루어진다.

- 정상적인 자세반사와 운동반응을 촉진한다.
- 핵심조절부위(key point of control)*인 머리, 몸통, 골반, 어깨 부위, 손과 발 부위 등을 적절하게 조절함으로써 비정상적인 근 긴장도를 감소시킨다.

기출 POINT 25

❶ 16유아A6

㉥에 들어갈 말을 쓰시오.

송 교사: 양발을 번갈아가며 계단을 오르내리려면 몸의 균형 잡기가 중요한데, 그것은 활동 속에서 곡선 따라 걷기를 하면 도움이 될 수 있어요. 참고로 계단 오르내리기에서는 자신의 신체 위치, 자세, 평형 및 움직임에 대해 정보를 파악하여 중추신경계로 전달하는 감각인 (㉥)와/과 전정감각이 중요한 역할을 하지요.

❷ 15중등B2

㉡ 현상을 설명하시오.

㉡ 고유 수용성 감각 장애를 보임

기출 POINT 26

❶ 15중등B2

밑줄 친 ㉢의 방법적 특징을 ㉠, ㉡과 연관지어 쓰시오.

(가)

㉠ 비대칭성 긴장성 경반사(ATNR)를 보임
㉡ 고유 수용성 감각 장애를 보임

(다)

㉢ 신경 발달 처치법(NDT)으로 물리치료를 주 3회 받기 시작함

Keyword

핵심조절부위(운동조절점)

다른 부위에 비해 자세 긴장도나 동작 패턴, 자세 배열에 더 많은 영향을 미치는 신체 부위. 부적절한 반사나 운동 패턴이 목, 어깨, 척추, 골반 등의 조절 기준점을 중심으로 시작되므로 이 부분을 정상적인 위치로 잡아주면 비정상적인 근긴장이나 자세를 교정하는 효과를 극대화할 수 있음

- 학생의 자발적인 운동반응을 이끌어 내고 스스로 자세조절을 할 수 있도록 신체를 정렬시키고 특정 신체 부위를 직접 손으로 다룬다.
- 다양한 자세와 운동에 의해서 정위반응을 유도하고, 아동을 중력 중심에서 벗어나게 하여 평형반응을 유도한다.

④ 보이타 치료(VT)

㉠ 보이타 치료법은 아동의 신체에 운동을 일으키는 유발점에 압력을 가함으로써 반사적 기기와 반사적 뒤집기 등을 자동적으로 유발하는 방법이다. ❶ 10중등34

㉡ 보이타 치료법은 아동의 능동적인 참여가 어렵고 정확한 위치에서 유발점을 적당하게 눌러줘야 하는 능숙함이 필요하므로 보호자가 습득하여 집에서 시행하기에는 어려움이 있다.

⑤ 통합된 치료

㉠ 통합된 치료는 학생이 참여하는 다양한 활동에 치료 서비스를 통합시킨 것이다. 즉, 의미 있고 기능적인 활동을 수행하는 장소에 치료사가 와서 서비스를 제공하거나, 아동을 직접 지도하는 교사에게 상담을 제공하는 방법이다.

㉡ 통합된 치료의 장점

- 풀 아웃 모델*과는 달리 풀 인(pull-in) 형태로 제공되기 때문에 학생은 학습활동에서 소외되지 않은 채 치료를 받을 수 있다. ❶ 14중등A4
- 다른 팀 구성원은 학생을 중재하는 치료사의 시범을 보는 것만으로도 도움을 받을 수 있다.
- 치료가 치료사에 의해서만 제공되지 않고 특수교사와 함께 실행할 수 있으므로 학생의 개인적 요구에 더 집중할 수 있다.

통합된 치료의 예

구분	사례
서기 연습	서기 연습이 필요한 명수를 위해 최 교사와 물리치료사는 음악 시간에 노래방 기기를 활용하여 노래를 부를 수 있도록 계획하였다. 명수는 한 손으로 마이크를 잡고, 한 손으로는 책상을 잡고 책상에 최대한 가깝게 서서 노래 부르는 활동을 통해 한 손을 지지한 채 서는 능력이 증진되었고 균형감각도 향상되었다.
보행 연습	이 교사는 채현이가 체육관에서 워커로 보행할 때 두 다리의 경직성으로 인해 발이 계속하여 꼬이므로, 물리치료사에게 배운 방법(꼬이는 채현이의 두 다리 사이에 이 교사의 발을 넣어 꼬이는 것을 최소화하면서 걷기 지도)으로 채현이를 지도하였다. 또한 워커를 잡고 있어 손으로 배구공을 만지기 어려운 채현이를 위해 배구 네트를 내려서 무릎 서기 자세로 배구를 할 수 있게 하였다.
팔 올리는 연습	최 교사와 작업치료사는 수진이가 팔을 올리는 연습을 하도록 휠체어 책상을 뺄 때, 코트를 벗을 때를 활용하여 팔 올리는 연습을 반복적으로 하게 하였다.

기출 POINT 27

❶ 10중등34

척추측만증이 있는 뇌성마비 학생에 대한 설명으로 옳은 것만을 모두 고르시오.

> ㉤ 척추측만증을 위한 운동요법의 하나인 보바스법은 척추 주위의 운동 자극점을 지속적으로 눌러 주어 비정상적인 자세 긴장도를 정상화하는 것이다.

Keyword

풀 아웃 모델

관련 서비스 제공자가 학생을 학급에서 끌어내어 개별적으로 지도하거나 훈련과 관련된 기술 영역에서 소그룹 형태로 지도하는 방법이다.

기출 POINT 28

❶ 14중등A4

㉢과 ㉣에 해당하는 서비스 유형을 비교할 때, ㉢에 해당하는 서비스 유형이 지닌 학생 측면에서의 장점을 1가지만 쓰시오.

(다) 학생 A를 위한 지원 계획

> ㉢ 특수교사가 미술 수업을 하는 동안 물리치료사는 학생 A가 '우리 마을 지도'를 잘 그릴 수 있도록 바른 자세를 잡아 준다.
> ㉣ 물리치료사는 학교 내 치료 공간에서 학생 A에게 치료 지원을 제공한다.

4. 신체적 특성

뇌성마비 학생의 비정상적인 반사와 자세의 문제, 근긴장도의 이상은 고관절 탈구, 척추측만증, 관절 구축 등의 정형외과적인 문제를 유발한다.

(1) 고관절 탈구

① 고관절 탈구란 고관절 내전근의 경직으로 대퇴골이 고관절에서 이탈되는 것을 말한다. ❶ 12중등38

② 관절에서 접촉이 다소 남은 상태를 '아탈구'라고 하며, 고관절에서 분리된 상태를 '탈구'라고 한다.

③ 고관절 아탈구가 있는 아동을 벨트나 스트랩으로 묶어 억지로 프론 스탠더에 세우는 것은 좋지 않다.

④ 고관절 아탈구는 무릎이 모아지고 다리가 안쪽으로 회전된 자세로 앉아 있을 때 발생하기 쉽고 상태가 악화되므로 이런 자세를 피하는 것이 좋다.

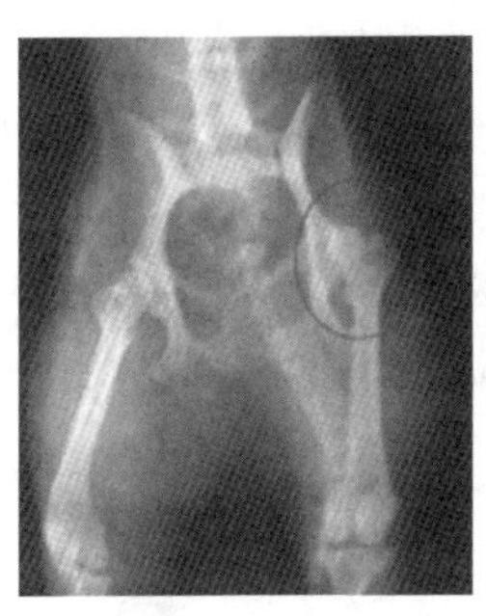

고관절 아탈구

(2) 척추만곡증(척추기형)

① 척추만곡증에는 대표적으로 측만증과 후만증 발생이 있는데, 이는 척추 주위 근육의 비대칭적인 긴장으로 인해 잘못된 자세를 방치하게 되어 척추가 S자형이나 C자형으로 만곡되는 것이다. ❷ 10중등34

㉠ 척추측만증은 비대칭성 긴장성 목반사와 갈란트반사가 남아 있거나 경직 또는 저긴장증 같은 다양한 원인으로 발생하는데, 심한 경우 내부 장기를 압박하여 호흡기능이나 소화기능에도 나쁜 영향을 준다.

㉡ 척추후만증은 등받이가 견고하지 않은 접이식 휠체어에 오래 앉아 있거나 일반 유모차를 오랫동안 사용하는 뇌성마비 아동에게서 흔히 볼 수 있다.

기출 POINT 29

❶ 12중등38

뇌성마비에 대한 설명으로 옳은 것을 있는 대로 고르시오.

ⓒ 경직형 뇌성마비에서 주로 보이는 관절 구축은 관절 근육의 경직으로 인해 골격이 관절에서 이탈된 상태를 의미하며, 성장할수록 통증과 척추측만증을 유발한다.

더 알아보기

척추기형

- **척추후만증**: 어깨와 등 부위 변형으로 심호흡 시 폐가 팽창할 수 있는 공간을 감소시켜 호흡곤란을 일으킬 수 있음
- **척추전만증**: 척추가 정상범위보다 전방으로 더 돌출되는 상태를 보임
- **척추측만증**: 척추가 옆으로 심하게 굽어 내장을 압박함

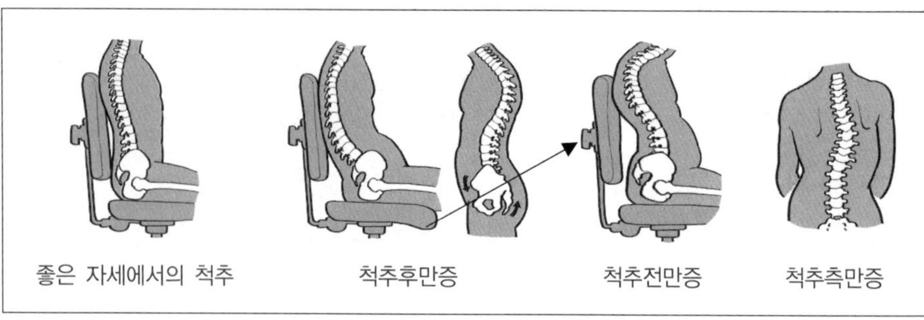

척추의 정상적인 만곡과 비정상적인 만곡

② 척추만곡증의 원인은 다음과 같이 분류할 수 있다.

㉠ **선천적 척추기형**: 출생 시부터 구조적인 비정상 상태로 인해 척추만곡증이 발생한다.

㉡ **비구조적 척추기형(보상적 척추측만)**: 고정된 기형이 아니라 단순 변형된 형태로, 영구적인 변화를 야기하지 않는다.

㉢ **신경근성 척추기형**: 신경질환과 근육질환 등의 이차적 장애로 척추기형이 발생한다. 주로 뇌성마비, 근이영양증, 척수수막류, 소아마비 등의 합병증으로 나타난다. ❷ 10중등34

㉣ **특발성 척추기형**: 척추만곡증의 가장 일반적인 형태로, 원인을 알 수 없는 척추기형을 의미한다. ❶ 17중등A4

③ 척추만곡증의 치료 방법으로는 흉요추 브레이스의 착용이나 척추융합수술 등이 있다.

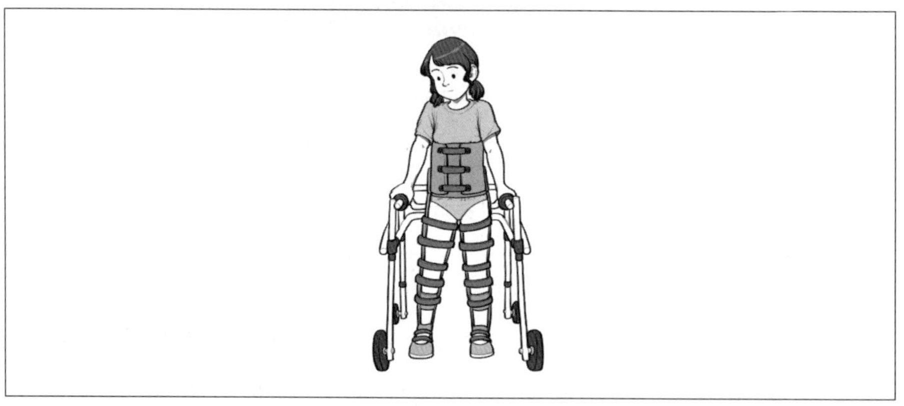

흉요추 보조기기

기출 POINT 30

❶ 17중등A4

㉠에 공통으로 들어갈 병명을 쓰시오.

> 김 교사: 학생 K는 평소 서 있을 때 양쪽 어깨 높이에 차이가 있고, 몸통 좌우가 비대칭적으로 보였었는데, 원인을 알 수 없는 청소년기 특발성 (㉠)(으)로 진단되었다고 합니다.
> 양 교사: 그런데 (㉠)은/는 뇌성마비나 근이영양증이 있는 학생에게도 종종 나타납니다. 그대로 방치하면 자세, 보행 및 심폐기능에도 영향을 줄 수 있기 때문에 적절한 치료와 함께 교육적 지원을 받아야 합니다.

❷ 10중등34

척추측만증이 있는 뇌성마비 학생에 대한 설명으로 옳은 것만을 모두 고르시오.

> ㉠ 뇌성마비는 발생학적으로 척추형성부전이나 척추 연골화가 있어 신경근성 척추측만으로 분류된다.
> ㉡ 신체 정렬이 되지 않은 부적절한 자세가 관절의 위치나 근육의 길이를 변형시켜 이차적인 장애로 척추측만을 일으킬 수 있다.
> ㉢ 척추측만이 고착되지 않은 경우, 중력에 대항하고 비정상적인 근육긴장도를 최소화시켜 주는 방식으로 신체 정렬이 되도록 자세를 잡아 준다.
> ㉣ 척추측만증 교정을 위해 맞춤화된 앉기 보조 도구를 제공하여 가장 편하고 바른 자세를 잡아 주고, 그 자세를 일과 시간 동안 계속 유지시켜 준다.
> ㉤ 척추측만증을 위한 운동요법의 하나인 보바스법은 척추 주위의 운동 자극점을 지속적으로 눌러주어 비정상적인 자세긴장도를 정상화하는 것이다.

(3) 관절 구축

① 관절 구축은 근긴장도의 지속적인 증가로 근육, 인대, 관절막의 길이가 단축되어 나타나는 현상이다. 아동이 성장할수록 근육 간 불균형으로 인한 단축이 더 심해져서 관절의 정렬이 흩어지며, 이로 인해 근육의 움직임이 제한되고 강한 경직으로 구축이 생긴다.

② 구축으로 인해 발 모양이 변형된 상태를 보이기도 한다.

㉠ **내반족**: 발이 바깥쪽 바닥에 닿고 발의 안쪽이 세워져 발바닥이 몸의 중앙을 향해 휘어진 상태이다.

㉡ **외반족**: 발이 안쪽으로 내려앉고 바깥쪽이 솟아오른 발의 변형 상태이다.

㉢ **첨족**: 흔히 까치발이라 부르는 것으로, 아킬레스건의 단축으로 족관절이 내회전 및 족저굴곡된 위치로 굳어져 발끝으로 걷는 형태를 보인다.

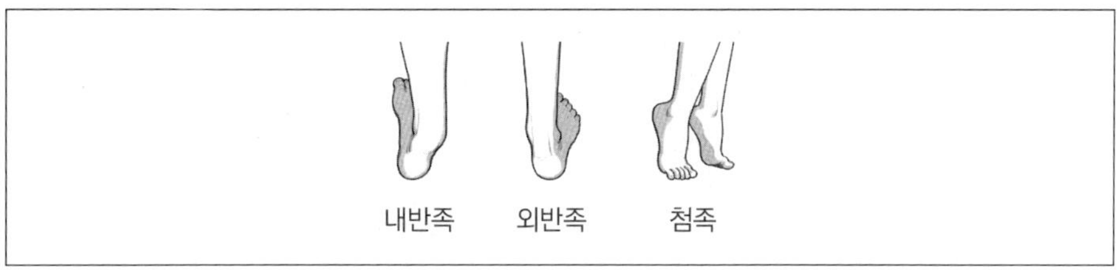

관절의 구축

③ 상하지 보장구

㉠ **개념**: 보장구는 인체의 뼈·근육·신경이 골절되거나 마비되어 장애가 발생하였을 때 정상 생활을 할 수 있게 도움을 주는 장치로, 학생이 좀 더 쉽게 움직이도록 하여 이동성과 기능을 높일 수 있는 자세로 신체 부위를 잡아주기 위해 제작되었다. 이러한 장비는 경직된 조직을 서서히 펴는 데 사용할 수 있다.

㉡ **유형**: 보장구의 유형에는 약화되거나 비효율적인 근육을 지지하기 위하여 사용되는 브레이스*, 스프린트, 석고붕대 등이 포함된다.

브레이스(brace)
팔다리나 몸통에 착용하여 교정 자세로 신체의 움직임을 제한하거나 도와주는 정형외과적 장치 또는 보조기이다. 체중 지지, 변형 발생 예방과 교정, 동통 완화와 기능 회복, 약화된 근골격계 고정과 보호, 마비 근육의 작용을 대신하도록 하는 기능 등이 있다(특수교육학 용어사전, 2018).

기출 POINT 31

❶ 25초등B4

밑줄 친 ㉠을 사용하는 목적을 신체 정렬 부위를 중심으로 쓰시오.

(가) 지체장애 학생 특성

- 대뇌피질 손상
- 대칭성 긴장성 목반사가 있음
- 가위 모양 자세를 보임
- ㉠ 단하지 보조기를 착용함

❷ 22초등B2

혜지가 (나)의 보장구를 착용하는 이유를 쓰시오.

(가) 혜지의 특성

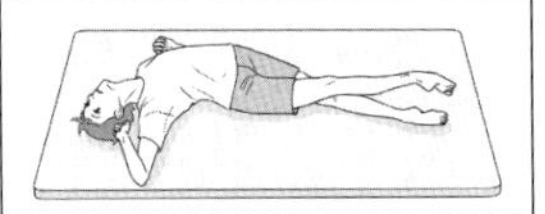

(나)

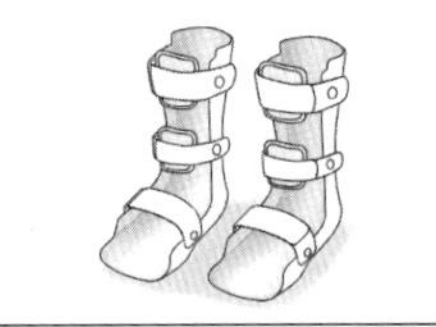

❸ 17초등B2

㉢을 보일 때 사용할 수 있는 보조기기의 예를 쓰시오.

Q. 경직형 뇌성마비 학생 B는 높은 근긴장도로 인해 ㉢ 근육, 인대, 관절막의 길이가 짧아지고 변형되어 첨족 및 내반족, 척추측만 등이 나타나고 있습니다.

❹ 15초등A6

교사가 은지에게 ㉢을 착용시킨 이유를 은지의 특성에 비추어 1가지 쓰시오.

■ 은지의 특성

- 뇌성마비 학생이며, 전동 휠체어를 타고 이동할 수 있음
- 구어 사용은 어렵지만, 간단한 일상적인 대화는 이해할 수 있음
- 그림 상징을 이해하고, 오른손 손가락으로 상징을 지적할 수 있음
- 왼손은 항상 주먹이 쥐어진 채 펴지 못하고 몸의 안쪽으로 휘어져 있음

■ 학생 지원 계획

수업 중 ㉢ 스프린트(splint) 착용시키기

보조기 (브레이스)	• 보조기는 근육을 지지할 뿐 아니라 고정해 주어서 바른 자세를 취하게 하므로 구축을 예방하는 기능을 한다. • 보조기의 재질은 가죽이나 끈이 달린 금속 보조기에서 최근에는 좀 더 가볍고 간소화된 형태로 발전하고 있다. • 단하지 보조기(발목 보조기)는 아킬레스건의 단축으로 흔히 까치발 서기나 보행을 하는 아동들의 발목관절 구축을 예방하고 진행을 억제시킬 목적으로 가장 많이 사용한다. ❶ 25초등B4, ❷ 22초등B2, ❸ 17초등B2 – 신체의 올바른 정렬을 유지함 – 발의 기형을 예방하고 교정함 – 발목관절에서 불수의 운동을 조정함 – 기립 및 보행을 증진함 • 장하지 보조기(무릎 보조기)는 내반슬과 외반슬이 있을 때 사용한다. – 내반슬: 두 다리를 한데 모으고 섰을 때 구부러진 다리 – 외반슬: 하지가 무릎관절에서 밖으로 굴곡된 형태 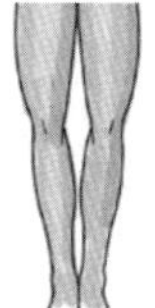  내반슬 외반슬
부목 (스프린트)	• 스프린트는 보통 단단한 플라스틱 모형으로 제작되며, 팔과 손의 자세를 잡기 위해 사용된다. ❹ 15초등A6 • 손팔의 기능, 운동, 감각 향상에 도움이 된다. • 스프린트는 어떤 활동을 위해 밤에만 착용하거나, 하루 대부분의 시간 동안 착용하거나, 하루 중 일부 시간 동안 착용하거나 떼어낼 수 있다.
석고붕대 (깁스)	• 석고붕대는 보통 비정상적으로 과도한 근긴장도를 줄이거나, 근육이 짧아져 생기는 관절 구축을 완화하여 근육을 펴기 위해 사용한다. • 석고붕대는 대체로 좀 더 중도의 장애를 가진 아동이 기능적인 자세 잡기를 취하도록 하는 데 사용되므로, 보조기와 스프린트는 그 다음에 적용해볼 수 있다. • 석고붕대는 일반적으로 팽팽한 근육을 좀 더 늘리기 위한 기능을 가지고 있으므로 몇 주마다 교체해주는 것이 필요하다.

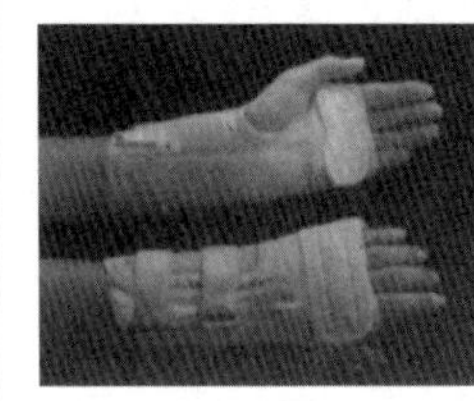

보조기와 부목

5. 생리조절 특성

(1) 위식도 역류

① 위식도 역류는 위식도 조임근의 문제로, 위로 들어간 음식이 식도 아랫부분의 조임근이 느슨해지면서 다시 식도로 역류하여 입으로 나오는 증상을 말한다.

❷ 13추가초등A2, ❸ 13중등27

② 위식도 역류를 위한 중재는 다음과 같다.

㉠ 위식도 역류를 막기 위해 걸쭉한 음식을 더 자주, 보다 조금씩 작은 조각으로 나누어 주는 것이 도움이 된다.

㉡ 작은 조각 또는 빽빽한 질감의 음식은 위식도 역류를 개선할 수 있다.

㉢ 식사 후 약 1시간은 수직 또는 반수직 자세를 취해 위에서 음식물이 비워지도록 해준다. ❶ 18중등B3

(2) 흡인

① 흡인은 액체나 작은 음식 조각이 폐로 가는 것이다. 흡인은 음식물이나 액체가 위로 내려갈 때뿐만 아니라 위의 내용물이 식도로 역류할 때도 발생할 수 있다.

② 흡인을 예방하기 위한 중재는 다음과 같다.

㉠ 식사 후 적어도 45분간 수직 또는 반수직 자세를 유지하도록 한다.

㉡ 구강으로 식사하는 학생은 머리를 약간 앞쪽으로 구부리고 바른 자세로 식사를 한다. 이 자세는 능동적 삼키기를 촉진하고 수동적으로 음식물이 목으로 내려가는 것을 예방할 수 있다.

㉢ 잘게 갈린 음식이나 묽은 액체는 아무런 자극 없이 목으로 넘어가기 때문에 흡인의 위험성을 높일 수 있다. 따라서 고체나 반고체 혹은 거친 자연식품이나 진한 액체로 삼키는 데 도움이 되는 자극을 제공하여 흡인의 위험을 줄일 수 있다.

(3) 질식(기도폐색, 기도폐쇄) ❶ 12중등35

① 지체장애 학생은 위식도 역류 또는 흡인으로 인한 기도폐쇄의 위험이 높고, 이는 질식으로 이어질 수 있다.

② 질식 시 대표적인 응급처치로 하임리히 구명법이 있다.

㉠ 환자를 뒤에서 팔로 안아 잡고, 한 손으로 다른 손목을 잡아 속이 비게 주먹을 쥔 뒤, 환자의 명치 바로 아래 상복부를 위쪽으로 강하게 압박한다.

㉡ 환자를 뒤에서 잡을 수 없을 때는(예를 들어, 비만 또는 임산부의 경우) 환자를 반듯하게 눕히고 명치 아래 상복부를 압박하는 흉곽밀기를 실시할 수 있다.

기출 POINT 32

❶ 18중등B3

밑줄 친 ㉣에 해당하는 것을 ⓑ를 고려하여 1가지 제시하시오.

▪ 특성

> 식사를 한 후, ⓑ 위식도 역류가 자주 발생함

▪ 지원 계획

> 학생의 특성에 맞는 적절한 유형의 음식을 제공하고, ㉣ 식사 후 적절한 자세를 취하도록 지도함

❷ 13추가초등A2

㉡에 대하여 적절하지 않은 지원 내용 2가지를 다음에서 찾아 번호를 쓰고, 그 내용을 바르게 수정하시오.

> ㉡ 식사 도중 음식물이 역류하거나 음식물로 인해 목이 메어 구역질이나 기침을 자주 하며, 가슴앓이, 식도염증, 그리고 삼키기 곤란 증상으로 인하여 소화, 배설, 영양실조 등의 2차적 문제가 발생함

① 식사 후 약 10분간 누워서 스트레칭을 하도록 한다.
② 하루 동안 필요한 음식량을 조금씩 나누어 자주 제공한다.
③ 고형식 음식을 일정한 크기로 잘라서 숟가락으로 떠먹인다.
④ 의사의 처방에 따라 정해진 시간에 정확한 양의 약물을 복용시킨다.

❸ 13중등27

뇌성마비 학생에게 나타나는 특성과 교사가 실시한 식사 지도 방법으로 옳은 것은?

구분	특성 및 식사 지도 방법
① 위식도 역류	• 식도 괄약근의 기능 약화로 인해 잦은 구토가 발생함 • 작은 조각의 음식이나 거친 음식을 먹게 하고, 식사 후에는 약 1시간 정도 똑바로 누워 있게 함

기출 POINT 33

❶ 12중등35

질식에 대한 설명 중 옳은 것만을 있는 대로 고르시오.

> ㉢ 뇌성마비가 있는 학생은 기도 폐색에 의한 질식 사고의 위험이 있는데, 치아와 잇몸의 손상, 구강 반사의 문제, 연하 곤란 등이 원인이 될 수 있다. 질식 사고가 생기게 되면 즉시 응급처치를 실시해야 한다. ㉣ 하임리히 구명법은 기도 폐색이 된 학생을 뒤에서 팔로 안듯이 잡고, 명치 끝(횡격막하)에 힘을 가해 복부 아래쪽으로 쓸어내리는 방법이다. 의식불명으로 뒤에서 안을 수 없는 상황이라면, ㉤ 학생을 바닥에 엎어 놓고 복부를 쿠션 등으로 받친 다음, 흉골의 중간 부분에 해당하는 등 부위에 직접 압박을 가한다.

더알아보기

기도와 식도

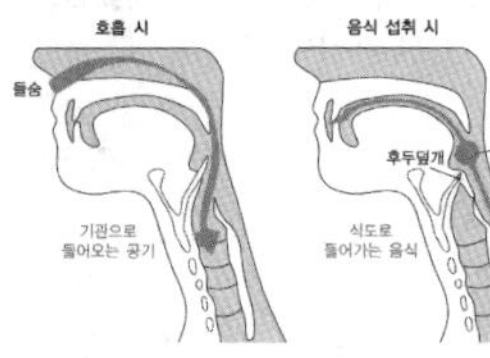

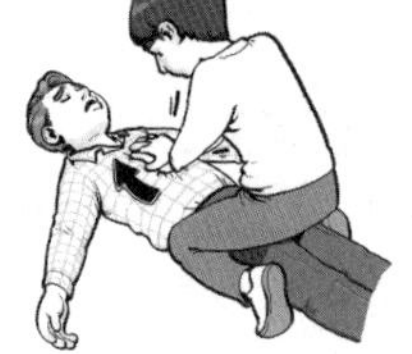

하임리히 구명법 흉곽밀기

(4) 요로 감염

① 요로 감염은 기저귀 사용과 청결 문제로 인해 발생할 수 있다.

② 요로 감염은 발열, 구토, 설사, 복통, 배뇨통 등을 유발할 수 있다.

③ 요로 감염의 치료 방법은 다음과 같다.

㉠ 항생제를 이용하여 요로 감염을 치료한다.

㉡ 충분한 수분 섭취, 청결지도를 통해 요로 계통을 깨끗하게 하는 것이 도움이 된다.

❶ 13추가초등A2

기출 POINT 34

❶ 13추가초등A2

㉠에 대해 특수교사가 지원할 수 있는 내용을 제시한 것이다. ①과 ②에 들어갈 알맞은 말을 쓰시오.

㉠ 요로 계통의 감염으로 인해 소변에서 유해한 세균이 검출되며, 배뇨통, 요의 절박(절박 요실금), 발열, 구토, 설사, 체중 증가 부진, 복통 등의 증상을 유발함

감염 부위의 (①)을(를) 유지시키고, 충분한 (②) 섭취를 돕는다.

6. 지각 특성 ❶ 10초등34, ❷ 10유아25

지각의 성질	특성	사례
공간위치 지각장애	• 물체가 있는 공간과 관찰자 간의 관계를 지각하는 능력에 어려움이 있는 것으로, 읽기 · 쓰기 · 계산에 상당한 곤란을 겪는다. • 사물의 크기나 위치에 대한 인지장애이다.	• 안과 밖, 위와 아래, 앞과 뒤, 왼쪽과 오른쪽 같은 공간 위치를 나타내는 용어의 의미를 잘 이해하지 못한다. • 경영문자나 경영숫자를 읽거나 쓴다. • 신발이나 양말을 반대로 신거나, 셔츠를 앞뒤 반대로 입거나, 신발장에 위치를 바꾸어 넣는다. • '아'를 '어'로, '6'을 '9'로 혼동하여 지각하기 쉽다.
공간관계 지각장애	• 관계된 둘 이상의 물체 위치 및 물체 상호 간의 위치, 즉 복수물의 상호 관계를 지각하는 능력이 부족하다. • 공간 위치의 능력 발달을 통해 공간관계 능력이 형성된다.	• 사물 간의 거리를 판단하지 못한다. • 산수에서 양적인 공간 관계를 이해하지 못한다. • 시각적인 순서를 기억하지 못한다. • 도형의 묘사가 어렵고 도형, 글자, 숫자, 낱말, 문장을 그대로 베끼지 못한다.

시-운동 협응장애	시각을 신체 운동 혹은 신체 일부와 맞추어 조정하는 능력이 빈약하여 읽기, 쓰기뿐 아니라 일상생활의 수행에도 곤란을 느낀다.	• 줄을 맞춰 글자를 쓰지 못한다. • 읽을 때 글자를 따라 눈이 움직이지 않는다. • 자나 저울의 눈금을 잘못 읽기 쉽다. • 도형이나 문자를 본 대로 쓰지 않고, 잘못 쓴다거나 공간을 벗어나기도 한다. • 책을 읽는 경우에는 문자를 빼먹거나 행을 건너뛴다거나 한다.
항상성 지각장애	• 사물을 지각할 때 사물로부터 감각기관으로 보내지는 자극은 조건에 따라 달라져야 함에도 언제나 같은 것으로 지각되는 경향으로, 크기·색·형태·밝기 등의 지각 항상성은 물론 언어나 사고에 영향을 미친다. • 조건이나 상태가 다르면 항상성이 보존되지 않고 장애가 나타난다.	• 'A+B' 식은 계산이 가능하지만, 'B+A' 식이 되면 계산을 하지 못한다. • 문자나 도형의 변별이 어렵다. • 어떤 말의 인지는 늘 사용하고 있는 문형이나 문맥에서는 가능하지만, 다른 문형이나 문맥 속에서는 그것을 인지할 수 없다.
도형-배경 지각장애	전경은 튀어나와 통합된 것이고, 배경은 바탕을 제공하고 분산된 것으로, 과제에 따라 적절한 주의집중이 필요하다. 지체장애 아동은 도형보다는 배경에 반응하는 경향이 있다.	• 학습과 직접적인 관계가 없는 엉뚱한 자극에 주의를 빼앗긴다. • 어떤 특정한 자극에서 탈피하지 못한다. • 선 안쪽을 색칠하거나 그림을 그리는 대신에 선 위를 계속 따라 긋기만 한다. • 한 페이지 속에서 자기가 공부하는 곳을 찾지 못한다.

기출 POINT 35

❶ 10초등34

김 교사는 뇌손상으로 인해 지각에 여러 가지 결함을 나타내는 철수에게 '회화: 밑그림 그리기' 활동 수업을 하였다. 그리고 김 교사는 철수가 그린 그림을 가지고, 지각력 향상을 위한 심화 활동을 하였다. 적절한 활동을 〈보기〉에서 모두 고르시오.

※ 원래 그림에는 색깔이 있음

〈보기〉

㉠ 고유수용성 지각력 향상을 위해 같은 색깔의 그림을 찾게 하였다.
㉡ 형태 지각력 향상을 위해 그려진 사람의 위치를 말하게 하였다.
㉢ 도형-배경 변별력 향상을 위해 물결선 위에 그려진 도형 그림을 찾게 하였다.
㉣ 눈과 손의 협응력 향상을 위해 그림에 있는 ○, □, △ 등의 모양을 손가락으로 따라 그리게 하였다.
㉤ 시지각 변별력 향상을 위해 ○, □, △ 등의 도형 카드를 제시하고 그림 속의 비슷한 모양을 찾게 하였다.

❷ 10유아25

다음은 만 5세 발달지체 유아 종수에게 '회화: 보고 그리기'를 가르치기 위한 교사들의 대화 내용의 일부이다. 대화에 관련된 기능과 그 기능을 지도하기에 가장 적절한 내용이 바르게 연결된 것은?

김 교사: 박 선생님, 종수에게 '보고 그리기'를 지도하려고 해요.
박 교사: 종수는 시-지각에 문제가 있기 때문에 사물의 형태를 표현하는 데 어려움이 많아요. 예를 들면, ㉠ 대상물이 자신을 기준으로 어디에 위치하고 있는지를 잘 알지 못해요. 그리고 ㉡ 근접성, 유사성, 연속성, 공통성, 완결성을 고려해서 표현하기 어려울 수 있어요.
김 교사: 그리고 종수는 ㉢ 주위의 밝기가 달라져도 원래의 색은 동일하다는 것을 잘 알지 못해요. 또, ㉣ 멀리 떨어져 있는 사람이나 사물을 실제로 작다고 생각해요.
박 교사: 종수가 ㉤ 점과 점을 선긋기로 연결할 때는, 삐뚤빼뚤하게 될 거예요.

	〈관련 지각기능〉	〈지도 내용〉
①	㉠ 명도 항상성	도형 모사하기
②	㉡ 크기 항상성	색이 비슷한 것끼리 모으기
③	㉢ 지각 체제화	평균대 걷기
④	㉣ 전정감각 통합	제시한 도형과 같은 물체 찾기
⑤	㉤ 시각-운동 협응	구슬 꿰기

7. 정의적 특성

(1) 피전도성

'주의산만성'이라고도 하며, 특정한 자극에 주의를 집중하지 못하고 주위의 무관련 자극에 쉽게 반응하는 경향을 말한다.

(2) 억제곤란

'다동성'이라고도 하며, 운동이나 행위를 스스로 통제할 수 없어 끊임없이 안정감 없는 움직임을 보인다. 이 때문에 주의집중 시간이 매우 짧다.

(3) 고집성

어떤 자극에 집착하여 다른 장면이나 사물에 빨리 전환될 수 없는 경향을 말한다. 이 때문에 한 과제에서 다른 과제로의 전환이 곤란하다.

04 학습환경의 수정(신체 특성을 고려한 학습환경)

① 신체의 경직으로 인해 상체가 뒤쪽으로 신전된 학생에게는 책상의 높이를 낮추어 바른 자세로 앉을 수 있도록 조절해주는 것이 학습활동 참여를 높일 수 있다.

② 반대로 상체가 앞으로 굴곡된 학생은 책상의 높이를 높여주어야 척추를 곧게 펴고 고개를 들어서 시야를 확보할 수 있다. ❶ 15중등B2

둥근 홈이 있는 책상과 독서대

몸통이 뒤로 신전된 경우 책상 높이의 하향 조절

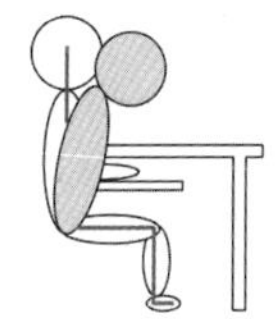
몸통이 앞으로 굴곡된 경우 책상 높이의 상향 조절

학습환경의 수정

③ 휠체어를 사용하는 학생의 경우 입·출입이 편리하도록 책상을 배치한다. ❷ 13초등B4

기출 POINT 36

❶ 15중등B2

학생의 특성을 고려하여 괄호 안의 ⓜ에 들어갈 구체적인 내용을 쓰고, 그 이유를 1가지 쓰시오.

(가) 학생의 특성

- 대근육 운동 능력 분류 체계 V 수준임
- 비대칭성 긴장성 경반사를 보임
- 고유수용성 감각 장애를 보임

(나) 책상 높이: (ⓜ)

❷ 13초등B4

ⓒ의 구체적인 방법 1가지를 쓰시오.

■ 학생 특성

수지: 경도 정신지체를 수반한 지체장애 학생으로 휠체어를 사용함

■ 지도 시 유의점

수지가 창가로 이동하기 쉽도록 ⓒ 교실 환경을 조정함

CHAPTER 03

근이영양증

01 근이영양증의 정의

02 근이영양증의 유형

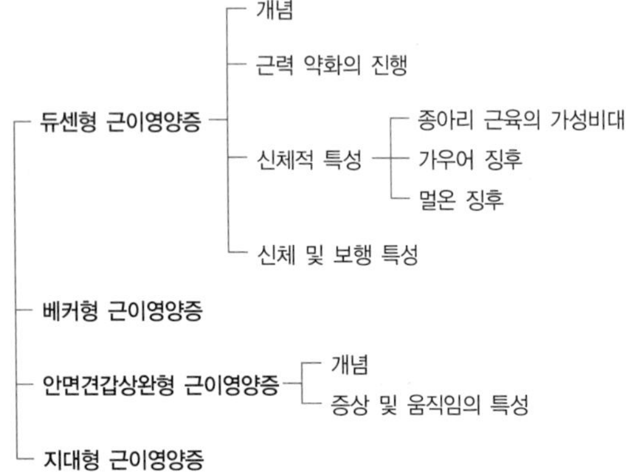

03 특수교육적 지원

- 자세 및 신체적 지원
- 심리 및 사회정서적 지원
- 학습 지원

01 근이영양증의 정의

① 근이영양증은 유전적으로 결정되는 진행성 질환으로, 디스트로핀이라고 불리는 단백질 부족에 의한 골격근의 진행성 위축과 근력 저하를 특징으로 하는 근육질환이다.

② 신경계 이상으로 근육세포가 위축되는 소아마비나 뇌성마비와는 달리, 근육세포 자체가 지방질로 바뀌어감에 따라 기능을 하지 못하게 된다.

02 근이영양증의 유형

1. 듀센형 근이영양증

① 듀센형은 근이영양증의 대표적인 유형이면서 가장 흔하고 심각한 증상을 보이며, X 염색체의 반성 열성으로 유전된다.

② 듀센형의 근력 약화는 대부분 다리와 고관절 부분에서 시작되고, 어깨와 목 근육으로 진행되며 근력의 약화가 빠르게 진행되어 대부분 20대 초반에 사망한다.

㉠ 듀센형의 증상은 주로 유아기 때 예전처럼 쉽게 걷거나 뛰지 못하는 모습을 통해 발견되며, 5세경에는 뚜렷한 근육의 약화와 가성비대가 나타난다.

㉡ 7세 전후로 걷기에 어려움을 보이며, 10세경에는 더 이상 스스로 보행할 수 없고, 13세 전후로 휠체어를 필요로 한다. ❶ 11초등10

㉢ 10대 후반에는 근육 약화가 심해지고 측만증이 현저해지며, 관절 구축이 심하게 나타난다.

㉣ 듀센형의 말기에는 폐 감염이 반복되고 심장 기능을 상실하게 되며, 내장근육의 약화와 호흡근육의 약화로 사망에 이르게 된다.

③ 듀센형의 신체적 특성은 다음과 같다. ❶ 20중등B10, ❷ 14중등A13

㉠ **종아리 근육의 가성비대**: 종아리 부분의 약해진 근육을 보상하기 위해 근육이 지방섬유로 대치되어 마치 건강한 근육 조직처럼 보이는 것(의사성장)으로, 실제로 근육이 비대해지는 것이 아니라 근섬유가 괴사된 자리에 지방 및 섬유화가 진행되어 단단하고 커진 것처럼 보인다.

㉡ **가우어 징후**: 가우어 징후는 아동이 바닥에 앉아 있다 일어설 때 볼 수 있는데, 발을 넓게 벌리고 손을 사용하여 발목과 무릎, 허벅지를 차례로 짚어 누르면서 일어나는 전형적인 형태를 말한다. 이는 하지 근육이 약해지기 시작하는 초기에는 앉은 자세에서 일어서기가 어려워서 손을 사용하는 형태가 나타나는 것이다.

㉢ **멀온 징후**: 상지와 견갑대 근육까지 약화되면 겨드랑이 아래에 손을 넣어 들어올릴 때 상지가 위로 올라가는 멀온 징후가 나타난다. 따라서 근이영양증 학생을 휠체어에서 자리이동을 시킬 때에는 겨드랑이를 받쳐 들기보다 등 뒤에서 깍지 낀 학생의 양 손목을 잡고 자리이동을 해야 안전하다.

기출 POINT 1

❶ 11초등10

다음의 설명 중 적절한 것을 모두 고른 것은?

▪ 현우: 근이영양증

(다) 종아리 부위의 근육이 뭉친 것처럼 크게 부어올라 있다.
(라) 가우어 징후를 보이며 바닥에서 일어나는 데 어려움이 있다.

㉣ (라): 향후 독립보행이 어렵게 되어 휠체어를 타게 된다.

기출 POINT 2

❷ 14중등A13

㉠과 ㉡이 의미하는 용어를 각각 쓰시오.

강사: 선생님, 제가 이전 학교에서 지도했던 학생들 중 ㉠ <u>두 다리를 넓게 벌리고 양손으로 바닥을 짚었다가 무릎과 허벅지를 손으로 밀면서 일어나는 모습을 보이는 학생이 있었어요.</u>
교사: 아마도 이 학교에서 그런 특징을 보이는 학생을 보기는 어려울 거예요. 그런 학생들의 경우, 중학생이 되면 대부분 휠체어를 타게 되기 때문이에요.
강사: 그렇군요. 제가 지도했던 또 다른 학생은 배를 쑥 내밀고 등이 움푹 들어간 자세로 걷는데도 종아리 부분은 크고 튼튼해 보이더라고요. 그건 왜 그런 건가요?
교사: 그건 ㉡ <u>실제적으로 근위축이 일어나지만 근섬유 대신에 지방세포가 들어차 마치 근육이 증가한 것처럼 보이는 것이지 실제로 튼튼한 것은 아니에요.</u>

④ 듀센형의 신체 및 보행 특성은 다음과 같다(박은혜, 2023).

㉠ 걸을 때 어깨와 팔이 위축되어 뒤쪽으로 젖혀진다.

㉡ 척추만곡이 나타난다.

㉢ 엉덩이 근육이 약해지고 체중을 지지하기 위해 무릎이 뒤쪽으로 빠진다.

㉣ 종아리가 딱딱하게 굳고 허리가 앞으로 굽으면서 배와 가슴을 내밀며 걷는다.

㉤ 발뒤꿈치 근육이 구축되어 발끝으로 걷는다.

㉥ 대퇴근은 가늘고 탄력성이 약하다.

㉦ 불안한 균형감각으로 자주 넘어진다.

더 알아보기

트렌델렌버그 보행

골반 주위 둔근의 약화로 둔부의 요동성 보행인 트렌델렌버그 보행이 나타난다.

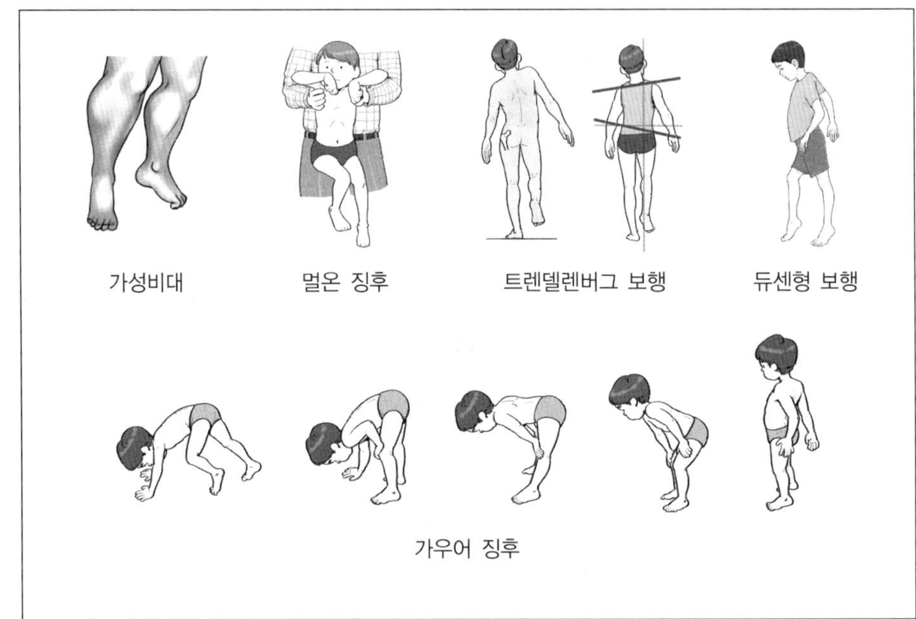

듀센형 근이영양증의 신체 및 보행 특성

기출 POINT 2

❶ 20중등B10

그림 ㉠이 나타나는 이유를 1가지 서술하고, 그림 ㉡에 해당하는 용어를 1가지 쓰시오.

• 듀센형 근이영양증
• 초등학교 시기에는 다음과 같은 신체 특성이 있었음

㉠ 가성비대

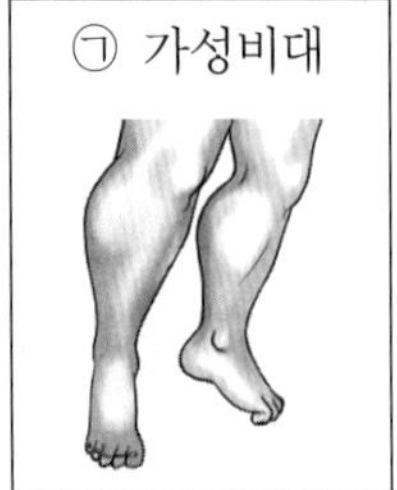

㉡ 앉아 있다 일어설 때의 자세

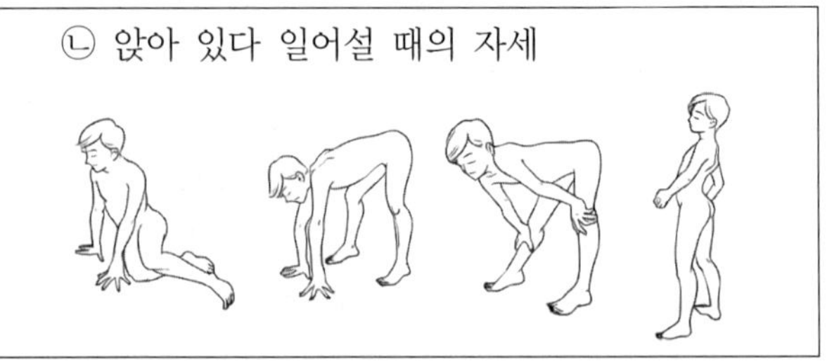

2. 베커형 근이영양증

① 베커형 근이영양증도 듀센형과 같이 다리와 골반의 약화로부터 질병의 진행이 시작되지만, 그 강도가 약하며 훨씬 늦게 시작한다.

② 근디스트로핀이 전혀 존재하지 않는 듀센형과 달리, 베커형은 디스트로핀이 소량 존재하거나 비효과적·비정상적인 형태로 존재한다.

③ 발병 시기가 보통 5~20세로, 듀센형보다는 늦은 시기에 상태도 덜 심한 형태로 나타난다.

3. 안면견갑상완형 근이영양증

① 안면견갑상완형은 상염색체 우성유전으로 발생하며 안면근, 견갑근(어깨근), 상완(어깨와 팔굽 사이 근육)과 허리, 엉덩이 근육 등이 약화되기 시작하여 골반과 다리 부분으로 진행되어 간다. ❷ 11초등10

② 초기에 보이는 증상은 얼굴 근육의 약화가 먼저 나타나 입술이 불룩하게 나오면서 미소를 짓기 어려워지는 것인데, 이는 점차 다른 얼굴 근육의 위축으로 진행되어 눈을 감기 어려워지거나 얼굴 전체의 표정을 짓기 어려워지며, 팔을 들기 어렵고 다리와 골반이 약해진다.

③ 움직임의 특성으로는 목을 움직이는 근육(목굴근), 대흉근(가슴근), 삼각근(어깨근) 등이 약화되어 일상생활에서 움직임의 제한이 나타난다. 특히 안면근육 약화로 휘파람 불기, 풍선 불기, 빨대로 물 마시기 동작에서 어려움이 나타난다. ❶ 20초등B2

④ 가슴 근육의 약화가 동반되면서 날개 모양의 어깨(익상견갑)를 보인다.

4. 지대형 근이영양증

① 지대형 근이영양증은 상염색체 우성유전으로 발생하며, 주로 근위부의 근육 위축이나 근력 약화를 특징으로 한다. 이러한 근육 약화는 팔에서 다리로 퍼질 수도 있고 반대로 다리에서 팔로 퍼질 수도 있으나, 안면 근육에는 이상이 없다.

② 듀센형과 마찬가지로 보행의 어려움이 발생하며 잘 넘어지고 계단 오르내리기를 힘들어 한다. 관절 구축으로 보행 시 발뒤꿈치를 들고 걸으며, 전신의 관절이 굳어 보행의 어려움은 있으나 호흡부전과 심부전은 적기 때문에 생명에는 지장이 없다.

기출 POINT 3

❶ 20초등B2

(가)의 [A]를 고려하여 ㉠의 이유를 쓰시오.

(가) 예지의 특성

- 안면견갑상완형 근이영양증
- 어깨뼈가 날개같이 튀어나와 있음
- 팔을 들어올리는 데 어려움이 있음

[A]

㉠ 휘파람 불기, 풍선 불기, 빨대로 물 마시기 동작에 어려움이 있음

❷ 11초등10

다음의 설명 중 적절한 것을 모두 고른 것은?

■ 현우: 근이영양증

(다) 종아리 부위의 근육이 뭉친 것처럼 크게 부어올라 있다.
(라) 가우어 징후를 보이며 바닥에서 일어나는 데 어려움이 있다.

© (다): 유전자 중 X 염색체의 결함이 주된 원인인 안면견갑상완형의 초기 증상이다.

03 특수교육적 지원

특수교육적 중재의 초점은 질병의 상태를 '회복시키는' 것보다는 현재의 상태를 유지하고 '지탱하게 하는' 역할에 있다.

1. 자세 및 신체적 지원 ❶ 23유아A5

① 근이영양증은 장애 상태의 개선보다는 현재의 상태를 유지하도록 지원해주는 것이 중요하다. 따라서 근육을 이완하고 근육의 협응을 강화하기 위한 매일의 적당한 스트레칭 운동이나 악기 연주, 수영, 자전거 타기 등을 통해 가능한 한 남아 있는 근력을 효과적으로 사용하도록 지도한다. ❷ 14중등A13

② 물리치료를 통해 남아 있는 힘을 효과적으로 사용하고, 서기나 걷기, 이동 능력을 유지할 수 있도록 지원한다. 작업치료를 통해 자세 잡기, 팔 지지하기, 손으로 글쓰기, 머리 빗질하기, 양치하기 등 일상생활에서의 기술 수행을 지원한다.

③ 운동 부족과 약물 부작용으로 체중이 급격히 증가하고 근력 약화와 함께 척추측만증 등의 자세 변형을 초래할 수 있으므로 학생의 자세 유지 및 조정에 지속적인 주의와 관심이 필요하다.

④ 보행을 어렵게 할 수 있는 비만에 대한 철저한 관리가 필요하다.

⑤ 약한 자극에도 사지가 탈구될 수 있으므로 아동의 팔을 잡고 들어올리지 않도록 주의해야 한다.

⑥ 피곤의 수위를 조절한 보행을 장려한다.

근이영양증 학생의 일상생활 지원 방안

	문제 상황	지원 방안
수면	잠잘 때에 스스로 자세를 바꾸는 등 자연스러운 움직임이 일어나지 않음	• 일정한 간격으로 몸의 위치를 변경시켜 주기 • 에어 매트리스나 물침대 사용이 유용함
영양과 체중 관리	• 움직임의 제한으로 인한 체중 증가 • 움직임의 제한으로 인한 증상 악화 • 관절 가동 범위의 제한	• 적당한 영양 공급으로 체력 유지하기 • 하루에 2~3회 관절 가동 운동하기 • 가능한 한 학생 스스로 할 수 있도록 유도하기
휠체어 사용	• 장시간 사용으로 인한 척추측만증 • 엉덩이와 무릎, 발목의 관절구축	• 올바른 자세 유지하기 • 휠체어 사용 시간 줄이기 • 규칙적으로 스트레칭하기
운동	• 근육 조직의 손상 • 심폐의 피로도	• 잘못된 방법의 운동이나 지나치게 격렬한 운동은 해로움 • 근력 유지와 구축 예방을 목표로 저항이 낮은 운동하기 ❶ 23유아A5

기출 POINT 4

❶ 23유아A5

㉠~㉣ 중 잘못된 내용을 2가지 찾아 그 기호를 쓰고, 각각을 바르게 고쳐 쓰시오.

박 교사: 선생님, 준우가 듀센형 근이영양증인데, 신체 활동할 때 고려할 점에 관해 협의해 보아요.
김 교사: 네, 준우가 ㉠ 걷기 능력을 가능한 한 오랫동안 유지할 수 있도록 해요.
박 교사: 그리고 ㉡ 근력 약화도 지연되도록 해야겠어요.
김 교사: 근력 운동은 무게가 있는 물건을 사용하면 어떨까요?
박 교사: 네, 하지만 너무 무거운 것은 피해야 할 것 같아요. 그리고 ㉢ 가성비대가 나타나는 근육은 사용하지 않도록 하는 것이 중요해요.
김 교사: 근력 운동뿐만 아니라 유산소 운동도 꼭 포함해야겠어요. 준우가 비만이 심해질수록 움직이기 더 힘들어하는데, 고정형 자전거를 타게 하면 어떨까요?
박 교사: 좋아요. 준우가 타다가 ㉣ 힘들어서 피로하다고 하더라도 몇 분 더 타도록 지도할게요.

❷ 14중등A13

근이영양증을 지닌 학생들에 대해 나눈 대화이다.

강사: 네. 좋은 정보 감사합니다. 그러면 휠체어를 타는 학생들이 현재 상태를 유지할 수 있도록 근육 스트레칭이나 적절한 운동 프로그램을 준비하면 되겠네요.

2. 심리 및 사회정서적 지원

① 근이영양증 학생에게 스스로가 여전히 가치 있고, 중요한 사람이라는 인식을 가질 수 있도록 자존감을 길러 주어야 한다.

② 다른 학생과 다른 규칙을 적용하거나 또래들로부터 격리되지 않도록 유의해야 한다.

③ 학생이 자신의 문제를 물을 때 직접적인 정보를 제공하기보다 부모・의사와의 대화를 제안하는 것이 바람직하다.

3. 학습 지원

① 근이영양증 학생을 과보호하는 것은 학생을 의존적으로 만들고 고립시키기 때문에 지양해야 하고, 긍정적인 기대와 실제로 할 수 있는 과제를 부여하는 것이 필요하다.

② 학생의 자율성을 증진시키기 위한 교수 전략을 활용한다.

③ 보조기기를 활용한 컴퓨터 접근성을 확대한다.

④ 학생의 신체적 제한성을 고려하여 쓰는 것 대신 과제를 녹음할 수 있도록 지원하거나 계산기 사용 허용, 과제 조정, 다양한 보조기기의 사용 등을 실시한다.

CHAPTER 04

이분척추

01 이분척추의 정의

02 이분척추의 유형
- 잠재이분척추
- 수막류
- 척수수막류

03 장애의 영향
- 뇌수종
- 하지 기능 마비

01 이분척추의 정의

① '이분척추'란 척수를 감싸고 있는 척추 뼈의 뒷부분이 완전히 닫히지 않은 채 태어나는 선천적 이상으로, 신경손상과 마비를 일으켜 생기는 기능장애이다.

② 이분척추는 인체에서 엽산의 사용에 영향을 미치는 효소를 만들어 내는 유전자에 문제가 있을 경우 발생한다.

02 이분척추의 유형

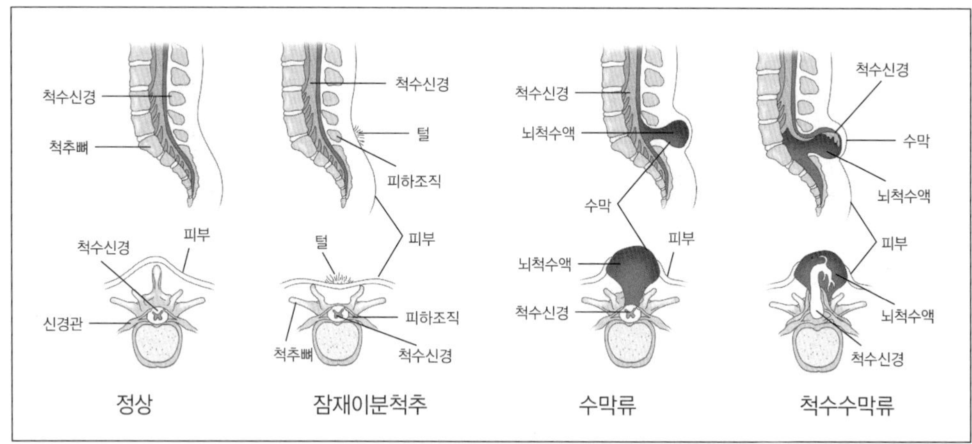

이분척추의 유형

1. 잠재이분척추

① 잠재이분척추는 뼈의 결손만 일어난 것으로, 눈에 띄는 영향이 없는 경우이다.

② 잠재이분척추는 척수나 수막의 탈출이 없어 신경학적 증상을 보이지 않는다.

③ 보통 하위 요부와 천골부에서 많이 발생하고, 일부에서 하위 요부 중앙에 털이 있거나 피부 변색, 지방종 등이 있어 잠재이분척추임을 암시하기도 한다.

2. 수막류

① 수막류는 뼈 결손 부위의 척수막이 결손된 것으로, 척수 자체가 손상된 것은 아니다.

② 수막류는 쉽게 치료가 가능하고 외과적 수술을 통해 완치될 수 있다.

3. 척수수막류 ❶ 23중등A11, ❷ 11초등10

① 척수수막류는 척수를 둘러싸고 있는 척추뼈의 뒷부분이 완전히 닫히지 않아 분리된 척추 사이로 척수나 신경섬유가 돌출된 상태이며, 이 경우 신경장애를 유발한다.

② 또한 신경손상으로 인해 하지 마비와 항문 및 방광괄약근 마비가 수반되는 경우가 많다.

③ 외과적 수술을 할 수 있으며 종종 도움을 받을 수 있으나, 영구적인 장애를 가져온다.

④ 척수수막류를 가진 사람의 80~95% 정도가 수두증(뇌수종)을 갖는다.

03 장애의 영향

이분척추를 언급할 때는 척수수막류를 중심으로 고려한다. 분리된 척추뼈 사이로 신경이 돌출되지 않은 이분척추는 조기에 외과적 수술로 치료할 수 있다. 그러나 신경이 돌출되어 손상된 경우에는 손상된 신경이 관여하는 신체 부위 하단으로 마비현상이 나타난다.

1. 뇌수종

① 척수수막류를 가진 사람은 대부분 뇌척수액이 뇌에 고이는 뇌수종으로 발전된다. 뇌척수액은 뇌와 척수를 보호하고 완충작용을 하는 역할을 하는데, 척수의 파열로 척수액이 정상적으로 배출되지 못하면 이것이 뇌에 쌓여서 머리가 커지고, 지적장애를 유발하며, 다른 신경계적 손상을 불러온다.

② 이 경우 뇌실에 축적된 뇌척수액을 다른 신체 부위(예 복강, 흉강, 심방 등)로 흘려보내는 션트 삽입 수술을 통해 뇌압 상승을 방지할 수 있다. 션트 삽입 시 고려사항은 다음과 같다. ❶ 15초등A6

기출 POINT 1

❶ 23중등A11

괄호 안의 ㉠에 들어갈 이분척추의 유형을 쓰시오.

(가) 학생 A의 특성

> • (㉠) 이분척추
> • 신경계 일부가 돌출된 상태로 태어남
> • 뇌수종으로 인한 지적장애
> • 방광 조절 기능장애
> • 하지마비

❷ 11초등10

다음은 특수학교 박 교사가 자신의 학급 아동을 관찰한 내용이다. 이에 대한 설명으로 적절한 것을 모두 고른 것은?

■ 영수: 이분척추
■ 관찰 내용

> (마) 척추 부위에 혹과 같은 모양으로 근육이 부어올라 있다.
> (바) 머리가 비정상적으로 크고, 자주 구토를 하며 머리가 아프다고 호소한다.

> ㉤ (마): 척추 뼈가 완전히 닫히지 않아 분리된 척추 사이로 척수액이나 신경섬유가 돌출된 것이 원인인 잠재이분척추의 증상이다.
> ㉥ (바): 향후 수두증으로 진행하거나 션트 삽입 수술 등이 필요할 수 있다.

기출 POINT 2

❶ 15초등A6

미나의 특성을 고려할 때 ㉠에 문제가 발생하지 않도록 하기 위해 교사가 유의해야 할 사항을 1가지 쓰시오.

> 미나: 이분척추를 지닌 학생이며, 뇌수종으로 인하여 션트 삽입 수술을 받음

■ 학생 지원 계획

> 마을 조사 시 ㉠ 션트(shunt)에 문제가 발생하지 않도록 유의하기

㉠ 시술 부위에 충격이 가지 않도록 주의해야 한다.

㉡ 감염되거나 막힘이 발생할 경우 아동은 두통, 흐릿한 시야, 구역질이나 구토, 무기력, 팔 힘의 약화, 혹은 동공 확대를 경험할 수 있다.

㉢ 아동이 성장하게 되면서 성장에 맞추어 정기적인 션트 수정이 필요하다.

션트 삽입 수술 시 주의사항	
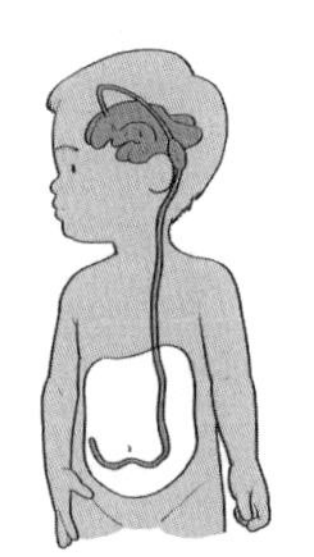 뇌실-복강 단락 (V-P 션트)	• 단락 수술에 사용되는 기기는 몸 안에서 이물질로 작용하여 감염 발생 가능성이 있으며, 경과에 따라 다르지만 기능 부전 및 폐쇄가 올 수 있다. • 피부 및 피하 지방 조직이 얇을 경우 외부에서 볼 때 표시가 나는 경우가 있다. • 복강과 내실이 연결된 것으로 복강 내 감염 또는 다른 원인으로 단락 기기의 감염 및 폐쇄 등이 초래될 수 있다. • 단락 장치의 기능 이상으로 뇌척수액이 과다배출되거나 과소배출될 수 있다. 과대배출 시 두통·뇌출혈이 발생할 수 있으며, 과소배출되면 수두증으로 인한 증상이 다시 발생할 수 있다. • 션트장치가 제대로 작동하지 않아 증상들이 발생하면 즉시 병원을 방문해야 한다.

2. 하지 기능 마비

① 척수손상으로 인한 가장 큰 영향은 결함이 일어난 부분 아래인 하지의 기능 마비이다. 이로 인해 보조기구나 휠체어·보행기·목발을 이용하여 이동하게 되며, 시각장애와 하지의 감각 상실을 포함해 중복장애가 있을 수 있다.

② 장과 방광의 통제는 척수의 아랫부분에서 관장하기 때문에 이분척추를 가진 사람들은 대부분 배변 조절 기능에 문제가 있다.

CHAPTER 05

뇌전증(경련장애)

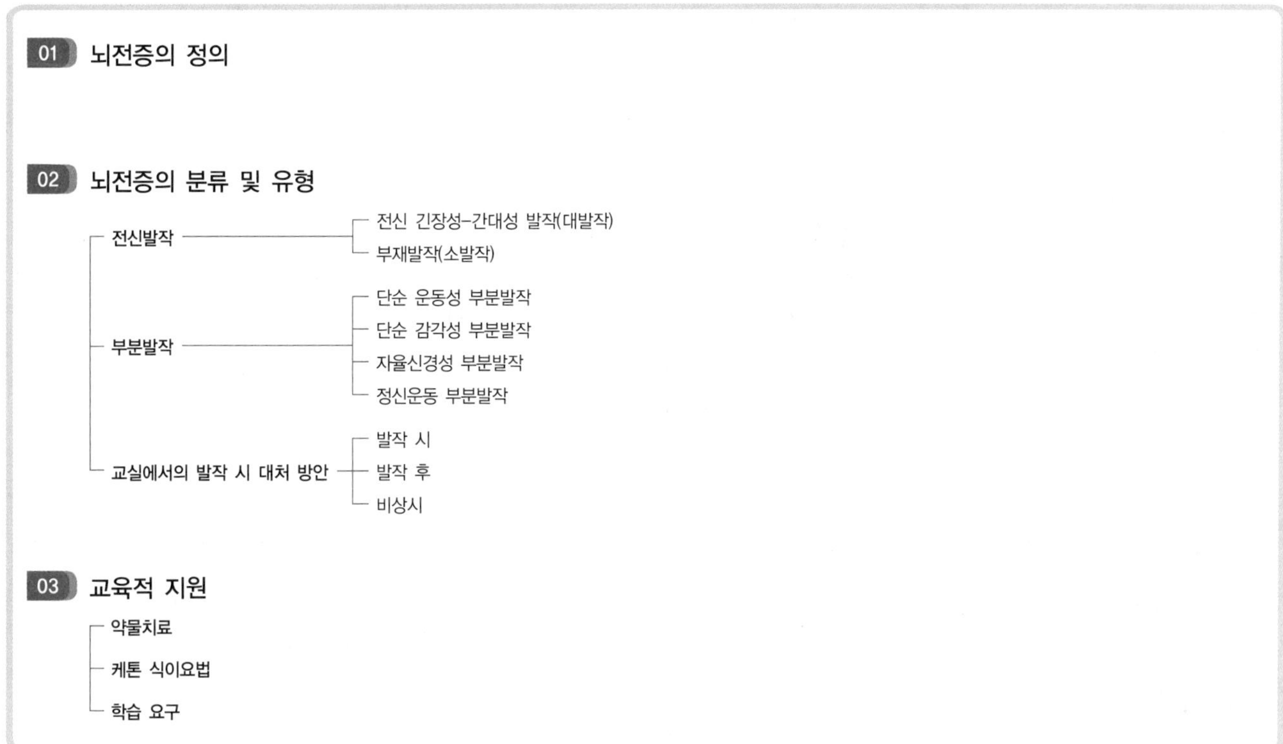

01 뇌전증의 정의

① 뇌전증은 뇌에서 비정상적으로 과다한 전기적 방전이 갑작스럽게 반복적으로 나타나는 현상이다.

② 뇌전증의 증상은 심한 운동성 경련부터 잠깐의 의식 소실까지 매우 다양하며, 대부분 이와 같은 발작증세를 전후해서 전조나 전구증상이 선행되거나 발작 후 증세가 뒤따른다.

㉠ 전조는 주된 발작 직전에 느끼는 신경학적 증세로서, 많은 아동들은 발작 전에 어떤 소리를 듣거나, 영상을 보거나, 냄새를 지각하는 등의 사전 경고 증상을 경험한다.

㉡ 전구증상은 발작이 있기 전에 느끼는 기분 또는 행동의 변화이다.

㉢ 발작 후 시기는 발작이 끝난 후의 기간을 의미하며, 많은 경우 혼미한 의식 상태를 보이거나 지남력*을 상실한 상태 또는 자율적 행동 등을 보이는 경우가 많다.

Keyword

지남력
현재 자신이 놓여 있는 상황을 올바르게 인식하는 능력

02 뇌전증의 분류 및 유형

발작은 뇌의 비정상 전위의 종류와 위치에 따라 분류되며, 크게 전신발작과 부분발작으로 나눌 수 있다. 전신발작은 뇌의 비정상적인 전위가 뇌의 양측에서 나타나므로 증상이 신체 좌우 모두에 나타난다. 부분발작은 전위가 뇌 편측의 한 지역에서 일어난다.

1. 전신발작

(1) 전신 긴장성-간대성 발작(대발작)

① 뇌의 중심 부위에서 시작된 경련이 대뇌반구로 동시에 퍼지는 발작 형태로, 긴장성 발작기가 시작되면 몸 전체에 걸쳐 근긴장이 증가하는 강직기를 경험하고, 이후 몸을 떠는 간대기로 진행되면 떨림 간격이 점차 커지면서 발작이 끝나게 된다. ❶ 23중등A11

② 발작이 시작되면 의식불명 상태에서 온몸이 경직되고, 호흡곤란이 생길 수 있으며, 이러한 불규칙적 호흡으로 청색증이 나타날 수 있다. 또한 발작 동안 삼킴기능이 충분하지 못하고 타액이 축적되기 때문에 입에 침이 모여 거품이 입 밖으로 나올 수 있다. ❷ 19초등A6

③ 배변 통제가 안 되고, 격렬한 발작으로 신체적 상해를 입기도 한다. 몸을 옆으로 눕히지 않으면 타액 흡인이 일어날 수 있고, 혀를 깨물거나 구토 증상이 나타나기도 한다. 발작이 진정되면 기억을 못하기도 하는데, 대개는 졸려하며 휴식을 취하게 된다. 18중등A14

(2) 부재발작(소발작)

① 1~30초의 짧은 시간 동안에 의식을 잃는 특징을 보이는데, '멍한 상태'를 보이는 발작 증세가 짧게 지속되며, 많은 경우 하루에 수십 회씩 나타나기도 한다. 한곳에 시선을 정지한 채 쳐다본다거나, 눈을 깜빡거리거나, 신체의 한 부분에 가벼운 경련을 일으키거나, 어떤 일정 행동을 반복적으로 나타내기도 한다. ❶ 25중등A12, 16중등A5

② 부재발작은 갑작스럽게 시작되고 전조가 동반되지 않는다.

③ 아동의 경우 부재발작 후 교실에서 무슨 일이 발생했는지 혼란스러워할 수도 있다.

2. 부분발작

(1) 단순 운동성 부분발작

① 단순 운동성 발작은 주로 전두엽의 운동피질에서 시작되어 반대쪽 얼굴, 몸통 또는 팔, 다리 등에 경련성 움직임을 보인다. 예를 들어, 오른쪽 다리에 불수의적이고 반복적인 떨림이 있는 것이다.

② 경련이 신체 특정 부위에서 시작하여 다른 부위로 옮겨가는 특징적 모습을 보일 수 있는데, 이를 '잭슨형 간질' 또는 '잭슨형 경련'이라고 한다.

기출 POINT 1

❶ 23중등A11

㉥에 해당하는 전신발작의 명칭을 쓰시오.

> 특수교사: 선생님, 학생 C는 전신발작이 있으니 전조 증상에 유의해서 관찰해 주세요.
> 지원인력: 평소와 다른 특이한 행동이나 감각 반응 등을 관찰하면 되겠군요.
> 특수교사: 네. 발작이 시작되면 의식이 없어지고, 온몸이 경직되며 호흡 곤란과 격렬한 발작으로 인해 신체적 상해를 입기도 해요. 근육이 수축과 이완을 반복하며 몸 전체가 심하게 흔들립니다. 대부분 발작은 3~5분 안에 끝나고 힘이 빠진 상태에서 주로 잠이 듭니다. 그리고 발작이 진정되면 꼭 휴식을 취하게 해주세요. ㉥

❷ 19초등A6

㉠에 들어갈 발작의 유형을 쓰고, ㉡에 들어갈 말을 쓰시오.

> 보건교사: 성재는 경직형 양마비 지체장애학생인데, 뇌전증도 있어요. 성재는 지난 4월에 교실에서 온몸이 경직되고 호흡 곤란이 오면서 입에 침이 고이고 거품이 입 밖으로 나오는 격렬한 발작을 했습니다. 선생님, 많이 놀라셨지요?
> 통합학급 교사: 처음이라서 많이 당황했어요. 갑자기 그런 일이 생기니까 아무 생각도 나지 않더라고요. 혀를 깨물어 피가 날 수도 있을 것 같아 수건을 물려줄까 고민했습니다. 그런데 발작은 다 똑같은 형태로 나타나나요?
> 보건교사: 아니요. 발작 형태는 다양합니다. 그때 성재가 보인 발작은 (㉠)에 해당합니다. 그리고 발작할 때 입에 수건을 물려주면 (㉡) 때문에 위험할 수 있습니다.

기출 POINT 2

❶ 25중등A12

[A]에 해당하는 전신 발작의 유형을 쓰시오.

> 학생 K를 주의해서 보시면 하루에도 여러 번 짧은 시간 동안 발작 증세가 나타나요. 갑자기 하던 일을 멈추고 멍하게 응시하는 모습을 보일 때가 있어요. 그리고 눈을 깜박거리거나 입술 경련도 나타나지요. 이 증상은 경미하게 나타나기는 하지만, 전조 증상이 없이 갑자기 나타나기 때문에, 더욱 조심해야 해요. [A]

(2) 단순 감각성 부분발작

① 감각 발작은 어지러움이나 시각·청각·미각·후각 등 감각의 장애를 야기하고, 환청이나 환시가 나타난다. 예를 들면, 아동의 목소리나 음악 소리 혹은 다른 소리를 들을 수 있고 빛이나 색, 형상 등을 볼 수도 있다.

② 감각성 발작 시 전조가 더 흔히 나타나는데 가장 일반적인 증상으로 불안감, 두통, 불쾌감, 집중력 저하, 현기증, 피로감 등을 경험한다.

(3) 자율신경성 부분발작

① 단순 부분발작이 자율신경계와 연관되면 자율 증상이 나타난다.

② 자율신경 발작은 얼굴이 창백해지고 땀이나 홍조, 동공 확장을 일으키며 흔히 맥박 증가, 공포, 불안을 동반한다.

(4) 정신운동 부분발작

① 피질의 고등 기능이 발작과 연관될 때 정신적 증상을 나타낸다.

② 보통 의식이 저하되고 행동의 변화를 보인다. 시각이나 청각적 느낌이나 환각을 경험하기도 하며, 옷을 들어올리기, 입맛 다시기, 씹는 행동이나 자리에서 일어나는 등의 부적절한 행동을 하게 된다. 이러한 상태는 수 초에서 수 분까지 지속될 수 있다.

3. 교실에서의 발작 시 대처 방안 ❷ 17유아B4

구분	학생의 행동	대처 방안	유의사항
발작 시	갑자기 바닥에 쓰러지면서 온몸이 뻣뻣해지고, 몸을 떨기 시작하며, 안색은 창백하거나 푸름	• 머리를 보호하고 편안히 누울 수 있도록 머리 밑에 부드러운 물건을 받쳐줌 • 안경 등 깨지기 쉬운 물체를 치우고 옷을 느슨하게 풀어줌 • 날카롭거나 딱딱한 물체를 치움 • 학생을 옆으로 뉘어 입으로부터 침이 흘러나오도록 함 ❶ 18중등A14	• 학생의 입에 어떤 물건도 강제로 밀어 넣지 않음 • 발작을 억제하기 위해 학생을 흔들거나 억압하지 않음 ❸ 12중등35 • 학급 또래를 안정시킴
발작 후	발작 후 깨어났으나 기억력 상실과 정신 착란을 보임	학생이 완전히 깰 때까지 한 사람이 곁에서 지켜봄	• 학생에게 물이나 음료수를 주지 않음 • 상처 입은 곳을 살펴봄
비상시	• 발작 후 숨을 쉬지 않음 • 발작이 계속됨	발작이 끝나고 1분이 지나도 숨을 쉬지 않거나 대발작이 지속(5분 이상), 연이어 발작이 나타날 때는 구급차를 불러 즉각 병원으로 후송함	비상연락망 확보

기출 POINT 3

❶ 18중등A14

학생 M의 특성을 고려하여 ©의 이유를 1가지 서술하시오.

■ M의 특성

> • 경직형 뇌성마비 학생임
> • 전신 긴장성-간대성 발작(대발작)을 간헐적으로 보임

■ 특수교사의 조언

> 발작을 보일 때, 교사가 취해야 할 행동의 예: © 학생을 옆으로 눕힘

❷ 17유아B4

학생에게 '경련'이 일어난 경우에 교사가 취해야 할 행동으로 적절하지 않은 것 2가지를 ⓐ~ⓔ에서 찾아 기호를 쓰고, 그 내용을 각각 바르게 고쳐 쓰시오.

> ⓐ 유아 주변의 위험한 물건을 치운다.
> ⓑ 경련을 진정시키기 위해 물이나 마실 것을 준다.
> ⓒ 유아와 함께 있으면서 목과 허리 부분을 느슨하게 해준다.
> ⓓ 구토를 하면 질식할 수 있으므로 유아를 똑바로 눕히고 손으로 고개를 받쳐 들어 준다.
> ⓔ 경련을 하는 동안에는 경련을 저지하기 위해 유아의 몸을 억제하는 행동을 하지 않는다.

❸ 12중등35

발작에 대한 설명 중 옳은 것만을 있는 대로 고르시오.

> 학생이 발작을 일으키면, ㉠ 발작을 억제시키기 위해 학생을 흔들거나 붙들지 말아야 하며, 발작이 멈춘 후에는 충분한 휴식을 취하게 한다.

03 교육적 지원

1. 약물치료

① 뇌전증을 가진 학생 대부분은 발작을 억제하는 항경련제를 사용하는 약물치료를 한다. 투약을 통해 뇌성마비 학생의 90%에서 발작을 줄이거나 없앨 수 있다.

② 그러나 규칙적인 투약이 경련을 줄이거나 예방하는 데 매우 효과적임에도 불구하고 여러 가지 부작용이 초래될 수 있다. 예를 들어 과다행동, 과민성, 수면장애, 체모 성장, 기면, 우울증, 간 기능 이상 등을 초래할 수 있다.

③ 이러한 부작용으로 인해 투약하는 동안 세밀한 관찰이 필요하며, 주기적인 혈액검사를 통해 부작용을 최소화하며 발작을 줄여야 한다.

2. 케톤 식이요법

① 케톤 식이요법은 탄수화물과 단백질의 양을 제한하고, 대부분의 식사를 지방으로 구성한다. 일반적인 비율은 '탄수화물, 단백질 : 지방 = 1 : 4'가 적당하다. ❶ 12중등35

② 케톤 식이요법은 저탄수화물과 고지방 식사를 지속해야 하므로 영양학적 불균형의 문제와 함께 설사 등 소화기 부작용, 그리고 심각한 성장장애를 초래할 수 있다.

기출 POINT 4

❶ 12중등35

발작에 대한 설명 중 옳은 것만을 있는 대로 고르시오.

> 발작을 억제하기 위해 식이요법을 시도할 수 있다. ㉡ 케톤 식이요법은 칼슘과 단백질을 늘리고 지방과 탄수화물은 적게 섭취하는 방식이다.

3. 학습 요구

① 학업적 능력은 모든 유형의 발작에 의해 직간접적인 영향을 받는다. 심지어 심각하지 않은 정도의 발작도 발작 동안 또는 후에 학생이 학습 내용을 망각하게 하는 결과를 초래한다.

② 교사는 발작 때문에 놓친 학습 정보에 대해 필요한 경우 추가 교수를 제공하는 것이 필요하다.

③ 특히 부재발작을 자주 하는 아동의 경우에는 발작 후에 수업의 어느 부분을 학습하고 있는지를 찾도록 도와주는 또래 도우미를 지정하여 지원해줄 수 있다. ❶ 16중등A5

④ 투여 중인 약물이 각성도와 피로에 영향을 주어 학습 문제가 나타날 수 있다. 따라서 교사는 이러한 약물의 부작용을 알아야 하며, 학습이 영향을 받게 된다면 부모와 의사에게 알려야 한다.

기출 POINT 5

❶ 16중등A5

학생 A에게 나타난 발작의 유형을 쓰고, 밑줄 친 상황을 고려하여 학생 A가 수업에 참여할 수 있도록 교사가 수업 중에 지원해 줄 수 있는 방법 1가지를 쓰시오.

> 학생 A는 종종 전조나 전구도 없이 잠깐 동안 의식을 잃고, 아무런 움직임 없이 허공만 응시하고 있었다. 말을 하다가도 순간적으로 말을 중단하고, 움직임이 없어지며 얼굴이 창백해졌다. 발작이 끝나면 아무 일도 없었던 것처럼 이전에 하던 활동을 계속 이어서 하지만 발작 중에 있었던 교실 상황은 파악하지 못하여 혼란스러워 했다. 학생 A는 수시로 의식을 잃기 때문에 수업의 내용을 많이 놓쳐 당황해 하기도 하고, 수업 내용을 이해하지 못하여 좌절하기도 했다.

CHAPTER 06

골형성 부전증과 외상성 뇌손상

01 골형성 부전증
- 골형성 부전증의 정의 및 특징
- 교육적 지원

02 외상성 뇌손상
- 외상성 뇌손상의 정의 및 특징
- 교육적 지원

01 골형성 부전증

1. 골형성 부전증의 정의 및 특징

① 골형성 부전증은 뼈가 약하여 신체에 큰 충격이나 특별한 원인 없이도 골절이 쉽게 발생하는 유전질환이다. ❶ 17중등A4

② 일생 동안 몇 차례 정도의 골절을 겪거나 아동에 따라서는 다발성 골절을 경험하기도 하지만, 골절의 빈도는 나이가 많아짐에 따라 감소한다.

③ 대부분 정상적인 지능을 가지고 있으며, 운동발달이 늦고 유스타키오관 문제로 인해 귀가 자주 감염된다.

④ 청각장애, 청색공막 등의 장애를 동반한다.

기출 POINT 1

❶ 17중등A4

㉡에 들어갈 내용을 1가지 쓰시오.

> 박 교사: 우리 학급의 학생 M은 골형성 부전증입니다. 친구들과 다른 신체적 특성 때문에 심리적으로 위축되지 않도록 사회·심리적 지원을 해주고 있습니다.
> 양 교사: 골형성 부전증의 특성상 (㉡)의 위험이 있으므로 특히 신체활동이 많은 교수·학습 활동 시 주의해야 합니다.

2. 교육적 지원

① 교실은 1층에 배치하고, 교실 간 이동거리를 줄이기 위해 시간표를 조정한다.

② 필요한 경우 청각 재활훈련을 제공한다.

③ 척추에 문제가 있어 수술과 다리 교정을 위한 보조기기가 필요하며, 척추측만을 예방하기 위한 자세 교정이 요구된다.

④ 남아 있는 뼈 조직을 건강하게 유지하기 위해 적당한 신체 활동이 권장된다. 단, 뼈에 손상을 줄 수 있는 철봉이나 달리기 등의 활동은 제한한다.

02 외상성 뇌손상

1. 외상성 뇌손상의 정의 및 특징

① 외부의 물리적 충격에 의해 후천적으로 두뇌가 손상된 것을 말한다.

② 관련된 의학적 증상으로 인지, 감각, 운동능력 및 다른 기능의 손상을 초래하며 중도일 경우 장단기 기억력 결손, 조직화, 지각, 집중의 어려움, 판단력, 문제해결, 이해력 부족, 학업능력 감소의 문제가 나타나 다양한 학업적 문제가 유발된다.

③ 시력, 청력의 손상을 가져오며 외상의 부위와 심한 정도에 따라 운동능력이 손상되어 경직, 운동실조, 떨림 등이 나타난다.

④ 그 외 섭식, 의사소통, 공격성, 무관심, 반사회적 행동 등의 정서・행동장애를 보이며 이러한 손상은 일시적일 수도 있고 영구적일 수도 있다.

2. 교육적 지원

(1) 학습지원

① 불필요한 자극 차단하기

② 학생을 출입문이나 창문가에 배치하지 않기

③ 시각적인 자극을 조절하기

④ 반복 수업으로 기억력 결함 보완하기

(2) 심리・사회 발달 면에서의 지원

① 공격 성향을 지원하기 위해 감정을 조절하는 역할 모델 시연하기

② 자신감 상실, 우울감, 자기비판적 성향을 지원하기 위해 전문가에게 의뢰하기

③ 통제력 부족, 사회적 기술 결여를 지원하기 위해 구조화된 일상생활 계획 등을 통해 훈련하여 자기조절력 촉진하기

CHAPTER 07

자세 및 앉기 지도

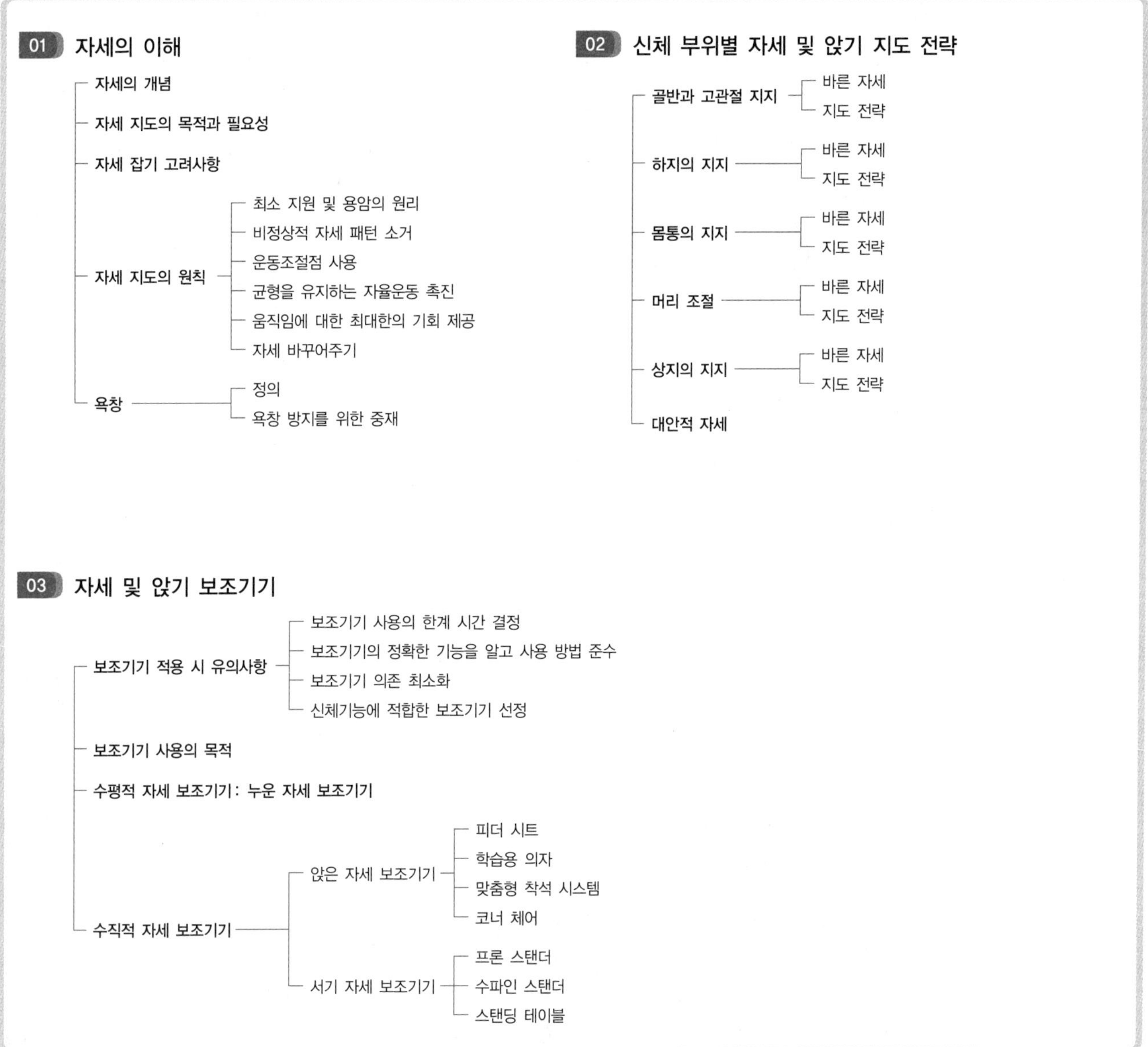
01 자세의 이해
자세의 개념
자세 지도의 목적과 필요성
자세 잡기 고려사항
자세 지도의 원칙
최소 지원 및 용암의 원리
비정상적 자세 패턴 소거
운동조절점 사용
균형을 유지하는 자율운동 촉진
움직임에 대한 최대한의 기회 제공
자세 바꾸어주기
욕창
정의
욕창 방지를 위한 중재
02 신체 부위별 자세 및 앉기 지도 전략
골반과 고관절 지지
바른 자세
지도 전략
하지의 지지
바른 자세
지도 전략
몸통의 지지
바른 자세
지도 전략
머리 조절
바른 자세
지도 전략
상지의 지지
바른 자세
지도 전략
대안적 자세
03 자세 및 앉기 보조기기
보조기기 적용 시 유의사항
보조기기 사용의 한계 시간 결정
보조기기의 정확한 기능을 알고 사용 방법 준수
보조기기 의존 최소화
신체기능에 적합한 보조기기 선정
보조기기 사용의 목적
수평적 자세 보조기기: 누운 자세 보조기기
수직적 자세 보조기기
앉은 자세 보조기기
피더 시트
학습용 의자
맞춤형 착석 시스템
코너 체어
서기 자세 보조기기
프론 스탠더
수파인 스탠더
스탠딩 테이블

01 자세의 이해

1. 자세의 개념

① 자세는 학습·일상생활·대화와 같은 개인적·사회적 활동을 수행하기 위한 기본적인 요건이며, 신체적인 건강과 밀접한 관련이 있는 영역이다.

② 좋은 자세를 위해서는 무게중심이 신체에 균등하게 분배되고, 신체의 체중 지지면이 안정되어야 한다. 또한 신체의 정렬이 정중선을 중심으로 대칭 자세가 되어야 한다.

③ 좋은 자세는 학습을 하거나 일상생활을 할 때 좋지 않은 습관으로 인해 발생할 수 있는 기형을 예방하고, 활동이나 외부 자극으로부터 신체의 손상을 줄일 수 있다.

2. 자세 지도의 목적과 필요성

① 바른 자세는 신체의 정렬과 안정성을 제공한다.

② 바른 자세는 근긴장도를 적절하게 유지시켜 준다.

③ 바른 자세는 기형과 이차적인 근육의 장애를 예방한다.

④ 불안한 자세로 인한 심리적인 두려움을 줄여주며, 눈맞춤을 하고 타인의 표정을 읽음으로써 정서적 안정과 상호작용을 촉진할 수 있다.

⑤ 안정된 자세는 상지 사용 기능을 극대화한다.

⑥ 적절한 자세 지도를 통해 시각이 확보되어 환경으로부터 다양한 정보를 얻을 수 있고 호흡과 발성, 구강 운동 기능의 발달을 촉진할 수 있다.

3. 자세 잡기 고려사항

① 지체장애 학생을 위한 적절한 자세 잡기는 전형적이고 기능적인 움직임 패턴을 촉진하여 학생의 기술 발달과 독립성을 격려한다.

② 가장 바람직한 자세를 선정할 때 부모, 교사, 치료사는 다음의 질문에 답하기 위하여 협력해야 한다.

- 자세가 발달적으로 적절한가?
- 자세가 기능적 기술의 발달을 강화하는가?
- 자세가 없어져야 하는 움직임 패턴(예 원시반사)의 출현을 억제하는가?
- 자세가 가정과 학교의 일상과 활동에서 사용될 수 있는 현실적인 대안인가?

③ 지체장애 학생은 가정과 학교에서 일상적인 활동을 하는 동안 기능적인 자세를 유지하기 위해 종종 자세 잡기 적응 장비나 도구를 필요로 한다.

④ 신체의 자세를 유지하도록 돕는 자세 잡기 도구는 둥글게 만 수건이나 담요와 같이 간단한 것을 활용할 수도 있다. 그러나 어떤 학생은 기능적인 움직임을 위해 가장 바람직한 자세를 취하는 데 있어 특수한 착석 도구·휠체어·웨지와 같은 장비를 필요로 하며, 프론 스탠더와 같은 자세 잡기 도구는 뼈 성장을 촉진할 수 있다.

⑤ 자세 잡기를 강조하는 이유는 지체장애 학생이 장시간 앉아 있음으로 인해 골반 및 무릎 관절 구축이 더 심해지고 형태 이상이 생기기 쉽기 때문이다. 또한 관절의 움직임 유지를 위해서는 관절의 스트레칭이 중요하고, 간헐적으로 하는 운동보다 자세 잡기가 구축 방지에 좀 더 효과적이기 때문이다(Ryndak & Apler, 2003).

4. 자세 지도의 원칙(신경발달적 접근에 기초한 기본적인 원리, Finnie & Sobsey)

(1) 최소 지원 및 용암의 원리

① 교사가 제공하는 신체적 보조는 필요 이상으로 제공하지 않도록 한다.

② 신체 관리나 자세 지도를 위한 전적인 보조는 수동적인 생활 태도를 갖게 하고, 스스로 하고자 하는 시도를 낮추며, 이차적인 근육의 장애를 초래한다. 따라서 가능하면 학생 스스로 바람직한 자세 및 동작을 실행할 수 있도록 보조를 점차 줄여 나가는 것이 바람직하다.

(2) 비정상적 자세 패턴 소거

① 여러 가지 비정상적인 반사 및 굳어진 자세 패턴에 대해 반대되는 자세를 취해줌으로써 비정상적인 패턴에서 벗어나는 경험을 제공한다.

② 스스로의 힘으로는 비정상적인 자세와 운동 패턴에서 벗어나기 어려우므로 다루기를 통해 정상적 자세를 경험하고 발달시킨다.

(3) 운동조절점 사용

① 부적절한 반사나 운동 패턴이 목·어깨·척추·골반 등의 조절기준점을 중심으로 시작되므로, 이 부분을 정상적인 위치로 잡아주어 비정상적 근긴장이나 자세를 교정하는 효과를 극대화할 수 있다.

② 또한 신체 근위부에 해당하는 이러한 조절점 다루기를 통해 안정성을 유지하도록 할 때 팔, 다리 등 원위부의 소근육 운동능력이 향상된다.

(4) 균형을 유지하는 자율운동 촉진

① 지체장애 학생은 비정상적인 운동발달로 인해 정상 운동발달과 신체 기능에 필수적인 정위반사, 평형반사, 보호반사 등의 자율운동이 발달하지 못하는 경우가 많으므로 이런 자율운동을 촉진하는 것도 치료적 다루기의 중요한 부분이다.

② 교사는 다양한 학습활동과 자세를 제공하여 신체 기능에 필수적인 반응을 유발하고 연습할 수 있는 다양한 기회를 많이 제공해야 한다.

(5) 움직임에 대한 최대한의 기회 제공

① 장애 학생의 근긴장도 문제와 관절 가동 범위의 제한성, 정형외과적 장애 등의 이차적인 문제를 예방하기 위해 가능한 한 하루 일과 중에 다양한 운동 기술을 경험할 수 있도록 고려해야 하며, 이는 학생의 연령이 낮을수록 더욱 중요하고 지체장애 학생에게 특히 중요하다.

② 관절 가동 범위의 유지를 위해 하루 일과에서 꾸준한 운동을 하게 한다.

(6) 자세 바꾸어주기

① 한 자세를 오랜 시간 유지할 경우 압력으로 인해 고통을 느끼게 되고, 나아가 욕창과 같은 문제를 유발할 수 있다.

② 자세 변경이 어려운 경우에는 서 있기, 옆으로 눕기, 엎드린 자세, 누운 자세 등 대안적 자세를 제공하여 한 자세에서의 지루함을 피하고, 건강을 촉진하며, 쾌적함을 느낄 수 있도록 자주 바꾸어주어야 한다.

5. 욕창

(1) 욕창의 정의

'욕창'이란 신체의 돌출부와 피부 표면에 장기간의 지속적・반복적 압력이나 마찰로 인해 발생하는 국소적인 조직의 손상을 의미한다.

(2) 욕창 방지를 위한 중재 ❶ 25중등B6, ❸ 13초등B4, ❹ 09중등28

① 적당한 영양과 수분을 유지할 수 있도록 한다.

② 적절한 수준의 활동에 참여하는 것은 피부 마찰력을 증가시켜 욕창을 방지할 수 있다.

③ 지속적인 압력을 완화하여 1~2시간마다 자주 자세를 바꾸어준다(누워 있을 때는 적어도 2시간마다, 휠체어에 앉아 있을 때는 30분마다 자세 변화 필요함). ❷ 23유아A5

④ 휠체어에 욕창 방지용 에어매트를 부착한다.

⑤ 대소변 실금으로 인한 습기나 용변, 빈번하고 과도한 씻기는 피부의 마찰 저항력을 낮추어 피부 통증을 유발할 수 있으므로 자주 점검하여 피부를 마르고 청결하게 유지한다.

기출 POINT 1

❶ 25중등B6

밑줄 친 ㉣의 이유를 1가지 서술하시오.

> ㉣ 일과 중에 자세를 자주 바꿔 주거나 피부 청결 및 건조 상태 유지시켜주기

❷ 23유아A5

[A] 상황을 고려하여 ① ㉥을 사용할 때 기대되는 효과를 쓰고, ② ㉦에 들어갈 교사의 지원 내용을 1가지 쓰시오.

> 박 교사: 준우의 용변 처리를 지도할 때 엉덩이를 보니 일부 피부가 빨간색이었고 시간이 지난 후 다시 보아도 원래 피부색으로 잘 돌아오지 않았어요.
> 김 교사: 그렇죠. 준우 아버지께서도 준우가 집에서 의자에 좋은 자세로는 앉아 있지만 너무 오랫동안 앉아 있다고 걱정하셨어요. 교실에서도 선생님께서 알려 준 방법대로 의자에 바르게 앉아 있기는 하지만 한번 앉으면 잘 일어나려고 하지 않아요. [A]
> 박 교사: ㉥ 의자 위에 특수 쿠션을 올려놓고 준우가 앉을 수 있도록 해야겠어요.
> 김 교사: 보조기기를 사용하는 것 외에 다른 방법은 무엇이 있나요?
> 박 교사: 일과 중에도 수시로 (㉦)을/를 해야 해요. 그리고 피부를 관찰하고 점검해서 피부의 청결, 습기, 온도, 상처, 감염 여부를 확인해서 조치해요. 균형 있는 영양 섭취, 용변 처리, 비만 등에 대한 지도가 필요합니다.

❸ 13초등B4

㉡을 예방하기 위해 교사가 할 수 있는 방법 1가지를 쓰시오.

■ 학생 특성

> 동우: 척수 손상으로 ㉡ 욕창을 보일 위험이 있음

기출 POINT 1

❹ 09중등28

지체장애 학생에게서 나타날 수 있는 욕창과 같은 피부 문제와 이의 관리에 대한 적절한 설명을 모두 고른 것은?

㉠ 휠체어에 오래 앉아 있는 학생을 위해 좌석에 욕창 방지 쿠션을 깔아 준다. 체중을 분산시켜 욕창을 예방할 수 있을 뿐만 아니라 학생의 자세나 체위를 바꾸어 주지 않아도 되기 때문에 학교생활에 도움이 된다.
㉡ 신체 움직임이 많은 활동은 근육의 크기를 고르게 유지시키지 않고 피부 표면의 마찰이 커져 욕창 발생 가능성을 높인다. 따라서 경련성 운동마비장애 학생은 신체 활동 시 경련성 동작에 따른 마찰력 증가를 주의하여, 되도록 신체 움직임이 적은 활동을 하도록 한다.
㉢ 같은 압력이나 마찰력이라도 학생마다 물리적 자극에 대한 저항력의 차이가 있으므로 욕창 발생 여부가 달라질 수 있다. 저단백질증, 빈혈, 비타민 부족 등의 불량한 영양 상태는 신체 조직의 저항력을 낮춰 욕창 발생을 높이므로 적당한 영양섭취와 수분의 공급이 필요하다.
㉣ 변실금은 대변에 포함된 박테리아와 독소가 피부에 묻어 피부가 벗겨질 수 있어 요실금보다 욕창에 더 중요한 위험 요인이다. 실금으로 인해 기저귀를 착용하는 학생은 기저귀를 자주 점검하고 오염된 부위를 씻어 주어 청결하게 유지하는 것이 필요하다.
㉤ 외부의 압력이 신체에 지속적으로 작용하는 것이 욕창 발생의 핵심적인 원인이다. 중복지체장애 학생은 이로 인한 통증이나 피부에 문제가 생겨도 이를 표현하는 데 어려움을 가질 수 있으므로, 구어적 형태가 아니더라도 몸짓과 같은 신호를 개발하는 것을 의사소통 지도목표에 포함할 필요가 있다.

02 신체 부위별 자세 및 앉기 지도 전략

1. 골반과 고관절 지지

(1) 바른 자세

골반은 중립의 위치에 있어야 하며, 바른 자세는 골반이 등과 수평이거나 앉아 있을 때 수직인 자세이다. 골반이 바르게 위치되었을 때 몸과 머리의 조절이 용이하다.

❶ 17유아A1, 16초등B4

기출 POINT 2

❶ 17유아A1

앉기 자세를 지도할 때 ⓐ~ⓓ 중 적절하지 않은 것을 찾아 기호를 쓰고, 그 내용을 바르게 고쳐 쓰시오.

> ⓐ 골반이 등과 수직이 되게 하여 체중이 엉덩이 양쪽에 균형 있게 분산되도록 한다.

(2) 지도 전략

① 의자 등받이 사이에 틈이 있을 경우에는 등 아랫부분이 충분히 지지받지 못하고 등이 굽어 나쁜 앉기 자세가 되고, 결과적으로 앞이나 옆으로 기울어지는 경우가 발생하므로 주의한다.

② 골반 자세 지도의 핵심은 골반의 중립 자세 유지이며, 이는 골반의 전상장골극이 전방을 향하도록 하고 측방지지를 통해 골반이 좌석의 중심부에 위치되도록 해야 한다.

❶ 19초등A6

기출 POINT 3

❶ 19초등A6

다음은 '휠체어에 바르게 앉는 자세'를 위한 일반적인 지도 요령이다. 적절하지 않은 것 1가지를 찾아 기호를 쓰고, 바르게 고쳐 쓰시오.

> ⓑ 골반: 체중이 고르게 분산되도록 좌석의 중심부에 앉게 한다.

③ 앉을 때 체중이 좌우 엉덩이에 고르게 분산되고, 골반은 앞쪽으로 완만하게 기울게 한다. 필요한 경우 의자 벨트로 지지해줄 수 있고, 기형을 막기 위해 45도 각도로 제공하는 것이 좋다.

④ 좀 더 편안한 자세를 위해서는 팔걸이나 책상 등을 제공할 수 있는데, 이때 책상은 휠체어를 이용하는 학생이 사용할 수 있는 높이여야 한다.

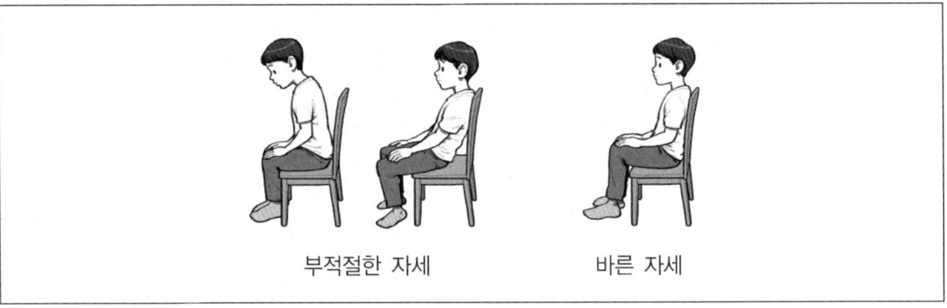

바른 자세와 부적절한 자세

2. 하지의 지지

(1) 바른 자세

학생의 다리가 바르게 정렬되고 교실 바닥이나 휠체어 발판에 바르게 지지될 수 있도록 한다.

(2) 지도 전략

① 필요시 내전대와 외전대를 사용하여 다리의 정렬을 촉진한다.

㉠ 다리를 모으지 못하고 발판 밑으로 떨어뜨리거나, 다리를 바짝 붙이거나, 벌리지 못하는 등 다리를 적절히 정렬하지 못하는 경우에는 다리를 벌려주는 외전대 또는 다리를 모아주는 내전대 등으로 다리가 정렬되도록 한다.

㉡ 특히 내전근 경직으로 다리가 X자형으로 변형된 경우에는 다리 분리대와 같은 외전대를 이용하여 X자형으로 모인 다리가 바르게 정렬되도록 한다. ❶ 25초등B4

㉢ 내전근 기능 약화로 다리가 바깥쪽으로 신전될 경우에는 내전대를 사용한다. ❺ 16중등B4

② 만약 양쪽 다리 길이에 차이가 있는 경우라면 이를 고려하여 의자 밑판과 발판의 길이를 다르게 만든 특수의자를 제작해야 한다. ❷ 19초등A6

③ 비대칭적 엉덩이를 가진 경우 체중이 엉덩이에 고르게 지지되도록 특수 밑판을 제작하여 체중으로 인한 압력이 고르게 지지되도록 한다.

④ 발을 고정할 수 있는 벨크로 등의 고정 끈을 이용하여 발바닥 전면이 바닥에 닿도록 하는 것이 안정감을 유지하는 데 좋다. ❸ 17유아A1

⑤ 슬관절은 약 90도를 유지할 수 있도록 발판의 높이를 조절한다. ❻ 16초등B4

⑥ 의자에 앉았을 때 무릎과 의자 밑판 앞부분과의 거리가 손가락 1~2개 정도일 때가 가장 적절한 의자의 깊이다. 앉았을 때 의자의 깊이가 너무 깊으면 고관절이 정상 각도를 유지하지 못하고, 골반의 후방경사가 일어나며, 슬관절도 과다신전된다. 너무 얕은 깊이의 의자는 학생이 의자에서 밀려나는 느낌을 갖게 하므로 학생에게 적절한 깊이의 의자를 선택한다. ❹ 17유아A1

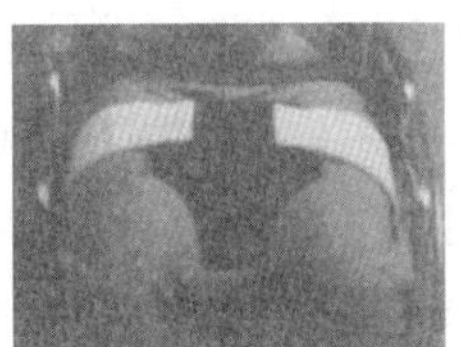

내전대

발 받침대와 고정끈

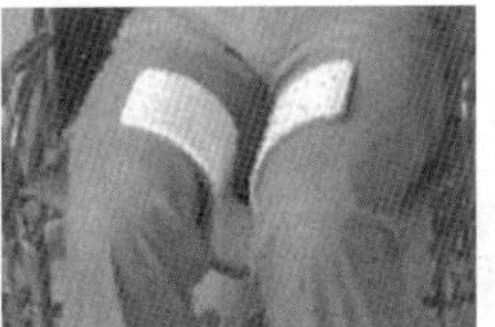

외전대(다리 분리대)

기출 POINT 4

❶ 25초등B4
밑줄 친 ㉢을 위한 보조기기를 1가지 쓰시오.

> 지도 교사: 민호가 가위 모양 자세를 보이므로, 앉아서 공 던지기를 할 때 ㉢ 두 다리가 바르게 정렬되도록 해야 합니다.

❷ 19초등A6
다음은 '휠체어에 바르게 앉는 자세'를 위한 일반적인 지도 요령이다. 적절하지 않은 것 1가지를 찾아 기호를 쓰고, 바르게 고쳐 쓰시오.

> ⓐ 하지: 양쪽 다리의 길이가 다르더라도 휠체어 발판의 높이는 같게 한다.

❸ 17유아A1
앉기 자세를 지도할 때 ⓐ~ⓓ 중 적절하지 않은 것을 찾아 기호를 쓰고, 그 내용을 바르게 고쳐 쓰시오.

> ⓒ 발바닥은 바닥이나 휠체어 발에 닿도록 하고, 무릎과 발목은 직각이 되도록 한다.

❹ 17유아A1
앉기 자세를 지도할 때 ⓐ~ⓓ 중 적절하지 않은 것을 찾아 기호를 쓰고, 그 내용을 바르게 고쳐 쓰시오.

> ⓑ 의자에 앉았을 때 무릎 안쪽과 의자 사이의 간격은 1인치 정도가 되도록 하고 허벅지가 좌석에 닿도록 한다.

❺ 16중등B4
밑줄 친 ㉠을 고려하여, 학생 A를 휠체어에 앉힐 때 다리의 자세유지 방법을 1가지 쓰시오.

> • 저긴장성 뇌성마비와 정신지체를 중복으로 지니고 있음
> • 낮은 근긴장도로 인해 상체와 하체의 조절 능력이 낮음
> • ㉠ 앉아 있을 때 양쪽 고관절과 무릎이 몸의 바깥쪽으로 회전됨

❻ 16초등B4
학생의 특성을 보고 학생의 엉덩이(골반), 무릎, 발을 바르게 정렬하는 방법을 각각 쓰시오.

PART 03

3. 몸통의 지지(어깨 및 상체의 지지)

(1) 바른 자세

① 몸의 정중선을 중심으로 한 대칭적인 움직임을 촉진하고, 몸통이 안정되어야 상지와 머리의 조절이 용이하므로 몸통을 적절히 고정하여 안정성을 확보하는 일이 매우 중요하다. ❶ 24중등A7, ❸ 13초등B1

② 앉았을 때 양쪽 어깨 높이가 같아지도록 한다. ❷ 19초등A6

(2) 지도 전략

① 몸통 정렬 시 등받이를 활용할 수 있으며, 최소한의 지지가 필요한 경우 낮은 등받이(앉은 자세의 균형을 스스로 취할 수 있다면 견갑골 약간 아래 높이가 적절함), 보다 많은 지지가 필요한 경우 높은 등받이가 필요하다. 등받이가 너무 부드러우면 척추후만증을 유발할 수 있으므로 주의해야 한다.

② 측방굴곡의 경우

㉠ 몸통의 좌우에 지지대를 설치하는데, 이때 지나치게 특정 부위에 체중이 쏠려서 통증이나 피부의 손상을 초래하지 않도록 주의한다.

㉡ 또한 측방굴곡이 근육 자체의 잡아당김에서 비롯된 것이 아닌 자세에서의 중력 문제라면 등받이를 약간 뒤로 젖혀준다.

③ 전방굴곡의 경우

㉠ 나비형, X형, H형 등 가슴 혹은 어깨에 벨트를 두르는 방법이 있다. 이때, 벨트가 아동의 목을 스쳐서 자극하지 않도록 띠의 끝부분을 어깨보다 아래쪽에 고정시키는 것이 좋다. 벨트를 복부 쪽으로 착용하면 내부 장기를 압박하고 호흡을 방해할 수 있으므로 주의한다.

㉡ 쇄골 위에 놓여지는 어깨 지지대를 전방 지지대로 활용할 수 있다. ❶ 16중등B4

㉢ 휠체어에 부착하여 사용할 수 있는 책상으로 몸통을 지지하게 한다. 이때 휠체어 책상 안쪽을 둥글게 하여 몸통의 안정성을 유지시킬 수 있다. 상지를 안정적으로 움직일 수 있도록 책상의 높이를 적절하게 조정하는 것도 필요하며, 작업대 높이는 팔과 손을 효율적으로 사용하는 데 중요하므로 전박을 탁자에 대고 몸통 사이가 30도 정도 되도록 몸을 앞으로 기울여 앉을 수 있도록 한다.

가슴벨트 및 어깨 지지대

기출 POINT 5

❶ 24중등A7

학생 B의 특성을 고려하여 밑줄 친 ⓒ의 이유를 2가지 서술하시오. (단, '원시반사'가 포함된 서술은 제외함)

(가) 학생 B의 특성

• 경직형 뇌성마비, ATNR • GMFCS 5단계

(나) 대화

특수교사: AAC 기기나 모니터를 ⓒ 몸의 정중선에 위치하도록 하는 것이 중요합니다.

❷ 19초등A6

다음은 '휠체어에 바르게 앉는 자세'를 위한 일반적인 지도 요령이다. 적절하지 않은 것 1가지를 찾아 기호를 쓰고, 바르게 고쳐 쓰시오.

ⓒ 몸통: 어깨선을 수평으로 맞추고, 어느 한쪽으로 치우치지 않고 정중선을 유지하게 한다.

❸ 13초등B1

양손을 사용하여 활동하도록 지도한 이유를 1가지 쓰시오.

기출 POINT 6

❶ 16중등B4

밑줄 친 ㉡을 고려하여, 학생 A를 휠체어에 앉힐 때 몸통의 자세유지 방법을 1가지 쓰시오.

• 저긴장성 뇌성마비와 정신지체를 중복으로 지니고 있음 • 낮은 근긴장도로 인해 상체와 하체의 조절 능력이 낮음 • ㉡ 고개를 가누지 못하며 앉아 있을 때 머리와 몸통이 앞쪽으로 굴곡됨 • 적절한 보조기기의 지원이 없이는 다양한 교육 활동에 참여하는 데 제한이 따름

4. 머리 조절

(1) 바른 자세

① 머리 위치는 비정상적인 반사 억제 및 시각적 능력 극대화에 중요한 역할을 한다.

② 머리를 똑바로 세우고 턱을 약간 밑으로 잡아당기는 듯한 자세가 가장 바람직하며, 이러한 자세를 유지하도록 돕기 위해 다양한 머리 지지대가 사용된다. ❶ 19초등A6

(2) 지도 전략

① 어느 정도 머리 조절 능력이 있는 경우에는 단순히 의자의 등판을 머리 뒤까지 오도록 연장시키는 것만으로도 도움이 된다. 원활한 머리 조절을 위해 머리 뒤쪽에 작은 웨지나 패드를 대어줄 수도 있다.

② 그러나 머리 조절 능력이 낮은 경우 보조대는 목근육 굴곡을 초래하므로 바람직하지 않고, 머리의 밑부분을 감싸듯 받쳐주는 보조대가 바람직하다.

③ 머리가 심하게 굴곡되거나 신전되는 경우 머리 지지대나 어깨 지지대의 스트랩이나 벨트를 이용해 머리를 고정해줄 수 있다. ❶ 22중등A11

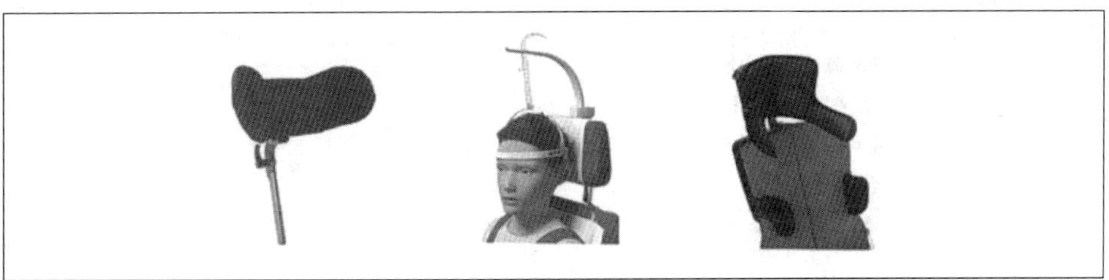

머리와 목 지지대

④ 머리 지지대의 유형

㉠ **후방지지**: 신전 유발을 방지하고 머리가 앞쪽으로 굴곡되도록 밀어주는 역할

㉡ **전방지지**: 머리밴드를 활용하여 머리를 고정해주는 역할

㉢ **측면지지**: 관자놀이 부근이나 목, 얼굴 측면, 귀 바로 앞부분에 설치하여 지지하는 역할

5. 상지의 지지

(1) 바른 자세

어깨와 팔꿈치가 적절한 각도를 이루고 편안한 자세로 의자의 팔걸이에 손을 놓는 자세가 바람직하다.

(2) 지도 전략

① 어깨관절은 약간 굴곡(앞으로 약간 모아짐을 의미), 주관절은 40~100도 정도로 굴곡되도록 한다. ❶ 17유아A1

② 손은 손바닥이 완전히 위나 아래를 향하도록 하지 않고, 손의 옆면이 바닥에 닿도록 하는 자세가 좋다.

기출 POINT 7

❶ 19초등A6

다음은 '휠체어에 바르게 앉는 자세'를 위한 일반적인 지도 요령이다. 적절하지 않은 것 1가지를 찾아 기호를 쓰고, 바르게 고쳐 쓰시오.

ⓓ 머리: 고개를 들고 턱을 약간 밑으로 잡아당기는 자세를 유지하게 한다.

기출 POINT 8

❶ 22중등A11

(가) 학생 특성을 고려하여 (나)의 ㉡~㉣ 중 적절하지 않은 것 2가지를 찾아 기호와 함께 그 이유를 각각 서술하시오.

(가) 학생 특성

• 사지마비 뇌성마비 • 고개를 가누지 못하고, 앉아 있을 때 머리와 몸통이 앞쪽으로 굴곡됨

(나) 유의사항

㉢ 휠체어에 앉을 때 머리 지지대와 어깨 지지대를 활용하여 신체 정렬하기

기출 POINT 9

❶ 17유아A1

앉기 자세를 지도할 때 ⓐ~ⓓ 중 적절하지 않은 것을 찾아 기호를 쓰고, 그 내용을 바르게 고쳐 쓰시오.

ⓓ 몸통은 좌우대칭이 되도록 지지하고 어깨 관절은 활짝 펴 뒤쪽으로 향하도록 한다.

6. 대안적 자세

① 여러 가지 자세 잡기 방법을 사용하여도 앉기 자세를 취하기 어렵거나 장시간 이를 유지하기 어려운 학생은 다양한 대안적 자세를 취해주어야 한다. 이렇게 대안적 자세가 필요한 경우는 대개 스스로 자신의 자세를 바꿀 능력이 없는 학생이므로 혈액순환 및 관절, 근육의 무리 등을 고려하여 자주 자세를 바꾸어 주어야 한다.

② 이때 학생의 활동 내용, 사회적 환경 등을 고려하여 학생의 교육적 · 사회적 활동에 적합한 자세를 취해줄 수 있도록 배려해야 한다. 즉, 어떤 대안적인 자세를 취함으로써 참여 중이던 활동을 더 이상 할 수 없거나 또래 친구들과의 사회적 상호작용이 감소되어야 한다면 이는 바람직하지 않다. ❶ 13초등B1

③ 보조도구의 사용으로 신체적으로 고립되거나 부정적인 낙인이 찍히지 않고, 사회적 상호작용을 저해하지 않는 자세를 선택해야 한다.

(기타) 자세의 지도(박은혜 외, 2023.)

앉기 자세	등을 곧게 펴고 엉덩이를 의자 깊숙이 앉게 하고 양쪽 어깨 높이가 같아지도록 한다. 장애 정도에 따라 허리 벨트, 가슴 벨트, 목 받침대 등을 사용한다. 엉덩이와 무릎과 발목이 90도 자세가 되도록 한다.
옆으로 눕기 자세	머리가 중심에 위치하는지 확인한 다음 팔과 다리에 적절한 쿠션을 넣어주어 전신이 이완되도록 한다. 장애가 심할수록 등받이를 대주고 가슴벨트로 안정성을 높여준다.
엎드린 자세	신체의 정중선을 중심으로 양다리가 겹치지 않게 하며 체중이 좌우에 고루 분산될 수 있도록 자세를 잡아준다.
누운 자세	쿠션을 사용하여 좌우 균형을 맞춰준다.
서기 자세	엉덩이, 무릎 등이 쭉 펴지게 세우고 팔을 자유롭게 사용할 수 있도록 책상 높이를 조절해준다. 몸을 지지해주는 벨트를 사용하여 체중이 양 하지에 골고루 분산되도록 한다.

기출 POINT 10

❶ 13초등B1

민수는 바른 자세를 유지하기 위해 프론 스탠더(서기 자세 보조기기)가 필요한 학생이다. 그러나 최 교사는 ㉡ 활동에서 민수에게 프론 스탠더 대신 휠체어를 사용하게 하였다. 최 교사의 이러한 조치가 적절한 이유 1가지를 쓰시오.

㉡ 모둠별로 책상을 붙이고 둘러앉아서 민속놀이 도구 만들기

03 자세 및 앉기 보조기기

1. 보조기기 적용 시 유의사항

(1) 보조기기 사용 계획에 근거하여 사용의 한계 시간 결정

① 잘 맞고 편안하더라도 한 가지 자세로 제한하는 것은 혈액순환 문제나 피부의 궤양, 기형 등 이차적인 문제를 발생시킬 위험이 있다. ❶ 17초등B2

② 또한 지체장애 학생은 기기 사용으로 인한 고통이 있을 수 있고, 감각이 예민하지 못할 뿐 아니라 의사표현에 어려움이 있을 수 있으므로 잘 살펴야 한다.

(2) 보조기기의 정확한 기능을 알고 사용 방법 준수

① 신체의 정확한 위치에 사용될 수 있도록 주의 깊게 관찰한다.

② 근긴장이 낮은 경우에는 외부적인 지지를 확대해주고, 근긴장이 높은 경우에는 반사작용을 최대한 피하고 편안히 움직일 수 있도록 지지의 위치와 형태를 결정한다.

(3) 보조기기 의존 최소화

① 지나치게 보조기기에 의지해서는 안 되며, 기능을 최대한 발휘할 수 있는 한도 내에서 중재를 최소화하는 전략이 필요하다.

② 신체 부위에 대한 지지가 과도하게 적용되면 오히려 일상생활에서의 기능적 동작을 저해할 수 있다.

(4) 신체기능에 적합한 보조기기 선정

① 잘 맞지 않는 부적절한 도구의 사용은 정형외과적인 기형이나 근육 길이의 변화 등과 같은 이차적 장애를 유발할 수 있다.

② 예를 들어, 도구가 너무 크거나 작을 때 신체는 정렬을 벗어나게 된다. 신체 정렬을 벗어나는 것은 자세를 불안정하게 만들며 기능적인 활동을 어렵게 하고, 관절 위치나 근육의 길이를 변형시켜 결과적으로 이차적 운동장애를 유발한다.

2. 보조기기 사용의 목적

① 근육, 골격의 이차 운동장애를 예방하고 교정해준다.

② 가정, 학교에서의 일과와 지역사회 환경에서의 활동 참여를 촉진시키며 기능적인 운동기술의 사용을 증가시킨다.

③ 정상적인 근긴장도를 유지시킨다.

④ 욕창을 방지하고 호흡, 배설 및 소화 기능 증진 등 생리적 기능을 개선하는 데 기여한다.

⑤ 구강 기능과 인지발달을 촉진하며 보호의 부담을 경감시킨다.

기출 POINT 11

❶ 17초등B2

㉣의 예를 쓰시오.

> ㉣ 보조기기를 오랫동안 사용하게 되면 학생의 신체에 부정적인 영향을 줄 수 있습니다. 그래서 보조기기 사용에 대한 계획을 수립하는 것이 바람직합니다.

3. 수평적 자세 보조기기: 누운 자세 보조기기

① 누운 자세 보조기기는 중도장애로 인해 의자나 바닥에 앉기 어려운 학생의 경우 신체 기능에 무리를 주지 않는 한도 내에서 호흡곤란 등의 어려움이 없도록 편안한 눕기 자세를 제공하는 보조기기이다.

② 누워 있는 수평 자세가 중도의 지체장애 학생에게 유용한 이유는 이러한 자세가 근육의 이완을 돕고 자세조절 능력을 거의 필요로 하지 않기 때문이다.

③ 자세교정용 웨지(positioning wedge)를 이용하여 머리 가누기, 균형 유지하기 외에 운동 활동과 독서 등의 편안한 자세를 지원해준다.

④ 매트나 경사진 모양의 보조대(wedge) 등의 정적 자세 교정 기기와, 에어매트와 같이 자세 변화나 동작에 반응하도록 되어 있는 동적 자세 교정 기기를 혼합하여 사용한다.

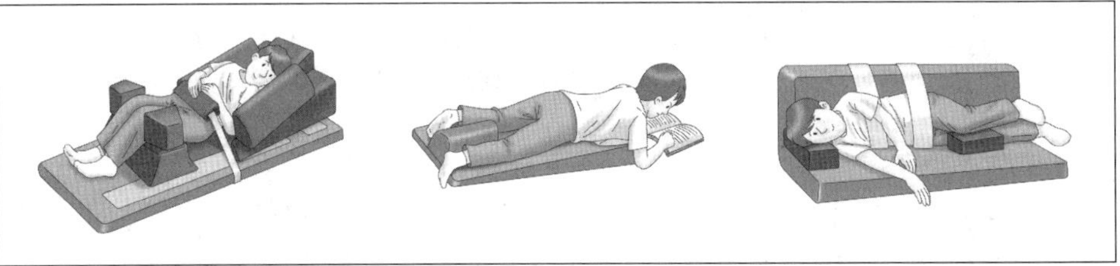

⑤ 눕기 자세 지도(김혜리 외, 2021.)

바로 누운 자세	• 뇌성마비는 바로 누운 자세에서 중력에 대항하는(머리 · 팔 · 다리를 들어 올리는) 자세를 취하기 어렵고, 심할 경우 고개가 뒤로 젖혀지며 활처럼 휘기도 한다. • 즉, 머리가 뒤로 신전되어 있다면 베개를 받쳐 굴곡시키고 머리가 베개 중앙에 오도록 위치시킨다. 그리고 쿠션이나 수건을 활용하여 어깨가 앞으로 모일 수 있도록 받쳐주고, 다리가 신전되어 있다면 양 다리 아래 쿠션을 받쳐 고관절과 무릎 관절을 굽혀준다.
엎드려 누운 자세	• 엎드려 누운 자세에서도 굴곡근의 긴장으로 머리 들기나 팔 사용이 어렵다. 어깨도 긴장하여 어깨뼈가 돌출되는 날개 모양(익상)이 되어 팔꿈치가 어깨 위로 올라오게 된다. • 따라서, 쿠션이나 수건을 겨드랑이 사이에 받쳐주거나 머리 들기를 쉽게 할 수 있는 삼각보조대를 활용하여 긴장을 이완시키되, 교재교구는 중앙에 놓아준다.

옆으로 누운 자세	• 옆으로 누운 자세에서는 머리와 등이 활처럼 휜 자세가 많이 유발되는데, 이때에는 머리를 중앙으로 오게 하고 등이 신전되지 않도록 등 뒤에 쿠션을 받치며, 어깨가 솟지 않도록 모아준다. • 신전된 다리는 쿠션이나 수건을 이용하여 굴곡시키고, 머리의 신전을 방지하고 양손 활용을 극대화하기 위해 아동의 시선보다 아래쪽에 교재교구를 놓아준다. 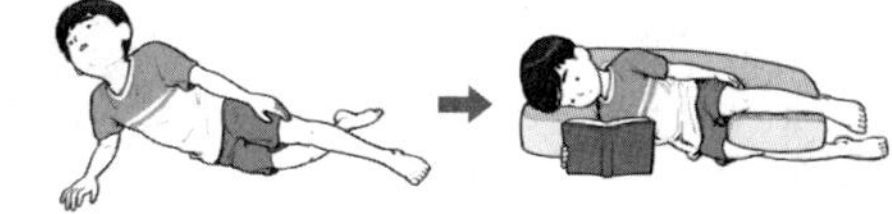

4. 수직적 자세 보조기기

(1) 앉은 자세 보조기기

① 자세 지도를 통해 학교에서 바른 자세를 유지하는 것은 학생의 수업 참여도를 높이고 독립성과 또래와의 상호작용을 증진시킨다.

② 그러나 앉기 자세를 위해 과도하게 보조기기를 사용하면 의존성이 강해지며 운동 기능 발달을 제한할 수 있다. 반대로 너무 적은 조절은 적절한 자세가 유지될 수 없어 기형의 위험이 있고 교수 활동에 참여하는 것을 방해한다. 그러므로 최소화·정상화를 위해 적당한 수준의 조절이 필요하다.

㉠ **피더 시트**: 피더 시트는 상품화되어 있으며 신체의 크기에 따라 선택하여 사용할 수 있다. 이는 주로 근긴장도가 낮은 학생에게 사용한다. 각도 조절용 받침대를 이용하여 각도 조절이 가능하며, 일상생활 중 편안함을 제공하기 위해 사용된다.

❶ 25유아A5

㉡ **학습용 의자**: 일반 의자의 모양에 쿠션이나 벨트, 팔걸이, 발 받침대 등을 부착하여 편안한 자세로 앉을 수 있도록 수정한 의자이다.

㉢ **맞춤형 착석 시스템**

- 맞춤형 착석 시스템은 개인의 신체적 특성과 용도에 맞게 맞춤 제작한 것으로, 다양한 부속장치를 부가적으로 부착하여 의자·휠체어 등에 앉을 수 있도록 수정한 보조기기이다.
- 주로 머리나 몸통 조절이 어렵거나 경직이 심한 경우에 적용하여 장시간 착석으로 인한 욕창 발생 위험이 있을 경우 사용한다.
- 각 학생의 건강 상태에 따라 각도를 조절할 수 있으며, 중력 부담을 줄이고 휴식을 위해 앉은 자세의 각도가 조절되는 기능도 추가할 수 있다.
- 의자 자체의 회전과 의자 배면의 경사각 조절이 가능한 리클라이닝 의자는 머리나 몸통 조절이 용이하지 않거나 진행성 질환인 경우에 사용한다.

기출 POINT 12

❶ 25유아A5

[C]를 고려하여 밑줄 친 ㉥을 사용할 때의 ① 장점과 ② 유의점을 각각 1가지 쓰시오.

김 교사: 병원이나 치료 기관을 갈 때 어떻게 이동하시나요?
어머니: 아기 때부터 쓰던 카시트형 유모차로 이동해요.
김 교사: 그러면 유치원에서 ㉥ 피더 시트(feeder seat)를 사용해 보는 건 어떨까요?
어머니: 은지는 근육에 힘이 없어요. 그래서 외출할 때를 제외하고는 주로 제가 안고 있거나 누운 자세로 생활하고 있어요. 질문을 하면 한 단어 수준으로 잘 대답해서 대화를 많이 나누었어요. 그리고 요즘에는 책도 많이 읽어 주고 있어요. [C]

㉣ **코너 체어**: 코너 체어는 척추의 지지와 머리 조절을 도울 수 있는 모양의 의자이다. 장소에 따라서 좌식생활 시 앉기 자세를 보조하며 이동을 위해 의자 밑에 바퀴를 달아 사용하기도 한다. 코너 체어에 앉아 간식을 먹거나 책, TV를 보는 등 일상생활을 보다 편안하게 할 수 있도록 도와준다.

앉은 자세 보조기기

(2) 서기 자세 보조기기

① 서기 자세 보조기기는 신체의 적절한 근긴장도와 몸통의 안정성을 유지할 수 있게 하여 서기에 대한 두려움을 감소시키고, 신체의 정중선을 중심으로 신체 부위의 정렬을 유지시킨다.

② 서기 자세 보조기기는 스스로 앉거나 서지 못하는 학생에게 수직 자세의 대안적인 자세를 취하게 해줌으로써 신체의 건강 증진과 편안함을 제공한다.

③ 서기 자세 보조기기를 사용할 때는 자세를 자주 바꿔주어 보조기기와 신체가 닿는 부분에 염증이나 욕창이 발생하지 않도록 유의한다.

④ 서기 자세 보조기기를 사용하여 몸통을 똑바로 세울 수 있도록 지지해주면 몸통 조절력이 향상되어 학생의 팔과 손의 사용 능력이 증가한다. 따라서 보조기기를 활용한 대안적인 서기 자세는 머리 조절과 손의 사용을 자유롭게 하며, 기능적 움직임을 좀 더 쉽게 가능하게 하고, 활동과 일과의 참여를 촉진시킨다.

서기 자세 보조기기	
 프론 스탠더	• 프론 스탠더는 스스로 서기가 어려운 학생에게 엎드린 자세로 다리 및 몸통을 고정시킨 후 전동이나 수동 장치를 이용하여 각도를 세워 바로 설 수 있도록 보조하는 기기로, 머리를 스스로 가눌 수 있는 경우 사용할 수 있다. ❶ 24유아A2, ❹ 19초등A6, ❺ 17중등B1, ❼ 13중등29 • 상체의 조절이 어느 정도 가능한 경우는 체중을 앞으로 실은 채 기대어 두 손을 기능적으로 사용하는 것이 가능하므로 상지 기능 강화를 위해 사용할 수 있다.
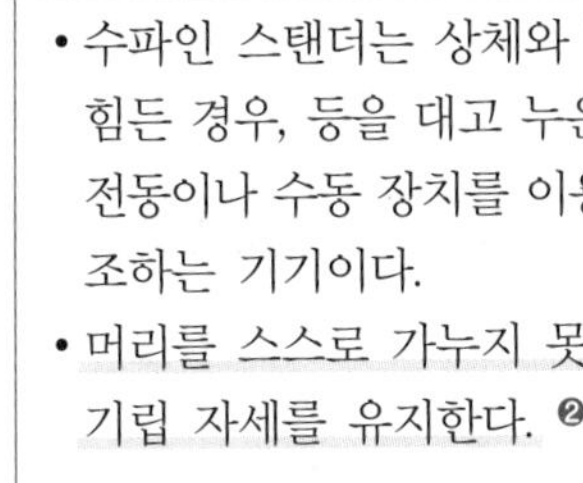 수파인 스탠더	• 수파인 스탠더는 상체와 하체의 조절 능력이 저조하여 세우기가 힘든 경우, 등을 대고 누운 자세에서 다리 및 몸통을 고정시킨 후 전동이나 수동 장치를 이용하여 각도를 세워 바로 설 수 있도록 보조하는 기기이다. • 머리를 스스로 가누지 못하는 학생은 수파인 스탠더를 사용하여 기립 자세를 유지한다. ❷ 23초등B5, ❸ 22중등A11, ❻ 16중등B4
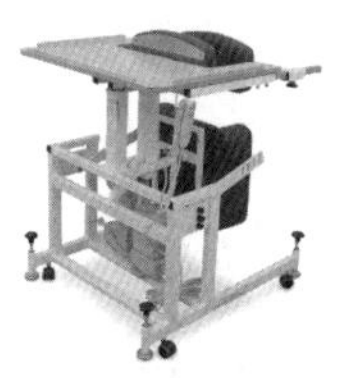 스탠딩 테이블	• 스탠딩 테이블은 몸통이나 다리 근육 사용의 제한으로 스스로 서기 어려운 학생이 몸통을 세울 수 있도록 지원하는 보조기기이다. • 학생의 신장에 따라 높이와 각도를 조절할 수 있고, 테이블이 있어 서기 자세에서 상지를 활용한 활동을 할 수 있다.

기출 POINT 13

❶ 24유아A2

ⓒ에 해당하는 서기 자세 보조기기의 명칭을 쓰시오.

> 어머니: 우리 지호는 고개 조절은 할 수 있지만 제가 도와줘도 몸통의 안정성이 부족해 오래 앉거나 서 있는 것을 힘들어해요. 지호의 서기 자세를 도와주는 보조기기에는 어떤 것이 있을까요?
> 교사: (ⓒ)을/를 활용하면 도움이 될 거예요.

❷ 23초등B5

(가)를 참고하여 민수에게 필요한 자세 보조기기를 쓰시오.

(가) 민수의 특성

> • 몸통과 사지의 조절 능력이 부족함
> • 스스로 머리 가누기가 어렵고, 서서 하는 활동 시에는 자세 보조기기가 필요함

❸ 22중등A11

(가) 학생 특성을 고려하여 (나)의 ⓒ~ⓜ 중 적절하지 않은 것 2가지를 찾아 기호와 함께 그 이유를 각각 서술하시오.

(가) 학생 특성

> • 사지마비 뇌성마비
> • 고개를 가누지 못하고, 앉아 있을 때 머리와 몸통이 앞쪽으로 굴곡됨

(나) 유의사항

> ⓔ 수업 활동 시 대안적인 서기 자세를 취할 수 있도록 프론 스탠더 활용하기

❹ 19초등A6

ⓜ에 들어갈 적절한 보조기기의 명칭을 쓰시오.

> 저희 교실에서도 서기 자세를 지도하고 있습니다. 다행히 성재는 자기 스스로 목을 가눌 수 있고, 상체 조절이 어느 정도 가능합니다. 그래서 선 자세에서 체중을 앞으로 실은 채 자세를 조금 기울여 두 손을 쓸 수 있도록 (ⓜ)을/를 사용하고 있어요.

❺ 17중등B1

경직형 사지바미가 있는 학생 D는 대근육 운동 기능 분류체계의 4수준으로, 휠체어를 이용해 이동한다. 대부분의 시간을 휠체어에 앉아 생활하지만, 교수·학습 장면에서는 종종 서기 자세 보조기기인 ⓒ 프론 스탠더를 사용한다. 보조기기 ⓒ이 적절한 이유를 신체 기능적 측면과 교수·학습 측면에서 각각 1가지씩 설명하시오.

PART 03

기출 POINT 13

❻ 16중등B4

다음은 지체중복장애 중학생 A의 자세 특성이다. 이 학생에게 적합한 서기 자세 보조기기의 명칭을 쓰고, 이 보조기기를 사용했을 때의 장점 1가지를 쓰시오.

- 저긴장성 뇌성마비와 정신지체를 중복으로 지니고 있음
- 낮은 근긴장도로 인해 상체와 하체의 조절 능력이 낮음
- 적절한 보조기기의 지원이 없이는 다양한 교육 활동에 참여하는 데 제한이 따름

❼ 13중등29

지체장애 학생들이 사용하는 보조기기 (나)에 대한 설명으로 옳은 것만을 〈보기〉에서 있는 대로 고르시오.

(나)

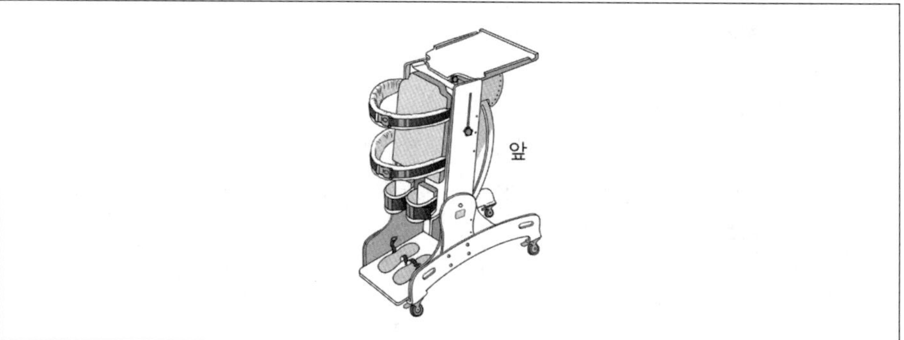

〈보기〉

㉢ (나)는 머리를 스스로 가누기 어려운 학생에게 사용하는 기립 보조기기이다.
㉣ (나)는 고관절 수술 후 관절의 근육을 향상하거나 원시반사를 경감시켜 주는 효과가 있고, 체중을 앞으로 실은 채 기댈 수 있으므로 두 손을 기능적으로 사용할 수 있다.

CHAPTER 08

보행 및 이동 지도

01 보행 보조기기를 사용한 이동

- 보행 보조기기의 개념 및 장점
- 보행 보조기기 사용 시 고려사항
- 보행용 보조기기
  - 지팡이
  - 크러치(목발)
  - 워커

02 이동 보조기기를 사용한 이동

- 이동 보조기기의 개념 및 유의점
- 휠체어 선택 시 고려사항
  - 기능수준
  - 인지능력
  - 시각
  - 운반과 접근성
  - 수리 및 유지비
- 수동 휠체어
  - 사용 대상
  - 수동 휠체어의 구조
    - 이동을 위한 부분
    - 착석 시스템
    - 구성요소
  - 수동 휠체어 구성요소와 선택 시 고려해야 할 요소
    - 의자
    - 등받이
    - 팔걸이
    - 머리 받침대
    - 좌석 벨트
    - 브레이크 및 조절장치
    - 뒷바퀴
    - 앞바퀴
    - 손 조절바퀴
    - 발 받침대와 다리 받침대
    - 휠체어용 책상
- 전동 휠체어
  - 사용 대상
  - 작동방법
  - 유형
  - 고려사항
  - 단점
- 전동 스쿠터
  - 사용 대상 및 장점
  - 유형

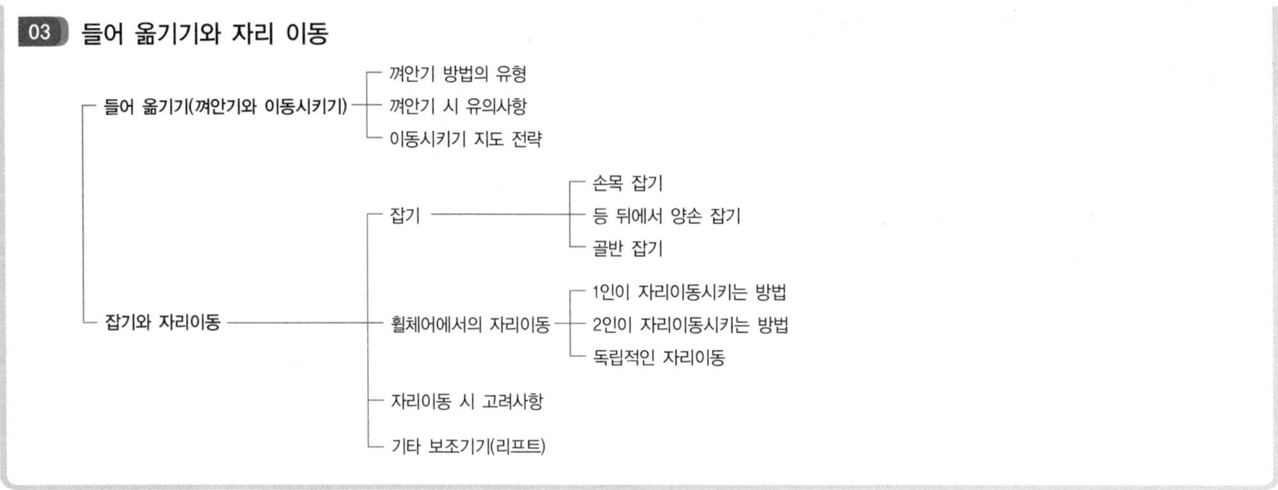

01 보행 보조기기를 사용한 이동

1. 보행 보조기기의 개념 및 장점

① 신체장애로 인한 보행이상은 다양하며, 이를 극복하기 위해 두 다리를 통한 보행을 도와주는 보조기기를 보행 보조기기라고 한다.

② 보행 보조기기의 장점

㉠ 더 넓은 기저면 제공

㉡ 직립 자세의 생리적 장점 제공

㉢ 균형과 안정성의 개선

㉣ 손을 통한 감각자극의 전달

㉤ 휠체어와 같은 이동 보조기기가 접근하기 어려운 장소에 접근 가능

㉥ 보행 시 추진을 보조하고, 하지 관절에 가해지는 체중 감소

2. 보행 보조기기 사용 시 고려사항

① 엉덩이가 뒤로 빠지지 않은 직립 자세 유지

② 손목을 편 상태로 손잡이 잡기

③ 보행 보조기기를 잡고 섰을 때 주관절이 20~25도 굴곡된 자세

④ 지팡이나 크러치는 마비 또는 손상된 하지의 반대쪽에 위치

⑤ 보행 보조기기를 잡고 있는 손목은 고관절 높이가 적절

⑥ 보행 보조기기는 지면과 수직을 유지

⑦ 보행 훈련 초기에는 보장(step length)을 짧게 하고 균형과 협응운동 상태에 따라 증가시킴

3. 보행용 보조기기 ❶ 22유아A4

(1) 지팡이

① 지팡이는 보행 능력이 있는 지체장애 학생들이 보행 중 균형을 유지하고, 안정성을 확보하기 위해 사용하는 간단한 이동 보조장치이다.

② 지팡이는 건측에서 사용해야 하며 바닥면에 대해 수직이어야 한다. 길이는 주관절을 20~25° 굴곡한 상태로 새끼발가락 측면 15cm 지점에 지팡이의 끝이 위치하도록 한다.

③ 지팡이는 크러치에 비해 지지력이 약해 체중의 20~25% 정도를 지지하지만, 보행 보조기기 중 가장 단순한 디자인에 계단이나 경사로 등에서도 간편하게 사용할 수 있다.

(2) 크러치(목발, crutch)

① 선행기술

㉠ 보행 전 상지 힘을 기르고, 몸의 균형을 잡는 훈련을 하며 크러치 크기를 조절하여 미끄럽지 않은 장소에서 연습한다.

㉡ 평지에서 걷기가 익숙해지면 계단이나 언덕 내리막길 등에서 연습한다.

② 사용 방법

㉠ 일반적으로 키의 16%를 감산하여 크기를 정하고, 어깨와 팔 길이의 각도가 25~30° 정도 굴곡이 생기게 높이를 조절한다.

㉡ 크러치의 길이는 겨드랑이에서 손가락 2~3개 아래에 있도록 조절하는 것이 적절하다. 크러치 길이가 너무 길면 겨드랑이가 압박되어 팔의 저림 증상이 나타나고 어깨가 올라가서 상체를 밀어 올리기 힘들다. 반면에 너무 짧으면 전방으로 구부정하게 서 있게 되고 불안정하므로 사용자의 키 높이에 맞게 크러치를 조절하는 것이 중요하다. ❶ 13중등29

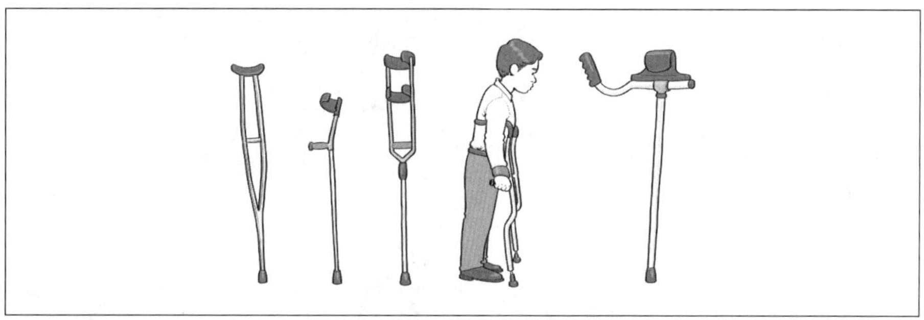

크러치

③ 계단 지도 시 유의사항 ❶ 13중등29

㉠ 크러치를 이용하여 계단을 올라갈 때는 불편하지 않은 발을 먼저 내딛고 이후 크러치와 불편한 발을 내딛도록 지도한다. ❷ 18중등A14

㉡ 크러치를 이용하여 계단을 내려갈 때는 크러치와 불편한 발을 먼저 내딛고 불편하지 않은 발이 내려가도록 지도하는 것이 안전하다. ❶ 20초등B2

기출 POINT 1

❶ 22유아A4

㉡에 해당하는 보행 보조기기를 1가지 쓰시오.

■ 고민

진수는 하지근육이 약해져서 자세가 불안정하고 자주 넘어지며 뛰는 것을 힘들어한다.

진수 어머니: 진수가 넘어질 때마다 걱정이 많아요.
김 교사: 네, 걱정이 많이 되시죠? 그러시면 ㉡ 진수가 걷는 것을 도와줄 수 있는 보조기기를 이용해 보시는 것은 어떠세요? 물론 운동도 병행해야 하구요.

기출 POINT 2

❶ 13중등29

지체장애 학생들이 사용하는 보조기기 (다)에 대한 설명으로 옳은 것만을 〈보기〉에서 있는 대로 고르시오.

(다)

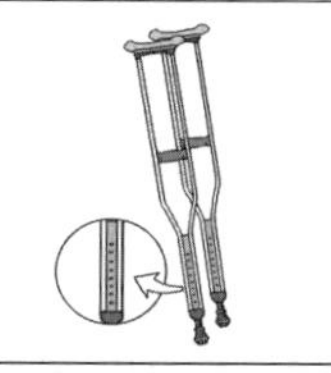

〈보기〉

ⓜ (다)를 이용하여 계단을 내려갈 때에는 (다)와 불편하지 않은 발을 먼저 딛고, 올라갈 때에는 (다)와 불편한 발을 먼저 내딛는다.
ⓑ (다)의 길이는 (다)를 지지하고 섰을 때, 어깨와 팔의 각도를 약 45도로 하고 겨드랑이에 주먹 하나가 들어갈 정도로 하여 조절한다.

기출 POINT 3

❶ 20초등B2

은수의 특성을 고려하여 ㉢을 지도할 때 목발과 발의 내딛는 순서를 쓰시오.

■ 은수의 특성

- 골형성부전증
- 좌측 하지 골절로 이동에 어려움이 있음

■ 수업 활동 계획

은수: 상영관에서 ㉢ 양쪽 목발을 사용하여 손잡이 없는 계단을 내려갈 때와 올라갈 때 주의하도록 함

❷ 18중등A14

학생 L의 특성을 고려하여 ㉡의 방법을 작성하시오. (목발, 왼발, 오른발의 이동순서와 방법을 포함할 것)

■ 학생 L의 특성

- 교통사고로 인한 지체장애 학생으로 목발을 사용하여 이동함
- 오른발의 기능에는 어려움이 없으나 왼발의 기능에 어려움이 있음

■ 특수교사의 조언

평지 이동 훈련 후 ㉡ '목발로 계단 오르기'를 지도함

더 알아보기 **올바른 목발 사용법**(편측을 좌측으로 가정 시)

4점 보행		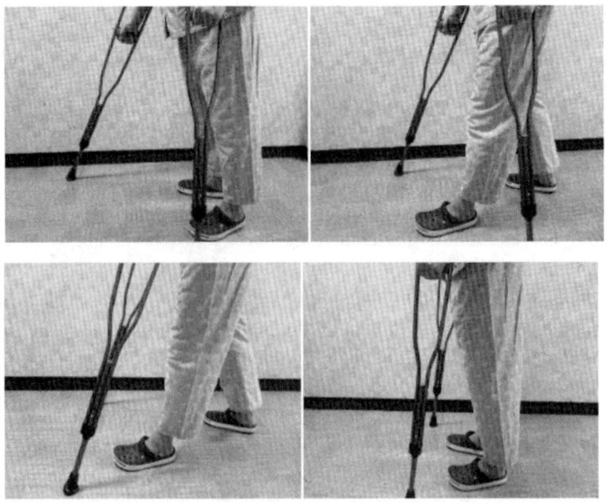 우측 목발 → 좌측(편측) → 좌측 목발 → 우측(건측)
3점 보행		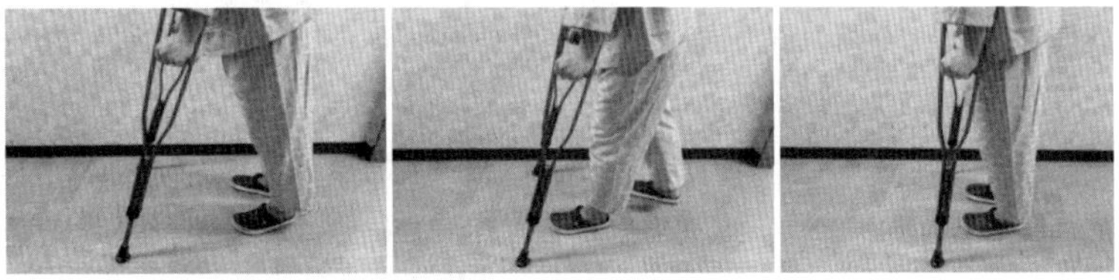 양측 목발 → 좌측(편측) → 우측(건측)
2점 보행		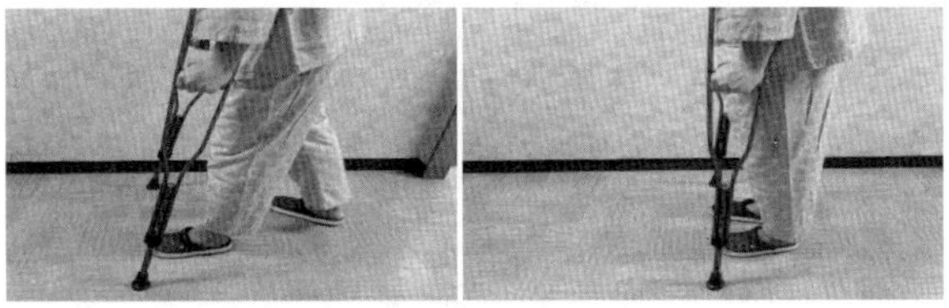 양측목발 + 좌측(편측) → 우측(건측)
양측 목발 사용 시 계단 지도	올라갈 때	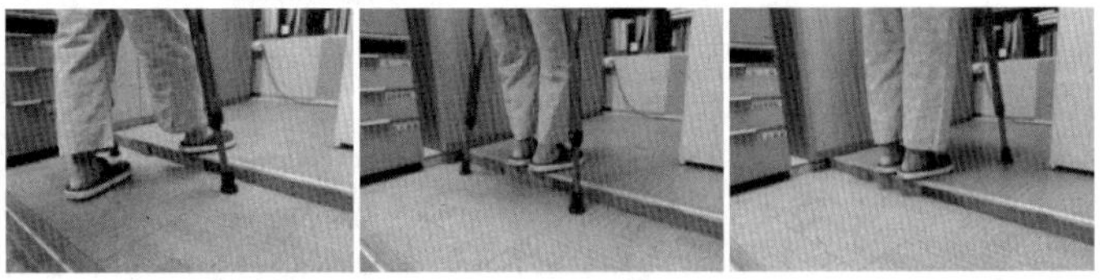 우측(건측) → 양측목발 + 좌측(편측)
	내려갈 때	 양측목발 + 좌측(편측) → 우측(건측)

(3) 워커(walker)

① 워커의 이해 ❶ 13중등29

㉠ 워커는 독립적인 보행이 가능한 학생의 수직적 움직임을 가능하게 하는 이동기기이다.

㉡ 보행 보조기구 중 안정성이 가장 크므로, 균형 유지가 어렵거나 평행봉 보행 훈련을 마친 후 크러치를 사용하기에는 적절하지 않은 경우에 활용한다.

㉢ 근거리 이동에 주로 사용되나, 빨리 걸을 수 없고 경사로나 계단 오르내리기가 어려운 단점이 있다.

② 워커의 유형

㉠ **전방지지 워커**: 전방지지 워커는 워커를 앞에 놓고 학생이 워커를 밀면서 걷는 형태로, 몸이 뒤쪽으로 기우는 학생의 자세와 걷기를 증진시킨다.

㉡ **후방지지 워커**: 후방지지 워커는 학생의 뒤에 워커를 놓고 워커를 끌면서 걷는 형태로, 몸이 앞으로 기우는 학생의 자세와 걷기를 증진시킨다. 전방지지형 워커는 몸이 앞으로 기울어지는 문제가 있으며, 후방지지형 워커는 일반적으로 전방지지형 워커보다 똑바른 자세와 보행 속도를 증진시킨다. ❶ 22중등A11

㉢ **편마비용 워커(헤미워커)**: 한쪽 상하지의 마비가 있는 경우 건측으로 워커를 짚고 보행하는 형태이다.

㉣ **다기능 워커(지그재그 워커)**: X자형으로 걸음을 걷는 아동이 사용하는 워커이다.

㉤ **구동 워커**: 바퀴가 없는 고정 워커를 사용하는 데 어려움이 있거나, 팔이나 손에 약간의 장애가 있는 아동이 사용하는 워커이다.

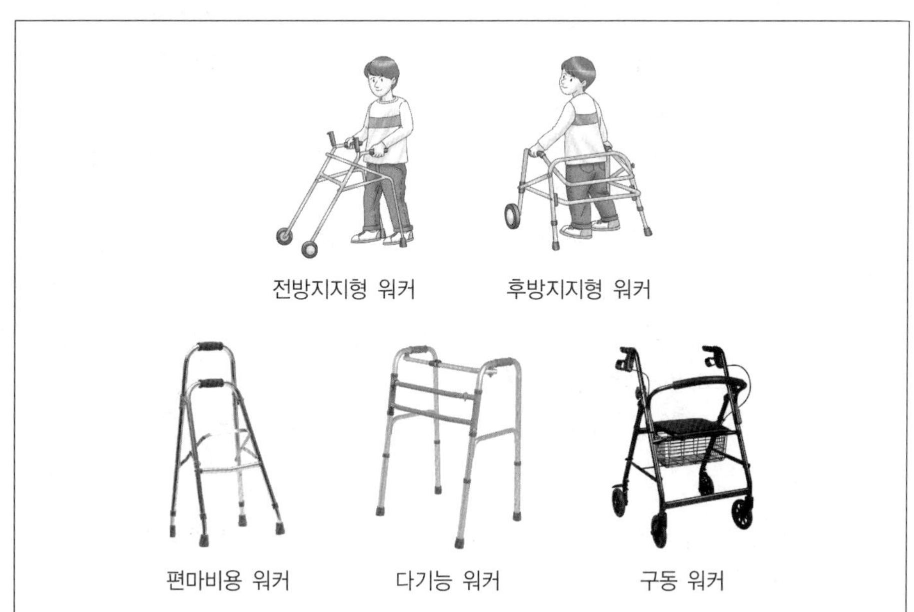

워커

기출 POINT 4

❶ 13중등29

지체장애 학생들이 사용하는 보조기기 (가)에 대한 설명으로 옳은 것만을 〈보기〉에서 있는 대로 고르시오.

(가)

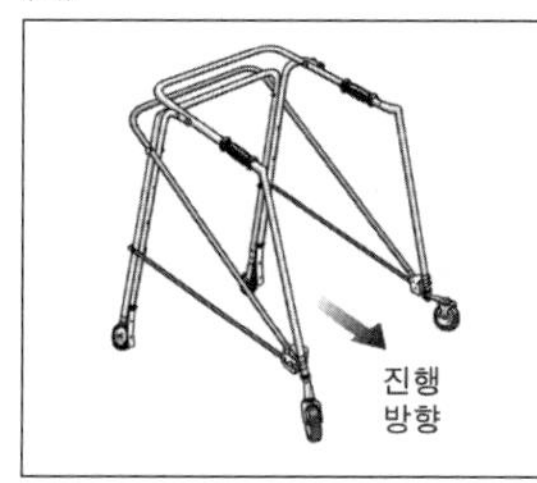

〈보기〉

㉠ (가)는 체간의 힘이 부족하여 몸통이 앞으로 기우는 학생이 사용하는 보행 보조기기이다.

㉡ (가)는 양쪽 손잡이를 잡아 두 팔로 지지하고 서서 몸의 균형을 잡고 자세를 곧게 하여 안정적으로 걷는 동작을 향상시킨다.

기출 POINT 5

❶ 22중등A11

학생 G의 특성을 고려하여 워커의 종류를 쓰시오.

■ 학생 G의 특성

- 실내에서 손으로 잡는 이동기구를 사용하여 이동할 수 있음
- 보행 시 신체의 무게중심이 앞으로 기울어지는 경향을 보임

02 이동 보조기기를 사용한 이동

1. 이동 보조기기의 개념 및 유의점

① 휠체어는 장애인의 이동능력을 향상시키기 위해 사용하는 대표적인 이동 보조기기이다.

② 몸에 맞지 않는 휠체어를 장시간 사용할 경우 다양한 신체부위별 관절 구축 및 자세 변형의 문제가 발생하고, 이로 인해 학생들의 독립적인 일상생활 수행과 학업 수행에 부정적인 영향을 미친다.

2. 휠체어 선택 시 고려사항

전동 휠체어와 수동 휠체어의 선택은 다음과 같은 사항을 고려하여 이루어져야 한다.

(1) 기능수준

① 근력 및 지구력, 관절 운동 범위의 확인

㉠ 중증 뇌성마비의 경우 휠체어를 스스로 추진하기 어렵다. 따라서 수동 휠체어 대신 전동 휠체어 사용능력을 평가해야 한다.

㉡ 경증 뇌성마비의 경우 대부분 팔과 상지의 기능을 사용할 수 있기 때문에 수동 휠체어의 사용을 고려할 수 있다. 그러나 에너지 효율의 문제로 전동 휠체어를 고려해야 할 수도 있다.

② 상지 근골격계 질환 여부

상지기능이 완전하지 않은 상태에서 장기간 수동 휠체어를 추진하면 다양한 근골격계 문제를 초래할 수 있다. 문제가 생길 가능성이 있다면 전동 휠체어를 사용하거나 수동 휠체어의 사용 시간을 줄이고, 스트레스를 최소화할 수 있는 추진 패턴을 사용해야 한다.

③ 압력 관리 및 체중 이동 능력

척수손상이나 근육 질환, 운동장애가 있는 뇌성마비 등으로 스스로 자세 교환을 할 수 없을 때에는 전동으로 좌석을 경사시킬 수 있는 시스템이 필요하다. 그러나 수동 휠체어에 전동 경사대를 설치하면 너무 무거워 추진이 어려울 수 있다.

④ 비정상적 근긴장과 원시반사

만약 수동 휠체어 추진 시 비정상적인 근긴장을 보이거나 원시반사가 나타나면 자세 변형이 유발되므로 전동 휠체어를 사용하는 것이 좋다. 다발성 경화증이나 진행성 근이영양증 같은 진행성 질환은 휠체어 추진 시 쉽게 피로를 느끼고 근지구력에 문제를 보일 수 있다.

(2) 인지능력

① 인지장애: 휠체어 사용자가 인지손상이 있을 때는 기억력, 문제해결 능력, 그리고 감정 조절 능력을 포함한 몇 가지 영역을 반드시 확인해야 한다.

② 연령: 만 2세 이상의 유아는 전동 휠체어를 이해하고 사용할 수 있는 능력이 있다. 그러나 어린 아동이 이동 보조기기를 안전하고 독립적으로 조정할 수 있을 때까지 세심한 감독이 필요하다.

(3) 시각

① 시력이나 시지각 기술 같은 시각검사는 전동 휠체어 사용을 위해 선행되어야 한다.

② 중증 시각장애인이라도 익숙한 환경에서는 기본적인 운동수행이 가능하지만, 위험 상황을 인식할 수 없거나 반시야 결손(편측 무시)과 같은 시력 및 시지각 문제가 있는 경우 전동 휠체어를 사용하기 어렵다.

(4) 운반과 접근성

휠체어를 선택할 때는 운반방법과 사용 환경을 반드시 고려해야 한다. 보호자의 교통수단이 휠체어를 운반하기 쉽고, 접근하기 쉬운가를 확인해야 한다.

(5) 수리 및 유지비

휠체어는 정기적으로 수리나 보수를 해야 하는 경우가 있다. 전동 휠체어는 배터리 사용 연한이 있어 2~3년 이내에 배터리 수명이 다해 새로운 것으로 교체해야 하고, 가속이나 감속 또는 브레이크 상태를 수시로 점검해서 안전사고에 대비해야 한다.

3. 수동 휠체어

(1) 사용 대상

수동 휠체어는 핸드림을 일정 시간 동안 추진할 만한 충분한 상지 근력이 있는 경우에 활용하게 된다.

(2) 수동 휠체어의 구조

이동을 위한 부분 (mobility base)	이동을 위한 부분은 타이어와 핸드림(손 조절바퀴) 등 휠체어를 움직이는 작동 부분을 의미한다.
착석 시스템 (seat system)	착석 시스템은 좌석, 등받이, 팔걸이와 같이 휠체어에 앉았을 때 이용하는 의자 부분을 의미한다.
구성요소 (components)	그 밖에 휠체어에는 머리받침대, 좌석 벨트 등 자세를 지지하거나 사용상 편의를 위한 구성요소들이 부착되어 있다.

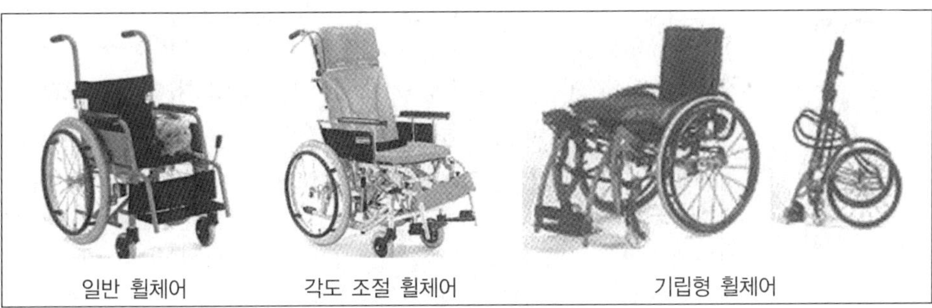

수동 휠체어

기출 POINT 6

❶ 18중등A10

현장체험학습을 갈 때 ⓜ이 큰 휠체어를 사용하는 경우의 장점을 쓰시오.

- 팔 받침대 높이를 낮게 하여 책상에 대한 접근성을 높임
- 활동 공간에 따라 ⓜ 보조바퀴(caster)의 크기를 조정함

❷ 18초등A3

다음은 수동 휠체어 선택과 사용 시에 고려할 사항이다. ⓐ와 ⓑ에 들어갈 내용을 순서대로 쓰시오.

- (ⓐ)은/는 학생이 고개를 가누는 정도에 따라 높이 조절이 가능하며 접을 수 있도록 제작된 경우가 많고, 적절한 자세를 위해서는 딱딱한 재질이 더 바람직함
- (ⓑ)은/는 학생의 식사 및 학습 활동, 의사소통 기기 등의 사용에 편리하지만, 휠체어의 무게와 전후 좌우의 길이를 증가시키기 때문에 독립적인 이동에 불편을 초래할 수 있음

❸ 15초등A6

현우의 특성을 고려할 때 마을 조사 활동 시 ⓛ의 장점을 1가지 쓰시오.

■ 현우의 특성

- 뇌성마비 학생이며, 상지 사용이 가능하여 휠체어를 타고 이동할 수 있음
- 휠체어를 타고 턱을 넘을 때, 몸통의 근긴장도가 높아지고 깜짝깜짝 놀라는 반응을 보임

■ 학생 지원 계획

마을 조사 시 ⓛ 앞바퀴가 큰 휠체어 제공하기

❹ 10중등36

지체장애 학생들이 사용하는 일반적인 수동 휠체어에 대한 설명으로 가장 적절한 것은?

① 기동성을 높이기 위해서 앞바퀴는 작을수록, 뒷바퀴는 클수록 좋다.
② 좌석 넓이는 몸이 차체에 직접 닿아 압력을 느끼지 않는 범위에서 가급적 좁아야 한다.
③ 요추의 지지와 기능적 운동을 위한 자세에 도움이 되도록 등받이 재질은 유연성이 클수록 좋다.
④ 랩 트레이(lap tray)는 양손을 기능적으로 사용하는 데 유용하지만 몸통과 머리의 안정성을 방해한다.
⑤ 팔걸이에 팔을 올려놓으면 척추에 작용하는 압력이 줄지만 상체 균형 능력이 제한적인 경우에는 몸통의 안정성이 방해된다.

(3) 수동 휠체어 구성요소와 선택 시 고려해야 할 요소

구분	고려해야 할 요소 및 효과 ❹ 10중등36
의자	• 자세의 지지를 위해 재질은 단단해야 하며, 고정되어야 한다. • 의자의 크기는 엉덩이의 크기에 맞추되, 가능한 한 좁게 하는 것이 좋다. • 의자의 깊이가 얕으면 사용자의 다리가 의자 앞으로 너무 멀리 나오게 되어 몸의 연약한 조직이 눌리고 압박감을 느끼게 된다. 또한, 얕은 의자는 발이 발받침에 적절하게 놓이는 것을 막는다.
등받이 ❷ 18초등A3	• 바른 자세를 위해 딱딱한 재질이 더 바람직하다. 너무 유연한 등받이는 요추 지지, 측면 대동맥 안정, 특수한 자세가 필요한 경우에 유용하게 쓰일 수 없다. • 등받이의 높이는 고개를 가눌 수 있는 정도에 따라 조절된다.
팔걸이 ❺ 24중등B4	• 팔걸이는 고정식, 뒤로 젖힘식, 완전 착탈식, 짧은 것과 긴 것 등이 있다. 특히 뒤로 젖힘식과 완전 착탈식은 운반이나 다른 활동에 용이하다. 또한 팔걸이의 길이가 짧은 것은 책상으로의 접근이 용이하며, 긴 것은 팔을 좀 더 많이 지지할 수 있다. • 팔걸이의 장점 – 상체의 균형을 잡기 어렵거나 균형이 깨어진 경우에 팔걸이에 팔을 올려놓으면 안정성을 확보할 수 있다. – 상지의 지지를 도와 몸무게를 지지할 수 있으므로 척추의 기형을 예방하는 데 도움이 된다. – 팔걸이를 지지하여 체중을 분산시키거나 체중 이동 훈련을 할 수 있으므로 둔부의 압력을 줄이고 욕창 등의 문제를 예방할 수 있다.
머리 받침대	머리 조절이 어려운 학생에게 필요하며, 머리의 자세·근긴장·목의 자세 또는 연하작용을 보조해준다.
좌석 벨트	이동 시 안정성을 제공하며, 몸통 및 골반의 위치를 잡아주고 미끄러짐 현상을 방지한다.
브레이크 및 조절장치	전동 휠체어의 경우 조이스틱형 조절장치가 적합하며, 헤드스틱이나 입을 이용하는 스위치로 된 장치로 사용된다.
뒷바퀴	• 플라스틱 소재의 딱딱한 바퀴보다는 공기가 들어가는 바퀴가 충격 흡수면에서 우수하여 승차감이 좋으나, 공기주입 장치 및 바퀴 수리 등 보수관리가 필요하다는 단점이 있다. • 뒷바퀴의 사이즈가 클수록 기동력은 감소한다.
앞바퀴 (caster)	• 앞바퀴의 크기가 큰 경우에는 이동 시 충격을 흡수하여 승차감이 좋고, 장애물 통과가 쉬우나 상대적으로 기동성이 떨어진다. ❶ 18중등A10, ❸ 15초등A6 • 앞바퀴의 크기가 작은 경우에는 회전이 쉽고 바퀴의 흔들림이 적으며 이상진동이 덜하나, 충격 흡수력이 좋지 않고 틈에 빠지기 쉽다.
손 조절바퀴	이동 시 손으로 잡는 둥근 손잡이 부분으로, 직경이 클 경우 힘을 이용하여 출발 및 가속이 쉽고, 직경이 작을 경우 속도의 유지가 용이하다.

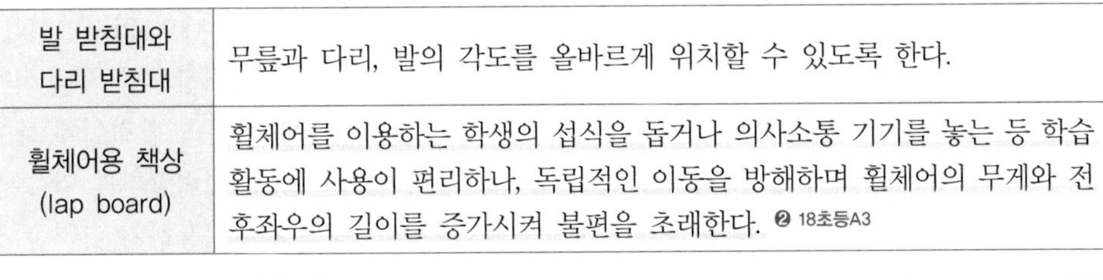

발 받침대와 다리 받침대	무릎과 다리, 발의 각도를 올바르게 위치할 수 있도록 한다.
휠체어용 책상 (lap board)	휠체어를 이용하는 학생의 섭식을 돕거나 의사소통 기기를 놓는 등 학습 활동에 사용이 편리하나, 독립적인 이동을 방해하며 휠체어의 무게와 전후좌우의 길이를 증가시켜 불편을 초래한다. ❷ 18초등A3

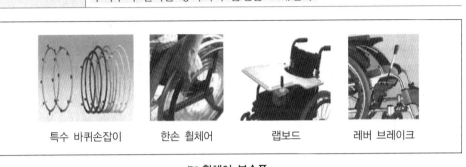

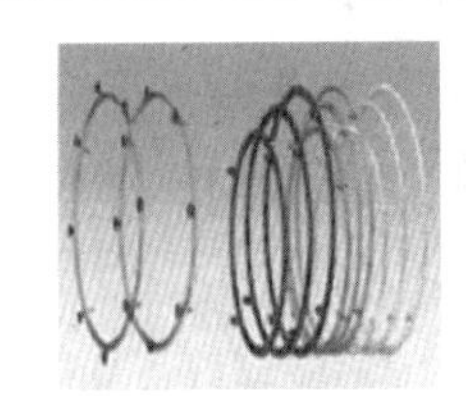

특수 바퀴손잡이

한손 휠체어

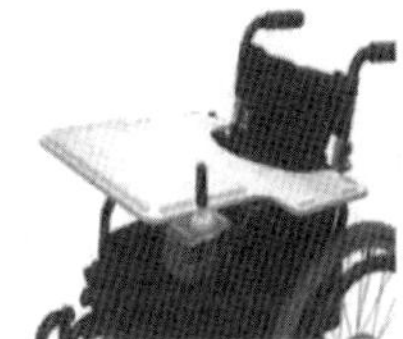

랩보드

레버 브레이크

휠체어 부속품

4. 전동 휠체어

(1) 사용 대상

① 전동 휠체어는 손으로 휠체어를 작동시키는 수동 휠체어 사용이 어렵거나 기능성이 떨어질 경우 동력으로 이동할 수 있는 이동 기기이다.

② 전동 휠체어는 상지의 근력 · 협응 능력 · 관절 가동 범위 등이 약하거나 감소된 경우, 지구력의 감소 · 심폐 기능의 감소 · 통증이 있는 경우, 수동 휠체어 과사용으로 인한 근골격계 장애가 있는 경우에 적용한다.

③ 또한, 지체장애 학생의 효율적인 이동을 위해 사용된다.

(2) 작동방법

① 작동방법은 조이스틱(손 · 턱 · 입 · 발 · 머리 등으로 작동), 스위치(불기 · 빨기 등으로 작동), 음성 작동 제어장치까지 다양하다. ❶ 24중등B4, ❷ 23초등B6

② 일반적으로 다양한 조이스틱으로 운전할 수 있도록 해주는 이동용 보조기기이므로, 심한 지체장애를 가진 학생도 턱이나 입 또는 발로 조이스틱을 작동시키는 등 대안적인 방법을 사용하는 훈련을 통해 스스로 작동법을 배울 수 있다.

㉠ **입력장치를 조정할 신체 부위 결정**: 전동 휠체어를 사용하려면 전진과 후진, 그리고 좌우회전의 네 가지 기능을 수행할 수 있어야 하므로 지체장애 학생은 입력장치를 조작하는 신체 부위를 조절할 수 있어야 하고, 일관성 있고 반복적으로 사용할 수 있어야 한다.

- 접근성에 영향을 미치는 다섯 가지 요소인 속도, 정확도, 조절, 신뢰도, 지구력 등을 고려하여 신체 부위를 결정한다.
- 일반적으로 입력장치를 조작하는 신체 부위는 손, 팔, 머리, 팔, 그리고 다리, 무릎의 순서로 고려한다.

---

❺ 24중등B4

밑줄 친 ㉢을 해결하기 위한 ㉣을 2가지 서술하시오.

(가) 학생 B의 특성

고정형 팔걸이의 수동 휠체어를 사용함

(나) 대화

교사 A: 학생 B는 ㉢ <u>교과 전담 이동 수업 시간에 다른 책상을 사용하는 것이 어렵습니다.</u> ㉣ <u>학생 B의 접근성을 보장하기 위한 방법</u>이 있을까요?

기출 POINT 7

❶ 24중등B4

괄호 안의 ㉠에 해당하는 스위치의 유형을 쓰시오.

(가) 학생 A의 특성

착석 시스템 적용 전동 휠체어를 사용함

(나) 대화

교사 A: 전동 휠체어를 어떻게 움직이나요?
교사 B: 전동 휠체어를 움직이는 데에는 다양한 방식을 적용할 수 있습니다. 예를 들어, 조이스틱, 스위치 등을 사용합니다. 몸의 다양한 부분에 스위치를 적용할 수 있는데, 호흡으로 작동하는 (㉠)(이)나 혀로 작동하는 스위치도 있습니다.

❷ 23초등B6

[A]를 고려하여 특수 전동 휠체어를 운행하기 위한 보조공학기기를 1가지 쓰시오.

- 대근육 운동기능 분류체계(GMFCS) 5단계에 속함
- 현재 스캐닝 기법을 이용하여 보완대체의사소통기기를 사용하고 있음 [A]
- 야외 활동을 할 때에는 특수 전동 휠체어를 사용함

PART 03

㉡ **입력방식의 선택**: 입력장치를 조작할 신체 부위를 결정하고 나면 입력방식을 선택하고 신체 부위와의 조화를 촉진하는 과정이 필요하다. 입력장치의 위치 선택도 중요한데, 상업적으로 판매하는 대부분의 전동 휠체어는 오른쪽 팔걸이에 조이스틱이 장착되어 있다. 만약 오른쪽 상지 사용이 어려울 경우 입력장치를 왼쪽에 설치할 수 있고, 불수의운동과 원시반사로 상지를 기능적으로 사용하기 어려울 경우에는 머리받침이나 랩보드 등에 부착하여 사용할 수 있다.

(3) 전동 휠체어 유형

학생의 요구 정도에 따라 각도 조절 기능이 있는 전동 휠체어를 사용할 수 있으며, 앉은 자세에서 서기 기능까지 가능한 전동 기립형 휠체어와 수직 이동형 휠체어 등을 사용할 수 있다.

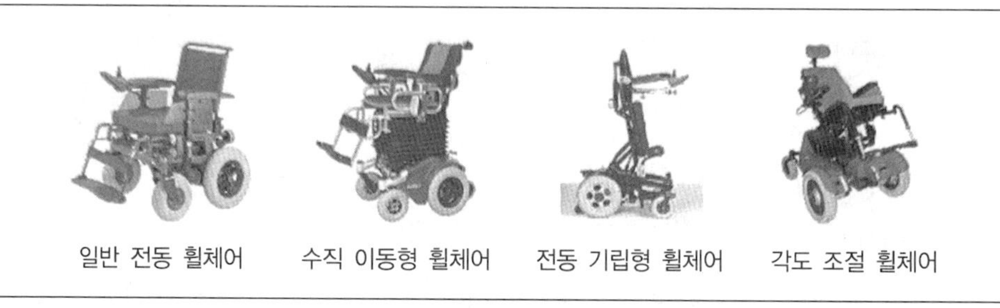

전동 휠체어

(4) 고려사항

① 전동 휠체어를 사용하기 위해서는 적절한 시력, 지시를 이해하고 따르는 능력, 환경적 요인 인식이라는 전제조건이 필요하다.

② 전동 휠체어를 선택할 때에는 전동 장치를 조절해야 하므로 운동 기능, 인지 능력 그리고 판단력에 대한 지속적인 평가가 충분히 이루어져야 하고 속도, 장애물 통과 능력, 주행 범위, 조작 능력, 내구성 등을 파악한 후 결정한다.

③ 고개 가누기, 골반 안정성 및 팔과 손의 기능 향상, 움직임에 대한 동기부여, 상호작용 증대에 따른 의사소통능력 향상의 이유로 최대한 조기에 전동 보조기기를 제공해야 한다는 의견도 있다. 그러나 일각에서는 안전하게 운전할 수 있는 7~9세부터 사용을 시작하되, 전동 휠체어의 조기 경험으로 인해 수동 휠체어를 손으로 밀거나 워커 등으로 걸어보려는 노력을 하지 않을 수 있으므로 처음부터 전동 휠체어를 사용하기보다 충분한 보행 연습을 시행한 후 사용할 것을 권한다. ❶ 11초등2

기출 POINT 8

❶ 11초등2

김 교사가 영서(만 6세, 경직형 뇌성마비, 중도 정신지체, 말·언어장애)를 위해 수립한 보조공학기기 적용 계획으로 적절한 내용을 고른 것은?

㉤ 뇌성마비 경직형 아동은 독립보행을 할 수 없으므로 원활한 이동을 할 수 있도록 조기에 스스로 전동 휠체어를 사용하게 한다.

(5) 전동 휠체어의 단점

① 전동 휠체어는 작동에 문제가 생겼을 때 수리하기가 어렵고, 무게 또한 무거우며, 사용자가 건전지 충전 등 사용상의 유의점을 스스로 인지하고 관리할 수 있어야 한다.

② 전동 휠체어를 사용할 때는 반드시 안전벨트를 착용해야 하며, 이동 중에 전원 스위치가 쉽게 꺼지지 않아야 한다.

③ 전동 휠체어의 속도는 사용하는 학생에게 적절한 수준으로 조정되어야 한다.

④ 전동 휠체어를 사용하기 전에 좁은 공간 안에서의 이동과 사람들이 많은 장소에서의 사용이 가능하도록 운전 기술을 충분히 연습하여야 한다.

5. 전동 스쿠터

(1) 사용 대상 및 장점

① 전동 스쿠터는 전동 휠체어에 비해 조작 능력이 우수한 경우에 사용하며, 특히 몸통의 조작 능력, 착석 기술과 이동 기술이 더 나은 학생이 사용할 수 있는 이동 기기이다.

② 전동 스쿠터는 휠체어보다 폭이 좁아 이동에 유리하며, 휠체어보다 사회적으로 장애인이라는 인식을 덜 가지게 하므로 통합된 지역사회 환경 내에서의 사용 선호도가 높다.

(2) 전동 스쿠터의 유형

전동 스쿠터

03 들어 옮기기와 자리 이동

1. 들어 옮기기(껴안기와 이동시키기) ❶ 11중등23

지체장애 아동은 독립적으로 이동하기 어려운 경우가 대부분이므로 이들을 지원하는 교사, 보조인력은 아동을 안전하게 껴안고 이동시키는 전략을 익혀야 한다.

(1) 껴안기 방법의 유형

① 마주 보고 안아 올리기: 학생의 양 하지를 벌리고 무릎을 구부려 교사의 허리에 걸치게 한 후 학생의 팔을 교사의 어깨에 올려 이동한다.

② 과소긴장 아동처럼 머리 조절이 어려운 학생의 경우에는 교사의 팔 가까이에 기대도록 하고, 얼굴은 정면을 향하도록 한 후 다리를 모아서 안도록 한다.

기출 POINT 9

❶ 11중등23

학생 A는 근육의 긴장도가 높고 독립 보행이 안 되며, 그림상징으로 의사소통을 하는 중도 뇌성마비 학생이다. 이 학생의 특성과 그림상의 문제점을 고려하여 교사가 학생 A를 바르게 안아 옮기기 위한 방법으로 적절한 것만을 <보기>에서 모두 고른 것은?

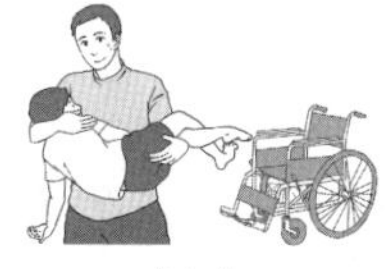

<보기>

㉠ 교사는 학생 A의 등 아래로 손을 넣고 교사의 허리를 이용하여 학생을 힘껏 들어올려서 안는다.
㉡ 교사가 학생 A를 들어올릴 때, 학생이 교사를 쳐다보거나 휠체어를 바라보는 반응을 기다려 준다.
㉢ 학생 A를 쉽게 들어올리기 위해 학생의 앉은 자세를 먼저 잡아 주고, 학생의 근육이 이완되지 않도록 유지하며 들어올린다.
㉣ 학생 A를 마주보게 안아서 옮길 때는 학생의 양 하지를 벌리고 무릎을 구부려 교사의 허리에 걸치게 한 다음, 학생의 팔을 교사의 어깨에 올려 껴안고 옮긴다.

(2) 껴안기 시 유의사항

① 대체적으로 어떤 아동이라도 머리나 체간을 수직이 되게 하고, 팔 안으로 해서 안고 있으며 허리를 걸치고 있는 자세가 되는 것이 좋은 껴안기 방법이다. 옆으로 누운 형태의 껴안기 방법은 피해야 한다.

② 해당 아동의 특징이 되어버린 나쁜 자세 패턴과 반대의 자세를 취하도록 한다. 다리를 서로 교차시키는 경향이 있는 아동은 다리를 벌리게 하고, 계속 다리를 뻗고 있는 아동에게는 다리를 가지런히 하도록 지도하며, 뒤집기가 강한 아동은 둥글게 껴안는 것이 좋다. ❶ 17초등A3

③ 일반적으로 아동의 팔꿈치와 손은 신체의 앞으로 내밀고 있는 것이 좋다. 손을 뒤로 하고 있는 자세는 이상 자세 패턴이나 병적인 긴장의 원인이 된다.

(3) 이동시키기 지도 전략

① 학생에게 무엇을 할 것인지 설명하고, 학생이 가능한 한 적극적으로 참여하도록 한다.

② 들거나 이동시킬 학생에게 직접 다가가서 자세를 취한다.

③ 몸통을 똑바로 세우고 허리보다는 다리를 구부려 안을 자세를 취한다.

④ 학생에게 몸을 밀착하여 안을 준비를 한다.

⑤ 자신의 몸을 회전하지 말고 학생을 안을 준비를 한다.

⑥ 바닥에 평평하게 발을 대고 편안하게 한쪽 발을 다른 발 앞에 놓는다.

⑦ 이동 시 학생이 가능한 한 많은 무게를 스스로 지지하도록 한다.

⑧ 학생의 신체가 가능한 한 많이 정렬되고 이완되도록 기다려준다.

⑨ 들어 올리기가 어렵거나 약 16kg 이상 무게가 나가는 학생의 경우 도움을 요청하여 두 사람이 함께 들어올린다.

기출 POINT 10

❶ 17초등A3

[A]에서 보이는 문제점을 해결하기 위해 교사가 자신의 신체를 이용하여 철수를 안는 방법을 1가지 쓰시오.

■ 철수의 특성

- 중도 지적장애와 경직형 뇌성마비
- 전신의 긴장도가 높아 머리가 뒤로 젖혀지고 다리는 가위자 모양이 됨

안아 옮길 때 자세에 유의하기

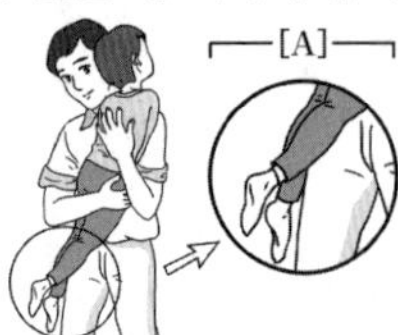

더알아보기 과다긴장 상태의 아동 들어 옮기기 자세(김혜리 외, 2021.)

기본적으로 아동의 근긴장 정도와 위치를 살펴 그와 반대되는 자세로 들어 옮겨야 한다.

사례 ❶ – 누워 있을 때 다리는 신전되고 팔은 굴곡되는 경우

엉덩이와 무릎 관절은 굴곡되고 팔은 신전시킨 상태에서 들어 옮김

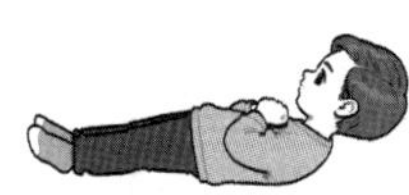

사례 ❷ – 몸이 활처럼 휘어 있는 경우

엉덩이와 무릎 관절은 굴곡되고 어깨는 모아지도록 함

사례 ❸ – 팔과 다리가 모두 굴곡되어 있는 경우

팔다리를 모두 신전되도록 하여 안아 옮김

2. 잡기와 자리이동

자리이동은 원거리 이동이 요구되는 장소이동이 아닌 주로 위치이동을 의미한다. 즉, 휠체어에서 의자, 침대, 차량 좌석 등으로 이동하거나 그 역으로 자리를 바꿔 이동하는 것이다. 스스로 자리이동할 만큼의 충분한 근력과 운동능력이 없는 학생은 보호자나 교사가 이를 대신하거나 도와주게 된다.

(1) 잡기

① **손목 잡기**: 손목 잡기는 학생의 손목을 잡아주는 방법으로 간편하고 안정적이다. 학생이 관절 구축이나 근력 약화 등의 문제로 손을 쥘 수 없다면 학생의 손목만 잡아 일으키거나 앉힐 수 있다.

② **등 뒤에서 양손 잡기**: 학생의 등 뒤에서 양쪽 겨드랑이 사이로 손을 넣어 양쪽 손목을 잡는 방법으로, 휠체어나 의자나 바닥으로 들어 옮기거나 내릴 때 균형 잡힌 자세로 안정적으로 사용할 수 있다. 이때, 가능하면 학생이 한 손으로 자신의 반대쪽 손목을 잡아주면 힘이 보다 안정적으로 전달될 수 있다.

③ **골반 잡기**: 중증의 지체장애 학생에게 적용할 수 있는 방법으로, 학생의 앞에서 무릎과 고관절을 구부리고 척추는 곧게 편 상태로 학생의 허리 뒷부분을 잡고 도와주는 방법이다. 이때 발과 무릎을 서로 맞대거나 교사의 양쪽 무릎 사이에 학생의 무릎을 끼워 넣고 지지하면, 허리를 잡고 일으킬 때 전방으로 쓰러지지 않고 일으키기가 쉬워진다.

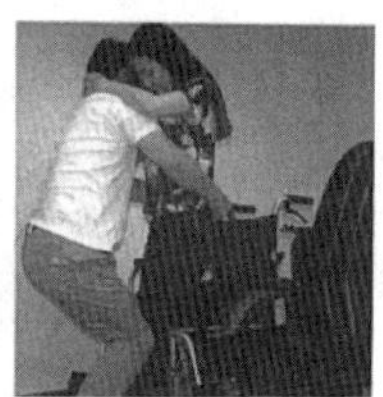

〈골반 잡기〉

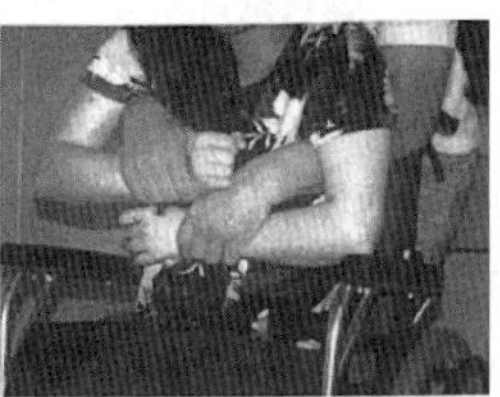

〈등 뒤에서 양 손목 잡기〉

(2) 휠체어에서의 자리이동

① 1인이 자리이동시키는 방법

㉠ 먼저 휠체어를 자리이동하고자 하는 곳까지 최대한 가깝게 위치시킨다.

㉡ 사지마비의 경우 좌우 어느 쪽이든 편리한 방향에 휠체어를 위치시키면 되고, 편마비나 신체 좌우 어느 한쪽 기능이 좀 더 나은 경우는 양호한 쪽에 휠체어를 위치시킨다. 이때 브레이크는 반드시 잠그고, 학생 쪽에 위치한 발판과 팔받침을 제거하면 자리이동이 쉽다.

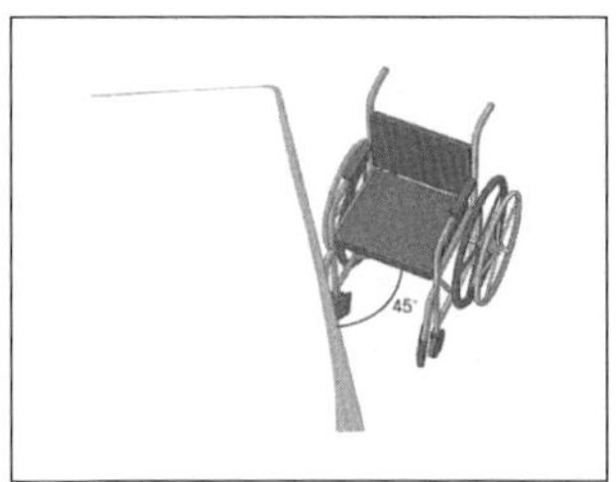

휠체어와 침대 각도

㉢ 학생의 양손을 깍지 끼워 교사의 목을 감싸도록 하며, 교사는 학생의 골반 뒤쪽을 잡고 휠체어에서 일어서도록 한다.

㉣ 교사의 무릎으로 학생의 무릎을 고정한 채 옮길 방향의 다리를 축으로 학생과 함께 몸의 방향을 돌려 내려 놓는다.

② 2인이 자리이동시키는 방법

㉠ 먼저 휠체어를 자리이동하고자 하는 곳에 나란히 놓고 브레이크를 잠근다. 이때 옮기는 쪽 발판과 팔받침을 제거하는 것이 편리하다.

㉡ 한 사람은 학생 뒤에서 학생의 팔 아래로 가슴을 두른 후 양 손목을 잡고, 다른 사람은 학생 앞에서 무릎을 구부린 채 학생의 양 무릎 아래 손을 넣는다. ❶ 20초등B2

㉢ 두 사람은 허리가 아닌 다리 힘을 사용하여 동시에 들어올린다.

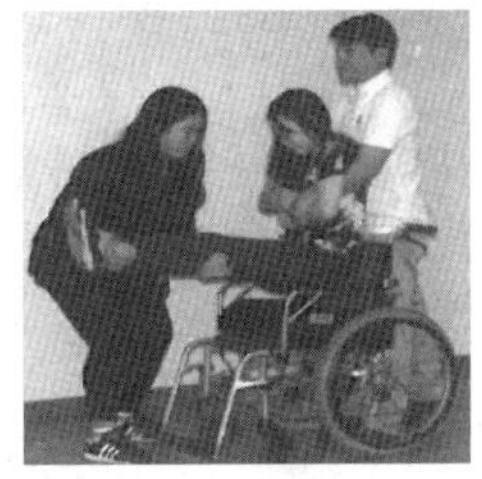

2인이 자리이동시키는 방법

③ 독립적인 자리이동

앉은 자세에서 균형을 유지하고 양 팔로 골반을 들어올릴 수 있는 힘이 있을 때 미끄럼판을 사용해서 혼자서 자리이동을 할 수 있다. 미끄럼판은 앉아 있는 지점과 옮겨 갈 지점에 함께 걸쳐서 양쪽에 충분히 지지되어 자리이동 중 떨어지거나 벗어나지 않도록 주의해야 한다.

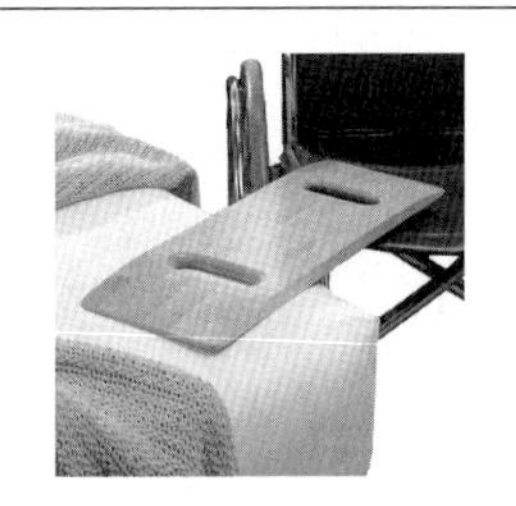

미끄럼판

(3) 자리이동 시 고려사항

① 지체장애 학생의 자리이동 시 학생의 신체능력과 함께 학생이 지시를 정확히 이해할 수 있는지 등 의사소통 능력을 확인해야 한다.

② 원하는 곳으로 자리이동을 할 때에는 학생의 얼굴을 마주보고 가능한 한 가까운 거리에서 옮기는 것이 좋다. 이때 허리는 펴고 다리는 구부려 이동하는 것이 척추나 관절에 가해지는 부하를 줄일 수 있다. 다리는 어깨 너비 이상으로 벌려 안정성을 확보하고, 발뒤꿈치를 바닥에 붙이고 학생과 최대한 밀착해서 자리이동을 한다.

③ 체중이 무거운 학생이나 혼자서 자리이동을 하기 어려운 경우에는 리프트나 미끄럼판 같은 보조기구를 이용한다.

④ 학생을 잡을 때는 팔이나 다리를 잡지 말고 골반이나 몸통 등 신체 중심부를 잡고 이동시키도록 한다.

기출 POINT 11

❶ 20초등B2

㉡에 들어갈 교사의 행동을 준우의 신체와 관련지어 쓰시오.

■ 준우의 특성

- 경직형 뇌성마비
- 사지마비가 있음
- 모든 운동 기능이 제한적임
- 머리 조절이 어렵고, 체간이 한쪽으로 기울어짐

■ 지도의 유의점

준우: 화장실 이용 시 보조인력의 추가 지원이 요구됨. 휠체어에서 양변기로 이동시키기 위해 보조인력은 준우의 무릎과 발목 뒤쪽을 지지하고, 교사는 (㉡).

PART 03

(4) 기타 보조기기(리프트)

① 리프트는 스스로 이동할 수 없는 지체장애 학생을 휠체어에서 의자로, 혹은 휠체어에서 침대 등 다른 장소나 기기로 옮길 때 사용하는 기기이다.

② 리프트는 이동을 보조하는 사람들의 잦은 부상을 예방하고, 학생의 경우에는 이동 시 최대한 수평을 유지하고 각도의 변화를 감소시켜 안정감을 제공하며, 학생을 최적의 상태로 이동시키고, 자신의 체중 때문에 상대방에게 미안한 마음을 어느 정도 내려놓을 수 있으므로 학생과 이동 보조자 모두에게 도움이 된다.

③ 리프트는 수동과 전동으로 작동되는 것이 있으며, 버스와 같은 교통기관에 부착된 리프트는 지체장애 학생의 지역사회 참여를 돕는다.

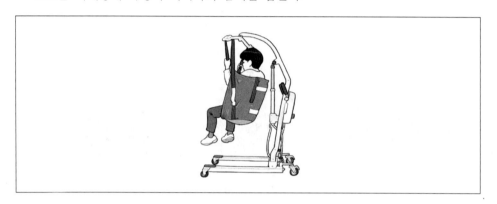

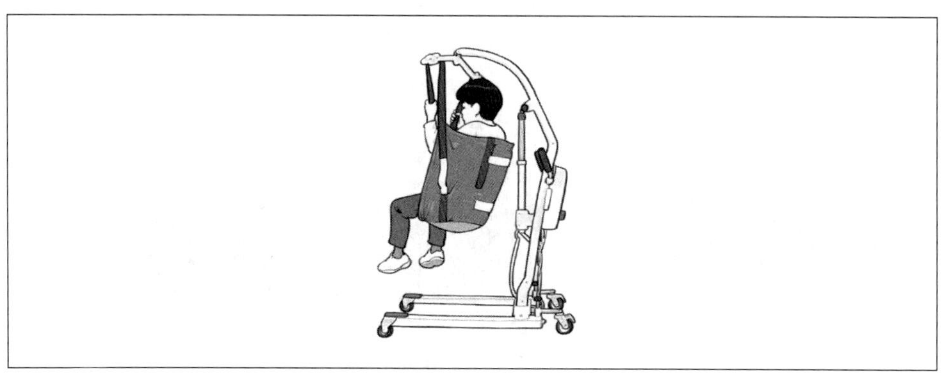

CHAPTER 09

식사 기술 지도

01 식사 기술의 어려움

- 근긴장도 이상
- 비정상적인 반사
- 구강구조의 이상과 그에 따른 문제
- 식사 행동에 대한 학습 문제

02 식사 기술 중재 시 고려사항

03 식사 기술 중재 방법

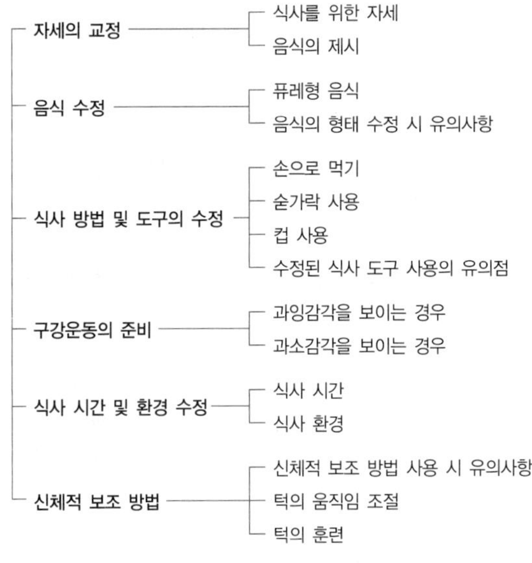

04 비구강 섭식

01 식사 기술의 어려움

1. 근긴장도 이상

① 구강근육의 저긴장성은 음식을 씹을 때 머리, 턱, 입술의 움직임을 떨어뜨린다.

② 구강근육의 과긴장성은 과도한 긴장으로 구강근육의 움직임을 제한하며, 통제가 불가능하게 되어 구강구조의 일부를 변형시킬 수 있다.

2. 비정상적인 반사

지체장애 아동의 경우 신생아 시기에 나타났던 원시반사들이 소멸되지 않고 잔존하여 정상적인 운동 기능의 통합을 방해하는 비자발적인 반응을 하게 한다.

더알아보기 식사 기능과 관련된 비정상적인 반사

① **정향반사**
유아가 입을 음식 쪽으로 향하는 것으로, 생후 초기 나타나는 행동은 정상이나, 생후 몇 달이 지나고도 계속되면 식사 시간에 자발적인 머리 조절을 방해하게 된다.

② **강직성 씹기반사**
입 안에 음식을 넣어주면 의도하지 않게 갑자기 입을 다무는 강직성이 나타나, 숟가락으로 음식을 먹이는 것을 방해하고 씹는 것을 극도로 어렵게 한다. 입 안에 들어오는 자극에 대한 민감도가 강하고 비자발적이다.

③ **혀 밀기 / 혀 돌출 행동**
음식을 씹거나 삼키는 행동을 해야 할 때 치아 사이로 혀를 밀어내는 비자발적인 행동이다. 입 밖으로 음식이나 음료를 밀어내거나 치아의 위치를 본래 위치에서 밀어낸다.

④ **빨고 삼키는 행동**
신생아 시기에 가지고 있던 빨기 행동을 그대로 유지하고 있어서 고형의 음식물 섭취를 방해한다. 음식을 씹지 않고 빨다가 삼켜버리는 행동이다.

⑤ **비대칭성 긴장성 목반사**
몸 전체에 영향을 줄 뿐만 아니라 음식을 섭취하고 먹이는 데 있어 특별한 문제를 유발하는 자세이다. 머리가 한쪽 방향을 향하고 있을 때 같은 방향으로 팔이 비자발적으로 펴지고 다른 팔은 굴곡되는 일명 '펜싱 자세'로 반응하는 식의 경직된 자세가 나타난다. 머리 조절이 어려워서 음식 섭취 및 정상적인 구강운동을 방해한다.

⑥ **구역반사(개그반사)**
일생 동안 지속되는 반사로, 정상 유아의 경우 5~6개월까지 민감하게 나타났다가 점차 약화된다. 혀가 과민하면 고형물이 섞인 음식을 주어도 구토 증상이 나타나며, 반대로 아주 둔한 경우 음식물이 목에 걸려도 구토반사가 일어나지 않아 숨이 막히거나 음식물이 자주 목에 걸리게 된다. 지나치게 민감한 구토반사는 씹기, 삼키기를 방해한다. ❶ 09중등27

기출 POINT 1

❶ 09중등27
지체장애 학생의 음식 섭취에 관련된 특성과 학급 내에서의 일반적인 지원 방법에 관한 적절한 설명을 모두 고른 것은?

㉣ 구역질 반사가 있으면 입안에 강한 비자발적 자극이 있어 음식을 먹다가 사레에 들리기 쉽다. 이 반사가 과민하면 큰 조각의 음식물이나 이상한 물체를 삼키는 것을 막지 못한다.

3. 구강구조의 이상과 그에 따른 문제

구강구조의 이상은 구개파열이나 입천장 구조의 문제, 치아가 없거나 치아 배열에 문제가 있는 것을 말한다. 이 경우 빠는 것과 삼키는 것을 방해하며, 혀를 과도하게 사용하는 등 비정상적인 반응을 보여 부차적인 섭식 문제를 유발한다.

4. 식사 행동에 대한 학습 문제

① 모든 지체장애 학생의 식사 문제가 신체적 또는 구조적 결함에 의한 것은 아니다.

② 딱딱한 음식의 거부, 씹지 않고 삼킴, 너무 빠른 식사, 입을 닫지 않은 상태에서의 식사 자세 등 먹는 기술을 적절하게 배우지 못했거나 잘못된 방법으로 습득한 경우 문제가 생긴다.

02 식사 기술 중재 시 고려사항

① 숟가락이나 포크 사용 등 초기 기술의 지도 단계에서는 동일한 훈련자가 지도하는 것이 효과적이다.

② 초기의 지도는 조용한 장소에서 실시되어야 한다. 기술을 적절히 학습하였을 때 식당을 이용하거나 또래와 같이 식사하게 하는 것이 효과적이다.

③ 기술의 향상을 위해 가능한 한 기회를 많이 제공하고 실제 식사 시간을 통해 지도한다.

④ 하나의 식기 사용을 지도할 때에는 쉽게 배우고 효율적으로 기술을 향상시키기 위해 한 가지 음식으로 연습시킨다.

⑤ 식기 사용 기술을 쉽게 배울 수 있는 도구(큰 숟가락, 깊은 그릇 등)를 사용한다.

⑥ 초기 단계에서 기술이 향상되면 청결에 대한 지도를 함께 한다.

03 식사 기술 중재 방법

1. 자세의 교정

(1) 식사를 위한 자세

① 식사하기에 필요한 구강근육의 움직임을 원활하게 하기 위해서는 바른 자세가 이루어져야 한다. 대부분의 학생은 앉은 자세에서 식사를 하게 되나, 필요한 경우에는 보조기기를 사용하여 바르게 앉을 수 있도록 지원하는 것이 효과적이다. 그러나 지나치게 많은 보조기기로 자세를 지지해주는 것은 독립성을 없애고 근육을 약하게 말할 수 있다.

② 식사를 위한 최적의 자세는 주의 깊은 관찰을 통해 개인적으로 결정되어야 한다.

③ 안전성을 보장하기 위해 적절한 높이의 의자와 식탁을 제공하고 가능한 한 직립의 자세로 앉게 하는 것이 좋다.

④ 음식물의 역류와 흡인을 예방하기 위해 식사 자세는 수직 자세가 좋고, 식사 후 45분간은 눕지 않고 이러한 자세를 유지하는 것이 도움이 된다. 앉은 자세에서 식사하는 것이 힘든 경우라도 상체를 30° 이상 세워서 먹도록 하고, 식사 후 반쯤 기댄 자세나 앉은 자세가 역류 예방에 도움이 된다. ❶ 24중등B11

기출 POINT 2

❶ 24중등B11

밑줄 친 ㉠~㉣ 중 틀린 내용을 찾아 바르게 고쳐 서술하시오.

> 교육 실습생 A: 학생 A는 목 조절이 힘들고 위식도 역류가 심합니다. 그래서 씹기를 거부하고 구토 증상도 나타나요.
> 교육 실습생 B: 그런 경우에는 ㉡ 식사를 마친 후에도 곧바로 눕지 않고 앉아 있도록 하는 게 좋겠네요.

(2) 음식의 제시

학생이 스스로 식사를 하지 못하는 경우에는 다른 사람의 도움을 통해 음식을 섭취하게 되는데, 이때 학생에게 음식을 제시하는 태도가 매우 중요하다. 음식을 제시하는 위치에 따라서 근긴장도가 낮아질 수도, 높아질 수도 있기 때문이다.

① 음식을 먹일 때 음식은 학생의 얼굴 아래에 오는 것이 좋고, 먹이는 사람은 본인의 얼굴이 학생의 눈높이 또는 눈 아래에 있도록 하기 위해 낮은 의자에 앉는다. ❸ 09중등27

② 학생의 목은 뒤로 젖혀져 있는 것보다는 약간 구부리게 하는 자세가 질식 없이 쉽게 삼키도록 하며 비정상적인 반사작용을 최소화한다. ❷ 13중등27

③ 먹이는 사람은 학생과 가능한 한 가깝게 위치하고 학생의 옆 또는 뒤에서 신체적 도움을 주는 것이 좋다. 그러나 학생의 자세가 한쪽으로 기울어져 있을 때는 신체를 중심으로 균형적인 자세가 되도록 도와주는 것이 좋다. ❶ 24중등B11

④ 입 안에 음식을 넣어줄 때는 혀의 중앙 부분에 넣어준다. 그러나 턱의 움직임에 제한이 많은 경우에는 쉽게 씹을 수 있도록 치아 사이에 직접 음식을 넣어준다.

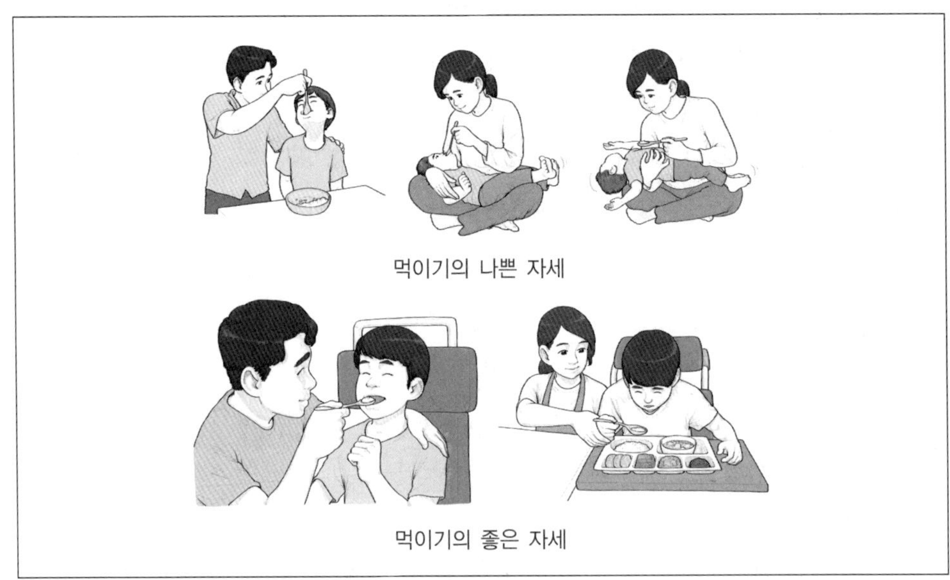

먹이기의 나쁜 자세
먹이기의 좋은 자세

먹이기의 지도 자세

기출 POINT 3

❶ 24중등B11

밑줄 친 ㉠~㉤ 중 틀린 내용을 찾아 바르게 고쳐 서술하시오.

> 교육 실습생 A: 학생 A는 목 조절이 힘들고 위식도 역류가 심합니다. 그래서 씹기를 거부하고 구토 증상도 나타나요.
> 교육 실습생 B: ㉤ 교사가 식사 보조를 할 때는 학생 A의 앞에 앉아 지원해야 해요.

❷ 13중등27

뇌성마비 학생에게 나타나는 특성과 교사가 실시한 식사 지도 방법으로 옳은 것은?

③ 혀 내밀기	• 불충분한 혀의 후방 운동 및 불수의적 움직임으로 인해 발생함 • 숟가락으로 혀의 중앙 부분을 지그시 눌러 주며 목구멍 쪽 혀의 뿌리에 음식을 놓음
⑤ 삼킴 장애	• 비자발적 움직임이 일어나는 인두 단계에서 음식물을 인두로 미는 데 필요한 압력을 만들지 못함 • 음식물을 먹는 동안 몸을 뒤쪽에 기댄 채, 고개를 뒤로 젖히고 턱을 들어올려 음식물이 식도로 흘러 넘어가게 함

❸ 09중등27

지체장애 학생의 음식 섭취에 관련된 특성과 학급 내에서의 일반적인 지원 방법에 관한 적절한 설명을 모두 고른 것은?

> ㉤ 학생에게 음식을 먹여줄 때 음식을 주는 사람은 학생의 바로 앞에서 눈높이를 맞춰 앉아 식사를 보조한다. 학생이 음식을 먹을 때는 머리와 몸통의 위치, 그리고 힘이 가는 곳과 약해지는 곳을 관찰한다.

더알아보기 삼킴 동작

'삼킴장애'란 일반적으로 음식물을 입에서 식도를 통해 위장으로 옮기는 과정에서의 장애를 말한다. 전통적으로 삼킴동작은 4단계로 설명된다. 각 단계에 소요되는 시간이나 특성은 삼키게 되는 음식의 종류나 크기, 그리고 이에 대한 자발적인 노력에 따라 달라진다.

단계	내용
구강준비단계	필요한 경우 음식을 씹거나 입 안에서 조작하여 삼킬 수 있는 농도와 형태로 만드는 단계
구강단계	혀가 음식을 뒤로 밀어 넘겨 인두 삼킴이 유발되기까지의 단계로, 일단 음식을 씹어 삼킬 준비가 되면 혀가 음식을 접착성 있는 덩어리로 모아 구강에서 인두로 이동시키는 단계
인두단계	• 인두 삼킴이 유발되고 음식덩이가 인두 안으로 넘어가는 단계 • 인두단계의 장애는 흔히 간단한 자세 교정으로도 보상할 수 있음. 만약 인두단계 동안 음식물이 깨끗하게 넘어가지 않으면, 환자가 먹은 음식이 기도로 들어갈 위험이 있음(흡인). 이것은 폐의 감염을 야기하여 흡인성 폐렴 등 중증의 질병을 야기할 수 있음
식도단계	식도의 연동운동으로 음식덩이가 경부식도와 흉부식도를 통과하여 위장으로 옮겨가는 단계

2. 음식 수정

(1) 퓨레형 음식

① 지체장애 학생 중 일반 음식을 먹지 못하는 경우에는 채소 등을 삶아 걸쭉하게 만든 음식인 퓨레형 음식을 제공한다.

② 퓨레형 음식은 삼키는 자극 없이 쉽게 넘어가므로 기도폐쇄의 위험을 증가시키고, 변비와 충치를 일으키고 구강구조를 약하게 하며, 비타민 결핍을 초래할 수 있다.

❶ 24중등B11, ❷ 09중등27

③ 또한, 고형 음식을 먹을 때 습득할 수 있는 기능을 경험하지 못하게 하므로 가능한 한 퓨레형 음식을 피하고 고형 음식을 먹도록 지도하는 것이 필요하다.

④ 위식도 역류를 보이는 학생에게는 퓨레형 음식을 제공하기보다는 작은 조각으로 음식을 잘라주거나, 거친 질감 또는 고체 형태의 음식을 제공하는 것이 바람직하다.

❶ 24중등B11

(2) 음식의 형태 수정 시 유의사항

① 단단하고 작은 알갱이 형태의 음식보다 으깬 바나나 등 부드러운 음식부터 먹을 수 있도록 지도한다.

② 당근·완두콩과 같은 채소를 감자에 으깨서 먹게 하고, 좀 더 단단한 음식을 먹을 수 있게 되면 점차 다른 종류로 확대한다.

기출 POINT 4

❶ 24중등B11

밑줄 친 ㉠~㉢ 중 틀린 내용을 찾아 바르게 고쳐 서술하시오.

> 교육 실습생 A: 학생 A는 목 조절이 힘들고 위식도 역류가 심합니다. 그래서 씹기를 거부하고 구토 증상도 나타나요.
> 교육 실습생 B: 그런 경우에는 ㉠ 음식을 작은 조각으로 잘라서 조금씩 자주 제공해야 합니다.
> …(중략)…
> 교육 실습생 A: 학생 A는 기도 폐쇄 현상이 자주 나타납니다.
> 교육 실습생 B: 그럴 경우 ㉢ 죽(퓨레) 형태로 음식물을 수정하여 제공해야 합니다.

❷ 09중등27

지체장애 학생의 음식 섭취에 관련된 특성과 학급 내에서의 일반적인 지원 방법에 관한 적절한 설명을 모두 고른 것은?

> ㉢ 신경근육계 손상으로 혀의 조절 장애가 있는 학생은 연식의 섭취가 더 어려우므로 유동식으로 제공하는 것이 좋다. 하지만 지속될 경우 변비나 치아의 문제를 야기할 수 있으므로 주의한다.

3. 식사 방법 및 도구의 수정

(1) 손으로 먹기

① 스스로 식사하기를 시도조차 하지 않는 학생의 경우에는 손을 이용하여 음식을 먹도록 지도한다.

② 손으로 먹기를 지도하는 것은 식사 도구를 바르게 사용하기 위한 전 단계이며, 반드시 적절한 시기에 도구 사용 방법을 중재해야 한다.

(2) 숟가락 사용

① 입 부위의 감각이 예민하거나 강직성 씹기반사를 가진 학생의 경우 금속 재질 및 깨지기 쉬운 일회용 플라스틱 재질의 숟가락은 적절하지 않다. 자극을 최소화하기 위해서는 플라스틱이나 실리콘 소재가 좋다. ❶ 24중등B11, ❷ 17중등B1, ❸ 13중등27

② 부정교합이 심하거나 구강 감각이 극도로 예민한 경우 얇고 부드러운 숟가락을 사용하는 것이 좋다.

③ 숟가락을 이용하여 먹일 때 숟가락을 혀 위에 놓고 아래로 누르면서 뒤로 밀어주면, 혀를 앞으로 내미는 것을 막고 과도한 구토반사를 조절할 수 있다. ❸ 13중등27

④ 숟가락은 너무 깊이 넣지 말고 아이가 물기 전에 빠르게 빼야 하며, 항상 수평으로 유지해야 한다.

(3) 컵 사용

① 컵을 사용하여 음료 마시기를 지도할 때는 컵의 가장자리를 학생의 아랫입술에 놓아서 깨무는 자극을 줄인다. 음료가 입 안으로 잘 들어가도록 충분히 기울이되, 학생의 윗입술이 음료에 닿을 수 있도록 한다.

② 처음에는 물이나 맑은 음료보다는 걸쭉한 상태의 음료를 이용하여 지도하다가, 점차 보통 음료의 농도에 가깝게 조금씩 묽게 한다.

③ 컵 안의 음료가 보이도록 컵의 윗부분을 잘라낸 컵(cut-away cup)은 목이 뒤로 젖혀지는 것을 막아주어 흡인의 위험성을 줄이고 음료가 코에 닿지 않도록 한다. 또한 먹이는 사람도 도려낸 부분을 통해 마시는 상태를 보면서 음료의 양을 조절해줄 수 있다.

❶ 18중등B3, ❷ 13유아B2, ❸ 09중등27

(4) 수정된 식사 도구 사용의 유의점

수정된 식사 도구는 매우 유용하나, 정상화의 원칙이 중요하며 분명한 이득이 있을 때만 사용하도록 한다.

수정된 식사 도구

기출 POINT 5

❶ 24중등B11

밑줄 친 ㉠~㉤ 중 틀린 내용을 찾아 바르게 고쳐 서술하시오.

> 교육 실습생 A: 학생 A는 숟가락을 강하게 물고 있어서 치아가 손상될까 봐 걱정이에요.
> 교육 실습생 B: ㉣ 부드러운 실리콘 소재의 숟가락을 사용하는 것이 좋겠네요.

❷ 17중등B1

학생 D를 위한 식사 도구 선정 시 고려해야 할 사항을 ㉢에 비추어 1가지 제시하시오.

> 학생 D는 ㉢ 강직성 씹기 반사가 일어나는 경우가 있어서 음식 섭취 시 주의를 기울일 필요가 있다.

❸ 13중등27

뇌성마비 학생에게 나타나는 특성과 교사가 실시한 식사 지도 방법으로 옳은 것은?

② 강직성 씹기 반사	• 숟가락이 잇몸과 치아에 닿아 과민성 촉각 반응이 유발되어 발생함 • 새로운 질감의 음식을 줄 때는 금속재질의 숟가락을 사용함

기출 POINT 6

❶ 18중등B3

밑줄 친 ㉢이 적절한 이유를 ⓐ의 특성에 근거하여 1가지 서술하시오.

> • 특성: ⓐ 대칭성 긴장형 목반사(STNR)를 보임
> • 지원계획: 흡인을 예방하기 위해 ㉢ 한쪽이 낮게 잘린 컵을 사용하여 물을 마시도록 지도함

❷ 13유아B2

아래 문장의 괄호 안에 들어갈 말을 쓰시오.

> 김 교사는 간식 시간에 작업치료사로부터 턱 주변의 근긴장도가 낮은 태호의 턱을 지지해 주는 손동작을 배우고 있다. 김 교사는 작업치료사의 지원을 받으며 태호의 앞과 옆에서 턱을 보조하는 방법을 배우는 중에, 한쪽이 낮게 잘린 컵에 담긴 물을 먹이고 있다. 이때 ㉡ 컵의 낮게 잘린 쪽이 코 반대 방향으로 향하고 있다.

> ㉡과 같이 지도할 경우, 태호의 머리 신전을 막을 수 있어 물이 (　　) 을/를 예방할 수 있다.

4. 구강운동의 준비

(1) 과잉감각을 보이는 경우

① 구강과 안면에 과잉감각을 보이는 유아나 아동은 먼저 입 주위에서 떨어진 신체 부위부터 촉감 자극에 대한 내성을 키워야 한다. 그 후에 안면이나 구강 내 촉감 자극을 견딜 수 있다.

② 턱의 조절을 돕기 위해서는 학생의 구강과 안면의 과민반응을 줄이는 것이 필요하다.

③ 구강운동을 촉진하는 활동으로는 입술·안면·뺨 주위를 두드리기, 잇몸과 입천장 마사지하기, 씹기·삼키기·입술 닫기 등과 관련된 부위의 피부 문지르기, 입 주위에 얼음을 대보고 감각 느끼기, 입술과 뺨 주위의 근육 스트레칭하기, 구강과 안면근육을 진동시키기, 혀를 입 안에서 여러 방향으로 움직이기 등이 있다(박은혜 외).

④ 과민반응에 대한 지침(강혜경 외)

- 자극은 먼 곳에서부터 가까운 곳으로 제공한다.
  - 자극은 얼굴에서 먼 곳으로부터 시작하여 점차 얼굴 쪽으로 이루어져야 한다.
  - 감각에 좀 더 익숙한 손이나 팔에서부터 얼굴, 입으로 순차적으로 자극한다.
- 깊숙하고 안정된 자극을 제공한다.
  - 가벼운 자극은 중추신경계를 자극할 수 있다. 그러나 깊숙하고 안정된 자극이 신경계를 활성화시키기에 가장 좋으며, 이는 관절과 근육·감각기관까지 잘 전달된다.
- 자극은 대칭적인 형태로 제공한다.
  - 몸의 한쪽 부분에 자극을 주었다면 다른 한쪽도 동일하게 자극한다.

더알아보기 이 닦기 지도 ❶ 18중등B5

- 이를 닦는 것은 충치를 예방할 뿐만 아니라 입 안에 자극을 주어 입의 움직임을 좋게 하는 데 도움을 준다.
- 중도·중복장애 학생들의 이 닦기는 세수할 때와 같은 자세와 환경으로 시작할 수 있다.
- 구강방어가 심한 학생이 있을 수도 있으므로 갑작스럽게 칫솔을 입 안으로 넣기보다는 구강 주변을 충분히 마사지해주고, 어느 정도 안정된 상태에서 부드러운 칫솔모의 칫솔을 이용하여 지도한다.

(2) 과소감각을 보이는 경우

구강의 촉각 자극에 극도로 민감한 반응과 마찬가지로, 저하된 반응은 협응되고 정제된 구강운동 발달에 부정적인 영향을 미친다.

❸ 09중등27

지체장애 학생의 음식 섭취에 관련된 특성과 학급 내에서의 일반적인 지원 방법에 관한 적절한 설명을 모두 고른 것은?

ⓛ 목에 과신전이 있는 학생의 경우 음료를 마실 때 금속이나 유리 재질의 보통 컵 대신에 한쪽이 둥글게 패인 플라스틱 재질의 투명한 컵을 이용하게 하여 과신전 가능성을 줄인다.

PART 03

기출 POINT 7

❶ 18중등B5

학생 G의 특성에 근거하여 밑줄 친 ㉠과 ㉡에서 특수교사가 제공할 수 있는 지원방법을 1가지 서술하시오.

■ 학생 G의 특성

- 입 주변에 사물이 닿으면 깜짝 놀라면서 피함
- 거친 질감의 음식물이나 숟가락 등의 도구가 입에 들어오면 거부하는 반응을 보임

■ 이 닦기 지도 시 유의사항

학생의 ㉠ <u>감각적 측면</u>과 ㉡ <u>도구적 측면</u>을 고려하여 지도할 것

5. 식사 시간 및 환경 수정

(1) 식사 시간

① 식사 기술을 지도하는 데 가장 기본적인 것은 정상화의 원칙이다. 식사 기술은 일반적인 환경에서 정해진 식사 시간에 다른 사람들이 섭취하는 음식을 그대로 섭취할 수 있도록 지도하는 것이 가장 좋다.

② 그러나 장기적인 측면에서 학생의 영양과 건강을 위해 필요한 경우 직접적인 훈련을 통한 잘못된 식사 방법과 태도 교정이 필요할 수 있다.

(2) 식사 환경

① 식사 환경은 가능한 한 정상화 원칙에 준해서 구성하되, 식사 기술의 유지와 일반화 가능성을 고려한다.

② 과민한 반사행동을 가진 학생의 경우 편안하고 안정된 느낌을 주는 환경을 제공해야 한다.

③ 초기에는 과도한 소음과 주변 환경의 방해요소를 통제하고, 공격적이거나 산만한 행동을 보이는 다른 학생들과 분리하는 것이 유용하다.

④ 먹이는 사람이 빛을 등지고 앉은 자세에서 먹이는 것은 학생과의 의사소통과 식사행동에 대한 세밀한 관찰을 방해하므로 좋지 않다. 때로는 부드러운 음악이 도움을 주고, 적절한 온도의 유지도 중요하다. 이러한 환경의 조절은 비정상적인 반사행동을 줄일 수 있다.

6. 신체적 보조 방법

(1) 신체적 보조 방법 사용 시 유의사항

① 식사를 돕는 신체적 보조 방법은 자세, 음식, 식사 도구 및 환경을 먼저 수정한 후에 되도록 적게 사용하는 것이 좋다.

② 신체적 보조를 과다하게 사용하는 것은 학생이 스스로 식사하는 기술을 방해하며, 의존적인 태도를 형성하게 한다.

③ 따라서 가능하면 학생의 머리나 턱, 얼굴 부위를 고정해주는 등의 신체적 보조보다는 쿠션 같은 자세 보조기기를 이용하여 머리의 움직임을 고정하거나 유지해주는 것이 좋다. 예를 들어, 뇌성마비 학생이 물을 마실 때 머리를 고정해주어야 한다면, 교사가 손으로 잡고 해주는 것보다는 머리받침이나 벨트 등을 이용하여 고정해준다.

④ 식사를 돕는 신체적 보조 방법은 학생의 신체적 기술 외에 심리적인 부분을 고려해야 한다. 식사하는 동안 학생을 주의 깊게 관찰하고, 자연적 호흡과 동작 양식에 맞추어 음식을 주는 양과 속도를 조절해야 한다. 특히, 음식은 자연스럽고 예측 가능한 속도를 유지해서 제공해야 한다.

(2) 턱의 움직임 조절

① 학생이 스스로 씹는 능력이 부족한 경우에는 턱의 움직임을 촉진하되, 학생의 뒤 또는 옆에서 최소한의 방법으로 보조한다.

② 중지는 턱, 검지는 턱과 입술 사이, 엄지는 눈 주변의 얼굴 옆에 위치시키고 아래턱의 개폐를 보조하며 조절할 수 있게 한다. ❶ 13중등27

③ 턱의 움직임을 조절할 때 윗입술을 아래로 당기는 것은 입술 수축을 자극할 수 있기 때문에 피해야 한다.

식사하는 동안 머리를 뒤로 밀거나 머리조절이 안 좋은 경우

머리조절이 좋은 경우

식사 시 신체적 보조 방법

기출 POINT 8

❶ 13중등27

뇌성마비 학생에게 나타나는 특성과 교사가 실시한 식사 지도 방법으로 옳은 것은?

④ 침 흘림	• 입술다물기 및 유지의 어려움과 연하 기전의 문제로 발생함 • 입술다물기 지도를 할 때는 중지는 턱 아래, 검지는 턱과 입술 사이, 엄지는 얼굴 옆에 대고 아래턱의 움직임을 조절함

(3) 턱의 훈련

식사 기능을 향상시키기 위해서는 턱의 훈련 과정이 필요한데, 다음의 여섯 가지 활동을 활용할 수 있다.

① 음식을 씹을 수 있는 기회를 일찍 제공한다. 장애가 심한 뇌성마비 학생은 유동식밖에 먹을 수 없다고 생각하여 언제나 부드럽거나 묽은 음식만 숟가락으로 흘려 넣어 먹이는 경우가 있다. 그러나 지나치게 오랜 기간 유동식만 섭취하면 입, 혀, 치아를 이용한 씹는 운동을 경험하지 못하게 된다. 그러므로 빠른 시간 내에 유동식에서 좀 더 단단한 음식을 먹을 수 있도록 지도한다.

② 빨대를 이용하여 빠는 행동을 지도한다. 이것은 입술과 혀뿐 아니라 구개와 목구멍 운동을 위해서도 좋은 연습이 된다. 깨물어도 쉽게 부서지거나 으깨지지 않는 비닐로 만든 빨대를 사용하는 것이 안전하다.

③ 씹을 수 있는 여러 가지 음식을 제공한다. 하루에 2~3회 간식 시간에 껌이나 육포 등 씹을 수 있는 음식을 제공한다.

④ 씹는 기능을 향상시키기 위해서는 바삭하게 말린 식빵 조각이나 바나나, 과일 등 딱딱한 음식을 준다.

⑤ 먹는 것을 입에 넣지 않고 씹는 연습을 한다. 입을 연 채로 좀처럼 다물지 못하는 학생은 양손으로 턱이 벌어지지 않도록 해주어 다물었을 때의 느낌을 알도록 한다.

⑥ 씹는 흉내를 내면서 소리를 낸다. 이는 구강운동을 하면서 음성기관을 같이 움직여 연습할 수 있는 방법이다. 혀의 운동을 촉진하기 위해서는 음식을 핥는 연습을 시킨다. 앞니와 윗니 안쪽에 젤리나 꿀을 발라주거나 붙여주어 혀끝을 이용하여 먹을 수 있게 하는 것도 좋은 방법이다.

04 비구강 섭식

1. 비구강 섭식의 개념

(1) 비구강 섭식의 정의

비구강 섭식이란 구강을 통한 음식 섭취가 어렵거나 충분한 양의 영양분을 섭취하기 어려운 경우, 위루관 또는 비위관 등 튜브를 통해 음식물을 주입하는 방법이다.

(2) 비구강 섭식의 유형

① 위루관 섭식

㉠ 위에 직접 관을 삽입하는 위루술을 통해 영양을 공급받는다.

㉡ 외과적 수술을 통해 관을 삽입하므로 아주 오래 사용이 가능하다.

② 비위관 섭식

㉠ 코를 통해 식도를 지나 위까지 관을 연결하여 영양을 공급받는다.

㉡ 비위관 섭식 방법은 구강으로 필요한 만큼의 영양분을 섭취하지 못하는 학생들에게 일시적으로 도움을 주기 위한 짧은 해결책이다.

㉢ 비위관 영양은 불편하고 관이 빠지기 쉬워 흡인성 폐렴을 일으킬 가능성이 있다. 따라서 음식을 주기 전에 항상 관이 적절히 배치되어 있는지 점검한다.

2. 비구강 섭식 시 고려사항

(1) 섭식 참여 환경

튜브를 통해 음식물을 섭취하는 학생이 상호작용에 참여할 수 있도록 튜브 섭식은 또래들과의 평상시 간식 시간, 식사 시간에 이루어지도록 한다. ❷ 09중등27

(2) 자세

직립 자세나 45°로 상체를 세운 자세가 음식물의 역류를 막을 수 있다. 식사 후 최소한 45분은 수직 또는 반수직 자세를 취하도록 지도한다. ❶ 14중등B3

(3) 주의사항

주입 전	• 먼저 손을 깨끗이 씻는다. • 음식물 역류를 예방하기 위해 음식물을 주입하는 동안 주입 후 한 시간 정도 상체를 45~90도로 세워 앉은 자세를 유지한다. • 주입 시 위루관 삽입 부위로부터 길이 변화가 있는지 확인한다. • 위루가 막히거나 중간에 새면 복강 내 염증이 생길 수 있으므로 주의한다.
음식물 준비	• 음식물은 실온만큼 따뜻하게 유지한다. • 음식물은 상하지 않게 냉장고에 보관하되, 먹다 남긴 음식물의 경우 냉장 보관했을지라도 1~2일이 지나면 사용하지 않는다.

기출 POINT 9

❶ 14중등B3

학교 일과 중 언제 밑줄 친 ㉠을 하는 것이 적절한지 쓰고, ㉠을 할 때 학생 A에게 적절한 자세 1가지만 쓰시오.

(가) 학생 A의 특성

> ㉠ 위루관(G튜브)을 통해 영양 공급을 받음

❷ 09중등27

지체장애 학생의 음식 섭취에 관련된 특성과 학급 내에서의 일반적인 지원 방법에 관한 적절한 설명을 모두 고른 것은?

> ㉠ 구강섭식이 어려워 비강삽입관을 이용하여 비전형적인 방법으로 식사를 하는 학생의 경우 반 친구들과는 다른 장소 및 시간에 식사하는 것이 바람직하다.

주입 방법	• 위루관에 주사기를 연결하여 위 내용물이 남아 있는지 확인한다. 잔량이 50~100cc 이상이면 주입하지 않는다. • 먼저 30~60cc의 물을 주입한다. • 음식물 주머니를 위루관과 연결한 후 연결 부위보다 40cm 높게 위치시킨다. • 조절기를 통해 한 시간 이상 천천히 주입한다. 주입 과정에서 복부 팽만감, 오심, 구토가 있으면 속도를 줄여보고 변화가 없을 경우 즉시 주입을 중지한다. • 주입 시 공기가 들어가지 않도록 주의한다. • 30~60cc의 물을 다시 주입한다.

더 알아보기 위루관 식사 중 발생할 수 있는 문제와 그에 대한 조치 방법

단계	발생 원인 및 증상	조치
사례 또는 흡인	• 음식이 기도로 들어가서 발생하는 문제임 • 구토를 하거나 음식물의 역류가 발생할 때, 누워서 영양을 공급받을 때 발생함 • 심장 박동이 빨라지고, 호흡이 짧아짐	• 즉각 튜브 영양 공급을 멈추고 병원에 연락함 • 호흡 곤란 증상이 올 경우 119를 호출함
튜브 이탈	• 학생이나 다른 사람의 실수로 튜브나 장치가 빠짐 • 일부 위루관은 튜브나 장치가 대체되지 않으면 몇 시간 내에 닫힘	• 튜브 영양 공급을 즉시 중단함 • 비위관은 병원에서 튜브를 교체하고, 위루관은 깨끗한 수건 등으로 유출을 막으면서 병원으로 이동함
메스꺼움, 구토 및 경련	• 영양공급을 너무 빨리하거나 튜브와 위장 안으로 들어가는 절차상의 실수로 발생함 • 위장 내에 있는 음식물이 빨리 비워지지 않거나, 너무 많은 양이 주어질 때, 유동식이 너무 빨리 공급될 때 발생함	• 내용물의 온도 등 내용물의 준비가 잘 되었는지 확인함 • 음식물 주입 시 공기가 들어가지 않도록 주의함 • 복부 팽만, 오심, 구토가 있으면 주입 속도를 줄이고, 만약 속도를 줄였는데도 변화가 없다면 주입을 중지함
설사	메스꺼움, 구토 및 경련과 같은 이유로 발생함	• 설사 증상이 나타나면 탈수 상태가 되지 않도록 주의함 • 메스꺼움, 구토 및 경련에 명시되어 있는 절차에 따름
감염	튜브 주변의 감염이 발생함	• 튜브 주변이 붉거나 의심스러운 증상이 있으면 병원을 방문함 • 튜브 영양 공급의 상태에 관한 정밀 검사를 통해 주변의 붉은 피부, 열감 등 초기 징후를 발견함
위 속 내용물 유출	음식물의 공급 튜브나 피부 접착 장치가 안전하게 닫히지 않음	클램프가 꽉 닫혀 있는지 확인 후, 닫혀 있어도 새고 있다면 튜브를 교체함
튜브 막힘	• 물이나 다른 유동식이 장치를 통해 흐르지 못하여 발생함 • 유동식 찌꺼기나 알약 조각, 약물 간의 불화합성, 잘 섞이지 않는 유동식으로 인해 발생함	• 정확한 절차에 따라 튜브를 짜냄 • 짜내도 계속 막힐 때는 주사기에 물을 넣은 다음 튜브에 꽂아 막힌 부분을 뚫어주고, 그래도 막혀 있는 경우에는 병원에 연락함

CHAPTER 10

용변 기술 지도

01 용변 기술의 이해

- 용변 기술의 발달
- 용변 기술의 평가
  - 용변에 대한 준비도 평가
  - 배설 패턴 평가
  - 배변 관련 기술의 평가

02 용변 기술 중재 방법

- 자세의 교정
- 화장실 사용 기술의 3단계 지도
  - 1단계: 배변 습관 형성(습관 만들기)
  - 2단계: 배변 욕구 표현(스스로 화장실 사용 시도하기)
  - 3단계: 스스로 배변 욕구를 느끼고 화장실 이용(독립적으로 화장실 사용하기)
- 집중 연습
- 관련 기술의 지도
- 일반화와 유지를 위한 훈련

01 용변 기술의 이해

1. 용변 기술의 발달

① 대부분의 아동은 2~3세경 용변 기술을 익히게 되나 지체장애 아동은 이동 능력, 수용언어 및 표현언어 능력, 소근육운동 기능 등 다양한 기술의 부족으로 용변 기술을 습득하는 시기가 늦다.

② 일반적으로 용변훈련은 배설하는 시간이 비교적 정기적이고 예측 가능하며, 옷에 실수하지 않고 적어도 한두 시간은 버틸 수 있는 능력을 가졌을 때 시작할 수 있다.

2. 용변 기술의 평가

(1) 용변에 대한 준비도 평가 ❶ 25유아A2, ❸ 14중등B3

① 배변에 관련된 신경체계와 근육의 움직임을 갖추어야 한다.

② 기저귀가 젖었거나 더러워졌을 때, 얼굴 표정이나 몸짓 등으로 배변을 인식할 수 있을 때 훈련을 시작할 수 있다.

③ 생활연령은 2세 이상이어야 한다.

④ 기저귀의 마른 상태를 최소한 1~2시간 정도는 유지해야 한다. ❷ 15유아A8

⑤ 보통 하루 한 번 정도의 규칙적인 장운동이 나타나며, 하루 평균 3~5번의 소변이 같은 시간에 배출되는 정도로 일정한 패턴이 나타나야 한다.

(2) 배설 패턴 평가

① 배설 패턴 평가는 자연스러운 배변 습관을 알기 위한 것으로, 부모의 참여를 통해 배설 형태와 장운동의 패턴을 확인하는 단계이다.

② 자료의 수집을 위해서는 약 2~4주 정도의 기간 동안 매 시간 15~30분 간격으로 적절한 기호를 사용하여 언제 교사가 학생을 화장실에 데려다 주었는지, 학생이 소변을 보았는지, 학생의 배설 패턴이 음식과 어떤 관계가 있는지 기록하며, 이렇게 수집된 자료를 통해 학생의 주된 배설 시간과 간격·양 등을 평가한다. 이는 학생의 규칙적인 배설 패턴이 정해지기 전까지 지속한다.

③ 처음에는 낮 시간 동안의 배설 패턴을 조사하고, 낮 시간 동안의 훈련이 성공적으로 끝난 후에는 밤 시간 동안에도 조사와 훈련을 실시한다.

(3) 배변 관련 기술의 평가

① 배변과 관련한 기술에는 옷 입기, 벗기, 닦기, 물 내리기, 손 닦기 등의 행동과 배변에 대한 의사표현, 어휘 이해 능력 등이 모두 포함된다.

② 화장실 훈련을 하기 위해서는 이러한 활동들을 하나의 분리된 목표로 설정하여 체계적으로 지도한다.

기출 POINT 1

❶ 25유아A2

밑줄 친 ©에 해당하는 내용 1가지를 쓰시오.

> 윤서의 발달검사 결과에서 자조 영역의 발달 연령이 2세 6개월이므로 윤서의 배변 훈련이 가능할 것으로 생각해요. 배변 훈련을 위해서는 기저귀가 최소 1~2시간 정도 마른 상태로 유지되어야 해요. 이 외에도 © 몇 가지 용변 기술 준비도 평가를 더 해야 해요.

❷ 15유아A8

특수학교 강 교사는 진희에게 신변처리 기술을 지도하기 위해 2주 동안 자료를 수집하였다. 자료를 근거로 배뇨 학습을 위한 진희의 신체적 준비 여부를 판단하여 쓰고, 판단의 근거를 쓰시오.

■ 배뇨 현재 수준

> • 배뇨와 관련된 의학적 질병은 없음
> • 1일 소변 횟수는 13~17회임
> • 소변 간격은 10~60분임

❸ 14중등B3

다음은 학생 B의 특성 및 소변 훈련 준비도 평가 결과이다. ⓛ을 기초로 학생 B가 소변 훈련을 받을 준비가 되어 있는지, 그 여부를 판단할 수 있는 근거 1가지만 쓰시오.

(나) 학생 B의 특성 및 소변 훈련 준비도 평가 결과

• 소변보기와 관련한 생리적인 문제는 없음

• ⓛ 소변 훈련 준비도 평가 결과

시간 \ 날짜	4/8	4/9	4/10	4/11	4/12
09:00	−	+	+	+	−
09:30	+	−	−	−	+
10:00	+	+	+	+	+
10:30	+	+	+	+	+
11:00	−	+	+	+	−
11:30	+	−	−	−	+
12:00	+	+	+	+	+
12:30	+	+	+	+	+
13:00	+	+	+	+	+
13:30	−	−	−	+	−
14:00	+	+	+	−	+
14:30	+	+	+	+	+
15:00	+	+	+	+	+

* +: 기저귀가 마름
  −: 기저귀가 젖음
* 순간 표집법으로 측정함

PART 03

02 용변 기술 중재 방법

1. 자세의 교정

① 적절한 자세 잡기는 화장실 훈련에서 필수적인 요소이다. 골반과 엉덩이, 몸통 근육의 자세 조절과 근육의 긴장도와 신체 정렬을 통한 안정성 확보는 화장실 훈련을 위해 지도되어야 한다. 예를 들어, 근긴장도가 높은 학생은 화장실을 사용하는 동안 골반과 엉덩이, 다리의 근긴장이 증가하므로 긴장을 소거하는 것이 우선적인 과제가 된다. 근긴장도가 낮은 학생은 장이나 방광 등의 움직임을 나타내는 근육의 수축 능력이 부족하므로 화장실 훈련의 첫 번째 단계는 적절한 자세를 갖도록 돕는 것이 된다. ❶ 15유아A8

기출 POINT 2

❶ 15유아A8

'유아용 변기에 앉아 있을 수 있다.'는 단기 목표에 도달하기 위해 물리치료사는 다음과 같은 지도상의 유의점을 알려 주었다. A에 들어갈 알맞은 말을 쓰시오.

> 진희가 변기에 앉아서 옆으로 쓰러지지 않도록 하려면 자세잡기부터 잘 해주셔야 합니다. 앉은 자세에서 여러 가지 동작을 수행하려면 (A) 능력이 중요하기 때문입니다.

② 화장실을 이용하는 데 필요한 자세를 지도하기 위해 자세 유지 기기들을 활용할 수 있다. 개인의 특성에 따라 약간의 지지만을 지원해서 도울 수 있는 환경적인 수정 방법을 사용할 수 있다. 예를 들어, 몸통을 지지할 수 있는 손잡이와 지지대, 다양한 의자 형태의 보조기기 사용은 신체의 정렬과 자세 지지에 도움이 된다.

신체의 정렬

- '신체의 정렬'이란 신체 각 부위의 상대적 관계로서 공간 속 혹은 중력의 방향에 대한 신체 전체의 관계를 의미한다.
- 적절한 신체 정렬과 자세는 신체의 각 부분이 최적의 균형을 이루고 최대의 신체 기능을 증진시킬 수 있는 상태를 말하는 것으로, 신체의 중력 중심이 정렬과 균형에 영향을 미친다.
- 신체가 좋은 정렬을 유지할 때 관절, 근육, 건, 인대에 가해지는 압력이 낮아지고 내부 구조와 장기들이 지지되어 바른 자세를 취할 수 있다. 관절 주변의 근육이 잘 움직이기 위해서 관절은 적절하게 정렬되어야 하며, 몸통을 똑바로 세워 수직 자세로 의자에 앉으려면 척추는 반듯하게 정렬되어야 한다.

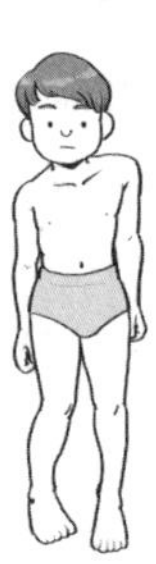

2. 화장실 사용 기술의 3단계 지도

(1) 1단계: 배변 습관 형성(습관 만들기)

① 이 단계의 목적은 학생이 규칙적인 계획표에 따라 변기에 앉는 경험을 주는 것이다(박은혜 외). 학생이 거부할 경우 처음에는 화장실에 가까이 가는 것을 지도하고, 다음에는 변기에 앉는 것에 익숙해지도록 칭찬과 강화를 통해 시간을 점차 늘려 나가면서 5분 정도 앉을 수 있도록 훈련한다. ❶ 25유아A2

② 즉, 배변 패턴이 밝혀지면 패턴에 따른 배설 시간 10분 전에 화장실로 데려가고 변기에 5분간 앉힌 후 교실로 돌아온다. ❷ 23중등B5

③ 이때는 변기에 바르게 앉아 있을 수 있도록 손잡이를 만들어 주거나 발판을 사용한다. 좁은 공간에 대한 거부감이 있는 경우 화장실 문을 열어 두거나 접이식 문, 커튼 등을 활용한다.

④ 훈련을 돕기 위한 환경 조절 방법은 다음과 같다(김혜리 외).

㉠ 앉기 자세가 불안정한 학생들이 적절한 자세를 유지할 수 있도록 손잡이나 등받이가 있는 보조기기를 활용할 수 있다.

㉡ 만약 변기가 학생에게 높다면 안정적으로 배변을 볼 수 있도록 발판을 준비하거나, 지지대나 핸드레일을 붙잡을 수 있도록 지도한다. ❶ 25유아A2

㉢ 어린 지체장애 학생의 경우 이동식 변기나 변기의자를 활용할 수 있으며, 중증의 지체장애로 변기를 사용할 수 없는 학생의 경우 휴대용 소변기를 사용하여 소변을 보도록 지도할 수 있다.

㉣ 학생이 기저귀를 사용할 경우 소변 경보기를 사용하면 도움이 된다.

(2) 2단계: 배변 욕구 표현(스스로 화장실 사용 시도하기)

① 교사는 배변 욕구를 의미하는 단어나 신호에 민감하게 반응하고 학생이 이를 일관성 있게 사용하도록 지도한다.

② 얼굴 표정이나 바짓가랑이를 잡아당기는 등의 표현을 할 때는 즉각적으로 적절한 행동을 취해야 하며, 이후 다른 사람이 보아도 알 수 있는 객관적인 표현 방법으로 수정하여 지도한다.

③ 화장실 사용을 지도하기 위해서는 말이나 몸짓 또는 그림 등 보완대체 의사소통방법을 활용하여 화장실에 가고 싶은 의사를 표시하도록 지도하는 것이 매우 중요하다. ❸ 13추가초등A2

(3) 3단계: 스스로 배변 욕구를 느끼고 화장실 이용(독립적으로 화장실 사용하기)

① 진정한 의미에서 독립적인 화장실 사용 기술은 전반적인 배변처리 과정 전체에 참여하는 기술이다.

② 배변 욕구를 인식하고 배설하기, 닦기, 손 씻기, 배설 후 돌아오기 등을 포함하는 일련의 연속된 행동을 모두 포함하는 전체적인 기술을 습득해야 한다.

기출 POINT 3

❶ 25유아A2

밑줄 친 ㉡을 감소하기 위한 환경 조절 방법 1가지를 쓰고, 배변 훈련을 할 때 밑줄 친 ㉣의 지도 내용이 무엇인지 쓰시오.

> 어머니: 네, 집에서 기저귀를 떼려고 윤서를 화장실에 데리고 가면 변기 앞에서 "아니야!" 하며 엉덩이를 빼면서 앉지 않아요.
> 교사: 그렇군요. 혹시 집의 변기가 유치원과 크기가 다른가요? ㉡ 변기의 높이가 다르면 변기에 앉을 때 불편해하고 불안해할 수 있어요.
> 어머니: 네, 유치원처럼 작은 변기가 아니고 집의 변기는 어른 변기에요.
> 교사: 네, 그렇군요. 우선 변기에서 안정감을 느낄 수 있는 환경을 마련해 주세요.
> …(중략)…
> 교사: 그다음 용변 지도의 ㉣ 습관 훈련을 시작하면 좋을 것 같아요. 윤서의 배변 훈련을 개별화교육계획에 포함하여 지도하겠습니다. 가정에서도 함께해 주세요.

❷ 23중등B5

밑줄 친 ㉣에 해당하는 내용을 학생의 배변 시점을 기준으로 서술하시오.

단계	내용	지도 중점
사전 단계	배변일지 작성	매 15~30분 간격으로 기록
1단계	㉣ 습관 훈련하기	반복적 훈련을 지속적으로 실시
2단계	스스로 시도하기	다양한 신호 관찰
3단계	독립적으로 용변 보기	일반화 및 유지

❸ 13추가초등A2

다음은 지체장애와 정신지체를 지닌 중도중복장애 학생 현우의 전반적 특성을 제시한 것이다. 현우의 전반적인 특성을 고려할 때, 다음 중 우선적으로 적용해야 할 교육 목표로서 적절하지 않은 것을 찾아 번호를 쓰고 그 내용을 바르게 수정하시오.

> • 단순 모방, 지시 따르기, 상징 이해 능력이 매우 떨어져 기능 훈련에 어려움을 보임
> • 스스로 용변 처리를 하거나 용변 의사를 표현할 수 없어서 기저귀를 착용하고 있음

④ 칩톡, 테크톡과 같은 음성 출력 의사소통 기기를 통해 용변 의사를 표현할 수 있도록 한다.

❹ 11유아16

명수(만 4세 발달지체)에게 '화장실의 바른 사용법을 알고 용변 처리하기'를 지도하고자 한다. 적절한 지도 방법을 모두 고르시오.

> ㉡ 용변 처리 훈련 기간 중에는 명수에게 입고 벗기 쉬운 옷을 입힌다.
> ㉢ 명수가 기저귀를 착용하지 않도록 용변 처리 훈련을 야간에도 동시에 시작한다.
> ㉣ 명수가 독립적으로 용변 처리를 할 수 있도록 지도하되, 필요한 경우 부분 참여를 하도록 한다.

더알아보기

용변 지도방법 계획 및 반복적 연습(김혜리 외)

화장실 이용하기 기술을 가르치기 위해 평소보다 많은 양의 음료를 섭취하도록 하거나, 배변 스케줄을 파악하여 쉬는 시간 등을 활용하여 일정한 시간에 화장실에 가도록 하는 등의 지도방법을 선정할 수 있다. 만약 학생이 일정 기간 동안 실수를 하지 않았거나 배변 스케줄에 따라 화장실에 가서 용변을 보면 이를 강화하거나, 실수를 하면 과잉교정 등의 방법을 통해 집중 훈련과 반복적 연습을 계획하여 실행할 수 있다.

③ 이 단계에서는 화장실 사용 기술을 혼자서도 능숙하게 실행하도록 일반화하고 숙달되도록 지도한다. ❹ 11유아16

④ 낮에 이루어지는 기술들이 점차 밤에도 이루어질 수 있도록 가정에서도 같이 시작한다.

3. 집중 연습(massed practice)

① 화장실 사용 기술을 지도하기 위해 배뇨의 횟수를 증가시키는 방법은 흔하게 사용된다. 집중 연습 방법은 물이나 음료를 많이 마시게하여 훈련기회를 증가시키는 것이다.

② 그러나 음료에 따라 카페인이나 당분 등의 과다섭취가 되지 않도록 해야 하며, 수분의 과다섭취는 저나트륨혈증을 초래할 수 있다. 이는 신경학적 증상을 일으켜 두통, 오심, 구토, 흥분 등의 증상에서 심하면 정신 이상, 의식 장애, 발작 등이 나타날 수 있으므로 반드시 의학적 평가 후에 시행한다.

③ 행동수정이나 과잉교정 등이 효과적인 중재방법으로 알려져 있으나, 사회적 맥락에서의 문화적 수용 가능성을 고려하여 긍정적인 전략을 사용해야 한다. 실수했을 때 과잉교정이 강제로 제공된다면 학생의 자아존중감을 훼손할 수 있으며, 반복적인 연습은 벌로 느껴질 수 있다.

④ 분리된 장소에서의 지도나 혐오적 절차를 포함한 중재는 비효과적이다. 개인의 안전이나 존엄을 위해 필요한 경우를 제외하고는 분리하지 않고 또래와 동일한 활동으로 지도한다.

4. 관련 기술의 지도

① 스스로 화장실에 가서 배변 처리를 하기 위해서는 여러 가지 기능과 기술이 필요하다. 화장실로 이동하기, 필요한 경우 변기 커버 올리기와 내리기, 바지 내리기나 치마 올리기, 물 내리기, 손 씻기, 화장실에서 돌아오기 등은 배변훈련을 가르칠 때 포함되어야 할 기술이다.

② 배변 기술은 신체적인 기능 외에 배변에 대한 의사를 표현하고 적절한 도움을 요청하는 것을 포함하여 지도한다. 화장실에 가고 싶을 때는 얼굴 표정이나 손으로 지적하거나 일정한 제스처를 취하고, "화장실에 가고 싶어요."라는 말이 녹음된 스위치 등을 사용하여 다른 사람이 알아들을 수 있는 방법으로 표현하도록 지도한다.

5. 일반화와 유지를 위한 훈련

① 다양한 장소의 화장실을 실수 없이 이용하기 위해서는 배변훈련 기술의 일반화와 유지에 대한 여러 사람의 협조가 필요하다.

② 일관성 있는 지도를 위해 각 교과교사들이 담임교사와 배변훈련에 대한 계획을 공유하고, 학교와 가정이 연계하여 공통의 방법으로 지도할 때 더욱 효과적이다. ❶ 11유아16

기출 POINT 4

❶ 11유아16

명수(만 4세 발달지체)에게 '화장실의 바른 사용법을 알고 용변 처리하기'를 지도하고자 한다. 적절한 지도 방법을 모두 고르시오.

> ㉠ 명수가 생활하는 환경에서 일관성 있는 훈련 절차로 지도한다.

CHAPTER 11

착탈의 기술 지도

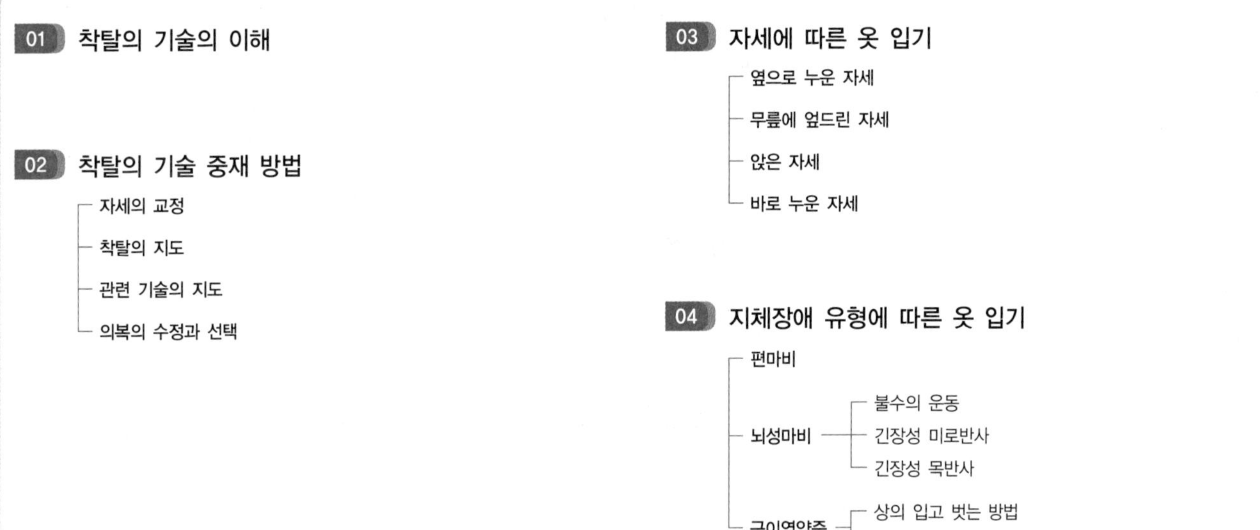

01 착탈의 기술의 이해

① 착탈의 기술의 습득은 독립심을 기르고 타인에게 의존하는 것을 줄이기 위해 필요하다. 여기에는 단순히 기능적으로 옷을 입고 벗는 것 외에 기후나 상황, 장소에 따라 옷을 바르게 선택하고 어울리게 입을 수 있는 기술이 포함된다.

② 대개 옷을 벗는 기술은 옷을 입는 기술보다 먼저 발달하며, 소근육 운동이 필요한 기술보다 대근육 운동이 필요한 기술이 먼저 습득된다. 그러나 모든 아동이 이러한 일반적 기술 습득 과정을 따르는 것은 아니다.

더 알아보기 착탈의 및 몸단장 기술의 선수기술

착탈의 및 몸단장 기술은 가르치고자 하는 행동에 따라 보다 다양할 수도 있으나, 일반적으로 학생이 갖추어야 할 선수기술과 선행조건으로 구분할 수 있다.

- **선수기술**
  - 기술을 수행할 때 자세를 조절할 수 있는 능력과 착탈의 및 몸단장의 연속적인 행동을 완수하기 위해 필요한 균형감
  - 적어도 한 팔을 의도적으로 정확하게 움직일 수 있는 능력
  - 팔을 움직이는 동안 풀리지 않도록 잡고 있을 수 있는 능력
- **선행조건**
  - 학생의 학습을 조절할 수 있는 환경(강화물을 선정하고, 문제행동이 통제되며, 학생은 교사의 요구를 이해하고 따르는 것)
  - 학생의 모방기술

02 착탈의 기술 중재 방법

1. 자세의 교정

① 착탈의에 필요한 팔 동작을 배우기 위해 누운 자세보다는 덜 수동적인 자세인 앉기 자세에서 지도하는 것이 바람직하다. 바른 자세로 앉기 위해서는 보조기기나 양육자의 도움을 받아 앉기 자세를 유지할 수 있도록 지원한다.

② 스스로 착탈의를 하지 못하는 학생의 경우에는 옷 입기를 하는 동안 근육의 긴장이 증가하는 것을 막는 것이 중요하다. 그러기 위해서는 성인의 무릎 위에 학생을 앉히고 학생이 정상적인 근육 상태를 가질 수 있도록 자세를 지지해준다.

③ 경직성이 있는 학생은 누웠을 때 경직성이 더 심해지기도 하므로 작은 베개를 머리 밑에 놓거나 가슴 위에 손을 놓고 잡아주어 경직성을 줄이는 방법을 사용해야 한다.

2. 착탈의 지도

① 착탈의 기술은 과제 분석을 바탕으로 촉진 전략을 사용하여 각 단계의 기술을 수행하도록 지도하는 방법이 가장 많이 사용된다. 그러나 각 단계의 과제 분석보다 우선 고려해야 할 것은 착탈의 기술을 지도하기 위해 사용될 자료를 선정하고 학생의 선호도에 대해 고려하는 일이다. 예를 들어 양말 신기보다 신발 신기를, 윗옷보다 바지를, 단추가 있는 옷보다 없는 옷을 이용한 착탈의 지도가 더 수월하다.

② 이러한 기술은 하루의 일과 속에서 자연스럽게 일어나는 행동이지만 좀 더 잦은 기회를 제공하여 빠르게 습득하도록 해야 효과적이며, 특히 어려운 기술은 단기간 내의 집중 시도 방법이 적절하다.

③ 새로운 기술의 습득은 강화의 방법을 통해 주의를 집중시킬 수 있으며, 점차 강화의 양을 줄여 나가 스스로 할 수 있도록 지도한다.

④ 편마비 학생에게 앞이 트인 셔츠 입기를 지도하는 경우, 마비된 팔을 먼저 소매에 넣은 후 마비되지 않은 팔을 넣는 순서로 지도한다.

> **더 알아보기**
>
> **착탈의 및 몸단장 기술 지도 전략**
>
> - 기술이 필요한 자연적인 시간에 학습시킨다.
> - 전체-과제 교수법을 사용하여 학습시킨다.
> - 난이도의 순서에 따라 학습시킨다.
> - 필요하다면 수정과 부분참여를 이용하여 학습시킨다.
> - 습득, 숙달, 유지, 일반화, 비감독하의 행동 반응을 최대화하도록 학습시킨다.

3. 관련 기술의 지도

① 착탈의 기술은 다른 기술과 관련하여 지도한다.

② 착탈의 기술은 다양한 부수적인 기술을 같이 지도하여 교수의 효과를 증진시킬 수 있다. 예를 들어, 좌우·앞뒤·위아래·안팎과 같이 옷을 입거나 벗을 때 사용하는 다양한 어휘 학습과 색·크기·무게 등 옷의 선택에 필요한 어휘 개념을 지도하는 것이 필요하다. 또한 옷 입기 기술을 습득한 학생에게는 날씨·행사·계절에 맞는 의복의 선택 등 적당한 옷 고르기 같은 기술을 통해 좀 더 독립적인 착탈의 기술을 지도하는 것이 필요하다.

4. 의복의 수정과 선택

① 다른 사람의 도움을 받지 않고 스스로 옷을 입거나 벗는 기술을 습득할 수 없는 학생의 경우에는 부분참여를 통해 자신의 움직임을 조절할 수 있도록 지도한다.

② 지체장애 학생을 위한 과제 분석은 일반 학생에게 나타나는 행동에 근거할 필요는 없고, 과제의 일반적인 형태를 고수하는 대신 과제의 기능에 초점을 둔다. 예를 들어, 옷의 단추를 채우는 것을 스스로 하지 못하는 학생에게 단추 채우기 기술을 지도하기 위해 인형의 옷이나 교재·교구 등 상업화된 자료를 사용하는 것은 자연적이지 않기 때문에 좋은 방법이 아니다. 학생의 평상복을 이용하여 지도하되, 어려움이 많을 때는 교수 초기 단계에서 한두 치수 더 큰 옷이나 큰 단추를 사용하는 등 약간의 수정을 통해 지도한다.

03 자세에 따른 옷 입기

1. 옆으로 누운 자세

① 하지 뻗침 현상이 과도하게 나타나거나 머리와 어깨가 뒤로 젖혀지는 지체장애 학생은 비정상적인 근긴장과 자세반사를 억제하기 위해 옆으로 누운 자세에서 옷을 입히는 것이 좋다.

② 긴장성 미로반사가 출현하는 경우 엎드린 자세에서는 굴곡근 긴장이, 누운 자세에서는 신전근 긴장이 증가하므로 옆으로 누운 자세를 취하면 반사의 영향을 최소화할 수 있다.

③ 옆으로 누운 자세에서 머리를 앞으로 숙이고, 고관절을 굴곡하여 천천히 반대로 뒤집어 가며 옷을 입힌다.

2. 무릎에 엎드린 자세

① 비교적 작은 아동은 의자에 앉아 무릎 위에 엎드려 눕힌 자세로 옷 입기를 시도하면 수월하다.

② 무릎에 엎드려 눕히면 머리는 앞으로 숙여지고 어깨 및 고관절이 구부러지며 대칭적인 자세를 유지할 수 있다. 또한 눕힌 자세와는 달리 등을 자극하지 않으므로 근긴장을 이완시키는 데 도움이 된다.

3. 앉은 자세

혼자 앉아 있을 수 없거나 균형을 유지하지 못하는 경우, 아동의 등을 보고 앉은 자세에서 아동의 양 다리를 벌리고 고관절을 구부린 자세를 취하게 한 후 옷을 입힌다.

4. 바로 누운 자세

① 바지는 고관절과 무릎을 굽힌 상태에서 무릎까지 올린 후 몸통을 좌우로 약간씩 회전시키면서 엉덩이까지 올린다.

② 상의를 입힐 때에는 폼 웨지를 사용하면 편리하다.

자세에 따른 옷 입기

04 지체장애 유형에 따른 옷 입기

1. 편마비

① 편마비의 경우 옷을 입을 때는 마비 쪽 소매를 먼저 끼워 넣어 어깨까지 입힌 후 비마비 쪽 소매를 끼워 넣는다. 벗을 때는 마비 쪽 어깨를 벗긴 다음 비마비 쪽 상지를 소매부터 빼고 이어서 마비 쪽 소매를 뺀다. ❷ 17초등A3

② 머리부터 입는 셔츠는 마비 쪽 소매를 끼워 넣은 후 비마비 쪽 소매를 끼워 넣는다. 셔츠 뒤의 옷자락을 잡고 머리부터 씌운다. 벗을 때는 역으로 목 뒤의 옷자락을 잡아 앞으로 당겨 머리를 뺀 후 비마비 쪽 상지를 빼고 마비 쪽 상지를 뺀다.

③ 바지는 마비 쪽 대퇴 부위까지 입고 나서 비마비 쪽 바지를 입는다. 벗을 때는 역으로 비마비 쪽부터 벗는다. ❶ 20중등B10

기출 POINT 1

❷ 17초등A3

ⓒ을 영희의 신체적 특성을 고려하여 쓰시오.

■ 영희의 특성

• 외상성 뇌손상(교통사고) • 오른쪽 편마비, 인지적 손상, 언어 장애를 보임

■ 고려 사항

외출 전에 ⓒ 상의(앞이 완전히 트인 긴소매) 입히는 순서 고려하기

기출 POINT 1

❶ 20중등B10

(나)의 밑줄 친 ⓒ의 절차를 학생 L의 마비 부위를 고려하여 서술할 것

L	(가) 특성 • 뇌성마비 • 뇌손상 부위와 마비 부위는 다음과 같음 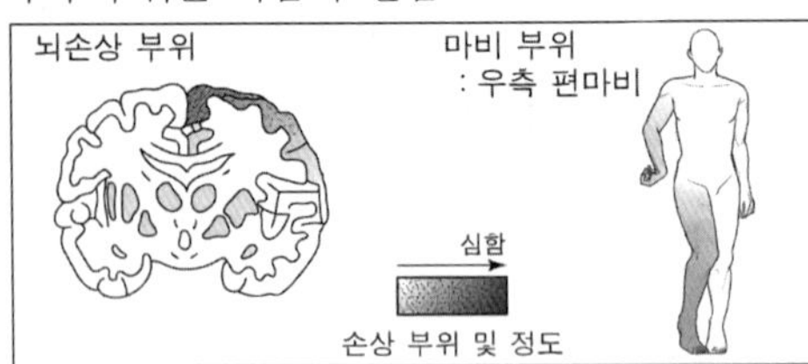 (나) 지도 계획 • 신체의 양쪽을 사용하도록 지도하기 • 체육복 착·탈의 점검하기(단기목표: ⓒ 체육복 바지 입기)

2. 뇌성마비

① 머리나 몸통을 고정하거나, 벽에 기대거나, 난간을 잡으면 불수의 운동이 감소하여 자세 안정성이 좋아진다.

② 보통 운동장애가 큰 부위부터 보조하면 쉽고, 신체 변형이 심한 경우에는 가능하면 체위 변화를 줄일 수 있는 옷 입기 순서를 고려해야 한다.

③ 긴장성 미로반사가 나타나는 아동은 옆으로 누운 자세에서 옷을 입히면 수월하고, 긴장성 목반사가 나타나는 아동은 머리를 중립에 위치시키고 옷 입기를 수행하도록 한다.

3. 근이영양증

(1) 상의 입고 벗는 방법

① 팔을 올리거나 옷을 입으려면 휠체어 랩보드 같은 받침이 필요하고, 받침 위에 옷을 올려 머리가 들어가기 쉽도록 옷을 벌리고 정리해둔다.

② 팔꿈치를 받침에 지지한 상태에서 양손으로 옷을 들고 머리 가까이 대면 몸을 앞으로 숙여 머리를 안에 넣는다. 양손을 머리 끝까지 올려 옷을 붙잡은 후 목을 뒤로 젖혀 머리가 옷깃 밖으로 나올 때까지 조금씩 내린다. 그런 후에 한쪽씩 소매를 넣고 손가락을 움직여 소매를 걷어 올리고, 몸을 옆으로 움직이고 옷을 완전히 내린다.

③ 벗을 때는 옷의 뒷자락을 잡고 앞으로 당겨 머리를 뺀 후 다시 잡아당겨서 벗는다.

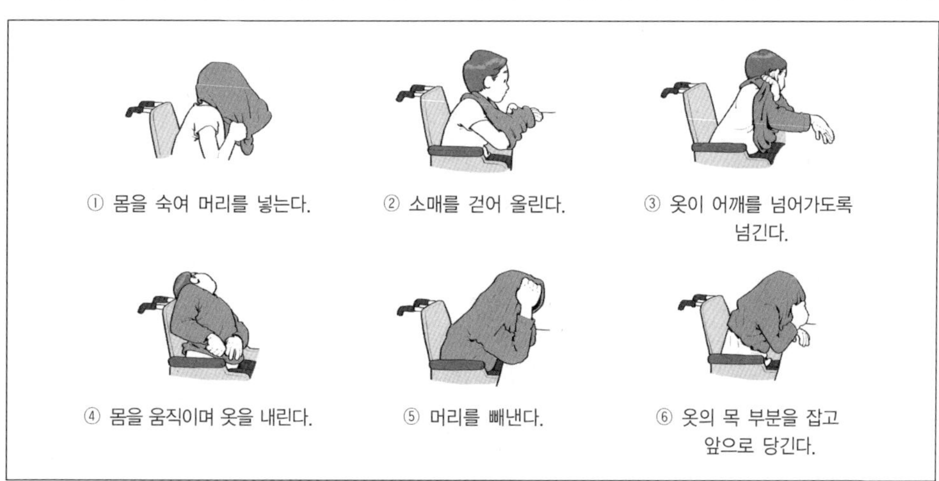

① 몸을 숙여 머리를 넣는다.
② 소매를 걷어 올린다.
③ 옷이 어깨를 넘어가도록 넘긴다.
④ 몸을 움직이며 옷을 내린다.
⑤ 머리를 빼낸다.
⑥ 옷의 목 부분을 잡고 앞으로 당긴다.

근이영양증 학생의 상의 입고 벗는 방법

(2) 바지 입고 벗는 방법

① 바지 입기는 몸을 앞으로 숙이고 손을 발로 가져가야 하므로 휠체어에서 수행하기는 어렵다.

② 따라서 바닥에 무릎 펴고 앉은 자세를 취하고, 한쪽 다리의 무릎을 구부린 후 발밑에 있는 바지 허리춤에 손을 가져간다.

③ 손가락을 이용해 바지를 무릎까지 입으면 대퇴를 따라 미끄러져 간다. 몸을 옆으로 움직여서 지면과 엉덩이 사이에 공간을 만들고 손가락을 바지 허리 부분에 걸어 끌어 올리면 된다.

① 뒤꿈치까지 걷어 올린다.

② 무릎 위로 바지 허리춤을 끌어올린다.

③ 체중을 이동하며 바지를 둔부까지 올린다.

근이영양증 학생의 바지 입고 벗는 방법

CHAPTER 12

부분참여의 원리

01 부분참여의 원리에 대한 이해
- 부분참여 원리의 정의
- 부분참여 원리의 장점

02 부분참여 원리의 잘못된 적용과 중재
- 수동적 참여
- 근시안적 참여
- 부족한 참여(참여 기회의 상실)
- 비정규적 참여(단편적 참여)

01 부분참여의 원리에 대한 이해

1. 부분참여 원리의 정의

① 중도장애인이 활동의 모든 면에 참여하지 못한다 하더라도 그들이 할 수 있는 한 활동의 일부에라도 최대한 참여해야 한다는 원리이다. 이를 통해 적어도 부분적으로는 덜 제한적인 학교와 지역사회 환경의 다양한 활동에서 기능하는 데 도움이 되는 많은 기술을 학습할 수 있다. ❶ 25유아B5

② 부분참여는 과제활동의 모든 단계에 혼자 힘으로 참여할 수 없는 장애학생에게, 일부 수행 가능한 과제 또는 개별적인 요구에 적절하게 수정된 과제를 제시함으로써 부분적으로라도 과제에 참여할 기회를 제공하는 것이다.

③ 지체장애 학생들이 신체상의 기능적인 제한으로 인해 전 과정에 참여할 수 없다면 필요한 보조기기나 자동화된 장치, 개인적인 도움을 받아 독립적으로 수행할 수 있도록 가르쳐야 한다. 예를 들어, 양 하지와 한쪽 상지의 기능에 어려움이 있는 학생이 화장실 사용하기 과제를 수행하기 위해서, 필요한 경우 바지를 내려준다면 이러한 개인적인 지원을 통해 학생은 화장실 이용하기 기술을 수행할 수 있게 된다.

④ 학생에 대한 관찰 및 평가가 이루어지고 나면, 학생의 능동적인 참여를 촉진할 수 있도록 부분참여를 위한 교수방법 및 전략, 환경을 다음과 같이 조정하여 활용할 수 있다.

기출 POINT 1

❶ 25유아B5

㉡에 들어갈 원리의 명칭을 쓰시오.

> 김 교사: 활동할 때 주아가 편마비로 인해 모든 단계에서 독립적으로 수행할 수는 없더라도 (㉡)의 원리를 적용해서 참여할 수 있도록 지원해 주세요.

방법	예시
수정되거나 조정된 도구	• 칫솔, 빗, 포크, 컵 등 쥐기 쉽게 조정된 도구 • 단추, 고리, 똑딱단추, 끈 대신 벨크로 잠금 장치 사용
수정된 스위치나 자동화된 기구	전동칫솔을 활용한 자동 칫솔질, 압력 스위치로 작동하는 헤어드라이기
활동 범위 내에서 순서의 변화	• 수영장 이용 전 옷 안에 수영복을 입고 가서 수영장 이용하기 • 몸의 균형을 위해 변기에 앉은 뒤에 속옷 내리기
개인적 지원	• 욕실에서 아동을 위해 바지를 풀어주기 • 음식을 뜰 수 있도록 학생의 손을 잡아 안내하기

⑤ 절차 없이 단지 수업에 참여하는 것만으로는 부분참여의 원리가 적용된다고 볼 수 없기 때문에, 과제분석(현행 수준)과 그에 따른 수업지도 방안(참여 촉진 방안)이 계획되어야 한다. ❶ 20유아B5

기출 POINT 2

❶ 20유아B5

활동 2와 활동 3의 '자료 및 유의점' 중에서 부분참여의 원리를 적용한 내용을 찾아 쓰시오.

활동목표	(생략)	
활동 방법		자료(㉷) 및 유의점(㉸)
활동 1	'ㅇㅇㅇ 옆에 누가 있나요?' 노래를 듣는다. • 노래 전체 듣기 • 노랫말 알아보기	㉸ ㉠ <u>민정, 주하, 소미가 일정 시간 동안 활동에 참여하면 각자 원하는 놀이를 하게 해준다.</u>
활동 2	다양한 방법으로 노래를 부른다. • 한 가지 소리(아아아~)로 불러 보기 • 친구 이름 넣어서 노래해 보기 • 유아들을 나누어 불러 보기 • 다함께 불러 보기 (중략)	㉸ 민정이는 좋아하는 또래들과 어깨동무를 하고 노래 부르게 한다. ㉸ 주하는 ㅇㅇㅇ에만 친구 이름을 넣어 부르게 한다. ㉸ 바닥에 원형 스티커를 붙여 놓고 자리를 이동하며 노래 부르게 한다.
활동 3	리듬악기를 연주해 본다. • 리듬패턴 그림을 보며 리듬 알아보기 • 리듬에 맞추어 손뼉치기 • 리듬에 맞추어 리듬악기 연주하기	㉸ 리듬패턴은 그림악보로 제공한다. ㉸ 유아가 익숙하게 다룰 수 있는 리듬악기를 제공한다. ㉸ 소미가 친구들에게 리듬악기를 나누어 주도록 한다.

2. 부분참여 원리의 장점 ❶ 12중등37

① 부분참여의 원리는 학생의 자존감을 높인다.

② 부분참여의 원리는 학생의 이미지와 역량에 긍정적 영향을 주기 때문에 사회적 역할 가치화 개념을 실현한다.

> **기출 POINT 3**
>
> ❶ 12중등37
>
> 학생 A를 위해 예비 교사가 부분참여의 원리를 적용하여 작성한 활동 참여 계획이다. 사회적 관점에서 학생이 얻을 수 있는 부분참여의 이점을 쓰시오.

02 부분참여 원리의 잘못된 적용과 중재 ❸ 16중등A9, ❹ 11초등30

1. 수동적 참여

① 수동적 참여는 장애 아동이 자연스러운 환경에 배치되었으나 적극적으로 활동에 참여하는 것이 아니라 또래들의 활동을 관찰하는 것이다.

예) 음악 수업에 참여하는 학생이 다른 학생들이 연주하는 동안 그냥 관찰만 하는 경우, 연극 활동에 참여하는 대신 관찰하는 기회만 제공하는 경우

② 수동적 참여에 대한 중재 방안으로는 적극적인 부분참여와 다양한 환경에서 여러 유형의 행동을 연습하도록 권장하는 것이 있다.

2. 근시안적 참여

① 교사가 교육과정의 관점들 중 한 가지 혹은 몇 가지만을 좁은 시야로 집중하고, 학생이 학습의 전반적인 기회들로부터 이득을 보지 못하도록 하는 것이다.

예) 생필품 가게에서 학생에게 물건을 고르고 사는 기회를 주는 대신 카트만을 밀게 하는 경우, 음식 준비나 식후 정리 활동에 참여하는 대신 간식을 준비할 때 깡통 따개 사용만을 연습시키는 경우 등 ❶ 25유아B5, ❷ 24초등B5

② 근시안적 참여에 대한 중재 방안으로는 생태학적 목록을 작성하고, 아동의 요구에 맞는 다양한 관점을 고려하며, 가족과의 면담을 활용하는 것이 있다.

3. 부족한 참여(참여 기회의 상실)

① 학생이 독립적으로 활동을 하기 위해 너무 많은 시간과 노력을 기울이게 함으로써 학생이 더 많은 활동에 참여할 기회를 상실하게 하는 것을 말한다.

예) 독립적 수행을 중시하여 학급 간 이동 과정에 휠체어를 스스로 천천히 밀어서 이동하게 하여 수업의 일부를 놓치게 되는 경우, 국어 수업 시간에 공부하는 대신 다음 수업이 진행되는 컴퓨터실로 워커로 이동하게 한 경우

② 부족한 참여에 대한 중재 방안으로는 언제나 학생의 참여를 보장하고, 상호의존적 목표를 수립하는 것이 있다.

> **기출 POINT 4**
>
> ❶ 25유아B5
>
> [B]에 나타난 원리의 오류 유형을 쓰시오.
>
> 〈기린 모둠 놀이 장면〉
> 도훈: (풀칠한 돌 그림을 종이집에 붙이며) 주아야, 너도 여기 붙여 줘.
> 주아: 응, 알았어. (한 손으로 풀칠을 하려고 시도하지만 풀을 놓쳐서 떨어뜨린다.)
> 최 교사: (주아에게 나무, 돌, 흙 그림을 건네주며) 주아는 풀칠하는 것이 어려우니까 친구들한테 그림을 나누어 주자.
> 주아: 선생님, 저도 종이집에 그림을 붙이고 싶어요. [B]
> 최 교사: 그런데 친구들한테 그림이 많이 필요하니까 주아가 그림을 나누어 주면 좋겠어.
> 주아: (작은 목소리로) 네.
> (주아는 놀이가 마무리될 때까지 한옥 꾸미기에 참여하지 못하고 다른 유아에게 필요한 그림만 나누어 주었다.)
>
> ❷ 24초등B5
>
> ① [A]에 해당하는 중도중복장애 학생의 교수 원리를 쓰고, ② [A]를 근거로 ⓒ의 문제점을 1가지 쓰시오.
>
> 특수교사: 민우가 전체 활동에 항상 동일하게 참여해야 하는 것은 아니에요. 민우가 최대한 독립적으로 참여할 수 있도록 각 단계를 조정해 주면, 민우가 적극적으로 참여할 수 있을 거예요. 민우가 전자레인지에 시간 설정하는 방법을 배우는 것은 의미 있을 것 같아요. [A]
> 통합학급 교사: 그럼 ⓒ 다른 학생들이 다른 간단한 음식 만들기를 하는 동안 민우는 시간 설정을 하기 위해 숫자 쓰기를 연습할 수 있도록 해야겠어요.

4. 비정규적 참여(단편적 참여)

① 학생이 몇몇 활동들에 비정기적으로 참여하는 것이다.

예 학생이 일반교육 사회과목 수업에 또래들과 함께 일주일에 3일 동안 참여하고, 일주일에 2일은 같은 시간에 분리된 상태로 진행하는 치료교육에 참여하기 위해 학습에서 이탈하는 경우 등이다.

② 비정규적 참여에 대한 중재 방안으로는 팀 접근 방식을 통해 아동의 일정을 구안하여 참여를 확대하고, 다양한 출처에서 아동에 대한 정보를 적극적으로 수집하는 것이 있다.

기출 POINT 4

❸ 16중등A9

학생 A의 활동목표를 고려하였을 때 ㉠~㉤ 중에서 부분참여의 원리가 잘못 적용된 것의 기호 3가지를 쓰고, 각각의 문제점을 설명하시오.

(가) 학생 A의 정보

- 뇌성마비(경직형 왼쪽 편마비)
- 왼쪽 어깨, 팔꿈치, 손목은 몸의 안쪽을 향해 구축과 변형이 있음
- 왼쪽 엄지손가락이 손바닥 쪽으로 굽어진 채 구축이 되어 변형됨
- 구어로 의사소통하는 데 어려움이 있어 음성 출력 의사소통 기기를 사용함

(나) 활동 참여 계획

학생 A의 활동목표	학생 A의 현행 수준	참여 촉진 방법
이야기를 읽고 내용을 파악하는 질문에 답할 수 있다.	이야기를 읽고 중요한 내용을 표현할 수 있음	㉠ 제재 글과 관련된 어휘 목록을 교사가 의사소통 기기에 미리 구성해 두고 활동에 참여하게 함
구입한 물건값을 계산할 수 있다.	지폐와 동전의 구분은 가능하나 물건값을 계산하기 어려워함	㉡ 다른 학생들이 물건값을 계산하는 과제를 푸는 동안 바로 앞 시간에 마치지 못한 쓰기 과제를 완성하게 함
탈 만들기를 할 때 탈 틀에 종이죽을 붙일 수 있다.	왼손의 변형으로 인해 종이죽을 붙이는 데 어려움이 있음	㉢ 다른 학생들이 탈 틀에 종이죽을 붙이는 동안 선생님이 학생 A의 것을 붙이고 학생 A에게 이를 지켜보게 함
조립 순서에 맞게 상자를 조립할 수 있다.	양손과 팔을 자유롭게 움직이기 어려워 접이선대로 상자를 접지 못함	㉣ 다른 학생들이 상자 조립을 완료할 때까지 학생 A가 다른 학생의 상자를 움직이지 않게 붙잡아 주도록 함
칫솔을 쥐고 이를 닦을 수 있다.	칫솔을 쥘 수 있지만 손목의 회전과 상하 움직임이 자유롭지 않음	㉤ 전동 칫솔을 사용하여 앞니는 학생 A가 닦게 하고 어금니는 교사가 닦아 줌

❹ 11초등30

다음과 같이 '감자 샌드위치 만들기 활동' 단계를 분석하였다. 〈보기〉는 중도 정신지체 학생 희수가 혼자서 할 수 없는 단계에 대한 활동참여 계획이다. 이 중 Baumgart 등이 제시한 '부분참여 원리'를 적절하게 적용한 내용을 모두 고른 것은?

감자 샌드위치 만들기 활동	희수의 수행 수준
1단계 : 흐르는 물에 감자를 씻는다.	◎
2단계 : 칼로 감자를 깎는다.	×
3단계 : 냄비에 감자를 넣고 삶는다.	×
4단계 : 식은 감자를 움푹한 그릇에 넣어 으깬다.	×
5단계 : 으깬 감자에 치즈와 마요네즈를 넣는다.	◎
6단계 : 5단계 재료에 잘게 썬 채소를 넣어 감자 샐러드를 만든다.	◎
7단계 : 6단계에서 준비된 으깬 감자 샐러드를 식빵에 바른다.	×
8단계 : 감자 샐러드를 바른 식빵 위에 식빵 한 장을 덮는다.	◎
9단계 : 감자 샌드위치를 세모 모양으로 잘라 접시에 담는다.	×

◎ : 혼자서 할 수 있음, × : 혼자서 할 수 없음

〈보기〉

㉠ 2단계에서는 다칠 위험이 있기 때문에 교사가 대신 해준다.
㉡ 3단계에서는 현재 할 수 있는 기술인 '냄비에 감자 넣기'를 하게 한다.
㉢ 4단계에서는 움푹한 그릇 대신 자동으로 으깨는 기구에 식은 감자를 넣어 주고, 작동 버튼을 누르게 한다.
㉣ 7단계에서는 으깬 감자 샐러드를 식빵에 바르는 친구들의 활동을 관찰하게 한다.
㉤ 9단계에서는 감자 샌드위치를 자르지 않고 그대로 접시에 담게 한다.

CHAPTER 13

의사소통 지도

01 의사소통에 대한 이해

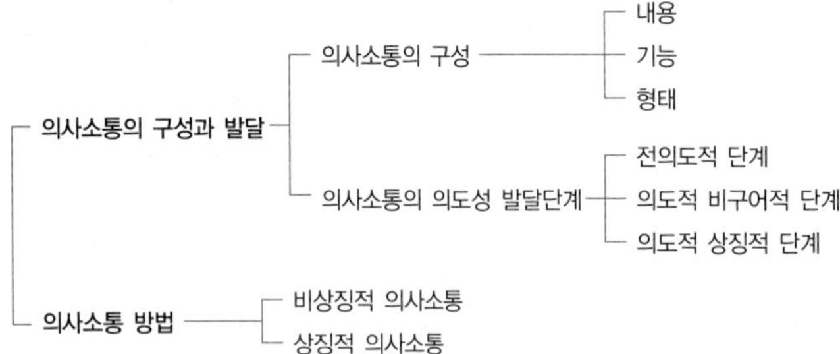

02 비상징적 의사소통의 이해

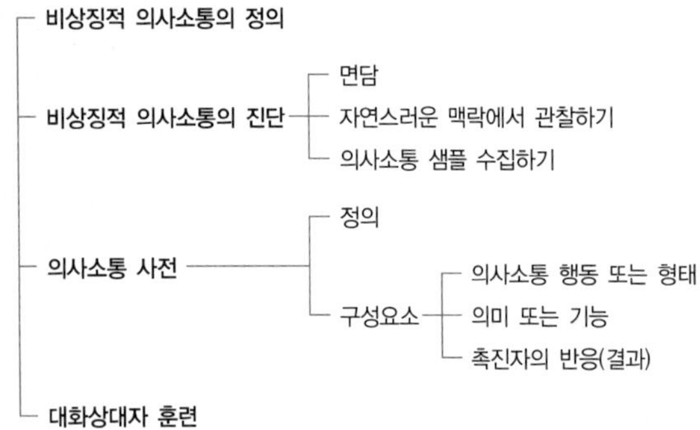

03 상징적 의사소통의 이해

- 상징적 의사소통의 정의
- 상징적 의사소통 방법

04 다중체계양식

인지적 문제가 없는 지체장애 학생의 경우, 상대의 말을 듣고 이해할 수는 있으나 구강 근육 움직임의 제한으로 자신의 생각을 제대로 표현할 수 없다. 또, 인지적・신체적 어려움이 동반되는 중증 지체장애 학생은 수용언어와 표현언어 모두 곤란하여 몸짓, 표정 등과 같은 비상징 체계를 통해 생존에 필요한 기본적인 표현을 하기도 한다. 따라서 특수교사는 지체장애 학생의 의사소통에 민감하게 반응해야 하며, 비상징 단계의 중증 지체장애 학생에게 보완대체의사소통체계(AAC) 등 상징을 통한 의사소통을 할 수 있도록 지속적으로 지도해야 한다.

01 의사소통에 대한 이해

1. 의사소통의 구성과 발달

(1) 의사소통의 구성

의사소통은 크게 내용, 기능, 형태로 구성된다. 즉, 언어 사용이 어려운 중증 지체장애 학생이 좋아하는 음식(의사소통 내용)을 요구하기(의사소통 기능) 위해 그 음식을 손가락으로 가리키는(의사소통 형태) 행동을 '의사소통'이라 한다.

내용	'무엇'에 관한 의사소통인가
기능	의사소통하는 '이유'
형태	의사소통하는 '방법'

(2) 의사소통의 의도성 발달단계

단계	내용
전의도적 단계	• 학생이 자신의 의도를 정확하게 표현하지 못하므로 대화상대자가 학생이 표현하고자 하는 의도를 주도적으로 해석해야 하는 단계이다. • 이 단계에서 교사는 학생이 흥미 있어 하는 사물을 이용하여 공동관심이나 상호관심을 형성할 수 있도록 유도한다. 교사와 학생이 같은 사물이나 활동에 집중하고 있거나 학생과 교사가 서로를 바라볼 때 교사의 일관성 있는 피드백은 학생의 의도를 유도할 수 있다.
의도적 비구어적 단계	학생이 정확한 발음의 구어는 아니지만 관습적인 몸짓이나 부정확한 발음 혹은 일정한 행동이나 몸짓 등으로 표현하는 단계이다. ❶ 23초등B5
의도적 상징적 단계	구체적인 의도를 가지고 상대방을 향해 단어나 기타 상징체계를 사용하여 지적하거나 표현하는 단계이다.

기출 POINT 1

❶ 23초등B5

㉠을 바탕으로 민수의 의사소통 발달단계를 쓰시오.

(가) 민수의 특성

㉠ 요구하는 상황에서 '으', '거' 등의 소리를 내거나 가지고 싶은 물건이 있으면 몸을 앞뒤로 흔드는 행동으로 표현함

2. 의사소통 방법

의사소통 방법에는 크게 비상징적 의사소통과 상징적 의사소통이 있다.

기출 POINT 2

❶ 13중등11

비구어 중도중복장애 학생의 비상징적 의사소통을 증진하기 위해 대화상대자인 교사가 할 수 있는 의사소통 촉진 전략으로 옳은 것만을 있는 대로 고른 것은?

㉠ 학생이 보이는 비상징적 의사소통 형태의 다양성과 의미를 고려하여 민감하게 반응한다.
㉡ 학생이 보이는 문제행동에 내포된 의사소통 기능을 파악하고, 문제행동을 대체할 의사소통 기술을 지도한다.
㉢ 학생에게 비상징적 의사소통 기술을 촉진하기 위해 친숙한 대화상대자와 상호작용하는 환경으로 제한한다.

02 비상징적 의사소통의 이해 ❶ 13중등11

1. 비상징적 의사소통의 정의

① 비상징적 의사소통은 언어와 같은 상징을 습득하기 전 또는 중증장애로 상징 습득이 어려운 경우에 사용하는 것이다.

② 표정이나 몸짓·근육 긴장·땀이나 동공 확장 등 생리적 현상, 문제행동 등 상징적 의사소통 체계가 아닌 의사소통 표현을 말한다.

③ 비상징적 의사소통 방법은 의사소통의 기능을 가지고 있으나 의사소통의 효과성, 상호작용의 질적인 측면에서는 매우 제한적일 수밖에 없다.

④ 그러므로 아동 초기에 의사소통 수단이 발달하기 전에 의사를 표현하기 위해 나타나는 신체의 일부분이나 발성, 얼굴표정, 몸짓, 눈짓 등의 비상징적 의사소통 방법을 확장시켜 도구체계를 학습할 수 있도록 해야 한다.

⑤ 대화상대자가 학생의 비상징적 의사소통 표현에 민감하게 반응하지 못한다면 의사소통 기능이 무시되거나 잘못 해석될 수 있으므로 대화상대자의 역할이 중요하다.

비상징적 의사소통의 형태	상징적 의사소통의 형태
• 발성: 타인의 주의를 끌기 위한 소리 내기 예 웃음, 울음, 옹알이 소리 • 표정: 익숙한 사람, 사물, 사건에 대한 반응으로 웃기, 미소 짓기 등 • 방향성: 주의를 끌기 위한 응시, 지적 예 시선 회피, 시선 이동 등 • 멈추기: 움직임의 멈춤 예 차례 기다리며 멈춤 • 접촉, 유도: 손으로 잡기, 당기기, 밀어내기, 가벼운 터치 예 몸으로 밀기, 바닥에 드러눕기 • 물체를 이용한 표현: 물건 등을 떨어뜨리기, 밀쳐내기, 잡기, 만지기, 뻗기, 기대기 등 • 자세 취하기: 손 내밀기, 기대기, 다가가기, 옆에 서 있기 • 일반적 몸짓과 행동: 손 흔들기, 고개 끄덕임, 행동을 흉내내는 몸짓, 손 모양으로 묘사하기 • 공격적 자해행동: 때리기, 할퀴기, 물기, 침 뱉기 등	• 구어: 단어들을 사용함 • 수화: 손과 팔의 몸짓을 사용하는 체계 • 사진과 그림: 시각적인 이미지나 표상을 사용함 • 실물이나 만질 수 있는 상징: 활동이나 물체를 나타내는 축소형 사물, 실물의 일부분 등 • 그래픽 체계: 상징 방법(블리스, 리버스 그림)을 사용함

의사소통의 기능에 따른 다양한 의사소통 형태의 예

의사소통의 기능	의사소통의 비상징적 형태	의사소통의 상징적 형태
(행동) 거절하기	활동과 관련된 물체들을 밀어내기	'아니'라는 의미로, 혹은 '아니'라는 의도를 나타내기 위해 머리를 흔들기
(사람) 요구하기	사람의 손을 잡기	사람의 사진을 손가락으로 가리키기
정보를 물어보기	묻는 듯한 얼굴 표정	음성이 출력되는 의사소통기기의 사진이나 그림 상징을 이용하여 정보 요구하기
주의를 끌기	큰 발성	"실례합니다."라고 직접 말하거나 같은 의미의 상징을 지적하여 표현하기
무언가에 대해서 코멘트하기	관심 있는 물체에 길게 눈짓하기	음성합성기 등의 의사소통기기를 사용해서 특정 주제에 관한 한두 문장을 만들 때 여러 개의 상징을 조합하기
확인하거나 거부하기	지정된 장소로 움직일 것을 요청받았음에도 움직이지 않기	"아니, 그게 아니라 나는 다른 것을 원해요."라고 표현하기

[출처] Snell&Brown(2011)

2. 비상징적 의사소통의 진단

① 면담

㉠ 학습자가 사용하는 의사소통의 형식과 기능을 알기 위해 주위의 친숙한 사람들과 면담을 통해 진단할 수 있다.

㉡ 의사소통 면담은 비교적 단시간 안에 학습자에 관한 많은 양의 정보를 주며, 미래의 진단을 위한 계획 수립에 사용된다.

② 자연스러운 맥락에서 관찰하기

㉠ 자연스러운 상황에서 학습자와 대화상대자의 의사소통 행동을 관찰하는 방법이다.

㉡ 체크리스트는 자연스러운 상황에서의 관찰을 통해 얻을 수 있는 기록을 조직화하도록 돕는다.

③ 의사소통 샘플 수집하기

㉠ 의사소통 샘플을 수집하는 목적은 비교적 짧은 시간 동안 의사소통 행동의 대표적 표본을 수집하기 위함이다. 이는 교직원의 관찰로 이루어질 수도 있지만, 비디오로 녹화하는 것이 가장 적절하다. 비디오 테이프는 의사소통 행동의 분석을 위해 가장 객관적이고 풍부한 자료를 제공한다. 또한 반복적인 행동관찰을 가능하게 하고, 미묘하고도 순식간에 지나가 버려 상호작용 도중에 놓치기 쉬운 행동들에 주목할 기회를 제공한다.

㉡ 체크리스트와 대조적으로 샘플링은 학습자가 시도하거나 상호작용에 참여하게 이끄는 상황이나 맥락이 무엇인지 포함하기도 한다.

㉢ 학습자는 다양한 의사소통 행동을 시작할 풍부한 기회를 가져야 하는데, 만약 학습자가 시도하기를 하지 않는다면 의사소통 유도하기가 유용하다. ❶ 16초등A3

- 의사소통 유도하기는 구체적인 의사소통 시도를 이끌어내기 위한 기회를 포함한다. 예를 들어, 태엽을 감아 움직이게 하는 장난감을 다 돌아가게 한 후, 무언가 기대하는 시선으로 학습자를 바라본다. 이 방법은 학습자로 하여금 다시 장난감이 돌아가게 해달라고 요구하거나, 장난감이 멈추는 것에 대해 저항하거나 혹은 다른 어떤 방법으로든 의사소통할 기회를 제공한다.
- 의사소통 유도하기는 비구어적으로도 제시될 수 있기 때문에 학습자의 언어 이해능력이 제한적이라는 문제도 피해갈 수 있다.

기출 POINT 3

❶ 16초등A3

㉡의 방법을 사용할 때 주의해야 할 점을 1가지 쓰시오.

실습생: 선생님, 그동안 은수의 의사소통 지도를 어떻게 해 오셨는지 궁금해요. 담임교사: 은수처럼 비상징적 언어 단계에 있는 아이들의 경우에는 먼저 부모와 면담을 하거나 ㉡ 의사소통 샘플을 수집하여 아이가 어떻게 의사소통을 하는지 분석하는 것이 중요하답니다.

3. 의사소통 사전(communication dictionary)

(1) 의사소통 사전의 정의

① 의사소통 사전은 ‘몸짓 사전’ 또는 ‘의사소통 신호 목록’으로도 불리며, 의사소통 상대가 사용자의 의사소통 행동에 대해 인식하고 반응하는 것을 돕는 문서이다. 즉, 사용자의 의사소통 방법이 무엇인지 말해주고, 가족과 중재자 · 직원들이 의사소통을 어떻게 해석하는지, 사용자에 의해 표현된 방법에 어떻게 반응해야 하는지 등을 제시한다.

② 의사소통 사전은 친숙하거나 친숙하지 않은 의사소통 상대방이 의사소통 의도를 나타내는 특정 행동을 일관성 있게 인식하도록 돕는다. 일단 어떤 행동이 의사소통적인 것 또는 의사소통의 잠재성을 갖는 것으로 판별되면 다른 사람들은 재빨리, 보다 적절하고 일관성 있게 반응할 수 있어야 한다.

③ 의사소통 사전은 학생과 의사소통하는 모든 사람이 접근할 수 있어야 하며, 대화상대자들이 손쉽게 사용할 수 있어야 한다.

④ 의사소통 사전을 만들고 수정하는 일은 학생의 의사소통을 진단하는 한 부분이자 의사소통 프로파일을 만드는 부분이 되기도 한다. 간헐적으로 사전을 업데이트함으로써 학생의 의사소통 형태가 발전하고 보다 더 관습적으로 되어 가는 변화의 추이를 파악할 수 있다.

(2) 의사소통 사전의 구성요소

의사소통 사전의 구성요소는 대상자가 행하는 것(의사소통 행동 또는 형태), 그것이 의미하는 것(기능 또는 메시지), 촉진자의 반응(결과)의 세 가지 요소로 구성되어 있다.

❶ 15초등B3

완성된 의사소통 사전의 예시

한 일	의미하는 것	의사소통 상대가 어떻게 반응해야 하는가?
주먹을 꽉 쥐고 팔/얼굴의 근육 굳히기	사람들이 내게 너무 가까이 있고 나를 괴롭혀요.	학생에게서 좀 떨어지고 잠깐 혼자 내버려 두기
손바닥으로 머리 때리기	도움이 필요해요.	• 도움을 제공하기 • '도움'이라고 표시된 상징을 가리키도록 촉진하여 도움을 요청하는 대체적인 방법을 가르치기
손과 팔 흔들기	지금 일어나고 있는 일이 좋아요.	활동을 계속하게 하기
싱크대 가리키기	음료수가 필요해요.	물 한 컵 제공하기

기출 POINT 4

❶ 15초등B3

다음은 교사가 민호와의 상호작용을 분석한 후, 다른 교사와 또래들이 민호의 행동을 해석하고 민호에게 적절하게 반응하는 방법을 알려주기 위해 만든 의사소통 사전(communication dictionary)의 일부이다. ⓐ와 ⓑ를 각각 쓰시오.

■ 민호의 의사소통 사전

학생 이름 : 이민호		환경 : 교실
민호의 행동	화용론적 기능	반응해 주는 방법
크게 발성하기	부르기, 자기에게 관심 끌기	민호에게 간다.
고개를 숙이고 가만히 있기	ⓐ	하던 행동을 멈추고 민호가 원하는 것이 무엇인지 관찰한다.
물건과 사람을 번갈아가며 보기	ⓑ	민호가 바라보는 물건을 함께 보며, "와! 멋있구나. 이것 ○○이구나."와 같이 반응해 주고, 그 물건의 상태나 정보에 대해 얘기해 준다.
몸을 뒤로 뻗치기	요구하기	"민호는 ○○ 해주기를 원하는구나."와 같이 반응해 주고, 민호가 원하는 행동을 해준다.

4. 대화상대자 훈련

① 대화상대자 훈련은 학생의 비상징적 의사소통에 대한 대화상대자의 이해도를 향상시키고 학생의 의사소통 시도와 반응에 대한 민감성을 강화하는 내용이 포함된다.

② 학생과 상호작용을 할 때에는 의사소통을 할 준비를 인식시키고, 학생이 표현하는 비상징적 의사소통 행동에 대해 의사소통 수준에 부응하는 반응을 보일 수 있어야 한다.

③ 때로는 문제행동이 의사소통 행동으로 나타날 수 있음을 인지하고, 문제행동을 의사표현으로 수용하고 반응하도록 하는 교육이 필요하다.

03 상징적 의사소통의 이해

1. 상징적 의사소통의 정의

① 상징적 의사소통이란 구어, 사진, 그림 등과 같은 상징체계를 사용하여 의사소통하는 방법이다. 일반적으로 상징과 비상징을 결합하여 의사소통을 했을 경우 상대방과의 의사소통에서 오해가 줄고 소통이 더 원활하지만, 비상징적 의사소통만을 사용하는 경우라면 향후 상징적 의사소통으로 발전시킬 필요가 있다.

② 따라서 대화상대자는 아동이 선호하는 활동이나 물건을 선택한 후 그 활동이나 물건을 간헐적으로 중지시킴(제공하지 않음)으로써 아동의 의사소통 욕구를 불러일으키고, 아동이 비상징체계로 의사소통을 시도할 때 상징체계를 함께 제시함으로써 서서히 상징으로 전환될 수 있도록 지도해야 한다.

2. 상징적 의사소통 방법

① 가장 일반적인 상징적 의사소통은 말이다. '말'이란 발성기관의 움직임에 의해서 만들어지는 독특한 소리와 소리의 합성으로 이루어지는 의미 있는 언어체계이며, 의사소통을 위해 가장 일반적으로 사용되는 전통적인 상징체계이다.

② 구어를 사용하여 의사소통하기 어려운 경우 실물, 그림, 사진, 수어, 몸짓 등 보완대체 의사소통 방법을 활용할 수 있다. 해당 부분은 이후 보완대체의사소통체계(AAC)에서 학습할 것이다. ❶ 22유아A8

기출 POINT 5

❶ 22유아A8

언어 발달 과정에 근거하여 [A]에 공통적으로 나타난 동호의 의사소통 수단은 무엇인지 쓰고, ㉠과 ㉡에서 동호의 행동에 나타난 의사소통의 기능을 각각 쓰시오.

> 신혜: 동호야, 너도 같이 할래?
> 동호: (고개를 끄덕인다.)
> 민수: 그래, 동호야. 우리 같이 모래 구덩이 만들자.
> 신혜: (동호에게 모래를 파는 행동을 보이며) 이렇게. 이렇게 파면 구덩이가 생겨.
> 민수: 우리처럼 이렇게 모래를 파는 거야.
> 동호: ㉠ (신혜가 가진 꽃삽을 향해 손을 내민다.)
> 민수: 응? 뭐가 필요해?
> 신혜: (옆의 나뭇가지를 동호에게 주며) 자, 이거!
> 동호: (㉡ 나뭇가지를 밀어내며, 다시 한 번 꽃삽을 향해 손을 내민다.)
> 민수: (신혜를 바라보며) 동호가 꽃삽이 필요한가봐.
> 신혜: 아, 꽃삽! 자, 동호야. 너도 해봐.
>
> [A]

04 다중체계양식

① 의사소통 방법은 하나의 방법을 선택하기보다는 개별 학생의 의사표현과 소통의 효율성을 고려하여, 필요한 경우 구어를 이용한 의사소통의 지도 외에 다양한 양식의 사용을 허용하는 접근이 이루어져야 한다. 뇌성마비 학생의 의사소통 지도는 학생이 가지고 있는 모든 잔존 능력, 즉 구어 · 발성 · 제스처 · 수어 · 도구를 사용하는 의사소통 방식을 포함하여 지도하는 것이 효과적이다. ❶ 13중등11

② 의사소통은 쌍방 간의 소통이며, 적절한 시간 내에 정확하게 표현하는 것이 의사소통의 성패를 좌우하기 때문에 비상징적 · 상징적 의사소통 양식 중 상황에 더 적합한 양식체계를 사용할 수 있도록 지도한다. 이러한 다중양식체계를 활용한 AAC 방법은 뇌성마비 학생들의 의사소통 효율성을 높일 수 있다.

기출 POINT 6

❶ 13중등11

비구어 중도중복장애 학생의 비상징적 의사소통을 증진하기 위해 대화상대자인 교사가 할 수 있는 의사소통 촉진 전략으로 옳은 것만을 있는 대로 고른 것은?

> ㉣ 학생에게 상징과 비상징이 결합된 다중양식을 사용하기보다는 상징을 구체화하고 정교화하여 학생의 이해도를 높인다.

김은진
스페듀
기본이론서

Vol. 3

Special Education

Chapter 01. 건강장애의 이해
Chapter 02. 건강장애의 유형

PART

04

건강장애

CHAPTER 01

건강장애의 이해

01 「장애인 등에 대한 특수교육법」에서의 정의

02 건강장애 학생의 특수교육 적격성

- 만성질환
- 3개월 이상의 장기입원 또는 통원치료 등 계속적인 의료적 지원
- 학교생활 및 학업 수행에 어려움

03 건강장애 학생의 선정 및 선정 취소

- 건강장애 학생의 선정
  - 건강장애 학생의 선정 절차
  - 건강장애 학생 선정 시 고려사항
- 건강장애 학생의 선정 취소

04 건강장애 학생의 교육 배치

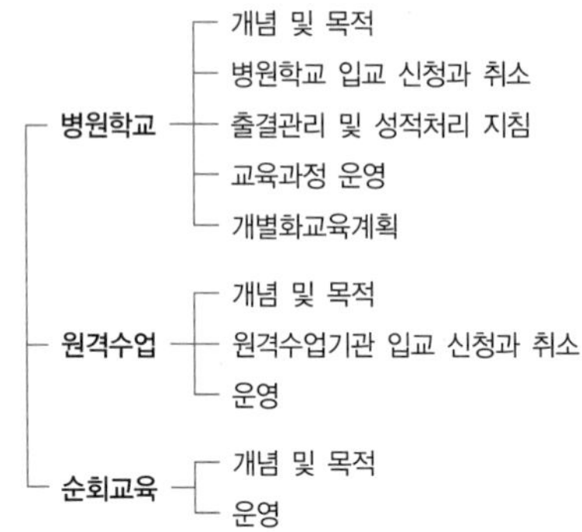

05 건강장애 학생의 교육 지원

- 심리 · 정서적 지원 방안
- 학교복귀 지원의 개념 및 목적

01 「장애인 등에 대한 특수교육법」에서의 정의

만성질환으로 인해 3개월 이상의 장기입원 또는 통원치료 등 계속적인 의료적 지원이 필요하여 학교생활 및 학업수행에 어려움이 있는 사람

02 건강장애 학생의 특수교육 적격성

1. '만성질환'

① '만성질환'이란 백혈병, 소아암, 각종 종양 등 장기적인 의료처치가 요구되는 질환을 말한다. 다만, 우리나라에서는 만성질환으로 지속적인 관리가 필요하나 학교 출석이 가능한 경우에는 건강장애로 선정하지 않는다.

② 예를 들어 제1형 당뇨, 아토피, 간질, ADHD 등은 학교 출석의 어려움이 없는 것으로 판단하여 건강장애 선정에서 제외한다.

③ 단, 일부 시 · 도 교육지원청에서는 질병으로 인해 학교생활 및 학업 수행에 심각한 수준으로 어려움을 보일 때 이를 만성질환으로 선정한 사례도 있다.

2. '3개월 이상의 장기입원 또는 통원치료 등 계속적인 의료적 지원'

① 입원 혹은 통원치료 등 장기간의 의료적 처치가 요구되는 경우를 의미한다. 연간 수업일수 중 3개월 이상의 결석이 발생하면 유급의 위험에 처하기 때문에 유급을 방지하려는 조치이다. ❶ 23초등B6

② 단, '3개월 이상'이라는 기준은 연속적으로 3개월 이상 병원에 입원하는 것으로 제한되지 않는다.

③ 건강장애 학생의 교육지원은 만성질환으로 인한 학교 교육의 어려움을 지원하고, 학교교육의 연속성을 제공하려는 조치이다. 따라서 기준 자체는 융통성 있게 적용되어야 하며, 개별 사례 중심의 교육적 요구를 반영하여 평가해야 한다.

3. '학교생활 및 학업 수행에 어려움'

① '학교생활 및 학업 수행에 어려움'이란 특수교육이 요구되는 경우를 말한다.

② 만성질환으로 3개월 이상 결석으로 인한 유급을 방지하기 위해 병원학교 및 원격 수업이 필요한 경우는 특수교육이 필요한 학생으로 간주한다.

기출 POINT 1

❶ 23초등B6

㉠으로 선정되기 위한 최소한의 기간을 쓰시오.

체육전담교사: 주호가 퇴원했다고 들었는데 특수교육대상자로 선정되었나요?
특수교사: 네, ㉠ 건강장애를 가진 특수교육대상자로 선정되었습니다. 주호처럼 계속적인 의료적 지원이 필요한 경우에는 건강장애로 선정될 수 있습니다.

PART 04

03 건강장애 학생의 선정 및 선정 취소

1. 건강장애 학생의 선정

(1) 건강장애 학생의 선정 절차

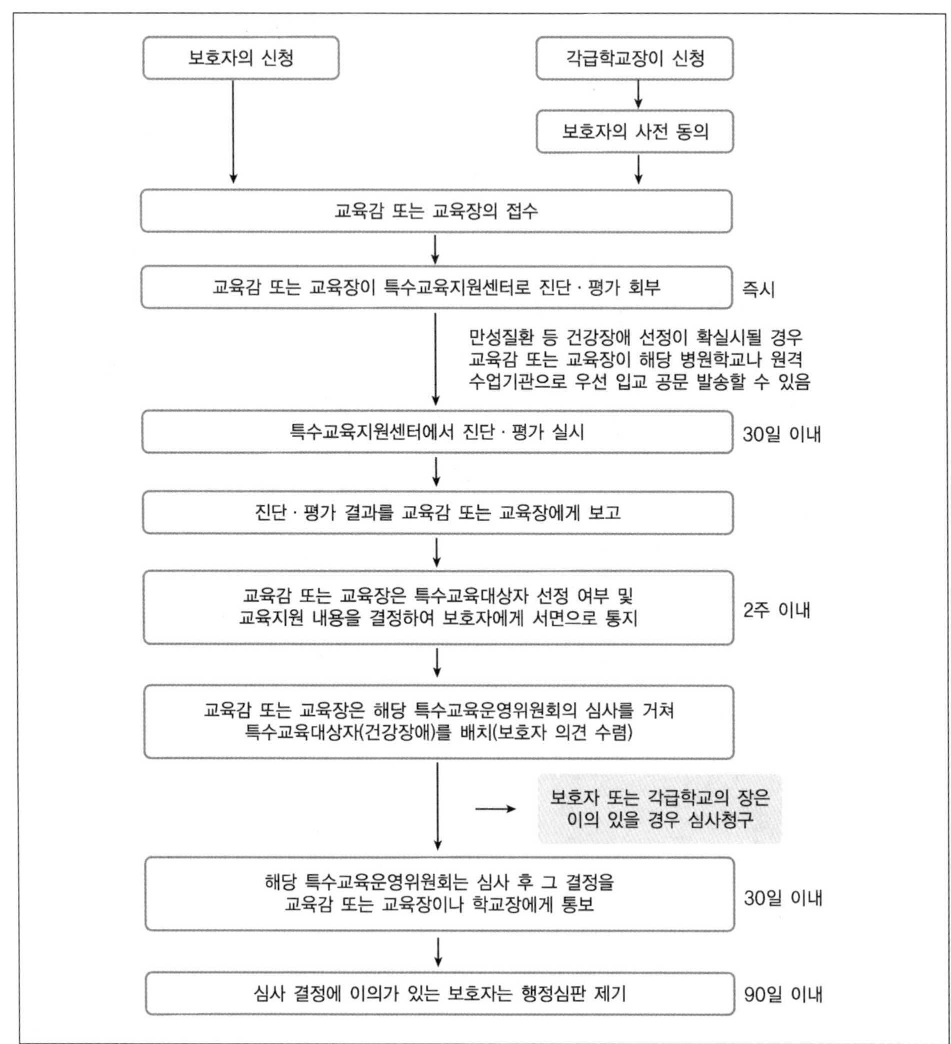

건강장애 학생의 선정 절차

① 건강장애 학생의 선정은 만성질환 치료로 인해 불가피한 경우에 선정하며, 교육지원 절차가 매우 간소하다. 또한, 건강장애로 선정되는 것이 예상되지만 심사와 선정되기까지 기일이 오래 걸릴 때 선교육 지원이 가능하다. 교육청에서 필요하다고 허가한 경우 장기결석을 방지하기 위해 원격수업을 미리 받을 수 있도록 우선 배치하여 교육을 먼저 받을 수 있도록 조치한다.

② 건강장애 학생으로 선정받기 위해서는 간단한 의뢰절차가 필요하다. 의뢰하기 위해서는 진단서, 장애인등록증, 장애인 수첩, 특수교육대상 선정신청서를 학교나 교육청에 제출해야 한다.

③ 건강장애 학생을 선정할 때는 「장애인 등에 대한 특수교육법 시행규칙」 제2조 제1항에 따른 특수교육대상자 선별검사 및 진단・평가를 별도로 실시하지 않는다. 만성질환을 가진 학생 중에서 장기치료로 인해 해당 학년의 진도를 따라가지 못하거나 유급 위기에 있는 등 학업 수행에 어려움이 있는 것으로 판단되는 학생에 한해 특수교육운영위원회에서 결정한다. 이때 만성질환은 장애인 증명서, 장애인 수첩, 혹은 진단서를 통해 확인한다. ❶ 22중등B9

④ 건강장애를 지닌 특수교육대상자로 선정되면 의무교육 및 무상교육 혜택을 부여받고 병원학교, 원격수업, 순회교육 등 다양한 방법을 통해 출석일수를 확보함으로써 상급학교 또는 다음 학년으로 진학하도록 지원받는다. 그러나 다른 장애 유형과 달리 건강장애를 지닌 특수교육대상자로 선정된 이후 상위 학교급으로 진급할 때에는 특수교육운영위원회에서 재선정 배치 여부를 재심사하여 결정한다.

(2) 건강장애 학생 선정 시 고려사항

① 건강장애 학생으로 선정되어도 학생이 현재 소속되어 있는 일반학급의 배치가 그대로 유지된다. 다만, 특수학급에서의 지도가 필요하다고 판단될 경우 학부모나 학생의 동의하에 특수학급 배치를 고려할 수 있다.

② 건강장애 학생으로 선정되더라도 교육배치의 변화는 없으나, 중학교 혹은 고등학교 등 상급학교로 진학할 때에는 특수교육운영위원회에서 학생의 건강상태를 고려하여 가능하면 거주지와 가장 가까운 학교, 혹은 엘리베이터 등 특별한 시설이 설치된 학교에 우선 배치하도록 지원하고 있다.

2. 건강장애 학생의 선정 취소 ❶ 20중등A12

① 건강장애 선정의 직접적인 원인이 된 질병이 완치된 경우이다.

② 소속 학교로 복귀하여 정상적으로 출석하는 경우이다. 치료 또는 진단을 위해 월 1~2회 외래 치료하는 경우도 포함된다.

③ 소속 학교에서 휴학 또는 자퇴를 하고자 하는 경우이다. 특수교육대상자는 의무교육 대상자이므로 선정 취소를 한 후 필요한 학적 처리를 해야 한다.

④ 건강장애 선정을 취소하려면 특수교육대상자 선정・배치 취소 신청서와 특수교육대상자 선정・배치 취소 동의서(학부모용)를 제출해야 한다.

기출 POINT 2

❶ 22중등B9

괄호 안 ㉡에 해당하는 내용을 1가지 쓰시오.

「장애인 등에 대한 특수교육법 시행규칙」에 따르면, 건강장애와 관련하여 특수교육 대상자 선별검사 및 진단 평가 영역이 별도로 규정되어 있지 않습니다. 만성질환의 경우에는 (㉡)을/를 참고자료로 활용하여 특수교육운영위원회의 심사를 거쳐 특수교육대상자로 선정될 수 있습니다.

기출 POINT 3

❶ 20중등A12

(가)의 밑줄 친 ㉡에 해당하는 내용을 1가지 쓰시오.

(가) 질의응답 내용

Q2. 건강장애 학생의 부모입니다. 향후 건강장애 선정을 취소할 수 있나요?
A2. ㉡ 건강장애 특수교육대상자 선정 취소 사유에 해당하는 경우, 학부모가 건강장애 선정 취소를 신청할 수 있습니다.

기출 POINT 4

❶ 22중등B9

밑줄 친 ㉠을 제외하고 학생 H가 받을 수 있는 교육지원을 1가지 쓰시오. (「장애인 등에 대한 특수교육법 제25조 2항」에 근거할 것)

> 담임교사: 선생님, 저희 반 학생 H가 소아암 치료를 위해 6개월간 병원에 입원하게 되었어요. 입원해 있는 동안 어떤 교육 지원을 받을 수 있을까요?
> 특수교사: 네, 건강장애로 인한 특수교육대상자로 선정되면 ㉠ 병원학교에서 수업을 받을 수 있습니다.

기출 POINT 5

❶ 24중등A2

ⓐ괄호 안의 ㉡에 해당하는 내용을 쓰시오.

> 담임교사: 학생 A는 잦은 입원으로 결석이 많습니다. 그렇지만 학생 A는 학업을 계속하고 싶어 하는데, 어떤 방법이 있을까요?
> 특수교사: 병원학교가 어떨까요? 병원학교는 만성질환을 치료하기 위해 학업을 중단하고 있는 건강장애 학생의 교육을 지원하기 위한 학교입니다.
> 담임교사: 학생 A는 결석이 잦아서 학습 진도가 맞지 않는데 괜찮을까요?
> 특수교사: 네, 괜찮습니다. 병원학교는 학생들의 학업 연속성 유지 및 학습권을 보장하기 위해 학생의 요구와 수준에 맞추어 (㉡) 지원을 하고, 심리·정서적인 지원도 하고 있습니다.

❷ 23중등B7

ⓐ~ⓕ 중 틀린 응답 내용을 2가지 찾아 기호를 쓰고 각각 바르게 고쳐 쓰시오.

> Q1. 정신장애가 있는 학생도 건강장애로 선정될 수 있나요?
> ㄴ ⓐ 정신장애가 있는 학생은 건강장애로 선정되지 않습니다.
> Q2. 교통사고가 발생해 장기 입원이 필요한 상황입니다. 건강장애로 진단받을 수 있나요?
> ㄴ ⓑ 외상성 부상 학생도 3개월 이상 치료를 요하면 건강장애로 진단받을 수 있습니다.
> Q3. 위탁교육기관에서의 수업은 출석으로 인정되나요?
> ㄴ ⓒ 외상성 부상 학생도 3개월 이상 치료를 요하면 건강장애로 진단받을 수 있습니다.

04 건강장애 학생의 교육 배치

건강장애 학생은 현재 소속된 일반학교의 학급에 그대로 배치되며, 주된 수업의 형태는 병원학교, 원격수업, 순회교육을 이용할 수 있다. ❶ 22중등B9

1. 병원학교

(1) 개념 및 목적

① 병원학교는 「장애인 등에 대한 특수교육법」 제3조(의무교육 등), 제15조(특수교육대상자의 선정), 제25조(순회교육 등)에 근거하여 질병으로 인해 학교환경에서 교육을 받기 어려운 학생들을 위해 병원 내에 설치한 학급을 말하며, 정식학교가 아닌 위탁교육기관이다.

② 대부분의 병원학교는 교사 1인이 운영하는 파견학급 형태로, 여러 학교급·학년의 학생이 함께 학습하도록 운영하고 있다.

③ 병원학교는 학생들의 학업 연속성 유지 및 학습권 보장과 개별화된 학습지원, 심리정서적 지원 등을 통해 학교생활 적응을 도모하고 삶에 대한 희망과 용기를 심어주어 치료 효과를 증진하기 위한 목적으로 운영하고 있다. ❶ 24중등A2

(2) 병원학교 입교 신청과 취소 ❷ 23중등B7

① 초·중·고등학생 중 병원학교를 이용하기 위해서는 건강장애로 인한 특수교육대상자로 선정되어야 한다. '건강장애' 선정기준은 만성질환으로 인하여 3개월 이상의 장기입원 또는 통원치료 등 계속적인 의료적 지원이 필요하여 학교생활 및 학업수행에 어려움이 있는 것을 말한다. 또한 3개월 이상의 외상적 부상 학생과 일부 시·도의 경우 정신장애 학생도 입교 대상이 된다.

② 병원학교 입·퇴교 신청 시 유치원·초·중학교는 해당 지역 교육지원청에서, 고등학교는 시·도 교육청에서 담당한다.

③ 병원학교 입교 시기는 연중 수시 신청이 가능하다. 병원학교 입교 시에는 건강장애 선정 절차를 거치도록 하고, 선정과정 중 발생하는 수업결손을 최소화하기 위하여 특수교육운영위원회의 특수교육대상자 선정 일자보다 먼저 수업을 받을 수 있다.

④ 건강장애 학생이 병원학교를 이용하지 않아도 될 때 건강장애 학생의 선정을 취소한 후 다니던 학교로 복귀하게 된다.

더알아보기 **병원학교 입교 절차**

학생 (학부모)	절차 안내	• 필요 서류를 구비해 소속학교로 건강장애학생이 신청 • 병원학교로 직접 신청하지 않음
	필요 서류	장애인증명서, 장애인수첩, 전문가 의견이 포함된 의사 진단서 등
↓		
소속학교 (교사)	절차 안내	• 필요서류를 구비해 해당 교육(지원)청으로 신청 • 입교 희망하는 병원학교를 서류에 표시해 제출 • 시·도 교육(지원)청 서식에 따라 관련 내용 작성 • 서명이 들어간 서류는 스캔해 공문에 파일로 첨부 및 제출 • 3개월 이상 외상적 부상 학생은 기간이 명시된 진단서와 담임교사 의견서 등 시·도 교육(지원)청에 제출해야 하는 서류를 공문에 첨부해 함께 제출
	필요 서류	특수교육대상자 진단·평가 의뢰서, 입교신청서, 의사진단서, 학생 소속학교 학사일정
↓		
시·도 교육 (지원)청	절차 안내	• 건강장애 선정 결과 확정된 병원학교 입교 대상자 명단을 첨부해 병원학교로 공문 발송 • 3개월 이상 외상적 부상 학생은 서류를 확인해 기준에 적합하면 병원학교로 입교 신청 공문 발송(병원학교 입교 대상자 명단) • 만성질환 등 건강장애선정이 확실시될 경우 교육감 또는 교육장이 병원학교에 우선배치할 수 있도록 공문 발송
↓		
병원학교	절차 안내	• 학부모나 학생에게 수업기준 및 수업방법에 대한 안내 • 병원학교 교육과정 안내 및 협의 • 학생 기초정보 수집 및 개별화교육계획 작성 • 수업 진행 • 입교 승인은 교육청 공문으로 일괄함 • 병원학교 입교 후 소속학교로 입교 관련 안내(전화나 이메일 등) • 소속학교로 월별 출석 현황 공문 발송

기출 POINT 6

❶ 22중등B9
ⓒ~ⓧ 중 적절하지 않은 것 2가지를 찾아 기호와 함께 각각 바르게 고쳐 서술하시오.
■ 병원학교 입교

> ⓒ 학생 H의 학적은 병원학교에 두고 관련 지침을 적용한다.
> ⓔ 병원학교의 출석확인서 또는 수업확인증명서에 따라 출결을 처리한다.

❷ 18중등A4
다음은 건강장애 학생 교육지원 매뉴얼의 Q&A 내용 중 일부이다. ㉠~㉢에 들어갈 내용을 쓰시오.

> Q1. 병원학교에서 수업 받고 있는 중·고등학생은 출석 인정을 받을 수 있습니까?
> A1. 예. 출석으로 인정받을 수 있습니다. 중·고등학생은 1일 (㉠) 수업에 참여할 경우 출석으로 인정하며(단, 정서행동장애 병원학교는 1일 4시간 이상), 이때 병원학교의 (㉡)을/를 소속 학교에 제출해야 합니다.
> Q2. 병원학교에서 수업을 받고 있지만, 건강상태가 좋지 않아 소속 학교에 출석하여 평가를 받기 힘들거나 병원이나 가정 등에서도 평가를 받기 어려운 학생이 있습니다. 이런 경우에 어떠한 해결 방법이 있습니까?
> A2. 평가 당일 소속 학교에 출석하여 평가를 실시함을 원칙으로 하지만, 부득이한 이유 등으로 인해 직접 평가가 불가능한 경우에는 소속 학교의 (㉢) 규정에 따라 처리하게 됩니다.

❸ 12초등6
건강장애 학생들의 개별적인 상황에 따른 특수교육 지원이 적절하지 않은 것은?
■ 개별 학생의 상황

> 소아암: 소아암 치료를 위해 학기 중 4개월 동안 병원에 입원하여야 한다.

■ 특수교육 지원

> ④ 입원한 병원의 병원학교에서 최소한 1일 1시간 이상 수업에 참여하게 하여 유급이 되지 않게 한다.

(3) 출결관리 및 성적처리 지침 ❷ 18중등A4

출결 관리	• 병원학교의 수업 참여를 출석으로 인정하고, 출석 인정 최소 수업시수는 초등학생의 경우 1일 1시수 이상, 중·고등학생의 경우 1일 2시수 이상으로 한다. 이때, 1단위의 시간은 최소 20분으로 한다. 학교 재량에 따라 융통성 있게 증감할 수 있다. ❸ 12초등6 • 학적은 학생의 소속 학교에 두고, 출석확인서를 소속 학교에 통보하여 출결을 처리한다. 건강장애 학생의 출석통보 및 수업확인은 매월 초 소속 학교로 직접 통보한다. 정규교사가 배치되지 않은 병원학교의 경우 수업확인증명서 발급을 통해 출석으로 인정한다. ❶ 22중등B9 • 학생의 각 학년과정의 수료에 필요한 출석 일수는 소속학교 해당 학년 수업일수의 2/3 이상이 요구되기 때문에 정확한 출석관리가 필요하며, 교사는 학년 진급 및 진학에 따른 출석일수를 보호자에게 안내하고 수시로 확인해야 한다. • 건강장애 학생의 출결은 병원학교 수업을 결석 없이 수강했다 하더라도 '개근'이 되는 것은 아니다. 병원학교의 수업일수는 개근의 개념이 아니라 소속학교에서 진급 시 부족한 수업일수를 보전하기 위한 개념이다. • 병원학교 수업 참여 또는 원격수업을 중복으로 수강한 경우에는 1일로 인정하며, 소속학교 출석일수와 원격수업 수업일수를 합해서 기준 수업일수를 합하여 계산하는 개념이 아니다.
성적처리 지침	• 건강장애 학생의 수행평가, 지필평가 등은 평가 당일 소속 학교에 출석하는 것을 원칙으로 하며, 부득이한 경우 가정이나 병원에서 평가가 가능하다. • 학업성적관리 시행 지침에 따라 건강장애 학생의 직접평가(지필평가)가 불가능할 때는 학업성적관리위원회 심의를 거쳐 적절한 인정점 비율을 논의하고 학교장이 최종적으로 결정한다. 수행평가에 참여하지 못한 학생의 인정점 부여 방법은 교과협의회(교과 평가계획 수립 후 학업성적관리위원회에서 심의) 또는 학업성적관리위원회에서 결정한다.

더알아보기 **학교생활기록 작성 및 관리 지침**(교육부 훈령 제195호)**에서 부분 발췌**

7. 병원학교 및 원격수업 등 정보통신매체를 이용하여 수업을 받는 건강장애 학생의 학적 및 성적 처리

- **출결처리**
  - 병원학교 및 원격수업 등 정보통신매체를 이용하여 수업을 받는 건강장애 학생의 출결은 반드시 확인해야 하며, 출결은 병원학교 및 원격수업 등 정보통신매체의 출결확인서에 따른다.
  - 병원학교 및 원격수업 등 정보통신매체를 이용한 수업에 출석하지 않은 경우에는 별지 제8호 및 시·도 교육청의 규칙과 지침에 따라 결석처리한다.
- **성적처리**
  - 병원학교 및 원격수업 등 정보통신매체를 이용하여 수업을 받는 건강장애 학생의 성적처리는 소속학교 학업성적관리 규정에 따라 처리한다.
  - 병원학교 및 원격수업 등 정보통신매체를 이용하여 수업을 받는 건강장애 학생의 평가(수행평가·지필평가)는 평가 당일 소속 학교에 출석함을 원칙으로 하며, 부득이한 경우 소속 학교 학업성적관리위원회의 결정에 따른다. ❶ 23중등B7

기출 POINT 7

❶ 23중등B7

괄호 안의 ㉠에 공통으로 해당하는 명칭을 쓰고, 밑줄 친 ㉡에 해당하는 방법을 1가지 서술하시오. (단, 평가 점수 부여 방식에 근거할 것)

> 담임교사: 학생 A는 올해 혈액암으로 인해 건강장애로 선정된 학생입니다. 이 학생은 현재 ○○병원에서 5개월째 입원 중이며, 원격수업을 수강하고 있습니다. 학부모와 상담한 결과, 건강 상태로 인해 중간고사 기간에 학교에 출석하지 못하는 상황으로 판단됩니다. 이러한 이유로 (㉠) 개최를 요청하게 되었습니다.
> 특수교사: 학생 A와 같이 장기결석으로 인해 출석 시험이 곤란한 경우에 평가에서 불이익을 받을 우려가 있으므로 평가를 조정하는 것이 필요합니다.
> 교감: 건강장애 학생의 경우에도 출석 시험이 원칙입니다. 학생 A의 건강 상태와 현 상황을 고려한 평가 조정 방안에 대해 의견을 주시기 바랍니다.
> 특수교사: 이런 경우 학생 A는 병원에서 시험을 볼 수 있습니다. 만약 건강 상태가 계속 좋지 않아 수행평가에도 참여하지 못하는 경우, ㉡ 다음과 같이 처리할 수 있습니다.

(4) 교육과정 운영

① 병원학교 교육과정 운영 기본 방향은 국가수준의 교육과정, 시・도 교육청 수준의 교육과정과 일관성을 유지하되 소속 학교의 교육목표를 고려하여 편성・운영한다. 병원학교 교육과정 편제는 교과와 창의적 체험활동으로 편성하고 있으며, 병원학교의 여건에 따라 융통성 있게 운영된다. 교과는 학생별 교육 요구와 건강 상태를 고려하여 해당 학년의 교과 중 선택할 수 있다.

㉠ 교과 활동

- 교과 활동은 학생들이 소속된 학교의 교육과정과 연계되도록 운영하며, 치료 종료 후 학교로 복귀할 경우를 생각하여 교육과정과 학습 진도를 고려하여 지도한다.
- 가능한 한 체계적인 교육 시간표를 운영하여 규칙적인 학업 습관을 갖도록 한다. 그러나 시간 여건을 고려하여 교과 활동은 학생의 교육 요구에 따른 우선순위로 지도한다.

㉡ 창의적 체험활동

- 창의적 체험활동은 자율활동, 동아리활동, 봉사활동, 진로활동 중에서 선택적으로 운영한다.
- 창의적 체험활동은 심리・정서적 부분을 강조하여 병원학교 자체 프로그램을 운영한다.

더알아보기

2022 개정 특수교육 교육과정에서는 창의적 체험활동의 영역이 자율・자치활동, 동아리활동, 진로활동으로 변경되었다.

병원학교 교육과정 운영의 예

구분		내용
교과 활동		• 병원학교의 운영 특성, 학생의 건강 상태, 학습능력을 고려하여 주요 교과 중심으로 다양한 교육방법을 통하여 개별 학생의 요구에 따른 교육 제공 • 주요 교과(국어 · 수학 · 사회 · 과학 · 영어) 위주의 수업을 개별적으로 제공
창의적 체험활동	특별활동 프로그램	• 학생의 심리적 안정과 정서함양 도모, 사회성 증진을 위한 다양한 활동을 시행 • 종이접기 · 마술 · 영화상영 · 동화구연 · 미술치료 · 놀이치료 등 자원봉사자 등의 외부 강사에 의한 다양한 프로그램 운영 예 작가들의 재능기부를 통해 타일화 · 캘리그라피 · 캐릭터 그리기 등
	다양한 행사	어린이날 행사, 체험학습, 사생 대회, 독후감 대회 등 병원학교 주최의 다양한 행사 개최

② 병원학교의 학사일정은 병원학교가 속한 협력학교의 학사일정에 따른다. 연간 수업일수는 병원학교 협력학교의 연간 수업일수에 따라 운영하되, 교과와 창의적 체험활동 등의 구성은 병원학교의 여건, 담임교사의 의견, 의료진의 의견 등을 고려하여 운영할 수 있다.

더 알아보기 병원학교와 일반학교의 교육과정 운영상 차이점

- 병원학교에서의 교육과정 운영은 배치된 특수교사 외에 인근 학교의 교사자원봉사단, 원격수업기관, 외부 강사 등을 적극적으로 활용하여 운영할 수 있다. 이는 대부분의 병원학교가 1교사 체제로 운영하고 있으므로 다양한 학교급과 학년 학생의 교육을 지원하기 위함이다.
- 교육과정 운영은 학업 중심 교육과정과 심리정서적 적응 지원의 균형을 강조한다.
- 개별 학생에게 개별화된 학습을 지원한다.
- 수업 일과는 병원학교의 여건과 건강장애 학생의 건강상태에 따라 단위 수업 시간의 융통성 있는 운영이 가능하다. 시수는 1시간을 20분 이상을 기준으로 하여 운영하도록 하고 있으나, 블록타임으로 운영하거나 40분 단위의 수업을 진행하기도 한다.

기출 POINT 8

❶ 23중등B7

ⓐ~ⓕ 중 틀린 응답 내용을 2가지 찾아 기호를 쓰고 각각 바르게 고쳐 쓰시오.

Q4. 건강장애 학생 개별화교육계획 작성의 주체는 누구인가요?
↳ ⓓ 소속학교가 주체가 되어 개별화교육계획을 수립 · 실행해야 합니다.

(5) 개별화교육계획 ❶ 23중등B7

① 개별화교육지원팀 구성

㉠ 건강장애 학생이 병원학교에 배치될 경우 배치일로부터 14일 이내에 개별화교육지원팀을 구성한다.

㉡ 건강장애 학생의 개별화교육지원팀은 특수교사를 포함하여 병원학교장, 교사의 소속학교 교장 · 교감, 일반교사, 의료진, 학부모 등으로 구성된다. 여기서 소속학교란 병원학교 교사의 소속학교를 말하며, 협력학교를 의미한다.

② 개별화교육계획 작성

㉠ 개별화교육지원팀은 매 학기의 시작일 또는 배치일로부터 30일 이내에 개별화교육계획을 작성하여 실행한다.

㉡ 건강장애 학생을 위한 개별화교육계획은 개별화건강관리 계획을 포함하여 작성한다. 즉, 일반적인 개별화교육계획의 구성요소 외에 교육 실행을 위해 교사가 알아야 할 학생의 건강 관련 사항, 특별히 요구되는 건강관리 절차, 만약을 대비한 응급상황과 그에 따른 처치 내용, 응급상황 시 행동 요령 등이 포함되어야 한다.

③ 건강장애로 선정한 후 IEP를 수립하되 통신교육, 가정교육, 출석교육, 체험교육 등 교육 방법의 다양화를 통해 연간 수업일수를 확보한다. ❶ 12초등6

더알아보기 **주요 용어**(김정연, 2020.)

- **건강장애학생**: 만성질환으로 인해 3개월 이상 장기입원 또는 통원치료 등 계속적인 의료적 지원을 필요로 하여 학교생활 및 학업수행에 어려움이 있는 초·중·고등학생 중 건강장애로 선정된 학생을 말한다.
- **외상적 부상 학생**: 건강장애 선정대상자는 아니지만 3개월 이상의 치료를 요하는 화상, 교통사고 등의 심각한 외상적 부상으로 불가피하게 장기결석이 예상되는 학생을 말한다. 시·도 교육청에 따라 '외상적 부상 학생'이라는 용어를 사용한다.
- **정신질환학생**: 건강장애 선정대상자 기준에 충족되지는 않으나, 정신적 질환으로 인해 불가피하게 장기결석이 예상되는 학생을 말한다.
- **병원학교**: 만성질환으로 인해 3개월 이상 입원 치료나 잦은 통원치료로 인해 학교 출석을 제대로 할 수 없는 학생을 위해 병원에 설치된 학급을 말한다.
- **정신장애 학생을 위한 병원학교**: ADHD 등 정서행동발달 장애, 중증 정신질환으로 인해 장기 입원 치료가 필요한 학생의 교육을 지원하기 위한 병원학교를 말한다.
- **원격수업기관**: 만성질환을 앓고 있는 초·중·고 건강장애학생들이 인터넷상의 실시간 양방향 원격수업을 통해 선생님·친구들과 만나 공부하는 학교를 말한다.
- **소속학교**: 건강장애 학생과 3개월 이상 외상적 부상 학생의 학적이 있는 학교를 말한다. '원적학교'라고 불리기도 한다.
- **협력학교**: 병원학교 교사가 소속된 학교를 말한다.

2. 원격수업

(1) 개념 및 목적

① 원격수업이란 초·중·고 건강장애 학생이 컴퓨터나 개인용 휴대 단말기를 통해 인터넷상에서 실시간 양방향 수업과 탑재된 콘텐츠를 통해 학습하는 형태를 말한다.

② 원격수업은 병원학교에 입원해 있거나 퇴원한 이후에라도 감염이 우려되거나 요양이 필요하여 학교 출석이 어려운 건강장애 학생이 이용할 수 있다.

(2) 원격수업기관 입교 신청과 취소

① 신규 신청자의 경우에는 보호자가 진단서를 담임교사에게 제출하고, 담임교사는 담임 의견서와 신청서·진단서 등 서류를 첨부하여 시·도 교육청(교육지원청)으로 원격수업 신청공문을 발송한다. 이후 시·도 교육청(교육지원청)에서 원격수업 대상 여부를 결정한 뒤 학교를 통해 보호자에게 결과를 통보한다.

② 기존 대상자의 경우에는 학년 초 원격수업 운영계획에 따라 담임교사가 신청한다. 이 경우 보호자의 특별한 철회 의사표시가 없으면 새 학년에서도 원격수업 수강이 가능하다. 단, 상급학교 진학 시에는 입학 후 다시 신규 신청을 해야 한다.

기출 POINT 9

❶ 12초등6

건강장애 학생들의 개별적인 상황에 따른 특수교육 지원이 적절하지 않은 것은?

■ 개별 학생의 상황

투석치료를 위해 매주 정기적으로 3번씩 조퇴를 해야 한다.

■ 특수교육 지원

③ 조퇴로 인한 특정 교과 학습의 결손을 보충할 수 있도록 통신교육이나 체험교육 등의 학습 기회를 제공한다.

더알아보기

학습 지원 방안

- **통신교육**: 이메일, 전화, 인터넷, 사이버 가정학습 서비스 등을 통해 과제를 부여하고 확인하는 교육 방법
- **가정교육**: 사전계획에 의해 학습과제를 부여하는 교육 방법
- **체험교육**: 사전계획에 의해 가족이나 관련 협회 및 단체의 활동에 참여하는 교육 방법
- **출석교육**: 학교 수업이나 행사 활동에 참여하는 교육 방법

PART 04

(3) 운영

① 원격수업은 운영 기관마다 운영상의 특성이 있으나, 학교급과 학년에 따라 학급을 구성하며 학생이 원래 소속된 학교의 학년에 따라 배치한다. 건강장애 학생의 특성을 고려하여 방학을 포함하여 연중 프로그램으로 신축성 있게 운영 방안을 수립하고 있으며, 개인별 건강 상태를 고려하여 운영된다.

② 원격수업은 학생 개개인의 학년별·과목별 진도에 맞게 담임교사, 학부모 도우미 등이 1 : 1 상담 및 학습 지도를 하는 형태로 운영된다. 수업은 인터넷을 통한 녹화방송 및 실시간 양방향 원격수업을 제공한다.

③ 원격수업 시 필요한 기자재와 물품은 해당 시·도 교육청에서 임대 형태로 무상 지원하고 있다. 지원하는 교재교구는 노트북이나 넷북, PC 카메라, 헤드셋, 펜 마우스, 교재 등이다.

④ 원격수업 시스템에서는 초·중·고등학교 교육과정을 운영하되, 필수학습 요소를 추출하여 교육과정을 압축하고 재구성하여 편성·운영한다.

⑤ 수업시수는 초등학교는 5~13시간, 중학교는 11~14시간, 고등학교는 11~26시간으로 운영된다.

⑥ 원격수업기관의 경우 학적은 학생의 소속 학교에 두고, 매월 초에 출결 상황을 교육청으로 통보하며, 교육청에서 다시 소속 학교로 통보한다. ❶ 23중등B7

3. 순회교육

(1) 개념 및 목적

순회교육이란 장애로 인해 장·단기 결석이 불가피하여 학교에서 교육을 받기 곤란하거나 불가능한 학생의 교육을 위해 의료기관 또는 가정 등에 교사가 직접 방문하여 특수교육대상자의 교육을 지원하는 교육 형태이다.

(2) 운영

① 특수교육운영위원회에서 종합적으로 판단하여 순회교육 여부를 결정하되, 부모의 동의를 포함하도록 한다. ❶ 23중등B7, ❷ 20중등A12

② 순회교육은 특수교육대상자의 장애 정도와 교육 요구 등에 대한 정확한 진단·평가를 통해, 학교로 등교하여 교육받는 것이 어려운 학생들이 학교 교육에서 배제되지 않게 하여 개별 학생의 학습권을 보장하기 위한 교육 형태이다.

③ 학생 소속 학교의 일반교사와 특수교사가 순회교육을 담당하거나, 해당 교육청에서 건강장애 학생 순회교육 협력학교를 지정하여 운영하며, 일반학교·교육청·특수교육지원센터 등에서 순회교육 내용을 관리·감독하여 운영한다.

기출 POINT 10

❶ 23중등B7

ⓐ~ⓕ 중 틀린 응답 내용을 2가지 찾아 기호를 쓰고 각각 바르게 고쳐 쓰시오.

> Q5. 원격수업을 받고 있는 건강장애 학생의 학적은 어디인가요?
> └ ⓔ 원격수업을 받고 있는 건강장애 학생의 학적은 원격수업 기관입니다.

기출 POINT 11

❶ 23중등B7

ⓐ~ⓕ 중 틀린 응답 내용을 2가지 찾아 기호를 쓰고 각각 바르게 고쳐 쓰시오.

> Q6. 순회교육 여부는 어디에서 결정하나요?
> └ ⓕ 순회교육 여부는 특수교육운영위원회에서 종합적으로 판단하여 결정합니다.

❷ 20중등A12

밑줄 친 ㉠을 위한 교육과정의 편성·운영에 관한 사항을 결정하는 주체를 쓸 것. [단, 2015 개정 특수교육 교육과정 총론(교육부 고시 제2018-163호)에 근거할 것]

> Q1. 저희 아이는 소아천식을 앓고 있어요. 만약 건강장애로 선정된다면 집에서 공부할 수 있는 방법이 있나요?
> A1. 네, 원격수업이나 ㉠ 순회교육을 받을 수 있습니다.

더알아보기 「장애인 등에 대한 특수교육법」 및 시행령의 순회교육 관련 조문

1. 법 제25조(순회교육 등)
① 교육장 또는 교육감은 일반학교에서 통합교육을 받고 있는 특수교육대상자를 지원하기 위하여 일반학교 및 특수교육지원센터에 특수교육교원 및 특수교육 관련서비스 담당 인력을 배치하여 순회교육을 실시하여야 한다.
② 교육부장관 또는 교육감은 장·단기 결석이 불가피한 특수교육대상자의 교육을 위하여 필요한 경우 순회교육 또는 원격수업을 실시하여야 한다.
③ 교육부장관 또는 교육감은 이동이나 운동기능의 심한 장애로 인하여 각급학교에서 교육을 받기 곤란하거나 불가능하여 복지시설·의료기관 또는 가정 등에 거주하는 특수교육대상자의 교육을 위하여 필요한 경우 순회교육을 실시하여야 한다.
④ 교육장 또는 교육감은 제3항에 따른 순회교육의 실시를 위하여 의료기관 및 복지시설 등에 학급을 설치·운영하고 이에 필요한 담당 교원을 배치하는 등 필요한 조치를 강구하며, 학생들이 원만히 학교로 복귀할 수 있도록 심리적·정서적 지원을 하여야 한다.
⑤ 국가 및 지방자치단체는 제4항에 따라 학급이 설치·운영 중인 의료기관 및 복지시설 등에 대하여 국립 또는 공립 특수교육기관 수준의 교육이 이루어질 수 있도록 대통령령으로 정하는 바에 따라 행정적·재정적 지원을 하여야 한다.
⑥ 제1항부터 제4항까지의 규정에 따른 순회교육의 수업일수 등 순회교육의 운영과 제2항에 따른 원격수업의 운영에 필요한 사항은 대통령령으로 정한다.

2. 시행령 제20조(순회교육의 운영 등)
① 교육장이나 교육감은 법 제25조 제1항에 따른 순회교육을 하기 위하여 순회교육을 받는 특수교육대상자의 능력, 장애 정도 등을 고려하여 순회교육계획을 작성·운영하여야 한다.
② 순회교육의 수업일수는 매 학년도 150일을 기준으로 하여 각급학교의 장이 정하되, 순회교육을 받는 특수교육대상자의 상태와 교육과정의 운영상 필요한 경우에는 지도·감독기관의 승인을 받아 30일의 범위에서 줄일 수 있다.

3. 시행령 제20조의2(원격수업의 운영)
① 교육부장관 및 교육감은 법 제25조 제2항에 따른 원격수업(이하 "원격수업"이라 한다)을 실시하기 위하여 특수교육대상자의 장애유형 및 장애정도를 고려한 원격수업시스템을 구축·운영해야 한다.
② 교육부장관 및 교육감은 원격수업을 위하여 점자 및 자막 자료 등 특수교육대상자의 장애유형 및 장애정도에 따른 교육자료를 개발·보급해야 한다.
③ 제1항 및 제2항에서 규정한 사항 외에 원격수업의 원활한 운영을 위하여 필요한 세부사항은 교육부장관 및 교육감이 정한다.

4. 시행령 제20조의3(특수교육대상자를 위한 학급을 설치·운영 중인 의료기관에 대한 지원)
국가 및 지방자치단체는 법 제25조 제5항에 따라 특수교육대상자를 위한 학급을 설치·운영 중인 의료기관 및 복지시설 등에 다음 각 호의 지원을 한다.
1. 학급의 설치·운영에 필요한 비용 지원
2. 학급 담당 교원 또는 특수교육 관련서비스 담당 인력 지원
3. 순회교육에 필요한 교재·교구 지원
4. 그 밖에 국립 또는 공립 특수교육기관 수준의 교육이 이루어질 수 있도록 지원이 필요하다고 국가기관 또는 지방자치단체의 장이 인정하는 지원

05 건강장애 학생의 교육 지원

1. 심리 · 정서적 지원 방안

① 건강장애 학생의 심리·정서적 지원을 위해서는 일반 학생과의 상호작용을 확대해야 한다. 즉, 같은 반 친구나 인근 학교 학생들이 병원학교 또는 가정을 방문하여 학교생활에 대해 전달해주고 함께 교류할 기회를 자주 마련하여 또래관계를 유지할 수 있도록 지원하는 방안이 필요하다.

② 캠프 참여를 통해 심리·정서적 안정을 도모할 수 있다. 캠프에 참여하여 또래들과 함께 서로의 경험을 나누고 즐거운 시간을 가짐으로써 재활 의지를 심어주고 질병으로 인한 불안감 등에 대처하는 등 심리·정서적 안정을 지원한다.

③ 건강장애 학생의 심리·정서적 적응을 지원하기 위해 학생 연령과 학업 수준에 따라 학업 중심 교육과정과 심리·정서적 적응 지원의 균형을 유지할 수 있는 IEP를 개발한다.

④ 일반 학생 봉사점수제 활용, 캠프, 기타 다양한 방법을 통한 심리·정서적 적응 지원으로 치료효과 증진 및 학교생활 적응을 도모한다.

2. 학교복귀 지원의 개념 및 목적

① 학교복귀는 건강장애 학생이 장기 입원이나 장기 통원치료를 마치고 학교교육을 받기 위해 학교로 돌아오는 것을 말한다.

② 학교복귀의 준비는 건강장애 학생이 학교로 돌아왔을 때, 학교생활에 잘 적응할 수 있도록 소속감을 심어주고 오랜 투병으로 인한 사회적 위축감을 줄여줄 수 있다. 학급 학생들에게는 건강장애 학생을 이해하고 다른 사람을 배려하고 돕는 마음을 길러줄 수 있다.

③ 성공적인 학교복귀를 위해서는 학생 자신과 가족뿐 아니라 교사와 학급 또래들의 준비가 필요하다.

CHAPTER 02

건강장애의 유형

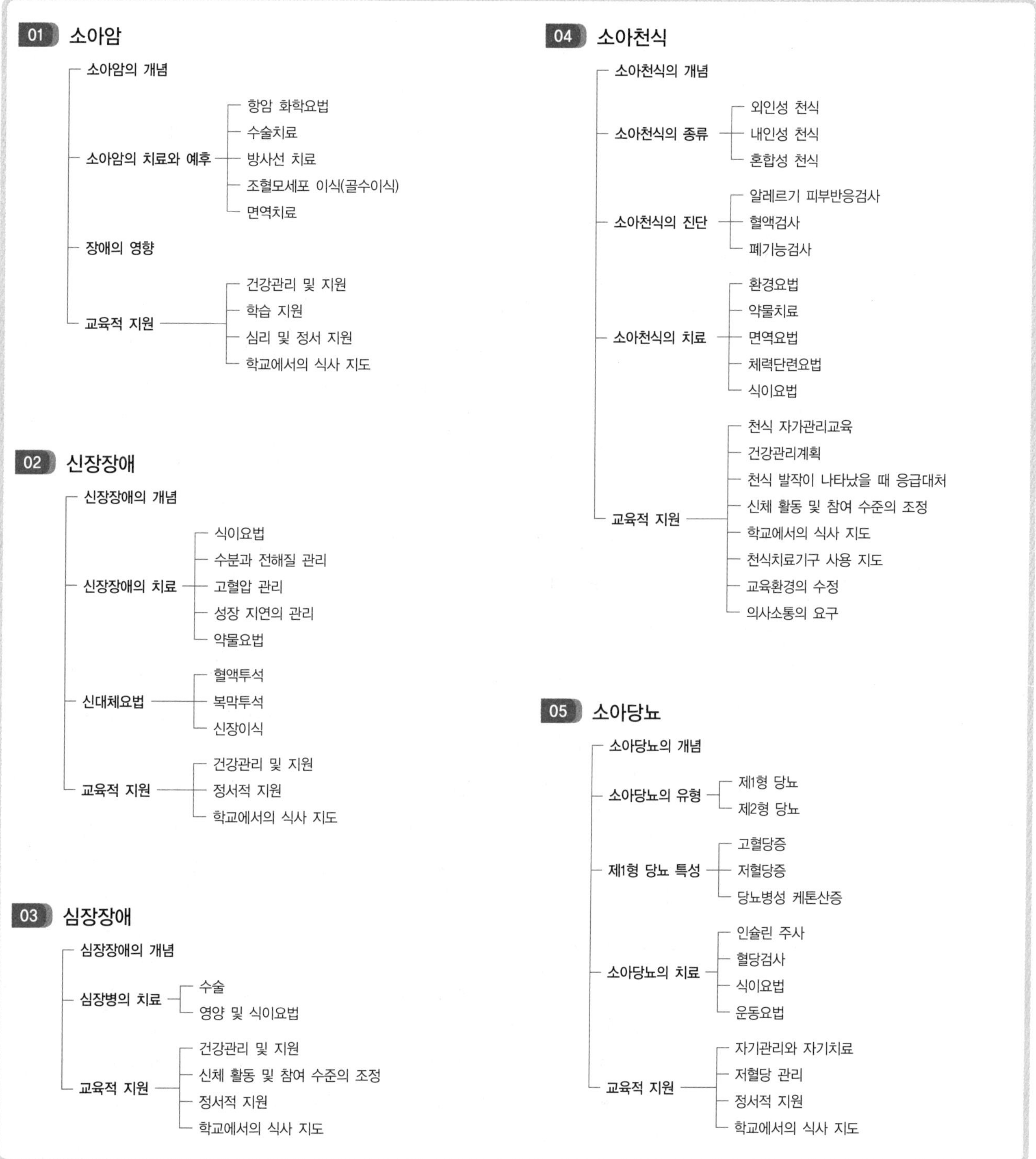

01 소아암
소아암의 개념
소아암의 치료와 예후
항암 화학요법
수술치료
방사선 치료
조혈모세포 이식(골수이식)
면역치료
장애의 영향
교육적 지원
건강관리 및 지원
학습 지원
심리 및 정서 지원
학교에서의 식사 지도
02 신장장애
신장장애의 개념
신장장애의 치료
식이요법
수분과 전해질 관리
고혈압 관리
성장 지연의 관리
약물요법
신대체요법
혈액투석
복막투석
신장이식
교육적 지원
건강관리 및 지원
정서적 지원
학교에서의 식사 지도
03 심장장애
심장장애의 개념
심장병의 치료
수술
영양 및 식이요법
교육적 지원
건강관리 및 지원
신체 활동 및 참여 수준의 조정
정서적 지원
학교에서의 식사 지도
04 소아천식
소아천식의 개념
소아천식의 종류
외인성 천식
내인성 천식
혼합성 천식
소아천식의 진단
알레르기 피부반응검사
혈액검사
폐기능검사
소아천식의 치료
환경요법
약물치료
면역요법
체력단련요법
식이요법
교육적 지원
천식 자가관리교육
건강관리계획
천식 발작이 나타났을 때 응급대처
신체 활동 및 참여 수준의 조정
학교에서의 식사 지도
천식치료기구 사용 지도
교육환경의 수정
의사소통의 요구
05 소아당뇨
소아당뇨의 개념
소아당뇨의 유형
제1형 당뇨
제2형 당뇨
제1형 당뇨 특성
고혈당증
저혈당증
당뇨병성 케톤산증
소아당뇨의 치료
인슐린 주사
혈당검사
식이요법
운동요법
교육적 지원
자기관리와 자기치료
저혈당 관리
정서적 지원
학교에서의 식사 지도

01 소아암

1. 소아암의 개념

소아암은 단일 질병이 아니라 많은 형태로 나타나는데 백혈병, 뇌종양, 악성 림프종, 신경모세포종, 윌름스종양 등이 대표적이다.

① 소아암의 약 1/3을 차지하는 백혈병은, 미성숙한 림프세포의 통제 불가능한 성장과 증식으로 인해 적혈구 수가 감소하고 백혈구 수가 증가하는 혈액 형성 조직의 질병이다.

② 뇌종양은 백혈병 다음으로 가장 많이 발생하는 암으로, 소아암의 약 1/5을 차지한다.

2. 소아암의 치료와 예후

(1) 항암 화학요법

① 항암 화학요법은 소아암에서 가장 많이 사용하는 치료이다.

② 항암제는 세포 주기의 어느 하나 이상의 단계에서 성장과 증식을 정지시켜 암세포를 파괴하는 역할을 한다. 그러나 항암제는 그 약제의 특수성으로 인해 여러 가지 부작용이 나타날 수 있으며, 부작용의 정도는 개인별로 차이가 있어 일률적으로 예측하기 어렵다. 또한 정상세포에도 영향을 미칠 수 있어 부작용이 발생한다.

(2) 수술치료

수술치료는 종양을 완전히 절제하는 것이다. 그러나 모든 소아암이 수술의 대상이 되는 것은 아니며, 수술 부위의 기능 및 신체장애를 최소화하면서 수술을 결정하게 된다.

(3) 방사선 치료

① 방사선치료는 방사선으로 암 덩어리에 충격을 주어 암세포를 제거하는 치료 방법이다.

② 방사선은 세포의 생존에 필수적인 기관인 DNA와 세포막에 직간접적으로 작용하여 세포를 죽이는 역할을 한다.

③ 방사선 치료를 받는다고 해서 암이 금방 제거되는 것은 아니며, 치료 이후 세포 분열을 할 때 죽거나 일부 세포는 노화되어 정상적으로 수명을 다하면서 서서히 없어지게 된다. 방사선은 정상 조직과 암 조직 모두에게 영향을 주나, 정상 조직은 일정 시간이 지나면 회복된다.

(4) 조혈모세포 이식(골수이식)

① 조혈모세포는 골수, 혈액, 탯줄에서 발견되는 특수 세포로서 우리 몸에 항상 일정한 수의 혈액 세포가 존재하게 하는 역할을 한다.

② 조혈모세포 이식은 백혈병과 같이 세포 분화과정에서 이상이 생긴 경우나, 재생불량성빈혈과 같이 조혈모세포의 숫자가 줄어들어 이상이 생긴 경우에 이를 치료하기 위하여 사용하는 방법이다.

(5) 면역치료

① '면역'이란 세균이나 바이러스 등의 병원체로부터 몸을 지키려는 시스템이다.

② 면역치료는 항암 화학요법이나 방사선 치료 등의 치료 부작용을 최대한 줄이면서 인체의 면역기전을 이용하여 암세포를 제거하는 치료 방법이다.

③ 면역치료는 능동면역과 수동면역의 두 가지 방법을 사용한다.

㉠ 능동면역은 종양 백신 등을 통해 개인 스스로가 항체와 감작림프구를 능동적으로 생산하도록 하는 방법이다.

㉡ 수동면역은 다른 사람이나 동물의 신체 내에서 이미 만들어진 면역 반응 성분을 받는 방법이다.

3. 장애의 영향

① 소아암을 치료하는 데 가장 일반적으로 사용되는 화학요법은 많은 부작용을 가지고 있다. 예를 들어 감염, 빈혈증, 피로, 메스꺼움, 구토, 탈모 증상, 설사, 변비, 다양한 욕망과 감정의 변화 등이 나타날 수 있다.

② 백혈병과 방사선 치료를 받는 림프종 학생은 지능이 낮아질 수 있다.

4. 교육적 지원 ❶ 22중등B9

(1) 건강관리 및 지원

① 소아암 학생들은 가능한 일상생활에서 자신의 질병을 관리하고 조절하면서 모든 활동에서의 참여를 높이고 독립성을 증가시키기 위한 자기관리능력이 요구된다. 필요한 경우 재활 서비스를 제공하여 이들의 독립성을 증가시킬 수 있도록 지원한다.

② 특수교육 관련 서비스에는 학업적인 것 외에 자기관리, 걷거나 휠체어를 이용하는 등 생활 속에서의 운동, 그리고 독립적인 이동 지원이 포함된다.

③ 소아암 학생에게 운동은 매우 중요하다. 1주일에 5일 이상 적어도 60분 정도의 중등도 또는 강한 활동이 필요하다. 구체적인 운동 시 주의사항은 다음과 같다.

㉠ 운동은 식사 후 30분 이상이 지난 다음에 한다.

㉡ 단시간에 강한 운동은 삼간다.

㉢ 운동 중 관절이나 근육에 손상이 가지 않도록 주의한다.

㉣ 발에 상처가 나거나 무리한 압력이 가해지는 것을 방지하기 위해 양말과 신발을 꼭 착용한다. 신발은 편한 운동화를 신도록 한다.

㉤ 적절한 준비 운동 및 마무리 운동을 한다.

㉥ 운동 중이나 운동 후 충분한 수분 섭취를 한다.

기출 POINT 1

❶ 22중등B9

소아암 학생을 위한 학교복귀 지원 사항 중 적절하지 않은 것을 찾아 기호와 함께 바르게 고쳐 서술하시오.

▪ 지원 계획

㉤ 또래 관계를 지원하고, 심리 상담을 통해 정서적인 안정을 갖도록 한다.
㉥ 필요한 경우, 교내에 충분한 휴식을 취할 수 있는 공간을 확보한다.
㉦ 백혈구 수치가 낮아지거나 감염의 위험성이 높아지면 예기치 못한 결석이 자주 발생할 수 있으므로 학습 결손에 대한 방안을 마련한다.
㉧ 장기간 치료로 인한 체력 소모와 피로감을 고려하여 신체 활동과 체육 활동을 피하도록 한다.
㉨ 방사선 치료나 화학요법으로 인해 인지능력에 변화가 발생한 경우 학업 수행 시 지원이 요구된다.

(2) 학습 지원

① 교사는 치료로 인한 체력적인 문제와 약물로 인한 부작용 등을 고려하여, 융통성 있는 과제를 제시하거나 과제 시간을 추가로 허용하는 등의 교수적 수정 및 참여 수준의 조정이 필요하다.

② 치료과정으로 인한 인지 기능의 변화는 학업 수행에 영향을 미친다. 질병으로 인한 신체적인 어려움과 치료로 인해 발생하는 결석과 조퇴 등은 정규 교육과정을 이수할 수 있는 시간을 제한하므로 학업능력의 저하를 유발한다. 따라서 학습의 보완을 위한 방안을 강구해야 한다.

③ 학교 환경 내에서 필요한 경우 충분한 휴식과 수업 참여 시간 조정 시 이용할 수 있는 공간을 확보한다.

(3) 심리 및 정서 지원

소아암 학생들에게는 자신의 질병과 상황을 수용할 수 있도록 심리 및 정서 지원이 필요하다.

(4) 학교에서의 식사 지도

① 대부분 학교의 급식을 같이 할 수 있으며, 건강하고 균형 잡힌 식습관 등 기본적인 식사 지도 방법은 일반 학생들과 같다.

② 식품을 선택할 때는 라벨을 잘 읽고 선택하는 습관을 지도한다.

③ 가공식품보다는 되도록 자연식품을 선택하고 염분, 설탕과 지방이 많은 것을 피한다.

더 알아보기 특수교육 지원

1. 학교생활 중 면역력이 약한 학생의 감염을 예방하기 위해 공동 컵을 사용하거나 생수를 마시지 않도록 하고, 별도로 개인 컵과 보리차 등 끓인 물을 가지고 다니도록 한다.
2. 급식의 경우, 균형 잡힌 식사는 투병할 수 있는 체력의 기반이 되기 때문에 일반적인 학교 급식도 무방하다. 그러나 백혈구 수치가 낮아 별도의 식이요법을 할 경우에는, 가정에서 준비해 온 식사와 간식 등을 다른 학생들이 잘 이해할 수 있도록 알려준다.
3. 식사 전 반드시 손을 씻고 먹도록 주의를 준다.
4. 수업 활동 참여 시 모든 체육 시간에서 제외시킬 필요는 없으며, 힘든 운동과 과격한 운동만 피하면 된다.
5. 항암치료로 머리카락이 많이 빠진 학생의 경우 실내에서 모자를 쓰고 싶어 할 때는 교칙에 어긋나더라도 실내에서 모자를 쓰거나 가발을 사용하는 것을 허용해주는 것이 바람직하다.

02 신장장애

1. 신장장애의 개념

① 신장은 세 가지 주요 기능을 갖고 있다.

㉠ **배설 기능**: 배설 기능은 혈액을 걸러서 노폐물을 소변으로 배설시켜주는 기능을 말한다. 신장 중 하나는 정맥에 있는 노폐물을, 나머지 하나는 동맥에 있는 노폐물을 걸러내는 역할을 한다.

㉡ **체액량과 구성 성분을 균형 있게 조절**: 신장은 소변을 만들어 인체의 체액을 일정한 상태로 유지하고 조절하는 역할을 한다. 또한 수분과 전해질 농도, 산과 염기를 조절한다.

㉢ **내분비 기능**: 혈압을 조절하고 조혈 호르몬을 생산하여 적혈구를 만들고, 비타민 D를 활성화하여 뼈를 튼튼하게 만드는 내분비 기능을 한다.

② 신장장애는 신체 내의 노폐물을 제거하여 적절한 수분과 전해질을 보유할 수 있도록 조절하는 신장의 기능 이상으로 인해 일상생활 활동에 어려움을 초래한다. ❶ 17중등A5

③ 신장장애의 종류에는 사구체신염, 만성신부전, 급성신부전, 신증후군, 신장결석 등이 있다.

2. 신장장애의 치료

(1) 식이요법

① 식이요법을 통해 만성 콩팥병을 고칠 수는 없다. 그러나 식이요법을 통해 신장 기능의 악화를 막을 수 있으며 요독증으로 인한 증상 악화를 방지할 수 있다. 특히 염분을 적게 섭취하고 단백질 섭취를 줄이는 것이 도움이 된다.

② 단백질을 과량 섭취하면 신장에 부담을 주게 되어 신장 기능의 약화가 빨라진다. 따라서 투석이나 이식 전에는 1일 단백질 섭취량을 체중 1kg당 0.6g 정도로 제한하는 저단백식이를 하되, 양질의 단백질을 섭취한다.

(2) 수분과 전해질 관리

① 다뇨가 있는 만성 콩팥병 아동은 수분과 염분을 적절하게 보충해주어야 한다.

② 고혈압이 있는 아동은 염분과 수분을 제한하고, 소변 감소증 또는 소변을 보지 않는 아동은 수분을 제한해야 한다.

(3) 고혈압 관리

만성 콩팥병 아동에게는 고혈압이 흔하게 동반된다. 소아기부터 장기간 고혈압이 지속될 경우 심혈관질환 등의 합병증이 생길 위험성이 크므로 정상 범위의 혈압관리가 필요하다.

기출 POINT 2

❶ 17중등A5

㉠에 해당하는 병명을 쓰시오.

> A는 ㉠ 소변검사에서 단백뇨와 혈뇨가 나와서 이 질병을 발견하게 되었는데, 지금은 혈액투석을 하고 있습니다. 그리고 더 심해지면 이식수술을 해야 한다고 걱정을 많이 하고 있어요. 식이요법도 해야 하고, 수분과 염분 섭취량을 조절해야 합니다.

PART 04

(4) 성장 지연의 관리

대사성 산증과 영양 섭취의 부족, 신장 골형성 장애 등의 원인에 의해서 성장이 지연된다. 따라서 단백질과 열량을 충분히 섭취하여 권장량을 충족시킬 수 있도록 한다.

(5) 약물요법

① 약물치료는 혈압을 조절하고 원인 질환을 치료하기 위한 기본적인 치료 방법이다.

② 남아 있는 신장 기능의 정도와 원인은 개인에 따라 다르므로 증상에 따른 약물치료가 이루어진다.

3. 신대체요법

(1) 혈액투석 ❶ 12초등6

① 혈액투석은 동정맥루를 시술하여 동정맥에 각각 바늘을 삽입한 후, 투석기에 연결된 투석막을 통해 노폐물과 수분을 제거하는 방법이다.

② 투석은 간헐적으로 진행되므로 복막투석보다 식이요법을 철저히 지켜야 한다. 식이를 제대로 조절하지 못한 경우에는 체내에 수분이 과도하게 증가하여 심장과 폐에 합병증이 발생할 수 있으므로, 질병에 대한 자기관리 교육이 필요하다.

③ 이러한 혈액투석은 샤워·수영 등의 활동에 지장을 받지 않으나, 동정맥루 시술을 해야 한다는 단점이 있다.

기출 POINT 3

❶ 12초등6

건강장애 학생들의 개별적인 상황에 따른 특수교육 지원이 적절하지 않은 것은?

■ 개별 학생의 상황

투석치료를 위해 매주 정기적으로 3번씩 조퇴를 해야 한다.

■ 특수교육 지원

③ 조퇴로 인한 특정 교과 학습의 결손을 보충할 수 있도록 통신교육이나 체험교육 등의 학습 기회를 제공한다.

(2) 복막투석

① 복막투석은 복부에 특수 제조된 부드러운 관을 삽입하여 이 관을 통해 하루에 4번씩 투석액을 주입하고 배액함으로써 체내 노폐물과 수분을 걸러내는 방법이다.

② 혈액투석과 비교하여 식사나 수분 섭취는 제한이 적은 편으로, 투석 시간은 30분 정도 소요된다.

③ 그러나 복막이 도관을 통해 외부에 직접 노출되어 복막염에 걸릴 위험이 크기 때문에, 청결한 공간에서 실시하는 등 감염 예방 및 청결 유지에 주의해야 한다.

④ 복막투석은 한 달에 한 번 정도 병원을 방문하여 혈액검사를 하면서 건강상태를 점검받는다.

(3) 신장이식

신장이식 방법은 신장의 모든 기능을 대치할 수 있다는 점에서 가장 이상적이다. 그러나 적합한 신장 공여자가 제한되어 있다는 어려움이 있으며 항상 면역억제제를 복용해야 하는데, 이로 인해 감염증이 발생할 수 있다.

더알아보기 혈액투석과 복막투석 비교

구분	혈액투석	복막투석
수술(통로)	• 투석을 시작하기 전에 팔에 혈관 장치인 동정맥루를 만들어야 함 • 동정맥루가 준비되지 않은 상태에서 응급으로 혈액투석을 하려면 목이나 어깨의 정맥에 플라스틱관을 삽입해야 함	• 복막투석 도관을 복강 내에 삽입하는 수술을 함 • 이 도관은 영구적으로 복강 내에 남아 있음
방법	인근 혈액투석실(병·의원)에서 보통 일주일에 3회, 매 회당 4~5시간 동안 시행	• 집이나 회사에서 투석액을 교환함 • 대부분 하루에 3~4회, 6~8시간마다 교환함 • 새로운 투석액을 복강 내에 주입 • 약 6시간 후에 투석액을 빼고 새 투석액으로 교환(이 교환과정은 30~40분 정도 걸림)
장점	• 병원에서 의료진이 치료해줌 • 자기관리가 어려운 노인이나 거동이 불편한 사람에게 가능함 • 주 2~4회 치료 • 동정맥루로 투석을 하는 경우 통목욕이 가능함	• 주삿바늘에 찔리는 불안감이 없음 • 한 달에 1회만 병원 방문 • 혈액투석보다 신체적 부담이 적고 혈압 조절이 잘 됨 • 식사 제한이 적음 • 교환 장소만 허락되면 일과 여행이 자유로움
단점	• 주 2~3회 투석실에 가야 하므로 수업이나 직장생활에 지장을 줌 • 식이나 수분의 제한이 심함 • 빈혈이 좀 더 잘 발생함 • 쌓였던 노폐물을 단시간에 빼내므로 피로나 허약감을 느낄 수 있음	• 하루 4회 청결한 환경에서 투석액을 갈아주어야 하는 번거로움이 있음 • 복막염이 생길 수 있음 • 복막투석 도관이 몸에 있어 불편함 • 간단한 샤워만 가능하며, 통목욕은 불가능함

4. 교육적 지원

(1) 건강관리 및 지원

① 만성 콩팥병을 가진 학생들은 모든 생활을 제한할 만큼의 어려움을 겪지만, 학교에서는 그 어려움이 겉으로 드러나지 않으며 주변에서 알아차리기 어렵다. 그러므로 본인이 질병을 밝히기 전에는 또래나 교사의 이해와 배려를 받기 어렵다. 그러나 자신의 병을 편안하게 밝히고 이야기할 때 학교생활에 더 잘 적응할 수 있다. 질병에 대한 자기 이해와 수용이 이루어지면 건강에 대한 자기관리가 쉬우므로 학생이 스스로 병을 밝힐 수 있도록 주변의 수용적 태도와 준비가 필요하다.

② 혈액 투석치료가 필요한 학생은 대개 주 2~3회, 매 4~5시간 동안 투석치료를 하게 되며, 복막투석을 하는 학생은 복막에 시술된 복막관을 통해 하루 3~4회, 6~8시간마다 30~40분 정도 투석액을 교환해야 하므로 생활에 제한이 많다. 따라서 학업 결손에 대한 부담을 줄일 수 있도록 교사의 적절한 교수적 수정 지원이 필요하다.

③ 또한, 만성 콩팥병 학생들은 일상생활에서 피곤을 느끼지 않도록 활동량을 조절해주어야 하므로 학습 및 활동 참여에 관한 조정이 필요하다.

④ 과도한 운동은 체력 저하나 정신적 스트레스의 원인이 될 수 있으므로 제한해야 한다. 가벼운 운동에서 강한 운동으로 단계에 따라 강도를 변화시켜 가며 운동하도록 한다. 적당한 운동은 땀을 흘리게 함으로써 과잉된 수분을 조절하고 피부를 통해서 독소를 내보내는 데 도움을 준다. 그러므로 체육 시간에 무조건 배제하기보다 학생의 상태를 고려하여 참여시킨다.

(2) 정서적 지원

① 교사는 학생과 대화하여 학교생활 전반에 필요한 도움이 무엇인지를 찾는다. 예를 들어, 투석으로 인해 커진 혈관 때문에 반소매 옷을 피한다면 교칙에 어긋나더라도 긴소매 교복을 입도록 허용한다.

② 학생들에게 질병으로 인해 생기는 어려움을 혼자서 겪지 않고 표출할 수 있도록 기회를 제공한다. 신장장애가 있는 다른 청소년들과 만날 수 있도록 신장협회 등을 통해 모임을 갖게 하는 것도 도움이 된다.

(3) 학교에서의 식사 지도

① 음식은 싱겁게 먹고 단백질 섭취는 될 수 있는 대로 줄인다. 지나친 염분의 섭취는 체액을 증가시켜서 혈압을 높이는 원인이 된다. 신장에 문제가 있는 경우 양념이나 음식에 포함된 모든 형태의 소금 섭취를 제한해야 하며, 콩팥의 기능에 따라 단백질 섭취량을 조절해야 한다.

② 콩팥의 기능이 저하된 만성 콩팥병을 가진 경우 칼륨 배설능력이 떨어져 있으므로 과일이나 채소의 섭취량을 조절해야 한다. 지나친 칼륨 섭취는 고칼륨혈증을 유발하여 근육 쇠약, 부정맥, 심장마비 등을 일으킬 수 있다. 칼륨, 일명 포타슘의 함유가 높은 오렌지 주스, 바나나, 토마토 케첩, 건포도, 멜론 등은 피하는 것이 좋다.

③ 콩팥의 기능에 따라 수분 섭취량을 조절해야 한다. 만성 콩팥병이 있는 경우 지나친 수분 섭취는 체액을 증가시키므로 혈압을 높이는 원인이 된다. 또한 물을 너무 많이 마실 때 저나트륨혈증이 발생해 의식장애를 일으킬 수 있으므로 수분을 적절히 섭취한다. 특히 학교에서 음료수를 과다하게 마시는 것은 피해야 한다.

03 심장장애

1. 심장장애의 개념

① 심장장애는 심장의 기능 부전으로 일상생활 정도의 활동에도 호흡곤란 등의 증세를 일으켜 일상생활 활동에 현저한 제한을 준다.

② 아동기에 발견될 수 있는 심장장애로는 선천성 심장병, 류머티스성 심장병, 심부전, 부정맥 등이 있다.

③ 심장장애 학생은 신체적 특성으로 인해 활동적인 참여가 요구되는 학교생활을 하는 데 많은 어려움을 겪게 된다.

④ 선천성 심장병을 가진 경우 대부분 태어날 때부터 병으로 인해 정상적인 신체 발달을 하지 못하며, 잦은 호흡기 질환 등으로 취약한 건강 상태에 놓이게 된다. 이로 인해 등·하교, 체육 수업 참여 등 학교생활을 하는 데 어려움을 겪게 되며, 친구관계에서도 수동적인 경향을 보인다.

2. 심장병의 치료

(1) 수술

모든 심장병이 수술을 필요로 하지는 않는다. 증상이 심하지 않은 비청색증형 선천성 심장병은 약물치료나 수술이 필요 없고 정기적인 검진만 받아도 된다.

(2) 영양 및 식이요법

① 심장장애 아동의 치료는 약물치료, 식이요법, 운동의 조합에 의해 가장 잘 이루어진다.

② 운동은 콜레스테롤 수치를 낮추고 심장의 용량을 증가시킨다.

③ 약물치료는 혈압을 낮추기 위한 혈압 강하제와 불필요한 수분 배출을 도와주는 이뇨제, 그리고 혈관의 혈액 흐름을 증가시키기 위한 혈관 확장제와 같은 약물을 사용한다.

④ 식이요법은 포화지방 대신에 고도 불포화지방을 섭취하고, 소금 섭취를 줄이고 적당한 체중을 유지하는 것이 필요하다.

⑤ 비만은 심장의 과부하 상태를 유발한다. 비만도가 높을수록 고혈압이 되기 쉬워서 결국 심장의 작업량을 증가시키고 동맥에 손상을 주게 된다.

3. 교육적 지원

(1) 건강관리 및 지원

① 고열, 기침, 발열, 가래, 호흡곤란, 피곤함 등의 감기 증상은 단순한 감기일 수도 있으나 좀 더 심각한 문제의 초기 증상일 수 있다.

② 선천성 심장병의 거의 모든 종류와 류머티스성 심장병과 같은 후천성 심장 판막질환이 있는 학생은 혈류에 균이 들어가게 되면 위험한 합병증인 심내막염이 생길 수 있으므로 주의가 필요하다. 심내막염의 원인균은 치아를 통해 혈류로 들어가게 되므로 평소에 충치를 예방해야 한다. 정기적인 치아검진과 불소 처치와 같은 효과적인 충치 예방으로 심내막염의 위험을 줄일 수 있다.

(2) 신체 활동 및 참여 수준의 조정

① 심장질환을 가지고 있는 학생들 대부분은 학교생활을 할 수 있으며, 모든 일상적인 활동에 참여할 수 있다. 그러나 청색증이 심한 학생은 추위에 잘 적응하지 못하므로 추운 날씨에 야외나 운동장에서 이루어지는 수업 활동은 특별한 조치가 필요하다.

❶ 24중등A2, ❷ 23초등B6, ❸ 12초등6

기출 POINT 4

❶ 24중등A2

괄호 안의 ㉠에 해당하는 내용을 쓰시오.

> 담임교사: 학생 A는 (㉠)이/가 있는데 학교에서 어떤 점을 유의해야 하나요?
> 특수교사: 학생 A는 부정맥이 있고 청색증이 심하므로 추운 날씨에 야외 활동이나 야외 수업은 피해야 하고, 호흡이 곤란한 경우에는 휴식을 취할 수 있도록 지도해야 합니다.

❷ 23초등B6

㉡을 통해 주호에게 중점적으로 향상시키고자 하는 건강 체력 요소 1가지를 쓰시오.

(가) 주호의 특성

> • 만성적인 심장 질환을 가지고 있음
> • 추운 날씨에는 청색증이 나타남
> • 호흡기 계통 질환이 잦아 현장 체험 등에서 주의가 필요함
> • 최근 병원에서 퇴원하여 계속적인 통원 치료를 받고 있음

(나) 대화 내용

> 체육전담교사: 다음 주에 유산소 운동 중심 수업을 계획하고 있는데, 제가 주호를 위해 주의해야 할 점이 있나요?
> 특수교사: 과격한 운동은 피하게 하고, 중간에 쉴 수 있도록 해 주세요. 주호에게는 ㉡ 걷기나 가볍게 달리기 등의 유산소 운동이 도움이 됩니다.

❸ 12초등6

건강장애 학생들의 개별적인 상황에 따른 특수교육 지원이 적절하지 않은 것은?

■ 개별 학생의 상황

> 온도변화가 심하거나 몹시 추운 날에는 청색증과 호흡곤란 증세가 나타난다.

■ 특수교육 지원

> ② 동절기에는 운동장에서 하는 체육을 받지 않고, 특수학급에 가서 다른 교과의 수업을 받게 한다.

PART 04

② 학생들은 일반적으로 본인의 신체적 한계를 잘 알고 있으므로 학생과 대화하여 체력을 고려한 참여 수준을 정한다. 힘든 운동을 제외하고 적당량의 운동은 꼭 필요하다. 빠르게 걷기, 가볍게 달리기, 자전거 타기, 수영, 가벼운 등산, 계단 오르기 등의 유산소 운동이 권장된다. 다만 대동맥 협착, 폐동맥 고혈압 또는 비후형 심근병증 등이 있는 학생은 상급학교에 진학해서도 스포츠나 태권도, 유도 및 조정은 피하는 것이 바람직하다.

③ 인공심장박동기를 장착한 학생의 경우에는 타박 등에 의해서 장치가 끊어질 수 있으므로 복부, 흉부에 강한 타박이 예상되는 스포츠에는 참가하지 않도록 지도한다. 부정맥은 자각증상이 없으므로 학생 본인도 알아차리기 어렵고, 주위에서도 이상 징후를 알기 어렵다. 학생이 참여하고 싶어 해도 운동 제한이 필요한 경우에는 엄격히 제한해야 한다.

더 알아보기 인공심장박동기

인공심장박동기는 심장의 내부에 전기리듬을 발생시키는 기기로, 부정맥을 치료하는 방법에 사용된다. 인공심장박동기는 시술을 통해 상흉부 또는 복부에 이식되어 심장 고유의 활동을 지속해서 감지하여 심장의 수축 활동이 감지되지 않을 때는 전기적인 에너지를 내보내 심장을 자극해 수축하도록 설계된 특수 장치이다. 이 장치는 박동기와 박동유도 전극선으로 구성된다. 박동기는 작은 고성능 컴퓨터로 전기회로와 배터리로 구성되어 전기적인 자극을 생성하는 역할을 하고, 박동유도 전극선은 심장에 삽입되어 심장 활동을 감지하여 박동기에서 생성된 에너지를 심장에 전달하는 역할을 한다.

(3) 정서적 지원

의료적 치료와 함께 심리적 두려움을 극복하고 긍정적인 자아 정체감을 형성할 수 있도록 심리적 지원이 필요하다.

(4) 학교에서의 식사 지도

① 심장병 학생의 식이는 잘 짜인 식단과 식사관리가 필요하다.

② 식사 지도 방법은 다른 학생과 같으나, 다만 기름기가 많은 식품이나 과다한 열량을 섭취하지 않도록 조절한다. 영유아에게는 정상적인 성장을 위해 지방질이 필요하지만, 청소년기에 접어들면 기본적으로 콜레스테롤 및 포화지방산의 섭취를 줄이고 비만 학생의 경우에는 운동량을 증가시켜 체중을 감량하도록 한다. 너무 많은 식염과 당분은 피한다. 가공되지 않은 곡류로 만든 음식, 채소, 과일, 생선이나 기름기 없는 육류와 포화지방을 줄이고 불포화지방이 많이 든 음식을 섭취하도록 한다.

04 소아천식

1. 소아천식의 개념

① 소아천식이란 숨 쉴 때 들어오는 여러 가지 자극 물질에 대한 기관지의 과민반응으로 인해 나타나는 소아기 만성질환이다. 호흡의 통로인 기도 점막에 염증이 생겨 부어오르면서 기관지가 좁아지고, 기침과 가래로 인해 호흡곤란이 발작적으로 나타난다.

② 소아천식의 특징은 기도의 과민반응과 광범위한 기도폐색 증상으로 설명된다. 과민반응이란 곰팡이나 동물의 비듬, 운동 등의 유발 자극으로 인해 매우 쉽게 발현되며, 기도가 과다하게 좁아지는 증상을 말한다. 기도폐색은 기도가 협착되어 숨을 쉴 때 천명이라 불리는 쌕쌕거리는 호흡음, 숨이 차고 가슴이 답답함, 기침 등의 증상이 나타나는 것을 말한다. 이러한 두 가지 조건을 충족시키면서 기도의 염증성 반응을 보이는 질환을 천식이라고 한다. ❶ 12초등6

③ 소아천식은 일시적 증상이 아니라 반복적으로 자주 나타나는 만성질환으로, 심할 경우 일상생활을 지속하기 힘들게 하며, 심한 천식 발작의 경우 생명을 위협할 수 있다.

더 알아보기

- **천명(wheezing)**
  천명이란 기도가 좁아져서 숨을 내쉴 때 쌕쌕거리거나 가랑가랑한 호흡음이 나타나는 것을 말한다. 어떤 원인에 의한 기관지 점막의 부종, 기도 내의 점액, 기관지 평활근의 수축, 외부에서의 기관지 압박 등으로 기도가 부분적으로 막히게 되면 천명음이 발생한다.
- **기침과 가래**
  기도의 자극과 분비물의 증가로 인하여 기침이 나오고, 잦은 기침 때문에 복통이 동반된다. 특히 천식이 한밤중에 나타나는 경우가 많으므로 잘 자다가 한밤중에 기침으로 깨는 경우도 자주 있다. 기침은 천식 발작이 가라앉아 갈 시기에 더욱 심해지는데, 이것은 이 시기에 가래의 점조성이 감소하고 분비량이 증대되기 때문이다. 가래는 백색이나 점액성으로 좀처럼 쉽게 뱉어지지 않는 경우가 많다.
- **호흡곤란**
  호흡곤란은 숨을 들이쉬는 것보다 내쉬는 것이 먼저 힘들어지고, 심해질수록 숨을 들이쉬는 것도 힘들어지게 되는 증상이다. 대부분 호흡곤란의 증상이 가벼울 때는 가슴의 답답함을 느끼게 된다. 호흡이 힘들어지면 숨은 가빠지고 숨을 들이쉴 때마다 늑골 사이가 함몰되는 모습을 보인다. 증상이 심해지면 누울 수도 없을 정도의 호흡곤란이 나타난다. 자기 증상을 표현할 수 있는 어린이나 어른은 자기가 숨이 차다는 것을 이야기할 수 있으나, 자신의 의사 표현을 할 수 없는 어린이는 호흡곤란의 증세가 신체에만 나타나기 때문에, 아이를 돌보는 사람은 이를 주의 깊게 살펴보아야 한다.

2. 소아천식의 종류

천식의 발작은 정도에 따라 소발작, 중발작, 대발작의 세 가지로 구분할 수 있다. 소발작은 쌕쌕거리는 호흡음과 가벼운 천명이 들리는 정도이지만 일상생활에서는 불편함이 거의 없다. 대발작은 쌕쌕거리는 거친 숨소리와 함께 호흡곤란이 뚜렷하여 입술이 창백해지고 청색증을 보이기도 한다. 중발작은 소발작과 대발작의 중간이다. 천식은 유발인자에 따라 외인성 천식, 내인성 천식으로 구별된다.

기출 POINT 5

❶ 12초등6

건강장애 학생들의 개별적인 상황에 따른 특수교육 지원이 적절하지 않은 것은?

■ 개별 학생의 상황

먼지와 특정 성분의 음식에 과민반응을 보여 천명을 동반한 기침과 호흡곤란이 심하게 나타난다.

■ 특수교육 지원

① 부모와 보건교육교사와 상의하여 과민반응을 일으키는 음식을 통제하고, 교실환경을 평가하여 자극을 줄여준다.

(1) 외인성 천식

① 알레르기성 천식은 알레르기 혈액검사와 피부반응검사 등에 양성을 보이기 때문에 원인을 어느 정도 짐작할 수 있다.

② 알레르기성 천식을 일으키는 원인으로는 집먼지, 고양이 털, 꽃가루, 바퀴벌레, 곰팡이, 호흡기 감염, 담배 연기, 대기오염 물질, 찬 공기, 특정 식품이나 약물 등이 있다. 이러한 원인 물질의 흡입이 직접 유인이 되며 맑은 콧물, 재채기, 눈물, 눈의 가려움증 등의 증상을 동반하는 경우가 많다.

(2) 내인성 천식

① 내인성 천식은 아동기의 바이러스성 호흡기 감염이나 질환에 의한 천식으로, 알레르기 혈액검사에도 별다른 이상이 없고 피부반응검사에서도 알레르기를 의심할 만한 반응이 없는데도 천식 증상이 나타나는 비알레르기성 질환이다.

② 만성 기관지염이나 폐기종 환자가 급성 호흡기 감염과 함께 호흡곤란과 천명을 나타날 때 발작이 유발된다.

(3) 혼합성 천식

내인성 및 외인성 요인이 혼합되어서 천식이 발생하는 경우를 말한다. 임상적으로 순수한 내인성이나 외인성 천식보다는 혼합성 천식이 더 많다.

3. 소아천식의 진단

(1) 알레르기 피부반응검사

알레르기 피부반응검사는 알레르기의 원인을 찾아내는 검사 방법으로 알레르겐, 즉 집먼지진드기, 꽃가루, 곰팡이, 각종 털 종류들의 성분을 잘 정제하여 시약으로 만든 후 이것을 몸에 바르고 바늘로 긁어 과민반응 정도를 검사한다.

(2) 혈액검사

① 혈액검사는 알레르기 체질 여부를 확인할 수 있으며, 빈혈증이나 감염의 여부도 확인할 수 있다.

② 혈액검사를 통해 알레르기의 발생 과정 중에 나타나는 특수 항체인 면역 글로불린을 측정해서 알레르기 성향을 알아보고, 피부반응검사로 확인이 되지 않는 알레르겐에 대한 특수 항체를 측정할 수 있다.

(3) 폐기능검사

① 6세 이상의 아동과 청소년의 경우, 천식이 의심된다면 최대호기를 측정하는 폐기능검사를 실시한다.

② 폐기능검사는 호흡곤란의 원인을 찾고 폐에 질병이 있는지 살펴보는 검사이다. 천식이 되면 기관지의 만성 염증으로 기관지가 예민해지고 수축하여 폐활량이 낮아지게 되어 폐 기능이 떨어진다. 숨을 내쉴 때 공기의 흐름·힘·반응성 등 폐 기능의 정도를 알아보며, 폐 기능 상태가 수술에 견딜 수 있는지를 판정하기 위해 실시한다.

더 알아보기

최대호기는 폐기능검사를 하기 위해 측정하는 것을 말한다. 최대호기유속이란 말 그대로 가능한 최대로 숨을 들이마신 후에 가장 빠르고 최대한 힘있게 숨을 내쉬었을 때의 속도를 의미한다. ❶ 21중등B9
최대호기유속량 측정기는 매일매일의 천식 증상 변화를 살펴보기 위해 사용한다. 최대호기는 흡입제를 사용하기 전에 측정하며, 하루 두 번 아침과 저녁에 측정한다.

기출 POINT 6

❶ 21중등B9

㉠의 사용 방법을 1가지 서술하시오.

(가) 학생 K의 특성

- 의사소통에 어려움이 있음
- 지속성 경도 천식 증상이 있음
- 흡입기 사용 시 도움이 필요함

(나) 지도 계획

㉠ 최대호기량측정기 사용 지도

4. 소아천식의 치료

(1) 환경요법

환경요법은 증상을 유발하는 인자들을 제거하거나 회피하는 방법이다.

알레르기 항원	환경 관리 방법
집먼지진드기	• 물걸레 등을 이용하여 집안 청소를 자주 한다. • 이불과 담요는 주 1회 55℃ 이상의 물로 세탁 후 햇볕에 말린다. • 침대를 사용할 때는 항원이 통과할 수 없는 천으로 매트리스를 싼다. • 베갯속은 합성세제를 사용해 세탁한다. • 실내 습도는 40~50%로 유지한다. • 실내에서 카펫을 사용하지 말고 커튼도 자주 세탁한다. • 소파 등은 가죽이나 비닐 제품을 이용하고 가구나 장식은 가능하면 줄인다. • 공기청정기를 사용할 때는 헤파 필터*를 사용한다. ❶ 21중등B9
애완동물의 털 및 비듬	애완동물을 집에서 기르지 않는다.
바퀴벌레	서식지를 줄이기 위해 독성 미끼나 덫을 이용하여 잡는다.
수목, 목초, 잡초의 화분(꽃가루)	• 꽃가루가 유행하는 시기에는 외출을 삼간다. • 실내에서는 창문을 잘 닫아둔다.
곰팡이	곰팡이의 성장과 연관된 모든 습기 찬 곳을 없애거나 곰팡이가 있는 표면을 청소한다.
흡연	• 천식 학생의 가족은 금연을 권하며, 특히 실내에서는 절대로 담배를 피우지 않도록 한다. • 청소년의 경우 금연하도록 지도한다.
실내 혹은 실외 자극제	• 자극제(방향제, 정화제, 스프레이)의 사용을 피한다. • 환기를 자주 시킨다.

Keyword

헤파 필터

공기 중의 미세한 입자를 제거하는 고성능 필터를 말한다. 헤파는 '고효율 미립자 공기 필터'의 줄임말이다.

기출 POINT 7

❶ 21중등B9

㉢~㉥ 중 틀린 곳 2가지를 찾아 기호를 쓰고, 그 이유를 각각 서술하시오.

■ 기타 교육적 지원

㉢ 교실에 천식 유발인자가 재투입되지 않는 특수 필터가 장착된 공기청정기를 사용한다.

(2) 약물치료

① 약물은 천식 발작을 예방하고 갑작스러운 천식 증상이 나타나지 않도록 매일 장기간 투여해야 한다.

② 천식 치료제

천식 조절제	기관지 염증을 가라앉히기 위해 매일 규칙적으로 사용하는 것으로, 증상이 없어도 꾸준히 사용해야 한다.
증상 완화제	천식증상이 악화되었을 때 사용하는 속효성 약물로, 흡입 시 효과가 몇 분 내 정도의 짧은 시간 동안 나타난다.

(3) 면역요법

① 면역요법은 알레르기 질환을 치료하는 안전하고 효과적인 방법이다.

② 원인 항원이 밝혀지면 항원을 적은 농도에서 점차 증량 주사하여 면역력을 키우는 치료법이다.

③ 일종의 예방 치료법이자 체질 개선법이다.

(4) 체력단련요법

① 운동을 통하여 체력을 단련시키고 자율신경의 실조를 개선하는 방법이다.

② 달리기 · 줄넘기 · 수영 등 전신 운동을 통해 심폐 기능을 훈련하는 방법, 건포마찰 · 냉수마찰 · 냉수욕 등을 통해 피부를 자극하는 방법, 가벼운 천식 체조로 골격근이나 복근을 훈련하는 방법 등이 있다. 가장 적절한 운동은 수영으로, 수영은 습도가 높은 조건에서 호흡 운동을 할 수 있으므로 수분 손실이 적고 폐활량을 증가시킬 수 있다.

(5) 식이요법

영양관리를 통해 저체중 또는 비만, 합병증을 예방해야 한다. 규칙적인 식사와 균형 잡힌 식사로 면역력을 높여준다.

5. 교육적 지원

(1) 천식 자가관리교육

① 소아천식 아동의 가족과 보호자에게는 모두 천식 자가관리교육이 필요하다.

② 교육 프로그램에는 천식에 영향을 미치는 요인에 대한 기본적 설명, 올바른 흡입기 사용법, 약물치료 순응도의 중요성, 천식 행동지침 등이 포함된다. ❶ 21중등B9

기출 POINT 8

❶ 21중등B9

ⓒ~ⓞ 중 틀린 곳 2가지를 찾아 기호를 쓰고, 그 이유를 각각 서술하시오.

(가) 학생 K의 특성

- 의사소통에 어려움이 있음
- 지속성 경도 천식 증상이 있음
- 흡입기 사용 시 도움이 필요함

(나) 기타 교육적 지원

ⓔ 학생이 천식 발작의 징후인 흉부 압박, 연속적으로 터져 나오는 기침 등의 증상을 자각할 수 있도록 지도한다.

(2) 건강관리계획

건강관리계획은 다음과 같이 학생에 대한 구체적 정보와 상황적 요소를 포함해야 한다.

① 누가 아동과 함께 있을 것인가.

② 어떻게 도움을 요청할 것인가.

③ 누가 약물 복용과 의료적 처치를 수행할 것인가.

④ 구체적인 중재 기술은 무엇인가.

⑤ 부모(보호자)에게 어떻게 연락을 취할 것인가.

천식관리 수행에 관한 단계적 지침
1. 모든 학생/교직원은 천식에 대해 알고 있다. ❶ 21중등B9 • 모든 학생/교직원은 매년 천식 교육을 받는다. • 모든 학생/교직원은 천식 관리에 대한 현장교육에 참여할 기회를 갖는다. 현장교육을 위해 한국천식알레르기협회에 연락하거나 지역 내 전문의를 초청할 수 있다. 2. 천식 학생의 학부모는 자녀에 대한 정보를 제공한다. 3. 천식 학생의 천식 기록카드를 작성하여 보관한다. 4. 천식 발작 응급 상황 대처법의 포스터를 비치한다. 5. 천식 관련 기구 사용법을 숙지한다. 흡입 약물, 최대호기유속기의 사용법과 기구의 관리법에 대한 지침서를 보건실에 비치한다. 6. 천식 증상을 예방하는 방법을 숙지한다. • 실내 환경관리 방법을 숙지한다. • 천식 학생 각각의 유발 물질 및 기여 인자와 회피요법을 알고 있다. • 운동 유발성 천식이 있는 학생이 예방법을 알고 지키는지 확인한다. 7. 천식 학생이 다른 학생들과 똑같이 생활하도록 도움을 준다. • 천식 학생이 안전하고 편안함을 느끼도록 도와주기 위해 긍정적이고 수용적인 태도를 보여준다. • 천식 학생이 흡입 약물을 편안하게 사용할 수 있도록 다른 학생들을 교육한다. • 천식 학생이 다른 학생들과 함께할 수 있는 운동에 대한 정보를 제공한다. 8. 천식이 의심되는 학생에게 도움을 준다. 보건교사/교직원들이 학생들의 천식 증상을 인지하면 천식이 아닐지라도 학부모에게 병원을 방문하여 진단을 받아볼 것을 권해야 하며, 천식 진단을 받게 되면 그에 대해 문서로 기록한다. 9. 천식 학생 기록카드를 정기적으로 확인한다. 천식 발작의 응급 상황 사례와 증상을 통한 천식 발견 사례 등을 기록으로 남긴다.

기출 POINT 9

❶ 21중등B9

ⓒ~ⓞ 중 틀린 곳 2가지를 찾아 기호를 쓰고, 그 이유를 각각 서술하시오.

■ 기타 교육적 지원

ⓑ 학교의 모든 사람이 천식에 대한 지식을 갖출 수 있도록 교육을 실시한다.

PART 04

(3) 천식 발작이 나타났을 때 응급대처

학생이 교실에서 갑자기 숨을 내쉬는 시간이 상당히 길어지는 호흡곤란 증상을 보인다면 호흡을 편하게 해줄 수 있는 응급처치가 필요하다.

천식 발작이 나타나는 징후
1. 앉아 있거나 천천히 걸을 때도 호흡곤란이 있다. 2. 호흡곤란 증상이 속효성 기관지 확장제로 전혀 좋아지지 않는다. 3. 숨이 차서 말을 잇기가 어렵고 하던 일을 계속하지 못한다. 4. 밤에 기침이 나고 숨이 차서 잠을 잘 수가 없다. 5. 최대호기속도가 예상 기대치의 60% 미만이다. 6. 호흡과 맥박이 빨라진다. 7. 숨 쉴 때 쌕쌕거림이 심해지거나, 숨을 얕게 쉬면서 아예 쌕쌕 소리가 들리지 않게 되고, 가슴과 목이 부풀어지고, 숨 쉴 때 들썩거린다. 8. 입술, 혀, 손끝과 발끝이 들썩거린다. 9. 식은땀이 나고 정신이 몽롱해진다. 10. 호흡할 때 가슴과 목이 부풀어지고 들썩거린다. 11. 하던 활동을 중단하고 다시 시작하지 못한다.

① 천식 발작이 나타날 때 학생을 도와줄 수 있는 방법은 호흡하기 좋은 환경을 만들어 주는 것이다. 방 안을 환기해 신선한 공기를 마시게 하거나, 미지근한 물을 마시게 하거나, 호흡을 천천히 길게 내쉬도록 한다. 또, 사용하는 천식 치료약이 있다면 사용하게 한다.

② 호흡하기 좋은 자세를 취하게 해준다. 발작이 나타나면 숨 쉬는 데 에너지를 다 소모하게 되며, 평평한 곳에 누워 있거나 앉아 있기도 힘들어한다. 이때는 벽에 기대어 서서 고개를 숙여보도록 하거나, 옆으로 누운 자세를 취하는 것도 호흡에 도움이 된다. 무릎을 약간 벌리고 팔꿈치에 기대어 앞으로 숙이거나, 베개를 껴안듯이 앞으로 몸을 숙이는 것도 호흡하기 편한 자세이다. 의자에 앉히고 편안한 자세를 취하게 한다. 상체를 비스듬히 세워주어 안정을 취하면 숨이 덜 차게 된다. 편하게 숨 쉴 수 있는 자세를 취하게 하면서 천천히 깊게 숨을 쉬도록 해준다. ❶ 21중등B9

③ 천식 발작 증상은 몇 분에서 며칠간 나타나기도 하고 그 이상 지속될 수도 있다. 이러한 증상이 지속하지 못하도록 조기에 충분한 치료와 중재를 제공하고 해로운 상황을 피할 수 있도록 하는 것이 중요하다. ❶ 21중등B9

④ 응급처치 후에도 천식치료 흡입약이 잘 듣지 않거나 말하기 힘들고 입술이나 손톱이 파르스름한 색으로 변할 때, 호흡으로 인해 갈비뼈 사이가 함몰될 때, 심장 박동이나 맥박이 매우 빨라지거나 걷기 힘들 때는 즉시 병원으로 가야 한다.

기출 POINT 10

❶ 21중등B9

ⓒ~ⓞ 중 틀린 곳 2가지를 찾아 기호를 쓰고, 그 이유를 각각 서술하시오.

■ 기타 교육적 지원

ⓜ 천식 발작이 나타나면 증상이 잠잠해질 때까지 기다린 후에 조치를 취하도록 한다.
ⓢ 천식 발작이 일어났을 때 대개는 앉은 자세보다 누운 자세를 취하도록 하는 것이 바람직하다.

(4) 신체 활동 및 참여 수준의 조정

① 격렬한 활동은 피한다.

② 날씨가 너무 춥거나 건조할 때는 신체 활동을 피한다.

③ 신체 활동 전에는 항상 준비 운동을 한다. 5~10분간의 스트레칭과 가벼운 운동으로 몸을 따뜻하게 한 후 활동을 시작한다. ❶ 21중등B9

④ 필요한 경우 의사가 처방한 흡입제를 신체 활동 15분 전에 흡입한다.

⑤ 만약 신체 활동 후 천식 증상이 나타나면 운동을 즉시 중단하고 처방받은 흡입제를 사용한다.

(5) 학교에서의 식사 지도

① 알레르기성 천식을 가진 학생은 호흡기 건강을 위해 매일 따뜻한 물을 충분히 섭취하고 증기를 들이마실 것을 권장한다. 이러한 행동은 가래를 묽게 하여 기도에서 가래가 쉽게 배출될 수 있게 한다. 기관지 내에 가래가 가득 차 있을 때는 가슴의 윗부분을 오므린 손으로 쳐주어 기침을 하면서 뱉어낼 수 있게 한다. 깊게 호흡하는 방법과 편안하게 이완하는 방법을 익혀서 천식이 일어날 때의 두려움을 줄이게 하는 것도 좋은 방법이다.

② 알레르기성 천식은 음식물 섭취 후에 발작이 나타나기도 하므로 주의 깊은 관찰이 필요하다.

(6) 천식치료기구 사용 지도

① 대부분의 학생은 갑작스러운 발작 증상이 일어나기 전에 스스로 감지할 수 있다. 그러므로 책임감을 느끼고 자신의 의료적 상태에 따른 행동과 관리를 스스로 할 수 있도록 지도한다. 건강관리에 대한 책임감을 갖게 하려면 약물을 복용해야 하는 이유와 질병에 관한 지식, 천식 발작의 징조나 증상, 대처하기 위한 흡입기 및 네뷸라이저의 사용 방법 등을 익혀 스스로 관리할 수 있도록 지도한다. ❶ 21중등B9

② 학교에서는 수업 중에도 갑작스러운 발작 증상이 나타날 수 있으므로 언제 어디서든 의료적 조치를 할 수 있도록 여건을 조성해야 한다. 흡입기 등의 의료 기구는 교실 이동수업이나 현장학습 등 학교 외부로 이동할 때에도 언제든지 사용할 수 있도록 늘 소지하게 한다. 수업 중 천식 발작이 나타날 때는 교실 상황과 관계없이 흡입기를 사용할 수 있도록 '숨 쉴 권리'에 대한 인식 개선 교육이 필요하다. ❷ 17초등A3

기출 POINT 11

❶ 21중등B9

ⓒ~ⓜ 중 틀린 곳 2가지를 찾아 기호를 쓰고, 그 이유를 각각 서술하시오.

■ 기타 교육적 지원

ⓜ 일반적으로 적절한 운동은 도움이 되므로 준비 운동 후 운동에 참여하도록 한다.

기출 POINT 12

❶ 21중등B9

ⓒ~ⓜ 중 틀린 곳 2가지를 찾아 기호를 쓰고, 그 이유를 각각 서술하시오.

■ 기타 교육적 지원

ⓔ 학생이 천식 발작의 징후인 흉부 압박, 연속적으로 터져 나오는 기침 등의 증상을 자각할 수 있도록 지도한다.

❷ 17초등A3

ⓒ의 예를 연우의 특성과 외출 시 준비물을 고려하여 1가지 쓰시오.

■ 연우의 특성

- 중도 지적장애
- 알레르기성 천식을 앓고 있음
- 천식 발작 시 마른기침을 하고 흉부 압박을 느끼며 고통을 호소함
- 천식 발작이 심한 경우 호흡곤란이 동반되고 의사소통이 어려움

■ 고려 사항

- 외출 시 준비물(휴대용 흡입기, 마스크, 상비약, 도움요청카드, 휴대용 손전등, 휴대용 알람 기기 등) 점검하기
- ⓒ 응급 상황 발생 시 도움을 요청하는 방법 환기하기

③ 천식 증상이 심할 때는 의사의 처방에 따라 천식 흡입기를 사용한다. 천식 조절 흡입기에는 네뷸라이저, 스페이서를 부착한 정량식 흡입기, 건조 분말 흡입기가 있다.

구분	사용 방법	설명
네뷸라이저	① 흡입약물 준비 흡입약물을 네뷸라이저에 넣는다. ② 약물 흡입 네뷸라이저를 켜고 약물이 나오는 것을 확인한 후, 평상시와 같이 숨을 쉬면서 약물을 흡입한다.	네뷸라이저를 사용할 때는 반드시 약액의 종류나 흡입 시간, 흡입 횟수 등을 의사의 처방과 지시에 따라 사용해야 한다.
정량식 흡입기	① 잡고 흔들기 흡입구가 아래로 향하게 잡고 3~4회 흔든다. ② 숨 내쉬기 숨을 내쉬어 폐 안의 공기를 빼내고, ③ 누르면서 천천히 흡입 흡입구를 입에 가까이 대고 누르면서 천천히 흡입한다. ④ 숨 참기 10초간 숨을 참는다. ※ 한 번 더 흡입해야 할 때는 3~4분 정도의 간격을 두고, 위 과정을 반복한다.	• 정량식 흡입기는 약통을 누르면 일정량의 약물이 추진 가스와 함께 분무되는 흡입기로, 약물의 성분에 따라 소염 스테로이드제, 장시간형 기관지 확장제, 속효성 기관지 확장제 등이 포함되어 있다. • 정량식 흡입기를 사용할 때에는 밸브를 누르는 동작과 공기를 흡입하는 동작이 일치해야 하고, 공기를 흡입할 때에는 느린 속도로 천천히 흡입해야 한다. 아동의 경우 2초 이상 천천히 흡입하며 흡입 후 10초 이상 숨을 참아 약물 침착을 최대한 유도한다. 흡입과 동시에 밸브를 눌러 정확한 타이밍이 일치하도록 교육하는 것이 중요하다.
	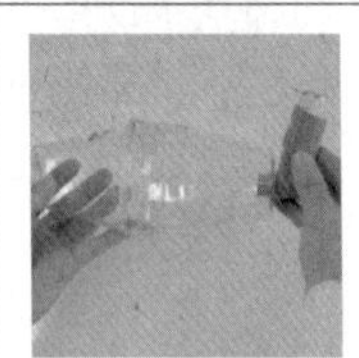 ① 스페이서 준비 흡입제에 스페이서를 연결한다. 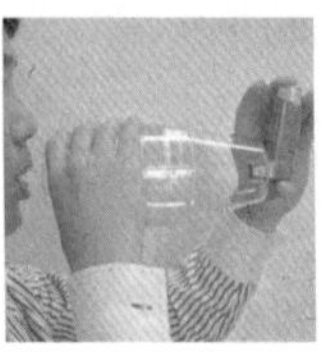 ② 약물 흡입 스페이서 흡입구를 가볍게 물고 흡입제를 눌러 약물을 스페이서 안으로 전달한 후, 평상시와 같이 숨을 쉬면서 약물을 흡입한다.	정량식 흡입기만으로 기도에 약물이 전달되기 어려운 경우 정량식 흡입기에 흡입보조기구인 스페이서를 끼워서 사용한다. 스페이서를 사용하면 구강에 약물이 침착하는 것을 줄일 수 있어 스테로이드제 사용 시 함께 사용한다. 아동의 경우 약물 분사와 흡입을 동시에 하기 어려우므로 스페이서를 부착하면 흡입 효율을 높일 수 있다는 장점이 있다.

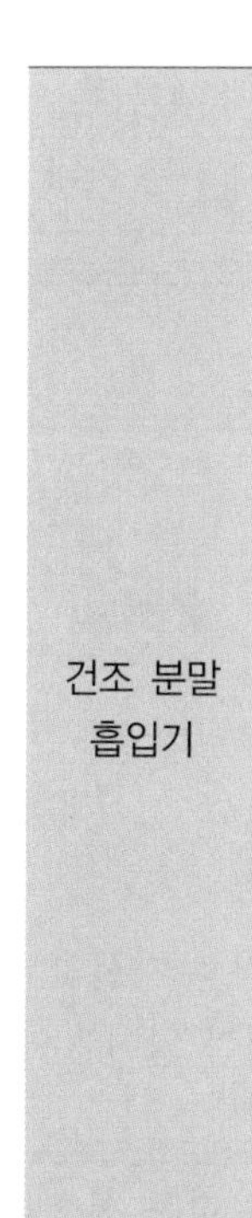 건조 분말 흡입기	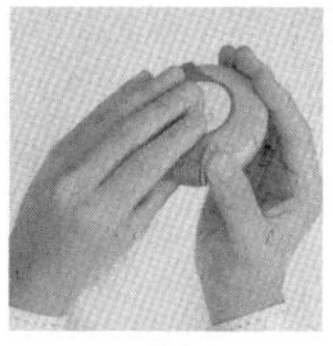 ① 뚜껑 열기 홈을 이용해 돌려서 뚜껑을 열고 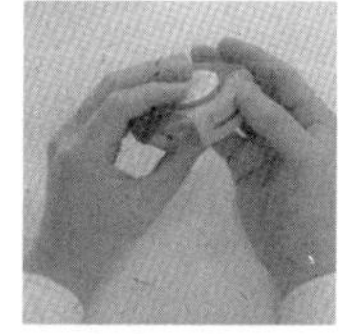 ② 레버 돌리기 레버를 '딱' 소리가 날 때까지 돌리고 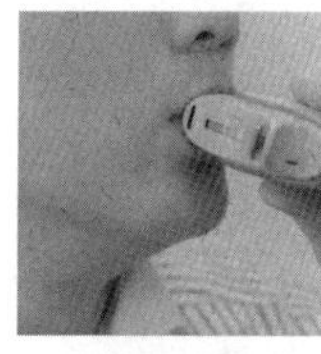 ③ 세게 흡입 숨을 내쉰 후에 흡입구를 입에 물고 세게 흡입한다. 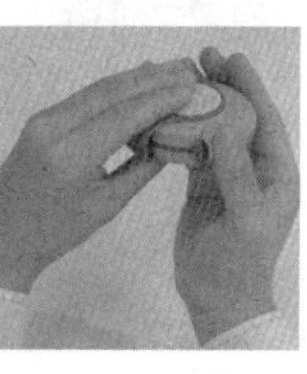 ④ 뚜껑 닫기 입을 떼고 숨을 10초간 참는다. 레버를 다시 돌려 뚜껑을 닫는다.	• 건조 분말 흡입기는 약물과 부형제가 혼합된 분말을 직접 마시는 것으로, 추진제가 따로 없으므로 흡입할 때 세고, 빠르게 들이마셔야 하는 흡입기이다. • 캡슐을 장전하는 기구의 경우 2회에 걸쳐 흡입해야 정확한 약물이 전달되기 때문에 강하고 빠르게 2회를 흡입한다. 이러한 사용법으로 인해 아동이 사용하기 어렵다는 단점이 있다.

④ 학교마다 학생들의 약이나 흡입 약물은 쉽게 꺼낼 수 있는 장소에 보관한다. 필요한 경우에는 주변에 있는 다른 학생들이 약을 가져다줄 수 있도록 쉬운 장소에 보관하는 것이 좋다. 현장학습이 있거나 야외수업이 있는 날, 갑자기 날씨가 추워졌을 때는 천식 발작이 나타날 수 있으므로 항상 소지하고 다니도록 한다. 교사는 학생이 필요한 응급 약물을 휴대할 수 있도록 점검한다.

⑤ 교실에서는 응급 약물을 보관하는 곳을 지정하고 투약 횟수와 사용 방법을 기록해 놓는다. 이처럼 충분한 준비와 대처 방안에 대한 공유를 통해 학생들도 두려움 없이 안정된 학교생활을 할 수 있다.

(7) 교육환경의 수정

① 교실 청소를 할 때는 먼지 청소를 철저히 하고 청소할 때는 먼저 환기를 한다. 걸레를 사용해서 먼지가 날리지 않게 주의하며, 진공청소기를 이용한다.

② 교실의 습도는 50% 이하로 낮춘다. 집먼지진드기는 온도 25~28도, 습도가 75~80%인 환경을 가장 좋아하므로 실내 습도를 50% 이하로 유지하면 집먼지진드기의 증식이 급격히 저하된다.

③ 가습기는 실내 습도를 높여 곰팡이와 집먼지진드기의 서식을 늘릴 수 있으므로 사용하지 않는 것이 좋다.

④ 공기청정기는 공기 중에 떠다니는 고양이 털 · 곰팡이 · 각종 연기를 제거하는 데에는 도움이 되지만, 집먼지진드기나 바퀴벌레 알레르겐은 입자가 커서 대부분 실내 바닥에 쌓여 있어 별 도움이 되지 않는다.

⑤ 환풍기는 먼지를 순환시킬 수 있으므로 주의한다.

⑥ 카펫은 사용하지 않는 것이 좋다.

⑦ 커튼은 먼지가 많이 쌓이므로 수직 블라인드가 좋다.

⑧ 봉제 인형, 직물 소재의 교재 · 교구의 사용은 줄인다.

⑨ 교재 · 교구는 자주 소독한다.

⑩ 책꽂이나 교재 · 교구장의 먼지는 자주 제거한다.

(8) 의사소통의 요구

① 호흡곤란 등의 심각한 천식 발작으로 의사소통 능력을 상실할 경우 자신의 증상을 다른 사람에게 알리지 못하게 된다면 심각한 문제를 초래한다. 이런 일이 발생한 경우 대개 응급 상황이다.

② 이 경우 학생이 교사에게 문제가 있다는 신호를 전달할 수 있도록 하는 시스템을 마련하는 것이 중요하다.

예 9세 학생이 천식 발작을 일으켜 의사소통 능력을 상실했을 때 당황하지 않고 "선생님, 도와주세요. 저 지금 천식 발작이 일어났어요."라고 적힌 카드를 꺼내 교사에게 보여준다면 이러한 의사소통 문제는 해결될 것이다. ❷ 17초등A3

③ 이러한 카드의 내용은 발작이 나타나 호흡기를 사용해도 천식 발작이 멈추지 않을 때 특히 중요하다. 모든 교사가 응급조치에 대한 방법을 숙지하고 있더라도 카드의 뒷면에 응급조치 방법에 대한 내용을 적어 놓는다면 효과적으로 사용할 수 있을 것이다.

더알아보기 특수교육 지원

1. 학교생활에서는 활동에서 발생하는 먼지와 분필가루, 청소 시간의 먼지 등 천식 발작을 일으키는 잠재적인 위험인자들이 많다. 따라서 교사는 천식 학생이 겪는 어려움을 줄일 수 있도록 교실 환경을 평가하여 자극을 줄이는 등 환경 조절을 위해 노력하는 것이 필요하다.
2. 위급한 상황을 대비하여 학교의 보건교육교사와 연계하여 응급 상황에 대한 대처 계획을 수립한다. 계획서에는 학교생활 중 흡입약물의 투여가 필요한 구체적인 사례, 비상시 연락처와 대처 계획 등 학생의 상황에 대해 기록하고 부모와 상호 합의된 방법을 작성한다.
3. 천식을 가지고 있는 학생이 스스로 질병을 관리할 수 있도록 지도해야 한다. 만성질환에 대한 치료는 학생 스스로가 적절하게 의료적인 처치를 조절할 수 있도록 하는 개인의 자율성 지도가 중요하기 때문이다.
4. 어린 연령의 학생의 경우 흡입기나 의료용 분무기를 올바르게 사용할 수 있도록 한다.
5. 의료용구(약물)는 학교에 비치되어 있어야 하며 언제든지 쉽게 사용할 수 있어야 한다.
6. 학생이 현장학습 등으로 학교 외부로 이동할 경우에는 항상 의료물품도 함께 소지하도록 한다.
7. 약물을 과용했을 경우 졸림, 떨림, 흥분 등의 증상이 나타나므로 교사는 약물의 부작용과 과용 시 나타나는 증상에 대해 알고 있어야 한다.

05 소아당뇨

1. 소아당뇨의 개념

① 당뇨란 인슐린이 부족하거나 기능에 이상이 발생하는 질환으로서, 몸에 섭취된 당분이 잘 사용되지 못하고 혈액 속을 떠돌다가 소변으로 배설되는 것이다.

② 현재 당뇨병은 완치될 수는 없으나, 매일 인슐린 주사를 맞고 칼로리 처방에 의한 식이요법을 적용하며 적당한 운동과 정기적인 병원 진료를 통해 조절할 수 있다.

2. 소아당뇨의 유형 ❶ 25중등B2

(1) 제1형 당뇨

① 제1형 당뇨는 인슐린 의존형 당뇨로, 체내에서 혈당을 조절하는 인슐린이 거의 분비되지 않아 인슐린 주사에 의존해야 하는 경우를 말한다. 소아비만과는 관계없이 필요한 인슐린이 몸에서 분비되지 않거나 부족하여 당이 세포로 흡수되지 못하고, 고혈압과 산독증에 빠지게 되므로 인슐린 의존형 당뇨병이라고 부른다.

② 산독증이란 신진대사의 장애로 체내 산의 형성이 병적으로 왕성해져서 혈액의 산 중화능력이 감소한 상태이다.

③ 고혈당과 목이 심하게 말라 수분을 대량으로 섭취하고 소변량이 과다하게 증가하는 증상을 보인다. 식사량이 많은데도 불구하고 체중이 감소하고 전신이 나른한 상태를 보인다.

(2) 제2형 당뇨

① 제2형 당뇨는 인슐린 비의존형으로, 인슐린이 생산되지만 적절히 사용되지 않아 발생한다. 제2형 당뇨는 인슐린을 맞지 않아도 생명을 유지하는 데 크게 지장이 없다.

② 비의존형은 비만 등으로 인슐린 작용이 감소하는 것으로, 체중을 줄이거나 식이요법 등으로 조절할 수 있다.

3. 제1형 당뇨 특성

(1) 고혈당증

① 고혈당증이란 혈중 포도당의 수치가 과도하게 높게 나타나는 증상이다. 포도당의 농도가 200mg/dL보다 높은 상태이다.

② 고혈당증의 증상은 일반적으로 다뇨, 다음, 다식의 특징을 보이며 한 시간이나 하루, 혹은 일주일에 걸쳐 나타날 수 있다.

③ 만약 학교에서 인슐린 부족으로 고혈당증이 나타나면 학생은 스스로 인슐린을 투약하여 관리한다. 교사는 이에 대해 잘 알고 있어야 하며, 학생이 인슐린 주사를 언제 투여하는지 기록하고 지도하여 고혈당증이 나타날 때를 대비해야 한다.

기출 POINT 13

❶ 25중등B2

[A]에 해당하는 질환의 명칭을 쓰시오.

> 특수 교사: 먼저 학생 C는 인슐린이 절대적으로 부족하므로 인슐린 주사가 꼭 필요해요. 그리고 혈당 검사, 인슐린 주사, 식이요법으로 꾸준히 관리해야 해요.
>
> …(중략)…
>
> 특수 교사: 학생 C의 건강 관리 지원 계획을 보면서 응급 상황에 대한 증상과 지원 방안을 설명할게요. 경도 저혈당 증상은 몸에서 땀이 조금씩 나기 시작하고, 가끔 몸이 흔들리며, 허기와 두통, 현기증과 어지럼증 등이 나타나는 것이에요. 응급조치를 취하지 않으면 발작 등을 발생시키는 심한 저혈당증으로 진행되기 때문에 빠른 응급조치가 이루어져야 해요. [A]

(2) 저혈당증 ❶ 25중등B2

① 저혈당증이란 혈당이 정상 수치 이하로 내려가면서 신체기관에 공급되는 포도당의 양이 감소하여 다양한 증상을 나타내는 상태를 말한다. 인슐린 반응이라고도 하며, 이러한 증상은 매우 급작스럽게 응급상황을 유발한다.

② 저혈당의 초기 증상은 식은땀, 두근거림, 떨림, 두통이나 현기증, 두려움 등이며 공복감, 메스꺼움, 졸림, 시간의 몽롱함 등의 증상이 나타난다. 자기표현력과 조절력이 떨어지는 저학년 학생의 경우에는 증상과 신호에 대해 말로 표현하는 것을 어려워한다.

③ 학생이 교실 안에서 갑자기 버릇없이 굴거나 이유 없는 짜증, 울음, 공격성 등의 행동을 보일 때에는 당뇨 증상과 관련 있음을 알고 학생의 행동 변화를 관찰해야 한다.

④ 저혈당증은 식사 시간이 늦어지거나 평소보다 음식을 너무 적게 섭취한 경우, 혹은 장기간 격렬한 운동을 할 때 나타날 수 있으므로 생활 속에서 식습관, 운동 등의 건강 관리가 필수적이다.

⑤ 저혈당증의 응급처치 방법은 음식을 섭취하여 혈당을 증가시키는 것이다. 저혈당증이 발생하면 빨리 당질이 함유된 음식을 먹게 하고 휴식을 취하도록 한다. 학생에 따라 저혈당 증상에 유용한 간식 종류를 가지고 다니게 하며 교사는 이를 알고 있어야 한다. 수업 중이라도 증상을 보일 때는 주저하지 않고 섭취할 수 있고, 그러한 행동이 교사와 또래의 오해를 일으키지 않도록 인식교육이 필요하다. ❶ 20중등A12, ❷ 12초등6

⑥ 만약 의식이 소실되었을 때는 위험해질 수 있으므로 응급실로 이송하여 포도당 수액을 공급해야 한다. 혼수상태이거나 의식이 혼미한 상태에서는 음식을 먹게 해서는 안 된다. 의식이 없는 상태로 억지로 음식이나 음료수를 먹이려 하면 기도가 막혀 더 위험해질 수 있다.

(3) 당뇨병성 케톤산증

① 고혈당이 생기면 목이 마르거나 피곤함을 느끼고, 물체가 흐릿하게 보인다. 이때는 빨리 인슐린 주사를 맞아야 하는데, 인슐린 주사를 맞지 않으면 케톤산증이 나타날 수 있다.

② 케톤산증이란 혈중에 케톤체가 축적되고 산증을 나타내는 상태를 말한다. 세포에서 부족한 포도당을 보충하기 위해 간에서 포도당을 분해할 때 부산물로 산성의 케톤을 생성하게 되는데, 이때 케톤이 축적되면 케톤산증의 증상이 나타난다.

③ 케톤산증의 초기 증상은 복통, 구역질, 구토 등이며 이때 소모된 수분을 보충할 능력이 떨어져 탈수증이 가속화된다.

④ 케톤산증이 진행되면 의식장애가 발생할 수 있으므로, 적절한 응급처치와 인슐린 관리, 정밀검사가 필요하다.

기출 POINT 14

❶ 20중등A12

(가)의 밑줄 친 ⓐ를 참고하여 괄호 안의 ⓒ에 해당하는 용어를 쓰고, (나)의 괄호 안의 ⓔ에 해당하는 내용을 1가지 쓸 것

(가) 질의응답 내용

> Q3. 학생 L은 (ⓒ)을/를 앓고 있어요. ⓐ 혈당 검사, 인슐린 주사, 식이요법을 통해 매일 꾸준히 관리해야 해요. 학교에서 어떤 지원을 받을 수 있을까요?

(나) 건강관리 지원 계획

> • 구분: 경증 저혈당
> • 나타날 수 있는 증상: 발한, 허기, 창백, 두통, 현기증
> • 처치
> − 즉시 신체 활동 금지
> − 즉시 혈당 측정
> − (ⓔ)
> − 휴식 취하기
> − 보건교사 연락
> − 보호자 연락

❷ 12초등6

건강장애 학생들의 개별적인 상황에 따른 특수교육 지원이 적절하지 않은 것은?

■ 개별 학생의 상황

> 혈당 조절을 위해 매일 인슐린 주사를 맞으며, 종종 저혈당 증세가 나타난다.

■ 특수교육 지원

> ⑤ 수업시간이라도 갑작스러운 저혈당 증세가 나타나면, 사탕이나 초콜릿 등을 먹을 수 있도록 허용한다.

4. 소아당뇨의 치료

(1) 인슐린 주사

① 인슐린 주사는 췌장의 베타세포에서 인슐린 분비를 자극, 촉진하거나 말초에서 인슐린 감수성을 증가시켜 혈당 조절에 도움을 주는 방법이다.

② 제1형 당뇨 학생은 췌장에서 인슐린이 만들어지지 않으므로 외부에서 인슐린을 넣어 주어야 한다.

③ 인슐린은 다른 사람이 주사를 놓거나 직접 투여하는데, 최소한 매일 2회(아침 식사 전과 저녁 식사 전) 주사한다.

(2) 혈당검사

① 혈당검사는 혈액 속에 당이 얼마나 많은지를 알아보는 검사이다. 검사 결과에 따라 식사량과 주사량을 상태에 맞게 조절하게 된다.

② 혈당검사는 채혈침으로 손가락 끝의 혈액을 채혈하여 혈당측정기로 혈당을 측정하는 방법이다.

③ 1일 3~4회 하는 것이 이상적이나, 잦은 혈당검사는 정신적인 고통을 증가시킬 수 있으므로 개인에 따라 융통성 있게 실시한다.

(3) 식이요법

① 식이요법은 음식의 양을 줄이는 것이 아니라 혈당 조절이 잘될 수 있도록 식사를 조절하는 것이다. 열량이 많은 음식보다는 채소류나 단백질이 많은 영양가 있는 음식을 권한다. 제한해야 하는 것은 음료수, 아이스크림, 사탕 등과 같이 다량의 당분이 함유된 식품이다.

② 식이요법의 목적은 혈당의 상승을 최대한 억제하여 혈당을 유지하고 합병증의 발생을 지연시키며, 좋은 영양 상태를 유지하는 것이다.

③ 저혈당증을 막기 위해서는 규칙적인 식사가 필요하다. 정확한 시간에 정해진 열량의 식사와 간식을 먹어야 한다. 저혈당 증상을 학생이 자각할 때에는 간식을 먹을 수 있게 한다.

(4) 운동요법

① 운동은 심폐 기능을 강화하고 심혈관계의 합병증을 감소시키기 때문에 혈당 조절을 위해서는 적당한 운동이 필요하다.

② 혈당치가 높을 때는 운동량을 증가시켜 열량을 소모하게 한다.

③ 운동요법의 장점에도 불구하고 다음의 상황에서는 운동을 피해야 한다.

㉠ 공복일 때 격렬한 운동은 피한다.

㉡ 당뇨가 조절되지 않고 고혈당증이나 케톤산증이 나타날 때 운동을 금한다.

㉢ 혈당치가 낮은 저혈당 상태에서도 운동을 금한다. 체육 시간 등 체력이 소모되는 신체 활동을 할 때는 활동 전에 간식을 먹게 하면 저혈당을 예방하는 데 도움이 된다.

5. 교육적 지원

(1) 자기관리와 자기치료

① 당뇨병은 자기관리와 자기치료가 매우 중요한 만성질환이다. 학교에서 학생 스스로 혈당검사 및 인슐린 주사를 할 수 있도록 교육하며, 저혈당에 대해 이해하고 대처할 수 있도록 지도한다. 학생 스스로 책임감을 갖고 당뇨병을 조절할 수 있도록 교육이 필요하다.

② 자신의 질병이 노출되는 것을 꺼리는 학생들에게는 주사와 검사를 위해 보건교육실을 자유롭게 이용하고 비밀이 유지되도록 해준다.

(2) 저혈당 관리

학생이 수업 중 저혈당 증상을 자각할 경우 바로 자신의 저혈당증을 알릴 수 있도록 해야 한다. 저혈당 증세를 느끼더라도 수업 분위기 때문에 사탕을 바로 꺼내 먹지 못하거나 대처를 못하면 심한 저혈당 혼수상태에 빠지게 된다. 따라서 학교에서는 저혈당 시 대처 방법을 미리 마련해야 한다.

(3) 정서적 지원

① 당뇨병은 적절한 혈당 관리를 위해 하루에도 수차례 혈당 검사 및 인슐린 주사를 실시해야 하고, 적정 영양 수준을 고려한 식사가 일정한 양으로 규칙적으로 이루어져야 한다. 또한 매일 꾸준한 운동을 필요로 하는 등 철저한 자기관리를 요하는 질병이므로 다른 어떤 질환보다도 개인의 삶을 크게 위축시킬 수 있다.

② 소아당뇨는 신체적·정신적으로 미성숙한 시기에 발병하고 당뇨 관리가 일생 동안 끊임없이 이루어져야 하기 때문에, 학생이 겪게 되는 심적 부담이 크다. 이와 같은 이유로 교사나 또래에게 자신의 증상을 숨기려 하기 때문에 만약 다른 사람들이 혈당 응급 상황 시의 대처 방법을 모를 경우 매우 위험해질 수 있다. 따라서 교사들은 가급적 소아당뇨 학생이 자신의 증상을 공개할 수 있도록 하고, 이를 잘 수용할 수 있는 교실 분위기를 조성해주는 것이 필요하다.

(4) 학교에서의 식사 지도

① 혈당을 급격히 올리는 간식류는 너무 많이 먹지 않도록 한다.

② 배식 시 정해진 식단의 열량보다 너무 많이 먹지 않도록 한다.

③ 배식 시 반찬이 부족하여 식사량이 부족하지 않도록 한다.

④ 급식은 정해진 시간에 할 수 있도록 한다.

⑤ 학생이 개별적으로 지키고 있는 간식, 식사, 주사 시간이 지연되지 않도록 한다.

Memo

2026 특수교사임용시험 대비

김은진 스페듀 기본이론서

Vol. 3 청각장애 시각장애 지체장애 건강장애

초판인쇄 | 2025. 2. 5. **초판발행** | 2025. 2. 10. **편저자** | 김은진
발행인 | 박 용 **발행처** | (주)박문각출판 **표지디자인** | 박문각 디자인팀
등록 | 2015년 4월 29일 제2019-000137호 **주소** | 06654 서울시 서초구 효령로 283 서경빌딩
팩스 | (02)584-2927 **전화** | 교재문의 (02)6466-7202

저자와의 협의하에 인지생략

정가 30,000원

ISBN 979-11-7262-469-9 ISBN 979-11-7262-466-8(세트)